教师专业成长丛书

读史杂记
——文化·社会·性别

DUSHI ZAJI——WENHUA SHEHUI XINGBIE

曹大为◎著

北京师范大学出版集团
BEIJING NORMAL UNIVERSITY PUBLISHING GROUP
北京师范大学出版社

图书在版编目(CIP)数据

读史杂记：文化·社会·性别/曹大为著. —北京：北京师范
大学出版社，2017.7
（教师专业成长丛书）
ISBN 978-7-303-21570-6

Ⅰ. ①读… Ⅱ. ①曹… Ⅲ. ①中学历史课—教学研究
Ⅳ. ①G633.512

中国版本图书馆 CIP 数据核字（2016）第 288630 号

出版发行：北京师范大学出版社　www.bnupg.com
　　　　　北京新街口外大街 19 号
　　　　　邮政编码：100875
印　　刷：北京京师印务有限公司
经　　销：全国新华书店
开　　本：787 mm×1092 mm　1/16
印　　张：32
字　　数：510 千字
版　　次：2017 年 7 月第 1 版
印　　次：2017 年 7 月第 1 次印刷
定　　价：58.00 元

策划编辑：唐正才　　　　　责任编辑：徐　杰
美术编辑：王　蕊　　　　　装帧设计：李尘工作室
责任校对：陈　民　　　　　责任印制：孙文凯

前　言

本书所选百余篇文章大多两三千字一篇，依据史料，或述或论，大体属于札记一类。所谓札记是指读书随手摘记的要点和心得。乾嘉年间著名史学家章学诚曾说："札记之功，必不可少，如不札记，则无穷妙绪皆如雨珠落入大海矣"①，故"每日必有所记，而札记于册，以待日后会通"②。又云"时有会心，方臆测而未及为文，即札记所见以存于录，日有积焉，月有汇焉，久之又久，布满流动，然后发为文辞，浩乎沛然，将有不自识其所以者矣。"可见"存记札录"的重要功能就在于"藏往以蓄知"，在积累知识的过程中勤于思考，锻炼增强识力与见解，如此方能会通知来，做到"词锋论议，知来以用神也"③。章氏关于札记以及治学之道的这番议论，是积数十年实践感悟出的经验之谈，启示良多。不过就札记这种形式本身而言，则通常是为专论会通打基础的"半成品"。当然出自大学问家手笔的札记融会贯通，信手拈来便为神来之笔，又当别论。吴晗先生1956年在三联书店出版过一本《读史劄记》，他在后记中述及"多年来喜读历史，随手札录，类集了很多史料。读的书很杂，注意的问题也很多，一个专题的史料积累到可以提出问题了，再进一步有系统地读有关的书，发掘更多的史料"。他虽然自谦该书"只是若干专题史料的汇集"，但选录的文章，每篇2万多字，实已升华为精品大作。

本书所收诸篇，从"生产"过程来看，只有少量是在"札录"基础上写成，多半都是应命查找史料撰写的"命题作文"。又兼内容较为宽泛，不够系统繁复，冠以"杂记"之名或许更为贴切。不过从读者的角度将其视为读史有感而发的札记亦无不可。

为了避免过于松散，力求杂而不乱，本书特将这些文章分为史学研究与

---

① 《文史通义》外篇三《家书》一。
② 《文史通义》补遗续《又与朱少白》。
③ 《章氏遗书》卷29《跋香泉读书记》。

历史文化、社会问题与理政开新、性别与妇女问题、巾帼女杰、治学成才五部分。如本书副标题所示，这些文章大体属于文化、社会、性别三类。其实任何历史事象的发展变迁都是诸因素在横向互动中整体运动的结果，所谓文化史和社会史不过是人为设定的历史之下互相交叉涵盖的两个次大分支，其间的差异很大程度上体现在研究视角是以人为本位还是以社会为本位。即如性别与妇女问题便既集中反映了家国同构的古代社会模式，又突出体现了传统文化的典型特征。中华民族刻苦、勤奋、克己、献身等优良传统和旧时的依赖、屈从、拘谨、自卑等国民积习中的缺憾在妇女身上表现得淋漓尽致，其间蕴含的精华和糟粕都更为典型地折射和强化了中国传统文化的特质，从正负两个方面强有力地塑造着民族的灵魂。需要强调指出的是，无视性别与妇女问题的研究，以及忽略与之相关的家庭、家族、宗族问题的研究，就不可能真正把握中国古代血缘与地域二系合一家国同构的特点，不可能真正把握中国历史发展的特殊脉络。而迄今为止我们看到的中国通史著作，恰恰罕能将此问题放到应有高度，从而无法把握住这一有别于西方的中国古代社会深层结构的基本特征。对此类问题的关注显然对于全面深入了解中国传统文化和古代社会模式，并进而加深对中国历史发展特点和规律的认识不无裨益。

作者自2001年起先后为国家"义务教育课程标准研制组"主编了七年级上、下两册《历史》教材（北京师范大学出版社），为人民教育出版社主编了八年级上、下两册《历史与社会》教材，并与赵世瑜教授共同担任岳麓书社出版的全套九册《普通高中课程标准实验教科书·历史》总主编。此外还曾参与一些与高考命题相关的工作。其间写了几篇有关历史教学及教育方面的文章，虽非读史有感而发，但也属史学研习的心得，一并列为附录辑入本书。

本书所选文章主要出自赵禄祥主编《国史镜鉴》（北京出版社，1993年）、严琬宜主编《古今著名妇女人物》上册（河北人民出版社，1986年）、北京师范大学历史系编写的《中国古代史常识》（中国青年出版社，1979年）、英文《中国妇女》"中国妇女生活史话"专栏，以及《光明日报》《文史知识》《人物》《新华文摘》等报纸期刊（部分文章署楚南、曲畅文等名）。也收录了少许学术论文，或能起到将同类文章归拢串线的作用。诸多书刊对引文注释的要求不尽相同，既为杂记，本书一仍其旧，不再划一。不论是札记还是杂记，重要的是能有机会用一些史料和思考与读者分享交流，这正是作者所期待的。

目　录

1

第五部分　治学成才 （387）

第一部分

史学研究与历史文化

历史唯物主义与当代史学发展趋势

　　中华文明是世界上唯一没有中断的古老文明。中华先民十分重视对历史经验的积累和借鉴，传留下丰富的史学遗产。其间不但保留下大量宝贵的历史资料，同时"究天人之际，通古今之变"，在对历代治乱兴衰经验教训的探究中亦不乏一些精辟见解。但总体看多为描述性、总结性成果，属于零星片断的认识，缺乏理论概括，距离科学把握历史发展规律相去甚远。直到马克思发现唯物主义历史观，才真正指出了"把历史当做一个十分复杂并充满矛盾但毕竟是有规律的统一过程来研究的途径"①。这种历史唯物主义观点认为，"一切重要历史事件的终极原因和伟大动力是社会的经济发展，是生产方式和交换方式的改变，是由此产生的社会之划分为不同的阶级，是这些阶级彼此之间的斗争"②。与自然科学领域发现能量守恒与转化定律以及达尔文发现有机界发展规律意义相同，马克思的历史唯物主义第一次"发现了人类历史的发展规律"③。由此揭示了生产力和生产关系、经济基础与上层建筑、社会存在与社会意识之间的关系，并提出历史发展的辩证法以及阶级斗争是历史发展的动力、人民群众是历史的真正创造者等重要观点，使历史研究真正成为科学。自从马克思主义传入中国，特别是中华人民共和国成立之后，中国学者运用历史唯物主义研究历史取得了重大进展，颠覆了神创和帝王将相创造历史的唯心史观。尤其是 20 世纪 50 年代对中国古史分期、土地制度、资本主义萌芽、农民战争和汉民族形成等问题集中讨论取得了丰硕的成果，这些成果被充分吸收到通史著作的撰作之中。

　　不过马克思主义经典作家从来不把历史唯物主义当作历史科学中的"公式"。恩格斯就曾明确警告："如果不把唯物主义方法当作研究历史的指南，

---

　　①　列宁：《卡尔·马克思》，《列宁全集》第 21 卷，第 39 页，北京：人民出版社，1959。

　　②　恩格斯：《社会主义从空想到科学的发展》，《马克思恩格斯选集》第 3 卷，第 705 页，北京：人民出版社，1995。

　　③　恩格斯：《在马克思墓前的讲话》，《马克思恩格斯选集》第 3 卷，第 776 页，北京：人民出版社，1995。

而把它当作现成的公式，按照它来剪裁各种历史事实，那它就会转变为自己的对立物。"①新中国史学是在继承民主革命时期建立的中国马克思主义史学的基础上发展起来的，革命时期的中国马克思主义史学，在变革旧的专制主义文化，发展新的民主主义文化，建立科学的世界观等事业中曾起过巨大的积极作用。但革命时代的特征也不能不使它着力于说明中国社会历史所蕴含的人类社会历史发展的共性，而对其个性较少探究。这就使新中国的史学认识一开始就局限于"从具体上升到抽象"的阶段，在总体上未能"从抽象深入到具体"，充分把握中国历史的多样性的统一。加上 20 世纪 50 年代后期开始形成的"左"倾思潮的长期影响，史学研究不仅未能突破这一局限，其缺陷和不足反而日形严重。那种不顾中国历史发展的特点，简单、生硬地把马克思、恩格斯主要是针对欧洲历史得出的某些个别结论拿来机械地裁量阐释中国历史的做法，造成简单化、形式化、绝对化的偏向。对文化学、社会学等学科的贬抑和对当代国外史学的盲目排斥，导致史学研究领域狭窄、方法简单、观念僵化。那种随意剪裁历史从而为图解政策做注脚的做法，那种一味片面夸大经济基础、阶级斗争决定作用的倾向，实际上都在很大程度上背离了历史唯物主义原则，把唯物史观庸俗化。毋庸讳言，这些缺憾也不可避免地在那个时代的通史著作中或多或少留下一些痕迹。改革开放以来，通过对史学界上述种种偏向的认真清理，中国史学研究取得了长足进步，无论理论、观点、视野、角度、范围、内容、方法，以及史料的挖掘考证和各类专题与综合研究的成果，都较前大为丰富和发展。

历史唯物主义理论诞生之后在世界范围产生了深远影响，特别是第二次世界大战以来影响迅速扩大。英国历史学家杰弗里·巴勒克拉夫《当代史学主要趋势》一书指出，"今天仍保留着生命力和内在潜力的唯一的'历史哲学'，当然是马克思主义"。当代著名历史学家，包括对马克思的分析抱有不同见解的历史学家，"无一例外地交口称誉马克思主义历史哲学对他们产生的巨大影响，启发了他们的创造力"。该书还具体列举了唯物史观对历史学家思想产生影响的五个主要方面：促进了历史学研究方向的转变，"从描述孤立的——主

---

① 恩格斯：《致保·恩斯特》(1890 年 6 月 5 日)，《马克思恩格斯选集》第 4 卷，第 688 页，北京：人民出版社，1995。

要是政治的——事件转向对社会和经济的复杂长期的过程的研究";研究人们生活的物质条件;促进了对人民群众历史作用的研究;关于社会阶级结构观念以及对阶级斗争的研究产生了广泛影响;强调不仅应当记载按年代顺序发生的一系列事件,而且应当从理论上对这些事件进行解释,唤起对历史学理论的兴趣。巴勒克拉夫同时指出,"马克思是最不教条、最灵活的作者"。自从马克思时代以来,"不仅历史知识的数量增长了一百多倍,就连社会学的分析能力和心理学的认识能力也成百倍地增长了",有必要把历史研究推进到更完美更高级的阶段,"在新的知识背景下,在我们生活于其中的迅速变化的世界条件下,有所提高,有所发展"①。

第二次世界大战以来,历史研究的重大进展首先表现在广泛吸取其他学科的视角和方法,兴起诸多不同层级的分支学科。其中除社会史、文化史、历史人类学外,尚有新经济史、新政治史、思想史、法律史、军事史、宗教史、心态史、妇女史、家庭史、生活史、医疗史、城市史、全球史、区域史、环境史、比较史学、心理史学、计量史学,以及相关的人口学、语言学、考古学、文献学、口述史,等等。研究领域大大拓展,更为精确细致,成果丰硕。

与此同时,学术流派纷呈,不断涌现出新的观念和新理论、新方法,一些重要成就逐渐发展成史学界广泛认同的趋向。诸如新史学大力倡导历史学与其他相关学科结合,展开跨学科综合研究,互相补充完善、交叉融合,成为有机联系的整体系统。年鉴学派提出将历史时间分为长时段(地理时间,大的趋势,结构)、中时段(社会时间,局势)、短时段(个人时间,事件)的理论,尤其关注整体关联、综合的"总体史"研究。历史人类学对微观史学、日常生活史的个案研究,既关注地方性、主体实践性,十分鲜活生动;又小中见大,揭示历史表象背后深层的社会意义。史学界长期以来只注重时间的脉络,而不甚注意空间的观照,新史学则对环境、生态、区域社会的发展投放了极大的注意力。以往的历史大多是精英的历史,是重大事件的历史,忽视了历史上的广大人民群众,忽视了具有相对独立性的民间文化,忽视了占历

---

① 参见杰弗里·巴勒克拉夫:《当代史学主要趋势》,杨豫译,第261、27、262、43页,上海:上海译文出版社,1987。

史中大多数时间的日常生活，这种状况都在很大程度上得到改观。

不过也应看到，虽然上述种种取向，包括重视主体在历史发展过程中的自主能动性，以及在研究方法上注意整体的、系统的、多层次的相关分析，确有不少合理、精辟之处，给我们以有益的启示。但是过分夸大主体作用，忽视社会关系的制约，未能揭示社会存在的决定作用则是使一些西方史学研究陷入唯心史观的致命弱点。即如年鉴学派强调研究普通人的历史，注意地理的、经济的、社会的、心理的各种因素对历史发展的影响，但他们却否认物质生活的生产方式制约着社会生活、政治生活和精神生活的过程。西方马克思主义批判社会形态五阶段直线演进理论，强调历史过程的能动性、主体性、总体性和辩证性，对重建被斯大林曲解了的历史唯物主义做出有益努力，但却存在忽视资本分析和专重文化、意识形态的偏向。"新文化史"主将在彰显语言是理解事物以及生产和交流意义的前提时，又将话语结构、"语言学转向"夸大为具有决定性的意义，标榜语言从根本上建构、塑造了世界。后现代主义史学强调个体主观认识的差异性、多样性，是对传统史学简单划一程式化"宏大叙事"的冲击；而过分热衷于把整体、连续的历史"拆解""颠覆"为互不关联的碎片以及冀图用历史文本的主观性取代历史本体客观性的随意"解构"，则不免误入历史虚无主义的歧路。再如马克斯·韦伯用伦理道德观念去解释社会发展的思路产生了广泛影响，以至被一些学者称作已构成"对唯物史观的一种有力的反驳"。而事实上新教伦理固然推进了资本主义的发展，但它本身却正是资本主义物质生产关系发展的产物。在资本主义萌兴时期基督教曾经试图抗拒，其后大势已去，才逐渐修正其教义以附和资本主义的意识形态。韦伯的理论是对庸俗唯物论的有力挑战，却并未动摇马克思主义唯物史观的权威性。

马克思主义哲学是建立在实践基础上的唯物论和辩证法的统一。它强调研究任何问题都应从既有的事实出发，求真崇实；并以联系的、运动的和发展的观点去认识事物，考察历史。马克思主义提出的认识人类历史活动的一系列概念及对其相互关联的阐释，有效地从理论上廓清了各种社会现象的分类、定位及其相互间的内在联系，由此揭示出社会发展的原因、路径和趋向以及隐蔽在偶然性后面的规律，使人透过纷繁莫辨的乱象豁然开朗，清晰地把握住历史发展的轨迹与秘密。这种历史唯物主义理论并非剪裁历史的公式，其真正价值在于提供了科学说明历史的方法。

近二十多年，后现代史学和微观史异军突起，包括对气味、汗水、毛发、疼痛之类纤毫细处的深入研究令人耳目一新，是对过往刻板僵硬宏大叙事的"离经叛道"，有其积极合理的一面。但这并不意味历史研究要告别宏大叙事。一味沉浸在斑驳陆离的碎片之中，难免遮蔽对"天人之际""古今之变"大局的探寻，对历史发展的大势总向反而懵懂不晓。尤其在全球化趋势加剧、全球史方兴未艾的当下，史学界更加呼唤对长时段历史大势和全球变革宏大理论的关注。人们理所当然的期待历史学能够提供把握社会发展大潮流、大趋势、大变革、大转型以及中国路径下固有结构、格局和规律等经世之学的大视野和大智慧。当代史学发展的这种趋势，正显示出唯物史观的强大生命力和巨大影响力，至今占据着引导历史研究理论与方法的制高点。巴勒克拉夫列举的五个主要方面便是明证。年鉴派大师布罗代尔在阐释其"长时段"理论时也说："马克思的影响经久不衰的秘密，正是他首先从历史长时段出发，制造了真正的社会模式。"[①]把研究视野扩展到整个宇宙的新兴跨学科"大历史"论首倡者大卫·克里斯蒂安同样强调："马克思主义史学家就属于一种宏大的历史叙事，因此马克思也可归入'大历史学家'的范畴。"[②]当然，马克思主义唯物史观并不排斥微观史，而是讲究从关联互动的整体背景下去描述、阐释这些闪光的片段，并依托这些"细节"凝聚成整体，多角度折射出宏大的历史光彩。近年欧美兴起的"实践史学"，其实也在某种程度上更多的显现出回归马克思的色彩。

当今网络数字技术为史学研究带来新资料、新信息、新工具，催生新变革，以至第22届国际历史科学大会特将"历史学的数字化转向"列为讨论主题。但显然，这种新技术只有在理论指导和史学素养统领下才可能发挥高效率，实现新飞跃，否则很难避免"以堆积资料代替研究""以粘贴伪装学问"的乱象。和巴勒克拉夫撰写《当代史学主要趋势》的20世纪80年代相比，当今历史知识的数量和分析、认识能力的增长已远远超过100多倍。研究领域的

---

① 费尔南·布罗代尔：《长时段：历史和社会科学》，顾良、张慧君译，第202页，北京：中央编译出版社，1997。

② 《大历史：在宇宙演化中书写世界史》，《光明日报》，2012年3月29日。

极大拓展，研究深度的细密精准，研究理论和方法的丰富多样，以及在丰硕成果中体现的科学性、准确性和深刻性，都推进到一个崭新的高度。正如江泽民在中国共产党第十五次全国代表大会上的报告所指出的，"马克思主义必定随着时代、实践和科学的发展而不断发展，不可能一成不变"。历史唯物论和辩证唯物论本身体现了批判、变革、开放、创新的精神，它要求兼采博取最新科学文化成果，接受新的实践经验的不断检验，以调整、丰富、充实、发展自己。我们认为，江泽民关于在中国真要建设社会主义，"那就只能一切从社会主义初级阶段的实际出发，而不能从主观愿望出发，不能从这样那样的外国模式出发，不能从对马克思主义著作中个别论断的教条式理解和附加到马克思主义名下的某些错误论点出发"的意见，对于研究中国历史同样具有极大指导意义。毕竟"马克思主义是科学，它始终严格地以客观事实为根据"。[①] 而斯大林比照物质运动的自然规律将人类历史发展进程机械划一地框定为直线演进的模式，正是对马克思历史唯物主义的曲解。马克思、恩格斯在《德意志意识形态》一书将物质生产、精神活动和自身繁衍列为人类历史活动的三个基本方面。如前文所述，中国史学界长期以来对这三者的定位都存在重大的导向性偏失。何况马克思、恩格斯没有机会对中国历史进行系统深入的研究，《家庭、私有制和国家的起源》一书没有片言只语谈及中国古代社会。而中国古代的社会结构和文化类型与西方相比又确有很大差异。理论是实践的折射与升华，现代人文社会科学是西方经历工业革命、科学革命后现代化的产物。其主要概念、理论、体系、方法来源于西方的历史经验、社会实践、语言传统、宇宙观和思维方式。这种以西方社会为中心参照的理论视角与分析框架，对于中国突破传统知识体系、适应现代化和全球化时代学术范式曾起过重大推动作用，至今仍有重要参考借鉴价值。但不顾史实一味以西方的框架为蓝图硬套，则不免陷入刻舟求剑、缘木求鱼的迷局。如所周知，中国既不是只有古代史的逝去了的古国，又非仅有晚近历史的"后生"，又兼疆域辽阔、人口众多，发展成一种重要的文明类型。其间呈现出独特的社会结构、文化导向、发展路径、演变轨迹，理应立足于中国史实加以概括、总

---

① 江泽民：《高举邓小平理论伟大旗帜把建设有中国特色社会主义事业全面推向二十一世纪——在中国共产党第十五次全国代表大会上的报告》。

结。何况只有将中华文明的历史融入世界范围深入考察，才真正谈得上是对整个人类的历史研究，而在中国研究缺席情况下概括出的人类历史经验，难免会有残缺与局限。今天我们坚持以历史唯物主义为指导，坚持马克思主义中国化、时代化的方向，纠正以往简单化、教条化偏向对马克思主义的曲解和对史学研究的误导，摒弃处处套用西方话语、拿中国历史比附西方历史的简单粗糙线性进化论的模式，批判地汲取国内外史学研究的最新成果，兼收博采、综合创新，详细占有史料，实事求是地对中国历史展开原创性研究，运用马克思主义唯物史观诠释中国历史上"特殊"的具体问题，解读中国的历史实践、中国道路，总结中国经验，从中提升出新概念、新范式、新表述，建构起既具有中国特色又同国际接轨的学术话语体系，理当在通史建设的理论、体例、内容等方面有所丰富和发展。

（选自《建构中国通史：理论·中国路径·体例》，岳麓书社，2017）

终极制约与文化选择

遗传与变异、基因与选择的对立统一，是生命运动的基本形式，也是人类社会发展面临的亘古常新的命题。

长期以来，史学界在运用唯物史观研究历史，充分肯定经济基础的决定作用时，也存在着把这种经济作用过分夸大，将其视为刻板、先验的教条的倾向；而忽略了对人的主体能动性、思维的相对独立性和文化的多样性以及对文化进行价值判断和社会功能考察的研究。在以往通史著作中所设的"文化"这一块，大体上限制在对哲学、宗教、史学、科学、文学艺术一类较为狭隘层面的介绍。"文化"实际上只被看作是历史发展的"果"，而被排除在影响历史发展的诸种"因素"之外。于是出现恩格斯当年指出的偏颇，仿佛"经济因素是唯一决定性的因素"，本来生机盎然、生动活泼的历史，变成了干巴枯燥"毫无内容的、抽象的、荒诞无稽的空话"[1]；充满灵气的创造历史的主体，成了体现、演示某种抽象规律、公式的毫无生命的躯壳和工具，从而很难和庸俗机械唯物主义以及形而上学、宿命论划清界限。其实经济基础的决定作用往往只是宏观的远程控制，即在大的趋势、倾向、性质、特点上起到根本性的制约作用；而人们的主观意志和精神活动同样是人类创造历史的前提，或者说，人类创造历史的一切活动都离不开人的主观意志和精神活动，归根结底，"历史不过是追求着自己目的人的活动而已"[2]。这种主体意志活动的个性，必然要在创造历史的活动中留下独特的轨迹。在新编中国通史中，文化将不仅是和政治、经济并列的一个门类；因为在我们看来，文化不但表现为各种意识形态，表现为深刻的理性认识，同时也表现为人的素质和潜力，或者以感情意向的形式流露，以无形的心态氛围四处弥漫，或者显现出一种大

---

① 《恩格斯致约·布洛赫》，《马克思恩格斯选集》第4卷，第696页，北京：人民出版社，1995。
② 马克思、恩格斯：《神圣家族》，《马克思恩格斯全集》第2卷，第118、119页，北京：人民出版社，1975。

致趋同的价值取向、行为模式，成为一种民族性格、时代精神。总之，我们把文化视为一个依存于客观物质世界和社会历史实践的、有机的、动态的、有独特个性的，集中反映人类主体意志和实践活动的整体系统。我们在研究历史上发生的重大事件，探索各种变革的原因时，理所当然不应忽略这一影响人们行动意愿以及改造世界能力的文化因素。不但要探究酿制人们各种思想愿望的物质底蕴，而且要揭示潜藏在各种变革、事件之后的人们的情绪、意愿及种种计谋、方略、规划，把"文化"的因素有机地融入人类创造历史的全部进程之中。因而在新编通史中，文化的多重含义都将受到高度重视和充分展现，包括注意把握文化精神和生活方式、制度以及各种意识形态等文化具象之间的内在关联，考察中国传统文化成为一种特殊类型的原因及其社会效应和历史影响。这一切都将被放置在贯通全书各部分的特殊重要地位，真正体现上层建筑、意识形态、精神生活受到经济基础、生产方式的制约；同时一经产生，又具有相对的独立性，发挥巨大的反作用力，反过来能动地"掌握世界"①这一唯物史观的精髓。

与此相应，关于偶然与必然、随机与规律问题，我们将力求展示这样一种观点：与在自然界或实验室里可重复验证的自然科学规律不同，就任何一特定的人类社会而言，越是在长期的历史运动和历史发展的总趋势中，"必然"与"规律"的作用体现得越明显。而相对于任何一个较短时期的具体历史来说，则存在着向不同方向发展的可能性。从这个意义上讲，当相关的基础条件确定之后，只有历史发展的总趋势是必然的，而历史的无数具体事件和过程都带有很大的偶然性。恩格斯就曾指出，"恰巧某个伟大人物在一定时间出现于某一国家，这当然纯粹是一种偶然现象"。但由于时代需要的呼唤，"如果我们把这个人去掉，那时就会需要有另外一个人来代替他，并且这个代替者是会出现的，不论好一些或差一些，但是最终总是会出现的"②。即使在社会形态行将发生质变的临界时期，革故鼎新的大趋势谁也无法扭转，但反映在社会结构、生产关系等方面变革的政策调整究竟由谁来实现，其具体过程和时

---

　　① 马克思：《〈政治经济学批判〉导言》，《马克思恩格斯选集》第2卷，第19页，北京：人民出版社，1995。

　　② 《恩格斯致符·博尔吉乌斯》，《马克思恩格斯选集》第4卷，第733页，北京：人民出版社，1995。

间的早晚，包括历史上一些适应社会需要迟早会出现的重大科技发明问世的时间和水平的高低，也都在很大程度上取决于诸多偶然因素。

我们在高度重视人类主体意志的同时，尤其注重人类作为历史主体改造世界的各种实践活动。当然，这并不意味人便可以不受物质基础和社会存在的制约为所欲为。如马克思所说，"人们自己创造自己的历史，但是他们并不是随心所欲地创造，并不是在他们自己选定的条件下创造，而是在直接碰到的、既定的、从过去承继下来的条件下创造。一切已死的先辈们的传统，像梦魇一样纠缠着活人的头脑。"①尤其在中长时段，社会经济的发展，生产力和生产方式的改变以及阶级斗争格局的变更，作为驱动历史发展的终极原因和伟大动力，乃是显而易见的。作为历史主体的人，只有在不违背客观规律的前提下，才能获得充分的选择和创造的自由。

但同时也要看到，在历史行进的道路上，特别是在中短时段大量存在着的不确定系统、随机性系统面前，可供选择的道路、方式是多样的；而经历了无数历史关头的无数次选择之后，尽管不能改变历史发展的总趋势，但确实导致不同国家、不同民族之间在具体发展道路和发达程度上表现出很大差异。毫无疑问，社会形态更新是经济基础、社会结构、思想文化诸层面整体互动的结果。处于转型前夜的社会，新旧力量矛盾冲突异常尖锐。中长时段结构性因素自然会对社会转型，包括对治国者的政策导向产生制约；而生产力发展孕育出的新经济因素也分明为政策调整提供了余地。国家政权的决策与运作，作为把握方向的能动的变量，则往往在中短时段成为影响转型成败至关重要的因素。明中后期局部地区手工业部门生产关系的变革和西方显露资本主义曙光大致处于同一历史时代，由此引发的一系列变动曾程度不同地在东西方同时显现，甚至"在很多方面，中国非常具备现代转变的条件"②，而且一些先进知识分子也曾提出相应革新的主张。此刻影响社会转型的主要症结便取决于治国者的应对方略。与欧洲新兴资产阶级颠覆旧结构以及俄、日通过调整改革相继跨入工业文明轨道的模式不同，清朝采取了修补复制旧结

---

① 马克思：《路易·波拿巴的雾月十八日》，《马克思恩格斯选集》第1卷，第585页，北京：人民出版社，1995。

② 罗兹曼主编：《中国的现代化》，第271页，南京：江苏人民出版社，1995。

构的对策。只消把同为 17、18 世纪之交风云人物清康熙皇帝、法王路易十四、俄国彼得大帝三者的施政方针稍加比较，便可对导致三国日后发展走向与成败兴衰差异的原因一目了然。法王路易十四于 1665 年重用宠臣柯尔伯大力推行重商主义改革；彼得大帝亲自化装到西欧实地考察，大刀阔斧革新；而玄烨及其继任者却热衷于复兴宋明理学，全力守护"重本抑末"的农耕藩篱，最终导致帝国迅速在世界工业文明潮流中陨落。

历史证明，"人创造环境，同样环境也创造人"①。新的意识形态，包括建设新社会的蓝图，最终是新的经济基础变动的产物；但没有人的"觉醒"，没有人的素质、文化的改变，又不可能推动社会革新、去建立新的经济基础。这是一个几千年来令思想家们陷入"鸡生蛋，蛋生鸡"一类困惑的怪圈。最终击破这一怪圈的是"革命的实践"。马克思在《关于费尔巴哈的提纲》第三条指出："环境的改变和人的活动的改变或自我改造之间的一致，只有把这两种改变都看作革命的实践，才可以认识和合理地理解。"②也就是说，环境的改变与人的素质或文化的改变两者在"革命的实践"中取得了一致。正是基于这种理解，我们在肯定经济基础为决定历史发展终极原因的前提下，认为实践乃是人类历史发展中最为活跃的本质因素。整个人类历史在某种意义上就是一部物质变精神、精神变物质的历史，其间转变的中介便是人类的实践活动，通过实践的渠道将两者沟通，实现互化飞跃。

正如马克思《政治经济学批判》所说："生产者也改变着，炼出新的品质，通过生产而发展和改造着自身，造成新的力量和新的观念，造成新的交往方式，新的需要和新的语言。"③这是我们强调社会发展和实践是新文化的本体和永不枯竭源泉的理论依据。

与此同时，还需要指出，人们常说的"与时俱进"的提法也只有与继往开来、开拓创新联系起来，方能和随波逐流式的跟进区别开来。毕竟时势的发展并非只是社会存在的自然演变，而是包含了人类主体努力奋斗的主客观互

---

① 马克思、恩格斯：《德意志意识形态》，《马克思恩格斯全集》第 3 卷，第 44 页，北京：人民出版社，1960。

② 《马克思恩格斯选集》第 1 卷，第 17 页，北京：人民出版社，1972。参见《曹孚教育论稿》第 1 页注②使用的译文，华东师范大学出版社 1989 年版。

③ 《马克思恩格斯全集》第 46 卷，第 494 页。

动的结果。而人的努力又具有目的性、预见性，受到不同价值观念、理论认识和文化选择的影响。不同历史时期的不同国家与民族所面临的客观环境千差万别，即使一些主要条件大致相同，主体实践作为最为活跃的变量仍有广阔选择空间，历史的发展必然异彩纷呈，瞬息万变。把历史唯物主义奉为刻板公式和万应药方的做法，最终只能落入宿命论的窠臼。如果一切逝去的往事俱为命定，社会发展和历史演变失去一切悬念，那历史研究还有什么意义？历史是昨天的现实，将来的现实也必将成为历史，人们对现实活动中面临的多种方案的比较选择和投身实践的戮力拼搏，岂不也都成为毫无意义的多余之举！

正如《恩格斯致瓦·博尔吉乌斯》所指出的，我们所研究的领域"愈是远离经济领域，愈是接近于纯粹抽象的思想领域，我们在它的发展中看到的偶然性就愈多，它的曲线就愈是曲折"。如果画出曲线的中轴线，就会发现"研究的时期愈长，研究的范围愈广，这个轴线就愈接近经济发展的轴线，就愈是跟后者平行而进"①。总之，我们强调各种主、客观因素之间的相互关系和综合作用，揭示各种"合力"推动社会发展的多重性和复杂性，努力在充分展现各种生动活泼、丰富多彩的"主体性"和"偶然性"活动中把握住历史发展的"中轴线"，揭示出隐含其间的脉络与规律。或者换句话说，我们在梳理、把握历史发展的经济"中轴线"的同时，要充分展现人们创造历史的主体性、开创性和多样性的绚丽风采。

（选自《建构中国通史：理论·中国路径·体例》，岳麓书社，2017）

---

① 《马克思恩格斯选集》第4卷，第507页，北京：人民出版社，1995。

历史研究不应拒绝假设

在科学研究中提出假设，乃是对客观事物及其发展规律的假定的说明，本身要有一定根据。假设作为科学发展的形式与途径，无论在自然科学还是社会科学研究中都具有极其重要的意义。不过，对于历史学来说，似乎情况有点特殊。一些史学家强调"研究历史就必须从客观存在的历史实际出发，对客观历史予以能动的反映。即在收集、整理、研究大量史料的基础上，探寻社会的发展规律，总结历史的经验教训，而不能与此相反，脱离历史的客观实际去随意地作主观的臆想和假设"。在一般人心目中，"历史不能假设"也被视作无须置辩的真理。看来历史研究是否应该拒绝假设，的确是一个值得探讨的理论问题。

历史研究包括实证与理论诠释两大方面。鉴于历史无法再现的不可重复性特点，使人们认识到的历史和客观存在过的历史之间存在很大距离。即使进入有文字可考的文明时代，也必然有大量史实失载；而且那些明文记载的"二十四史"，每多刻意的捏造虚构和无意的失察误漏。历史记述者和研究者均不可能摆脱时代与阶级的影响，不能不受理论素养、史学观念、科技手段和认识能力的制约，从而无法避免记载与诠释的偏失。只有不断提出假设并继之以证实或证伪，方能相对接近于历史真实。在实证层面排除假设，就等于取消历史研究。而在理论诠释层面，"假设"同样是开展研究不可或缺的前提。人们用以解释历史的理论框架的确立，都必然经历过假设的阶段，包括作为科学的历史观的唯物主义思想。这正如列宁所说，"马克思在40年代提出这个假设后"，花了不下二十五年的工夫加以研究，直至"《资本论》问世以来，唯物主义历史观已经不是假设而是科学地证明了的原理"①。

另有一种对已然发生了的历史做出不同路径的假定，属于无法验证的假设，确有一定特殊性。但在我们看来，因其旨趣在于通过用假设的可能性与

---

① 《列宁选集》第1卷，第110、112页，北京：人民出版社，1984。

实际的历程比较，研判利弊、总结规律，仍不失为理论诠释范畴中用以深化对历史规律认识、更好总结经验教训的一种方法。历史的发展固然有内在的"必然"性和"规律"可循，但这通常体现在历史发展的总趋势中，例如经济基础的决定作用一般只是宏观的远程控制，即在大的趋势、倾向、性质、特点上起到根本性的制约作用；而在许多具体发展进程中，则往往存在着大量不确定性和随机性。体现人们主体意志的"文化"选择，同样是人类创造历史的前提。如果把充满灵气的创造历史的主体，仅只看成是体现、演示某种抽象规律、公式的毫无生命的躯壳和工具，就很难和庸俗机械唯物论划清界限。鉴往知来是史学研究所应发挥的重要功能。在浩渺博大的历史中蕴含着的种种经验与教训，许多情况下都是相对历史发展中存在的不同可能而言，以历史事实与其他可能性相比较而得出。如果一切逝去的往事俱为命定，那还有什么经验教训好总结呢？"历史是昨天的现实"，将来的现实也必将成为历史，这将来的现实是否也和昨天的现实同样是命定的呢？人们对现实活动中面临的多种方案的比较选择岂不也成为毫无意义的多余之举！因此倘若不以宿命论的眼光而以唯物史观的眼光看待历史，就不应笼统拒绝对历史发展进程中存在的不同可能性进行假设与比较。

在现代西方史学研究中颇有影响的美国新经济史学派，就尤其重视对历史上不同路径假设的研究，他们建构的反事实模式或称假设——演绎模式成为该学派研究的重要特征。其中福格尔《铁道与美国经济的增长》一书，在假设 1890 年美国没有铁路的情况下，对国民收入水平进行了复杂的统计推理，得出铁路在美国经济增长中并未起到决定作用的结论。福格尔和恩格尔曼合著的《苦难的时代——奴隶制的政治经济学》，则假设如果未曾爆发南北战争，奴隶制种植园延续到 1890 年，情况会是怎样。作者通过对 1860－1890 年棉花价格和产量增长率、奴隶生活费变动率，以及奴隶价格增长率等有关资料进行长达数千小时的计算机计算，认为当时的奴隶制危机不是经济和社会危机，而是社会平等和道德问题。该书在史学界引起极大震动，获美国历史研究最高荣誉——班克洛夫特奖。福格尔本人也因对新经济史研究的贡献而获 1994 年诺贝尔经济学奖。我们并不一定都接受新经济史学派的一些具体研究成果，但却不能无视他们运用假设——演绎模式研究提出的挑战。这种反事实模式研究毕竟开阔了人们视野，拓宽了研究内容，丰富了研究方法，使人们获取许多新鲜知识，得到有益的启发。

　　恩格斯曾经指出："在自然界和历史的每一科学领域中，都必须从既有的事实出发。"①这一原则无疑是完全正确的。事实上马克思主义经典作家也并不排除对以往的历史做出不同假设。恩格斯本人就曾针对 19 世纪美国工人运动提出与实际历程不同的假设②；毛泽东关于"中国封建社会内的商品经济的发展，已经孕育着资本主义的萌芽，如果没有外国资本主义的影响，中国也将缓慢地发展到资本主义社会"的假设更为人所熟知③。这些都是对已然发生了的事实做出不同的假定，均无从验证，但却不能视为"等于白说"。原因就在于这些假设的提出并非凭空臆测，其间体现了对社会发展规律的认识，以及对革命运动中经验教训的总结。尽管学术界对毛泽东这一假设存有争议，但由此展开的讨论深化了对传统社会的社会形态演变、社会发展道路、人类社会发展的共性与个性等问题的认识，有利于史学研究的发展与繁荣。

　　总之，从本体论上看，历史是实实在在客观存在过的事实，不能用主观假设去取代，人们正是在这个意义上说历史不能假设。但这并不等于在历史研究中不得假设，这是完全不同的两个概念。而且假设不同于臆想，臆想系指毫无根据的随意猜测；科学研究中的假设则指有一定根据的设想。我们完全有理由要求提高历史研究中"假设"的学术含量，也完全应该抵制毫无根据的主观臆想并对一些"假设"中的不当之处提出批评乃至批判，但却没有理由在理论上笼统排斥假设。

　　　　　　　　　　　　　　　　（原载《光明日报》1999 年 10 月 22 日）

---

① 《马克思恩格斯选集》第 4 卷，第 288 页，北京：人民出版社，1990。
② 《马克思恩格斯全集》第 36 卷，第 567 页，北京：人民出版社，1975。
③ 《毛泽东选集》（一卷本），第 620 页，北京：人民出版社，1970。

黄河文化研究断想

黄河文化在中华文明中的中枢地位

人类以及为人类所特有的文化，归根结底是大自然的产物。人类文化的成长发展与其赖以生存的生态环境密不可分。水是生命的源泉，梁启超在《中国古代思潮》中说："凡人群第一期之文化，必依河流而起，此万国之所同也。"中国疆域辽阔，水系丰富，不止一条大江大河，中华民族也因此不止一个摇篮，至迟在新石器文化时期已呈现满天星斗多元文化发展的格局。虽然从总体上看，各地域文化争奇斗艳互有优长，但在跨入以国家为标志的文明门槛时，则黄河文化凭靠黄河、黄土赐予的得天独厚自然环境一枝独秀脱颖而出。率先完成这一飞跃的中原地区因此在相当长的历史年代确立了对周边地区的优势，黄河文化遂在中华文明的形成发展中占据了主源、主导和主流的中枢地位。这种主导、主流地位集中表现在生产力与生产关系方面的先进性，社会结构与政治制度方面的权威导向以及意识形态与文化精神方面的正宗原典地位。

古代中原主要指黄河中游的河谷、平原及附近丘陵坡地、分布于黄土高原，包括黄土冲积平原。这里主要出产较耐干旱、成熟期短、产量高、耐储藏而又营养充足的谷类作物。这是一种既不过分严峻又非俯首可拾过于优越的环境，在这里从事生产活动需要准确掌握节气变化规律、具备较高技术要求。这种较为适度的自然环境，能够充分满足人们的基本需求，并有利于开发先民的体力、智力和创造能力。在这片土地上，不但先后孕育出了当时最为先进的仰韶文化、龙山文化，而且率先于春秋战国时期发明、推广牛耕铁犁，直至唐代发展成以曲辕犁为标志的高度成熟的精耕细作型农耕经济。而这种高技术、先进生产力则直接导致生产方式从强制集体劳役过渡到人身依附关系相对松弛的租佃模式。正是这种在全国以至世界范围最为发达的生产力以及最先进的生产方式，构成了黄河文化的核心，并为黄河文化的全面繁盛与中华古文明的灿烂辉煌奠定了坚实的基础。

黄河中下游一带先进的生产力、生产方式和较为开阔便于交往的地形条件，以及组织起来抗御北方游牧民族袭扰与实施公共治水工程的需要，促使中原地区社会组织、规范制度和管理机构发育成长。黄河流域最早显露文明曙光，建立起最早的国家机器，并非偶然。此后自夏商周三代至秦汉、隋唐、北宋诸代都会均聚集于黄河中下游地区。深深刻下中华特色烙印的血缘、地域二系合一社会结构，高度统一的君主专制中央集权政体，以及与之相关的三省六部、科举选官等重大典制均在此时期发展、定型、臻于成熟。中原地区由此奠定全国政治中心的地位。历史上各区域、民族政治集团之间力量对比格局的进退消长，几乎无不导致"问鼎中原""逐鹿中原"的较量，便是这一地区正统核心地位的客观反映。

中原地区与经济基础、社会结构、政治制度相应并为之服务的精神文化领域亦颇具特色，同样在全国范围占据主导地位。黄河流域除了孕育出最早的汉字——甲骨文和对人类文明产生重大影响的四大发明外，还创造出伏羲八卦、易经，从而奠立起蕴含着宗教、哲学、科学和社会政治思想结晶，概括自然界和人类社会变化规律的早期中华文化丰碑；而由孔子创立的儒学至汉初取得"独尊"地位，更支配中国人思想观念达两千余年之久。余如天文历法之"十月历"，数学之《周髀算经》，医学之《黄帝内经》，军事学之《孙子兵法》，法律学之《禹刑》《汤刑》《九刑》《吕刑》，史学之《尚书》《春秋》《左传》《史记》，以及文学方面经孔子编定的诗歌总集《诗经》等，均为各领域开源导流的正宗原典之作。黄河文化的中枢地位不仅表现在上述诸多领域的开创性辉煌建树，还更深刻地凝聚在她所塑造的以价值体系、思维方式、行为模式为核心的文化精神、民族性格。这是由生产方式、社会结构、政治体制交织建构起的规定中华文化导向的深层基因，在很大程度上规划、制约着中国社会的特点类型与发展路径。

处于"号令天下"中枢地位的黄河文化，具有强大的凝聚力、感召力，尤其经秦一统天下确立郡县制并实施"书同文""车同轨"、统一货币与度量衡等大一统举措而更具权威，对周边地区产生了巨大深远的影响。楚汉相争之际，鲁人叔孙通儒服去见刘邦，"汉王憎之"，只得"从其俗裁制"，更换楚服谒见。

而当刘邦率清一色楚旅代秦之后，终不免"汉承秦制"，负责制定汉初礼仪的恰恰是黄河文化的传人大儒叔孙通。就是文学创作上，亦如刘勰《文心雕龙·辨骚》评价屈原诗作所指出的，虽"自铸伟辞"颇多创新，极富楚文化浪漫瑰丽色彩；但在精神实质上还是"取熔经意"，承袭了黄河文化经典的灵魂与筋骨。北宋时契丹攻占燕蓟后亦不例外，照样"得中国（古时中国指中原）土地，役中国人力，称中国位号，仿中国官属，任中国贤才，读中国书籍，用中国车服，行中国法令"，其所作为"皆与中国等"①。其原因一则是中原地区正统文化经统一政权推行政令而有效地扩散流播，早已深入人心；再则是体现了处于落后阶段征服者被先进文明所征服的必然规律。即或魏晋之后政治、经济重心的南移东渐，就黄河流域地位而言固然是一种相对削弱与失落，而就黄河文化的发展来看，实则是一种扩展放大，并未摇撼黄河文化在中华文明中的正统核心地位。中华文明最终是以黄河文化为核心，包容百家、博采众长，融汇凝聚成范围更加宽广的统一不可分割的整体。

黄河文化的广博深厚内涵

黄河文化初始是一个与黄河紧密相连的地域性文化概念，即指黄河流域先民创造的物质产品、精神成果以及在人们自身所凝聚的素质、行为方式的复合体。

黄河以及黄河流域的生态环境本来只是一种表现为物质形态的客观存在，并不带有文化的属性。但是一旦从中孕育出万物之灵——人之后，由于人的主体活动反过来自觉不自觉地改变了黄河及其流域生态环境的质地与形貌。例如导致黄河从"河水清且涟猗"②到"河清难俟"、断流、改道、沙化、污染的变化，就既有自然环境本身变化的因素，也有人为活动带来的影响；兴建水利工程导致"高峡出平湖"之类的巨变，更是人类改造山河的杰作。于是黄河及其流域的生态环境便被铭刻下了各种社会人文信息，赋予了一定的文化意蕴。属于这一类的还有黄河流域人们经济、军事、社会生活等活动留下的诸

---

① 《续资治通鉴》卷 150。
② 《诗·小雅·黍苗》。

种物质遗存。其间积淀凝聚了丰富深刻的思想内涵，从中可以清晰窥见人们的主体意志、思想感情和价值追求，这些都可以视为黄河文化中表现为物质实体的物态文化。

此外黄河文化还包括黄河流域生态环境制约影响下形成的精耕细作型个体小农经济生产方式、宗族血缘色彩极浓的家国同构社会模式以及中央集权的国家政体组织形式和具有地方特色的生活方式等制度文化；包括在治理河患、兴修水利中显示的设计、管理思想，利用黄河水资源及黄河流域生态环境因地制宜展开多种经营的经济思想，凭据大河展开攻防的军事思想，以及在这一方水土创造出的诸种科学技术发明成果和黄河流域滋养出来以黄河为题材或反映黄河乡土地域特色的文学艺术作品等的意识形态文化。黄河及黄河流域塑造出的富有鲜明特色的人们的价值观念、思维方式、行为模式、民族性格、文化精神，则属于黄河文化中的深层心态文化。

黄河文化自雄踞多元一体中华文明主导地位，便进一步冲出了自身流域疆界，以宽广博大的开放胸怀与多种文化互相交汇吸纳、兼容并蓄。而在多种地域文化的迁移碰撞中，黄河文化又因其先进性与中枢地位而发挥着凝聚、统一的功能，作为强势文化向周边辐射扩散，并在海外产生广泛影响。黄河文化实际上已成为整个中华文明传统文化的主要代表与象征。这就大大深化了黄河文化的内涵，使其愈加广博深厚，不再只是局限于东西万余里、上下百万年的时空概念；而衍化升华为从局部到全国乃至世界，从远古走向当代直奔未来的跨时空流动发展的概念。

黄河文化并非一门独立的学科，而是需要多学科参与进行跨学科研究的专门学问。即以治理黄河兴利除患而论，就从来不是一个简单的科学技术问题。因需协调上中下游不同地区之间、局部与整体之间、地方与中央之间的权益分配，必然会牵扯到经济体制、社会制度和政治体制等深层因素，而政府部门的治水决策和规划，也自然会受到文化观念和价值准则的制约。黄河文化显然是融自然科学与人文科学、社会科学于一体，远比红学、敦煌学等专学复杂深刻的整体综合研究课题。其研究范围广泛涉及环保、生态、地理、地质、水利、航运等部门和经济学、政治学、社会学、文化学、历史学、考古学、人类学、民族学、民俗学、文学艺术、旅游学等众多学科领域。

治水如治国，大禹时代"通大川，决壅塞，凿龙门，降通漻水以导河，疏

21

三江五湖，注之东海"①的治河活动，曾经在某种程度上促进了国家机器和中华文明的诞生。而对大江大河的治理则不仅关系到广大人民生命财产安全，而且直接影响国家政局安危兴衰。以至康熙帝早年把心中悬念的三件大事书写张挂在宫中，其中除三藩外，其余两件便是漕运与治河。新中国成立伊始，毛泽东主席即发出"一定要把淮河修好"的号召，并相继作出治理黄河等江河的指示。直至今天，治理黄河流域因生态环境破坏导致的断流、沙化隐患，解决好中西部经济开发问题，同样是关系到改革开放治国安邦的大事。

开展黄河文化研究具有重大现实意义和深远历史意义，不但对治理黄河、贯彻可持续发展原则、改善生存环境有所助益，能更好地为推动黄河流域乃至整个中西部文化经济发展与繁荣提供理论和实际的有效服务；并且通过整理以黄河文化为代表的东方文化遗产，用现代改革创新的视野重新审视和深入系统地研究辨析，也将有利于我们更好地认识中国的历史与国情，更深刻地理解和坚持中国特色社会主义道路。开展黄河文化研究，还将进一步推动全国人民大力弘扬东方文化中蕴藏着的丰富智慧、经验、优良传统等精华，增强中华民族凝聚力，振奋民族精神，同时克服消除其中不适应现代化社会的消极因素，在现代化实践中转轨重塑，融会创新，赋予黄河文化新的生命。把建设中国特色社会主义事业推向 21 世纪，应该是我们今天开展黄河文化研究的最高宗旨和深远意义所在。

（原载《光明日报》1997 年 12 月 9 日，本文据原稿发排）

---

① 《吕氏春秋·古乐》。

长城的历史价值与文化内涵

十年前邓小平"爱我中华，修我长城"的题词，把保护维修长城提到了爱我中华的爱国主义高度。今天，在积极保护维修长城、进一步向世界展示长城风采的同时，有必要对长城的历史价值及其文化内涵进行更深层次的考辨阐述，以期为确立长城不愧为中华民族精神的象征并进一步发扬长城文化提供科学的历史依据。

凝聚中华民族的历史丰碑

构筑长城的直接目的是用于抵御北方游牧民族南下。长城的经济、政治效应全都建立在它的军事防御效应基础之上。

游牧民族长于骑射，但攻坚步战则非所长，横亘在剽悍骑兵面前突兀而立的城墙，迫使其弃长就短，失去优势；而且从战略布局上看，长城亦非一线排开简单孤立的城墙组合，它由点到线、由线到面把军事重镇、关城、隘口有机地联结起来，并于沿线设立障、堡、敌台、烟墩（烽火台），互为犄角，构成完整的防御体系，即使某一地段失陷，也能滞缓敌军行动，迅速集结兵力，重新组织有效抗御。在冷兵器时代，长城防御体系的军事效应应该说是卓有成效的。秦"北筑长城而守藩篱，却匈奴七百余里，胡人不敢南下而牧马"①。汉武帝"建塞徼、起亭隧、筑外城、设屯戍以守之，然后边境得用少安"②。当然，长城本身远不能决定战争胜负，历史上游牧民族之所以能够进入中原，建立政权，甚至统治全国，也并不单是长城残破失修之咎，还有旧王朝的腐朽、错综复杂的社会矛盾等更为深刻的社会原因。

纵观中国古代北疆开拓发展的历史，大多与以长城为核心的边防建设密

---

① 《新书·过秦上》。
② 《汉书·匈奴传》。

切相关。为解决守城将士军备给养而实施的屯田、徙民实边，规模十分可观，秦汉累计投入的兵民当近千万之众。北疆交通网络最初也主要是由于构筑长城防务的军事需要而开辟建立起来的，对于加强边区与内地物资交流、促进经济发展发挥了重大作用。从这个意义上看，长城确实发挥了刺激北疆经济开发、孕育"塞上明珠"的生命线作用。

基于生产、生活的需要，互相联系交往是北疆与中原地区人民共同的愿望，长年仇杀征战给双方都带来巨大灾难。但是，只有在游牧贵族军事上无法彻底取胜，经济上又迫切需要换取农耕区产品以补自身单一经济不足时，才有可能出现较为长期稳定的和平交往局面。统一多民族国家的形成发展，既表现为政治上明确归属、实现统一，军事上疆域稳定、边防巩固；也体现于民族关系上和平往来、融洽相处，经济上内地与边疆相需相靠、联为一体。而这一切，只有在排除了游牧民族可以随时轻骑南下、袭扰中原地区为前提，才有可能实现。长城防线正是为促成这一前提提供了有力的保障，从而在农牧民族的碰撞与融合中树立起一座凝聚中华民族的不朽丰碑。这正是长城最本质的历史价值所在。

广博深厚的文化内涵

长城作为人类历史上最宏伟壮观的文物，积淀和凝聚了极为丰厚的思想内涵，鲜明地体现出构筑者的思想感情、思维方式、价值取向，寄托了人们的向往与追求，铭印着民族的心理轨迹，凝聚了各个朝代的社会人文信息。

长城文化不但包括作为物质实体客观存在的物态文化，而且也包括反映长城南北农耕文明与游牧文化不同生产方式、生活方式冲突与融合的制度文化；包括围绕长城制定的战略战术及从中体现的军事思想，建筑施工中显示的设计、管理思想，作为构筑运用长城重要配套措施的军屯、民屯、商屯中体现的经济思想，凭借长城调节民族关系巩固统一多民族国家的政治思想等意识形态文化。

长城是"有形的文化界线，乃自然和人文的混合产物"，"是气候、植被和人类经济活动所交织的巨大文化之索"①。在这条文化线周围，即长城分布的主要地区，形成了一种有别于其他地区的文化地带。长城沿线既显露出边塞的独特风貌，也存在与中央政权紧密联系同一的一面。长城作为传播先进农耕文明的文化带，也对游牧民族邻近长城地区半农半牧中间过渡地带的生产、生活方式带来重大影响，呈现出背离传统方式的崭新特点。随着农牧民族之间力量的进退消长，这一地带的控制权频繁变化，成为冲突与会聚的前沿。一部长城的历史，从某种意义上说便是农耕与游牧两种文化冲突、传播、交流、变迁与融合的历史，有着自身发展演变的特点和规律。

从文化学的视野研究长城，便是要通过考察长城的构筑与分布、修建的时代背景和所起的社会作用，揭示蕴含其中的主体的思想活动和心理性格特点。对选择这种防御措施的构想，修筑长城的工程设计，依托长城实施防御的战略战术运用，修筑长城所要达到的政治、经济目的，长城在农牧文化冲突、交往与融合中所起的作用，对农牧民族双方社会历史发展的深远影响以及围绕长城构筑与运用显现出的文化精神和民族性格，及其对今天社会主义物质文明和精神文明建设所产生的影响等一系列问题进行全面深入的探讨评价，将大大丰富和深化人们对长城的认识。

中华民族的精神象征

长城本身不过是一种"有备则制人，无备则制于人"②的战略防御设施，在不同历史时期不同政治家、军事家那里可以发挥出不同的作用。甚至同一位政治家在构筑、运用长城防线的过程中，也可能正确与谬误的因素并见。

历史上人们往往从厚重纷繁的长城底蕴中抽取出含义不尽相同甚至完全相反的比喻和象征。直到现代，这种比喻象征之间仍存在着十分巨大的反差。一般来说，在建筑长城的工程技术、设计施工以及在局部地段依托长城实施军事防卫的长城防御系统，包括烽燧预警系统和交通运输、屯田、兵器制造等后勤补给系统的配置使用等方面，所体现出的中华民族的聪明智慧，历代

---

①　陈正祥：《中国文化地理》，第 157 页，北京：生活·读书·新知三联书店，1981。

②　《盐铁论·险固》。

学者大体上均予肯定。分歧主要集中于在广袤万里的北疆人为地筑起一道工程浩繁的御敌边墙,这种宏观构想和举措是否明智?先民为此付出的巨大代价是否值得?

众所周知,古长城沿线大体上与农牧区自然分界线相吻合,以农立国的古代中原王朝无力控制北部辽阔的荒漠与草原,而又不得不随时提防游牧部落南下劫掠。既然无法彻底清除飘忽无定的对手,又时刻要防备突如其来的偷袭,广筑长城在中国古代大多数历史时期便不失为一种实际有效的对策,有其不得已而为之的历史依据。

当然,对修建长城效益的评价,不能脱离对其相应所付出代价的估量。构筑长城无疑要付出艰巨的劳动和巨大的牺牲,但其中在相当一部分地段,"非皆以土垣也,或因山、岩石、木柴僵落、谿谷、水门,稍稍平之"①。在许多时期,例如明代,主要是调动军队施工,社会上一般民众的负担尚未达到无法承受的地步,秦代以来几乎没有一例主要是因为修筑长城负担过重而激起农民起义便是明证。而一旦在得力的朝臣边将主持下充分发挥长城的御边作用,所取得的巨大效益更是难以估量。以明代为例,嘉靖年间蒙古贵族俺答屡屡驱兵南下,"前后杀略吏民剽人畜以亿万计"②,边防失修造成的损失远比构筑长城投入巨大。而隆庆万历年间增设城防,有效地进行抵御,并进而促成汉蒙和议后,仅从直接经济开支来看,即每年"所省征调不啻百万"③。如果再把间接的经济、政治效应计入,这种修墙御边的投入更加微不足道。据此,完全可以确定广筑长城在那个时代堪称是一种最实际和最合理的选择。

从贾谊《过秦论》到孟姜女哭长城的传说,长城都曾作为反面形象出现,被当作专制残暴的象征,备受人们的诅咒。这当然是针对秦始皇筑城过程中蔑视百姓、酷虐催逼的暴行而发,并不牵扯到对修墙御边是否必要的评价。

事实上,直到抗日战争时期,长城才主要成为中华民族的标志和象征。这是在中华民族处于最危险时刻,举国上下高唱"把我们的血肉筑成我们新的长城",同仇敌忾、浴血抗战中提炼锻铸成的象征。《义勇军进行曲》的世代传唱及其被定为国歌,继续强化了这种意识和心态。今天,联合国教科文组织

---

① 《汉书·匈奴传》。
② 《明史纪事本末》卷 60。
③ 《万历武功录·俺答列传》。

将长城列入"世界文化遗产名录",更加增强了中华民族的自豪感、自信心和爱国感情。中国政府赠送给联合国的礼品便是精心选择的一幅以长城为图案的挂毯,其中用长城象征中华民族的寓意是十分清楚的。

　　总之,当人们在一般情况下以长城作为比喻象征时,不妨从斑驳多彩的内涵中撷取一二侧面微言大义;而在科学意义上确定其作为民族象征的标志时,则应在严肃考察长城历史作用的前提下,选择最本质的特征、最能激励中华民族奋进振兴的内涵加以阐释、弘扬。

(原载《光明日报》1994 年 10 月 3 日)

滇东古长城之我见

2000 年 10 月，北京大学于希贤教授与云南方面专家经 3 个月实地考察后，向云南省委提交了《关于发现滇东古长城的报告》。2001 年年初，云南省文物考古研究所蒋志龙副研究员率调查组实地勘察，认为所谓云南古长城系子虚乌有。由是，滇东是否存在古长城的争议，引起各界广泛关注。笔者 2001 年 4 月曾偕中国长城学会秘书长董耀会专程赴滇东对石林、陆良、弥勒境内的有关遗址实地考察，兹结合文献考据提出几点看法，以期深化讨论，尽早揭开蒙在"古长城"上的神秘面纱。

"滇东古长城"争议聚焦

滇东存在过一条古长城，史籍有明文记载。李元阳《万历云南通志》称，"鞑子城，在州（今石林县鹿阜镇）东三十里，夷语'底伯卢'，其城起自曲靖（包括今马龙、陆良等县境），抵于广西（今弥勒、泸西一带），绵延三百余里，昔酋长弟兄筑此以分地界。"据蒋志龙解释，"底伯卢"，彝语的意思是"用石头垒起来的长埂子"。李元阳系明嘉靖云南籍进士，他主持编修的《云南通志》记载自陆良至弥勒有一条绵延三百余里用石头垒起来的"鞑子城"，当非无中生有。不过《云南通志》对构筑这三百余里长城的背景及功能的表述尚有不确之处。所谓"鞑子城"，是说鞑子（指蒙古人）构筑的城，与"酋长弟兄筑此以分地界"的说法自相矛盾。这表明滇东长城的年代十分久远，明万历年间对其构筑背景已模糊不清。

《万历云南通志》的这条记载为清初顾祖禹《读史方舆纪要》所确认、沿袭。1945 年，楚图南在《路南杂记》一文中描述当地这条古长城埂，"高广约三丈，缘乱石山脊起伏，俨如一条巨龙一样"。其时已看不出有城垣的用处，且无一处可避风雨及守望的地方，只是"一望看不见两端的乱石堆成的索链锁着了路南一带的山头"。

1999 年出版的《石林文物志》亦载此长城埂，"虽多漫漶，可遗迹犹为显著。此埂起自曲靖，在天生关村入石林县境，经北小村、水塘铺东、所各衣、戈衣黑、蓑衣山村而南，入弥勒县境十八寨，直达泸西，全程约长 300 余里"。

于希贤等指出，"在云南省东部的马龙县、陆良县、石林县、宜良县和弥勒县的崇山峻岭之中，人迹罕到之处，发现了用粗加工的石料堆筑而成的古长城、古城堡、古石路、石堆、战时祭祀遗址、瞭望石哨所、烽火台、营盘、敌台、鱼鳞状分布的战墙掩体……直线距离超过了 160 公里。"[①]于的考察和1999 年《石林文物志》的记述，证明《万历云南通志》的记载不误，滇东古长城确实存在。

蒋志龙等并不否认《万历云南通志》记载的真实性，但却认定这些"用石头垒起来的长埂子"并非长城，理由是没有看到"高大城墙"和"可供驻兵、屯粮的配套设施"；所见石堆和石埂"顶多几十公里"，实际上是当地民众为了生产和生活的需要（划分地界、开地耕作、修水沟和防止水土流失）而对环境进行的改造；更为重要的是，"自汉唐以来，云南滇东地区没有长时期、大规模的民族对立和民族战争"，"云南的民族械斗和冲突大多为抢夺财物，和中原地区的攻城掠地有显著的不同。因而，在滇东地区没有必要修筑防御工事来抵御外来的侵略"。"这就是在云南不存在长城的根本原因"。

于、蒋之间对某些具体遗迹确认方面的歧异，有待进一步探讨。但就笔者所见，一些主要的古城、墙体、营盘、古石路十分典型，清晰可辨。平心而论，在至今人迹罕至的荒山野岭一线排开堆放石块用以"保持水土"之类的推测，实在匪夷所思。蒋称"所看到的地埂、石埂及石堆……连猪、牛、羊等牲畜都阻拦不住"云云，也多少带点意气用语的味道。即使今天某些残存地段阻挡不住牛羊，也不能证明当初无法"御敌"。经过两千来年的风雨侵蚀和社会动荡，呈现此种风貌的战国、秦汉长城遗迹亦非仅见。看来，厘清滇东地区是否有构筑长城的必要，进而辨明时代背景、构筑目的和功能，当为坐实这条绵延三百余里"石埂"是否为古长城的关键。

---

① 本文所引于希贤、蒋志龙观点，均出自《中国文物报》2001 年 8 月 5 日《云南是否有长城》。

滇东长城的时空定位

破译"滇东古长城"千古之谜的钥匙,是《后汉书·南蛮西南夷传》中的一段记载。该传述及新莽时期"益州郡夷栋蚕、若豆等起兵,杀郡守",王莽派宁始将军廉丹率十余万人马镇压,因"吏士饥疫,连年不能克而还",于是"以广汉文齐为太守,造起陂池,开通溉灌,垦田二千余顷。率厉兵马,修障塞,降集群夷,甚得其和。及公孙述据益土,齐固守拒险,述拘其妻子,许以封侯,齐遂不降。闻光武即位,乃间道遣使自闻。蜀平,征为镇远将军,封成义侯。于道卒,诏为起祠堂,郡人立庙祀之"。

正如董耀会 2001 年 4 月 27 日在云南古长城考察研究结果发布会上所指出的,汉代障塞即指长城。当然,障塞从字面上也可解释为孤立的防御设施;只有利用障塞、墙体将天然险阻联结成一道连绵不断的防御体系,才是严格意义上的长城。

公元 24 年,公孙述据蜀称王,驱兵东进,攻陷益州郡大部分地区。但在文齐"固守拒险"之下,野心勃勃而又骄悍凶残的公孙述只能望墙兴叹,就此止步,直至公元 36 年败亡。文齐固守拒敌的险阻,当然是他先前入益州为郡守时构筑的"障塞"。由此可知,一世纪初在这道障塞东西两面爆发的战争,规模不可谓不大,历时不可谓不长。那么,此"障塞"不是严格意义上的长城又能是什么?

《后汉书·南蛮西南夷传》惜未载明益州长城的具体方位走向;但既云公孙述"据益土",又称文齐据"险"固守,再据《南蛮西南夷传》另一段"公孙述时,大姓龙、傅、尹、董氏,与(牂柯)郡功曹谢暹保境为汉"的记载,当可断定这道长城位于滇东益州郡靠近牂柯郡交界处,且为南北走向。这就与目前发现的滇东古长城,方位、走向俱合。如果两汉之际滇东这场战事并非史家向壁虚构,屹立于滇东崇山峻岭阻断公孙述东侵的这道坚实屏障总该留下一点痕迹,否则倒是一件怪事。而《万历云南通志》所载且经于希贤考察确认(笔者亲眼目睹了局部遗迹)的滇东绵延三百余里用石头垒起的长埂残迹,被释为"轱子城""酋长弟兄筑此以分地界"乃至用作"防止水土流失",也不免让人大惑不解。

幸好两件怪事凑到一起，反而令人豁然开朗。史书记载与文物遗存互证互补，时间、空间、人物榫合，殆无可疑。结论是：云南古长城位于滇东，南北走向，起自曲靖，经马龙、陆良、石林、宜良，南入弥勒、泸西，绵延三百余里。系新莽时期（文齐约公元 21 年由朱提都尉调任益州郡太守）益州郡守文齐主持修建。时值两汉之际，故可定名为"滇东汉长城"。

构筑背景与历史影响

蒋志龙把"滇东地区没必要修筑防御工事来抵御外来的侵略"当作论证"云南不存在长城"的根本原因，实是误解。构筑长城的目的、功能，从来因时、因地而异。汉武帝时曾派李广利征讨大宛，首战因后援不继，"不患战而患饥"[①]，招致惨败；《汉书·西域传》称"因暴兵威以动乌孙、大宛之属……于是汉列亭障至玉门矣"。烽燧亭障随着前锋兵马的挺进而向前延伸，在步步为营不断巩固前沿阵地的同时，又控制、保护沙漠绿洲，提供交通供给之便，为新的拓展进击奠定坚实的基地。英人斯坦因在西域实地考察后也认为"汉武帝的长城用意乃是作为大规模的前进政策的工具"。汉代在西域构筑长城的另一重要目的还在于"以通西北国"[②]。塞外烽燧亭障提供的食宿、交通及军事警卫，确保了丝绸之路的畅通和东西方文化频繁交流。

和西域长城一样，构筑滇东长城是汉代推行郡县制、开拓边疆、巩固和发展统一多民族国家以及推进中外交流政略的又一重要举措和典型例证。

秦始皇一统天下后，开始把郡县制推行到西南局部地区，在云南一些地区"置吏"。鉴于滇池地区"有盐池田渔之饶，金银畜产之富"[③]，西南夷地区又是由蜀取道滇西腾冲转印度和东经贵州牂柯江（北盘江）达南粤番禺（广州）的必经之地；经略西南夷具有牵制匈奴、开辟西南丝绸之路和东抚南越的重大战略意义。当西汉开辟西南夷的行动在云南地区受阻时，武帝不惜在长安"象滇河作昆明池"，周围四十里，操练水军，筹划攻讨。唐蒙修"西南夷道"时曾因征发过度，招致巴蜀"耆老大夫"不满，他们指责"通夜郎之涂"的举措是"割

---

① 《汉书·李广利传》。
② 《史记·大宛列传》。
③ 《后汉书·西南夷传》。

齐民以附夷狄"。司马相如据"天子之意"作《难蜀父老》,指出如果"蜀不变服,巴不化俗",巴蜀怎么会改变"蛮夷"之地的面貌?现在"西南夷"要改变"幼孤为奴,系累号泣"的状况,"若枯旱之望雨",岂可借口"劳民"而放弃这一"急务"①!显示了坚定不移开拓西南夷的决心。至武帝元封二年(前109),西汉已在西南夷地区设置牂柯、益州等七个"初郡",实行任用原少数民族首领"以其故俗,毋赋税"②的优惠政策;并修筑道路,移民屯垦,对当地经济开发与民族关系的发展产生了深远影响。

只有把滇东汉长城放置在这个大时代背景下考察,才能真正把握其构筑目的和功能。

文齐"修障塞"的直接起因缘于平息新莽时期益州地区的战乱。王莽当政时贬西南夷王为侯,地方官诈杀少数民族首领,"三边蛮夷愁扰尽反"。王莽先后派平蛮将军冯茂、宁始将军廉丹镇压,均告失败。据《汉书·南蛮西南夷传》记载,廉丹率二十万人,"始至,颇斩首数千,其后军粮前后不相及,士卒饥疫,三岁余死者数万"。这情形与李广利征大宛因军粮不继而遭惨败如出一辙。针对这种情况,文齐出任益州郡守后,一面兴修水利,开垦屯田;一面"率厉兵马"实行军事打击、构筑"障塞"。这和西汉经营西域在"列亭障至玉门"同时军屯戍边、垦殖边疆的做法亦无二致。"修障塞"的目的明显是为了确保道路通畅,以加强对西南夷地区的控制。滇东长城的南北走向以及紧密护卫、控扼古道路的布局便是明证。

我们知道,秦始皇即位之前,蜀郡太守李冰曾积薪烧岩,激水成道,在今宜宾修筑通往滇东北的"五尺道";稍后常颊又将五尺道修至今曲靖。汉武帝时派唐蒙"凿石开阁,以通南中,迄于建宁二千余里。山道广丈余,深三四丈,其堑凿之迹犹存"③,道路拓展至滇池地区。开通道路,是设郡县实行有效管辖的前提。汉武帝时益州既设为"初郡",则"五尺道"当已初具规模。廉丹攻益州受阻,或因道路系统尚不健全,或因无法控制"五尺道",导致因兵马粮草难行而失利。但至迟文齐"修障塞"时,"五尺道"应已同步畅通。畅达

---

① 《汉书·司马相如传》。
② 《资治通鉴·汉纪》。
③ 《水经注·江水》。

无阻的交通网道是运输粮草装备、调集兵马，使长城防线贯通一气的动脉。作为长城防御体系的有机组成部分，各级道路与墙体的修筑总是齐头并进，大体保持同步。文齐"修障塞"时，必定在原有的基础上将"五尺道"扩展联通，否则"障塞"岂不虚设？廓清郡县制与道路以及"修障塞"与筑路之间的内在关联，自然能更加清晰地洞察构筑滇东汉长城的目的和功能。

毫无疑问，长城所能发挥的作用毕竟是有限的，顾炎武《昌平山水记》述及李自成"下宣府，历怀来，入居庸，薄都下，曾无藩篱之限"时就指出："地非不险，城非不高，兵非不多，粮非不足也；国法不行而人心去也。"文齐的高明之处在于他凭靠"障塞"控扼交通，推行政令，为发展生产提供了相对安定的环境。在此前提下，方有可能兴修水利，大力屯垦。在"垦田二千余顷"的过程中，必然带来中原地区的铁器和先进技术，造福西南边陲。唯其如此，文齐才能"降集群夷，甚得其和"，才能保境安民、据险抵御公孙述达十余年之久，受到当地人民拥戴，死后"郡人立庙祀之"。

文齐构筑滇东长城是秦汉开发西南进程中的重要一环。益州郡位居西南夷中心地带——滇洱地区，具有重要战略地位。文齐经营益州的业绩，大大推进开发西南边区的进程，影响至为深远。至晋代《华阳国志》一书，已不再用"西南夷"族称代指地域，而以"南中"地域之称取代。这标志"西南夷"愈加成为中华民族大家庭不可分割的组成部分。以后历史的发展尽管还有反复，但统一多民族国家不断巩固发展的大趋势不再逆转。

这一切表明，构筑滇东长城是汉代推行郡县制、开发西南边陲、开辟西南丝绸之路的重要举措，发挥了促进西南经济发展和传播先进文明的生命线作用。滇东汉长城的发现与确认，也使我们加深了对长城兼具开拓进取、促进多民族在碰撞中融合的功能以及长城实质上是凝聚统一多民族国家重要纽带的认识。滇文化具有多民族、多元文化特征，同时又是统一的中华文化组成部分。滇东汉长城即是这种统一性的体现，是中华文明的重要标志。

（原载《光明日报》2002 年 1 月 15 日，《新华文摘》2005 年第 1 期摘录）

长城：碰撞与融合的界碑

在广袤万里的北疆人为地筑起一道御敌边墙，这种构想和举动是否明智？先民为此付出的巨大代价是否值得？这历来是个毁誉参半争讼不已的话题。抛开对筑城过程中役民苛急酷暴以及只重筑城不顾民心的偏颇这类附带相关问题不谈，现代人们已习惯于把长城当作聪明智慧和民族精神的象征，誉之为中华民族古老文化的丰碑，人类文明的骄傲。近年学术界有人提出长城本身是一个"限制文明空间的环"①，更有人提出：长城不过是"一座巨大的悲剧纪念碑"，"它只代表着封闭、保守，无能的防御和怯弱的不出击"。长城的是非功过再度引起人们广泛关注。如果我们把评价长城当作一个严肃的学术问题考察，那么显然应该首先澄清长城在历史上究竟发挥了何等作用，这是判定论争双方是非的主要症结。本文即旨在通过对长城历史作用的考辨，论证长城是凝聚中华民族的历史丰碑，以期为确立长城不愧为中华民族精神的象征并进一步发扬长城文化提供科学的历史依据。

长城是中国古代特定时空的产物

城堡乃是人类跨入文明时代的一个标志，这点已为学术界所公认。但中国古代把高峻的墙壁扩至漫长的边陲确为世界历史所罕见。这种广筑边墙的做法肇始于春秋战国之际，按照顾炎武的说法："至于战国井田始废而车变为骑，于是寇钞易而防守难，不得已而有长城之筑。"②但是城墙并不能决定一切，"天时不与，……虽有长城拒防，何足以为塞？"③七国互防的人工屏障终究未能阻挡统一的洪流。

如所周知，古长城沿线大体上与农牧区自然分界线相吻合。元《长春真人

---

① 何新：《中国文化史新论》，第 147 页，哈尔滨：黑龙江人民出版社，1987。
② 《日知录》卷 31，《长城》。
③ 《战国策》卷 29，《燕一》。

西游记》记邱处机 1121 年北度张家口西第一隘口北野狐岭，便称："登高南望，俯视太行诸山，晴岚可爱。北顾但寒沙衰草，中原之风自此隔绝矣。"《辽史·营卫志》也说："长城以南，多雨多暑，其人耕稼以食，桑麻以衣，宫室以居，城郭以治；大漠之间，多寒多风，畜牧畋鱼以食，皮毛以衣，转徙随时，车马为家。此天时地利所以限南北也"。北方广阔草原适宜大规模游牧，农牧区之间没有不可逾越的天然屏障，这种地理环境既利于不同民族之间的交往，也容易产生摩擦。自从因发明蟹具而有可能组建富于高度机动性的骑兵队伍之后，游牧民族便如猛虎添翼，在相当长的历史年代对农耕民族保持巨大军事压力。以农立国的古代中原王朝无力也无须耗费巨大国力去控制北部辽阔的荒漠与草原，而又不得不随时提防时刻觊觎邻人财富的游牧部落南下劫掠。事实上几乎历代中原王朝都面临来自北方游牧民族的挑战，学术界的研究表明，近五千年来中国出现过四个寒冷时期，低谷时等温线南移 200～300 千米，农牧区的自然分界线实际上被推到了黄河以南。这种生态环境的变化恰与历史上北方民族大规模南下西迁相吻合，其中包括 400 年左右的"五胡乱华"，1200 年左右契丹、女真和蒙古族的接踵南下，以及 1700 年左右（该寒冷期的最冷阶段在 1620—1720 年）的清兵入关。① 可以说中原王朝和北方少数民族政权之间的和战关系始终是中国古代影响、制约双方社会历史发展的一个重要因素。长城便是这种生态环境差异和农牧民族冲突的产物，是中原王朝为填补天然障碍不足而建立起的防御体系。

西汉晁错上书文帝讲过一番话有一定代表性，可以把它当作中国古代筑城决策的诠释。晁错认为北方少数民族"如飞鸟走兽于广野，美草甘水则止，草尽水竭则移"，"往来转徙，时至时去"。如遇胡人劫掠，"不救则边民绝望而有降敌之心。救之，少发则不足；多发，远县才至，则胡又已去。聚而不罢，为费甚大；罢之，则胡复入。如此连年则中国贫苦而民不安矣"。因此他盛赞文帝"幸忧边境，遣将吏，发卒以治塞，甚大惠也。"② 出于同样的考虑，拓跋魏入主中原后为对付柔然骚扰，中书监高闾上表献策，指出"凡长城有五利：罢游防之苦，一也；北部放牧无抄掠之患，二也；登城观敌，以逸待劳，

① 参见程洪：《新史学：来自自然科学的"挑战"》，《晋阳学刊》1982 年第 6 期。
② 《汉书·晁错传》。

三也；息无时之备，四也；岁常游运，永得不匮，五也。"①唐初太宗曾视筑城为多余之举，但高宗之后，即因边防空虚无险可守，屡遭吐蕃残破，后经安史之乱，尽失西域、河湟，吐蕃常年屯兵于今陕甘之间，时刻威逼长安。只是在这时才显现出太宗未能居安思危深谋远虑的遗患。宋、元、清三代御边形势发生重大变化，宋代版图退至长城以南，元清两朝俱为北方游牧民族入主中原。元疆域横跨欧亚，清奉行依重蒙古贵族的联姻政策，都不再有大规模筑城之举。除此之外，各代基本沿袭了晁错、高闾时期的边防格局，直至明朝，更是不断增修、加固长城，无论规模、质量都达到历史最高水平。

长城的具体形制、方位走向大体依据生态环境、政治形势、经济状况、民族关系、地理位置、地形地貌等特点而定，如上所述，由于其中一些因素的变化，历代王朝对筑城的态度兴废不一，其位置走向也因时因朝代而异。明长城比起秦汉时期就已大幅度南移。显然，长城乃是宏观上巩固边防、抗御北方游牧民族劫掠、拱卫中原的战略防线，并非就是位列最前沿的边境线，更非国界线。构筑长城并不是什么人忽发奇想的结果，想象力要受时空条件的制约。既然无法彻底清除飘忽无定的对手，又时刻要防备突如其来的偷袭，广筑边墙在中国古代大多数历史时期便不失为一种实际有效的对策，有其不得已而为之的历史依据。

长城的军事效应

围绕城墙展开的攻防之争始终是古代军事活动中的一组主要矛盾，由此而发展成一整套守城的战略、战术体系。游牧民族长于骑射，马上作战聚散自如、机动灵活，尤其在开阔地带冲锋陷阵、纵横驰骋，犹如草原旋风，势不可当，但攻坚步战则非所长。横亘在骑兵面前突兀而起的城墙迫使敌方弃长就短，优势顿时化解。作为遏止游牧民族进攻的有效手段，长城的军事效应显而易见，而且从战略布局上看，长城亦非一线排开简单孤立的城墙组合，它由点到线、由线到面把军事重镇、关城、隘口有机地联结起来，并于沿线设立障、堡、敌台、烟墩（烽火台），互为角犄，构成完整的防御体系。秦始

---

① 《资治通鉴》卷 136。

皇时于长城沿线设十二郡分段防御；明代划为九个防区。长城沿线保持道路畅通，且有干线直通腹心地区，便于兵马调动互相救援。外敌来犯，即燃烽烟（明代同时放炮）报警，数小时之内传至千里之外，使本防区、相邻防区并中央朝廷迅速掌握军情。即使某一地段失陷，也能滞缓敌军行动，迅速集结兵力，组织有效抗御。

在冷兵器时代长城防御体系的军事效应应该说是卓有成效的。秦"北筑长城而守藩篱，却匈奴七百余里，胡人不敢南下而牧马。"①汉武帝"出师征伐，斥夺此地，攘之于幕北。建塞徼、起亭隧、筑外城、设屯戍以守之。然后边境得用少安。"②而后晋以降中原地带之所以屡遭北方游牧民族洗劫，其中很重要的一个原因便是石敬瑭割让燕云十六州，长城东段陷入辽境。"自是中国非但失其土地人民，乃并其关隘而失之。"③失却长城屏障之后，内地沃野千里完全暴露在北方少数民族兵锋之下，契丹、女真骑兵遂如利剑悬顶，将中原王朝逼入被动挨打的困境。

有争议的是对明长城军事效应的估价。一般来说由于火炮应用于战争，长城的防御功能相对减弱，但由此断言明长城"所给予中国人的，是民族的心理安全感超过了实际的防御价值"④则未必精当。这是因为在攻城之矛愈益锋利的同时，守城之盾也随之相应强化。明代长城重点设防地段多用砖石砌筑，内填泥土石块，"它的坚固几乎可以同鞑靼区和中国之间的岩石山脉相提并论。"⑤况且明代守军同样广泛配置火器，戚继光甚至极言"今之慑虏者火器耳""守险全恃火器"⑥。既可有效杀伤攻城敌兵，又在相当大程度上遏制了敌方攻城火力的发挥。明长城的形制结构也更趋完备合理。在长城整体布局上，明代多于战略要地加修双城乃至多道城墙，从而加强了对侧翼、纵深和外围间隙地带的防御，大大提高了长城防御体系的整体实力。

当然历史上反对筑城者也大有人在。以明朝论，嘉靖年间曾任兵部尚书

① 《新书》卷1，《过秦上》。
② 《汉书·匈奴传》。
③ 丘浚：《大学衍义补》卷151。
④ 陈正祥：《中国文化地理》，第163页，北京：生活·读书·新知三联书店，1983。
⑤ ［英］斯当东：《英使谒见乾隆纪实》第十三章，第342页，北京：商务印书馆，1963年。
⑥ 《练兵条议疏》，《明经世文编》卷347。

的刘焘便称"殊不知长城之设，古为无策，其在今日何以谓有策乎？是以修筑益急，而患虏日炽；钱粮益耗，而士马益疲。自创以及今日，几四十余年矣，无一岁而不请修边之粮，无一秋而有修边之效"，因而力主"修墙不如蓄锐"①。与刘焘同一时代的陈建也竭力反对构筑边墙，他在《备边御戎议十则》中指陈修墙五弊："工程浩大，所费不赀，一也；劳役军民，怨讟烦兴，二也；逼近寇境，胡骑出没，丁夫惊扰不时，三也；筑之纵成，旷远难守，久益颓废，四也；胡寇倏来，动辄数万，溃墙而入，无异平地，反为所笑，五也。兴此役者，殆所谓运府库之财，以填庐山之壑，百劳而无一益，以此为策，策斯下矣。"②平心而论，攻方集中兵力在数千里防线寻找一点突破实非难事，刘焘据此认为"我散而守，彼聚而攻，虽称十万之众，当锋不过三千人，一营失守，则二十二营俱为无用之兵；十里溃防，则二千余里尽为难守之地。地远而兵微，应援而难至。当仓卒应变之时，而取救于千里之外，急之则人马疲劳而不能行；缓之则延捱道路而不得用。"③这些见解不能说没有一点道理，隆万之前边防败坏、屡遭败绩也是确凿的事实。但个中一个重要原因正在于彼时边墙尚不坚固。同样无可否认的是，时隔未久，隆万年间经戚继光等整饬，长城边防顿成铁壁铜墙，"其坚不可攻，虏至其下辄引去"④。即使长城沿线局部地段被敌突破，也绝非"二千余里尽为难守之地"。张居正论及"制虏机宜"时，曾特别要求"令蓟人平时将内地各城堡修令坚固"，他指出一旦"贼众溃墙而入，则亦勿遽为怆惶。但令蓟将敛各路之兵四五万人，屯扼要害，令诸县邑村落皆清野入保，勿与之战。而上谷辽左不必俟命，即各出万人，遣骁将从边外将诸夷老小尽歼之。令大将领一万人入关，不必卫京师，径趋蓟北，伏于贼所出路，彼贼虽已入内地，见我不动，必不敢散抢。不过四五日，虏气衰矣，衰则必遁，然后令蓟人整阵以逐之。而宣辽两军合而蹙击。彼既饥疲，又各护其获，败不相救，而吾以三镇全力击其惰归，破之必矣。"⑤显然这种把长城防区当作立体交叉关联照应整体系统的军事思想，闪烁着辩证法的

---

① 《刘带川书稿》《刘带川边防议》《明经世文编》卷 305、304。
② 《治安要议》卷 6。
③ 《刘带川边防议》，《明经世文编》卷 304。
④ 谢肇淛：《五杂俎》卷 4。
⑤ 《答方金湖计服三卫属夷》，《明经世文编》卷 327。

光彩，比起刘恭机械、形而上学视长城为互不连贯孤立平面防线的观点要高明得多。

毫无疑问，长城在军事上所能发挥的作用毕竟是有限的，交战双方的政治、经济状况、战争的性质、人心的向背、力量对比、军事制度、战略战术、武器装备乃至士兵的素质等，都是影响战争胜负的重要因素。从总体上看，中国古代在任将得人、用兵得法的前提下，长城防线还是具有重大防卫价值，对抗御游牧民族入侵发挥了无可替代的重大作用。这是"但据纸上之空谈"的书生所无法"轻诋"的。①

还应指出的是，长城在军事上并不仅只具备防御功能。当中原王朝转入战略进攻态势时，烽燧亭障随着前锋兵马的挺进而向前延伸，在步步为营不断巩固前沿阵地的同时，又提供交通供给之便，为新的拓展进击奠定坚实的基地。如田余庆先生《论轮台诏》一文所指出的："在西汉势力向西推进的过程中，我们可以看到在绝域中列置亭障具有关键意义。"②英人斯坦因在西域实地考察之后也认为"汉武帝的长城用意乃是作为大规模的前进政策的工具。"③秦皇汉武无不在主动出击、军事上取得压倒胜利的同时构筑长城，都表明这既是一种积极防御，又是积蓄力量潜藏着进一步攻击手段的战略措施。

促进北疆经济开发的生命线

要发挥长城御敌功效，必得解决守城将士军备给养的供应问题，而解决守城给养的最佳选择无疑是屯田和徙民实边。秦始皇在修筑长城的同时即着手加强边境地区的开发建设，"因河为塞，筑四十四县城，临河，徙适戍以充之"④；并以"拜爵一级"为奖励，"迁河北、榆中三万家"垦戍边防⑤。西汉晁错也曾两度向文帝献徙民实边策，提出"令远方之卒守塞，一岁而更，不知胡人之能，不如选常居者家室田作，且以备之"。只有募民徙边，做到"营邑立

---

①　谢肇淛：《五杂俎》卷 4。
②　《历史研究》1984 年第 2 期。
③　《斯坦因西域考古记》，第 14 页，中华书局、上海书店联合出版，1987。
④　《史记·匈奴列传》。
⑤　《史记·秦始皇本纪》。

城，制里割宅，通田作之道，正阡陌之界"，使民乐其处而有长居之心，方可收"邑里相救，赴胡不避死"之效，使"塞下之民父子相保，无系虏之患。"①晁错募民实边的对策是作为文帝修城治塞配套措施提出的，其结果不但"使屯戍之事益省，输将之费益寡"，而且兼收"营邑立城"、开发建设边疆的功效。此后武帝时桑弘羊、宣帝时赵充国相继提出军屯戍边的主张，在解决"内有亡费之利，外有守御之备"的同时，也同样起到"缮乡亭、浚沟渠"，"益垦溉田"②垦殖边疆的作用。

西汉屯垦规模十分可观，多至一次调动塞卒六十万，移民七十余万，秦汉累计投入军屯、民屯、实边的兵民当近千万之众，分布范围遍及北疆诸多战略要地。陆续出土的大量秦汉文物表明甘肃、内蒙古鄂尔多斯以及辽阳等地已使用铁犁、牛耕，货币、衡器、量器与内地并无差异。据《汉书·食货志》记载，"边郡及居延城"也在实施赵过的代田法，"教民相与庸挽犁。率多人者田日三十亩，少人者十三亩，以故田多垦辟"。裴骃释"北假"地名曰"北方田官，主以田假与贫人，故云北假"③，证明当地同样在推行租佃制生产方式。数以百万乃至千万计的屯垦军民运用中原带去的先进生产工具、技术和组织经营方式，累世艰苦开拓，初步建立起鄂尔多斯（时称新秦、新秦中）、河西、辽阳三大新经济区。所谓"新秦"，即"新富贵者"的含义④，西汉时业已"人民炽盛，牛马布野"⑤，涌现出了"致马千匹，牛倍之，羊万头，粟以万钟计"⑥的塞外新贵；五原、北假等地更开发成"膏壤殖谷"⑦的农业产粮区。河西垦区农业也很发达，敦煌汉简记录了敦煌一郡即有存谷一万多石，包括莎车、疏勒等地"兵可不费中国而粮食自足"⑧。西河郡以西十一郡因"物钱谷"富足，还曾"调有余"赈济"困乏"灾区⑨。东汉中叶朝廷强令陇西、安定、北地等

① 《汉书·晁错传》。
② 《汉书·赵充国传》《汉书·西域传》。
③ 《史记·匈奴列传》集解。
④ 《汉书·食货志》注。
⑤ 《汉书·匈奴传》。
⑥ 《史记·货殖列传》。
⑦ 《汉书·王莽传》。
⑧ 《后汉书·班超传》。
⑨ 《居延汉简》甲编 1175AB，破城子。

地屯垦实边民户内迁时，竟至百姓恋土，"万民怨痛，泣血叫号"①。西汉北边凉、并、幽三州及朔方二十八郡，中央政府所控制的编户即达 1776229 户，7916507 口（加上军队、少数民族及隐漏人口，实际要远远超过此数）②，标志北方社会经济迅速腾飞。

汉武帝"以屯田定西域"的成功经验，被后人奉为"此先代之良式也"③。以致"魏晋而下，无代无之"④，基本为后世所沿用。

纵观中国古代北疆开拓发展的历史，中原文明波及之初大多与以长城为核心的边防建设密切相关。构筑、护卫长城防线刺激了边地经济的发展，"缘边城守之地，堪垦食者皆营屯田"⑤，屯田实边、辟置郡县基本上以长城为轴心或以之为后盾向外辐射扩展。非但原本"处温和、田美，可益通沟渠，种五谷"的处女地垦为粮仓⑥，就是暖迟霜早不产良谷的山区以及"迫塞苦寒，土地卤瘠"的盐碱不毛之地也得到最大限度地开发。或者凿渠灌溉，使荒野边塞一变而"廪储备，器械具"，"军声雄冠北边"⑦；或者竟"化萑苇为秔稻，变斥卤为膏腴，……上可以丰国，下可以廪边"⑧！反观东汉以降，因游牧民族入侵、内附，边防后缩，刘秀"诏罢诸边郡亭候吏卒"⑨，河西、西域、塞北一些地区原有烽火亭障渐失屏卫效用。而随着边防撤废，"鄣塞破坏，亭燧绝灭"，边民倒流，已经垦熟的良田复遭废弃，遂至"边陲萧条，靡有孑遗"⑩，边地经济衰败萎缩。

道路通畅、交通发达是经济发展的表现，又是促使经济进一步飞跃的前提。北疆交通网络最初也是直接由于构筑长城防务的军事需要开辟建立起来的。畅达无阻的交通网道是运输粮草装备、调集兵马，使长城防线贯通一气

---

①　《潜夫论》卷 5，《实边第二十四》。

②　参见《汉书·地理志》。

③　《晋书·食货志》。

④　《册府元龟》卷 503，《邦计部·屯田》。

⑤　《隋书·食货志》。

⑥　《汉书·西域传》。

⑦　《旧唐书·李景略传》。

⑧　张说：《请置屯田表》，转引自《古今图书集成·经济汇编·戎政典》第 248 卷，《屯田部·艺文一》。

⑨　《后汉书·光武帝纪》。

⑩　《后汉书·郡国志五》注引应邵《汉官仪》。

的动脉。作为长城防御体系的有机组成部分，各级公路与城墙主体工程的修筑总是齐头并进，大体保持同步。

谈论北疆的开发，当然不应忽略早已生息劳作在这块土地上的少数民族的贡献。历代中原王朝在长城沿线开设的马市贸易成为双方交流的重要渠道，往往由此发展成边境重镇，促进了边疆的繁荣。关于这方面的情况我们还将在下文进一步展开。

综上所述，构筑长城和屯田实边、交通网道的修建以及马市贸易相辅相成，整体关联，铸成环环相扣的链条，一损俱损，一荣俱荣。长城防线有效地保卫着屯田、交通和马市贸易的顺利进行，为边疆地区经济开发提供了和平安定的环境。而为巩固长城边防所实施的屯垦实边方略，所修筑的交通网道，所开设的马市贸易则是直接刺激北疆经济开发繁荣的契因。从这个意义上看，长城确乎发挥了播撒先进文明、促进北疆经济开发、孕育"塞上明珠"的生命线作用。边疆新经济区无不集聚在长城沿线及其周围，这一事实本身就是一个有力的说明。

联结统一多民族国家的纽带

金应熙先生在向第十六届国际历史科学大会提交的论文中指出，作为军事防御线的长城同时是中原王朝与北方游牧民族"经济、文化的会聚线"。他认为"当中原王朝忙于应付游牧民族的掠夺战争时，长城主要是军事防御线和障碍物；而当双方相互戒备中通过长城线上的关市、马市进行和平贸易时，长城作为会聚线的作用就显著了。"[①]金文侧重于列举史料证明这一基本事实，对长城在"会聚"中究竟起到何等作用未加探讨。而在笔者看来，长城防线非但因位居游牧地区与农耕定居地区邻接处而在客观上起到经济、文化的会聚作用，而且其防御效应促进了汉族与北方各族在中原先进文明基础上凝聚融合，在统一多民族文明古国形成、发展、巩固的历史进程中发挥了不容忽视的纽带作用。

首先长城防线因增强抗御游牧民族侵犯的能力，而有利于保护中原地区

---

① 《第十六届国际历史科学大会中国学者论文集》，第 227 页，北京：中华书局，1985。

先进生产方式，有益于社会生产力和先进文明持续积累发展。因为"每一次由比较野蛮的民族所进行的征服，不言而喻地都阻碍了经济发展，摧毁了大批生产力。"[①]其次游牧民族通过掠夺战争虽可得到一些生活、生产资料乃至劳动力、生产技术，对其社会发展一时起到推动作用；但他们往往把掠夺看成是"比进行创造的劳动更容易甚至更荣誉的事情"[②]，以此作为消费享乐的经常性重要来源，这种状态实际上并不利于本民族生产力、社会经济结构和社会文明从根本上得到发展提高，并将逐渐导致自身活力疲软窒息。凭据长城防线实施有效抗御，使游牧民族的劫掠不能轻易得逞；即使终于被征服，这种强大的抵抗也有利于迫使游牧民族放弃野蛮落后统治，转变政策，加快征服者被先进文明所征服的进程。中国历史上有关这方面的正反事例比比皆是，不烦赘举。以上两点奠定了长城防线促进北方各族在先进文明基础上凝聚融合的前提。

基于生产、生活的需要，互相联系交往是北疆与中原地区人民的共同愿望。有证据表明早在远古时代已存在这种联系。春秋战国之后，中原地区建立起大一统王朝，随着修筑长城、设置郡县和北边新经济区的开发崛兴，游牧民族与农耕文明之间的交往更趋紧密。这种交往、交流主要通过和平互市的方式实现。但是，并非任何时候都能出现和平交往的局面。妨碍交往的因素之一是中原王朝统治者实行民族歧视和压迫政策，或眼光短浅措置不当，封闭关市，断绝往来；而游牧民族贵族首领也并非全是规规矩矩做生意的买卖人，他们大多奉掠抢为更加光彩的"职业"。只是在军事上无法彻底取胜，经济上又迫切需要换取农耕区产品以补自身单一经济不足时，才有可能出现较为长期稳定的和平交往局面。长城防线正是促成这种格局出现的重要保证。

我们并不否认，对野蛮的征服者民族来说，战争本身也是一种"经常的交往形式"[③]。但是，长年仇杀争战无论对中原地区还是游牧民族毕竟都带来巨大灾难。

以巩固长城边防为后盾实现的和平互市往来，使北疆面貌焕然一新。汉

---

① 　恩格斯：《反杜林论》，第180页，北京：人民出版社，1970。

② 　《马克思恩格斯全集》第21卷，第188页，北京：人民出版社，1965。

③ 　《马克思恩格斯全集》第3卷，第26页，北京：人民出版社，1965。

和亲使者"教单于左右疏计，以计课其人众、畜物"，"穿井筑城，治楼以藏谷"①。汉昭帝元凤四年（公元前77年）鄯善王尉屠耆主动提出"国中有伊循城，其地肥美，愿汉遣一将屯田积谷"。其时自鄯善以西至且末720里以往"皆种五谷，土地、草木、畜产、作兵略与汉同。"②考古挖掘也在漠北匈奴墓中发现中原地区使用的铁制农具，表明中原先进生产方式、生产技术对游牧民族产生了深远影响。匈奴"乐关市，嗜汉财物"③，往往"驱牛马万余头来与汉贾客交易"④，获得大量生活、生产必需品的同时，刺激了本身畜牧经济的发展。以"汉所余，彼所鲜"⑤互市交往也使中原地区受益匪浅，"骡驴骆驼，衔尾入塞，驒騱騵马，尽为我畜"⑥。汉初牲畜奇缺，至武帝，长城以南，"滨塞之郡"，已是"马牛放纵，蓄积布野"⑦。大批畜力投入农耕、交通运输，极大提高中原地区社会生产力。明代亦然，隆庆和议之后，"戎马无南牧之儆，边氓无杀戮之残"⑧，每年"所省征调费不啻百万"⑨。边地"上谷至河徨万里"，也都"居如渚，行如家，举沙碛而黍苗矣。"⑩汉蒙双方开设官办贡市、关市、马市之外，民市、月市、小市等民间私人交易也很活跃。据万历《宣府镇志》记载，张家口一带居然"南京的罗缎铺、苏杭绸缎铺、潞州绸铺、泽州帕铺、临清的布帛铺、绒线铺、杂货铺，各行交易，铺沿长四五里许"。长城沿线出现了"六十年来，塞上物阜民安，商贾辐辏，无异于中原"的兴旺景象⑪。蒙古族非但"孳牧渐多"⑫，而且进一步发展农业，"其耕具有牛有犁，其种子有麦有谷有豆有黍"，瓜、瓢、茄、芥、葱、韭之类"种种俱备"⑬，逐渐改变单一畜牧经济结构。经蒙汉居民共同努力，塞外古丰州还屹立起一座归化新城（今呼

---

① 《汉书·匈奴传》。
② 《汉书·西域传》。
③ 《汉书·匈奴传》。
④ 《后汉书·南匈传》。
⑤ 《史记·刘敬列传》。
⑥ 《盐铁论·力耕》。
⑦ 《盐铁论·西域篇》。
⑧ 《张文忠公全集·行实》。
⑨ 瞿九思：《万历武功录·俺答列传》。
⑩ 《国榷》卷5。
⑪ 陈仁锡：《无梦园集》卷2。
⑫ 王崇古：《条复收胡马疏》，《明经世文编》卷318。
⑬ 《宝颜堂秘籍·夷俗记》。

和浩特市)，"垦田万顷，连村数百"，"城郭宫室布满丰州川"①，俨然成为蒙古地区颇为繁华的政治、经济和文化中心。蒙汉双方在长期和平交往中彼此增进感情，消除隔阂，在思想文化、生活习俗上也互相熏染融合。汉族"边人大都五分类夷"②，万历年间乃有"汉夷"之称③；蒙古族亦渐习华风，历配三王、掌兵柄、主贡市的"忠顺夫人"三娘子，平日爱穿大红彩缎妆狮子汉服，十分钦慕高度发达的中原文化，竟至"每于佛前忏悔，求再生当居中华"④。

统一多民族国家的形成发展，有其多方面的内在依据。既表现为政治上明确归属、实现统一，军事上疆域稳定、边防巩固；也体现于民族关系上和平往来、融洽相处(包括文化交流和习俗心理上相容认同)，经济上内地与边疆相需相靠、联为一体。只有出现"边人大都五分类夷"和"求再生当居中华"这种趋同融合，以及像明代那样塞外游牧经济与江南商品经济千丝万缕般联结在一起，才最终使辽阔北疆真正成为祖国牢不可分的组成部分。而这一切必得在排除了游牧民族可以随时任意杀掠中原人民、践踏蹂躏先进文明的前提下，才有可能实现。如前所述，长城防线正是为促成这一前提提供了有力的保障。不但保护了中原社会经济、文化的发展，保证了中原地区的强大和统一，而且促进了边疆的繁荣，促进了北方游牧民族与中原农业定居民族在先进文明高层次上融合发展。正是在这些极为重要的方面，长城防线发挥了凝聚、联结统一多民族国家的纽带作用。孙中山曾经说过："秦始皇虽无道，而长城之有功于后世，实与大禹之治水等。倘无长城之捍卫，则中国之亡于北狄，不待宋明，而在楚汉之时代矣。如是，则中国民族之必无汉唐之发展昌大，而同化南方之种族也。"⑤应该说这个见解是符合历史实际的。没有秦汉长城就不可能有强大统一的秦汉王朝，不可能有统一多民族国家的发展昌盛。在古代中世纪小邦林立的割据状态下，根本不可能产生出中华民族高度发达灿烂辉煌的古代文明。

---

① 《明穆宗实录》卷23。

② 戚继光：《陈边情及守操战车》，《明经世文编》卷35。

③ 《三云筹俎考》卷2。

④ 诸葛元声：《两朝平攘录》卷1。

⑤ 转引自黄麟书：《边塞研究》，第8页，香港：造阳文学社，1979。

余论——长城象征了什么？

长城本身不过是一种"有备则制人，无备则制于人"①的战略防御设施，在不同历史时期不同政治家、军事家手中可以引发出不同的效应。甚至同一位政治家在构筑、运用长城防线的过程中，也可能正确与谬误的因素夹缠难分。

由于视角和价值取向的差异，不同时代不同人群的心目中长城所象征的底蕴并不那么一致是十分自然的。孟姜女哭长城的故事中，长城便作为专制残暴的象征，备受劳苦大众诅咒；而在唐太宗、清圣祖以至刘昚、陈建者流看来，长城只能是蠢笨无用的化身。直到现代，长城才真正成为中华民族的标识和象征。这是在中华民族处于最危险时刻，举国上下高唱"把我们的血肉筑成我们新的长城"同仇敌忾、浴血抗战中提炼锻铸成的象征。《义勇军进行曲》的世代传唱及其被定为国歌继续强化了这种意识和心态。今天联合国教科文组织将长城列入"世界文化遗产名录"以及有关长城为宇航员遥观地球所能辨识的最明显人工构筑物之一的报道，都更加增强了中华民族的自豪感、自信心和爱国感情。

对于已经成为民族共识的象征作出根本相反的解释无疑应该十分审慎。除非长城历史作用的主流确属消极落后，或者这种象征并不利于今天中华民族奋发向上，而在我们看来，那种把长城简单类比为"空间上扩大的四合院"②、贬为"巨大的悲剧纪念碑"③、"特大的监狱"④的观点，在这两方面都缺乏依据。

我们的文章已经证明，长城与封闭、保守、退缩之间并无必然联系。它既可以是"限隔华夷"⑤自我封闭的壁垒，也可以作为向外开拓进击的桥头堡。"筑长城，自代并阴山下，至高阙为塞"的赵武灵王正是以"变俗胡服，习骑射"⑥开放革新著称于世的政治家；标榜"众志成城"、斥长城为无用的清朝反

---

① 《盐铁论·险固第五十》。
② 何新：《中国文化史新论》第84页，哈尔滨：黑龙江人民出版社，1987。
③ 《河殇》。
④ 崔文华编：《河殇论》，第1页，北京：文化艺术出版社，1988。
⑤ 《大学衍义补》卷150。
⑥ 《史记·匈奴列传》。

而深深陷入闭关锁国的泥潭。对于古代高明的政治家来说，长城从来不是"限制文明空间的环"①，他们运用这道军事防卫线和经济、文化会聚线，巧妙地控制、调节中原政权与北方游牧民族的关系，把农业经济和游牧经济紧密地联结在一起，大大缩短了边疆与内地的距离和农牧民族之间的差异，通过这条播撒先进文明的文化带，有效地促进民族融合、边疆开发和国家统一富强。并且，在西域构筑障塞亭隧的另一重要目的还在于开辟与西方交往的通道，"以通西北国"②。长城绝非阻断与其他民族、国家交往的障碍，相反，正是"旷哉绝域，往往亭障"③确保了丝绸之路的畅通和东西方政治、经济、文化的频繁交流。这更被公认是充满开拓、探索精神，对人类文明史产生了深远影响的创举。

两千多年来长城在中国政治、经济、军事、文化等方面产生的积极效应构成中华民族心理认同的客观依据，而这种底蕴、内涵又与长城极为雄伟博大的景观所激发出的豪情壮志竟是这样完美和谐地融为一体，上下两千年，纵横十万里，最终积淀、熔铸成聪明智慧、艰苦勤奋、坚韧刚毅、开拓进取和充满向心凝聚力、维护统一、热爱祖国的民族精神的象征。今天，长城的军事防御价值已不复存在，兄弟民族之间早已千年干戈化玉帛，但作为碰撞中融合的历史见证，作为凝聚中华民族的历史丰碑，长城将万古长存！长城在历史上的作用应该充分肯定，长城所象征的民族精神更应在新的历史条件下发扬光大。

（原载《中州学刊》1993 年第 6 期，《新华文摘》1994 年第 2 期摘录）

---

① 《中国文化史新论》第 147 页。
② 《史记·大宛列传》。
③ 《史记·大宛列传》索引·述赞。

佛教的传入与兴盛

　　佛教是世界三大宗教之一。它是公元前 6 世纪至公元前 5 世纪时由古印度迦毗罗卫国(在今尼泊尔境内)的王子悉达多·乔答摩所创立。佛教徒后来尊称悉达多·乔答摩为释迦牟尼，意为释迦族的圣人。到公元前 3 世纪，在阿育王的扶植下，佛教开始广为传播。其后不久，西域诸国就有不少皈依佛教的。佛教正式传入我国，正是经过西域这条路线，而时间则要晚一些。

　　汉武帝派张骞通使西域，应能听到或见到过关于佛教的活动。西汉末年哀帝时，西域佛教国大月氏派使臣伊存到汉朝来通音问，他曾向博士弟子景卢"口授浮屠经"。(浮屠，或译浮图、佛陀，都是"佛"的音译)这是佛教思想开始传入我国的正式记录。但当时还没有宗教性活动。到东汉明帝永平八年(公元 65 年)，楚王刘英(刘秀的儿子)曾为"浮屠"斋戒祭祀，供养"伊蒲塞"(佛教信徒)和"桑门"(一译"沙门"即和尚)，受到汉明帝的褒奖。这是东汉王朝正式承认佛教地位的明确记载。永平十年(公元 67 年)，汉朝派使臣蔡愔到大月氏，邀请天竺"沙门"摄摩腾和竺法兰二人，以白马驮载佛经及释迦像，到达东汉都城洛阳。东汉政府为此专门修建了一座白马寺。这些都说明东汉初年佛教已正式传入中国。

　　东汉时期，人们对佛教还没有多少认识，当时只是当作神仙方术家宣传的一种道术来信奉，而且信奉的人不多，影响甚小。到了魏晋，尤其是南北朝时期，佛教得到很大发展。天竺的各种佛教流派，大都已传入中土。佛教典籍，也被大量翻译过来。仅魏晋时期即先后译经 702 部，1493 卷。南北各地，广修佛寺，佛教信徒人数大增。南朝梁武帝时，仅建康一地就有寺院五百多所，僧尼十多万人。北朝的北魏末年，全境所建寺庙，竟达三万多所；从人数说"略而计之，僧尼大众，二百万矣。"南北朝佛教的空前兴旺景象，于此可见一斑。

　　那么，为什么南北朝时期，佛教会得到这么大的发展呢？这是有着深刻的社会原因的。

整个魏晋南北朝时期，民族关系十分尖锐，割据战争连绵不断，形成长期的混乱局面。同时，南北的豪族地主势力不断膨胀，他们封山占泽，兼并土地，加重奴役佃客和奴婢，社会矛盾非常尖锐，以致"人人厌苦，家家思乱"，不时地爆发农民起义。统治阶级迫切需要利用精神武器，来瓦解人民的反抗意志。而这时儒家"生死有命，富贵在天"那一套陈腐的谰言，已经受到普遍的怀疑。道教宣传"羽化成仙"，谁也没有亲眼见过；求取"长生不老"，也根本做不到。佛教则标榜众生平等，宣扬"生死轮回""因果报应"的思想，把人们的眼光从痛苦的现实，转移到无法验证的来生的幸福。有的佛教流派，还提出"人皆可成佛""顿悟成佛"的说法，对隔世的幸福作出廉价的许诺。这种教义有利于维护现存的等级秩序。对"来世天国"的期待，也在贫苦民众中产生了极大的吸引力。南朝宋文帝便称：佛教广大无边，是最高的真理，可以开通人们的心灵，如果普天下百姓都皈依佛法，"则吾坐致太平，夫复何事！"

魏晋南北朝佛教的兴盛与统治者大力提倡分不开。北朝前秦的苻坚，后秦的姚兴，北魏的文成帝，南朝的宋明帝、梁武帝、陈后主等，莫不崇敬佛法，尊礼高僧，对于佛教，从政治上保护，从经济上支持。南齐宰相竟陵王萧子良，为僧众设斋，亲自给他们端水送饭。梁武帝时定佛教为国教。他本人几次到同泰寺舍身去作"寺奴"。然后每次又由群臣筹集一万万钱或两万万钱的巨款把他赎回来。

在统治者的扶植下，佛教的影响空前扩大，其政治势力和经济力量也随之膨胀。较大的寺庙，往往"侵夺佃民，广占田宅"，北齐统治的地区，甚至达到凡是良田沃土，都为寺院所有的地步。寺院享有免役、免税的特权，很多农民被诱投靠佛寺充当佃户。萧梁时期的寺院，竟使"天下户口，几去其半"。由此构成独立的寺院经济，出现了实力强大的寺院地主阶层。这种现象，还是历史上前所未见的。寺院地主力量的壮大，既是佛教空前发展的产物，也反过来为佛教的进一步发展提供了雄厚的物质基础。

佛教寺院，占田夺人，经济力量越来越大，会与国家以及世俗地主发生一定的矛盾，有时激化起来还会引起激烈的斗争。南朝、北朝都曾有过大举"灭佛"行动，如北魏太武帝、北周武帝，就曾亲自出马，下令拆庙毁像，田产没官，勒令僧尼还俗。但是不久以后，也都会有另外的统治者出面"兴佛"，恢复佛教的声势。"灭佛"而后又"兴佛"，反映了统治者与佛教之间互相利用是基本的方面。这就决定了，佛教在魏晋南北朝时期，尽管遭到过一些冷遇，它的迅速扩张是无可避免的了。

"南朝四百八十寺，多少楼台烟雨中"。唐人杜牧的名句，勾画出一派佛寺兴旺的景象。不少统治者以大量的人力物力建筑佛寺。北魏在天宫寺铸造佛像，耗铜十万斤，黄金用去六百斤。又开凿洛阳龙门石窟，历时二十三年，费工八十多万。南方的寺院建筑，往往"费竭财产，务存高广"，有的还是"层宇奢侈，博敞宏丽"，连诸王的宫殿比起来都相形逊色。这些宏大建筑，归根到底，"皆是卖儿贴妇钱"，无一不是吮吸劳动人民血汗而来。

统治者"兴佛"，原要借助于劝善说教，遮掩日益尖锐的阶级矛盾。不料佛教的发展，却刺激社会矛盾更加紧张。在新的形势下，受寺院地主和世俗地主压榨的人民，处在底层受压迫的低级僧侣，直接利用佛教的形式，组织起来，进行反抗斗争。北魏末年，和尚法庆领导大乘起义军揭竿而起，得到农民的广泛支持。他们宣传"新佛出世，除去旧魔"，不但攻占官府，惩杀贪官污吏，而且把斗争矛头指向寺院地主。大乘起义军所到之处"所在屠灭寺舍，斩戮僧尼，焚烧经像"，沉重打击了寺院地主和腐朽的王朝。人民群众起来"以佛攻佛"，历史辩证法的这一精彩演出，恐怕为当时统治者始料所难及。

佛教的传播也为中国文化渗入了新的因素，并与中国传统伦理道德结合，逐渐中国化，对中国古代思想文化和文学艺术产生了深刻的影响。

（原载《中国古代史常识》）

道教的创立与传播

道教创立于东汉末期。

相传东汉顺帝时，琅玡人宫崇曾把他的老师于吉传给他的所谓神书——《太平清领书》共一百七十卷献给皇帝。这部《太平清领书》，即后世所谓的《太平经》，是道教最早的经典。于吉大约就是第一个总集道教经典，开始传播道教的人。《太平经》内容十分庞杂。作者自称著书的目的是要成为"帝王良辅，相与合策，共理致太平"。其中大量内容是宣扬儒家纲常伦理、维护统治阶级利益的言论。但也夹杂进一些曲折反映劳动人民不满剥削，要求均等的思想。例如把富人比作粮仓中的老鼠，公开提出库藏不该一人独有，饥饿的贫民理当从中取用。汉顺帝当时认为这本书"妖妄不经"，收藏不用，对它并不欣赏。

道教初创阶段，主要在受苦受难的被压迫人民中流行。汉中、巴郡一带，有张陵、张衡、张鲁祖孙三代传授五斗米道。山东、河南、河北等地，有张角传播的太平道广为流布。东汉末年，黄巾起义军曾利用这种原始道教，在宣传鼓动和组织群众方面，发挥了重大作用。魏晋以后，统治阶级为了防止农民反抗，在严禁民间道教活动的同时，从理论上和组织上，逐步对原始道教加以改造利用。于是道教的主流逐渐成为强化王朝统治的工具。

把原始道教改造成统治阶级御用道教的主要代表人物是葛洪、寇谦之、陆修静和陶弘景等人。晋朝人葛洪直接参加过镇压农民起义的活动。他著有《抱朴子》内外篇，指责张角等人领导起义，是"招集奸党，称合逆乱"，主张"犯无轻重，致之大辟（杀头）。"他还对战国以来"神仙方药，鬼怪变化，养生延年，禳邪却祸之事"，从理论上作了系统的阐发论述，把神仙信仰和儒家思想捏合起来，提出道教徒要以儒家的忠孝仁信为本，否则，虽然勤于修炼，也不能成仙。通过葛洪的改造，儒道合流，道教深深打上了统治阶级的烙印。葛洪可说是统治阶级御用道教的奠基人，《抱朴子》一书，也被视为道教经典而受到尊奉。

北朝嵩山道士寇谦之，早年"修张鲁之术"。后来他迎合北魏统治阶级的需要，假托"太上老君"下界授予他"天师"之位，并赐给他道经二十卷，要他"清整道教，除去三张伪法"（指张陵祖孙传授的五斗米道，又称天师道）。以后，寇谦之便以"清整道教"为己任，打出"专以礼度为首"的旗号，摒除民间道教要求平等的革命思想成分，完全按照统治阶级伦理观念制定了一套教义。寇谦之大力鼓吹"于君不可不忠"，"不得叛逆君主"，并再三劝诫人们"勿怨贫苦"，"勿以贫贱求富贵"。他还袭用佛教轮回转生思想，用"若有罪重之者，转生虫畜"，进行欺骗恫吓。寇谦之又在宣扬"修身炼药，学长生之术"的同时，制定出一整套坛位礼拜和衣冠仪式，进一步把道教规范化。

南方刘宋庐山道士陆修静奉命在建康广泛收集整理道经，撰写出最早的一部道藏书目——《三纲经书目录》。他也对五斗米道进行了改造，依据传统宗法思想和制度，吸收佛教仪式，编制了新的道教斋戒仪式。齐、梁时期的著名道士陶弘景，除了宣扬金丹修炼外，还以现实社会为模式，捏造出一个"仙亦有等级千亿"的理论；然后又反过来，用神仙世界的等级差别，为世上不平等制度辩护。这便使道教与地主阶级的统治，进一步直接契合起来了。

南北朝门阀专制时期，社会腐败黑暗，阶级对立十分严重。统治阶级迫切需要利用宗教武器为剥削制度辩护，用来安抚、缓解人民的反抗。道教宣扬禳灾求福，服丹修炼，引导人们忍受现实社会的痛苦，把希望寄托在虚幻的神仙境界，具有很大的诱惑力，因此受到帝王贵族的赞助提倡。另外，道教兼采儒、老、释三家之说，把它们糅杂融汇在一起，以汉民族土生土长的传统形式出现，有利于宣传推广，扩大影响。不但汉族统治者愿意利用道教作为维护自己统治的手段。一些少数民族的统治者，也常利用道教作为统治汉族人民的工具。例如，北魏太武帝拓跋焘，在寇谦之平城献经之后，欣然改元"太平真君"，并在平城设天师道场，亲往道坛接受符箓。以后的北魏皇帝，每逢他们即位，都要沿用这种仪式，以表示他们的统治顺天合法。道教正式成为"国教"，这还是第一次。

作为道教主要内容的服药炼丹，是贵族腐朽生活的反映。司马氏集团建立晋朝以来，外患内乱交并，统治集团内部厮杀混战，政局多变，许多贵族感到生死无常，精神上极度空虚。他们不顾一切地纵情放荡，生活极端腐化堕落。世俗的享乐已不能完全满足他们的欲望。于是纷纷炼丹服药，幻想长生不死，得道飞升，以寻求精神上的解脱。北魏道武帝曾专门设置"仙人博士"，建立"仙坊"，替他煮炼百药。结果，他自己因药物中毒，精神变态，闹到昏乱发狂的地步。不少士族名流服药之后，也是丑态百出。有的药性发作难耐，隆冬裸袒食冰；有的疽背呕血，脊肉烂溃，舌缩入喉，甚至因此家败人亡。颓废没落的剥削阶级，不但需要用宗教麻痹人民，也需要用精神鸦片自我陶醉。这也是道教特别受到统治阶级青睐的一个原因。

南北朝时著名的道士都很有权势。魏太武帝尊寇谦之为"国师"。晋元帝封葛洪为"关内侯"。陶弘景在梁武帝篡夺南齐政权时，曾派弟子奉表支持，后来又"援引图谶，数处皆成梁字"，让门徒呈报劝进。梁武帝即位后，对他十分敬重，"书问不绝，冠盖相望"。国家每有吉凶征讨大事，都要前去找他咨询，当时人们称他为"山中宰相"。西晋永嘉年间张道陵（即张陵）四代孙移居江西龙虎山，尊张道陵为"掌教"和"正一天师"。以后历代王朝多次授予张道陵子孙以"天师""真人"等封号。道教的天师职位也和孔子家族的封号爵位一样，世代相传。

由于道教利用所谓仙丹妙药，求不死之术，有些道家人物研究了一些药物治病的方法，实为较为原始的药物学家。葛洪、陶弘景就同时又是著名的大医学家。他们的著作，如《金匮药方》（已佚）、《肘后百一方》《神农百草经》等，大量吸收民间医药知识，长期为古代医学家所应用，起过相当的作用。另外，道教徒搞的"炼丹术"，事虽荒诞，但由于采用矿物炼丹制药，也包含着原始化学实验的成分，扩大了古代的化学科学知识。葛洪《抱朴子》一书中就为我们留下不少科学史的材料。

道教作为中国本土的宗教，是民间神仙方术与道家思想相结合的产物。道教倡导天人和谐，宣扬通过修身养性和炼丹服药，可以长生不老、得道成仙。这种主张受到统治阶级欢迎，在民间也产生很大影响，对古代民俗的影响无处不在。像后来民间供奉的玉皇大帝、太上老君、八仙、城隍、土地、灶君等神灵都来自道教虚构的神仙世界。

东汉以后，思想领域逐渐形成了以儒家为主，儒、佛、道三家并立互补的局面。三家在反复辩驳中相互吸纳渗透，进一步增强文化凝聚力，在促使社会和谐安定方面发挥了潜移默化的作用。

（原载《中国古代史常识》）

"贵姓何来"：中华诸姓的来历[①]

人们初次见面时，总要先问"贵姓"。你想过没有，中国人数以千计的姓是从哪儿来的？姓名中隐藏着大量文化信息。试试看，探究中华诸姓的渊源流变，能够帮助我们揭开哪些奥秘。

活动目标

通过探寻和自己切身相关的文化知识，激发学习历史课的浓厚兴趣。

通过对中国诸姓源流的考辨，探索中华民族的历史渊源和社会变迁。

树立中华诸姓共同创造中华文明、振兴中华民族的观念。

掌握使用工具书和查找资料的技能。

培养思考与分析问题的探究能力。

活动准备

从已经学过的课文中找出与本课有关的内容。

查阅《中华姓氏大辞典》等工具书以及相关的读物。

活动建议

分组选择有关中华诸姓问题进行讨论，例如：

1. 我国许多古姓都从女字旁，如妊、姒(sì)、妫(guī)等，这反映了什么历史现象？你还能举出带女字旁的古姓吗？

2. 从赵、鲁、魏、宋等姓中，能了解到古代的什么社会信息？想一想，

---

① 本文系为初中《历史》实验教科书设计的"学习与探究"课。

属于这一类的古姓还有哪些？

3. 列出课文中提到过的少数民族"胡"姓，你还知道哪些少数民族常用姓？

4. 你能举出少数民族改用汉姓和"胡汉通婚"的例子吗？

5. 评价中国古代姓氏明世系（区分血缘辈分人伦关系）、别婚姻（同姓不婚）功能的历史作用。

6. 宋初吴越地区采编的《百家姓》，把皇帝赵姓列为首位，其次是吴越王钱姓，第三至第八"孙、李、周、吴、郑、王"是当朝后妃之姓。你认为这种排序反映了传统文化中的什么观念？你知道现在通行的姓氏排序原则是什么吗？

7. 列举自己长辈及同姓亲属与其他姓通婚的例子。议一议，中华诸姓之间是各自封闭、互相隔绝，还是"你中有我，我中有你"，互相交融渗透、紧密相联？

进行课堂交流，看谁破解的奥秘多，举的例子多，准确率高。

活动说明

中华姓氏文化源远流长。据统计，见于文献资料的姓至少有六千多个，其中常见姓二三百个，每个姓都有自身的渊源流变和独特的文化特征，内涵极为丰富。

中国古代的姓氏是区分族属的特定符号，具有明世系、别婚姻、区分等级贵贱①等社会功能。同时，在几千年的历史发展过程中，每姓、每族中都娶进了数不清的其他姓女子，本族、本姓中的女子也嫁到了数不清的其他姓男子家中。历史上有很多少数民族改用汉姓，汉族中也不断融进各少数民族血统。这些现象反映了人类进化、人口流动、民族融合、社会进步以及中国统一多民族国家不断巩固发展。教师可做一些知识性的介绍或提示，引导学生破除狭隘的同姓家族意识，树立中华民族大家庭观念。

本课涉及范围较广，可根据本校具体情况确定一些难度适中的内容，按内容划分小组，各自有所侧重，然后展开讨论，进行交流。

---

①　如奴隶等身份低贱的劳动者无姓。

课外活动

讨论中内容相近、观点相同的同学可自由组合，写一篇"中国人姓氏的奥秘"小论文。

（选自原实验教材《义务教育课程标准实验教科书·历史》七年级下册，北京师范大学出版社，2002）

设计 2008 年奥运圣火传递路线①

2008 年奥运火炬接力路线的设计，被誉为是最具创意的构思。你知道这一创意的历史文化依据是什么吗？"接力路线"国内部分还只是一个简略的轮廓，让我们大家都来动动脑筋，依据奥运会的主题，调动我们掌握的历史文化知识，充分发挥探究创新能力，设计一个我们心目中最佳的可操作的国内奥运火炬接力路线。这将是我们对 2008 年奥运圣火传递路线文化内涵更深层次的阐释与弘扬。

活动目标

培养综合贯通历史、地理、语文等各科知识的能力。

培养独立获取新知识的能力。

提高主动参与、探究创新式学习的兴趣。

培养重组信息、创造性地运用历史文化知识解决现实问题的能力。

培养"倾听、交流、协作、分享"的合作意识和交往技能。

通过本次活动，强化环保意识、科技意识和人文意识，弘扬和平、友好、拼搏向上精神，培养爱国主义精神和国际意识。

活动准备

复习本学年历史课有关课文（例如上学期第 19 课《寻访"丝绸之路"》等）。

查阅相关历史读物、地图、工具书。

认真阅读北京奥申委代表团 2001 年 7 月 13 日在莫斯科国际奥委会第 112 次全会上所作陈述报告中的下列文字：

---

① 本文系为初中《历史》实验教科书设计的"学习与探究"课。

基于丝绸之路带来的灵感，我们的火炬接力将开创新局面，从奥林匹亚山，途经人类古老的文明发源地——希腊、罗马、埃及、拜占廷、美索不达米亚、波斯、阿拉伯、印度和中国。以"共享和平，共享奥运"为主题，奥运永恒不息的火焰将穿越喜马拉雅山脉，到达世界最高峰——珠穆朗玛峰，也就是 Mt. Everest，从而达到一个新的高度。在中国、奥运圣火将通过西藏，穿过长江和黄河，踏上长城，途经香港、澳门、台湾并在组成我们国家的五十六个民族中传递。

活动建议

1. 在当代世界地图上标出自奥林匹亚山至中国沿途经过的各古老文明发源地的位置，以及奥运火炬传递路线（直线）示意图。

2. 简要描述上述国家、地区在人类文明中的地位、影响以及在历史上和中国交往的概况。

*3. 在当代中国地图上标出北京、西藏、香港、澳门、台湾等城市与地区的位置，以及珠穆朗玛峰、黄河、长江、长城的分布与走向。

*4. 讲述以上城市、地区，包括黄河、长江、长城在中国历史上的地位与影响。

5. 了解我国五十六个民族的大致分布状况，掌握课文中学到的各民族的分布状况。

*6. 运用中国古代历史上的典型例证，阐释中国申办 2008 年奥运会的三个主题：绿色奥运（例如古楼兰的兴废、都江堰）、科技奥运（例如四大发明）、人文奥运（例如甲骨文、编钟）。

*7. 除黄河、长江、长城、珠穆朗玛峰外，还有哪些标志，应在国内奥运火炬传递路线中体现出来？并请说明理由。

*8. 按不同主题（例如黄河、长江、长城、绿色、科技、人文、丝绸之路、大运河等）设计国内奥运火炬传递路线。可按一个主题贯穿始终，也可按不同主题分段设计、拼接。

*9. 在黑板上画出当代中国地图轮廓和自己心目中最佳火炬传递路线以

及途经的重点标志。

　　带＊号的为本次活动的重点。可结合本地区本校具体情况，选择部分内容展开探究。

　　分组准备，派代表陈述本组创意，并在黑板上现场演示。

　　评选全程和局部传递路线设计的最佳创意。

活动说明

　　本次活动涉及的新知识，并不从课程学习的角度要求掌握，而是侧重培养获取新知识的能力。

　　本次活动是对所学课文在范围上的延伸和内涵上的深化，内容较多、较难，请提前布置、准备。要求学生全员、全程参与，分工合作。

　　所谓最佳创意，只是相对而言。事实上一套方案很难兼顾各种很有价值的思考。本次活动鼓励各种创意多元并存，对话交流，凡有一得之见，都应充分肯定。

课外活动

　　在各组充分交流的基础上，汇总成一份全班的创意说明，提交给有关部门参考，并张贴在教室展示。

　　奥运圣火传递至各省（市）、自治区，还应在当地传递（或点燃分火炬传递），请提交一份本省（市）、自治区内奥运火炬传递路线的构想。

　　（选自原实验教材《义务教育课程标准实验教科书·历史》七年级下册，北京师范大学出版社，2002）

中国传统文化的历史定位与
建构新文化的路径走向

2004 年 9 月，曾有 70 多位文化名人在以"全球化与中国文化"为主题的北京"2004 文化高峰论坛"会上联名发表《甲申文化宣言》，引起社会各界广泛关注。《宣言》涉及的其实是一个延续了近 400 年的话题。

17 世纪工业文明波及中土以来，中国不再能脱离世界大势单独发展，回应西方文化冲击的方略便成为影响中国发展的不容忽略的因素。自晚明徐光启提出"欲求超胜，必须会通"，清廷实施禁海、闭关，魏源《海国图志》力主"师夷长技以制夷"，洋务派标榜"中学为体，西学为用"，乃至现当代共产党人"马克思主义与中国革命具体实践相结合"的努力等，俱为回应工业文明冲击的思想与实践，产生了深远的影响。至 20 世纪 80 年代，在改革开放浪潮鼓荡下再度引发了新一轮文化论争。人们深切反思创巨痛深的失误，以现代化为导向，放眼世界，"学习西方先进科技文化"遂成为主流思潮，激进者甚而提出"全方位西化""彻底摧毁与重建"的主张。也有一些学者以东亚部分国家与地区崛起为依据，冀图从传统文化中寻求振兴之路，举起"儒学复兴"的旗帜。80 年代末对《河殇》为代表激进思潮进行政治批判后，"国学热"日渐升温。20 世纪末，针对资本主义文明在高度发展的同时暴露出的痼疾与危机，季羡林先生提出"21 世纪属于东方文化的时代"的美好预期。《甲申文化宣言》则是面对全球化迅猛发展"凸显出国家、民族、地区之间不同文明的差异、分歧和冲突"新形势，发出的关于"反思自己的传统文化，学习和吸收世界各国文化的优长，以发展中国的文化"的呼吁。《宣言》既出，响应者盛赞《宣言》弘扬"东方品格"，对挺立住民族与文化主体性、促进人类文明与社会发展起到积极作用，批评者则认为《宣言》与张之洞"中体西用"没有什么区别，甚至极言有"走向蒙昧的文化保守主义"之嫌。

从历史上看，一些文化主张的提出，无不带有那个时代特定的内涵与指向。即如近代"谓西学皆中土所已有"的论调，被维新思潮主将严复斥为"令人呕哕"；而其实这种"中国创其法而西人袭之"的"西学中源"说，先前曾经是洋务派用来和坚守"夷夏"精神堤防顽固派斗争的利器。笔者无意对包括本次争论中的不同倾向以及其间或许存在的偏颇与误读作具体辨析评判，重要的是，遗传与变异、基因与选择的对立统一是生命运动的基本形式，正确处理继承、借鉴与创新的关系是人类社会发展面临的亘古常新的课题。300多年来的文化论争中确乎还有一些普适性的原则尚待澄清。本文对"全球化与中国文化"的探讨，拟在厘清中国传统文化时空定位的基础上，围绕中国特色社会主义新文化的本体和源泉、建构的导向和途径等问题展开，侧重从理论层面做一些阐释说明。

传统文化的时空定位

对"文化""传统文化"两个关键词理解的歧异，给学术界关于文化问题的对话带来诸多混乱。"文化"的定义据说已有200余种之多，大而化之，无非是广义、狭义两种。其中影响颇大的关于"文化的实质性含义是'人化'或'人类化'"或"自然的人化"的提法，实有加以澄清的必要。国家教委高教司组编的高校推荐教材将此实质性含义释为"是人类主体通过社会实践活动，适应、利用、改造自然界客体而逐步实现自身价值观念的过程"①。这一提法强调主体价值观念和社会实践有一定道理，但是人们所要展现的"自身价值观念"又是从哪儿来的呢？难道是先验的吗？倘在以上表述的"实现"前加上"获得和"三字或许尚能差强人意，毕竟在"实现"之前首先要"获得"。厘清这一点是为后面对新文化本体与源泉展开讨论确立必要的前提。通常认为，广义文化是指人类在社会实践活动中所获得的物质、精神生产能力与所创造的物质财富和精神财富的总和。至于狭义文化，笔者将其定义为"人类在社会历史实践中运用象征符号进行的精神活动，创造出的精神成果以及在人们自身所凝聚的素质、行为方式的复合体"②。尽管我们把体现精神因素的物质产品(物质文化)与精神成果(精神文化)加以狭义区分，精神与物质之间的千丝万缕联系仍

---

① 张岱年、方克立主编：《中国文化概论》，第4、9页。
② 曹大为、曹文柱："关于中国文化史学科建设的若干构想"，载《北京师范大学学报》1988年第6期。

处于研究视野之中。

所谓传统文化，是指历史上流传下来、至今还在发生影响、有一定活力的文化，具有相对稳定、延续和可塑、变通二重性的特点。关于这一点，学术界应无异议。但在界定传统文化具体内涵时，学者之间还是各有所指。敏泽先生认为："所谓传统文化绝不能把它仅仅理解为古代文化，而且应该包括近代、现代以来反帝、反封建及爱国主义的文化传统。"①这种看法除了存在把近现代"负面"文化排除在传统文化之外的片面性，亦确有一定道理。在马克思主义指导下，经历了大半个世纪新民主主义革命、社会主义革命和建设实践的今天，中国的文化已在相当大程度上得到改造与重建。但总体来看，我们面临的文化格局也还包含部分古代中世纪、半殖民地、半资本主义以及外来文化等不同成分和导向。而且文化本身层累递进，不同成分之间的边缘并非那么整齐，有的对峙并立，有的涵盖变异。问题在于我们现在探讨的是熔多种成分于一炉的"传统文化"还是特指其中的某种成分？前述教委推荐教材《中国文化概论》一书提出"以1840年鸦片战争以前的中国文化，即通常所说的中国传统文化为主要对象"②，有一定代表性。笔者以为，当今探讨的"传统文化"的主要成分特指中国古代中世纪的"封建文化"，已经是一种事实。把传统文化中的这一部分剥离出来作为研究对象并无不可，只是研究时不要忘记把它放置在整个传统文化总体流变中加以考察。

还有一点需要说明的是，中国的宗法分封制早在公元前221年就被秦帝国郡县制取代，用"封建"概括此后两千多年的社会形态有点不伦不类，而且"封建"已成为愚昧、落后、黑暗的代名词，用黑暗的"封建"一词概括古代两千多年文化也有欠公允。或许用中国古代"农耕文化"的概念较为贴切。本文沿用"封建"一词均做加引号处理。

中国传统文化源远流长，在相当长的历史时代处于世界领先地位，创造了光辉灿烂的古代文明，这是和当时最为先进的精耕细作型农耕文明相适应的，有其历史依据。这种主要孕育于黄土高原和长江流域的小米、稻作文化，

---

① 敏泽："关于建设有中国特色的社会主义文化问题——论以传统文化为基础的综合创造"，载《社会科学战线》1993年第2期。

② 张岱年、方克立主编：《中国文化概论》，第4、9页，北京：北京师范大学出版社，1994。

比起遍地可食块茎作物的热带和欧洲粗放耕作生产方式，都更有利于刺激早期人类智慧才干的开发和文明的发展。与统一多民族国家发展历程相应，中华文化多元一体格局呈现出博大、开放、汇聚百川的特点，得以发展延续世界上唯一没有中断的文明。中国古代在自然经济和宗族血缘纽带双重制约下迈入文明门槛，形成和西方分途的文化类型——内倾、人伦、群体、集权导向。由中央集权官僚系统、人伦血缘关系、以儒家为主的正统思想三大纽带交织组合形成的强大凝聚力，有利于社会稳定，便于充分调动发挥大一统、整体的优势，从而产生高度繁荣发达的经济、文化。如韦尔斯《世界史纲》所说，唐代"中国温文有礼、文化腾达和威力远被，同西方世界的腐败、混乱和分裂成为鲜明对照""当西方人的心灵为神学所缠迷而处于蒙昧黑暗之中时，中国人的思想却是开放的、兼收并蓄而好探求的"。即使宋代，亦如谢和耐所说，依然"现代化的程度令人吃惊，它独特的货币经济、纸纱、流通票据、高度发展的茶、盐企业……其自豪足以认为世界其他各地皆为化外之邦"①。而这显然是唐宋租佃制生产关系远较西欧封建庄园经济优越的结果。

不过还应看到，在世界范围中华文明并非一枝独秀。不但尼罗河流域、两河流域、印度河流域早于华夏跨入文明的门槛，即使在中华文明高度发展的周秦迄于宋明时期，世界范围也相继兴盛起希腊、罗马、阿拉伯等文明，东西方交相辉映。其中古希腊文明的城邦民主政治、罗马帝国的法律建设、希腊先哲的精神觉醒和人文追求，为近现代文明的发展提供了丰厚的资源和深刻的启示。特别是14世纪后半叶，随着资本主义生产因素的发展，文艺复兴运动在意大利兴起，此后西欧社会经历了商品经济取代自然经济、资本主义大生产取代手工作坊、以法律为标志的国家权力取代君主贵族的人治、人的理性冲破中世纪神学禁锢、科学战胜蒙昧等一系列深刻变革，并通过产业革命向工业文明迈进，实现"资产阶级在它的不到一百年的阶级统治中所创造的生产力，比过去一切世代创造的全部生产力还要多、还要大"②的巨大飞跃。而处于中华农耕文明鼎盛阶段的康乾盛世诸帝却专制愚昧、闭关锁国、钳制思想，顽固推行强化农耕体制、修补复制传统结构的"重农主义"举措，遂致

---

①　[法]谢和耐：《南宋社会生活史》，马德程译，第5页，台北："中国文化大学"出版部，1982。
②　《马克思恩格斯选集》第1卷，第256页，北京：人民出版社，1972。

中华帝国迅速在世界工业文明潮流中陨落。乾隆之后不久，便如道光帝所感叹的："两只夷船不能击退，可笑可恨！武备废弛，一至如是，无怪外夷轻视也！"[1]这是农耕文明和工业文明较量的必然结局。

只有把中国传统文化放置在纵向历史流变和世界发展大势以及横向中外比较的时空坐标中，才能做出清醒、准确的定位。灿烂辉煌的中华古文明毕竟属于农耕性质的繁荣，是宗族农耕社会的产物。面临近代西方工业文明的冲击，以儒文化为主的传统文化不能挽救中国，早已为近现代历史所证明。如李大钊论及孔子学说能够支配中国人心两千余年原因时所指出的，"因它是适应中国两千余年未曾变动的经济组织反映出来的产物，因它是大家族制度上的表层构造"[2]。在向工业文明、现代化发展的进程中，经济基础、生产关系、社会结构发生深刻变化，文化相应面临着转轨更新的变革。当前在对待人类文化遗产的问题上，至关重要的一点就是要树立向现代化转轨的意识，在现代化实践中用改革创新的视野对传统文化和外来文化加以审视解析，在这样一个文化坐标定位指导下决定弃取，并纳入新文化体系中融会创新。

汲取传统资源的原则与取向

无论古今中外，在处理人自身、人与自然、人与人、人与社会的关系方面，都面临着一些共同的课题。包括意识形态、方式制度、心理素质等不同层面中都含有些跨时空、超阶级的共同因素。作为人类文明的成果，传统文化和外来文化中蕴藏着丰富的智慧和经验，可供汲取、借鉴的地方很多，并不只限于"民主性"的精华。中国历史上为生民立命、为万世开太平的博大胸怀，刚健自强、刻苦勤奋的励志精神，天下大同、克己奉公、"先天下之忧而忧，后天下之乐而乐"等政治理想和道德准则，以及"仁者爱人"的人文关怀和"贵和尚中"的和谐追求等固然要发扬；注重整体性、系统性、模糊性以及强调天人和谐的思想虽处于朴素粗糙层次，但却与后工业文明社会发展方向有不少契合相通之处，也都有可以吸收弘扬之处。传统文化中除占据主导地位

---

[1] 《史料旬刊》第 23 期，第 844 页。

[2] 李大钊："由经济上解释中国近代思想变动的原因"，载《新青年》7 卷 2 号，1920 年 1 月 1 日。

的儒家文化外，尚有与之既对立又互补的法家、道家、墨家、兵家、佛教以及明末清初带有启蒙性质的思潮等亚文化、反文化。如果从地域、民族差异的角度审视，则不应忽略，在以农耕文化为主的传统文化中，也包含着诸多草原文化、海洋工商文化以及外来文化的因子。我们几乎在所有问题上都能轻而易举地找到一些互相对立、相反的悖论。譬如农耕文明总体上存在着尊祖重孝崇古守成的倾向，但历史上也不乏与之针锋相对的主张。诸如秦始皇奉行"以古非今者族"，王充批判董仲舒"奉天法古"、嵇康倡言"非汤武而薄周孔"、王安石标榜"天命不足畏、祖宗不足法"，清中期汪中甚至一反孔子"三年无改于父之道可谓孝矣"的千古说教，宣称父若无道，不妨"朝没而夕改可也"①。即使明清竭力塑造妇女"时时择语浑如哑，事事重思惧失行"②正统形象之际，仍如谷应泰《明史纪事本末》所云："妇女之轻剽好作乱，大抵不少慨见也。"③这正是传统文化内部矛盾斗争并在一定条件下发生变化的内在依据。如果不把眼光局限于占统治地位的主文化，那么传统文化中可供汲取借鉴的优良成分大有可以拓宽挖掘的余地。特别是明清之际先进知识分子重科学、讲实际，高扬断义逐利、经世致用的主张以及"负万死不回之气"的革新精神，尤应大力标榜弘扬。而且即使在官方正统文化中也有很多可以批判继承之处。姑不论博大精深的儒家思想文化体系，即以阶级色彩极浓的政治建设而论，廉政和效率是任何企望正常运转的政权所要解决的问题。隋文帝"非燕享之事，所食不过一肉而已"④，"往往潜令人赂遗令史、府史，有受者必死，无所宽贷"⑤；唐太宗为提高行政效率，推行"五花判事"制度，会签文书规定时限，稽延一日笞十，三天加等，以八十为限。并精简机构，将中央官员从二千多人裁至"留文武总六百四十三员"⑥。隋唐时期确立的科举制度曾分别为 1791年法国大革命以及英国 1855 年推行选拔文官考试制度所借鉴。唐代《贞观政要》甚至"1300 年来成了亚洲国家首脑的统治艺术教科书"⑦。中国古代高度发

---

① 汪中：《述学·内篇》，嘉庆二十年(1815)刻本。
② 邱心如：《笔生花》卷 1，咸丰七年(1857)刻本。
③ 《明史纪事本末》卷 23。
④ 《隋书·食货志》。
⑤ 《隋书·柳俭传》。
⑥ 《资治通鉴》卷 192。
⑦ 金世馨："金泳三的帝王学"，转引自《参考消息》1993 年 5 月 8 日。

达的中央集权官僚制度、畅达的通讯运输系统，有效的组织调动人力、财力资源的行政机制，早已使中国的"政治设施在结构上发展到与现代化社会的政治大体相当的程度"①。

需要强调指出的是，鉴于文化具有整体性、系统关联性的特点，往往优劣融于一体，呈现出既是优点同时也是缺点的两重性。例如传统的宗族农耕型文化讲究身心和谐、天人协调的内倾导向，务实、入世，避免了全国性的宗教迷狂；但却缺乏探索、开拓、竞争、征服自然的进取精神。重人伦、宗族、整体的倾向，强调人对集体、国家应尽的义务、责任，鼓舞人们向心、凝聚、忠于民族、爱国、克己献身，这是今天仍应大力倡导发扬的宝贵精神财富，但这些优长之处在当时却是和浓厚的宗族血缘观念以及忠君思想紧密相连的，一定程度上是建筑在漠视个人主观情绪要求、抑制个体主动性和创造性、融个人于家庭与社会的基础之上。这种尊卑等级伦理化、凝固化的结果，又成为妨碍社会进一步发展的障碍。中国传统文化的巨大凝聚力、生命力、再生力及其前期显示出的大一统优越性和它的保守性、迟滞性及后期因不能适应工业文明社会变革而由盛转衰、被甩出世界发展潮流之外，其症结俱源于此。特别中国近现代是在工业尚不发达、并未经受资产阶级启蒙思潮涤荡的状况下，因帝国主义殖民势力逼迫挤压而被迫启动现代化进程，而反对帝国主义殖民势力的殊死斗争又一定程度上掩抑、缓冲了对"封建主义"的批判。在这种跨越式飞跃的特定历史条件下，难免出现文化的错位与失衡，马克思主义在中国传播过程中便经常因"封建"习惯势力影响而变形走样，并步入误区。平均主义、大锅饭表面上与社会主义公有观念接近，实质上却是"等贵贱、均贫富"绝对平均主义酿造的苦酒；建立在压抑个性、专制独裁基础上的整体利益、宗族本位，形式上也与集体主义思想原则近似，在政治生活中却造成官本位、家长制、终身制，粗暴地践踏民主原则，把一些富于创造性的合理选择也一概视为个人主义加以扼杀，这和马克思主义的民主集中制原则当然存在着本质的区别。1957年以后我国社会主义革命和建设中出现的一些失误，便主要是这种文化错位、即"封建"遗毒对马克思主义扭曲变形

---

① 罗兹曼主编：《中国的现代化》，第59页，南京：江苏人民出版社，1995。

造成的恶果。①

　　总之，中国传统文化总体上呈现为以儒家文化为主的宗族农耕型特质，而其自身又是包含着多种成分和倾向的复合体。认识、评价传统文化和弘扬传统文化是两回事。在对传统文化进行时空定位及评价其社会效应时，务求客观、实事求是，既不妄自菲薄，也不能只看玫瑰花不揭癞疮疤。而在探讨如何利用传统资源建构新文化时，则应更为鲜明地体现主体选择性和创造性。对传统文化的筛选、过滤，其实也是今人对传统的建构与"发明"。问题的关键在于这种建构取舍的标准要体现前瞻性、开放性、前沿性、先进性。与此同时，还应清醒地看到，传统文化中的腐朽落后糟粕是一种客观存在，必然要或隐或显地对实际生活发生影响，肃清制约人们价值取向和行为模式的"封建"毒素，摆脱旧传统习惯势力的桎梏裹缠，同样是建构新文化必不可少的前提。

新文化的本原与建构路径

　　自明末中西文化频繁交流碰撞以来，在建构新文化以及处理传统文化和外来文化关系问题上便始终存在着中西体用之争。这一争论不仅涉及对中西学的态度，而且关系到对中西社会制度、发展道路的评价与选择。抛开历史上一些口号的特定内涵不谈，仅就形式而言，这种争论大体可归纳为中体西用、西体中用和综合创新三种意见。如果不把"中体"诠释为以儒学为主的传统文化或传统的社会制度，而是强调发展新文化应以中华民族为主体，要从中国的实际出发，当然有其合理之处。同样，如果把"西体"解释为并非将西方现行制度不分良莠盲目照搬，而是强调以西方现代化实践中积累的先进经验或以西方工业文明孕育的马克思主义学说为导向，也不能说没有道理。尽管实际上这两种观点多少分别带有"封建主义"和资本主义的倾向。第三种态度则不去计较字面上的体用之别，而是从实际出发，兼取中西文化之长，创造中国新文化。事实上，早在明末中西文化碰撞之初，徐光启便曾提出"欲求

---

　　①　参见王鹏令：《论当代的文化选择》，《光明日报》1989 年 4 月 3 日。

超胜，必须会通"的主张①。20世纪初，李大钊高瞻远瞩地提出以取得十月革命胜利的俄罗斯文明为媒介，创建既不同于西方资本主义文明又有别于中国传统文化的"第三新文明"②。所谓"第三新文明"，实际上就是融会东西文化之长、有中国特色的新文化体系。张岱年先生继承这一优秀传统，概括成高扬民族主体精神，以开放的胸襟、辩证的态度综合中西文化之长的"综合创新"理论。综合创新论跳出中西对立、体用二元的形而上学思维模式，显然比简单判别中西体用高明可取。

值得注意的是，20世纪90年代一度兴起两个影响颇大的文化建设口号。敏泽先生在高度评价张岱年"综合创造论"之后，表示"惟觉提出以传统文化为基础的综合创造论，似更准确"。又据他说明，这意见得到了张岱年先生本人的赞同。敏泽并且认为："这不仅是一个科学性的马克思主义的命题，而且也是建设具有中国特色的社会主义文化的唯一出路。"③但是，既然在敏先生看来"传统文化"中包含多种成分，那么笼而统之不加区别地提以传统文化为基础，就只能在客观上造成思想混乱。如果说，建设社会主义新文化要从这样一个由各种文化成分组成的客观现实出发，从此起步，当然无可厚非；但这却不是简单的"传统文化"一词所能概括得了的。"传统文化基础"论的失当，不但表现在忽视新中国经历了影响深远的重建与变革，而且还在于对现代化实践对建设新文化所起的重大作用置之不顾。与"以传统文化为基础"相类似的，还有一种"马克思主义与中国传统文化结合"的口号④。众所周知，马克思主义是在对资本主义社会矛盾进行分析批判、对工人运动实践加以总结并吸收汲取人类文化遗产优秀成果基础上构筑起的不断更新发展的思想体系，既是世界观，又是方法论。而中国化了的马克思主义——毛泽东思想，本身就涵盖了对传统文化遗产的批判继承。显然，把"马克思主义和中国传统文化相结合"当作建构新文化的路径，不但在逻辑上讲不通，而且是对马克思主义普遍

---

①　《明史·徐光启传》。

②　李大钊："东西文明根本之异点"，载《言治季刊》1918年7月。

③　敏泽："关于建设有中国特色的社会主义文化问题——论以传统文化为基础的综合创造"，载《社会科学战线》1993年第2期。

④　参见"'如何正确对待中国传统文化'学术座谈会述要"，载《教学与研究》1991年第1期，"'炎黄文化与民族精神'学术座谈会综述"，载《光明日报》1991年7月17日。

真理与中国革命具体实践相结合原则的倒退。

如果我们从文化的来源、本原的角度审视中西体用之争，当能更清楚地显示出各奉中西为体和"以传统文化为基础"观点的偏颇。马克思在《关于费尔巴哈的提纲》第八条指出："全部社会生活在本质上是实践的。凡是把理论引到神秘主义方向去的神秘东西，都能在人的实践中以及对这个实践的理解中得到合理的解释。"存在决定意识、经济基础决定上层建筑是历史唯物主义的基本原理，但在从物质变精神的过程中，却必得经由人类实践的渠道，才能把客观物质世界和认识主体的心理活动沟通，从而转化产生出精神产品。因而人类的思想、理论、意识形态或者说人类的文化本质上都是实践的产物。无论传统文化还是西方文化都是前人创造出来迄今仍发挥影响的文化遗产，是文化的不同支流。对于新文化来说，它也是一种源泉，但却并非新文化的本体、本原。在向现代化迈进的过程中，传统文化和西方文明之间如李大钊所形容，"正如车之两轮，鸟之两翼"，不应有体用二元的对立与区别；而唯有实现现代化的实践本身才是检验真理决定弃取和发展新文化的"本体"。中国传统文化实质上是古代中世纪小农自然经济生产活动和宗族血缘社会生活实践的产物，如果不发生向工业文明的生产生活实践转轨，就根本不可能产生科学社会主义的新文化。同样，脱离现代化的社会实践，西方工业文明的精华也不可能真正在中国本土上扎根开花。如马克思、恩格斯所说，"当人们谈到使整个社会革命化的思想时，他们只是表明了一个事实：在旧社会内部已经形成了新社会的因素，旧思想的瓦解是同旧生活条件的瓦解步调一致的。"①改革开放的实质是通过调整生产关系而进一步解放和发展生产力、推进现代化进程。而生产方式调整、生活方式变革，必然引发传统价值体系产生深刻的裂痕。只有在改革开放的现代化实践中才有可能强化竞争观念、效益观念、法制观念和开拓意识、民主意识，建立起中国特色的社会主义新文化。现实生活中，深圳、珠海等特区人重竞争、讲效益、快节奏，在价值取向等方面发生了有别于传统观念的重大转变，便明显植根于改革开放以来现代化建设取得的重大进展。如同让深圳退回农业社会已经没有可能，也很难指望深圳人的观念还会重新逆转到传统社会慢节奏、大锅饭、低效率。正是在这

---

① 《马克思恩格斯选集》第 1 卷，第 271 页，北京：人民出版社，1972。

个意义上，我们强调：唯有现代化实践才是科学社会主义新文化的本体，才是新文化永不枯竭的源泉。

从另外一个方面来看，离开物质本原抽象谈论文化固属无本之木，但文化也并非对物质世界简单机械的反映，而是体现了人类的主体能动性和选择性、创造性。文化建设之所以重要，就在于人类创造历史的一切活动都离不开人的主体意志和精神活动，"人的意识不仅反映客观世界，而且创造客观世界"[1]，用头脑"掌握世界"[2]。尤其在社会转折关头，文化建设实质上就是对发展路向的规划和选择，其结果必然从正负两个方面对社会发展发挥巨大影响。显然，从文化本原与创新的角度衡量，只有坚持改革开放的现代化实践，在批判继承人类一切优秀文化遗产基础上会通中外，凸显面向世界、面向未来的创新取向，才能实现创造性转化和创新性发展，才是建设中国特色社会主义新文化的正确路径。

文化的改变说到底是人的素质改变的问题，这又牵扯到社会改造与人的改造之间的先后因果关系问题。只有社会得到改造，才有可能使一代人的素质、文化更新，而没有人的"觉醒"，没有人的素质、文化的改变，又谈不上社会的革新。既然环境决定个人，而环境又需要改造，那么，又由谁来改造环境呢？这是一个几千年来使思想家们陷入"鸡生蛋、蛋生鸡"一类困惑的怪圈。最终击破这一怪圈的还是"革命的实践"。马克思在《关于费尔巴哈的提纲》第三条指出："环境的改变和人的活动的改变或自我改造之间的一致，只有把这两种改变都看作革命的实践，才可以认识和合理地理解。"也就是说，环境的改变与人的素质或文化的改变两者在"革命的实践"中取得了一致[3]。亦如马克思《政治经济学批判》所说："生产者也改变着，锻炼出新的品质，通过生产而发展和改造着自身，造成新的力量和新的观念，造成新的交往方式，新的需要和新的语言。"这是我们强调现代化实践本身是科学社会主义新文化的本体和永不枯竭源泉的又一理论依据。

---

① 《列宁全集》第38卷，第228页，北京：人民出版社，1988。

② 《马克思恩格斯选集》第2卷，第104页，北京：人民出版社，1972。

③ 参见曹孚：《〈关于费尔巴哈的提纲〉第三条与教育》，载《曹孚教育论稿》，上海：华东师范大学出版社，1989。

建构 21 世纪"第三新文明"的文化走向

中国人民在经历了大半个世纪努力奋斗之后，已经取得了举世瞩目的伟大进展，同时也遭遇不少曲折、反复乃至倒退逆转。与此同时，世界格局也发生了重大变化，苏联东欧解体动荡、东亚部分国家与地区异军突起，其间升沉兴衰、波诡云谲留下许多发人深省的经验教训。而当今资本主义文明在高度发展的同时也暴露了不少痼疾，现代社会对生态环境破坏、熵值无限增长以及对科学技术高度发展失去控制反而有可能威胁人类生存的忧虑，正促使西方有识之士努力从东方文化传统、生活方式中寻求出路。当代耗散结构创始人普列高津便预言西方科学和中国文化对整体性、协同性理解的很好结合，将导致新的自然哲学和自然观。"9·11"事件之后，面临地区冲突和恐怖主义日益加剧的危机，人们更加憧憬东方文化的传统。季羡林先生在 2001 年10 月"人文奥运与北京文化建设研讨会"上再次提出，21 世纪是东方文化的时代，"这是不以人们的主观愿望为转移的客观规律"。季先生特别说明，这种文化转移是"取代"而不是"消灭"，是在过去几百年来西方文化所达到的水平的基础上，用东方的整体着眼和普遍联系的综合思维方式，以东方文化为主导，吸收西方文化中的精华，把人类文化的发展推向一个更高的阶段。如果立足中国本位思考未来文化走向，季先生的看法确有一定道理。但笔者倾向于认为，李大钊 20 世纪初提倡的既不同于东方传统文化又有别于西方文明的"第三新文明"（或者可称之为科学社会主义新文化）更符合 21 世纪人类先进文化的发展方向。

被称作儒家资本主义的日本、"亚洲四小龙"勃兴的原因是多方面的，但至少表明儒家传统文化经创造性转化，确有可以适应、促进现代化的一面，甚至在某些方面还显示出一些特殊的优势；不过这并不能简单归结为儒学体系指导的结果。实际上这些国家、地区因种种原因经济均较发达，他们是在大力引进西方先进科学技术和管理方法的同时，针对西方社会的弊端，从儒家传统中挖掘重视知识教育、重集体、讲奉献、倡导感化与和谐等有利的因素，而且根据现实需要对儒家传统有所选择或重新加以解释、引申、改造。例如被誉为"日本近代资本主义经济大指导者"的涩泽荣一便重释儒家伦理而形成"论语加算盘"说，把儒家义利之辨改造诠释为"仁"与"富"的结合。总之东亚部分地区的崛起，对东方后发生型现代化的道路做出积极尝试，并取得一定成功，给同属东方文化传统的中国以有益的启示，但东亚模式却远非纳入儒家传统轨道的结果，并不意味可以从传统文化体系复兴中寻求出路。而西方强调向东方传统文化靠拢，则是针对资本主义社会的弊端，着眼于东方文化适应后工业文明社会发展的积极面，绝不是全盘皈依古老的中华文明。西人的明智之举，其实是体现了鲁迅在《看镜有感》一文中提到的中国汉唐时期那种"凡取用外来事物的时候，就如将彼俘来一样，自由驱使，绝不介怀"的雄大魄力。我们断不可因西方尚且要从东方文化传统中吸取养分便丧失起码的自我反省和鉴别能力。即如中国古代早已有之的"天人合一"思想传统，不但如杨振宁先生指出的，对中华文化思维方式曾带来消极影响，是导致近代科学没有在中国萌芽的重要原因之一；而且严重抑制开拓、探索精神。何况儒家标榜的社会和谐，实以维系尊卑等级礼制为前提，而非建立在尊重个体尊严与平等基础上的和谐。否则孔子何以会对新兴地主阶级的"僭越"之举痛心疾首，发出"季氏子八佾舞于庭，是可忍孰不可忍也"的抱怨！而且即使"天人合一"思想包含"生态文明"的宝贵因素，当下中国与发达国家卓有成效的努力相比，实在面临着更为严重的环境污染威胁。我们从"西方向东方学习"之举所得到的启示，或许在于更需警惕鲁迅批评的那种"每遇外国东西，便觉得仿佛彼来俘我一样，推拒、惶恐、退缩、逃避、抖成一团，又必想一篇道理来掩饰"的心态，万勿重蹈清末"衰弊陵夷"之际封闭误国的覆辙。

人类文化丰富多彩，不同的民族、国家和地区，由于自然环境的制约、生产力和生产方式变迁以及历史发展进程的差异，形成了各具特色的文化类型，不同文化间的交流传播、融会创新，对人类文明的发展起到巨大的推动作用。中国古代的三大发明传到西方，成为"预告资产阶级社会到来"的强大杠杆；而十月革命一声炮响，送来了马克思主义，给中国带来天翻地覆的变化。认同和提倡文化多元并存，既体现对不同民族和国家自主发展的尊重和理解，也为异彩纷呈的人类文化发展留下更为广阔的空间。但这并不意味否认野蛮与文明、先进与落后的区别，并非固守落后传统或猎奇式地保护"原生"状态。人类社会毕竟走过了从蒙昧、野蛮到文明的发展历程，清帝国正因为固守农耕藩篱才最终沦入任列强宰割的深渊。何况任何民族、国家自身的文化中，都包含主义化、亚文化、反文化以及精华与糟粕等不同成分。一些西方人便曾宣称共产主义是西方文明中不容忍与逻辑的顽固性的典型产物，把中国奉为指导思想的马克思主义列为西方向东方推销的"最可遗憾"的产品①。可见，所谓"全盘西化"或"全面固守传统"都是不能成立和无法操作的伪命题。问题的实质还是在于确立扬弃的标准与取向。就拿西方文明来说，从总体定位上看，资本主义是发展工业文明的一种模式，几百年来积累了不少经验教训，目前仍在调整更新、高速发展。除了马克思主义、白求恩精神之外，处于世界前沿的物质建设、科学技术、管理方式等方面的巨大成就，《甲申文化宣言》表示接受的"自由、民主、公正、人权、法治"等价值观，以及确保实施这些价值观的相关制度建设，俱为西方工业文明孕育的优秀成果。作为发展现代化的普适性经验，这些成果构成当代先进文化的重要组成部分，为不发达国家发展现代化提供了宝贵资源和重要武器。如所周知，西方的现代化是靠海外殖民、充满血与火的掠夺压榨起家。对于资本主义发展过程中暴露的种种弊端乃至危机以及西方文化中的消极腐朽部分，自当着力批判，引为前车之鉴。而社会主义是资本主义社会矛盾运动的产物，也是一种发展中国家后发生型的现代化模式。尽管在价值体系、经济基础、政治制度以及社会运行机制等方面和资本主义文明有很大差异，但作为同处工业文明时代的两种不同现代化模式，相互之间必然存在许多可资借鉴的共性。唯有跳出"东方还是西方""姓资还是姓社"的简单画线，把社会主义视为在借鉴和批判继承一切人类文明优秀成果基础上开创的现代化新路径，才有可能对改革开放国策做出合理的诠释，才有可能正确认识社会主义初级阶段理论和中国特色社会主义现代化道路的本质内涵。

我们根据现代社会需要导入市场意识，鼓励开拓、竞争、公平；但却坚决反对尔虞我诈、拜金享乐。我们所提倡的平等，不但在真理、法律面前人人平等，而且在竞争、机会面前人人平等，不是结果、分配上的绝对平均、平等，而是承认差别的合理性，尽量为人们提供发挥最大潜力的公平竞争机会，同时还要发挥整体协作的优势，共同发展。这和传统农业社会中的绝对平均主义大相径庭。科学社会主义新文化倡导的文化精神应体现求真、务实、

---

① 联合国教科文组织：《东方与西方的人文主义与教育》，英文本第155页。

科学、民主、自由，既讲功利、效率、公平竞争、进取创新、充分发挥个体主动创造性，又讲社会责任、统筹协作，鼓励奉公献身。这和西方社会流行的以及中华传统文化的价值体系既有联系又有重大区别。中国在经济文化基础并未充分发展的状态下启动现代化征途，必然会遇到许多困难、挫折，付出重大代价。不过外国现代化的经验教训毕竟为我们提供了少走弯路的借鉴，这又成为我们的后发优势。唯有立足中国实际，"面向现代化，面向世界，面向未来"，将人类包括物质、制度、思想观念层面等一切优秀文化成果放置在中国现代化实践中鉴别整合，融会创新，方能既高扬民族主体精神，又摒弃狭隘民族主义和文化保守主义，跻身世界先进文化前沿。唯其如此，中华文明才有可能"会通超胜"，为人类文明的进步做出更多贡献。只是在这个意义上，关于21世纪是东方文化时代的预言才是一种美好的憧憬。只是在这个意义上，汤因比的下述论断才是一种科学的预言："中国文化如果不能取代西方成为人类的主导，那么整个人类的前途将是可悲的。"①

（原载《社会科学论坛》2006 年 2 月）

---

① "谁将继承西方在世界的主导地位？"，载［美国］《思潮》月刊1974 年 9 月，转引自《文化的冲突与抉择》，第 29 页，北京：人民出版社，1987。

第二部分

社会问题与理政开新

东汉豪强地主

豪强地主，是指地主阶级中占有大量土地，享有政治特权，有的还拥有私人武装，能够"武断(横行)乡曲(本地区)"，而且世代传袭，具有特殊身份地位的豪族大姓。东汉时期是豪强地主发展的重要时期。

刘秀建立东汉王朝以后，大封功臣三百六十五人，加上外戚四十五人，这些人与宗室王族合在一起，形成了势力极大的政治集团，也就是东汉时期豪强地主的核心。东汉王室的嫁娶，大体不出这个集团的范围；重要的官职也基本上从中选取。其中，许多家族由于有世袭特权，往往一门数侯，累世尊贵显达。例如邓禹家族，先后便有二十九人封侯，二人称公；大将军以下十三人，中二千石十四人，列校二十二人，州牧、郡守四十八人；其余充任侍中、将、大夫、郎、谒者等一般官职的，更是多不胜数。弘农杨氏，自杨震、杨秉、杨赐到杨彪，四代都作太尉。汝南袁家，从袁安到袁隗四世中就有五人作三公。东汉朝廷的重要官职，事实上被这些名门望族所世袭垄断了。

豪强大族利用他们的政治特权，疯狂地兼并土地，不断扩充自己的经济力量。伏波将军马援的儿子马防兄弟，各有奴婢一千多人，"资产巨亿，皆买京师膏腴美田"。济南安王康有奴婢一千四百人，占有私田八百顷之多。汉章帝时，外戚窦宪居然低价强买沁水公主的园田。章帝责骂窦宪说："今贵主尚见枉夺，何况小人(百姓)哉？"可见农民的土地被肆意兼并，在当时是很普遍的。正因如此，豪强地主的经济实力迅速膨胀。东汉后期质帝、桓帝时的外戚梁冀，强取数千良人为奴婢。他强占的林苑，竟然跨州连郡，方圆有上千里！同时，也有一些富商大贾和土生土长的地主，凭借自己的资财，交通王侯、官府，不但购置、掠占大量田地，并在政治上取得一定权势，成为地主豪强。这也是豪强地主的组成部分。

随着豪强地主势力不断增强，他们凭仗各种经济特权，影响到政府的赋役收入。在国家政权和豪强地主之间，也就存在着一定的矛盾。早在东汉初年，刘秀就曾下诏"度田"，检查垦田与户口实数。豪强霸占大量土地，州郡官不敢查问。特别在京城和刘秀老家南阳一带，更是如此。大臣反映"河南帝城，多近臣；南阳帝乡，多近亲"，所以尽管明明知道"田亩逾制"，谁也不敢过问。在郡国大姓反对之下，刘秀只好向豪强地主屈服，不再查田核户。刘秀尚且如此，后来的皇帝更无所作为。豪强地主的势力，更加发展。

豪强地主之间，也存在矛盾，并反映为不同政治集团的冲突，特别是宦官与外戚之间的斗争。到东汉后期，这一斗争愈演愈烈，造成社会的长期动乱。加上东汉王朝横征暴敛，豪强地主虎噬狼吞，农民纷纷破产流亡。农村和城市的经济都受到严重破坏，出现了"名都空而不居，百里绝无民者，不可胜数"的局面。很多被抛出土地而走投无路的农民，被迫投附到豪强地主门下，充当佃客、徒附、部曲。豪强地主乘势而动，依靠掌握的政治经济实力，利用血缘关系，不断扩大占有土地和劳动力，形成遍布全国的政治、经济、军事合为一体的坞堡庄园。在这种情况下，皇权继续衰落，商品经济进一步萎缩，豪强地主以自给自足自然经济为特点的大庄园经济，便迅速发展起来。

所谓坞堡庄园，一般来说，中心是豪强地主居住的"连栋数百"的深宅大院，庄子的边围筑有高墙，深沟环绕，庄墙里高耸着守望料敌的望楼。庄内分布着地主的仓楼、谷囷(囤)、地窖；还有蚕室、织室、麴(曲)室、碓(磨)房；养牲畜的马厩、牛棚、猪羊圈；还有一些中小型的手工作坊，以及地主经营的店铺、质铺(当铺)等。庄子的四周便是地主占据的成片膏田沃土。田野里稀稀拉拉散布着依附农民的小茅草屋，和庄子上的高堂大室形成鲜明的对照。

这样的大庄园，本身就是一个自给自足的经济单位。地主在庄园里经营的土地上，拥有自成系统的水利设施，种植着各种谷物、瓜、果、菜蔬，此外，还广植林木以及桑、麻、竹、漆、蓝(染料)、药材等经济作物，畜养着大批猪马牛羊。地主经营的手工业，能够织布、染色、裁缝；酿制酒、醋、酱、贻(糖)；打造各种农具和兵器。地主的生活需要，几乎不必外求。例如西汉末、东汉初樊宏的庄园，"广开田土三百余顷，其所起庐舍，皆有重堂高阁，陂渠灌注，又池鱼牧畜，有求必给。"这是相当典型的自给自足的大庄园。地主吃、穿、用之外，有所剩余，也会到市场上出卖一部分，不过数量很小。有的地主资产雄厚，或者到城镇上开设馆舍商铺，或者制备车船，役用宾客，带着货物周流四方，去经商营利，这种大地主又兼为大商人了！

每一个大庄园，外有高墙深沟，内有碉堡望楼，都是一个军事据点。庄主豢养着大批"刺客、敢死士"，作为自己的打手。地主还强制依附农民组成"家兵"，或称"部曲"，平时巡逻、守卫，必要时拉出去打仗。有的豪强地主，拥有大量"家兵"队伍，如：袁术的"家兵"，即有二三万之众。这种地主武装，是豪强地主大庄园经济的产物，它主要是用来压制农民，准备镇压农民起义的。东汉末年，各个坞堡互相联结，成了镇压黄巾军的主要武装力量。但是，在豪族日益强大的历史条件下，它也很容易转化为割据武装，与日渐削弱的中央政权对抗。东汉末年的军阀混战，推其原委，正在于此。

地主大庄园的生产事业，全靠依附农民的劳动。这依附农民，一般称为"宾客"，有些是外地或外姓投附来的又叫"荫户""徒附"，由于需要一面种地，一面当"家兵"，也叫"部曲"。他们对于豪强地主有很深的隶属关系，有些同族的贫弱户，还多一层血缘关系的束缚。依附农民身份低下，不但自身被固定在土地上，而且世代相袭，被迫"父子低首，奴事富人"。虽然他们逃避了王朝的苛税重役，但受到豪强地主的压迫更为沉重，生活在水深火热之中，全听豪强地主的摆布。他们实际上是农奴的身份。

大庄园里的豪强地主，过的是极其奢侈糜烂的生活，和依附农民的悲惨生活形成鲜明对照。就在灾荒连年的时候，他们"三牲之肉，臭而不可食；清醇之酎（zhòu 宙，好酒），败而不可饮"，肆意挥霍农民的血汗。因此，随着豪族地主经济的发展，阶级矛盾也不断发展而尖锐化。先是出现大批逃离土地的流民，进而聚集起来，形成此伏彼起的流民起义。经过逐渐酝酿，终于在东汉末爆发了全国规模的黄巾大起义。这正是农民阶级对豪族地主经济恶性发展的反抗运动。

黄巾起义沉重打击了各地的豪强地主。但是，有些强大的地方豪强，却也借着配合政府镇压农民军的时机，大肆扩充地主武装，形成大大小小的割据势力，互相攻伐，长期混战，给人民造成了更大的苦难。

（原载《中国古代史常识》）

东汉后期的外戚、宦官之争

外戚、宦官之争是东汉王朝后期统治阶级内部争夺最高统治权力的斗争。

外戚是指皇帝的母族、妻族,即太后、皇后的家系。东汉时期,皇室的嫁娶,不出世家大族,外戚又常是其中最有势力的家族。所以,外戚集中地代表了上层豪强地主的政治利益。当年幼的皇帝即位,母后临朝时,她照例委任自己的父兄处理政事,让他们担任大将军并参录尚书事等要职总揽军政大权。而外戚一旦攫取到最高统治权力,便父子兄弟一门数侯,宗族宾客遍布州郡,贪婪地搜括财货,鱼肉百姓。

宦官是宫廷中侍奉皇帝及其后妃的人。这些人大都出身微贱,不过是供帝王役使的家奴。但东汉和帝之后,多为女后临朝,把秦时设置的专管侍从皇帝,出入宫廷,应对顾问的"侍中""常侍"等官职,改为宦官充任。这样一来,他们因为能经常接近皇帝,传达诏令,掌理文书,实际上掌握了很大权力。特别是当幼小皇帝成年之后,要亲自执政,必然与专权的外戚集团发生矛盾。皇帝想恢复权力,只有依靠这些身边最亲近的宦官,去发动宫廷政变。宦官在剪除外戚势力的斗争中立下功,自会受到皇帝信用,以致权势日重。这批暴发户,一旦控制了最高统治权力,同样广树党羽,提拔自己的家人亲戚,网罗一批下层豪强和失意官僚,派到外地做官。外戚宦官之争,在一定程度上反映了上层豪强和下层豪强,中央皇权和地方割据势力之间的矛盾。

公元88年,汉章帝死后,和帝即位,东汉的外戚与宦官的斗争就从这时开始。和帝年仅十岁,窦太后临朝听政,依靠他的哥哥大将军窦宪掌权,窦家一门兄弟,并居要职。当时窦宪"威权震朝廷",他想要办什么事情,只消指令太尉启奏,对内再和太后知会一声,"事无不从",朝臣们也就无不望风承旨。东汉以来,外戚能这样全面控制朝廷,还是初见。过了几年,和帝稍大,对这种情况十分不满,决心加以铲除。公元92年,和帝与宦官郑众密谋,逼迫窦宪兄弟自杀,窦家宗族宾客全部免官治罪。郑众因功封侯,官居大长秋,宦官从此开始直接参与政事。这是外戚、宦官之间的第一次交锋。

和帝死后，邓太后立生下一百多天还在襁褓中的殇帝即位。殇帝两岁夭折，再立十三岁的安帝。邓太后临朝，邓骘兄弟又出面把持朝政。邓太后一死，乳母王圣、宦官李闰等便与安帝合谋废逐邓氏。安帝起用皇后的哥哥阎显等掌管枢要，形成外戚、宦官共同把持政权的局面。这说明宦官集团在排斥旧的外戚集团时，可能与新的外戚集团达成妥协，至少可暂时相安无事，但随着时日推移新的冲突无可避免。

125 年，安帝死于巡游途中。皇后、阎显秘不发丧，他们赶回京城，定策扶立幼童北乡侯为帝，由阎太后临朝。阎显得势后，就把原来安帝宠信的宦官下狱处死，独揽了大权。但是，不几个月，北乡侯病死，另一批宦官孙程等十九人杀阎显，拥立被废的太子十一岁的济阴王做皇帝（顺帝）。这十九人都被封为列侯，宦官势力反而进一步得到发展。

144 年，顺帝死，只有两岁的冲帝即位，梁太后临朝，太后兄大将军梁冀掌权。公元 146 年冲帝又死，梁冀主谋选立八岁的质帝。梁冀也像其他专权的外戚一样"侈暴滋甚"，把小皇帝也不放在眼里。质帝少而聪慧，知道梁冀骄横，曾当着群臣说了一句"跋扈将军"，就被梁冀毒死，临死时要口水喝，梁冀也不让给。质帝死后，梁冀又利用权势，把正准备和自己妹妹结婚的蠡吾侯立为皇帝，是为桓帝。从此，梁冀权力越来越大，朝廷大小政事都由他独断。甚至皇帝的宫卫近侍，都是他安插的亲信，皇帝的一言一动，他能"纤微必知"，加以严密监管。在梁冀专权的二十多年中，外戚的势力可以说是发展到了顶峰。梁家一门，前后有七人封侯，三人做皇后，还出了六个贵人，两个大将军，女眷中也有七人食邑称君，这是前所未闻的事。另外，族中还有三人娶公主为妻，担任各级军官的多至五十七人。当时官吏升迁调动，都要先到梁家谢恩，然后才敢到尚书堂办手续。159 年，梁冀的两个妹妹——皇太后和皇后，先后死了，他失去了靠山。桓帝早就怀怒在心，趁机与宦官合谋，发兵攻围梁冀，迫其自杀。其他梁氏中外宗亲，"无少长皆弃市（杀后示众）"。一时，"穷极满盛"的梁氏外戚集团遭到致命打击，"百姓莫不称庆"。

但是，从此以后，东汉的朝政却又长期转入宦官手中。宦官单超等五人，由于除梁有功，同日封侯。连小黄门刘善、赵忠等八人，也被破例封为乡侯。这些人还兼做朝官，娶姬妾，蓄养子，并得以养子传爵袭封。他们的"兄弟姻戚，皆宰州临郡"，作威作福，横行乡里，"搜括百姓，与盗贼无异"。左悺、具瑷、徐璜、唐衡四人被民间称为"左回天、具独坐、徐卧虎、唐两堕"（两堕，两可，办事没有一定准则，恣意横行）。宦官专政，至此达于高潮，而朝政也因此混乱到了极点。

167年桓帝死后，十二岁的灵帝继位，窦太后临朝，太后兄大将军窦武掌朝政。窦武和太傅陈蕃图谋诛灭宦官，但宦官集团已经怙势日久，根深难拔。窦武、陈蕃还没动作，事机就泄漏了。宦官曹节、王甫等，劫太后、挟灵帝，发兵攻杀窦、陈。这一次，双方公然阙下对阵，宫内宫外，乱杀乱砍，堂堂国都，一片嚣乱，这正是当时朝政混乱至极的象征图景。在混乱中，宦竖们稳握朝纲，连皇帝也变成手中的傀儡，任其摆布了。以致灵帝竟多次不知羞耻的声称："张常侍（张让）是我的父亲，赵常侍（赵忠）是我的母亲"。连主奴关系也被颠倒了。189年灵帝死，十四岁的皇子刘辩继位，何太后临朝。大将军何进密谋召边将董卓进京，谋杀宦官。结果，宦官提前下手，矫太后诏，诳杀了何进。与何进同谋的士族豪强袁绍发兵进攻，尽杀大小宦官两千多人。董卓从凉州赶来，又赶走袁绍，废少帝，杀何太后，另立汉献帝。从此，地方军阀主宰了政权。随着皇权的衰落，寄附其上的外戚、宦官，也就自然瓦解，同归于尽。但是，腐朽黑暗的东汉王朝，也只剩下一个躯壳，名存而实亡了。

东汉以来，豪强地主经济恶性膨胀，各个不同集团之间互相攘夺，这是外戚宦官斗争不已的根源。同时，专制主义皇权高度发展，为外戚与宦官代行天威，提供了可能性。特别是东汉时期除去前期的两三个皇帝外，都是年幼即位，大的十几岁，小的不过两三岁，很容易被外戚玩于股掌，而后又被宦官包围控制。因此，东汉后期一百余年间，不断出现的外戚与宦官互相倾轧，像走马灯一样的轮流专政，绝不是偶然的。

当然，不管是谁在专政，都同样的残忍贪暴。这是他们所代表的不同豪族地主集团所共有的阶级本性。外戚梁冀曾强掠几千民女为奴婢，所建"兔苑"方圆几十里，西域"胡商""不知禁忌，误杀一兔"，竟牵连被杀十几人。梁冀得罪被抄家时，资产由政府官卖，得钱三十万万，大约相当于"天下租税之半"。宦官集团是以暴发户的姿态出现，常常更加贪婪。中常侍侯览曾夺占民田一百多顷，住宅三百八十一所。他的哥哥益州刺史侯参，搜括的金银锦帛等财物，装满了三百多车。在外戚、宦官轮番掠夺之下，人民饱受灾难，阶级矛盾日益尖锐，不能不起来反抗了。黄巾起义发动起来以后，统治阶级自己也承认，"窃惟张角所以能兴兵作乱，万人所以乐附之者，其源皆由十常侍多放义兄、子弟、婚亲、宾客，据州郡，辜榷（搜括）财利，侵掠百姓。百姓之冤，无所告诉，故谋议不轨，至为盗贼。"这是外戚、宦官专权的必然结果。

（原载《中国古代史常识》）

魏晋南朝的门阀制度

我国古代达官贵人家的大门外有两根柱子，左边的叫"阀"，右边的叫"阅"，经常用来榜贴本户的功状。阀、阅成了做官人家的一种标志。因此，那些世代为官的人家，又称阀阅、门阀士族或世家大族。魏晋南北朝时期实行"九品中正制"，选用官吏专看家世出身，门阀士族垄断了政府的重要官职，成为世袭官僚。他们又通过大族之间互相联姻，在统治阶级内部构成了一个门阀贵族阶层。这些人不但高踞于劳动人民之上，而且还划定一整套维护门阀特权的等级制度，和庶族地主严加区分，叫作"门阀制度"。

"门阀制度"是世家豪族政治、经济势力高度发展的产物。它胚胎于东汉，确立于魏晋，而到南北朝时臻于极盛。在这种制度下，家世声名是衡量身份的最高标准。只有那些祖辈有人做过大官，名望很高，而且代代相传都做大官的人，方被承认入于士族。士族中间也有差别。一般来说，族人能长期保持上品官级的，是为最高一层，称为"右姓""茂姓"。如，东吴地区的朱、张、顾、陆四族；原在北方，随晋室东渡的王、谢、袁、萧四族；山东的崔、卢、李、郑四族；太原王氏家族；关中的袁、裴、柳、薛、杨、杜六族，都是右姓大族。他们不但在本地区"郡望"最高，而且是"四海通望"，被天下所共认。其他大族虽然也在士流之内，但已是等而下之了。

这些士族特别关心的是，如何才能永远保持自己优越的门第族望，保持政治上、经济上的特殊地位。为了保持他们高贵的血统，讲究门当户对的婚姻，只许在同等士族之间联姻，而绝对不许与庶族通婚。如果"婚宦失类"，就会受到士族群起非难。南齐时东海人王源，他的曾祖曾任尚书右仆射，父、祖和本人的官职也很高，当然属于士族范围之内。但是由于他肯于把女儿嫁给"姓族士、庶莫辨（分不清）"的富阳满氏，便被其他士族地主认为玷辱了同类，引起舆论大哗。当时的御史中丞沈约，还为此上表弹劾，坚决要求皇帝革除王源官职，剔出士流，"禁锢终身"。

还有一种保持特殊身份的办法，就是编撰"家谱"，把士族的世系源流明确记载下来，以备查考。政府命官取仕，"必稽（查）族谱而考其真伪"，以防庶族假冒。宋、齐之后，政府往往设立专门的"谱局"，找那些精通士族族谱的人专司其职。不熟悉谱学的人，就不能在吏部任职。于是，谱牒百氏之学竟然成了一种专门学问而兴盛起来。

士族为了标榜自己的特殊身份，还发展了一套烦琐的礼法。例如，当时在士流官宦中间，流行一种避家讳的风气。在这些人面前，绝对禁止说他祖辈任何一个人的名字，连声音相同的字眼也不能用，必须找其他义同音不同的字来代替。否则，就触犯了士族地主的忌讳，认为是有意侮慢。东晋时王忱去拜访太子洗马桓玄（桓温之子），桓玄设酒款待。王忱因为刚吃过寒食散，忌饮冷酒，连呼左右温酒来，不意触犯了桓玄父亲桓温的名讳。桓玄感到受到很大耻辱，又不敢得罪这位望族，竟在酒席上伤心的"呜咽流涕"。要在士流的大量社交活动中，不犯别人家讳，确实很难做到。居然也有人由于熟谙谱学，可以做到"日对千客，不犯一人之讳"。这也是门阀制度之下才能出现的一种畸形现象。

在平时生活中，士族一般不与庶族人士来往，即使有时接触，也自矜门第，鄙薄寒流，故意造成"士、庶天隔"的局面。南朝宋武帝的皇舅路庆之出身寒微。有一次他的孙子路琼之去拜访名门望族王僧达。王僧达故意奚落他，先是"了不与语"，后又讥问："昔日我家养马的仆奴路庆之，是你什么亲戚"。后来还喝令左右，把路琼之坐过的胡床烧掉。路太后听说大怒，到皇帝面前哭诉。宋武帝也只能回答：琼之少不更事，何必没事到王家去，自取受辱。人家王僧达是贵公子，哪能为这样事轻易问罪？只好不了了之了。士族严格排斥庶人寒流，使两者的身份地位相差悬殊。以致连皇帝之尊，也难以出面干预，为出身卑微的皇亲贵戚撑腰。

实行这种等级制度，选任官吏既不要问文武才能，也不必看吏治考绩，只要凭借有好祖宗，靠祖上的资荫，士族就可以"平流进取，坐至公卿"。梁时流行一句谚语："上车不落则著作（郎），'体中何如'则秘书（郎）"。意思是说，那些士族子弟生下来后，只要到坐车掉不下来的年龄，就可以作著作郎；只要会写两句信中问候的客套话，便可作秘书郎。士族子弟在经济上有世传的丰厚祖产，在政治上不必操心费力，高官厚禄就会到手。在这种情况下，他们必然娇惯得极其腐化、愚昧、脆弱。他们不懂得"战阵之急""耕稼之苦"

"劳役之勤"，对于人间事务一无所知。而终日里只知崇尚清谈，纵情声色，肆意游荡，醉心于奢靡朽烂的贵族生活。这些纨绔子弟，一个个"熏衣，剃面，傅粉，施朱"，打扮得妖里怪气，还要装得"从容出入，望若神仙"。这种臭气熏人的形象，正是整个士族地主阶层已经完全腐朽的缩影。到了南北朝后期的梁代，甚至郊野之内，满朝的士大夫"无乘马者"，谁要骑马，还会被别人弹劾。有的士族从来没见过马，一见马"嘶喷（鸣叫）、陆梁（踢跳），莫不震慑"，甚至惊问道："正是虎，何故名为马乎！"正因如此，他们遇到梁末侯景之乱一类的风浪，就会受到严重的打击。那些士大夫们肤脆骨柔，不堪行步，体虚气弱，不耐寒暑，仓卒之间，只好坐以待毙了。

陈腐僵化的门阀制度，是专制等级制的一种特殊形式。它既反映了世族权势的恶性膨胀，又标志着门阀贵族已经完全失去活力，正在走向最后的腐朽没落。

（原载《中国古代史常识》）

南朝侯景之乱

在南朝梁武帝末年，发生了一段历史闹剧，叫"侯景之乱"。

侯景，羯族，是个反复无常的人。早年，他曾参加过六镇起义，不久即叛降北魏尔朱荣，充当先锋，反过手来镇压葛荣起义，并因功升迁定州刺史。高欢灭尔朱荣后，侯景又投靠高欢。过了不久，便成为东魏的一员大将，拥兵十万，镇守河南十三州。547年高欢死后，侯景又以河南之地作为进见礼，投降了西魏。西魏深知侯景狡诈多变，便采取陆续接管的稳进策略，逐州逐镇的占领侯景献地七州十三镇。同时，又召侯景入长安，企图解除其兵权，免留后患。这时，侯景东面有东魏高澄派兵进逼，西面有西魏明助暗压，两面受敌，十分不利。因而，他又转而洽降于南梁，意图利用南军，牵制东魏。

老朽昏庸的梁武帝萧衍，竟想借侯景之力乘机进复中原，决定接纳侯景，封为大将军、河南王，就此引狼入室。梁武帝又派他的侄子萧渊明，率军北上，声援接应。但由于主将无能，士兵怯战，在寒山堰一战中，梁军几乎全军覆没，萧渊明也被东魏生俘。东魏又马上回师进击侯景。侯景大败，只好率八百步骑，南投梁朝辖境的寿阳城。通过这个曲折，侯景看清了南梁腐朽虚弱可欺。

东魏取得军事胜利以后，又展开外交攻势，向南梁提出建议，只要除掉侯景，立即归还萧渊明和其他战俘。其实，这是有意挑起南梁与侯景之间的冲突，以收渔人之利。梁武帝不加深虑，回答东魏说："贞阳（萧渊明为贞阳侯）且至，侯景夕返（遣返）"，同意了东魏条件。侯景本来就认为南梁衰朽，很有染指野心，说过：我取河北不成，取江南却有把握。因此，当他知道梁武帝与东魏的议和情况后，就毫不犹豫地公开叛梁。

548年，侯景的军队袭取谯州（今安徽滁县），直逼长江北岸。梁武帝闻讯，急忙派他的侄子，平北将军萧正德布防长江，保卫建康。先前梁武帝无子，过继其弟萧宏之子萧正德为皇储，后来生了萧统，又将萧正德送还萧宏。萧正德失去继承皇位的机会，一直耿耿于怀。侯景借机煽诱萧正德，以推翻萧衍，拥戴他作皇帝为诱饵，约为内应。侯景兵马到了江边，便坐上梁朝平北将军派来的大船，大大方方地过了大江。接着萧正德权欲熏心，又无耻地引领叛军越过秦淮河，大开城门，迎侯景进入建康。侯景乃集中兵力，围攻梁武帝顽守的宫城——台城。这时梁朝诸王从各地奉命救援的军队约有二三十万，逐渐会合到建康周围，比起叛军尚占优势。可是，梁武帝的这些至亲骨肉，根本不是真心"勤王"，却巴望着梁武帝一死，自己捞个夺位的机会。所以，他们的军队，大多"淹留不进"，而且彼此之间也是"更相妒忌，不肯奋击。"侯景更放心大胆的攻城了。

经过一百三十多天的攻围战，终于破城，号称"皇帝菩萨"的梁武帝，也成了侯景的俘虏。各地勤王师或降或走，如鸟兽散。侯景控制朝廷以后，马上翻脸，杀掉了萧正德，不久，梁武帝也被活活饿死。侯景又推出个萧纲，当了一段傀儡皇帝，没多久又废杀了。之后，又立萧栋，到551年，侯景终于公开行动，逼迫萧栋"禅位"，亲自粉墨登场，自立为汉帝。

就在同一年，侯景的军队进攻江陵受挫。次年，梁将陈霸先、王僧辩等，乘胜顺江东下，再败侯景于建康。侯景乘船出逃，被部下杀死于舟中。扰害三年多的侯景之乱，至此告终。

侯景发动的叛乱，虽然只有几年光景，却给社会造成了严重破坏，给人民带来极大痛苦。侯景叛军初围攻台城时，城内尚有男女十多万人，城破之日，只剩下了二三千人，城里"横尸重沓（层层堆积），血汁漂流，无法行路"。侯景入城，聚尸焚烧，"烟气张天，臭闻数十里"。昔日拥有二十八万多户的繁华都城建康，经过洗劫而化成一片废墟。侯景攻取建康后，曾分兵攻略吴郡、会稽、广陵等地，一路烧杀破坏，把号称"最为富庶"的三吴地区，破坏得残败不堪，长江下游地区，呈现出一片"千里绝烟，人迹罕见，白骨成聚，如丘陇焉"的凄凉景象。江南人民对侯景的暴行，恨之入骨，这正是侯景迅速失败的根本原因。当侯景的尸体运送到建康时，老百姓争着割他的肉吃，甚至焚骨扬灰后，吃尽他苦头的群众，还"以灰（他的骨灰）和酒饮之"，以解心头之恨。

那么，为什么在梁末发生了这么一场闹剧呢？原来，南梁末年，政治极为黑暗，统治阶级腐朽至极，梁武帝在位四十八年间，一贯纵容大族地主残酷剥削，百般聚敛。梁武帝的六弟萧宏一个人就有钱三亿余。老百姓被贵族、地主盘剥的"肌肉略尽""骨髓俱罄"。以致阶级矛盾十分尖锐，中、小起义时起时伏，严重削弱了南梁的统治力量。军队战斗力也被大大削弱。由于士卒身份低下，人心思逃，梁武帝"发召士兵，皆须锁械，不尔（不如此），便即逃散。"这样的军队怎能打仗呢？特别是到了梁武帝晚年，他本人迷信佛法，几次带头出家当和尚，还在境内大修佛事，把政局搅得乌烟瘴气。统治阶级本身也腐化到了极点，那些士大夫，宽衣博带，穿高底靴，走路要人搀，出门要坐轿，连骑马都不敢，一个个高谈玄学，不务实际，根本没有应付危局的能力。但在同时，统治阶级内部却又矛盾重重，萧氏皇族内部的斗争，就是一个缩影。这些皇室亲王，一个个眼盯着皇帝宝座，见利忘义，干出不少丑行。萧正德出卖江防，导引叛军入城。荆州萧绎、益州萧纪等人，"拥兵自守，坐看（萧）衍之悬危，竟不奔赴（援救）"，连他们的皇帝亲老子，也居然见死不救了。

　　侯景之乱，实际上是一面镜子，照出了南梁王朝原来被遮掩住的所有黑暗图景。

（原载《中国古代史常识》）

女皇武则天与武周新政

690年9月，六十七岁的皇太后武则天改唐为周，正式登上皇帝宝座。在妇女地位极为低下的中国古代，女子干政一向被斥为"牝鸡司晨"，公开称帝更是绝无仅有的一例；而武则天不但做了皇帝，而且实际掌握政权将近半个世纪。对这位女皇一生功过如何评价，成为历来人们关注的话题。

从庶母到皇后

武则天，并州文水（今山西文水县）人。父亲武士彠是位经营木材的商人，早年投靠高祖李渊，建唐后官至工部尚书。"则天"，是因她的儿子中宗复位后尊称她"则天大圣皇帝"而得名。女皇登基前曾自名为"曌"，曌即照，是她特令更改的怪字之一，意思是日月当空，普照四方。

十四岁那年，武氏因姿色出众，被年近四十的唐太宗李世民召为才人。古代女子入宫意味着终身与世隔绝，母亲送别女儿时十分绝望，恸泣不止。武氏却很自如，反而劝慰母亲："见天子庸知非福，何儿女悲乎！"武氏入宫后果然博得太宗欢心，皇帝亲自赐号"武媚"。武媚不但妩媚过人，还兼有另外一种独特的气质。她当皇后曾讲过早年的一件逸事：太宗有一匹名马狮子骢，异常暴烈无人能驯，武媚自称能够制服，提出需要三件东西，一铁鞭、二铁挝、三匕首。"铁鞭击之不服，则以挝挝其首，又不服，则以匕首断其喉。"后人怀疑这是她为震慑群臣编造出来吓唬人的。但这个传闻确实反映了武媚性格上刚烈精干的一面。不过太宗在世时，她还没有机会充分施展她的才力。二十六岁那年，太宗驾崩，她和妃嫔们一起入感业寺削发为尼。看来武媚已注定要和青灯佛影相伴消磨余生了。

不料时隔不久，便出现了新的转机。原来太宗病危时太子李治（即后来的高宗）入侍，在父亲病榻前曾见到过武媚，庶母的姿色又深深打动了太子的心。李治继位后为超度先父亡灵，在太宗忌日去感业寺进香，再次见到武媚，二人牵动旧情，相对而泣。王皇后探知此事，便私下令武媚蓄发，力劝高宗纳入后宫，高宗自然乐得听从。于是比高宗大四岁的庶母再度进宫，摇身一变又成了高宗的新妇。

王皇后异乎寻常地热心此事是有她的苦衷的。当时她因年久无子失宠，高宗正在宠幸萧淑妃，召武媚进宫，正是想以此夺淑妃之宠。武媚"巧慧，多权术"，入得宫来卑辞忍让，曲意事奉帝后，很快就被拜为昭仪。淑妃失宠之后，武昭仪又进而觊觎后位。高宗虽冷落王皇后，却无意改立。于是武昭仪设下一计。适逢昭仪生一女儿，皇后好意前来探望逗弄。皇后刚走，她便偷偷将女婴扼死，然后用被盖好。待高宗前来，打开被子一看，公主已死。左右宫女都说："皇后刚才来过。"高宗大怒道："后杀我女！"决意废掉王皇后。

高宗废弃王皇后，改立武昭仪的意图遭到太尉长孙无忌、宰相褚遂良等元老重臣强烈反对。但也有一些朝中不很得意的大臣，迎合高宗旨意，借机邀功。中书舍人李义府、卫尉卿许敬宗公开上表奏请册立昭仪为后。许敬宗还四下散布："田舍翁多收十斛麦，还想换个婆娘，何况天子立一皇后，与他人何干，何必妄加反对！"两派意见相持不下，高宗犹豫不定，便去征询元勋司空李勣的意见。李勣职位虽高，却受长孙一派排挤，不握实权。他推说："此陛下家事，何必要问外人。"表面上模棱两可，实则助了武昭仪一臂之力。

永徽六年(544)十月，高宗下诏废王皇后、萧淑妃为庶人，十一月正式命李勣奉玺绶册立武昭仪为皇后，并破天荒决定由武后在肃义门接受百官、四夷酋长朝拜。不久李义府、许敬宗因拥戴武后有功，平步青云做到了中书令，而长孙无忌、褚遂良等则相继被贬斥杀害。王皇后、萧淑妃虽已囚入冷宫，武后仍不罢休，又下令各杖一百，砍掉手足泡入酒瓮，冷冷地说："令二妪骨醉！"

登上权力顶峰

武则天"素多智计，兼涉文史"，做了皇后，经常协助高宗处理政务。显庆五年(660)高宗病重，目不能视，政事多靠武后决断。时间一长，大权旁落，皇帝有时想要有所作为，反而动辄受武后节制。高宗对武后专恣擅权深为不满，密召贵族大臣上官仪草诏废除武后。此刻武后羽翼已成，左右闻讯即刻奔告，武后亲见皇帝面争，高宗竟羞缩无以答对，连忙表白："是皆上官仪教我！"武后即指使许敬宗将上官仪诬杀！从此天下大权悉归武后，群臣朝奏皆称"二圣"，天子垂拱而已。高宗无奈，拟禅位太子，以保持李氏继统。于是争夺最高统治权力的斗争又转而在武后和她的几个亲生儿子之间展开。

太子李弘是武后长子，传闻上元二年（675）四月，李弘见萧淑妃两个女儿幽禁掖庭，年近四十不准出嫁，心中不忍，奏请高宗开释，为此触怒武后，不久便暴死合璧宫中，时人多疑为武后鸩杀。同年六月继立次子李贤为皇太子，并令太子监国。永隆元年（680）武后指责李贤"怀逆谋"，废为庶人。再立三子李显为太子。683 年高宗病故，李显即位为中宗，武后以太后身份临朝监政。不到两个月，太后下令废中宗为庐陵王，改立四子李旦，是为睿宗。接着又废中宗子皇太孙李重照为庶人，并派人逼令故太子李贤自杀。诸皇子、皇孙被武后玩弄于股掌，几经更迭，元气大伤。所立睿宗也不过是徒有招牌的傀儡皇帝，武后限定他居于别殿，不得干预朝政。实际政务则由太后亲揽，独断乾纲。

武后削弱李唐宗室的做法，引起皇室贵胄和部分失意官僚不满。684 年英公徐敬业、给事中唐之奇、原任御史魏思温等被贬官，他们聚集江都，以匡复庐陵王为名，发布讨武曌檄文，指责武后"包藏祸心，窃窥神器"，举十余万兵反抗。由于徐敬业只图占据金陵割据称王，未能得到广泛响应，很快被武后平定。武后还以与徐敬业呼应通谋反叛为名杀掉主张"太后返政"的顾命大臣内史裴炎和手握重兵的左武卫大将军程务挺。688 年又迅速粉碎李冲、李贞等皇族的武装反抗。经过反复清洗杀戮，太后专权的体制更加稳固。武后事实上已经登上权力顶峰，以太后身份临朝，还是公开称帝，只是形式上的区别而已。

垂拱四年（688）四月，武后侄儿武承嗣令人凿石刻"圣母临人，永昌帝业"八字，伪称获于洛水，奉表献上。武后大喜，称此石为"天授圣图"，加尊号"圣母神皇"。两年后，东魏国寺高僧法明等撰《大云经》四卷，宣扬太后乃弥勒佛下生，应代唐为阎浮提主。武后下令颁示天下。不久侍御史傅游艺帅关中百姓九百余人诣阙上表，请改国号为周，赐皇帝改姓武氏。武后一面假意不允所请，同时却提拔傅游艺为给事中。武后的这种姿态立即促成了六万多人上表劝进的闹剧，睿宗也只得上表自请赐姓武氏。经历了这一番准备之后，武后终于上承"天意"，下顺"皇帝及群臣之请"，公开登上帝位。

女皇的政略

上元元年（674），武则天进号"天后"之后，曾上书建言十二事：第一条，劝农桑，薄赋徭；第二条，给复三辅地（免除京城长安附近地区的赋役负担）；第三条，息兵，以道德化天下；第四条，南北中尚，禁浮巧；第五条，省功费力役；第六条，广言路；第七条，杜谗口；第八条，王公以降，皆习《老子》；第九条，父在为母服齐衰三年（为母服丧三年）；第十条，上元前勋官已给告身者无追覈；第十一条，京官八品以上益廪入（增薪俸）；第十二条，百官任事久，材高位下者得进阶申滞。这十二条主张可视为武则天的施政纲领，体现了武后奖励农桑，轻徭薄赋，反对奢侈浪费，重视用人纳谏，保护现职官员既得利益，提倡教化，谨慎用兵等思想，基本上继承了唐太宗贞观年间的国策。其余贞观时期实行的一些重大典章制度，如三省六部制、科举制、均田制、租庸调法和府兵制等也大多沿而未改。女皇政略中颇有特色的改制与革新主要集中在调整阶级关系，破格用人，进一步加强中央集权方面。

重修姓氏录

魏晋南北朝时期，世家大族为世代维护门阀特权，盛行谱牒制度，即按世系源流编撰族谱，以标榜身份，世袭为官。到了唐贞观年间，士族衰败，庶族兴起，唐太宗命吏部尚书高士廉等"止取今日官爵高下作等级"，重修氏族志。但受传统观念影响，实际上不少职位很低的旧士族也被列入志内，而一些新贵反而榜上无名。李义府等对志内不叙本家姓名深为不满，提议重修。武后接受了这个建议，以后族为第一等，其余一律以官职高低为标准，共分九等，"得五品官者，皆升士流"，兵卒以军功至五品者也不例外，而大批地方名姓望族却因无官不录被排除在外。修成之后，更名为《姓氏录》，收缴天下《氏族志》焚毁。这种官职重于门第，打破士庶界限的作法，在政治上贬低、打击了地方士族豪强的势力，大大提高了庶族品官地主的地位和影响。

重用酷吏

垂拱二年（686）三月，武后命铸铜匦设朝堂，以受天下密奏。规定凡有告密者，地方官员不得讯问，一律提供驿马，按五品官待遇供奉，即使普通农夫、樵人也得召见。告密有功的破格升官，不实者亦不追究。与此同时，还提拔重用一批酷吏负责断案治狱。这些人多出身市井无赖，性格残忍，专以罗织诬陷为能事。其中来俊臣、万国俊编撰了一部《罗织经》，以此传授门徒，"网罗无辜，织成反状，构造布置，皆有支节"。审讯一人，必得逼令招认牵连数十上百人。对不肯招供的，则施以种种骇人听闻的酷刑。审讯之前，先出示刑具，犯人无不"战栗流汗，望风自诬"。结果先后诛杀唐宗室贵戚数百人，大臣数百家，其余刺史朗将以下，不可胜计。

武则天大兴告密之风、委政狱吏，是为了严厉打击抱有反抗意图的宗室、官僚、贵戚，主要锋芒指向盘踞要职的关陇士族反对派。当这个目的达到之后，酷吏便完成了自身的历史使命。何况由于他们肆意横行，滥施淫威，牵连、伤害了不少一般的朝臣、官员，搞得满朝震慑、人不自安，以至大臣每上朝前都要和家人诀别："未知复相见否？"为了平息众怒，稳定政局，武则天又反过来严惩酷吏，"以雪苍生之恨"。来俊臣、周兴、索元礼等酷吏均未得到善终。

大开科举，破格用人

科举制度是隋唐时兴起的通过考试选拔官员的制度，对于打破豪强士族世袭垄断，加强中央集权，扩大统治基础，起到积极作用。武则天执政期间大大增加进士名额，平均比贞观年间多一倍以上。历来地方选送举人，列在贡物之后，她改为先人后物，表示对人才的尊重。当皇帝后，还实行殿试，自己亲临策问考生，直接选用合意的人才，也使考生感到自己是天子门生，对女皇更加感激效忠。702年又增设武举，殿试和武举都成为定制，为后代所沿用。此外武则天还大开制科，所谓制科即皇帝临时下诏选拔一些特殊需要的专门人才，科目众多，不拘一格。为了畅通无阻地贯彻革新方略，她特意挑选一些地位较低的文士参与机要，时人称为"北门学士"。

女皇用人很有气度，除科举取士外，还鼓励各级官吏举荐，甚而规定可以自举，苟有所长，即予录用。即使是敌对营垒中确有才华者，只要诚心归附，也一样提拔重用。宿敌上官仪的孙女上官婉儿，曾随母配入宫廷为奴，武后见她才学出众，便留在身边引为心腹。徐敬业《讨武曌檄》，出自初唐四杰之一骆宾王的手笔，气势磅礴，文词犀利，暴露武后隐私，指责她"虺蜴为心，豺狼成性"，杀姊、屠兄、弑君、鸩母，人神之所同嫉，天地之所不容，骂得狗血淋头。武后非但不恼，反而盛赞骆宾王的才学，表示：这样的人才，让他流落，是宰相的过错！

武则天垂拱(685—688)以后，每年选用的人才常常多至五万。其目的就在于"务收人心"，"笼络四方豪杰自为助"。选官虽滥，苛责颇严，对不称职的或降或免，甚至处死杀头。因而"进退皆速，不肖者旋黜，才能者骤升"。女皇也确实从中发现重用了一批治国统军的人材，文臣如狄仁杰、魏元忠、杜景俭、李昭德；边将如裴行俭、刘仁轨、唐休璟、娄师德等，都是颇为得力的人选。晚年提拔的姚崇、宋璟至玄宗时成为一代名相，对开元政局发挥了重大作用，直到开元中叶，"朝廷赫赫有名望事迹者，多是天后新进之人"。

武则天重用的官员中也有一些纯属裙带关系的，还有一些拍马奉迎的嬖幸小人也得意一时。不过一般对他们尚能有控制地加以利用，而对真正贤德俊杰之士则多半放手使用，委以重任。这就保证了国家机器始终能够顺利运转。

女皇的功过

705年，宰相张柬之等乘八十三岁高龄的武则天卧病不起，发动宫廷政变，杀备受宠幸、煊赫一时的张易之、张昌宗兄弟，女皇被迫退位。中宗复位，尊母亲为"则天大圣皇帝"，二月仍改国号为唐。同年十一月武则天病故，遗制去帝号，称"则天大圣皇后"，与高宗合葬乾陵。陵前依则天遗嘱立无字碑，意思是千秋功罪留待后人评说。而后代的评价果然大起大落，褒贬不一。

其实我们把武则天放到历史的长河中去考察，就不难看出她执政时期上承太宗，下启玄宗，是出现盛唐局面不可缺少的重要一环。女皇在巩固边防、改善和边境各族关系方面成效显著，维护了国家统一，政局比较稳定。她十分重视农业生产，曾以自己的名义删定《兆人本业记》农书颁行天下，规定州县境内"田畴垦辟，家有余粮"则升奖，"为政苛滥，户口流移"则惩罚。武周时期经济继续上升发展，据《唐会要》记载，在她执政前的652年全国户口是三百八十多万户，到705年女皇退位时已上升到六百一十五万多户，为后来开元之治的全盛时期打下了坚实的基础。武则天对文教事业也很关心，杜甫曾作诗称颂："惟昔武后朝，临轩御乾坤；多士尽儒冠，墨客霭云屯"。她亲自召集文学之士编撰整理了大批文化典籍，仅以女皇名义刊行的就有《垂拱集》一百卷、《金轮集》十卷、《高宗实录》一百卷、《紫宸礼要》十卷、《臣轨》二卷、《训记杂载》十卷、《玄览》一百卷、《字海》一百卷、《乐书要录》十卷等二十多种，大大促进了文化事业的发展。

还应提到的是，贞观之后继位的高宗较为平庸，太宗出于防范宗室互相残杀，特意选立被他视为"仁懦"的九子李治，并且翦除了一些有才干的大臣，这对政局十分不利。而武则天则很有政治才干，能亲自掌握内政外交，驾驭群臣。女皇的破格用人，知人善任，在有唐一代都是比较突出的。在一些具体问题上也能做到容人纳谏。右补阙朱敬则曾当面指责她"内宠有易之、昌宗足矣"，不应多选美少年为奉宸内供奉，女皇心平气和地表示："非卿直言，朕不知此"，赐丝百段。显示了政治家的气度和胸怀。

当然，女皇也有阴暗的一面，诸如专制独裁，恐怖统治，刑杀太滥，特别是晚年奢侈腐化，大修宫殿佛寺，纵容新贵，日趋腐败。这些都在历史上起到十分消极的作用。但即使对她最为人所诟病的酷刑滥杀、杀废亲子等事也应作具体分析。长子李弘，"礼接士大夫，中外属心"，和世家大族交往甚密，且"天后方逞其志，太子奏请，数迕旨"，政见不合，矛盾迟早要爆发。次子李贤，"颇好声色"，私藏"皂甲数百领"，因而武后表示要"大义灭亲"。三子李显即位，一意孤行，提拔岳父韦玄贞为侍中，还要封乳母之子五品官，并不顾朝臣裴炎劝谏，扬言："我以天下予韦玄贞何不可？而惜侍中邪！"李显被废为庐陵王时曾质问："我何罪！"武后回答："汝欲以天下予韦玄贞，何得无罪！"杀废亲子虽有个人权力之争的一面，又何尝不是反映了新兴庶族地主与世家大族势力不同派别之间的政治斗争。至于争斗中所用的一些手段固然不足称道，但这是古代帝王的通病，关键是夺权动乱基本上限于上层，对国计民生并未产生不良影响。正如徐敬业叛起之后派去平叛的监军殿中侍御史魏元忠所说："四方承平日久，忽闻狂狡，注心倾耳以俟其诛。"说明反叛不得人心，遭到人民抵制反对。

女皇利用酷吏之党"横噬于朝"，目的也主要在于"制公卿之死命，擅王者之威力"，因而尽管酷刑滥杀了一批官员，却并没有危及统治基础，相反武周政权得到更加广泛的支持，更加巩固、强化了统治。就连正统史家也承认女皇"僭于上而治于下"。

684 年，徐敬业在讨武檄文中历数武后罪状之后，曾挑战性地提出："试观今日之域中，竟是谁家之天下！"几经较量之后，历史作出了回答：终究是武则天的天下！当然女皇不是一个人，她有深厚的阶级基础，在她背后有一股强大的社会势力支持着她。

贞观年间，随着均田制发展完善，大批普通庶族中小地主经济迅速膨胀，他们朝气蓬勃，锐意革新，迫切要求取得一定的社会地位，争取更多的机会参与政权。而南北朝以来门阀士族由于自身腐朽僵化，丧失活力，加上隋末农民战争猛烈扫荡，日渐衰落。但其中李唐依以起家的关陇、山东等大族力量还很强大，特别是关陇贵族集团，包括皇室功臣贵戚，把持了许多重要官位，成为庶族地主参政的严重障碍。武则天父亲以世家大族的标准衡量，不过是暴发的新贵，门第仍很低下。徐敬业讨武檄文就称她"性非和顺，地实寒微"；高宗改立武后时遭到元老重臣强烈阻挠，理由也是："陛下必欲易皇后，伏请妙择天下令族，何必武氏？"只是在李勣、李义府、许敬宗等非士族出身大臣支持下，武则天才得以以皇后身份登上政治舞台。武则天的政治命运一开始就和庶族地主紧密结合在一起，她施政的总的精神始终贯穿着扶植庶族地主，打击大族，特别是关陇大族。旧史中流行着这样一种传说：王皇后、萧淑妃被害死后，阴魂不散，武后疑神疑鬼，"故多在洛阳，终身不归长安"。其实，武财天把政治中心移往洛阳，正是为了摆脱长安旧贵族官僚势力的包围、纠缠，以便畅通无阻地革新政治，开创局面。

女皇政权正是当时经济、社会关系变动的产物，武则天作为总代表、执行者，得到庶族地主全力支持。史家把永徽六年(655)唐高宗立武昭仪为后视为中国古代历史的一个转折点并非没有道理。确切地说，显庆五年(660)之后将近半个世纪的唐、周王朝，是武则天所代表的新兴庶族品官地主的天下，这就是女皇政权得以生存、巩固的原因。当然武则天称帝并不意味着整个妇女的地位有丝毫改善和提高。不过有一点是可以肯定的，中国历史上这位唯一女皇的政绩，比起其他多数皇帝，都要远为杰出辉煌。

（原载《古今著名妇女人物》）

辽太宗"一朝两制"加快汉化进程

10世纪初，契丹族于北部中国迅速崛起。916年耶律阿保机称帝，建元神册，定国号契丹（后改国号辽），十年之后灭靺鞨族渤海国政权，疆域"东至海，西至流沙，北绝大漠"①，控制了大漠南北和东北广大地区。天显二年（927）辽太宗耶律德光继位后，又迫使后晋石敬瑭割让燕云十六州，进而占据了华北平原。

居于辽境北部的契丹人"畜牧畋渔以食，皮毛以衣，转徙随时，车马为家"②，其生产方式以游牧经济为主。因受汉族地区先进文化和生产、生活方式影响，契丹建国前后正处于从氏族社会末期向农耕文明飞跃的历史时期。一方面阿保机任用俘去的汉族地主阶级知识分子韩延徽、康默记、韩知古等人实行一系列改革，如北宋富弼所说，自契丹侵取燕蓟以北，"得中国（当时指中原）土地，役中国人力，称中国位号，仿中国官属，任中国贤才，读中国书籍，用中国车服，行中国法令"，其所作为"皆与中国等"③；另一方面也不可避免保留了很多野蛮落后的做法。大同元年（947）辽太宗攻破开封，大肆劫掠后北返，遭到汉族人民强烈反抗，使太宗大发感慨："我不知中国人难制如此！"并把"纵兵掠刍粟"和"括民私财"列为此行"三失"中的两条重要教训。④

随着辽王朝疆域的不断扩张，境内不同民族之间在生产方式、社会制度方面的冲突愈趋激烈。处于落后阶段的契丹征服者一时尚不能适应高度发展的农耕文明，而又无法全部改变先进的农耕经济，于是在这种特定历史条件下，辽太宗耶律德光"因俗而治"，确立了"官分南北，以国制治契丹，以汉制待汉人"的一朝双轨的统治制度。⑤

---

① 《辽史》卷2《太祖纪下》。
② 《辽史》卷32《营卫志中》。
③ 《续资治通鉴长编》卷150。
④ 《辽史》卷4《太宗纪下》。
⑤ 《辽史》卷45《百官志一》。

辽太宗推行新的治国策略，主要体现在制定了两套并行的政治制度：

> 其官有契丹枢密院及行宫都总管司，谓之北面，以其在牙帐之北，以主蕃事；又有汉人枢密院、中书省、行营都总管司，谓之南面，以其在牙帐之南，以主汉事。①

北面官制是统辖管理契丹畜牧经济的体制，一律由契丹贵族充任北面官员，执掌辽王朝最高军政大权。北面官中分朝官、御帐官、皇族帐官、诸帐官、宫官等体系。北面朝官为实际执政机构。朝官中设执掌军民大政的最高行政机关枢密院、佐理军国大政的宰相府、执掌刑狱的夷离毕院、掌管礼仪的敌烈麻都司、负责纠察百官的中丞司以及大王院、宣徽院、大林牙院、大于越府、大惕隐司等机构。南面官则"治汉人州县、租赋、军马之事"②，系仿唐制，"设南面三省、六部、台、院、寺、监、诸卫、东宫之官"③。南面官主要任用汉人，契丹贵族亦得出任南面官之要职，但"领燕中职事者，虽胡人亦汉服，谓之汉官"④。

除政治制度外，辽法律也分两套：一套用于处理契丹与汉、奚、渤海靺鞨等四姓之间的关系，衣服、饮食、言语，各从其俗，但"凡四姓相犯，皆用汉法"；而契丹"本类自相犯者"，则"用本国法"，为此辽"别立契丹司以掌其狱"⑤。表现在服制上，则有"皇帝与南班汉官用汉服，太后与北班契丹臣僚用国服"的区别。⑥

《辽史》评价太宗实行一朝两制"兼制中国"的政策为"因俗而治，得其宜矣"⑦。在述及太宗得燕代十六州仿唐制设南面官制时，又称颂他"诚有志帝王之盛制，亦以招徕中国之人也"⑧。这种评价不无道理。辽太宗从法定意义上

---

① 《契丹国志》卷 23《建官制度》。
② 《辽史》卷 45《百官志一》。
③ 《辽史》卷 45《百官志三》。
④ 余靖：《武溪集》卷 18《契丹官仪》。
⑤ 余靖：《武溪集》卷 18《契丹官仪》。
⑥ 《辽史》卷 55《仪卫志一》。
⑦ 《辽史》卷 45《百官志一》。
⑧ 《辽史》卷 47《百官志三》。

承认和保留南面官、汉法的做法，实际上是对先进中原文明的肯定和保护。而且事实上辽太祖统治时期即已在汉族地主阶级知识分子韩延徽辅佐下，"率汉人耕种，为治城郭、屋邑、廛市，如幽州制度"①。即使在北面官制中，也已吸收了不少中原制度的成分。

实施一朝两制的结果，有利于辽王朝社会稳定。在两套体制并存、中原地区先进文明得以继续发展的情况下，充分显示出农耕文明的巨大优越性，自然吸引满朝公卿百官加快效法中原的步伐。至辽圣宗执政时又从一朝两制趋于南北一致，不但普遍推行中原赋税制度，而且诏令"契丹人犯十恶者，依汉律"②，俱照汉人法律制裁，使契丹社会基本上实现了向中原文明转化的过渡。北宋庆历年间(1041—1048)右正言余靖奏疏竟称"臣尝痛燕蓟之地，陷于胡虏且百年，而忘南顾之心者，戎狄之法，大率简易，盐麴俱贱，科役不烦故也"③。长年陷入辽境的汉族人民居然在当地安居乐业，不思南归，这显然是辽王朝实现向农耕文明转化并革除北宋一些弊端导致的变化。历史证明辽太宗实施的一朝两制，对保存、发展汉族地区先进文明并促使契丹社会向中原农耕文明过渡，发挥了积极作用。

（原载《国史镜鉴》）

---

① 《新五代史》卷 72《四夷附录》。
② 《辽史》卷 13《圣宗纪四》。
③ 余靖：《武溪集》附《余襄公奏议》卷上《论河北榷盐》。

金海陵王迁都燕京向农耕文明转轨

"天下后世称无道主以海陵为首"①，这位被旧史谥以中国古代无道暴君之冠恶名的金海陵王完颜亮，其实是一位对促进金王朝向农耕文明转化有过重大贡献的人物。

在完颜亮之前执政的金熙宗也曾在废除奴隶制、实行汉化改革方面有所作为。但熙宗后期"纵酒酗怒，手刃杀人"②，政局大不如前。当时任丞相的金太祖孙完颜亮，遂于皇统九年（1149）弑帝自立，改元天德。完颜亮称帝后，严厉镇压落后保守的女真贵族，杀干预朝政反对变革的嫡母皇太后徒单氏，大批起用汉族、契丹、渤海人为官，加快政治、经济改革的步伐。

贞元元年（1153）迁都燕京，是完颜亮实施改革、影响深远的一项重大决策。金朝崛起之初，肇基于会宁，理所当然以女真部族的中心会宁为都城。但随着疆域不断向南扩张，特别是 1141 年和南宋签订"绍兴和议"后，整个淮河以北全部置于女真统治之下，而"上京僻在一隅，转漕艰而民不便"③，远不能适应对社会文明高度发展的农耕地区统辖管理。"燕京地广土坚，人物蕃息，乃礼仪之邦"④，又兼地势险要，扼控南北，实为迁都首选之地。可是，守旧派却以"上都之地，我国旺气，况是根本，何可弃之"⑤为由，竭力阻挠迁都。为冲破阻力，完颜亮断然颁《议都燕京诏》宣称：

> 以京师粤在一隅，而方疆广于万里，以北则民清而事简，以南则地远而事繁，深虑州府申陈，或至半年而往复，间阎疾苦，何由期月而周知；供馈困于转输，使命苦于驿顿，未可时巡于四表，莫如经营于两都。

---

① 《金史》卷 5《海陵纪》。
② 《金史》卷 63《熙宗悼后传》。
③ 《大金国志史》卷 13《海陵炀王上》。
④ 《大金国志史》卷 13《海陵炀王上》。
⑤ 《大金国志史》卷 13《海陵炀王上》。

眷惟全燕，实为要会，将因宫庙而创官府之署，广阡陌以展西南之城。勿惮暂时之艰，以就得中之利……①

天德三年(1151)有司以燕城宫室制度于"阴阳五行"有宜，绘图呈上。完颜亮答道："国家吉凶，在德不在地。使桀纣居之，虽卜善地何益？使尧舜居之，何用卜为？"②足见完颜亮迁都之举既不囿于祖宗"旺气"陋俗，也不迷信阴阳风水邪说；而完全是出于从政治、经济、军事上加强控制华北、中原汉族地区的考虑，是重心南移，皈依农耕文明的重大战略步骤。史载完颜亮扩建燕城虽役天下夫匠百万，百姓却能"乐然而趋之"③，表明迁都燕京顺应了历史发展潮流，深得人心。而且事实上自海陵迁都至大定十三年(1173)二十多年的时间，"女真人寖忘旧风"，"燕饮音乐，皆习汉风"，甚至皇室子孙亦"自幼惟习汉人风俗"，"至于(女真)文字语言，或不通晓"④。

与此同时，完颜亮"创官府之署"，在政治上实施重大改革。首先撤销熙宗于燕、汴设置的行台尚书省，废除贵族合议制，"会归机政于朝廷"⑤，将燕云与中原地区直接置于朝廷统辖之下。天德二年(1150)完颜亮改变分猛安谋克为上中下三等、"宗室为上，余次之"的旧制，省并中京、东京、临潢、咸平、泰州等路节镇及猛安猛克，"削上中下之名，但称为'诸猛安谋克'"⑥；次年又下诏指出，太祖开创时期因时制宜，设"万户"官爵，"许以世袭，乃权宜之制，非经久之利。今子孙相继，专揽威权，其户不下数万，与留守总管无异，而世权过之。可罢是官"⑦。取消猛安谋克等级和罢除万户官职的措施，旨在贬抑宗室地位，限制女真贵族的世袭特权。正隆二年(1157)完颜亮又下令"改定亲王以下封爵等第，命置局追取存亡告身，存者二品以上，死者一品，参酌削降。公私文书，但有王爵字者，皆立限毁抹，虽坟墓碑志并发而

---

① 李心传：《建炎以来系年要录》卷162绍兴二十一年(1151)十二月。
② 《金史》卷5《海陵纪》。
③ 《金史》卷83《张浩传》。
④ 《金史》卷7《世宗纪》。
⑤ 李心传：《建炎以来系年要录》卷162绍兴二十一年(1151)十二月。
⑥ 《金史》卷44《兵志》。
⑦ 《金史》卷44《兵志》。

毁之"①，进一步削弱女真宗室贵族势力。正隆元年(1156)完颜亮还仿辽宋大规模改革官制，于中央罢中书、门下省，只设尚书省掌理政务；军事机构则废都元帅府，仿汉制改设枢密院，受尚书省节制；"自省而下，官司之别曰院、曰台、曰府、曰司、曰寺、曰监、曰局、曰署、曰所，各统其属以修其职"，建立起从中央尚书省、枢密院、御史台到地方路、府、州、县一整套行政机构。经过此番全面整改，确立中央集权新型政体，从此"职有定位，员有常数，纪纲明，庶务举，是以终金之世守而不敢变焉"②。就是指责完颜亮"淫暴自强"、对他颇有微词的金代刘祁也不得不承认："然英锐有大志，定官制、律令皆可观，又擢用人才，将混一天下，功虽不成，其强至矣"③。此外，完颜亮还大规模将女真人南迁至中原地区，在生产方式、生活习俗方面进一步向汉族靠拢，并先后令户部印制交钞、自铸铜钱，推动商业发展，在经济领域迅速向中原生产关系转化。

正隆六年(1161)，完颜亮率大军南下攻宋，完颜雍趁机废海陵王自立，是为金世宗。完颜亮被部将弑杀后，金世宗发起了一场口诛笔伐贬黜海陵王的运动，"能暴海陵蛰恶者，辄得美仕"。于是，当时修实录的史官"多所附会"④，"诬其淫毒狠骜，遗臭无穷"。对此，当时已有人提出："自今观之，百可一信耶"?⑤ 完颜亮作为帝王自然会有种种劣迹，"海陵被杀，诸公逢迎，极力诋毁，书多丑恶"⑥也是事实，我们无须一一为之甄别辨诬。但有一点应该明确，完颜亮"渐染中国之风，颇有意于书史"⑦，通汉语、好读书，"延接儒生谈论"⑧，他仰慕先进农耕文明，在迁都燕京、改革政体官制、鼓励汉化等方面发挥了关键作用。这位卓有建树的改革家对加快女真向农耕文明转化做出的历史贡献，应该充分给予肯定。

(原载《国史镜鉴》)

---

① 《金史》卷 5《海陵纪》。
② 《金史》卷 55《百官志》。
③ 《归潜至》卷 12《辩亡》。
④ 《金史》卷 106《贾益谦传》。
⑤ 《中州集》壬集《贾左丞益谦传》。
⑥ 苏天爵：《滋溪文稿》卷 25《三史质疑》。
⑦ 徐梦莘：《三朝北盟会编·正隆事迹》。
⑧ 《大金国志》卷 13《海陵炀王纪》。

耶律楚材力革蒙古旧规

　　耶律楚材(1190—1245)，字晋卿，先世为契丹贵族，祖父仕金，父耶律履官至礼部尚书、参知政事。楚材三岁丧父，在母亲杨氏悉心教诲下博极群书，精通儒术，深受汉族传统文化熏陶。成吉思汗攻克燕京，喜其"身长八尺，美髯宏声"①，留置身旁。时有常八斤因善造弓备受成吉思汗赏识，每自矜曰："国家方用武，耶律儒者何用？"楚材回答道："治弓尚须用弓匠，为天下者岂可不用治天下匠耶！"太祖闻之甚喜，"日见亲用"，后来还特地叮嘱太宗窝阔台："此人天赐我家，尔后军国庶政，当悉委之。"耶律楚材和常八斤关于"弓匠"与"治天下匠"之争，在某种意义上反映了蒙古野蛮落后旧制与先进农耕文明之间的分歧。成吉思汗靠弓弩铁骑建立起的蒙古汗国带有浓厚的奴隶制色彩，甚至保留了许多原始氏族社会的落后传统。蒙古贵族对中原地区的征服杀掠，给当地人民带来巨大灾难，造成社会倒退逆转；同时对蒙古民族的自身建设、包括社会结构和生产方式的改革进步，也产生了消极影响。耶律楚材正是在这种特定的历史时期，利用在太祖、太宗两朝备受信任、担当重任的特殊机遇，尽心竭力补偏救弊，革除旧规，引导蒙古贵族跨入中原文明轨道，充分发挥了"治天下匠"的积极作用。

　　按照蒙古旧制，"凡攻城邑，敌以矢石相加者，即为拒命，既克，必杀之"。大将速不台攻打汴梁(今开封)城时，因"金人抗拒持久，师多死伤"，主张城下之日屠杀金军和全城百姓。耶律楚材闻讯后急忙劝谏太宗："将士暴露数十年，所欲者土地、人民耳，得地无民，将焉用之？"见太宗犹豫未决，楚材又进一步劝导说："奇巧之工、厚藏之家皆萃于此，若尽杀之，将无所获！"太宗终于下诏只罪金宗室完颜氏，"余皆勿问"，避兵汴梁的一百四十七万百姓因此得以保全。当时"天下新定，未有号令"，典章法规尚不健全，"所在长吏，皆得自专生杀，少有忏意，则刀锯随之，至有全室被戮、襁褓不遗者，

---

① 《元史》卷 146《耶律楚材传》。

而彼州此郡动辄兴兵相攻",类此恶习,全赖楚材"首以为言,皆禁绝之"①。蒙军攻占河南时俘获甚众,后主力撤还,乘机逃亡者十有七八。太宗下令:凡"居停逃民及资给者,灭其家,乡社亦连坐。"于是无人敢收留接济逃民,致使难民"多殍死道路"。得知这种情况后,楚材从容进谏道:"十余年间,存抚百姓,以其有用故也,其胜负未分,虑涉携贰;今敌国已破,去将安往?岂有因一俘囚罪百人者乎?"②太宗醒悟后,马上解除了禁令。据记载,因耶律楚材劝禁屠城、止滥杀而得以保全的百姓先后不下数百万人。

随着蒙古汗国在军事上的扩展,蒙古贵族把游牧地区落后的生产方式也带到中原地区。近臣别迭等扬言:"汉人无补于国,可悉空其人,以为牧场。"耶律楚材则针锋相对提出:"陛下将南伐,军需宜有所资,诚均定中原地税、商税、盐酒、铁冶、山泽之利,岁可得银五十万两、绵八万匹、粟四十余万石。足以供给,何曰无补?"太宗被楚材的建议打动,令其试行。于是耶律楚材设立燕京等十路征收课税使,按照中原生产方式经营管理,大获成效。后来,太宗到云中(今大同),"十路咸进廪籍及金帛陈于廷中",太宗对楚材"不去朕左右,而能使国用充足"深为叹服,从此益加重用"南国之臣",并即日拜楚材为中书令,事无巨细,都先找楚材商议。耶律楚材随即提出:"凡州郡宜令长史专理民事,万户总得军政,凡所掌课税,权贵不得侵之。"他还曾先后向太宗条陈十八事、时务十策。十策的内容是:"信赏罚,正名分,给俸禄,官功臣,都殿最,均科差,选工匠,务农桑,定土贡,制漕运。"余如废除用官本放高利贷,以及"一衡量,给符印,立钞法,定均输、布递传、明驿券"等变革,都是涉及革除蒙古旧制积弊,进一步推行汉化改革的重要措施。

为了抵制蒙古苛政旧规,为民请命,耶律楚材竟在皇帝面前"声色俱厉,言与涕俱"。为此曾激恼太宗,斥责他"尔欲博斗耶?"太宗死后,皇后乃马真氏称制,重用奸佞奥都剌合蛮,诸臣皆畏附,唯独耶律楚材敢于面折廷争,言人所难言。一次,皇后把御宝空纸交给奥多剌合蛮,让他自行填写施行。楚材公然表示:"朝廷自有宪章,今欲紊之,臣不敢奉诏"。皇后又传旨:"凡奥都剌合蛮所建白,令史不为书者断其手。"楚材顶撞道:"国之典故,先帝悉

委老臣，令史何与焉？事项合理，自当奉行；如不可行，死且不避，况截手乎！"他据理和皇后反复争辩，甚且大声喝道："老臣事太祖、太宗三十余年，无负于国。皇后亦岂能无罪杀臣也。"

耶律楚材的业绩，不但保护了汉族地区先进文明，同时也促进了蒙古民族的发展，功在千秋，受到蒙汉各族人民的尊敬。1245 年耶律楚材逝世后，"蒙古诸人哭之，如丧其亲戚，和林为之罢市、绝音乐者数日，天下士大夫莫不涕泣相吊"①。

（原载《国史镜鉴》）

---

① 《中书令耶律公神道碑》。

忽必烈改制

　　南宋开庆元年（1259），号称"上帝之鞭"的元宪宗蒙哥为炮风所震，死于四川合州钓鱼城下，次年春，其弟忽必烈赶至开平即汗位，是为元世祖。忽必烈登基伊始便在《即位诏》中表示："祖宗肇造区宇，奄有四方"五千余年，"武功迭兴，文治多缺"；他此番即位，决心"宜新弘远之规，祖述变通，正在今日"①。这不啻是一份立志变通、创新的改革宣言。

　　忽必烈力倡改革并非偶然。他作为成吉思汗之孙、睿宗拖雷之子，幼年受到良好教育；尤其与太祖太宗时期以推动蒙古政权汉化著称的契丹族政治家耶律楚材父子过往甚密，深受激响。其母庄圣太后亦仰慕中原文明，常让汉族地主阶级知识分子去和林与忽必烈讲论治道。因而，忽必烈早年对唐太宗为秦王时"广延四方文学之士讲论治道，终致太平"的业绩，便已心中"喜而慕焉"②。他仿效李世民，"思大有为于天下"③，招集天下英俊，访问治道，"一时贤士大夫，云合辐凑，争进所闻"④。1251 年宪宗命他主管漠南汉地，使他有更多机会熟悉农耕文明高度发展的中原地区，更加坚定了他改革旧制的意志和决心。

　　忽必烈即位前，蒙古族社会还保留、混杂了大量氏族部落社会阶段的野蛮落后特征，对被征服地区实行大规模抢掠、屠城；国家机构十分简陋，虽然横跨欧亚，却缺乏共同的经济基础，生产手段原始、落后，尚无健全的法规和典章，实际上是个并不稳固的政治、军事联盟。蒙古贵族占据的辽阔疆域和他们统治机构、生产方式的落后低下形成强烈反差，对中原地区经济、文化造成巨大摧残破坏，严重阻碍了社会的发展。元太祖成吉思汗、太宗窝阔台时期开始任用耶律楚材进行一些改革，但还远远不能适应形势发展的需

---

① 《元史》卷 4《世祖纪一》。
② 《元史》卷 4《世祖纪一》。
③ 《元朝名臣事略》卷 12《内翰王文康公》。
④ 《元文类》卷 57《中书右丞相张公（文谦）神道碑》。

要，落后保守的势力仍很强大，宪宗蒙哥"自谓遵祖宗之法，不蹈袭他国所为"①，顽固坚持旧制，并曾派阿兰答儿去漠南钩考钱谷，对忽必烈在汉人居住地区的变通政策表示不满。忽必烈于开平即汗位后，西北藩王竟遣使责问："本朝旧俗与汉法异，今留汉地，建都邑城廓，仪文制度，遵用汉法，其故如何？"②并于和林拥立其弟守旧派贵族势力代表阿里不哥为大汗，与忽必烈大战漠北，四年之后阿里不哥方势穷投降。此后又爆发了顽固派乃颜、海都长达数十年的叛乱。这一切都表明推行汉化改革的征途上布满了荆棘与障碍。

元初统治阶级中的"汉法"与"旧俗"之争，实质上便是带有奴隶制度及氏族社会残余旧制与先进农耕文明两种制度之间的冲突。中原地区建立农耕社会已有千年之久，积累了丰富的统治经验，元初摆脱野蛮落后状况以图"大有为于天下"的最佳选择，无疑就是参照汉族地区先进生产方式，任用汉人，改行汉法。忽必烈即大汗位后，汉族地主阶级知识分子一再鼓动他"奋扬乾坤，应天革命"，其具体方案便是："援唐宋之故典，参辽金之遗制，设官分职，立政安民"③。历史的经验也说明："北方奄有中夏，必行汉法，可以长久，故后魏、辽、金历年最多；其他不能使用汉法，皆乱亡相继，史册具载，昭昭可见也。"④结论是："帝中国，当行中国事"⑤，"国家当行汉法无疑也。"⑥忽必烈即位之前，即曾接受刘秉忠、张文谦建议，派儒臣治理邢州，"洗涤蠹敝，革去贪暴，流亡复归，不期月，户增十倍"⑦，早已尝到改行汉制试验的甜头。他十分重视汉族地主阶级知识分子的意见，甚至曾应儒士张德辉之请，欣然接受"儒学大宗师"的称号⑧。忽必烈深知使百姓安业力农，并非蒙古人所长，因而对重用汉官、改行汉法的革新方案坚信不疑。当蒙古贵族提出南人不可用时，忽必烈大怒曰："汝未用南人，何以知南人不可用？自今省、部、台、

---

① 《元史》卷 3《宪宗纪》。

② 《元史》卷 125《高智耀传》。

③ （元）郝经：《郝文忠公文集》卷 32《立政议》。

④ （元）许衡：《鲁斋遗书》卷 7《时务五事》。

⑤ 《元史》卷 60《徐世隆传》。

⑥ （元）许衡：《鲁斋遗书》卷 7《时务五事》。

⑦ 《元史》卷 157《张文谦传》。

⑧ 《续资治通鉴》卷 173。

院，必参用南人！"①元宪宗于合州钓鱼城下曾遗诏，日后"若克此城，当尽屠之"②。1279 年南宋降元三年后，守将王立为保全城中军民性命表示愿降。当有人援引宪宗遗诏欲杀王立时，忽必烈严厉警告枢密院："卿辈以杀人为嬉耶？使立生至则已，死则汝等从之。"③后来还亲自接见王立，赐以金虎符，仍旧任命为合州安抚使。对敢于起兵叛乱的守旧派贵族，则坚决派军镇压，并曾下令对"屡毁汉法"的宰相阿合马"掘坟戮尸，籍没全家"④。

忽必烈废除蒙古旧制，在政治体制、生产关系、意识形态等领域全面改行汉法的变革获得了巨大成功。还在改革初期便"能使官离债负，民安赋役，国用粗足，政事更新"⑤。邢州、河南、陕西等"不治之甚"之地，经他"选人以居职，领俸以养廉，去污滥以清政，劝农桑以富民。不及三年，号称大治"⑥，使元初社会向农耕文明转轨，国家殷富，人物阜康，"上视汉唐极盛之数，无以加此"⑦，终于实现了"思大有为于天下"的宏愿。

忽必烈改制属于野蛮落后征服者为被征服地区先进文明所征服的性质，尽管它不可避免会残留若干落后的痕迹，而且对于原先就处于农耕文明高度发达的汉族地区来说，这种变革并不意味带来实质性的飞跃；但它毕竟有效地制止了大规模的逆转倒退，促使社会经济全面复苏，并且在中原农耕文明的基础上实现了更大范围的大一统局面，促进了统一多民族国家的巩固和发展，在历史上起到积极、进步作用。而且这种征服者的被征服，亦非一蹴而就，所谓"万国世俗，累朝勋贵，一旦驱之，下从臣仆之谋，改就亡国之俗，其势有甚难者"⑧，同样要经历激烈的斗争和痛苦的磨难。正因如此，忽必烈"思大有为于天下"的远大志向、"期与物以更新"⑨的改革精神和发展元王朝大一统国家的业绩，都更加为人所称颂。

（原载《国史镜鉴》）

---

① 《续资治通鉴》卷 187。
② 《宋史纪事本末》卷 102。
③ 《元史》卷 169《贺仁杰传》。
④ 《续资治通鉴》卷 180。
⑤ 《续资治通鉴》卷 177。
⑥ 《元史》卷 158《姚枢传》。
⑦ 《元文类》卷 40《经世大典序录·版籍》。
⑧ （元）许衡：《鲁斋遗书》卷 7《时务五事》。
⑨ 《元史》卷 4《世祖纪一》。

忽必烈力倡以农桑为立国之本

蒙古旧俗"不待蚕而衣，不待耕而食"，对农桑耕织"初无所事焉"。忽必烈即位后，开始改变传统旧习，诏令天下："国以民为本，民以衣食为本，衣食以农桑为本。"①这一具有历史意义的诏令，标志蒙古汗国国策发生重大转折，加快从游牧经济全面向农耕文明转变的步伐。

在这之前，忽必烈祖父成吉思汗率骑兵攻克中原，"凡破九十余郡，所破无不残灭。两河、山东数千里，人民杀戮几尽，金帛、子女、牛羊马畜皆席卷而去，屋庐焚毁、城郭丘墟矣"②。来自草原的野蛮征服者，以杀伐掠抢为职业，而对于"保守新附城壁，使百姓安业力农"之事，则"未之知也"③。在他们看来，"虽得汉人，亦无所用，不若尽去之，使草木畅茂，以为牧地"④。王公贵族每"占民田千顷，不耕不稼，谓之草场，专放孳畜"⑤。此类强占农田为牧场、破坏农业生产的做法集中反映了蒙古游牧经济的野蛮落后。

忽必烈早年统管漠南汉地军国庶事时，受汉族地主阶级知识分子影响，已经开始注重农桑。当时他所管辖的邢州，在两答剌罕受封之初尚有一万多户百姓，因遭畜牧经济破坏，日减月削，后来仅余五七百户。他接受刘秉忠、张文谦建议，按照中原地区先进生产方式悉心整治，奖励农耕，结果使"流亡复归，不期月，户增十倍"⑥。忽必烈切身体验到中原农耕经济的优越性，进一步推广邢州试点的经验，"使四方取法"⑦。1254 年，又特命姚枢为劝农使，对发展农业给予高度重视。君临天下之后，更全面铺开，迅速向全国范围推广。

---

① 《元史》卷 93《食货一》。
② （宋）李心传：《建炎以来朝野杂记》己集卷 19《鞑靼款塞》。
③ 《元史》卷 8《世祖纪五》。
④ 《元文类》卷 57《中书令耶律公神道碑》。
⑤ 《续文献通考》卷 1《田赋考》。
⑥ 《元史》卷 157《张文谦传》。
⑦ 《元史》卷 157《张文谦传》。

严禁蒙古贵族强占民田、废耕地为牧场，是保护、发展农业生产的首要前提。为此，忽必烈即位后三番五次颁发禁令：中统三年（1262），两度下令"禁诸道戍兵及势家纵畜牧犯桑枣禾稼者"；次年七月，"戒蒙古军，不得以良田为牧地"；至元七年（1270），再"申严畜牧损坏禾稼桑果之禁"；至元十一年（1274），"亦乞里带强取民租产、桑园、庐舍、坟墓，分为探马赤军牧地，诏还其民"：至元十七年（1280）又严"敕擅据江南逃亡民田者，罪之"①。此外，忽必烈还曾把黄河南北荒田分给蒙古军耕种，组织军民赴边疆地区大规模屯田，甚至拨出部分牧场"听民耕垦"②；并且诏命行中书省、宣慰司、诸路达鲁花赤、管民官"劝诱百姓，开垦田土，种植桑枣，不得擅兴不急之役，妨夺农时"③。其目的都在奖励农桑，使百姓安业为农。

忽必烈大力发展农业的又一重要措施是建立健全组织指导农业生产的行政机构、制定完善有关法规制度，并且以农桑兴废悬为察举赏罚地方官员的重要标准。就在他即汗位的中统元年（1260），他指示各路宣抚使选择通晓农事者充任劝农官。④ 次年，正式建立劝农司。至元七年（1270），又设司农司专掌农桑水利，后又改司农司为大司农司。至元二十五年（1288），另于江南立行大司农司及营田司。忽必烈规定，日常由劝农官和通晓水利者"巡行郡邑，察举勤惰"，地方官员提点农事的情况都要在年末"转申司农司及户部"，俟"秩满之日"加以考察，决定升降；提刑按察司亦受命对此加以"体察"⑤。朝廷明确制定劝课农桑赏罚之法，"户口增、田野辟、词讼简、盗贼息、赋役平。五事备者为上选，内三事成者为中选，五事俱不举者黜"⑥。至元二十九年（1292），还特"命提调农桑官账册有差者，验数罚俸"⑦。至元七年（1270）颁布"农桑之制"，要求县邑村社组织必"择高年晓农事者"为社长，以"教督农民为事"；社中有力薄不能耕种的，应"众为合力助之"；各处正官须负责水利"以时濬治"；州县正官每年十月得巡视境内虫蝗，"多方设法除之"；凡有荒闲之

---

① 《续资治通鉴》卷 185。
② 《元史》卷 4《世祖纪一》。
③ 《元史》卷 5《世祖纪二》。
④ 《元史》卷 93《食货志一》。
⑤ 《元史》卷 93《食货志一》。
⑥ 《元典章》卷 2《圣政一·饬官吏》。
⑦ 《元史》卷 93《食货志一》。

地，"悉以付民，先给贫者，次及余户"；确立"种植之制"，规定种植桑枣果木的最低株数，"官司申报不实者，罪之"；鼓励多种经营，"近水之家，又许凿池养鱼并鹅鸭之数，及种蒪莲藕、鸡头、菱芡、蒲苇等，以助衣食"等等，凡此一应大小事宜，都做了极其周密详尽的规定。许多官府衙门绘有耕织之图，"使为吏者出入观览而知其本"①，劝农、重农成为一时风尚。此外忽必烈还诏令司农司参稽古今农书，编成《农桑辑要》，仅1332年该书即一次印行一万部，"用之则力省而功倍，刊行四方，灼有明效"②。

由于富有成效地建立起一套完整的体制机构和法规制度，并且高度重视总结和推广应用先进的科学技术，使忽必烈以农桑为立国之本的国策得以充分贯彻实施，取得巨大成效。王磐至元十年(1273)为《农桑辑要》作序，即已称颂忽必烈劝课农桑，"行之五六年，功效大著，民间垦辟种艺之业，增前数倍"。据《元史·地理志》记载，至元二十七年(1290)南北人口总书于册者达五千八百八十三万四千七百一十有一，比唐开元二十八年(740)增加一千多万人。所谓"终世祖之世，家给人足"，"此其敦本之明效可睹也已！"③忽必烈时期农业生产的全面恢复发展，是元王朝革除蒙古旧制，实现从游牧经济向先进农耕文明转变的结果和主要标志。

（原载《国史镜鉴》）

---

① 《元史》卷93《食货志一》。
② （元）王磐：《农桑辑要》序。
③ 《元史》卷93《食货志一》。

农耕文明高度成熟和在世界范围由盛转衰的明清(鸦片战争前)时期

明清(鸦片战争前)时期的中国与世界

　　明清(鸦片战争前)时期世界历史发展的格局发生了重大变化。欧洲主要国家完成了从产生资本主义萌芽到实现资产阶级革命和产业革命的飞跃,相继进入近代工业文明轨道。而中国在世界范围由先进转向落后的变化也恰恰发生在明清之际。就综合国力而言,处于鼎盛时期的明前期、清前期,在生产力发展水平、生产关系状况、人口数量和疆域辽阔稳固等方面均较历代皇朝明显提高,在亚洲以至世界仍属头等强国,在世界范围仍保持领先地位。明中后期资本主义萌芽的产生和西方显露资本主义曙光也大致处于同一历史时代,由此而引发的一系列变动曾程度不同地在东西方同时显现。但英国资产阶级革命时,中国正处于明末农民战争高潮与清兵入关前夜,从此明显进入两种不同轨道。清皇朝专制集权体制更趋强固,自然经济依旧占据统治地位,对外更加闭关自守,激进思想家的批判仍属于黎明前的呐喊,本质上未能超出对传统体制的"补天"范畴,在科学文化方面也失去了晚明蓬勃向上的活力。而西方则实现商品经济取代自然经济,大工业生产取代手工作坊,以法律为标志的国家权力取代君主贵族特权,人的理性冲破中世纪神学禁锢,科学战胜蒙昧,并通过产业革命向工业文明转轨。在东西方社会发展的道路上何以会发生这种分途,成为人们十分关注的课题。应该说,明清鼎革的动荡与清初的逆转确曾使资本主义萌芽遭受严重摧残,但中国近代化因素未能顺利发育成长有着更为重要的深层原因。明清时期在专制集权统治和儒家纲常礼教的维护下,广大农村自然经济和乡土宗族血缘网络再度胶合强化形成的混凝土结构,使社会凝固板结,阻滞着社会结构的更新、变革。中国高度成熟的政治制度具有极富韧性的自我整合机制,不断扭曲化解异质变革因素,修补完善自身的体制，成为桎梏近代化因素发展的巨大障碍。而这又是传统农耕文明衰落，被远远甩到世界潮流之外的根本症结。人口压力过大、密集型劳动模式和先进市镇被广大农村包围、牵制等诸多因素，也使中国突破产业革命的瓶颈格外艰难，尚需经过漫长的历程。

明清（鸦片战争前）时期的盛极而衰是在世界范围和西方资本主义国家比较而言。事实上，这一时期在中国自身农耕文明轨道上发展到了一个新的高峰，农耕社会并未走到天然尽头。但这种在农耕文明下取得的繁荣，已经远远不能和西方"资产阶级在它的不到一百年的阶级统治中所创造的生产力，比过去一切世代创造的全部生产力还要多，还要大"①的巨大飞跃相比。资本主义的迅猛发展将全世界卷入商品流通巨大潮流之中，中国的发展进程再也不能孤立于世界历史发展之外，明清之际殖民势力的东来和"西学东渐"，是中国历史上第一次和高于自身社会发展的先进文明相遇。即使是农耕文明的强盛也已抵挡不住新兴资本主义的挑战，殆及降至周期性盛衰低谷的清中期，这种强弱对比的反差更为鲜明。在这次东西方文明碰撞较量中，清皇朝无可挽回地败退衰落。1840 年鸦片战争的炮火终于打乱中国社会发展的自然进程，中国人民将面临更加艰巨悲壮的争取民族独立的斗争，缓慢踏上更为曲折复杂的独特的近代化道路。

明清（鸦片战争前）时期发展大势与历史地位

公元 1368 年至 1840 年，是中国历史上的明清（鸦片战争前）时期。按其历史进程，大致可划分为以下几个阶段：

明前期：14 世纪 60 年代至 15 世纪 30 年代，即明太祖洪武初年至明宣宗宣德末年。通过洪武、永乐两朝废除丞相、创内阁、设厂卫、加强对基层社会和思想文化界控制、迁都北京等一系列政治改革举措，大大提高皇权，奠定了有明一代君主专制集权政治体制的基本格局。与此同时，明初统治者在元末农民战争猛烈扫荡旧生产关系落后环节的基础上，实施了奖励垦荒、轻徭薄赋、鼓励种植经济作物、提高手工工匠身份等经济政策的调整改革，使

---

① 《马克思恩格斯选集》第 1 卷，第 277 页，北京：人民出版社，1995。

这一时期社会经济得到全面恢复发展。永乐年间政局稳定、国力强大，成为中国历史上又一鼎盛皇朝。郑和下西洋开辟亚非海上通道的壮举，表明了明朝对国外的强大影响和在世界范围的领先地位。

　　明中后期：15世纪40年代至17世纪20年代，即明英宗正统年间至明神宗万历末年。这一时期随着社会经济恢复发展，贵族地主疯狂兼并土地，大批农民失去土地成为流民，不断激起暴动抗争。小农经济遭受破坏，也使政府财政陷于困境。宦官专权、政治腐败、军备败坏，导致政治危机不断加深。加上北方鞑靼、瓦剌崛兴，屡屡破关南下劫掠，东南沿海倭寇不断登陆骚扰，明皇朝内外交困，国力渐衰。万历初年的张居正改革使明中期的社会危机得以缓解，一条鞭法的实施推动了商品经济发展，江南等地工商业市镇勃兴，局部先进地区的个别手工业生产部门开始出现资本主义生产关系萌芽。尽管明后期政治腐败加剧，皇朝愈趋衰落，江南市镇经济仍保持相当的活力，市民工商阶层随之登上历史舞台。思想文化领域掀起"以情反理"冲击传统礼教的思潮，通俗文学繁盛，科学巨匠迭出，人们的价值观念、社会风尚呈现出逐新求变、活泼开放的新鲜气息。无论在政治、经济、思想文化，还是在社会生活方面，都显露出新旧冲突变动的征兆。

　　明末清初：17世纪20年代至60年代，即明熹宗天启年间至清圣祖康熙初年。李自成农民军推翻明皇朝统治，是明末社会危机加剧的必然结局。明末社会危机仍然是传统社会固有的周期性危机，明末农民战争依然是农民和地主阶级的生死搏斗，资本主义萌芽和城镇市民力量还很微弱，这次起义尚不能使中国摆脱皇朝统治的轨道。清兵入关击溃大顺和南明政权夺取全国最高统治权，以及清初推行的民族压迫政策和在生产关系上的倒退逆转，使长年内战中遭到严重摧残的社会经济雪上加霜，扼杀、中断了向近代社会演进的趋向。清初进步思想家继续对暴君专制统治展开猛烈批判，但却提不出建设新社会的切实可行方案。

　　清前期：17世纪60年代至19世纪40年代，即康熙初年至清宣宗道光二十年(1840)。清初各族人民的抗清斗争，加快了野蛮征服者被先进文明征服的进程。明末土地与劳动力分离的根本性危机早已被农民战争扫平，从而为清前期恢复发展经济的政策调整创造了良好条件。康雍乾时期社会经济因此得以迅速发展，很快便达到中国历史上新的高峰，资本主义生产关系萌芽也相应有较大增长。在此基础上，清前期有效抵御了沙俄和西方殖民者的入侵，统一多民族国家空前巩固壮大。以满族贵族为核心的清统治者，进一步强化专制集权体制。空前严厉的文化专制统治，使政治层面和思想文化领域的近代化因素难以发育。晚明以降传教士来华带来的"西学东渐"，一度传入一些先进科学技术，开阔了人们的视野；雍正年间耶稣会士被逐出国门，中断了这一进程。但闭关锁国政策并不能从根本上阻止殖民主义势力入侵。乾隆末年承平日久后必然要出现的土地兼并和政治腐败等周期性痼疾再次复发，道光中期处于衰败阶段的清帝国终于无力抵挡资本主义血与火的劫掠，未能避免被西方列强宰割的厄运。

　　明清（鸦片战争前）时期的中国社会，处于重大的历史转折阶段。明中后期以至清前期，在唐宋农耕文明高度发展的基础上又有所提高和突破（例如一条鞭法、摊丁入亩），并在此基础上明显出现了工业文明萌动的迹象和近代化的趋向。所谓近代化是指产业革命的孕育阶段，即从农耕文明中分离出迥异于传统模式的经济、社会与思想文化方面的变异，这些变异的发育成长带有向工业文明演进的鲜明趋向。明中后期以降局部地区在商品经济、市场空前发展和人身依附关系大为松弛的背景下，城镇经济发达、市民工商阶层壮大、手工工场作坊中的生产关系和劳动组合发生了近乎西方资本主义的新变化，通俗文学繁荣，意识形态相对活跃，兴起一股带有早期启蒙性质的思潮。这些中国历史上前所未见的诸种内在关联因素的同时涌现并非偶然，它标志着烂熟的农耕文明母体并非千古不变，新因素的萌芽已经在为产业革命的启动准备条件，即使清初的逆转和满族统治的某些特点对社会发展带来的一些消极影响也未能完全扭转这种萌芽发展的趋向。为此我们可把明清（鸦片战争前）时期视为中国农耕文明高度成熟的后期阶段和走向近代的端倪。

　　统一多民族国家的空前巩固和发展，是明清（鸦片战争前）时期取得的又一重要成就。特别是清前期在抵御沙俄和西方殖民者入侵的背景下奠立了今天疆域的基础，更加具有重大的历史意义。清前期对边疆少数民族地区的开发，在边远地区设置行政和军事机构实施有效管辖，以及边疆和内地经济愈益联为一体，各民族经济文化联系大大加强，这一切都表明清前期的大一统无论在深度和广度上，都是以往历代所未曾达到的。清前期统一多民族国家的巩固发展，以社会经济发展为后盾，有其历史依据，反过来又保证和推动社会经济进一步发展提高。

明清时期君主专制集权统治极度膨胀发展到了登峰造极的地步，成为这一时期中国社会的一个显著特点。专制集权体制在维护国家统一、恢复发展农耕经济方面曾起到一定的积极作用，但同时又在镇压人民、钳制思想、影响科学技术发展、遏制资本主义萌芽成长、阻碍社会变革以及闭关锁国等方面带来严重恶果。

总的来看，既然明中后期业已萌动工业文明的趋向，甚至"在很多方面，中国非常具备现代转变的条件"①，而且一些先进知识分子亦曾提出相应革新的主张，因此，影响社会转型的主要症结便取决于治国者的应对方略。只消把同为17、18世纪之交风云人物的康熙皇帝、法王路易十四、俄国彼得大帝三者的施政方针稍加比较，便可对导致三国日后发展走向与成败兴衰差异的原因一目了然。法王路易十四于1665年重用宠臣柯尔伯大力推行重商主义改革；彼得大帝亲自化装到西欧实地考察，大刀阔斧革新；而玄烨及其继任者却盲目宣扬"西学实源于中法"，热衷于复兴宋明理学，全力守护"重本抑末"的农耕藩篱。公平地说，明清之际的历史舞台为执政者的"文化"选择留下了足够的空间。清统治者对世界工业文明发展的历史性大变动毫无认识，愚昧自大、封闭锁国、顽固推行强化农耕体制、修补复制传统结构的"重农主义"举措，限制了近代化因素的发展，坐失向工业文明转轨的良机，甚至使个别工业文明因素某种程度萎缩乃至断流，最终导致帝国迅速在世界工业文明潮流中陨落。

（节选自施建中主编《中国古代史》下册第八章"叙说"，北京：北京师范大学出版社，1996）

---

① 罗兹曼主编：《中国的现代化》，第271页，南京：江苏人民出版社，1995。

况钟兴利除弊治吴郡

明宣德五年（1430），苏州、西安、松江、常州、武昌、杭州、吉安、建昌、温州等郡郡守缺员。因这九郡皆雄据要地，以往郡守"悉由资格，多不称任"[1]，尤以苏州"赋役繁重，豪猾舞文为奸利，最号难治"[2]；为此，宣宗特命部院大臣从属员中荐举廉洁有能者破格升补知府，并赐敕"公差人违法害民者，即具实奏闻；所属官作奸害民者，即提解来京"[3]，严加整治。时任礼部郎中的况钟经吏部尚书蹇义等举荐，被委以治吴（苏州）的重任。

况钟（1381—1442），字伯津，江西靖安县人。赴任之际曾写下一篇《座右铭》：

> 卑而不可不牧者，民也；迩而不可不察者，吏也；严而不可不用者，刑也；微而不可不崇者，德也。不植其德，难施乎刑；不施乎刑，难以正吏；不正乎吏，民曷由安之。[4]

况钟在治理苏州府的过程中，充分体现了这一以整饬吏治为主的植德、施刑、正吏、安民施政方针。

初至吴郡，况钟佯作不省政事，左右咨询顾问诸吏，一一如"吏所欲行止"。于是群吏大喜，以为太守愚阍可欺，益发无所忌惮。月余之后，他召集诸府胥，厉声喝道："前某事宜行，若（你）止我；某事宜止，若强我行。若辈舞文久，罪当死！"[5]当即择四名臂力过人者将一恶吏掷向空中颠杀，四人故意不使掷高，跌落不死。况钟大怒道："吾为百姓杀贼，鼠辈顾不为我尽力耶?!

---

① 沈德符：《万历野获编》卷 22《府县·知府赐敕》。
② 《明史》卷 161《况钟传》。
③ 沈德符：《万历野获编》卷 22《府县·知府赐敕》。
④ 况廷秀：《太守列传编年》。
⑤ 《明史》卷 161《况钟传》。

高投之必死；不死，若辈死矣！"于是一连掷杀六人，同时贬黜斥罢僚属吏员中贪虐者五人、庸懦者十余人，从此"郡中不寒而栗，谓太守神威，咸畏法不犯"①。通过严厉惩办贪官污吏、罢斥庸懦无能僚吏，况钟为进一步大刀阔斧"扫剔诸宿蠹"②清除了障碍。

苏州是江南巡抚治所，繁华富庶，过往太监、文武官员经常仗势骚扰，加上地方乡宦豪富盘根错节鱼肉乡里，给百姓带来很大祸患。"击锄豪强，赈恤穷困"③便成为况钟革除积弊、稳定苏州的关键。明朝宦官专权，一些织造、采办太监凌驾地方之上，滥施淫威，肆意插刮，"郡佐、县正少忤，则加捶挞"。况钟莅吴后，听说太监来福责打吴县主簿吴清，亲自赶到现场，"执其两手，怒数曰：'汝何得打我主簿，县中不要办事，只干汝一头事乎！'"来福被迫设宴陪礼，于是在况钟任职的十余年间苏州不再"罹内官之患"④。况钟履任前，清军御史李立与同知张徽在苏州清理军籍，凡有卫所士兵伤亡、逃名的，都要在原籍子弟后人中勾取解补，一时"巧诬深诋"、酷刑逼迫，"有一家累数十人充军或死杖下者。……其人稍自辩，立糜烂廷中。由是望风诬服，退而自经于林木者相望也。民摇手重足，嗫不敢出声哭"，仅吴江一县被冤充军的达四百七十三名，而被杀者"不可胜计"⑤。况钟到任后查清原委，毅然上疏朝廷，指责李张任势作威、巧舞文法、为国生怨。结果使一百六十人得免作军，"役止终本身"、不再世袭为兵的达一千二百四十人。⑥苏州前任知府遗留下大量积案，"累年莫决，囚多死于淹禁"，况钟轮流到下辖七县亲自审问，不到一年，"勘问轻重罪囚一千百二十余名，吏不敢为奸，民无冤抑，咸颂包龙图复生"⑦。经此一番整顿，"刑清讼简，威德并著"⑧，中使太监卫所将卒"敛迹不敢肆，虽上官及他省吏过其地者咸心惮之"⑨，从而替苏州百姓提供了

① 李贽：《续藏书》卷 27《郡县名臣·况公》。
② 李贽：《续藏书》卷 27《郡县名臣·况公》。
③ 况廷秀：《况太守治苏集》卷 4。
④ 《苏州府志》卷 146《杂记》。
⑤ 《苏州府志》卷 146《杂记》。
⑥ 《明史》卷 161《况钟传》。
⑦ 《况太守治苏集》卷首。
⑧ 《左宗棠书牍》卷 2。
⑨ 《明史》卷 161《况钟传》。

较为清明、安定的社会环境,为进一步发展生产、改善生活打下良好基础。

苏州赋重,尤以官田为甚,有的每亩征米达三石之多;出马役四百余匹,按规定三岁遣还,但时过三十多年,"马死则补,未有休时"①;工部征三棱阔步八百匹,其中浙江十一府共负担百匹,而苏州一府即征调七百匹。过分沉重的负担压得吴郡百姓喘不过气来,况钟"为奏减重赋,焚香祝天,乃具疏上"②,反复据理陈述,终于促使皇帝"屡诏减苏松重赋",经况钟与巡抚周忱悉心计划争取,"奏免七十余万石"③,大大减轻了当地人民负担。况钟还配合周忱设计农仓,积粟"岁数十万石,振荒之外,以代民间杂办及逋租"④。宣德七年(1432)况钟针对苏松嘉湖四郡"年久淤塞不通""久雨则湖水泛滥、田则被溺"的状况,疏清派员"督府县官于农隙时,发民疏浚,则水有所泄,田禾有收"⑤,得到朝廷采纳,并由周忱、况钟负责实施,起到了化灾为利、促进生产的积极作用。

况钟"为政纤悉周密",十分注意健全改善有关制度,以补偏救弊,堵塞漏洞。如设置通关勘合簿,以"防出纳奸伪";置纲运簿"防运夫侵盗";置馆夫簿"防非理需求"⑥。因诸种措施"综理周密,而行之又甚不难"⑦,便于推广执行,取得很好实效。

如明末李贽所述:"大抵钟为治,专戢豪狡,抚良善,至寒门下士,挟片艺,皆获收,故吏畏民安。"⑧经况钟革除积弊,百姓减轻负担,生活水平和生产条件得到改善,调动和提高了生产积极性,使苏州府面貌迅速得到改变。未及几年,"民之疲者以兴,穷者以植,逃亡者已复,贪黠者屏息而不敢肆,油油然乐生送死,非复向来苦重赋而呼吁无门之气象矣"⑨,一变而成为"民田有黍稻,土有桑麻,蝗不为灾,盗不入境,流亡来归者三万余家,郡遂大

---

① 《明史》卷 161《况钟传》。
② 李贽:《续藏书》卷 27《郡县名臣·况公》。
③ 《明史》卷 161《况钟传》。
④ 《明史》卷 161《况钟传》。
⑤ 《宣德实录》卷 97。
⑥ 《明史》卷 161《况钟传》。
⑦ 李贽:《续藏书》卷 27《郡县名臣·况公》。
⑧ 李贽:《续藏书》卷 27《郡县名臣·况公》。
⑨ 《靖安县志》卷 12 王直:《赠正议大夫资治卿加正三品衔苏州府知府况公墓志铭》。

治"①。而况钟本人也因为治理吴郡"兴利除害，不遗余力；锄豪强，植良善"，政绩卓著，而赢得"民奉之若神"的崇高声誉。② 当他任满之际，"民上章乞留者八万人"③；进京述职，百姓担心他升迁离任，竟至"士耆民庶，咸候上道；且控舆卧辙"④，竭力挽留。正统七年(1442)况钟病死于任所，"民多垂泣送其枢归"。载灵枢的舟中"惟书籍、服用器物而已，别无所有，苏人咸叹息之"⑤。苏州府七县为之建祠堂设祭，表示深切的拥戴和怀念。

（原载《国史镜鉴》）

---

①　况廷秀：《况太守治苏集》卷 4《张洪赠太守况公传书后》。
②　《明史》卷 161《况钟传》。
③　李贽：《续藏书》卷 27《郡县名臣·况公》。
④　况廷秀：《况太守治苏集》卷 4《张洪赠太守况公传书后》。
⑤　《况靖安集》卷尾《遗事》。

张居正变法忘家殉国无所畏惧

明嘉靖十六年（1537），十三岁的张居正至武昌参加乡试，他的超人才华和远大志向引起了湖广巡抚顾璘的重视，"一见即许以国士，呼为小友。每与藩、臬诸君言：'此子将相才也。'"并预言"他年当枢要"①。不过，顾璘认为十三岁即中举人，很容易自满，对日后发展不利；不如让他受些挫折和磨炼，激励他更加奋发进取，为国家成就一个经邦治国的英才。结果虽然试卷深受考官赞赏，仍然未被录取。过三年，张居正再试中举后，顾璘解犀带相赠，鼓励他不要只满足于做年少成名的秀才，而要有远大抱负，要做伊尹，做颜渊。对于顾璘的知遇和激励，居正"中心藏之，未尝敢忘"②，三十多年后果然成为推行新政"起衰振隳"的一代"救时宰相"③。

张居正（1525—1582），原名白圭，字叔大，别号太岳，湖北江陵人。十三岁应试《题竹》诗，便以"凤毛丛劲节，只上尽头竿"自喻，抒发了志向高远的雄伟襟怀。嘉靖二十六年（1547）考中进士，授翰林院庶吉士，开始踏上储相入阁的台阶。当多数同科进士热衷于文章诗句之时，他却以深沉的目光关注着国计民生。两年后上《论时政疏》，指陈国家"臃肿痿痹"之五弊，建议世宗"广开献纳之门"，使"人人思效其所长"④，尽力革除积弊。三十岁那年以病辞归，在家赋闲三年，仍不忘忧国忧民，经常"周行阡陌田间"，考察"岁时之丰凶"和农夫的疾苦，对老百姓的深重苦难，"未尝不恻然以悲，惕然以恐也"⑤。此刻，他已发下宏愿，甘愿"以其身为蓐荐，使人寝处其上，溲溺之，垢秽之，吾无间焉"⑥。张居正步入政坛的嘉靖中期以降，豪强兼并，流民遍地，土地和劳力分离，生产萎缩，财政亏空，加上边防败坏，政府内外交困，

---

① 《张文忠公全集·与南掌院赵麟阳》。
② 《张文忠公全集·与南掌院赵麟阳》。
③ 《神庙留中奏疏汇要》。
④ 《张文忠公全集·论时政疏》。
⑤ 《张文忠公全集·学农园记》。
⑥ 《张文忠公全集·答吴尧山言宏愿济世》。

陷入濒于崩溃的深刻危机之中。胸怀救世济民"磊落奇伟"壮志的张居正，慨然以天下为己任，决意不顾荣辱毁誉，寻求除弊革新的机会，"大破常格，扫除廓清"，以"弭天下之患"①。

隆庆六年(1572)，穆宗病故，继位的神宗仅只十岁。张居正终于得以首辅的身份"任法独断，操持一切"②，义无反顾地在全国范围发起一场力挽狂澜的变法革新。张居正变法，"务在强公室，杜私门"③，触动了怙恶违法豪强权贵以及贪赃枉法庸懦腐败官吏的权益，招致强烈反抗，浮言私议、怨谤攻讦四起，甚至革除皇帝冬月普赐朝臣貂皮帽旧例的举措也被人指责是因为张居正"饵房中药过多，毒发于首，冬月遂不御貂帽"④。改革征程中布满荆棘、坎坷，但他却丝毫不为所动，坦然表示，"数年以来，所结怨天下者不少矣，恰夫恶党显排阴嗾，何尝一日忘于孤哉！念己既忘家殉国，惶恤其他，虽机阱满前，众镞攒体，孤不畏也！"⑤正是这种忘身殉国、百折不回的斗志和精神，不断推动变法向前发展。如张居正万历八年(1580)纵谈得失毁誉所说："不谷弃家忘躯，以殉国家之事，而议者犹或非之。然不谷持之愈力，略不少回，故得少有建立。得失毁誉关头若打不破，天下事无一可为者。"⑥万历五年(1577)，正值改革全面铺开之际，张居正父亲病逝，按例当辞官守孝三年，因特殊需要经皇帝批准留任的谓之夺情。当张居正夺情起复的消息传出，反对派"乃借纲常之说，肆为挤排之计"，一时间"贪位、恋权""禽兽、不孝"一类诋毁、谩骂之辞漫天飞来。面对这些攻击，张居正答称："此天下之大辱也，然臣不以为耻也……人臣杀其身有益于君则为之，况区区訾议非毁之间乎？"⑦"恋之一字，纯臣所不辞！"⑧其实，早在万历元年(1573)发动改革时，他就已经下定决心："有欲割取吾耳鼻，我亦欢喜施与，况诋毁而已乎？"⑨

张居正变法之时明朝极度腐朽衰败，因循守旧，积重难返，可供改革的

---

① 《张文忠公全集·答耿楚侗》。
② 《张文忠公全集》附《本传》。
③ 《张文忠公全集·与李太仆渐庵论治体》。
④ (明)沈德符：《万历野获编》卷9。
⑤ 《张文忠公全集·答河漕按院林之源言为事任怨》。
⑥ 隆庆六年《张文忠公全集·答南院李公言得失毁誉》。
⑦ 《张文忠公全集·乞恢圣度宥愚蒙以全国体疏》。
⑧ 《张文忠公全集》书牍十。
⑨ 《张文忠公全集·答吴尧山言宏愿济世》。

余地已经十分有限。张居正并没有过高估计自己的作用，万历九年(1581)他曾明白表示："顾涓流徒烦于注海，而寸石何望于补天？"他矢志改革无非是在表达"苟利国家，何发肤之足惜"的精神①。他把自己看作是"耿耿于迅飙之中"的"孤焰"②，甚至"自知身后必不保"③，但却毫不退缩，反而加快改革步伐，一再嘱告："诸公宜及仆在位，做个一了百当。"④

万历十年(1582)，宿疾复发，骤然夺去张居正生命。伺机而动的保守派群起反扑，他们怂恿年龄渐增、贪欲膨胀、对权相劝教约束早怀不满的明神宗下诏削夺，满门查抄。于是，张居正长子敬修被逼自杀，家属饿毙十数人，"居正诸所引用者，斥削殆尽"⑤，十年改革毁于一旦。对于这种身后一败涂地的结局，张居正生前并非没有料到；但为了变法图新、济世救民，他早已弃家忘躯，"不但一时之毁誉不关于虑，即万世之是非，亦所弗计也"⑥。张居正实施的新政虽然最终被废止，明王朝大厦将倾的颓势也非他寸石、孤焰之力所能挽救；但他执政变法的十年确为明中后期最有生气、最为光辉的时期。经他"肩劳任怨、举废饬弛、弼成万年初年之治。其时中外乂安，海内殷阜，纪纲法度，莫不修明"⑦，"自正、嘉虚耗之后，至万历十年间，最称富庶"⑧。而反攻倒算、否定张居正变法的结果，则使明王朝更加无可挽回地滑入崩溃瓦解的绝境。至明末天启、崇祯朝终于"日久论定，人益追思"⑨，为他平反、昭雪，重新恢复名誉。

张居正推行的改革新政，通过整顿吏治、调整生产关系中的落后环节，导致经济复苏，促进生产和商品经济发展，对资本主义生产关系萌芽起到催化作用，有利于社会进步和人民生活的改善，在历史上产生了深远影响。

（原载《国史镜鉴》）

---

① 《张文忠公全集》奏疏十一。
② 《张文忠公全集》书牍十五。
③ 《万历野获编》卷9。
④ 《张文忠公全集》书牍十三。
⑤ 《明史》卷213《张居正传》。
⑥ 《张文忠公全集》书牍十二。
⑦ 《明史》卷213《张居正传》。
⑧ 《明史》卷222《张学颜传》。
⑨ 《明史》卷213《张居正传》。

张居正革新吏治

中国古代自上而下推行的历次变法改革，无不从整顿吏治入手，以加强集权，提高效率，确保革新政略贯彻实施。因而，从某种意义上说，整顿吏治既是改革本身的一个重要内容，又是关系到整个变法革新能否启动并取得成功的前提。明中后期张居正变法便深谙此理。他就是首先围绕"尊主权、课吏职、信赏罚、一号令"①等方面，大刀阔斧地进行了富于成效的改革创新。

还在嘉靖后期，明世宗即已二十多年不上朝理政，终日沉溺于吃斋求仙，"政务偷玩，事无统纪，举朝务为繁言，鲜实效，诏令屡下，多废格不行，是以上下相蒙，名与实爽"②，来往公文，多至沉埋，朝廷诏旨被视为故纸，禁不止，令不从，统治机构腐败、混乱，濒于瘫痪。隆庆元年（1567），张居正以礼部尚书兼武英殿大学士进入内阁，次年上《陈六事疏》，提出省议论、振纪纲、重诏令、核名实、固邦本、饬武备六条改革方案。其中固邦本、饬武备两条，是说要安民、富国、强兵；但要达到这个目的，必得先从省议论、振纪纲、重诏令、核名实四方面着手加强集权，整顿机构，提高效率。穆宗虽认为张居正的设想深切时务，但却并未全盘采纳实施。隆庆六年（1572）穆宗病故，神宗即位，张居正升任内阁首辅，备受敬重信任，终于有机会施展抱负，全面推行改革方案。

张居正认为，"致理之道，莫急于安民生；安民之要，惟在核吏治"③。明确把"核吏治"作为"安民""致理"的前提，当作缓和矛盾、补救时弊、巩固统治的重要手段。"天下之本在政府"④，加强政府的权威是确保各部门机构正常运转、提高效率的关键。因而，张居正又把"尊主权"当作"方今急务"。张居正倡导"尊主权"，强调的是"朝廷尊，而下有法可守"，目的在于刷新振举"纪纲不肃，法度不行，上下务为姑息，百事悉从委徇"的颓风。惟有加强集权，

---

① 《明史》卷 213《张居正传》。
② 《张文忠公全集》附《本传》。
③ 《张文忠公全集·请定面奖廉能仪注疏》。
④ 《张文忠公全集》书牍十五。

重诏令、振纪纲，方能"张法纪以肃群工，揽权纲而贞百度"①，革新政令才能畅行无阻。张居正主张治理天下须"悬法于众"，以法理政。"法所当加，虽置近不宥；事有所枉，虽疏贱必伸"，只有"刑赏予夺，秉持公道"，才能振扬风纪，使天下信服②。神宗即位伊始，居正便"具诏召群臣，廷饬之，百僚皆惕息"③。他还针对宗室、外戚、宦官、豪强的不法行为，明令"锄强戮凶，剔奸厘弊"④。在推行丈田均粮改革中，"诸王孙遮道而噪，诸酋长抗疏而陈，诸军士荷戈而哄"⑤，张居正断然下令"但有抗违阻挠，不分宗室、官宦、军、民，据法奏来重处"⑥。对于抗命犯法的黔国公朝弼，尽管"朝议难之"，他还是下令逮捕，"锢之南京"⑦。即使支持他出任首辅出了大力的权宦冯保侄子冯邦宁犯法，也同样革职杖责。他还惩处了孔子的后裔衍圣公。伸张法纪、"严其约束"的结果，使"九围之人，兢兢辑志；慢肆之吏，凛凛奉法"⑧。

提高行政效率、朝令夕行，也是整顿吏治的重要内容。在张居正看来，不革除无所事事、坐啸画诺、"一事未建而论者盈庭，一利未兴而议者踵至"，以及末大不掉、命令不行等积弊，"而欲法之行，虽日更制而月易令，何益乎！"⑨他提议敕下部、院等衙门"凡大小事务，既奉明旨，须数日之内，即行题复"，并"酌量事情缓急，道里远近，严立限期，责令上紧奏报，该部置立号簿，发记注销。如有违限不行奏报者，从实查参，坐以违制之罪，吏部即以此考其勤惰，以为贤否。然后人思尽职而事无壅滞也"⑩。为此，张居正于万历元年(1573)创设颁行考成法以责吏治，即由各部衙制定一式三份收发文簿，分别留部作底本，送六科备注，交内阁查考，据其道途远近、事情缓急，"定程限，立文簿，月终注销。抚按稽迟者，部院举之；部院容隐欺蔽者，六科举之；六科不觉察，则阁臣举之。月有考，岁有稽"⑪。按照明初的定制，

---

① 《张文忠公全集》奏疏一《陈六事疏》。
② 《张文忠公全集》奏疏一《陈六事疏》。
③ 《明史》卷 213《张居正传》。
④ 《张文忠公全集》书牍一二。
⑤ 《张文忠公全集·答山东巡抚何来山》。
⑥ 《万历实录》卷 112。
⑦ 《明史》卷 213《张居正传》。
⑧ 吕坤：《书太岳先生文集后》。
⑨ 《张文忠公全集》文集三《辛未会试程策》。
⑩ 《张文忠公全集》奏疏一《陈六事疏》。
⑪ 《明纪》卷 39。

中央行政机构分为吏、户、礼、兵、刑、工六部，同时又相应另设六科，专司封驳纠劾监察之职。六部和六科均绕过内阁直接向皇帝负责。张居正行考成法加强了内阁事权，由内阁通过六科、都察院控制六部，而各省抚按则听命于六部，最终从中央到地方各级机构都由内阁控制，从而加强中央集权，使内阁成为推行变法的中枢。为排除宦官干政，他还专门告诫冯保"裁抑其党，毋与六部事"①，以保证新法畅通。这种由三个机构互相监督定期审核各级官僚政绩施行赏罚的做法，有力地提高了办事功效。

张居正还直接利用考成法为"强公室，杜私门"②的经济政策服务，他明确提出"以钱谷为考成"③，把督责地方官吏清理追缴豪强地主多年拖欠赋税列为考核政绩的标准，凡追缴不力的，要受到调离和撤职的惩处。这一措施的矛头指向逃避国家正赋田税的地方豪强，由于"侵欺隐占者，权豪也，非细民也；而吾法之所施者奸人也，非良民也"，故"惩贪吏者所以足民也，理逋负者所以足国也。官民两足，上下俱益，所以壮根本之图"④。与此同时还减免了一批贫民小户的负担。其结果如张居正所预期的，"考成一事，行之数年，自可不加赋而上用足"⑤。在不增加广大农民负担的情况下，填补亏空，增加了国家的财富。他整顿吏治，务求法之必行、言之必效，取得了明显成效，如傅维麟《明书》所赞扬的，虽"万里之外，朝下而夕奉行，如疾雷迅风，无所不披靡。"

张居正十年新政之所以能一度"起衰振隳，纲纪修明，海内殷阜"⑥建树卓著，在很大程度上得力于对吏治、政风的整顿刷新。不过张居正整顿吏治，主要凭仗代行天威的特殊权势和刚毅果断的个人品质，依靠行政手段自上而下强行贯彻；虽能一时立见成效，但却缺乏相应的思想舆论方面深入细致的工作，也不具备根治的社会条件，难于巩固。一旦张居正身故，人亡政息，考成法等新政顷刻废弃，"上下恬熙，法纪渐至不振"，一切便又故态复萌。

（原载《国史镜鉴》）

---

① 《明史》卷 213《张居正传》。
② 《张文忠公全集·与李太仆渐庵论治体》。
③ 《明史纪事本末》卷 61。
④ 《张文忠公全集》书牍六。
⑤ 《张文忠公全集·答山东巡院李渐庵言吏治河漕》。
⑥ 《明通鉴》。

张居正行边防新政

16 世纪 70 年代初，明王朝与蒙古地方政权在南北对峙断续冲突征战了二百多年之后，终于化干戈为玉帛，出现了长期和平交往的新局面。这固然是因为双方在经济上相需相靠，是两族人民长期共同努力的结果；同时也和张居正隆庆万历年间推行边防新政密不可分。

隆庆元年(1567)张居正入阁，在实施政治、经济变法改革的同时，推行"外示羁縻，内修守备"的边防新政。①"内修守备"的重点是，加强北边防务，提高军事抗衡能力。为此张居正相继起用谭纶、戚继光、王崇古、方逢时等著名边将，主持蓟镇、宣府、大同、山西边务，并大力加固增设城防，修筑明长城。

张居正认为"盛世之守在人，季世之守恃险"，前者为"无形之险"，后者为"有形之险"，倘若"无形之险既已靡恃，而有形之险复不加修，则是束手骈肩俟毙已也"②。因此明长城重点设防地段多用砖石砌筑，内填泥土石块，"它的坚固几乎可以同鞑靼区和中国之间的岩石山脉相提并论了"③。明长城的形制结构也更趋完备合理。戚继光于蓟镇边垣创建一千三百余座空心敌台，"尽将通入马炮处堵塞"，这种敌台"中层空豁，四面箭窗。上层建楼橹，环以垛口，内卫战卒。下发火炮，外击敌贼。贼矢不能及，敌骑不敢近"④。为提高长城防御体系的整体实力，又于战略要地加修双城乃至多道城墙，东北沿线增修一千七百余里辽东边墙，并在大边墩台之间空缺之处，随地势筑为城墙互相连缀起来，以加强对侧翼、纵深和外围间隙地带的防御。

对于长城沿线的防守战略，张居正也有一套严密的部署。他要求"蓟人平时将内地各城堡修令坚固"，一旦"贼众溃墙而入，则亦勿遽为怆惶。但令蓟

---

① 《明通鉴》卷 65"穆宗隆庆五年"。
② 《重筑松滋县城记》，《古今图书集成·经济汇编·考工典》。
③ ［英］斯当东：《英使谒见乾隆纪实》第十三章第 342 页。
④ 戚继光：《练兵实纪杂集》卷 6《敌台解》。

将敛各路之兵四五万人，屯扼要害，令诸县邑邨落皆清野入保，勿与之战。而上谷辽左不必俟命，即各出万人，遣骁将从边外将诸夷老小尽歼之。令大将领一万人入关，不必卫京师，径趋蓟北，伏于贼所出路。彼贼虽已入内地，见我不动，必不敢散抢。不过四五日虏气衰矣，衰则必遁，然后令蓟人整阵以逐之。而宣辽两军合而蹙击。彼既饥疲，又各护其获，败不相救，而吾以三镇全力击其惰归，破之必矣。"①

事实证明，张居正"内修守备"的边防新政实施后，取得了明显效果。隆庆四年（1570）俺答"约诸部入寇，王崇古檄诸道严兵御之，敌不得利"，被迫"使来请命"②。蓟镇敌台筑成后，自居庸关至山海关"二千里声势联结"，"精坚雄壮"。万历元年（1573）朵颜部首领董呼哩、察克图两度南犯喜峰口，都被戚继光击溃，察克图并遭生擒。董呼哩被迫"率部长亲族三百人叩关请罪，……献还所掠边人，攒刀设誓"永不犯边。③ 如《明史·戚继光传》所说：经戚十数年整顿，"边备修饬，蓟门宴然。继之者踵其成法，数十年得无事"。

张居正的"外示羁縻"，是在"内修守备"的前提下，力争改善汉蒙关系，积极加强友好往来。隆庆四年（1570）冬，俺答汗爱孙巴噶奈济因家庭纠纷，愤而出走降明。张居正、王崇古等立即厚礼接纳，并抓住时机，利用鞑靼部的矛盾，力促俺达改弦更张，实现议和。俺答汗在"约诸部入寇"未能得利，军事上无法取胜，而经济上又迫切需要换取农耕区产品以补自身单一经济不足的情况下，终于遣返叛逃蒙古、多次引导蒙古骑兵南下掠抢的赵全等奸人，乞封议和。隆庆五年（1571）明廷诏封俺答为顺义王，分别授予俺答属下六十五人都督、指挥等官职。双方还议定开放十一处互市市场，最终达成隆庆和议。事实表明，不在军事上有效遏制俺答的剽掠，要想真正实现和平互市往来绝不可能。张居正深谙长城边防与和平交往之间的内在联系。就在达成贡市之后，他仍再三强调"桑土之防、戒备之虑，此自吾之常事，不容一日少懈者。岂以虏之贡不贡而有加损乎"！并特命宣大总督王崇古"教督诸臣，比常倍加防守"，把"城堡及时修并，边境之险渐次可复"列为"所当修备"的"四要"

---

① 《答方金湖计服三卫属夷》《明经世文编》卷 327。

② 《明通鉴》卷 65。

③ 《明通鉴》卷 65。

之首。① 一旦对方"情在要挟",并无诚意,"则闭关以绝之,严兵以伺其间,出奇以捣之。威行而后可用恩也"②。张居正之所以能实现与北方游牧民族长期和平交往,其中的奥秘即在于此。

张居正"外示羁縻,内修守备"的边防新政取得了巨大成功。从此"戎马无南牧之儆,边氓无杀戮之残"③,每年"所省征调费不啻百万"④。边地"上谷至河湟万里",也都"居如渚,行如家,举沙碛而黍苗矣"⑤。汉蒙双方开设官办贡市、关市、马市之外,民市、月市、小市等民间私人交易也很活跃。据万历《宣府镇志》记载,张家口一带居然"南京的罗缎铺、苏杭绸缎铺、泽州帕铺、临清的布帛铺、绒线铺、杂货铺,各行交易,铺沿长四、五里许"。长城沿线出现了"六十年来,塞上物阜民安,商贾辐辏,无异于中原"的兴旺景象。⑥ 蒙古族非但"孳牧渐多"⑦,而且进一步发展农业,"其耕具有牛有犁。其种子有麦有谷有豆有黍",瓜、瓠、茄、芥、葱、韭之类"种种俱备"⑧,逐渐变革单一畜牧经济结构。塞外游牧经济与江南商品经济千丝万缕般联结在一起,进一步使辽阔北疆成为统一多民族国家牢不可分的组成部分。

(原载《国史镜鉴》)

---

① 《答王鉴川计贡市利害》。
② 《张文忠公集·答宣大张巡抚》《明经世文编》卷 328。
③ 《张文忠公全集·行实》。
④ 瞿九思:《万历武功录·俺答列传》。
⑤ 《国榷》卷 5。
⑥ 王崇古:《条复收胡马疏》,《明经世文编》卷 35。
⑦ 《宝颜堂秘籍·夷俗记》。
⑧ 《宝颜堂秘籍·夷俗记》。

张居正推行一条鞭法

一条鞭法系明万历九年（1581）张居正在全国范围颁行的赋役新政，是前近代社会在赋役制度方面进行的一场重大改革。

明初赋役制度分赋、役两类：田赋按田亩征收，以收"本色"粮为主，亦有小部分"折色"银；役法则有里役、徭役、杂役等名目，按人丁状况征调，也分"力差""银差"两种。为此，政府编制有鱼鳞图册和赋役黄册分别控制田亩和人丁，以作为征调赋役的依据。至明中叶，由于土地兼并、隐漏，人口逃亡流失，二籍混乱失真，"豪民有田无粮，穷民摊派受病"，"民穷逃亡，势又不得不请减额，而国课日以益亏"[①]；同时"平日则花分诡寄以图轻差，及至审编，则营求贿嘱以脱重差"[②]，大量徭役负担被转嫁到户小力单的穷人之家，乃至"徭则尽责之民"[③]。其结果，农民不堪重负，纷纷破产逃亡，朝廷控制的田亩、人丁日益短缩，财源枯竭，入不敷出，所谓"私家日富，公室日贫，国匮民穷，病实在此"[④]。这种土地兼并、赋役不均状况愈演愈烈，直接导致生产力（农民）和生产资料（土地）分离，生产关系倒退，生产萎缩，社会经济陷于严重的危机之中，并一再激起农民起义反抗。

针对这种弊端，张居正于万历六年（1578）对"天下田亩通行丈量"，总计田数七百一万三千九百七十六顷，较弘治时期多出三百万顷[⑤]，结果使得"粮不增加而轻重适均，将来国赋既易采纳，而小民如获更生"[⑥]。万历九年（1581）又在清丈土地取得重大进展的基础上，进一步从经济政策和赋役制度上深化改革，推行一条鞭法。一条鞭又称一条编、一条辫，《明史·食货志》

---

① 《张文忠公全集》附《本传》。

② 刘光济：《差役疏》。

③ 《明史》卷 203《欧阳铎传》。

④ 《张文忠公全集·答应天巡抚宋阳山论均田足民》。

⑤ 《明史》卷 77《食货志一》。

⑥ 《张文忠公全集·答山东巡抚何来山言均田粮核吏治》。

简要概括其法云：

> 一条鞭法者，总括一州县之赋役，量地计丁，丁粮毕输于官。一岁之役，官为金募。力差，则计其工食之费，量为增减；银差，则计其交纳之费，加以增耗。凡额办、派办、京库岁需与存留、供亿诸费，以及土贡方物，悉并为一条，皆计亩征银，折办于官，故谓之一条鞭。立法颇为简便。

其主要变革体现于下列四个方面：第一，把田赋、力役和其他各种名目、杂税合编为一条，统一按田亩核算、征收。把原来按户丁征役的办法改为摊入田亩（实际执行过程中并未全部摊入，而是把力役按照人丁和田亩规定一定比例，部分并入田亩摊派）。第二，一概由官府征银雇役，基本上演变为固定的丁银，而取代了原先的"力役"。第三，除苏、松、杭、嘉、湖地区仍征收本色漕粮以供皇室官僚食用外，田赋一概改收折色银。第四，简化征收手续，取消里甲征收的层次，直接由官府折办收解。

新法在一定程度上缓解了赋役不均的状况，田多多收，田少、无田少收或不收，使政府从掌握大量田亩的地主手中增加征收，又使无地、少地农民减轻负担。简化手续由官府直接征办的做法也减少中间环节，限制了豪强地主舞弊隐漏和胥吏里甲的层层盘剥，同样减轻了农民的额外负担。史称"于是均徭、里甲与两税为一，小民得无忧，而事亦易集"[1]，"吏无巧法，民鲜危役，阖境帖然，如就衽席"[2]。一条鞭法规定普遍交钱代役，则有利于稳定农业生产，削弱了人身依附关系。通行以银代役、计亩征银又迫使大量农产品纳入市场，刺激了商品生产和货币流通。而用丁银代力役并部分摊入土地征收的规定也大大减轻对工商业者的剥削和控制，以至"工匠佣力自给，以无田而免差；富商大贾操资无算，亦以无田而免差"，起到"视田如陷阱，是以富者缩资以趋末"[3]的引导作用，促进了城镇手工业雇佣劳动和资本主义生产关

---

① 《明史》卷 77《食货志一》。
② 顾炎武：《天下郡国利病书》卷 41。
③ 《隆庆实录》卷 7。

系萌芽的发展。一条鞭法不仅在当时对缓解矛盾、挽救危机立见成效；而且作为生产关系方面的重大调整革新，在历史上也产生了深远影响。

一条鞭法的改革并不始于张居正，而是经历了一个逐渐发展完善的过程。《明史》食货志述其始末称："嘉靖间数行数止，至万历九年乃尽行之。"①清初任源祥则说："天下有不得不条鞭之势，张江陵不过因势而行之。"②土地兼并、隐漏和农民大批逃亡、起义反抗，使旧的赋役制度已无法再维系下去；商品货币经济的发展又为一条鞭法的实施提供了客观条件，变革旧法遂成为大势所趋。嘉靖年间一条鞭法出现之前，已有"征一法""纲银法""一串铃""十段锦"诸法应运而生，基本精神都是不同程度摊力役于田亩、简化手续，力求缩小赋徭不均的状况。嘉靖九年(1530)桂萼提出编派徭役的改革意见，始被称之为"一条编法"③。此后欧阳铎、潘季驯、庞尚鹏、海瑞等都曾在局部地区试行过一条鞭法，积累了宝贵的经验。但早期一些地方贯彻一条鞭法往往"数行数止"，原因就在于新法触犯了豪强地主的利益，并部分堵塞了贪官污吏从中渔利的机会，因而遭到强烈反抗。早在宣德五年(1430)浙江巡抚周忱和苏州知府况钟建议按民田起科，即被户部斥为"变乱成法"予以阻挠；嘉靖年间巡按蔡克廉、提学副使王宗沐、巡抚周如斗三次在江西倡行一条鞭法，也都因官绅地主反对而未能实施。直至隆庆四年(1570)，巡抚刘光济方获户部批准试行。山东淄川县推行一条鞭法也是屡行屡止，至崇祯年间韩承宣出任县令才又力复条鞭，"从此里下征供既纳，则安享太平，并不知世间尚有徭役，故庶民感其惠"④。鉴于新法兴废几经反复，为防止异日变乱成法、重兴里甲之害，邑人特"勒石以告后之令吾邑者，……嗒诸众口，盟载群心，万古千秋，有如皎日"⑤。可见推行新法并非一帆风顺，其间充满了激烈的斗争。张居正认真总结借鉴明中叶以来各地赋役改革的经验教训，他曾表示：

条编之法，有极言其便者，有极言其不便者，有言利害半者。仆思

---

① 《明史》卷 78《食货志二》。
② 《清经世文编》卷 29。
③ 《嘉靖实录》卷 123。
④ 蒲松龄：《淄邑流弊》。
⑤ 孙之獬：《韩侯力复条鞭序》《淄川县志·艺文志》。

政以人举，法贵宜民，执此例彼，俱非通论。故近拟旨云：果宜于此，任从其便，如有不便，不必强行。朝廷之意，但欲爱养元元，使之省便耳，未尝为一切之政以困民也①。

表现出了审慎、灵活，从实际出发、因地制宜的原则精神。他在万历四年(1576)于湖广地区试行一年之后，才逐步向北推广，最终挫败保守派"力争其不可要"②"一条鞭等法，悉为停罢"③的阻挠，将一条鞭法悬为国家的正规赋役制度颁行全国。

万历十年(1582)张居正病故之后，保守派全面反扑，张居正新政被罢废殆尽，但一条鞭法却基本上延续了下来。至万历二十年(1592)，贵州、四川、甘肃等边远地区也都普遍得到贯彻，"海内通行者将百年。"④这固然首先是因为"天下有不得不条鞭之势"，大势所趋；同时也在很大程度上得力于张居正勇于革新、将一条鞭法定为国制的重大决策以及他注重实验，善于因势利导、及时总结推广经验的才干和方法。

（原载《国史镜鉴》）

---

① 《张文忠公全集·答少宰杨二山言条鞭》。
② 《葛端肃公文集》《明经世文编》卷278。
③ 《隆庆实录》卷7。
④ 孙承泽：《春明梦余录》卷35。

皇太极改行汉制奠立代明基础

明天启六年(1626)九月，皇太极继承父亲努尔哈赤汗位，成为后金最高统治者，接过了一份既丰厚而又颇为棘手的遗产。努尔哈赤靠父祖十三副铠甲起兵，建立起后金政权，攻占明辽沈地区，在军事上取得重大胜利。但因为他对辽东汉人实行大规模屠杀和强迫为奴的野蛮落后政策，不断激起农奴暴动和汉人反叛，社会经济严重破坏，矛盾尖锐；而周边明、蒙古、朝鲜又"积衅既深，辄相窥伺"①，可谓内外交困，动荡不宁。和明、蒙、朝三方相比，后金的社会经济和人口、疆域等方面的实力都要远为逊色，难以鼎足抗衡。但在十八年之后，居然长驱入关，一举夺取中央政权，代明而立。之所以出现这一奇迹，固然和多方面因素有关，也不排除得力于某些特殊的机遇，但又显然不能完全归于偶然因素。其中至关重要的一个前提就是皇太极执政时期调整生产关系、改行汉制、实现向农耕文明过渡，从而从根本上为入关代明奠定了坚实的基础。

皇太极登位之初，便颁令改变努尔哈赤"汉人每十三壮丁编为一庄，按满官品级，分给为奴"的政策，压缩农奴数目，"每备御止给壮丁八、牛二，以备使令"，其余汉人则"分屯别居，编为民户，择汉官之清正者辖之"。② 这是对原有落后生产关系的一项重大改革。编为"民户"的汉人实际上成为个体依附农民，和原明辽东地区生产关系大致相同。天聪五年(1631)又颁布《离主条例》，凡主人有私行采猎、擅杀人命、隐匿战利品、奸污属下妇女、冒功滥荐、压制申诉者，均许奴仆告发，"准其离主"③。次年又补充规定，奴仆所控数事中"审实一款，亦免坐诬告之罪"，如所告基本属实或"虚实相等"的，同样"原告准其离主"④。据此，农奴主的特权受到限制，农奴的境遇得到改善，

① 《清太宗实录》卷9。
② 《清太宗实录》卷1。
③ 《清太宗实录》卷9。
④ 《清太宗实录》卷11。

大批农奴得以解脱出户，提高身份。此外，皇太极还多次传谕，严禁掠抢屠城，"凡贝勒大臣有掠归降地方财物者，杀无赦。擅杀降民者抵罪。强取民物者计所取之数，倍偿其主"[①]。不但保护百姓生命财产，而且保留原有生产方式，"命汉民乘时耕种，给以牛具，复榜示归顺各屯，令各安心农业"[②]。通过限制、打击、削弱农奴制，承认、扶植汉族地区原有生产方式，生产关系逐步得到调整。

皇太极认识到厚生之道，全在勤治农桑，他明确提出"用恤民力，专勤南亩，以重本务"[③]的政策，再三告诫满族贵族和各级官员："田畴庐舍，民生攸赖，劝农讲武，国之大经。尔等宜往该营屯地，详加体察，不可以部务推诿。"[④]各屯堡拨什库，无论远近，"皆宜勤督耕耘，若不时加督率，至废农事者，罪之"[⑤]。如有"滥役民夫致妨农务者，该管牛录章京、小拨什库等俱治罪"[⑥]。对敢于扰害人民蹂践田园伤残牲畜者，决不轻恕。他还取消不准汉人迁移的禁令，凡无荒耕种或"洼下不堪耕，愿迁移者"，听便。[⑦] 以此奖励垦荒，发展农业。

皇太极还仿明制对政权机构实行改革，"凡事都照大明会典行"[⑧]。他通过三院（内国史院、内秘书院、内弘文院）、八衙门（六部加都察院、理藩院）行使政务，削弱八旗贝勒权力，"停王贝勒领部院事"[⑨]，加强中央集权。至崇德元年（1636）改国号为大清时，国家机器已基本完善。

为了缓和民族矛盾，皇太极一再强调"满汉之人，均属一体"，"毋致异同"[⑩]。建立以满族贵族为核心的满汉地主阶级联合专政，是皇太极扩大统治基础、巩固后金（清）政权的基本国策。努尔哈赤时代率子侄东征西讨能征惯战，却很少有管理国家的政治经验和行政能力。随着统治区域不断扩大，国

---

① 《清太宗实录》卷 5。
② 《清太宗实录》卷 6。
③ 《清太宗实录》卷 1。
④ 《清太宗实录》卷 13。
⑤ 《清太宗实录》卷 34。
⑥ 《清太宗实录》卷 22。
⑦ 《清太宗实录》卷 1。
⑧ 《天聪朝臣工奏议》卷上《高鸿中陈刑部事宜奏》。
⑨ 阮葵生：《茶余客话》卷 1。
⑩ 《清太宗实录》卷 1。

家机器逐渐完善，原来的勋臣贵戚和传统旧制越来越不适应形势发展的需要；而汉官以其丰富的统治经验，在后金改行汉制的过程中驾轻就熟、应付裕如。为此，皇太极格外重视争取、拉拢汉族地主阶级知识分子合作。他指出"图治以人才为本"，要求满汉、蒙古各官，只要发现"果有深知灼见之人，即当悉行荐举。所举之人，无论旧归新附，及已仕未仕"均可呈报礼部量才录用。[①]他通过荐举、考试等方式大批选拔任用汉族地主阶级知识分子，并大批留用明降官降将，授以高爵厚禄，使之安富尊荣，其目的无非"欲其感恩图报，赞襄治理，有裨于国家而已"[②]。范文程、鲍承先、张存仁、洪承畴、孔有德、耿仲明、尚可喜等大批文官武将在推进汉化、夺取全国最高统治权的历史进程中确实参决帏幄、"赞襄治理"，发挥了特殊重要的引路向导作用。

崇德六年(1641)，清太宗皇太极向兵部发布一道谕令：

> 今后满洲、蒙古、汉人主仆，傥以明国为善、逃奔明国者，即宜在彼居住，不许复行逃回。若以我国为乐，可即在此地安居，勿生异志。[③]

这表明，入关前皇太极改行汉制、推行汉化的改革已经取得重大进展，此刻政权巩固，充满自信；相形之下，明王朝的统治极其腐败黑暗，逃奔明朝的人对两方加以比较之后，竟然还要主动逃回。可见清之代明并非全靠侥幸，皇太极的改革已经为明清鼎革创造了一定的历史条件。

（原载《国史镜鉴》）

---

①　《清太宗实录》卷 22。

②　《清太宗实录》卷 36。

③　《清太宗实录》卷 55。

孝庄文皇后稳定清初政局

康熙二十六年（1687）十二月，乙巳朔，因太皇太后病势垂危，康熙皇帝玄烨亲率诸王贝子、公、及文武官员等，步诣天坛致祭，叩祈上天眷佑，甘愿自己减龄，以增祖母数年之寿。玄烨在版读祝文时涕泪交颐，他感情深挚地表示："忆自弱龄，早失怙恃，趋承祖母膝下，三十余年，鞠养教诲，以至有成。设无祖母太皇太后，断不能致有今日成立，罔极之恩毕生难报。"①这位康熙皇帝的祖母，便是对清初政局发挥了重大影响的杰出女政治家孝庄文皇后。

孝庄文皇后姓博尔济吉特氏，出身于蒙古科尔沁部贵族家庭，十四岁时嫁皇太极，后被封为庄妃。她的儿子顺治皇帝福临即位，尊为皇太后，孙子玄烨即位，尊为太皇太后。孝庄文皇后，是她的谥号。顺治和康熙皇帝即位时都很年幼，统治阶层围绕继统、辅政问题曾展开激烈争夺。满族贵族中主张改革进步和力图守旧倒退的势力之间斗争也很激烈。当时，正值明清鼎革之际，满族统治阶级的内部较量，对全国政局产生了深远的影响。博尔济吉特氏，由于她所处的特殊地位，被深深地卷入政治斗争的旋涡，使她在复杂纷繁的斗争中，得以充分施展她的杰出才能，对清王朝的建立和全国统一做出重大贡献。

佐太宗，肇建丕基

孝庄文皇后的丈夫皇太极，是振兴满族、奠定清朝开国基础的杰出政治家。在他执政时期，推行了一系列改革，促使满族社会迅速向农耕文明转化。为此，皇太极提出"满汉之人，均属一体"，十分重视笼络、吸收汉族官僚和地主阶级知识分子。博尔济吉特氏"赞助内政，越既有年"，在这方面也起到

---

① 《清圣祖实录》卷132。

一定作用。

崇祯十五年(1642)二月，清军于松山俘获明重臣总督洪承畴，皇太极下令解往盛京(今沈阳)，由范文程等劝降。起初洪承畴誓死不屈，绝食明志。崇祯皇帝甚至误以为洪承畴已尽忠殉难，亲自撰写祭文，恤赠太子太保，荫锦衣千户，世袭。正在明廷建祠设坛，皇帝准备大加褒奖、亲往祭奠时，突然传来洪承畴降清的消息，举朝震动。原来，据《清秘史》记载：洪的变节，系庄妃博尔济吉特氏亲自扮作侍婢，密携人参汁前去劝降的结果。起初"洪闭目，面壁泣"，一语不发，庄妃"乃曰：'将军不可稍饮，而后捐生耶？'即以壶承其唇，情态宛转，洪不得已饮之，又进又饮，竟不能死，如是者数日。妃多方劝慰，随进饮馔，洪亦甘之。妃又晓以利害，洪乃降。"皇太极听到劝降成功的消息大喜，置酒设宴，陈百戏庆贺。一些满族将领对此很不满意，觉得洪承畴不过一个阶下囚，何必如此破格礼遇。皇太极反问诸将："吾侪所以栉风沐雨者，究欲何为？"众将回答："欲得中原耳！"皇太极笑道："譬诸行者，君等皆瞽目(瞎子)，今获一引路者，吾安得不乐也！"

清廷充分利用洪承畴等汉族降官的政治影响和统治经验，不但让洪出谋划策，参与机密，而且委以兵部尚书等重任，这对于扩大清政权的统治基础，最终取代明朝一统天下，起到很大作用。

立顺治，宅中定鼎

崇祯十六年(1643)八月，正当清军利用明王朝在农民起义军打击下摇摇欲坠的有利时机，连克关外重镇，准备进取中原之际，清太宗皇太极突然病逝。他生前并未指定继承人，于是"诸王兄弟，相争为乱，窥伺神器"[1]。权势最大的皇太极之弟多尔衮和皇太极长子豪格两派对峙，剑拔弩张，最高统治集团面临着分裂的严重危机。此刻，孝庄文皇后在幕后积极与各派政治力量应对周旋，终于使两派达成一项折中方案：一致拥戴皇九子，年仅六岁的福临为帝，而由睿亲王多尔衮、郑亲王济尔哈朗辅政，"年长之后，当即归

---

[1] 《清世祖实录》卷10。

政"①。这使清廷得以继续保持一支统一、强大的力量，并在半年后抓住时机入关，夺取了全国最高统治权。关于和平解决这场危机的内幕，历来流行着"太后下嫁"的传说。即福临生母孝庄文皇后施展巧妙的政治手腕，在各派势力之间寻求平衡，乃至以太后的身份下嫁皇叔多尔衮，换取对福临继位的支持。

但有关太后下嫁的证据毕竟并不充足，而且当时出现共推福临称帝的局面，主要是由于受到两派力量均衡这样一种客观形势的制约。不过，不论下嫁与否，孝庄文皇后在与各派政治力量应对周旋，扶立幼子继位、稳定政局方面发挥了特殊重要作用，则是确定无疑的。康熙元年（1662）八月，在以皇帝名义谕礼部上博尔济吉特氏太皇太后尊号时，赞扬她"佐皇祖太宗皇帝（皇太极）肇建丕基；启皇考世祖章皇帝（福临），宅中定鼎"②。这绝非一般阿谀溢美之词，"宅中定鼎"四字反映了清初最高统治集团对孝庄文皇后在这历史关头所起作用的充分肯定和高度评价。

擒鳌拜，归政康熙

如果说孝庄文皇后在策立福临时还未操一言九鼎之权的话，孙子玄烨即位时，她所起的作用就更为关键。这时她已是年届五十、富有阅历的皇太后了，以她的经验、才能和地位，在满族亲贵中享有极高威望。顺治十八年（1661）三月，江南桐城县生员周南甚至"诣阙条奏十款"，径直提出，"请垂帘，以勷盛治之隆。"但皇太后本人并无政治野心，她对早丧父母的幼孙玄烨特别垂爱。在玄烨八岁即位时，祖母曾问他有什么愿望，玄烨答称："惟愿天下久安，生民乐业，共享太平之福而已。"孝庄文皇后对孙子的回答十分满意。她是幼帝的教养者与强有力的保护人，玄烨对祖母更是充满崇敬与信赖。从玄烨登基直至太皇太后去世，皇帝每日都去祖母处探望请安，听取教诲。祖母则充分运用自己的经验才智和威望影响，悉心指导、辅助玄烨处理军政大事。《清史稿·后妃传》中就有"太后不预政，朝廷有黜陟，上多告而后行"③的

---

① 《沈馆录》。
② 《清圣祖实录》。
③ 《清史稿》卷214《后妃传》。以下引自本篇不再注。

记载。正因如此，在康熙执政的前期，朝廷一些重大举措、决策，以及所推行的一系列政治、经济改革，无不打着太皇太后的烙印。其中最为突出的是清除鳌拜集团和平定三藩之乱。

鳌拜是皇太极时的亲信旧臣，也是康熙继位后四名辅政大臣中最有实权的一位。以他为代表的一些满族权贵，追随太宗南征北讨功绩卓著；但平定天下之后，对治理国家，特别是对汉族地区高度发展的经济文化很不适应，凡事"率祖制，复旧章"[①]，顽固维护落后的生产方式。鳌拜还自恃功高权重，"凡事在家议定，然后施行"[②]，遇到皇帝不允所请时，竟至攘臂上前，强奏累日，逼勒依允。鳌拜集团的专横跋扈、倒行逆施，激起玄烨强烈不满，也引起太皇太后严重关切。于是，在太皇太后亲自策动和周密部署下，十六岁的玄烨表面上隐忍不露，虚与周旋，终日与一伙侍卫少年摔跤耍戏，使鳌拜益发感到皇帝年少贪玩，童稚可欺；暗中却令心腹大臣皇后之叔吏部侍郎索额图自请解任，效力左右，抓紧组织训练一支贴身可靠的羽林卫队。康熙八年（1669）五月的一天，玄烨率布库（摔跤）少年，乘鳌拜上朝不备，一拥而上"掊而絷之"，并以迅雷不及掩耳之势将鳌拜心腹死党一网打尽。清除鳌拜之后，康熙掌握实权，制止了清政局的倒退，为清王朝进一步汉化和社会经济迅速恢复发展奠定了基础。

平三藩，稳定政局

三藩，指平西王吴三桂、靖南王耿精忠、平南王尚可喜。吴、尚和耿精忠的祖父耿仲明，都是早期降清的明辽东边将。清依靠他们南下攻打农民军和南明，因而拥有重兵。他们分别镇守云南、福建、广东等省，在政令、财经、军事上相对独立，对当地人民横征暴敛，更多地体现了清初经济政策中消极的一面。康熙对三藩割据势力早有警惕，曾把三藩与河务、漕运三件大事书写下来，悬挂在宫中柱子上，视为心腹之患。当时朝廷重臣多半畏惧三藩势盛，不敢触动。在廷议是否撤除三藩时，除户部尚书米思翰等二三人主

① 《清史稿》卷36《索尼传》。
② 《满洲名臣传》卷5《鳌拜传》。

张可撤外，"余皆嘿然"。最后康熙指出：三藩"蓄彼凶谋已久，今若不及早除之，使其养痈成患"，断然下谕撤藩。果然以此为导火线，吴三桂等相继叛乱，数月之间占据云南、贵州、广东、广西、湖南、四川等六省，在军事上一度占据优势。朝臣甚至有人提出退出关外，诛建议撤藩者，以向吴谢罪。康熙不为所动，坚持武力平叛，力挽狂澜，经八年苦战，于康熙十九年（1680）最后平定三藩之乱。

孝庄文皇后对平定三藩态度非常明朗。吴三桂发难的次年二月，《清史稿·圣祖本纪》记载："太皇太后颁内帑犒军"，同书后妃传亦载："吴三桂作乱，频年用兵，太后念从征将士劳苦，发宫中金帛加犒。"康熙十四年（1675）平叛战事正紧，内蒙古察哈尔部布尔尼又乘机作乱。"时诸禁旅皆南征，宿卫尽空"，京师只剩下一些娃娃兵守卫，康熙帝十分担忧。在此紧急关头，太皇太后提出："图海才略出众，可当其责。"[1]康熙立即召来图海，授以将印。太皇太后还特地嘱咐康熙告诫军队，出师不得掳掠。结果，图海选拔数万八旗健勇家奴，昼夜疾行，一举击溃叛军，迅速稳定局面。

昭西陵，青史留史

孝庄文皇后对汉族地区的先进文化十分钦慕，她曾命顺治撰写《内则衍义》，后来康熙令儒臣译汉文经典《大学衍义》进太后，"太后称善赐赏有加。"她还亲自下谕废除满族"皆令命妇更番入侍"宫中的旧俗。与此同时，她又坚决反对明朝内监干政、妇女缠足等陋习。顺治初年，她下过一道谕旨："有以缠足女子入宫者，斩。"孝庄文皇后还常提醒："祖宗骑射开基，武备不可弛。"劝勉康熙在吸收采纳先进农耕文明的同时，不忘发扬本民族的优良传统。孝庄文皇后一生提倡节俭，常用宫中节省下来的银两赈济灾民。她曾亲自作书告诫康熙："必深思得众得国之道，使四海咸登康阜。"

康熙二十六年（1687）十二月，孝庄文皇后弥留之际，面谕玄烨："太宗文皇帝梓宫，安奉已久，不可为我轻动；况我心恋汝皇父及汝，不忍远去，务

① 昭梿：《啸亭杂录》卷2《图文襄公用兵》。

于孝陵近地，择吉安厝，则我心无憾矣。"①论者以为孝庄因改嫁多尔衮，自觉无颜与太宗九泉相会，乃有此嘱。其实皇太极逝世时，她仅三十二岁，此后将近半个世纪，她把整个心血才智都倾注到儿孙的事业之中。正是在这段时期，满族以偏于东北一隅的地方少数民族政权统一全国，并在农民战争扫荡了落后生产关系的基础上，克服明末社会危机，建成空前统一强盛的清王朝。而在这全部历程中，孝庄文皇后都顺应历史发展潮流，支持改革，发挥了特殊重要的作用。她完全有理由留在儿孙的身旁，留在她为之奋斗了大半生的土地上。

玄烨遵照祖母的遗愿，将她的灵柩安厝在东陵。雍正二年(1724)正式安葬，因其在沈阳清太宗皇太极的昭陵之西，故称"昭西陵"。皇帝和皇后分葬长城内外，这在清史上是唯一的特例，它正象征了这位杰出的女政治家在清初政治生活中所占据的独特历史地位。

（原载《人物》1985 年第 5 期，《古今著名妇女人物》）

---

① 《清圣祖实录》卷 132。

康雍乾修庙会盟

中国古代北方游牧民族经常对中原王朝构成巨大威胁，这几乎是历届王朝都要碰到的重大问题。满族入主中原建立清王朝后，除面临北方蒙古部强大压力外，又有沙俄插手煽动，形势更为严峻。为此，清廷专设理藩院，对处理西北少数民族的关系极其重视。但是在御边方略上，却如俗谚所说"明修长城清修庙"，清王朝引人注目地摒弃了历代兴修长城的旧例，代之以广筑寺庙、山庄。

这种政策上的转变可以追溯到清太宗皇太极时期。本来肇兴于白山黑水间的满族信奉萨满教，斥喇嘛教"口作讹言""欺诳无知""其诞妄为尤甚"，于天聪十年(1636)明令禁止。[①] 但时隔未久，皇太极又收回成命，下令于盛京城西修建实胜寺，供奉嘛哈噶喇佛。崇德三年(1638)实胜寺建成后，皇太极又亲率诸王贝勒、文武大臣前往参拜。此后，每年定期带领前来朝贺的蒙古贵族去该寺礼佛，并举行盛大筵席，开展骑射、角抵等庆祝活动。

这种修庙会盟的做法，至康乾时期规模更加宏大。康熙于 1690 年率军于乌兰布通击溃噶尔丹叛军后，次年再出塞外，至内蒙古多伦泊与内外蒙古各部首领举行影响深远的会盟活动，调整密切相互关系，将新归附的喀尔喀三部照内蒙古科尔沁四十九旗编为左、中、右三路三十四旗，建立起统一稳定的行政秩序。盟后，康熙应蒙古贵族"愿建寺以彰盛典"之请，于多伦建立汇宗寺喇嘛庙，"或间岁一巡，诸部长于此会同述职"[②]。此后，康熙四十一年(1702)至乾隆五十七年(1792)，清王朝用了将近一个世纪的时间，在河北承德市北大规模建造避暑山庄，并在山庄外围修建十一座宏伟壮丽的喇嘛庙，因其分归八处管理，俗称外八庙。乾隆曾撰文述及修造始末：

---

① 《清太宗实录》卷 28。
② 康熙：《汇宗寺碑文》。

山庄城外北山一带，崇建寺庙。如普宁寺，系乾隆二十年，平定西陲，四卫拉特来觐，仿西藏三摩耶庙式，建此以纪武成。安远庙，则二十四年，因降人达什达瓦部落迁居于此，仿伊犁固尔札庙式为之。普乐寺，则三十一年所建，以备诸藩瞻觐。至布达拉庙，成于三十五年，仿西藏大昭寺，敬建以祝慈厘。札什伦布庙，乃四十五年，班禅额尔德尼来热河为预祝七旬万寿时，仿后藏班禅所居创建者。其他如殊像寺、广安寺、罗汉堂，诸所营建，实以旧藩新附，接踵输忱，其俗皆崇信黄教，用构兹梵宇，以遂瞻礼而寓绥怀，非徒侈巨丽之观也。①

雍正元年(1723)，哲布尊丹巴活佛客死北京，雍正还曾派人护送遗体回蒙古，并特地在库伦(今蒙古国乌兰巴托)为他修建庆宁寺。乾隆时，又题刻《高宗纯皇帝御制庆宁寺碑记》，以示怀念。

康乾时期承德的避暑山庄和外八庙实际上起到了清王朝第二政治中心的作用。玄烨自康熙十六年(1677)开始，基本上每年都出古北口或喜峰口北上，巡视长城以北地区。从康熙四十二年(1703)起，玄烨几乎每年有将近一半时间居住在承德热河行宫。每次率领大批军队行围，并指定蒙古王公轮流朝见，陪同打猎、习武，"俾蒙古未出痘生身者皆得觐见、宴赏、赐赉"②，以联络感情，加强控制。乾隆曾说康熙盖避暑山庄，非为一己之豫游，要图享乐，"谁其禁之"？"而必往来沙塞，风尘有所不避，饮食或致不时，以是为乐，固未见其乐也"，其目的实为"合内外之心，成巩固之业"③。应该说这种解释并非尽是溢美之词。

昭梿《啸亭杂录》曾对清修庙会盟政策作过一番诠释："国家宠幸黄僧，并非宗奉其教，以祈福祥也。只以蒙古诸部敬信黄教已久，故以神道设教，籍仗其诚心归附，以障藩篱，正王制，所谓易其政不易其俗之道也。"④康熙也曾对扈从诸臣表示："昔秦兴土木之工，修筑长城。我朝施恩于喀尔喀，使之防

---

① 乾隆：普陀宗乘之庙万法归一殿匾文。
② 乾隆：《出古北口》诗注《热河志》卷21。
③ 乾隆：《避暑山庄百韵诗》序。
④ 昭梿：《啸亭杂录》卷10《章嘉喇嘛》。

备朔方，较长城更为坚固。"①乾隆则称颂这种用修庙会盟代替北筑长城的做法，使朝廷与蒙古诸部"恩益深而情亦联，实良法美意，超越千古"②。

清王朝对西北少数民族实施羁縻怀柔政策，并不仅限于修庙会盟。此外还在政治上实行盟旗制，封以贝勒、贝子等爵位，并通过联姻，以"格格"下嫁加强血缘联系，使蒙古王公与清廷同心协力，维护共同的政治、经济利益。与此同时，朝廷还向边远地区派驻将军、大臣，加强统辖管制。这一系列措施都对稳定边疆发挥了深远影响。当然，康乾治边也并非一味怀柔，而是恩威并用，对割据叛乱的准噶尔贵族，往往派大军亲征镇压，在反复征战追剿中杀戮也很严重。但总的来看，康乾时期以加强军事统辖为后盾的修庙会盟方略起到了积极作用。正是在这种政策感召之下，明崇祯三年(1630)转移到伏尔加河一带的土尔扈特部于乾隆三十五年(1770)启程，行程万余里，历时八个月，忍受巨大牺牲，全部返回祖国。抵达伊犁时，有男女大小人口二十七八万，"并献其先世所受永乐八年汉篆敕封玉印一颗"。③乾隆闻讯十分高兴，拨出价值二十万两银子的米、谷、牛、羊、布、茶等物资，妥善安置在伊犁河流域放牧。

清前期统一多民族国家得以空前巩固发展，显然与康乾时期在民族政策和御边方略方面的调整改革密不可分。

(原载《国史镜鉴》)

---

① 《清圣祖实录》卷151。
② 乾隆：《出古北口》诗注，《热河志》卷21。
③ 张穆：《蒙古游牧记》卷14何秋涛"补注"。

雍正密建皇储

康熙六十一年（1722），在经历了一番激烈的明争暗斗之后，皇四子胤禛终于继承父位登上了皇帝宝座，是为雍正。次年八月，雍正帝于乾清宫召见总理事务王大臣及满汉文武诸臣，当众宣布：

> 朕自即位以来，念圣祖付托之重，安可怠忽不为长久之虑。当日圣祖因二阿哥之事，身心忧悴，不可殚述。今朕诸子尚幼，建储一事，必须详加审慎，此事虽不可举行，然不得不预为之计。今朕特将此事亲写密封，藏于匣内，置之乾清宫正中，世祖章皇帝御书"正大光明"匾额之后，乃宫中最高之处，以备不虞，诸王大臣咸宜知之。①

雍正创立的密建皇储制是对中国古代皇位继承制度进行的重大改革。古代宗法继承制度的核心就是要解决从皇帝到一般父家长死后遗留下来的王位、爵位以及土地财产在众多妻妾的儿子中由谁来继承和如何再分配的问题，先后成为维系宗君合一国家统治的重要支柱。

按照传统的办法，皇帝死后，"立嫡以长不以贤，立子以贵不以长"②，何休《公羊解诂》对此作过极其周密的诠释："'嫡'，谓嫡夫人之子，尊无与敌，故以齿；'子'，谓左右媵及侄娣之子，位有贵贱，又防其同时而生，故以贵也。"在右、左媵和侄、娣之子中间也有明确的序位安排。如遇"嫡子有孙而死"，殷制"先立弟"，周制"先立孙"。万一是双胞胎，则殷制"立先生"，周制"立后生"。如此费尽心机，其目的"皆所以防爱争"。即使如此，一部二十四史还是演出了无数后妃、子弟之间争宠夺嫡相互砍杀的闹剧。有的朝代虽能较为严格地实施嫡长子继承制，一定程度上避免或减少了争夺皇位引起的混

① 蒋良骥：《东华录》卷25。
② 《公羊传·隐公元年》。

乱；但同时却把诸多童昏痴顽之辈相继扶上帝王宝座。满族建清之后，在皇位继承问题上初无定制，清太宗和顺治帝死后都曾爆发争斗，康熙朝两度立废皇太子，诸皇子纷纷树党倾轧，尔虞我诈，闹得不可开交。面对这一困惑了历代统治阶级几千年的难题，康熙亦"身心忧悴"，束手无策，晚年只得不再立储，致使身后诸子相残。有关雍正矫诏夺位的传说虽然未必属实，但他与兄弟展开激烈争夺之后方得继统，则无疑问。雍正对皇位继承中的诸种弊害确有切身体会，密建皇储便是他"详加审慎"，认真总结经验教训、防止自己身后再重演兄弟相残悲剧的改革尝试。

密建皇储的做法，带有用地主阶级眼光重在表现、择优考察继位的考虑。这一点比传位嫡长子确要优越，一般储君不会过于痴顽昏聩。而且，如雍正密立四子弘历（乾隆）诏旨上所说："其仍封亲王者，盖令备位藩封，谙习政事，以增见识"，可防止皇太子矫矜失德、不求进取，并通过处理实际政务，锻炼增长才干。密建皇储的另外一层用心，是要防止诸王子各树朋党互相争夺，减少乃至杜绝皇位传接过程中的动乱。此法经雍正创设后，基本为后世所沿用。

乾隆后期，在密建皇储过程中进一步对传统的皇位继承制度进行了深刻批判，在理论上对新制加以总结阐释。他指出："秦汉预立太子，其后争夺废立，祸乱相寻，不可枚举"①，盖因太子一立，"众见神器有属，幻起百端，弟兄既多所猜嫌，宵小且从而揣测，其懦者献媚逢迎以陷于非，其强者投机媒孽以诬其过，往往酿成祸变，遂至父子之间挚孝两亏，家国大计转滋罅隙"②。他还批判传统继嗣原则，指出："至于立嫡立长之说，尤非确论。汉之文帝最贤，并非嫡子；使汉高令其嗣位，何至有吕氏之祸？"同样，"纣以嫡立而丧商，若立微子之庶，商未必亡也"③。结论是："建储册立，非国家之福，召乱起衅，多由于此。"④为了使皇子、臣僚认真汲取历史教训，乾隆曾特命诸皇子、军机大臣等将历代册立太子事绩有关鉴戒者编成《古今储贰金鉴》，"以昭

---

① 《清高宗实录》卷1189。
② 《清高宗实录》卷1067。
③ 《清高宗实录》卷1067。
④ 《清高宗实录》卷1189。

殷鉴"①。他还以本朝康熙帝临终"一言而定大计"，致使雍正即位后政局不稳、人心混乱为例，与自己按照密建皇储新制顺利继统的情况相对照，说明"此即不建储之益，固天下臣民所共见共闻者也"②。为此，他反复强调"不可不立储，而尤不可显立储，最为良法美意"，要求"世世子孙，所当遵守而弗变"③。并严厉警告后世子孙不得泥古说、慕虚名、复旧制，以免酿成大祸。

经乾隆反复阐述宣传，密建皇储制度为统治阶层所广泛接受，并为后世遵而不改。从此后的实践来看，在历代最高权力交接过渡之际确实有效地防止了夺位相残导致的动乱，对社会安定起到积极作用，有利于国计民生和社会经济的发展。当然，新制也并非尽善尽美。密立皇储的选择权握于皇帝一人之手，完全取决于皇帝个人的好恶，难免失察。而且，觊觎储君地位的皇子为博得皇帝好感，往往行事谨小慎微，缺乏进取精神，这或许是导致乾隆以后诸帝较为平庸的原因之一。尽管如此，比起传统的皇位继承旧制，密建皇储的改革还是远为优越。

（原载《国史镜鉴》）

---

① 《清高宗实录》卷1191。
② 《清高宗实录》卷1066。
③ 《清高宗实录》卷1067。

雍正推行赋役新政

清雍正初年实施的"摊丁入亩",是中国前近代社会在赋役制度方面进行的一场重大改革。清初赋役制度基本上沿袭明代,而明中后期的一条鞭法实际上已把部分丁银摊入田亩征派,但并不彻底,或"丁四粮六",或"丁田各半",丁银并未废止,仍照地丁双重标准征派赋役。由于土地兼并,农民逃亡,丁银无法落实;再加上富户转嫁负担,审编不公,致使"穷民有寸土全无而受丁银之累者;富户有田连阡陌而丁银与穷户相等者,苦乐不均"①,不断激起农民反抗。康熙四十年(1701)浙江宁波贫苦农民便曾起而"倡照地派丁之说,与巨室相持"②,强烈要求改变不合理的赋役制度。为了缓和矛盾、稳定统治,同时也为了解决丁银难征的问题,确保税收数额,康熙五十一年(1712)规定以前一年全国丁银额为准,以后新增人丁概不多征,谓之"圣世滋丁,永不加赋"③。这一固定丁银的措施造成摊丁入亩必行之势,因为人丁的因素处于流动状态,需定期编审、不断"除丁""补丁",在丁数增减不停的情况下又要维持总额不变,计算极为烦难;而且其间官吏富户勾结舞弊,每至"户无毫厘田产,每丁竟有完至二三钱、四五钱者",而"田连阡陌之家,粮册在手,公然脱漏,浸淫成习"④。赋役不均和丁银难征的问题还是无法得到解决。相对来看,土地毕竟是比较稳定的因素,顺治以来,已有部分地区改行"以田载丁""丁从地起"即丁银改按土地多寡征收的变通办法,使"有地有丁,无地无丁,地多者丁多,地少者丁少,尽一均平"⑤。康熙五十三年(1714),御史董之燧正式提出在全国范围"统计丁粮,按亩均派"的建议,经户部讨论,以"不便更张而止",只是作为试点在"广东四川两省先行之"⑥。于是康熙五十

① 《清高宗实录》卷79。
② 《乾隆杭州府志》卷79《名宦》。
③ 《清圣祖实录》卷249。
④ 戴兆佳:《天台治略》卷2。
⑤ 乾隆《济宁直隶州志》卷5《舆地》四。
⑥ 吴振棫:《养吉斋余录》卷1。

五年（1716），广东所属丁银率先"就各州县地亩摊征。每地银一两，摊丁银一钱六厘四毫不等"。四川于康熙末年试行该法的结果，"田载丁而输纳，丁随田而卖买，公私称便"①。

经康熙年间的酝酿试行，赋役改革的条件日趋成熟，但因把丁银"摊入田粮内，实与贫民有益，但有力之家，皆非所乐"②，围绕是否推行新制形成两派，争执不下。雍正元年（1723）六月山东巡抚黄炳首倡"摊丁入地"时，雍正还在犹豫不决，指责黄炳所奏"每多涉于孟浪"，认为"摊丁之议，关系甚重，岂可草率从事"③。同年九月，直隶巡抚李维钧再次奏请"将丁银摊入田粮之内"，雍正交户部讨论，户部议复："应如所请，于雍正二年为始，将丁银均摊地粮之内"。雍正又命九卿詹事科道会同共议，责成该抚"确查各州县田土，因地制宜，作何摊入田亩之处，分别定例，庶使无地穷民，免纳丁银之苦；有地穷民，无加纳丁银之累"④。十月，李维钧进一步提出具体方案，雍正认为"筹度极当"⑤，遂命他次年实行，并命黄炳也学习推广直隶的具体方法。雍正二年（1724）九月，又"命山西丁银摊入地粮征收，其后各省以渐行之"⑥。经过一年反复筹划讨论，终于决定向全国范围普遍推广新制。

雍正初年在推行"摊丁入亩"的过程中，仍然存在着尖锐的斗争。雍正元年（1723）春，浙江"田多丁少之土棍"反对新法，"蛊惑百余人，齐集巡抚衙门，喊叫阻拦摊丁"，巡抚法海惊恐失措，"即令官员劝散，暂缓均摊之议"⑦。两年后杭州"有丁无田，情愿均摊"的贫民又联合一班从事工商业的"门面丁差"，起而反对地主富户"阻拦摊丁"。他们"聚众乡民，围辕吵闹"，"动则打街罢市"，直至法海被撤职后，"又聚众进城，闹至县堂"⑧。雍正六年（1728），一些地区的地主富户公然反攻倒算，"借摊丁事端，每亩（向佃户）加租二分"⑨，有的每亩加银二分之外，还强迫佃户加米二升，"以助产主完丁之

① 王庆云：《石渠余记》卷3《记丁随地起》。
② 《雍正朱批谕旨》雍正元年七月李维钧奏。
③ 《雍正朱批谕旨》雍正元年六月黄炳奏。
④ 《清世宗实录》卷11。
⑤ 《雍正朱批谕旨》雍正元年十月李维钧奏。
⑥ 《清史稿》卷9《世宗本纪》。
⑦ 《雍正朱批谕旨》雍正四年八月李维钧奏。
⑧ 《雍正朱批谕旨》雍正四年八月李卫奏。
⑨ 乾隆《肃宁县志》卷7《人物》。

费"①。而此前康熙四十年(1701),浙江布政使赵申乔即曾竭力反对"按粮户田数之多寡定人丁之等则,光丁豁除"的税法,下令镇压要求"照地派丁"与巨室相持的"黠民"②;之后道光八年(1828)又有山东黄县贫民"进署恳求"知县严格执行"摊丁入亩",不再额外增加丁税钱粮,竟遭"该县痛加杖责",一时激起公愤,"遂哄至大堂,将屏门等物挤倒"③。

总之,斗争的焦点在于新制触犯了大地主利益。反对派认为"富户坐困于输丁,而一切游手末作者,皆相率而为化外之民"④,一方面相对加重了地主负担;另一方面摊丁入亩后,削弱了无地农民的人身依附关系,有成为摆脱国家控制的"化外之民"之虞。革新派则强调新法便于征调,可确保财政税收;取消无田户丁银负担,可缓解贫民逃亡稳定政局;可避免产去税存;而且以粮派丁的原则限制官吏放富差贫,有利于澄清吏治。其间既有地主富户和贫苦农民之间矛盾,也有中央集权与地主富户之间的利益冲突,而统治阶级推行此法的根本考虑还是着眼于维护整个地主阶级的长远利益。

"摊丁入亩"赋役新政,是明一条鞭法的继续和发展,简化了税收原则和手续,按土地多少单一标准收税,从此取消了人头税,一定程度上改变了赋役不均状况,减轻了贫民和工商业者负担,而且大大削弱人身依附关系,有利于工商业和商品经济的发展。这一改革是中古后期生产关系上的一次重大调整,是农耕社会赋役制度成熟的标志,在历史上起到进步作用。从根本上看,"摊丁入亩"新制是社会经济、商品货币关系、租佃关系发展和劳动人民逃亡、反抗斗争的产物。而雍正作为最高决策者,能够认真总结有关经验教训,注意调查研究,集思广益,反复筹划,顺应时代潮流,及时调整政策,并通过试点,树立样板,逐步推广。而且一旦决策之后,更坚定不移全力支持新制,雍正三年(1725)杭州富户阻挡摊丁闹事,巡抚李卫便在雍正支持下,断然采取强硬手段予以平息。总之雍正在"摊丁入亩"从筹划确立到组织实施的全部过程中都发挥了无可替代的关键作用,做出了积极贡献。

(原载《国史镜鉴》)

---

① 乾隆《浙江县志》卷71《户口》一。
② 乾隆《杭州府志》卷79《名宦》。
③ 《皇朝政典类纂》卷27《田赋征收事例》。
④ 邱家穗:《丁役议》《皇朝经世文编》卷30。

雍正行耗羡归公养廉新制

所谓耗羡，是指补偿实际损耗后多出来的盈余。在中国古代官府征收赋税时，会出现一些损耗，征粮有鼠雀耗，征盐有盐耗，把碎银铸成五十两重元宝也会有损耗，谓之火耗。为弥补损耗，征收正赋时要多收一部分损耗费。这种额外加征无固定数额，多余的耗羡不上交，支用也无章程。各级官吏从中中饱私囊，上下默认，视为成例。

清王朝名义上实行薄俸制，一品大官每年俸银一百八十两，九品只三十一两四钱。① 这些俸银，除养家糊口之外，还得用于种种官场应酬，开销要远远超过俸银。于是各级官员纷纷加耗，并任意占夺耗羡，从中渔利。康熙时期加收火耗，"重者每两至四五钱"②，甚至"税轻耗重，数倍于正额者有之"③。康熙五十六年(1717)，河南宜阳、渑池、阌乡一带即因火耗过重触发农民起义，围攻县城，擒获县官，虽"总督、总兵不能压平"④。

针对这种弊端，康熙末年曾有官员建议允许州县官动用部分耗羡，其余交省归公，康熙为避加派之嫌，不予采纳。雍正元年(1723)，山西巡抚诺岷建议：各州县所征耗羡一律解送省布政司库，除部分填补亏空、留作地方公用外，其余分发诸官作养廉之用。这一方案经雍正批准，先在山西省实施，次年下令向全国范围推广。雍正认为，山西巡抚提出的这种"耗羡提解"法是"通权达变之善策"⑤。为保证此法执行合理，雍正严格控制耗羡率，一般每两赋银不得超过二钱火耗。他严厉警告地方官员："于应取之外，稍有加重者，朕必访闻，重治其罪。"⑥其结果，征收总额比以前毫无节制的狂征滥派，确有

---

① 参见《清朝文献通考》卷 42《国用四》。
② 《清世宗实录》卷 3。
③ 钱陈群：《条陈耗羡疏》，《皇朝经世文编》卷 27。
④ 《清史稿》卷 51《张廷枢传》。
⑤ 蒋良骐：《东华录》卷 29。
⑥ 《雍正起居注》四年四月十四日。

较大幅度的下降。

耗羡提解之后，主要用途是当作养廉之资。雍正认为"州县火耗原非应有之项"，而且"州县征收火耗分送上司，州县藉口而肆贪婪，上司瞻徇而为容隐，此从来之积弊，所当削除者也"。雍正并不以取消火耗的办法削除积弊，而是在控制耗羡率的前提下使征收火耗合法化，然后"耗羡归公"，所谓"与其州县存火耗以养上司，何如上司拨火耗以养州县。"①雍正曾下谕阐述创行此法的用意：

> 朕即位以来，严饬官方，禁止私贿，又恐督抚等官用度不敷，暗中巧取，是以给与养廉之项，俾其公私有赖，俯仰从容。……宁可以州县应出之项，解至藩库，从公发给，而不可使其自相授受，废公议而徇私交，留礼仪交际之名，而长贪婪贿赂之弊也。②

养廉银的数额远比正俸丰厚，督抚一二品大员达一万五千两至三万两之间，知县也在四百两至两千两之间，超过正俸数十倍甚至一百多倍，主要用作办公和生活补贴，以使各级官员安于职守，秉公廉洁。雍正强调，发放养廉银之后，"倘再有私收规礼者，将该员置之重典；其该管之督抚，亦从重治罪！"③

养廉银数额虽然庞大，但实际上并未加重人民负担，也没有加大朝廷开支，只是把原先地方官府巧取滥收中饱私囊的耗羡，在对数额加以限制后通过正式途径合法征收，并按官员职务高低、公务繁简、开销大小，酌量公开支付，然后重刑责以清廉。以往，地方滥收火耗重于正赋，百姓无力承担，不得以破产逃亡，其结果反而影响国家税收。耗羡归公（包括原先为官员私占的关税盈余、盐课公费等）后，除去支付养廉银外，结余部分成为国家收入，库存因此激增，每年入库超过四千万两白银。

耗羡归公养廉新法把澄清吏治和整顿赋税结合起来，使国家和百姓两头

---

① 《清史稿》卷 294《诺岷传》。
② 《清世宗实录》卷 71。
③ 《清世宗实录》卷 71。

获益，可谓一举数得。有鉴于此，雍正晚年颇为得意地自诩道："自此法以来，吏治稍得澄清，阎闾咸免扰累，此中利益，乃内外之所共知共见者。"①乾隆年间兵部主事彭端淑更盛赞新制为"万世不易法也"②。在中国古代，要想通过用重金"养廉"、根治贪污受贿当然不可能成功，"阎闾咸免扰累"的说法也不免有些夸张，但百姓相对减轻了"扰累"则是事实；而且行此法后，官场贪风毕竟多少有所收敛。雍正关于"吏治稍得澄清"的评价，基本上符合历史事实。

（原载《国史镜鉴》）

---

① 《清世宗实录》卷 157。
② 《皇朝经世文编》卷 27《耗羡私议》。

崔述施政倡导争讼

崔述(1740—1816)是清乾嘉年间以疑古、辨伪、考信著称于世的一代史学大师,因对打破崇古守旧学术风气、奠立科学的信史体系做出重大贡献,而被胡适誉为"新史学的老先锋"。但人们却很少知道,他同时也是善于断案治狱、政绩卓著的行政官员。崔述关于这方面的思想与实践极有特色,值得认真总结研究。

中国古代片面崇尚礼让教化,形成不分曲直一味忍让、鄙薄争讼的道德思想与社会风气。崔述对此很不以为然,公开提出:"讼也者,事势之所必趋,人情之所断不能免者也。"针对"豪强愈肆而善良常忍泣而吞声"的社会现实,他认为"无讼则无讼矣,吾独以为反不如有讼之犹为善也",贤者、孤弱者受豪强欺凌,即使本人不讼,居官在上者"犹当察而治之","今不察其曲直而概不欲使讼,陵人者反无事而陵于人者反见尤,此不唯赏罚之颠倒也,而势亦不能行"[①]。崔述认为"人之贪心,遏之则渐止,纵之则益甚。今日欲得其牛,与之;至明日而又欲得其车,又与之;又明日而又欲得其宅",永无止境,故"以让奉贪"的结果,反而使贪暴者"以为事因当然而安之,一日少拂其意,则其怒反更甚",结果"势必至于让者不能复让而亦与争",直至"贪者智尽力尽而无所得,然后其争始息",因而"与其让而不终,无宁争之于始"。处理争讼唯一正确的原则应该是"不责人之争而但论其曲直,曲则罪之,直则原之,故人竟为直而莫肯为曲,人皆不肯为曲则天下无争矣",这才能真正达到禁争的目的。[②] 在崔述看来,不论曲直鄙薄争讼的风气实际上保护纵容豪强恶棍,剥夺了孤弱善良百姓捍卫自身权益的武器。例如,荒年赈济,吏胥每多从中舞弊,结果往往"富者得粟而贫者无救于死,是以凶荒之岁,赈济之年,吏未有不增田,胥未有不建屋者"。唯有为官施政为民作主,鼓励争讼,"吏

---

① 崔述:《无闻集》卷2《讼论》。
② 崔述:《无闻集》卷2《讼论》。

胥之害除，然后可以有饥馑而无死亡；不然，则虽悉行救荒之政，吾见其徒为具文而已矣"①。崔述的争讼观冲破了千百年来的陈腐说教，是对横行乡里的恶霸权贵和不理讼事的庸吏昏官有力的抨击，流露了对贫弱百姓的深切同情，具有鲜明的人民性和进步性。

崔述倡导争讼的目的是要在分清是非曲直的基础上除暴安良，扶助贫弱，达到社会治理。而要达到这个目的关键在于官员要秉公办案，严厉打击强暴。一些地方之所以"盗贼横行，乡里屏息"，皆因"彼吏胥盗贼，同类相庇"而州县官员又"恬然听其所为"，不管不问。崔述以大名知县秦学溥严厉办案，"自是盗风戢者十有余年"为例，说明"向使为县官者皆如秦公，人岂复敢为盗！故凡治盗者，贵弭其源而不在遏其流。苟非有护盗而分其利者，盗何由炽？惜乎贤令长之不可多得也！"②老百姓之所以"含冤无所告诉"，往往是因为"书役之鱼肉，守候之淹滞，案牍之株连，有听一人一朝之讼，而荒千日之业，破十家之产者矣"，而这正是为官者不秉公理讼办案造成的弊端，"苟官不护其下，书役安得而鱼肉之？讼至而即听，当逮而后逮之，何淹滞株连之有哉？"至于有讼而果诬者，"反坐之可也"，岂可"不治诬者而迁怒于他人而禁其讼，是使直者代曲者罹殃也。"那种不问青红皂白"概以讼为罪，不使之得尽其辞"的传统陋习，只能使善良贫弱者"束手以待毙"，或逼使"贤者亦将改行而孤弱者势必至于结党"，实为更加激化矛盾的"大乱之道也"③。

崔述并不仅限于坐发议论，他少年读书时即"悉心以究世务"，又经四十年"读书论世，数游四方，尝艰难，知情伪，亦宜发挥于政事"④。嘉庆元年（1796）崔述五十七岁后又相继在福建罗源、上杭担任六年知县，终于有机会施展"明道经世"的抱负，并亲自把他有关理讼治狱的思想与主张付诸实践，"以验其所得"。崔述的弟子陈履和在《崔东壁先生行略》中记述了他治理罗源县的情况：

> 罗源近海而冲，向称难治；……先生治官如治家，不美食，不华服，

---

① 崔述：《无闻集》卷 1《救荒策四》。
② 崔述：《无闻集》卷 3《扬村捕盗记》。
③ 崔述：《无闻集》卷 2《讼论》。
④ 陈履和：《崔东壁先生行略》以下凡引本文不注。

不优伶宴会，卯起亥休，事皆亲理，日与士民接见，书役禀事皆许直入二堂，兼听并观，往往谈询移晷，而无敢干以私者，是以包苴自绝，而地方百姓情形无壅蔽，从人胥役俱无所容其奸。听讼不预设成见，俾两造证佐各尽其辞而后徐析之。数年，案无枉者。

为此博得福建巡抚汪志伊赞许，"称州县廉善者以罗源为最，戒他县当效崔令所为"。崔述之所以成功，首先在于他思想上高度重视，率先做到秉公清廉；而在兼听察辨方面则明显得力于他考信、辨伪的学术功底和训练。崔述在《考信录提要》中就曾以宋代考古名家张湜据楮币流行年代判断讼辞真伪为例，说明"考古之与听讼，固一理也"。

崔述在罗源履职伊始曾接手一桩棘手夹缠的重案。宁德盐商哨丁陈祁于霞浦县东冲为盐枭拒捕者所伤落水而死，"宁、霞两邑恐罹处分"，遂嫁祸于邻县，诬罗源之村人助盐枭殴陈淹毙。崔述到任时，陈祁已死七日，"邻邑以为老书生初来，不习为吏，且事在前任，或者不极力争辩"，不料崔述"以数十人躯命所关，岂可诬置死地"，他机敏地抓住两县先后移文时地自相矛盾的漏洞，"乃自为文据实详辨，至再至三，理直辞达"。嗣后同官者始"服先生之明察而练事"。他们哪里知道，"其剖晰疑似，细入毫芒，皆自读书考信中来也"。两年之后又有黄玉兴上控之案。黄玉兴等常年遇商船索贿，不遂则诬为海寇，籍以邀功渔利；独崔述"洞悉其弊，无辜之人审明即释"，先后释放了数十人。后县中武举郑世辉串通黄玉兴兄弟再次劫掠诬告商船，因惧崔述据实详释，"不能邀功，反罹罪"，乃由黄玉兴出面诬告崔述"屡次擅释盗"，总督魁伦怒，令崔述自陈，崔述答以各案证据确凿，凛然表示："卑职焉能杀人媚人！"总督益怒，幸赖巡抚汪志伊保护，至魁伦调离，终于最后定案。

嘉庆四年（1799），崔述调署上杭县，该县"地阔讼多，难治倍于罗源"，县中听讼，"营弁必遣兵杂众中，窃听而刺其阴事，持短长相挟制"。崔述御下不恶而严，人无敢犯，亦无敢欺，他一举将关税所余千金全部解充洋面缉盗之费，办案光明磊落，于是"窃听者皆自撤去"。崔述对于真正犯法者"不肯稍事姑息"，而又以慈祥为本，"唯恐误刑一人"。务求辨清真伪，赏罚分明，"所昭雪全活尤多，虽以此忤大吏弗恤"。其中曾遭黄玉兴诬控之林孙获释后由行伍积功，陆续升任福建金门镇总兵和浙江提督。崔述昭雪其冤，不啻为国家抢救保留下一位难得的将才；更重要的是由此而起到伸张正义、扶正压邪、抚慰人心、安定社会的作用。崔述初到闽中，"吏玩民蛮，事烦缺苦。传讯则不到案，催粮常亲下乡。兼以权不自由，动多掣肘，……文书旁舞，而吏胥常不在衙，地系冲途，差使络绎。又承前任废弛之后，积弊累累，稽查不易，事事皆须亲督"①。经他数年整顿，地阔难治如上杭亦得"讼渐稀"，而嘉庆五年(1800)崔述调回罗源，更"将至境，罗源人悬彩颂德，持两端夹道而迎，大有儿童竹马之趣"。

崔述因州县事多掣肘，不能自行其意，早有退志，屡求病免，被巡抚汪志伊竭力挽留，嘉庆六年(1801)方得以捐主事离任，临别时罗源黄文治赋诗送行，其中概述他施政治狱情状云：

> 先生初下车，韬晦无人识。好问察迩言，能贫凛冰檗。民曰是矫情，胥谓不知律。……日坐广益堂，如闻民啾唧。阓人茧足行，不轻假辞色。谠言忤上官，同列为挢舌。崎岖犯世嫌，徇人意终不。小民父母之，猾吏始股慄。②

实践证明，崔述通过鼓励争讼、秉公断案、辨明曲直以整饬纪纲达到"天下无争"目的的做法，一反千百年来不分是非曲直片面宣扬忍让、鄙薄争讼的积弊，取得了良好效果。不过实施崔述这套主张的前提是施政者要清廉公正、明察善断，而这恰恰是中国古代官府所不可能普遍具备的。为此崔述的理讼治狱思想和政绩并未引起当权者重视。如当时同以"激浊扬清，吏治肃然"为己任的巡抚汪志伊送崔述离任时所说："好官难得！吾不能荐汝，吾愧汝！汝去自佳，吾知汝不能逢时也。"

（原载《国史镜鉴》）

---

① 崔述：《莅田膰笔残稿·与朱松田》。
② 《考信附录》卷2《送东壁先生归大名》。

第三部分

性别与妇女问题

远古时代男女乾坤易位的巨变

胎儿在母腹中因含有两个 X 性染色体，或含有一个 X 一个 Y 性染色体的区别，而注定了出生后的性别差异，后者生而为男，前者孕为女身。男女之间在生理上的最大区别表现在生殖系统，即第一性征的不同。至青春期，第二性征也出现明显差异，一般女性较男性身材略矮，骨骼纤细，皮下脂肪较多，肌肉发达程度和血液循环系统、呼吸系统等方面也存在差异。这种主要体现在生育功能不同的先天生理上的性别差异，导致了自我意识和心理上的性别差异。以生理、心理上的性差异为依据，在人类社会发展的不同阶段，形成性质不同的性别分工，由此而成为两性的社会差异，并发展成两种不同的社会性别角色。总之，既然有性别差异，就会有不同性别之间在人类自身再生产和社会生产中的分工合作，就必然存在这种性别分工是否合理的问题，即围绕妇女的地位作用而产生妇女问题。这种问题因社会发展阶段和社会制度不同而有所区别和变化，因而妇女问题的出现是一种历史现象，同时，性别的差异和妇女问题总是与人类俱存，妇女问题又属于人类社会任何发展阶段都会遇到的"永恒"范畴。正如马克思所指出的："没有妇女的酵素就不能有伟大的社会变革。"[①]在人类历史上，能否充分调动妇女的潜在力量，妇女所处地位及其所发挥作用的状况如何，或者说妇女问题处理得是否科学得当，不但关系到占人类人口总数一半妇女的切身权益，也必然会对人类社会的发展产生重大影响。

在世界范围人类社会是否普遍经历过父系氏族社会取代母系氏族社会的变迁，在学术界还是一个有争议的问题。不过在中国远古时代确曾经历过一场男女乾坤易位的巨变。

在人类早期原始社会阶段，尽管生产力和生活水平极为低下，但就女子在社会中的地位作用来看，却曾经有过极其光辉灿烂的时刻。尤其在旧石器

---

① 《马克思致路·库格曼》，《马克思恩格斯全集》第 30 卷。

时代中期步入智人阶段后，由于生产力的发展和血亲婚配的排除而迈进氏族社会，人类素质明显提高，导致母系氏族全盛时期实现了一次重大的文化飞跃。考古绝对年代约在 7600—8500 年前，河南舞阳县贾湖新石器时代遗址的考古挖掘证明，当时已有原始农业、制陶业，能够驯养野生动物，掌握了铜器钻孔技术，并出现具备七音阶结构的骨笛。带有契刻符号的陶片，表明这时已具备文字前的书写系统。距今约 6000 年前母系氏族鼎盛时期，西安半坡仰韶文化遗址出土的底尖口小流线形陶瓶，则意味能够利用浮力与重心平衡原理，汲水时上半部前倾，水满之后又自动直立。房屋遗址和陶器纹饰也显示当时已能排出等差数列，设计对称图案，掌握了一定的等分技术和较精确的计算丈量方法。半坡祭场有规律的陈设布局，甚至可视为早期演示八卦的实例。《周易·系辞下传》和《世本·作篇》两篇古代典籍曾记载史前一系列重大发明创造，其中绝大多数都始于这一时期，或在这一时期得到重大发展。但两篇文献的作者却几乎把所有发明创造的桂冠加冕到男子的头顶。近代维新派领袖康有为对此提出异议，在历数史前女子一系列重大发明之后，康有为感叹道："今世界进化，日趋文明，凡吾人类所享受以为安乐利赖，而大别于禽兽及野蛮者，非火化、熟食、调味、和羹之食乎？非范金、合土、编草、削木之器乎？非织麻、蚕丝、文章、五采之服乎？非堂构、樊圃之园庭、宫室乎？非记事、计数之文字、书算乎？其尤为美术令人魂欢魄和者，非音乐、图画乎？凡此皆世化至要之需，人道至文之具，而其创始皆自女子为之，此则女子之功德孰有量哉！岂有涯哉！"而这一切在古史传说中却阴差阳错，几乎全部归为男子所创。康有为认为这是因为"男子后起之秀，渐于文明之时，既在农耕、熟食、室居之后，不待逐兽，亦有静暇，乃取女子创造种种之事为器物，大推广之。既为女子之主，遂攘窃其名……其实皆非男子所能为也"[①]。康有为的见解不无道理，彝族文化学派的研究也证明，古老的十月太阳历、伏羲八卦以及阴阳五行，源出于远古三皇五帝之首的伏羲，都先后产生于夏代以前的原始母系氏族社会。《周易·系辞传上》辟首第一句为"天尊地卑，乾坤定矣"，而早于《周易》的《归藏》乃至伏羲八卦均为首坤次乾。伏羲是以母虎为图腾的原始氏族部落的名号，故伏羲先天八卦与《周易》根本不同，

---

① 康有为：《大同书》戊部第三章《女子最有功于人道》。

其尊崇女性以阴性坤为首便不奇怪了。需要强调指出的是，伏羲八卦在卜筮形式下蕴含着原始宗教、哲学、科学和社会政治思想的结晶，是母系制下原始先民总结概括自然界和人类社会变化规律的带有奠基性的史前文化丰碑。几乎现代文明所有辉煌成就，都能从这一时期的重大发明创造中探溯到蓓蕾和胚胎。伏羲因此而被称颂为"中华民族文化的始祖"。在这人才辈出的英雄时代，女性先民无疑扮演了主要角色。当然这一时期所取得的重大成就中，也凝聚着不少男子的心血。所谓的"母权"并不以歧视、排斥男子为前提，但在整体上妇女的地位作用更为显赫，因而理所当然以女神的形象作为这一时代的总代表。远古传说中以女娲为首的众多女神格外活跃，陕西仰韶文化以女性为中心的葬制和女性墓主的格外厚葬，以及辽宁红山文化的女神庙遗址，即是人类早期女子扮演着重要角色这一"社会形式本身"的真实反映。如马克思《资本论》所说，"由于性别和年龄的差别，也就是纯生理的基础上"产生的自然分工，使妇女在原始采集、种植、畜养业等主要生产领域居于主导地位。① 而妇女在种的繁衍上所起的纽带作用又"意味着妇女在家庭内的统治，正如在不能确认生身父亲的条件下只承认生身母亲意味着对妇女即母亲的高度尊敬一样"。② 妇女在两种生产中所处的这种主导地位，决定了她们在母系氏族时期享有崇高的社会地位，发挥了推动社会发展的主导作用。

随着生产工具的改善、生产经验的积累，农业和畜牧业生产的效益大大提高，人类终于告别蒙昧时代进入以农牧业生产为主的新的历史纪元。当农牧业生产充分显示出在稳定性和收获量方面都远比渔猎经济优越时，男子就越来越多地转入由女性开辟的农牧业领域。身强力壮的男子汉在新生产领域中的地位日趋显要，其财富占有量也相应更为丰盛。生产力的发展必然引起人们在生产、分配以及社会生活中的地位相应发生变动。此刻直接创造社会财富的重担，已主要为男子所取代，衡量社会地位的天平自然要向男方倾斜。既然"丈夫在家庭占据比妻子更重要的地位"，他们便当仁不让，反过来"利用这个增长了的地位来改变传统的继承制度"。从此，妇女被要求严守贞操，以

---

① 　马克思：《资本论》第 1 卷，第 389、390 页，北京：人民出版社，1975。
② 　恩格斯：《家庭、私有制和国家的起源》，第 45 页，北京：人民出版社，2003。

确保子女"确凿无疑地出生自一定的父亲"①。本来以母系为核心计世的血缘纽带曾经是原始时代女性处于统治地位的真实基础；至此女子以母系计世的天然优势也荡然无存，"母权"统治地位的基石终于彻底坍塌。恩格斯把这种父权对女性的征服称为"人类所经历过的最激进的革命之一"②。这场本该是最为亲密的男女之间的地位更迭，虽然基本上未曾诉诸战争的手段，但其间引起社会制度的变革，性质是极为深刻的。其激烈的程度也远远超出常人想象之外，经历了许多曲折反复，充满了狡诈与残酷。否定女性的生育权，便是男性发动攻势从根本上废黜母系的一个重要手段。

在这一历史时期，男人们开展了一场大规模篡改祖神性别的运动。母系制时代著名女神或者阴变为阳，或者乱点鸳鸯谱硬被贬嫁从属于男性神，甚至连威力无比的女娲也难逃变性的厄运。《世本·氏姓篇》称："女氏，天皇封帝涡于汝水之阳，后为天子，因称女皇，其后为女氏，夏有女艾，商有女鸿、女方，晋有女宽，皆其后也。"③居然把标示性别的"女"字释为姓氏，于是一系列女神便从神谱中消失，而那些冠之以"女氏"的男神实际上便是这批暴发的男性新贵的自画像。"鲧复（腹）生禹"传说的初始意蕴也已变质走味，不但鲧被衍化为男神，而且父亲生子正是那个时代男人竭力宣扬的天经地义的"真理"。为了千方百计强调男系血统的重要，父家长们还自欺欺人地反复扮演着女人生孩子、男人坐月子的丑剧，以至日久天长形成荒诞不经的产翁习俗。

对于男子这种卑劣的欺世盗名行径，女性当然不会无动于衷，她们对单方面剥夺女子性自由的反抗，便曾"推迟了严格的专偶制的实现，一直推迟到人们思想发生大动荡而将人类引入文明社会之时"④。至今在一些少数民族中保存抢婚、逃婚、哭嫁、从母居、不落夫家、审新娘等婚俗都是这次男女权易位社会大变革留下的遗痕。

男女易位的大变革在原始墓葬中也得到了鲜明的反映。考古工作者在山东泰安县大汶口等地发现了一批距今约五千年前的男女合葬墓，比起母系氏

---

① 恩格斯：《家庭、私有制和国家的起源》，第52、65页。
② 《家庭、私有制和国家的起源》，第53页。
③ 朱一是《女娲非女主辨》称："女者姓也，《左传》有女艾……则亦何疑乎女娲之非女主哉！"参见《夜史》卷9。
④ 摩尔根：《古代社会》下册，第465页。

族时期遗留下来的墓葬发生了很大变化。这些墓中女性的随葬品多为纺轮、骨锥、骨针和一些装饰品，男子的随葬品则多数是石斧、石磷、石刀、石凿一类的生产工具；而且随葬品绝大部分都放在男子身边，其中大汶口墓地一号墓，共有五十七件随葬品，放在男子身边的达五十五件。这证明一夫一妻制个体家庭的出现，以及女子被排除出主要社会生产之外；男子不但在社会生产中占有重要地位，而且对财产拥有更大的支配权力。稍晚一些时期齐家文化的秦魏家成年男女合葬墓中，男子均居右，直身仰卧；女子则一律居左，曲腿面向男子侧卧。青海柳湾齐家文化墓葬第 314 号墓中侧身屈肢面向男子的女尸还被埋于棺外，并有一条腿压在棺下。在甘肃武威皇娘娘台遗址发现的一座一男二女成人合葬墓，男性居中仰卧，两名女子均面向男子侧身屈肢，下肢向后屈，双手屈于面前，分埋在男子两侧。在有些合葬墓中男女是同时埋入的，女子很可能是为男主人殉葬而丧生。皇娘娘台第 76 号墓中的一对成年男女，男子肢体完好，女子则为一具无头女尸，更当是杀殉的铁证。这表明历史上的私有制、阶级对立，大体上与父权制向时产生，而且"最初的阶级压迫是同男性对女性的奴役同时发生的"①。

　　女性在两种生产中地位、作用的全面退缩，最终导致母权制被颠覆，遭受到"具有世界历史意义的失败"。进入父系氏族社会之后，这些女子面向男性曲肢侧卧的墓葬标志着社会经历了一次深刻的转折，这次社会变革，"开辟了一个一直继续到今天的时代"②，但在取得这一伟大历史进步的同时，女性却遭受了历史性的失败。这些墓葬正是以后几千年妇女处于屈辱地位的缩影，预示了女子备受摧残压迫的遭遇。

（摘自《中国妇女百科全书·总论》，安徽人民出版社，1995）

　①　恩格斯：《家庭、私有制和国家的起源》，第 63 页。
　②　恩格斯：《家庭、私有制和国家的起源》，第 63 页。

中国古代对妇女角色形象的社会化设计

　　社会控制，指统治阶级对社会成员思想行为进行引导、调节、支配、管理的运作过程。控塑则是在控制思想行为的基础上进一步规范、塑造社会角色形象，使之自觉履行统治阶级设立的价值导向，确保社会按照预定的轨道运行。在国家同构、血缘地域二系合一的古代中国，家庭既是农业自然经济下进行生产、承担赋税兵徭的基本单位，又是宗族血缘色彩极浓的社会组织基本细胞，因而"齐家"一向被视为"治国平天下"的前提。而夫妇关系又是组成家庭结构的主导因素，"正家之道始于谨夫妇"①，能否有效控塑妇女，理顺夫妇关系、凝聚家庭宗族、稳固社会结构，便成为历代统治阶级殚精竭虑冀图加以解决的事关立国之本的重大课题。本文对传统社会针对妇女角色形象社会化设计的探考，亦可视为是对中国古代专制政体实行社会控制的典型剖析。

　　妇女的社会形象是女性自我认识以及社会评价女性的标志，是女性性别角色社会化定型的结果，主要表现在价值取向、人生模式、性格气质等方面。而确立妇女标准形象的依据，则取决于社会的需要，体现出统治阶级的利益与意志。古代妇女自进入阶级社会、被从主要生产领域中排除出去之后，在经济上便无以自立，由此注定了她们"伏于人也"②的从属地位，"未嫁从父，既嫁从夫，夫死从子"③，自幼及老，一辈子沦为男子的附庸。不过妇女地位虽然低下，却并不意味她们在社会上便一无所用。在确保父权统治格局的前提下，女性因在传宗接代、维系家庭家族稳定、以织助耕、料理家务和相夫教子等方面发挥了不容或缺的特殊作用，而在家国一体社会结构中获得一定的社会价值和社会意义。把妇女圈禁在家庭小天地，令其发挥凝聚家庭家族、稳固社会的作用，这本身体现了一定历史阶段的社会需要。

　　传统社会对妇女角色的社会化设计，集中反映在统治阶级专为控制妇女

---

① 《明史·后妃传》。
② 《礼记·本命》。
③ 《仪礼·丧服》。

思想行为而实施的礼法教化——妇礼女教之中。正统妇礼女教观至迟萌发于周初父权宗法制的确立和男尊女卑的乾坤定位。春秋中后期迄于秦汉，是中国古代生产关系深刻变革和国家体制、礼制法规以及社会家庭结构发展定型的重要时期，也恰恰是妇礼女教奠基强化的重要阶段，后经宋明理学张扬更加蔚为大观，其精神实质则始终一脉相承，愈趋苛严。传统女教与针对男子开展的培养能够建功立业的各级官吏和儒生的教育有本质区别。如《白虎通·嫁娶》所云："妇人所以有师何"？"学事人之道也"。父权社会施行女教的目的无非是令女子"如男子之教而长其义理者也"[1]。早在先秦时期，即已围绕这一目的对贵妇施以"妇德、妇言、妇容、妇功"之教[2]。四教中的妇言、妇容、妇功，实际上也是当作妇女应具备的操行品德来要求，因而"四行之教"[3]实质上是一种道德品质、仪礼规范的德行之教。这种德教贯穿、渗透于整个古代中世纪女教的全部内容，余如文化书算、才智技能等方面的教育均从属、服务于妇德，最终以养成三从四德式的贤妻良母为归宿。各类阐释弘扬妇礼女教的典籍读本对妇女思想品德言行举止提出的一系列规范和要求，鲜明地体现出传统社会对妇女角色社会化的期许。

"情愿死，不失节，节是妇女第一德。"[4]父权社会的本质是以男性确定血统，要求妻子恪守贞操是其得以确立的前提，贞节自然被置于女子道德殿堂的首位。其中婚姻期间恪守贞操，始终是妇女必须严格履践的信条。"贞女不更二夫"[5]、夫死而不再嫁的准则，则把对丈夫的专贞不贰延长到夫亡之后，以"育遗嗣而继宗"[6]，维系个体家庭和宗族结构稳定，这属于更高层次上的道德要求。如遇强暴能够以死相拒或夫死自愿殉身则被称誉为烈。此类节烈行为因能起到"激薄俗而励纲常"[7]和强化专制君权的作用，而受到统治阶级高度重视；"名节为重，性命可轻"[8]"侠肠铁胆，玉碎珠沉；捐躯殁没，虽死犹

① 《大戴礼·本命》。
② 《周礼·天官·九嫔》《礼记·昏义》。
③ 班昭：《女诫》。
④ 《妇女一说晓》。
⑤ 《史记·田单列传》。
⑥ 《后汉书·灵帝纪》。
⑦ 《光绪会典事例》。
⑧ 《四言闺鉴》。

存"①的情操与节行，遂被正统女教悬为衡量妇女道德操守的最高标准。

　　"五刑之属三千而罪莫大于妒忌"②。妇人阻挠丈夫广纳妃妾和嫡庶相残争斗的妒行，往往导致家庭崩裂、宗族颓衰，并进而破坏用以纲纪天下的宗法继承制度和伦理纲常，因而被视为动摇国之根本的大恶。宽慈不妒因此成为一妻多妾制传统社会对妇女提出的特殊道德要求，具有"培化本而窒乱源"③的社会意义。通过压抑、消弭妒悍，促成夫、妻、妾"三善"，以"昌大本枝，绵固宗社"，"上安下顺，和气蒸融，善庆源源，肇于此矣"④。这是正统女教劝导妇人宽慈不妒所寄予的最大期望。

　　"妇德尚柔"⑤，传统女教把"温柔卑顺，乃事人之性情"与"纯一坚贞，则持身之节操"⑥视为女子必须具备的两个并列的最为重要的道德品质。柔顺谦卑是妇女处理人际关系时应当遵循的准则，其间因对象不同，又有敬顺、孝顺、和顺等内涵上的差异。"敬顺无违，以尽妇道"⑦，是事夫的要诀。"夫者天也，一生须守一敬字"，诸般作为"必须曲得其欢心，不可纤毫触恼"⑧。孝顺曲从，则是侍奉父母公婆的准则。除饮食起居服侍周到外，还要"乐其心，顺其志"⑨，尤其要做到"姑云不尔而是，固宜从令；姑云不尔而非，犹宜顺命。勿得违戾是非，争分曲直"⑩。传统社会认为妇人往往"肆枕畔之戈矛，一言而间人父子；横耳边之荼毒，一言而乖人兄弟；播煽惑之巧术，一言而获罪于宗族乡党"，其结果"致令门庭之内，怨如山积；骨肉之间，互相戈矛；亲戚为之反目，邻里因而树敌"⑪。倡导和顺忍让，则为正统女教促成姑嫂、妯娌、族人和睦相亲的道德武器。而要做到待人柔顺，必得先克己去私，谦卑自牧。唯其"谦让恭敬，先人后己，有善莫名，有恶莫辞；忍辱含垢，常若

---

①　《闺训千字文》。

②　《女孝经·五刑章》。

③　王祎：《七出议》。

④　明仁孝文皇后：《内训·逮下章》。

⑤　张华：《女史箴》。

⑥　吕坤：《闺范·妇人之道》。

⑦　蓝鼎元：《女学·妇德》。

⑧　陆圻：《新妇谱》。

⑨　《内训·事舅姑章》。

⑩　班昭：《女诫·曲从》。

⑪　黄标：《庭说频说》，参见《课子随笔》卷4。

畏惧"①，方能"妇顺备而后内和理，内和理而后家可长久也"②。《内训》更引申到"内和而外和，一家和而一国和，一国和而天下和矣"的高度。

古代中世纪女子替丈夫传宗接代之外，最重要的使命就是勤于丝麻织纴、操持中馈，以尽到家庭主妇之职事。勤劳俭朴是农耕社会要求持家主内妇女必须具备的美德，"及其稍长，当及女工。无作淫巧，无敢惰慵。或事蚕绩，或作衾裳，或治菹醢，或善酒浆。上供祭祀，下养父母。身不辞劳，口不言苦"③。举凡中馈等事"皆当躬亲为之。凡朝夕柴米蔬菜，逐一磨算稽查，无令太过、不及。若坐受豢养，是以犬豕自待；而败吾家也"④。勤俭不但是"成家之本"⑤；而且关乎修身、齐家、治国大计。人之勤懒与善恶内在相关，"劳则思，思则善心生；逸则淫，淫则忘善，忘善则恶心生"⑥。清世祖福临进而把"女工勤惰"和国家兴亡联系起来，强调"勤则敬，惰则骄。一人始之，一家效之；一家始之，一国效之。未有敬而不兴，骄而不亡者也"⑦。以故女子持家勤俭之德，被视作"古今妇人修身治家之大要"⑧。

四德之一的妇容，非指容貌美丑，"容，谓容仪，乃动止有礼，非艳冶美丽之谓也"⑨。人的五官容貌得之于先天，不可能也不必一概要求"颜色美丽"，但"淑德蕴于内而令仪著于外"⑩，容仪作为一种气质，是道德情操的自然外在表露，可以通过道德磨砥而养成，所谓"修身在正其心，心正则容正"⑪。据此，正统女教确立了德重于色、心重于貌的审美导向，强调妇容"固莫若专心正色。礼仪居洁，耳无塗听，目无邪视，出无冶容，入无废饰，无聚会群辈，无看视门户，此则谓专心正色矣"⑫。《礼记·玉藻》还为女子外在形象设计了一整套标准容止；"足容重，手容恭，目容端，口容止，声容静，头容直，气

① 《女诫·卑弱》。
② 《礼记·昏义》。
③ 《女教篇》。
④ 《庞氏家训·务本业》。
⑤ 《何氏家规》，《课子随笔》卷2。
⑥ 《内则衍义》卷15。
⑦ 《内则衍义》卷15。
⑧ 《女学》卷6。
⑨ 《女学》卷5。
⑩ 《内则衍义》卷12。
⑪ 《女学》卷5。
⑫ 《女诫·专心》。

容肃，立容德，色容庄。"其间最紧要的是端庄、含蓄。"端庄则足以表贞，轻佻则足以招咎"①。朱子释"窈窕淑女"亦云"幽闲贞静最好，女子家只是精神不露，意态深沉，第一美德。若轻浅浮薄，逞聪明，学轻佻，最为可恨"②。一些族规家训甚至在规定族男娶妇标准时，特别提出："至于容貌，止取端庄，不求美艳"③。

宗族血缘纽带强固的传统社会，唯"接续宗祀"至高无上，其含义不单在血脉连绵不绝，还包括"保守家业，扬名显亲，光前耀后"，而"子孙好与不好，只在个教与不教上起根"④。母亲同样要肩负教子重任，而且"人子少时，与母最亲。举动善恶，父或不能知，母则无不知之，故母教尤切"⑤。实施母教的前提，是母亲先要端正自己的品德操行，"母也者，乃子孙之表率，妇女之楷模也"，"妇德无缺，斯可以作范母仪、昭宣壸则矣"⑥。因而传统女教通常把母教、母仪当作一种重要的妇德来要求。吕坤《闺范》曾将善行母道的妇人别为九类，其中"教子以礼，正家以礼者"为"礼母"；"无儿女之情，惟道义是责""望子以正者"为"正母"；"以慈祥教子者"为"仁母"；"责子而不责人者"为"公母"；"以贪戒子者"为"廉母"；能行"父道"，"威克厥爱者"为"严母"；"达于利害之教者"为"智母"；此外尚有"恩及前子"的"慈继母"和"为人保子"的"慈乳母"。"导之以德美，养之以廉逊，率之以勤俭，本之以慈爱，临之以严恪，以立其身，以成其德"⑦，是传统社会对为人母者寄托的深切厚望。

传统社会对女子是否需要读书识字、发展聪明才智，存在着一些不同看法。孔子率先把"女憧，妇空空"列入"治民之本"的"七教"之中⑧，班昭《女诫》继而标榜"妇德不必才明绝异也"，至明清更衍化为"女子无才便是德"的俗谚。不过，正统女教一般并不反对女子掌握一些基本的文化书算知识，如宋人袁采所说，"妇人有以其夫蠢懦而能自理家务，计算钱谷收入，人不能欺者；有夫不肖而能与其子同理家务，不致破产荡家者；有夫死子幼而能教养其子，

---

① 《内则衍义》卷 12。
② 参见《昏前翼·女容》。
③ 《紫江朱氏家乘·旧谱家规·慎婚嫁》。
④ 石成金：《传家宝》，《课子随笔》卷 107。
⑤ 《女学·妇德》。
⑥ 戴礼：《女小学》卷 4。
⑦ 《内则·母仪章》。
⑧ 《大戴礼·主言》。

敦睦内外姻亲，料理家务，至于兴隆者，皆贤妇人也"，尤其夫死子幼，"惟妇人自识书算，而所托之人衣食自给，稍识公义，则庶几焉。不然，鲜不破家"①。清儒陆世仪说得更加直截了当，"教女子只可以使之识字，不可使之知书义。盖识字则可理家政、治货财，代夫之劳。若书义则无所用之"②。主张读书识字的另一理由是有利于明礼修德，所谓"读书则见礼明透，知伦常日用之事，责备无穷，自当着力事事而不敢怠惰"③。传统社会并不强调女子"才明绝异"，但"圣人贵德，尤贵有才之德"，对于合乎妇德规范、"见理真切，论事精详，有独得之识，有济变之才"的"明达之妇"，及其能够辅佐丈夫"成其德、济其业、恤其患难"，有利于男子齐家治国平天下的才行，尚能予以肯定④。只是一旦女子的聪明才智超出三从四德轨道时，便立即成为众矢之的。正统女教宣称："四德备，虽才拙性愚、家贫貌陋，不能累其贤；四德亡，虽奇能异慧、贵女芳姿，不能掩其恶。"⑤至于那些"仙姿慧舌，妙技绝艺"的奇才国色，则被谥以"名妓者流耳"⑥的恶名，"反不如不识字，守拙安分之为愈也"⑦。《颜氏家训》的一段训诫反映正统女教对女子聪明才智的看法，最为典型。"妇主中馈，惟事酒食衣服之礼耳。国不可使预政，家不可使干蛊。如有聪明才智、识达古今，正当辅佐君子，助其不足，必无牝鸡晨鸣以致祸也。"古代中世纪女子既被排除在主要社会生产部门和国家政治生活之外，便失去了接受系统科学知识教育和发展才智能力的必要。正统女教要求女子所具备的知识水准，大体停留在日常文化书算的蒙养教育水平，以之作为应付日常家务和进一步提高妇德修养的手段。

综上所述，正统妇礼女教对女子角色形象社会化的设计，无不围绕端正"事人"的品德态度和提高"事人"的质量才干而展开。具备克己、坚忍、勤俭、端庄、含蓄、柔顺、贞节守礼、堪为母仪等品格气质的三从四德式的贤妻良母，被公认是传统社会所崇尚并努力塑造的标准妇女人格形象。这种社会化

---

① 《袁氏世范·睦亲·寡妇治生难托人》。

② 《思辨录·小学类》。

③ 李晚芳：《女学言行纂·总论》。

④ 吕坤：《闺范》。

⑤ 吕坤：《闺范》。

⑥ 《女学》卷3。

⑦ 《靳河台庭训》。

蓝图，完全按照以父家长为中心的社会本位尺度决定取舍，妇女自身的创造性和主体价值却丝毫不被注意，凡与"事人"无关及有碍"事人"的体魄、才智，或被忽略，或被压抑、扼杀，因而这种正统品格气质本身带有很大局限性，是在麻木、残缺、病态的心理扭曲基础上形成并与之紧密相连。诸如鼓励节烈，竟至父兄"筑台设祭，扶掖投环"①，"若虑有变，则当如割鼻截耳诸烈妇自刑"②；提倡孝亲，不惜鼓吹"割股刺臂，啮蛆尝粪"③；劝导宽容，则对丈夫"游意倡楼，置买婢妾""座挟妓女"，也"一须顺适，不得违拗"④；教女温顺，竟称"务锄其暴气，戒其多言，如木鸡然，方成妇德"⑤。显然，传统社会对女性社会化设计的实质就在于，以牺牲女性权益的代价，鼓励引导她们竭尽心力为父家长、为社会无私奉献。这种正统妇女形象与品格气质，无疑在很大程度上含有狭隘、依赖、自卑、屈从的特定内涵。

中国古代对妇女形象的社会化设计及控塑发挥了深远影响。其间所产生的最根本的效应，是起到凝聚家庭宗族、稳定社会结构的作用。在此基础上又引发出维系自然经济发展和巩固小农经济生产方式的经济效应、强化专制集权统治的政治效应，以及塑造民族性格和文化精神的文化效应。几千年来正是仰赖妇女含辛茹苦劳作持家在凝聚家庭、稳定社会方面做出的巨大奉献，男人们才得以在妇女参与奠立的牢固基石上形成大一统局面，创造出灿烂辉煌的古代文明。正统妇礼女教培养出来贞节守礼、勤劳俭朴的标准"内德"，在春秋战国之际，曾经是新兴地主阶级用以砍断旧贵族保守势力羁绊的利剑；到了明清时期，则变为统治阶级用以把社会结构牢固包裹在古旧陈腐的宗族框架之中，维系传统社会"生态平衡"的利器。个体家庭自然经济和乡土宗族血缘势力再度胶合强化形成的混凝土结构，使社会凝固板结，阻滞着社会结构的更新、变革，成为新生产关系萌芽发展的巨大障碍。而这又是中国传统文化衰落，远远被甩到世界潮流之外的根本症结。

（原载《史学论衡》1999 年第 3 期）

---

① 《福建通志》卷 74。
② 李晚芳：《女学言行纂》。
③ 吕坤：《闺范》卷 3
④ 陆圻：《新妇谱》。
⑤ 陆陇其：《陆清献公治嘉格言》。

野蛮的妇女殉葬制度

西汉时有个广川王，常好聚集无赖少年到处游猎盗墓。一次，他们在盗掘一座古墓时，"见百余尸，纵横相枕藉"，该墓覆盖着一丈多厚石垩，一尺多深云母，挖开时尸体保存完好，"或坐或卧，亦犹有立者，衣服形色，不异生人"。墓中"唯一男子，余皆女子"。原来这是西周末代君主周幽王的坟墓，这一百多女子全是为幽王生殉的妃妾。《西京杂记》记载的这则材料，充分反映了我国古代妇女殉葬的情况。

殉葬是一种古老的习俗。早在原始社会，人们便习惯于把随身使用的工具、武器以及生前喜爱的日用品和死者埋葬在一起。到了阶级社会，奴隶作为会说话的工具，也被杀死或活埋，用来殉葬，让他们在"阴间"继续为主人效力。当时用人殉葬已成为一种制度，如《墨子·节丧篇》所载，"天子杀殉，众者数百，寡者数十；将军、大夫杀殉，众者数十，寡者数人"。从对殷墟墓葬的发掘情况来看，人殉的数目少的几十，多的数百甚至上千。

进入阶级社会以后，妇女沦为贵族男子的玩物与附庸，在殉葬者中，妇女占有相当大的比例。商代卜辞中就有专门杀祭杀殉女奴的记载。当然，殉葬者的身份并非全部是奴隶，也有墓主的妻妾和家臣。

到了春秋时期，由于生产力发展，劳动效率提高，劳动力的价值逐渐增大，人殉的做法开始引起非议。公元前621年，秦穆公死后用一百七十七人殉葬，其中包括三名才能出众、孚有众望的良士。国人因此作《黄鸟》诗以表示对死者的哀悼和对暴君的憎恨。这时在各诸侯国，妇女作为主人婢妾生殉的恶俗也逐渐受到摒弃。据《礼记·檀弓下》记载，有个叫陈乾昔的，临死时嘱咐兄弟和儿子一定要给他造一口大棺材，让两个婢女夹着他殉葬。陈死后，他的儿子说："以殉葬，非礼也，况又同棺乎？"没有照他的话办。就是在统治阶级上层，人殉的做法也不那么时兴了。齐大夫陈子车死后，妻子和总管商定用人殉葬。子车的弟弟弟子亢却对他们说："如果哥哥在阴间需人侍候的话，没有比他的妻子和总管更合适的了，这件事要不就算了，如果一定要坚持，我就准备用你们二位生殉。"子车的妻子与总管并不愿意去死，只好同意取消生殉婢妾的打算。

春秋之后，人殉的做法已不多见，基本上改用木制或泥制人形偶像殉葬。战国时的秦国就曾在献公元年（公元前384）正式下令废止人殉。但是到了公元前221年秦统一六国后，却再次发生了大规模骇人听闻的生殉事件。

秦始皇生前为祈求长生不老，曾派人率数千童男童女出海求仙。同时，还用十来年的时间，动用数十万人修建规模巨大的陵墓，即郦山始皇墓。秦始皇死后，秦二世称："先帝后宫非有子者，出焉不宜"皆令从死，正式宣布后宫妇女全部殉葬。为防止泄露陵墓的机密，又"尽闭工匠臧者，无复出者"①。《汉书·楚元王传》提到，这次殉葬的宫女和被害工匠人数，竟多到"计以万数"。

秦王朝的一系列暴政激起了人民强烈的反抗，秦末农民战争不但推翻了秦王朝，而且教训了新王朝的统治者。威名显赫的汉武帝死后，虽然殉葬了大批金银财物、鸟兽鱼鳖、牛马虎豹，但他的几千名妃妾宫女全部保住了性命。随着人民的反抗和社会的进步，从汉朝到元朝，除边远少数民族地区以外，强制妇女殉葬作为一种制度，已不复存在。据《三国志·吴书》载：三国时吴将陈武战死，孙权破例下令以陈爱妾殉葬。不久吴亡之后，即被人指责："权仗计任术，以生从死，世祚之短，不亦宜乎！"曾经建立元朝的蒙古族，早期因其处在落后阶段，一度盛行过杀殉，入主中原后，便很快放弃了这野蛮习俗。

到了明朝，尽管社会经济和科学文化得到了长足发展，但以妇女殉葬的做法，却一度死灰复燃。朱元璋在世时即首开恶例。洪武二十八年（1395）他的次子秦王朱樉死后，以两名王妃殉葬。朱元璋本人死后，共有四十六名妃嫔、宫女陪葬孝陵，其中十几名侍寝宫女全部生殉。1424年明成祖死后，殉葬宫妃多达三十余人。此后的仁宗、宣宗也各以五妃、十妃殉葬。除皇帝外，诸王也间或用人殉葬。最突出的例子是正统四年（1439），周王朱有燉死后，因其生前曾上奏折表示身后务从俭约，以省民力，故明英宗特命"妃夫人以下不必从死，年少有父母者遣归"②。谁料未等圣旨传到，王妃巩氏和施氏等六夫人已同日自绝殉身。直到天顺八年（1464）正月，英宗病危时下遗诏表示"用人殉葬，

---

① 《史记·秦始皇本纪》。
② 《明史·周王传》。

吾不忍也，此事宜自我止，后世勿复为"①，才算最终废止了宫妃殉葬制度。

明朝的生殉比起早期人殉制度有所区别。从人殉的对象来看，除明太祖死后有一男性的侍卫长殉葬外，其余全部是妇女。人殉的范围基本上限制在皇帝和诸王一级。和早期人殉粗暴强制的做法相比，明初更多的借助纲常礼教，软硬兼施。朝廷对被殉者一律从物质、精神上给予褒奖鼓励。洪武三十一年（1398）七月，建文帝把张凤、李衡等十一名为太祖殉葬宫女的父兄由锦衣卫所试百户、散骑带刀舍人进为本所千百户，从厚优恤，带俸世袭，世称"太祖朝天女户"。宣德十年（1435）英宗追赠为宣宗殉葬的惠妃何氏为贵妃，谥端肃，赵氏等九名宫女也都追封为妃，分别谥以美称。谥册称："兹委身而蹈义，随龙驭以上宾，宜荐徽称，用彰节行。"②

其实这种褒奖鼓励不过是替野蛮的人殉制度披上一层礼教的薄纱，并未改变残暴强制的本质。《朝鲜李朝世宗实录》有一段记载为我们再现了永乐二十二年（1424）成祖死后逼殉宫女的悲惨情景："帝崩，宫人殉葬者三十余人。当死之日，皆饷之于庭，饷辍，俱引升堂，哭声震殿阁。堂上置木小床，使立其上，挂绳围于其上，以头纳其中，遂去其床，皆雉颈而死。"其中有个朝鲜选献的韩妃，临终时对守候在身边的乳母金黑连呼"娘，吾去！娘，吾去！"话声未落，便被太监踢开木床，一命呜呼，真是惨绝人寰！

事实上在确定被殉人选时，绝大多数情况并非本人自愿，而是由继位的皇帝和大臣议定的。天顺初年景泰皇帝被废为郕王后死去，唐氏等妃嫔殉葬。据《彤史拾遗记》记载，当时是"群臣议殉葬及妃，妃无言，遂殉之，葬金山"。大学士李贤撰写的《天顺日录》还提到，本来还"欲令汪妃殉葬"，多亏李贤启奏"汪妃虽立为后，即遭废弃幽闭，幸与两女度日。若令随去，情所不堪，况幼女无依，尤可矜悯"，英宗受到感动，承认李贤说的有理，而自己"以为弟妇且少，不宜存内，初不计其母子之命"，终于收回成命。可见无论是帝王大臣，还是殉身的妃妾，实际上都把生殉看成是极大的不幸。正如一首《宫词》所说"龙驭上宾初进爵，可怜女户尽朝天"，性命都已无辜断送，褒奖又有什么用处！

---

① 《廿二史劄记》。
② 《明英宗实录》。

17 世纪代明而起的满洲贵族入关前仍实行人祭、人殉制,"享神辄杀辽人代牲,或至数百"①。清朝摄政王多尔衮的生母大妃纳喇氏,就是在 1626 年清太祖努尔哈赤死后与另外两名庶妃一起被逼殉而死去的。但入关统治全国后,这种做法即被废除。严格地说,自明英宗以后中国就不再有帝王用妃妾殉葬的制度。

强制人殉的做法虽然最终被制止,表彰节烈,鼓吹妇女殉夫殉节的风气却越来越盛。这种鼓励妇女自愿殉身的做法,比起殉葬更增加了几道"文明""崇高"的光环,其影响所及也远比殉葬更为普遍、深入、广泛,但其野蛮性却是完全一样的。

(原载《文史知识》1983 年第 2 期)

---

① 《北游录》。

惨无人道的贞操节烈观念

我国现代文学家鲁迅，在他的一篇散文《父亲的病》中曾经提到，他少年时期，绍兴有名的中医在给他父亲看病开的药方里，有一种奇怪的药引——"蟋蟀一对"，旁注小字道："要原配，即本在一窠中者。"鲁迅先生十分感慨地写道："似乎昆虫也要贞节，续弦或再醮，连做药资格也丧失了。"鲁迅的这番论议，不仅是对陈腐礼教的辛辣嘲讽，它还真实地反映了旧社会把贞节观念推崇到了多么荒谬的地步。

在旧中国，无论是城镇还是乡村，到处都有旌表烈女节妇的石头牌坊，翻开历代官修正史、各地方志，在"列女传"的栏下，记载着大批烈女节妇的姓氏籍贯和守节殉夫的奇闻。备受欺凌压迫的妇女，唯独在贞操节烈问题上受到统治阶级的格外恩遇褒奖。

所谓"贞节"，是指女子忠于丈夫，从一而终，丈夫死后，不再改嫁。如果遇到强暴凌辱能够以死相拒；或者丈夫死了跟着自尽殉身，则更被称誉为"烈"。

这种贞操节烈观念是社会发展到一定阶段的产物。在民只知其母不知其父的原始社会当然谈不上什么贞节。到了私有制阶段，女子由于在经济上处于从属地位，连她本身也被丈夫看作是自己的私有财产，不容他人侵犯。特别是这时为了确保政治特权和私有财产世代相传，确立子嗣成为一件很重要的事情，相应地就对女子提出了贞节的要求。

在距今三千多年殷周之际留下的《易经》中已有"夫征不复，妇孕不育"的记载，意思是说：丈夫出征未回，妻子与人私通怀孕，孩子不被承认，不得养育。社会上逐渐形成这么一种看法；妇女要努力做到顺从，以贞节的美德最为重要。公元前两百多年战国时代后期，有七大强国争雄。《史记》中记载了这样一段事：燕国的军队攻入了齐国，曾以高官厚禄劝降齐国官员王蠋。王拒绝了。燕军继而又威胁他说，如不肯投降，就要血洗王的家乡画邑。王蠋回答说：忠臣不事二君，贞女不更二夫……与其违背礼仪活着，还不如烹煮死去。随即在树上吊死。可见这时"贞女不更二夫"已被看作是和"忠臣不事二君"并列的一种美德。

秦始皇(公元前256—前210)统一七国后,为了巩固统治、安定政局,很重视用礼法风俗维系人心。他巡视各地的时候,几次刻石都提出女子要严守贞节的要求。其中就有"有子而嫁,倍死不贞,防隔内外,禁止淫佚……妻为逃嫁,子不得母"这样严厉的训戒。

到了汉代(公元前206—公元220),崇尚贞节的观念进一步发展。当时著名经学家、目录学家刘向(约公元前77—前6)编撰的《列女传》中,专门辟有贞顺、节义两篇,把在这两方面表现突出的妇女列入传内,作为广大妇女效法的楷模。汉代皇帝也曾下诏从物质和精神上奖励贞节,赐贞妇顺女帛或谷,还树立牌坊,加以表彰。

不过,尽管统治阶级在不断倡导贞节,总的来说,直到宋代(960—1279),对妇女的限制,不但在民间尚未形成一种普遍的风气,在统治阶级内部也并未严格遵循。唐代(618—907)公主中间再嫁、三嫁的,多达二十多人。就连当过宋代宰相的王安石和范仲淹,对贞节观念也并不看得很重。范仲淹自己即曾跟着母亲改嫁到朱家,后来还把守寡的儿媳嫁给了一位丧偶的门生。王安石也因儿子有病,与媳妇不和,亲自做主,为儿媳择夫改嫁。

把贞节观念发展到惨无人道地步的是在宋代理学昌盛之后。理学是农耕时代后期建立起来的更加精致圆滑的统治阶级思想体系。它的创始人之一是程颐(1033—1107),发展到朱熹(1130—1200)时,已集理学之大成,他们把"三纲五常"("三纲"指君为臣纲,父为子纲,夫为妻纲。"五常"指仁、义、礼、智、信)捧为至高无上的"天理"。鼓吹人们无条件地"存天理,灭人欲"。与此同时,还特别注重宗法血缘关系,力图通过温情脉脉的伦理感情来掩饰、模糊社会上的阶级对立,软化人们对遭受剥削压迫不满的反抗情绪。

程、朱非常重视贞节观念。程颐在回答孀居贫穷无靠的妇女可否再嫁的问题时竟说:"饿死事极小,失节事极大。"朱熹也认为这是个不可更改的原则。

经程、朱的提倡,社会风气发生很大变化。寡妇再嫁成为一种奇耻大辱,备遭世人的唾骂。社会上流行起一些迷信邪说,最普遍的说法是,寡妇再嫁后,将来到了阴间,两个男人会拿锯来把她分割为两半。许多妇女经受不了这些精神上的折磨，情愿早日了却此生，脱离人间苦海。

与此相应，民间出现了望门寡一类的怪现象。所谓望门寡，就是女子被她的父母许配某人作未来的妻子。如不幸男子在结婚前死了，这个女子也终身不再嫁人。还要跑到男方家里抱着木主成婚，对木偶(有的还不是木偶，是一头公鸡，甚至一片小木牌)行与平常男女同样的结婚礼仪。以后，这位女子就留在夫家做儿媳。更有甚者，就是要女子以身殉未婚的所谓丈夫。据说这样做，无论是被迫的还是"自愿"的，都是为了成全这女子的一生名节，得到一方"贞节可风"或"彤史流芳"的匾额，这也是全家族的荣耀。相反，如果出现寡妇与人私通的事情，则被视为有辱门楣，大逆不道。家族要予以严厉惩罚。族长有权在祠堂召集全族，当众宣布将这个女子处死。有的地方甚至把失节的寡妇活活钉死在棺内，或者在身上缚一大石块，沉入湖底。

从此，妇女贞节观念越来越严格，甚至女子不慎皮肤被男子触摸，身体某部位被不相识的男子看到，也被看作是莫大的耻辱。元代有一位马氏妇女，乳房生疮，病势沉重，她因自己是寡妇，决心"宁死，此疾不可男子见"，最后终于不医死去。

宋元以后的明、清两代(1368—1911)，贞节观念最为盛行。明太祖朱元璋在建明的第一年(1368)便下诏"民间寡妇，三十以前夫亡守制，五十以后不改节者，旌表门闾，除免本家差役"，开始把对节妇物质、精神上的奖励列为常规制度，定出明确标准。一如《明史·列女传序》所称：正因为明建国后定为常规，到地方去巡视的官员每年都要上报这类事迹，突出的立祠祭祀；其次也树牌坊表彰，华美壮观，光彩耀目，乃至于穷乡僻壤的贫苦人家女孩，也能自觉地用贞节来严格要求自己，其中在实录、郡邑方志中载入姓名的不下万余人，其他姓名湮没者更不可胜计了。

清代朝廷旌表的范围更加扩大。先后规定："民间贞女未婚闻讣，矢志守节，绝食自尽，照例旌表。"

"拒奸被害，及因人调戏羞忿自尽之烈妇烈女，按口给银三十两，建立专坊。"

甚至规定"童养之妻，尚未成婚，而能以礼自持，坚拒夫之私奸，因而致死，应照例旌表"。并令"建坊于烈女父母之门"。

正是这种再嫁所受到的耻辱和殉节所得到的荣誉，逼诱妇女"自愿"断发毁容、矢志守节，或者自杀身亡，成为烈妇。

明代安陆有个男子赵钰病重将死，瞪着眼睛看着妻子郑氏说不出话，郑氏说"你是在疑心我不能守节吧？"当即在床楣前自缢。赵钰稍稍苏醒过来，看到这情景，也流泪而死。

清初，一位李氏妇人路过钱塘门，守门的士兵调笑着说："怎么病瘦成这样，我真心疼你。"李氏大哭道："为门卒口舌所辱吾不可以生矣。"竟萎顿二十多天绝食死去。

清朝闽南一带甚至出现搭台设祭，寡妇由亲属搀扶自缢殉节的风气。在当时的社会看来，妇女的贞节远远超过了妇女自身生命的价值。

本来，男女之间，伉俪情深，爱侣死后自己不欲独生，这样殉情而死的情况，古今中外都曾有过。中国古代的婚姻制度是严格遵从父母之命、媒妁之言的包办婚姻。由于婚姻不自由，有的男女青年彼此相爱，但无法冲破礼教的牢笼，被迫以死反抗，造成如莎士比亚笔下的罗密欧与朱丽叶和中国民间流传的梁山伯与祝英台一类的悲剧。这些故事反映了人民反叛礼教的思想，和中国历史上统治阶级表彰的烈女节妇根本不同。在正统卫道者看来，为争取婚姻自由而殉身是大逆不道的行为，这样的女子，是绝不会被视为烈女节妇的。

到了明清两代，统治阶级更加突出地把表彰节烈和维护君权联系在一起。他们认为，臣对于君和妇对于夫是一样的，旌表忠烈是一桩倡导纲常礼教的盛举。据《大清会典事例》记载，仅 1821 年至 1827 年，江苏省武进、阳湖两县官府旌表的贞孝节妇，就有 3018 人之多。这一时期烈女节妇数量的急剧膨胀，正是和当时专制集权空前强化的政治趋向紧密相连的。

中国古代对女子的贞节要求，主要是对原配的正室夫人而言。婢妾可以任意买卖转让，难以要求她们一律做到贞节。至于男子就更加不受约束，他们娶妻之外，可以纳妾嫖妓。妻子死了再娶被视为理所当然。诏令奖励妇女贞节的皇帝，自己就强占别人的妻子为妃妾。这种要求女子严守贞操又不追究男子破坏另一些女子贞操的行为，体现了极端虚伪的双重道德标准。

历史上也曾有人对未婚女子恪守贞节的做法提出异议。他们多半打着维护礼教的旗号表示反对。

清代毛奇龄主张禁止少女为未婚夫殉死。指责这些做法既违背名教，又蔑视典礼。他还从人道主义出发，向世人呼吁：为"保全自今以后千秋万世愚夫愚妇之生命，世有识者，当共鉴之！"俞正燮则进一步主张对女子"再嫁者不当非之，不再嫁者，敬礼之斯可矣"。他责备那种认为男子可以随意再娶，却不准女子再嫁的传统论调"是无耻之论也！"

闽南地区搭台殉节的恶俗，引起了更加强烈的反对。清代赵国麟愤怒地抨击道："为父母兄弟者，家有守节之妇，当安抚以令其生，不当耸惠以速其死。何况更为之筑台设祭，扶掖投缳，俨然正法之场。死者何罪？观者何心？一人节烈，众人豺狼。名为美举，实伤风化！"

闽南当地也曾流传着这样的诗歌："闽风生女半不举，长大期之做烈女；婿死无端女亦亡，鸩酒在尊绳在梁。女儿贪生奈逼迫，断肠幽怨填胸臆；族人欢笑女儿死，请旌籍以传姓氏。三丈华表朝树门，夜闻新鬼哭还魂。"这就是人民对朝廷表彰节烈的血泪控诉！正如清代进步思想家戴震所一针见血指出的，统治阶级是在利用礼教"以理杀人"！

千百年来遍布各地高耸着的节妇烈女牌坊，凝聚着多少妇女的血泪。它像是无数巨大的石块沉重地压在妇女身上，禁锢着她们的心灵。直到20世纪初，北洋军阀政府"褒扬条例"中还列有"表彰节烈"的条款。1919年有的报纸上还经常刊登颂扬节妇烈女的报道与诗文。

五四新文化运动前后，民主革命思潮兴起，具有民主思想的进步人士，对这种极不人道的贞节观念进行了猛烈批判。鲁迅先生在他写的《我之节烈观》一文中深刻地指出："社会上多数古人模模糊糊传下来的道理，实在无理可讲；能用历史和数目的力量，挤死不合意的人。这一类无主名无意识的杀人团里，古来不知死了多少人物，节烈的女子也就死在这里。"他主张可以给这些受害的女子开一个追悼大会，他说："我们追悼了过去的人，还要发愿：要除去于人生毫无意义的苦痛。要除去制造并赏玩别人苦痛的昏迷和强暴。我们还要发愿：要人类都受正当的幸福。"

今天，鲁迅先生的愿望变成了现实，亿万中国妇女翻身做了主人，正在和男子一样，享受着人的权利和幸福。

（原载英文《中国妇女》中文稿选编）

中国古代的妇妒

嫉妒指因别人胜过自己而产生的一种憎恶、忌恨的情感。这种嫉妒心理往往会爆发出攻击性、破坏性行为。奥地利学者赫·舍克在《嫉妒论》一书中提出嫉妒是"一切人际关系的一个大型调节器",甚至极言"如果没有被嫉妒者身上随之而产生的社会抑制,那么人就不能发展社会制度"。把人类社会制度更迭的终极原因归之于嫉妒产生的动力当然是荒谬的,但社会为消弭嫉妒引发的争斗混乱所实施的调抑对策影响了历史的发展,则是不容否认的事实。在家国一体的古代中国,妇妒作为妇女在家庭宗族范围内表露出的嫉妒心理和行为,确曾氤化聚合成一种特殊的能量,其张弛起伏既影响家庭、社会的稳定,又往往牵动专制统治中枢,屡屡掀起轩然大波,成为历代统治者殚精竭虑冀图加以解决的社会问题。对古代妒妇的情状,导致妒悍的原因,社会为抑制妇妒采取的对策,以及妇妒的社会效应作一番历史的考察,将有助于加深对中国古代社会和传统文化的认识。

妇妒是事关"天下之本"的社会问题

"天下之本在家"①。中国古代在基本保留父系氏族血缘纽带的基础上跨入文明的门槛,血缘组织与国家形态融为一体,"齐家"一向被视为"治国平天下"的前提。夫妇关系是组成家庭结构的主导因素,一如《易·序卦》所说:"有夫妇然后有父子,有父子然后有君臣,有君臣然后有上下,有上下然后礼义有所措。"正是基于这种认识,荀子提出"夫妇之道不可不正也,君臣父子之本也"②。司马迁《史记·外戚世家》也列举大量历史事实,强调理顺夫妇关系是事关"万物之统"的"人道之大伦"。明太祖朱元璋说得更明白,"治天下者正家

---

① 荀悦:《申鉴·政体》。
② 《荀子·大略》。

为先，正家之道始于谨夫妇"①。为了维护"夫妇之道"，统治阶级把妇女不顺父母、无子、淫、妒、有恶疾、口多言、盗窃等"恶行"列为七条，有触犯者即予离弃，是为七出。七出之中，妒居首位，所谓"五刑之属三千而罪莫大于妒忌，故七出之状标其首焉"②。罪莫大于妒忌的原因，则在于"为其乱家"③，扰乱了"天下之本"！

在进一步探讨妇妒何以会成为危及"天下之本"的社会问题时，有必要先对古代妒妇的情状作一简要勾绘。

古代所说的妒妇大致可划为阻挠丈夫纳妾宿娼和妻妾之间争宠夺位两类。清人陈元龙所著《妒律》对前一类妒妇的情状作过惟妙惟肖的刻画："年已衰迈犹然脂粉翠钿以固宠幸"；"使婢年凡长大不令蓄发，恐丈夫有成人之思"；"闻妓女送夫扇巾等物，辄搜寻裂碎"；"闻亲戚朋友娶妾，即行毒骂，并自咒以及丈夫"。历史上确有不少夫"以功封侯，其妻泣于内，恐富贵更娶妻妾"一类的实例④。这还算是较为温和的常规制约，妒妇武库中还有远比这些更为酷烈的手段。唐房孺复妻崔氏因婢女"妆稍佳"，乃令"刻其眉，以青填之，烧锁梁，灼其两眼角，皮随手焦卷，以朱傅之。及痂脱，瘢如妆焉"⑤。贞观年间，桂阳令阮嵩宴请宾客，召女奴歌，其妻"披发跣足袒臂，拔刀至席，诸客惊散。嵩伏床下，女奴狼狈而奔"⑥。明初朱元璋赐给开平王常遇春的侍女没有阮嵩的女奴幸运，"王悦其手，妻即断之"，活活被常妻砍断双手⑦。更有甚者，唐宜城公主驸马裴巽的外宠竟被"截其耳鼻，剥其阴皮，漫驸马面上，并截其发，令厅上判事，集僚吏共观之"⑧。

属于妻妾争宠夺位的，因涉及子嗣继统和自身权势地位，争斗更为凶残。汉初戚夫人深得高祖刘邦宠爱，曾"日夜啼哭"谋求改立己出赵隐王如意为太子。刘邦死后，吕后害死如意，"断戚夫人手足，去眼熏耳，饮瘖药"，使居窟

---

① 《明史·后妃传》。
② 《女孝经·五刑章》。
③ 《大戴礼·本命》。
④ 俞正燮：《癸巳类稿·妒非女人恶德论》。
⑤ 段成式：《酉阳杂俎》卷8。
⑥ 《朝野佥载》。
⑦ 谢肇淛：《文海披沙》。
⑧ 《朝野佥载》。

室中，名曰"人彘"①。唐武则天扼杀亲生女婴嫁祸王皇后，后又下令将失宠被囚的王皇后、肖淑妃各杖一百，"截去手足，投于酒瓮中，曰'令此二妪骨醉!'"②更为令人发指的是，西汉广川王刘去妻阳成昭信竟至"令诸姬各持烧铁共灼"刘之宠姬陶望卿，"椓杙其阴中，割其鼻唇，断其舌，……共支解置大镬中，取桃灰毒药并煮之"，此后"诸幸于去者，昭信辄潜杀之，凡十四人"③。

"多妻制是富人和显贵人物的特权。"④妒妇掀起的波涛多鼓荡于宫廷及官宦富贵之家，对上层社会的稳定带来破坏性冲击。

妇妒的第一个后果是"专妒之行有妨繁衍"⑤，王公贵族乃有"覆其宗祧"香火不继之虞。妒妇或"年老无子，情甘绝祀，而不愿夫娶妾"⑥；或"老而无子，妻悍尤甚，侍婢有孕者，皆手杀之"⑦。晋惠帝之贾皇后"以戟掷孕妾，子随刃堕地"⑧，明宪宗之万贵妃"掖庭御幸有身，饮药伤堕者无数"⑨。类此阻挠丈夫广纳妃妾、戕害其余妃妾子嗣的妒行，致使"王侯将相、功臣子弟"不得"苗裔满朝，传祚无穷"⑩，自然被视为动摇国之根本的大恶。

其次，妇妒破坏宗法继承制度，导致上层动乱和统治阶级家道破败。宗法制度的核心是解决从皇帝到一般父家长死后遗留下来的爵位、土地财产在众多妻妾的儿子中由谁来继承和如何再分配问题，成为维系王朝统治的重要支柱。《公羊传·隐公元年》所云"立嫡以长不以贤，立子以贵不以长"便是严别妻妾之间尊卑等级、确立诸子继嗣序位的准则。何休《公羊解诂》对此作过极其周密的诠释，其目的"皆所以防爱争"也。但事实上贵族父家长并不总是乐于接受这种婚娶、继位制度的约束，他们"御幸"的女子远远超过"九女"之数，确立储君也往往任凭君王好恶，甚且一般宫人所生"都人子"亦有侥幸继

---

① 《汉书·外戚传》。
② 《旧唐书·高宗废后王氏传》。
③ 《汉书·景十三王传》。
④ 恩格斯：《家庭、私有制和国家的起源》。
⑤ 《南史·王藻传》。
⑥ 《女小学》卷3。
⑦ 《文海披沙》。
⑧ 《晋书·惠贾皇后传》。
⑨ 《明史·后妃传》。
⑩ 《魏书·临淮王传》。

位的机会。于是一部二十四史，演出了无数后妃、子弟之间争宠夺嫡相互砍杀的闹剧。一般富家大户更无力抵御妇妒的震撼，"或弃产而焚家，或投儿而害婿"①，终不免"家道离索，身事迍邅"②。

复次，妇人之妒悍还往往倾泻于对夫权的遏制，破坏了传统伦理纲常的准则。唐人于义方曾撰《黑心符》痛陈妇人妒悍之害，慨叹"妻计日行，夫势日削。如钳碍口，噤不得声。如络冒头，痴不得动。如杻械被身，束缚囚系，不得自由。……使为不信惟命，使为不义惟命，使为不忠惟命，使为不慈惟命，使躬行夷狄犬豕之所不为惟命。"父家长们受此困扰，苦不堪言，致有"如附骨之疽，其毒尤惨"③"人生不幸，莫此为大"④之叹。这种阴阳倒错不但是对宗法社会"妻事夫"人伦之本的否定，而且摇撼冲击了"臣事君、子事父"治理天下之礼义"常道"⑤。

妇妒之"恶"一至于此！从《左传·桓公十八年》"并后（妾如后）、正嫡（庶如嫡）、两政、耦国，乱之本也"，到《黑心符》所云"一妻不能御，一家从可知；以之卿诸侯，一国从可知；以之相天子，天下从可知。盖夫夫妇妇而天下正，正家而天下定矣"，在古代中国并非尽是危言耸听之词。唯有有效压抑妇妒，促成夫、妻、妾"三善"，方能"昌大本枝，绵固宗社"，"上安下顺，和气蒸融，善庆源源，肇于此矣"⑥。这是统治阶级从"目见耳闻，不可算数"的社会生活中总结出的共识。

导致妇妒的原因

中文嫉妒二字都从女字，标示这种心理感情与女性结下了不解之缘。清蒲松龄《聊斋志异·邵女评》称"女子狡妒，其天然也"。了缘子《醋说》亦云"阴性易伏机心，原为脂粉丛中、钗裙队里生而即具，毫无足奇者也"。古代家庭中触目可见的多为妇妒，夫妒罕得一见，这应该说是事实；但把妇妒的原因

---

① 张缵：《妒妇赋》。
② 《魏书·临淮王传》。
③ 蒲松龄：《聊斋志异·江城》。
④ 《文海披沙》。
⑤ 《韩非子·忠孝》。
⑥ 《明仁孝文皇后：内训》。

归之于天性使然，则是士大夫的偏见。早期处于群居状态的人类，雄妒远远超过了雌妒。那时的雄妒曾经构成人际关系中头等重要的社会问题，以至"成年雄者的相互宽容，嫉妒的消除，则是形成较大的持久的集团的首要条件，只有在这种集团中才能实现由动物向人的转变"。况且在整群男性和整群女性互为所有的情况下，"很少有嫉妒余地"。导致后来阴阳倒置的原因，并非"生而即具"的天性有所变异，而是制约人们习性的社会条件发生了变更。

生产力的发展和财富的增长，使"丈夫在家中占居比妻子更重要的地位"，并"利用这个增强了的地位来改变传统的继承制度"，于是母权制被颠覆，女性遭受到"具有世界历史意义的失败"。父权家庭下的一夫一妻制只是要求妇女严守贞操，"生育确凿无疑的出自一定父亲的子女"，以解决子女"以亲生的继承人的资格继承他们父亲的财产"的需要。男子自身却以纳妾嫖妓为补充，过着公开或秘密的多偶生活。这时的夫妒主要表现在对妻妾的独占上，这一点受到法律和习俗的保护。从此夫妇关系中的嫉妒便成为妇女专有的恶德。

嫉妒心理只有在一定的社会关系、人际关系相互交往比较中才有可能萌生，尽管作为一种本能有其生理学、心理学的依据，但就其本质而言，仍属社会心理范畴。因而导致妇妒的根本原因只能从社会结构、制度、妇女的社会地位等社会因素中去探寻。中国古代婚姻的目的全在于"上以事宗庙，下以继后世也"①。只有多娶才能免除灭种绝脉之忧，否则"其妻无子而不娶妾，斯则自绝，无以血食祖父"②。这种一夫多偶状态无异把众多妻妾置于冰炭不容、不共戴天的境地。"二女虽复同居，其志终不相得，则变必生矣"③，妇妒相斗遂呈无可避免之势。而严别妻妾嫡庶的礼法，愈发加剧了妻妾之间的冲突。按照规定，正妻是明媒正娶的主妇，只准有一。妾则来自强占掠抢女奴和罪犯的家属，或用钱购买贫家少女。历代法律没有关于丈夫与妾离婚的条款，男子可以随意离弃，甚或把妾当作玩物馈赠、转让、交易，乃至用作赌场上押宝的赌注。妾须尊正妻为"女君"，"妾之事女君，与妇之事舅姑等"④。妻妾之间尊卑贵贱的巨大反差犹如烈火烹油，大大增加妇妒争斗的酷烈程度。妾

---

① 《礼记·昏义》。
② 《魏书·临淮王传》。
③ 《易·革卦》疏。
④ 《仪礼·丧服传》。

所能用来改变境遇的机会有二：或者在正妻不育的情况下"母以子贵"，或者利用年轻貌美的优势邀宠夺嫡。尽管这种做法有悖礼制，但只要争取到父家长的支持，仍有可能成功。正妻对于这种威胁自然不会漠视，礼法制度关于严别妻妾嫡庶名分以及妇人虽犯"七出"而有"三不去"的规定为她们挫败妃妾夺嫡提供了相对的保障。所谓"三不去"，系指正妻被弃后无亲可靠、曾为公婆守丧三年以及夫家娶进后由穷变富三种情况下不得休妻①。这一约束在很大程度上使男子无法随意离弃妒妻，"直是前世宿冤，卒难解脱。"只得"朝夕与处，跬步受制"，"唧恨忍耻，没世吞声"②。无疑，父家长任意立废的法外特权和正室不得随意被弃礼制之间的矛盾，为妻妾勃谿斗法提供了更多纵横捭阖的余地。一部千奇百怪的妇妒史便在这种特殊的社会背景下展开。

在同一大背景下，历代妇妒风气仍有盛衰起伏的差异。制约妒风消长的关键在于礼法教化是否昌盛。一般处于政局动荡、名教颓废的乱世，男子肆无忌惮纵情声伎随意立废，女子行为也罕受约束，妒风多盛。少数民族入居地区，女性地位较高的遗俗也助长了妇妒的风气。北朝"邺下风俗，专以妇持门户"③，她们不受宗法礼教束缚，不能容忍男尊女卑的压制，"父母嫁女，则教之以妒；姑姊逢迎，必相劝以忌。持制夫为妇德，以能妒为女工"④。

从妇女心理感情角度分析，致妒的因素也并不一致。据此又可大体将妒妇划为三类。

第一，情爱型。男女之间无论风月恋情，还是患难恩爱之情都具有要求对方专一的特性。爱之愈深，排他性越强烈。如遇其他女性介入，或夫有负情之举，势必"常因情以起恨"⑤。"女无美恶，入宫见妒"，宫妃媵妾因不能享受正常爱情生活而怨恨嫉妒，同属"妇人常性"⑥。

第二，争夺型。出于谋求或悍卫自身权势地位而展开的争宠夺嫡之争。前述吕后与戚夫人，武则天与王皇后、肖淑妃之间，以及晋贾皇后、明万贵

---

① 《大戴礼·本命》。
② 《文海披沙》。
③ 《颜氏家训·治家》。
④ 《魏书·临淮王传》。
⑤ 《妒妇赋》。
⑥ 吕坤：《闺范·嫡妾之道》。

妃等例均属此类。

第三，反叛型。对男女之间在婚姻家庭中所处不平等地位不满，表现为对丈夫纳妾和寻花问柳的惩治防范。东晋谢安妻刘夫人不准丈夫纳妾，有人故意在她面前称赞《诗经》中《关雎》《螽斯》两篇歌咏妇人不妒的美德。夫人反问；"谁撰此诗?"答曰"周公"。刘夫人乃称："若使周姥撰诗，当无此也!"[1]北朝妇女"持制夫为妇德，以能妒为女工"，也是为了维护自身的尊严、地位，免"受人欺，畏他笑我"[2]。一些下嫁公主凭仗金枝玉叶之尊，对丈夫管束极严，大体也可划入此类。

三种类型并不互相排斥，多半交织在一起，而以一种为主，兼有其他类型的特点。总之，妇女既被甩出社会生产、政治生活之外，经济上无以自立，只有把全部希望寄托在男子身上，必然对失宠夺嫡之类有可能危及自身命运的变化格外敏感。一夫一妻多妾型婚制，使她们身不由己地卷入妒争的旋涡。在以不平等不公正为基本特征的妻妾制格局下，所能诱发的只能是互相损伤、陷害和幸灾乐祸的嫉妒心理。社会上尔虞我诈、弱肉强食的剥削阶级恶习也必然在她们身上打下烙印。活动天地囿于家庭四壁，更助长了狭隘、猜疑、偏执的心理特征。妻妾同处碰撞出的妒火，既无转移、升华的渠道，又缺乏自我抑制的"雅量"，即使对不合理的制度愤懑不平，也无力去打破，只能转化为倒错的平等意识，以扭曲变态的形式一股脑儿宣泄在对丈夫的钳制、同类间的相残，以至对地位更为卑贱的婢妾欺凌施暴。

妇人之妒悍举世皆有，但妒风之酷烈，为害之深钜，竟至成为触目惊心困扰天下的社会问题，则确乎以中国古代最盛。其根源即在中国古代独特的宗法社会土壤和家国一体的特殊文化传统。归根结底，以男子为中心的宗法社会结构，以及包办婚姻、纳妾、娼妓制度是中国古代制造出无数妒妇的渊薮。

控制妇妒的对策

中国古代主要通过制定礼法制度确立行为规范，兼用惩治教化软硬两手

---

[1] 《妒记》。

[2] 《魏书·临淮王传》。

平抑妇妒掀起的波澜。抑妒的锋芒不但指向妒妇，并且兼及对被妒者和父家长行为的制约。

"礼始于谨夫妇"①。从宗法社会结构中孕育出的中国古礼把调适夫妇、家庭、宗族伦理关系视为衍化整个礼法的发端，因而控制妇妒在古礼体系中占有一定地位。古代男子虽可多娶，但礼法制度对妻妾人数并非不加限制。帝王"大体上以娶十二女为限度"②，诸侯不过"一娶九女"。所谓"人君无再娶之义"，"九而无子，百亦无益也"③。至于一般士大夫，先秦时期仅只"士一妾，大夫二"而已。当然王侯实际占有不具正式名分的宫婢不在此列。历史上也曾有过"诸侯妻妾或至数百人"的情况④，但这毕竟不是儒家认可的常例。晋代便明确规定："诸王置妾八人，郡公侯妾六人；官品令第一第二品有四妾，第三第四有三妾，第五第六有二妾，第七第八有一妾"⑤。《明律》条款更为细密："世子、郡王选婚后嫡配无出许选妾二人，以后不拘嫡庶，如有生子即止二妾；至三十岁无出，方许聘足四妾。长子及将军、中尉选婚后三十岁嫡配无出许选一人，以后不拘嫡庶，如有生子即止一妾；至三十五岁无出，长子、将军许娶足三妾，中尉娶足二妾。庶人四十岁以上无子；许选一妾。"违制重娶多纳者，要受到法律惩处。战国时期魏"夫有一妻二妾其刑腻，夫有二妻则诛"⑥。《唐律·户婚》规定"诸有妻更娶妻者，徒一年"。元代"诸有妻妾复取妻妾者笞四十七，离之，在官者解职"⑦。明清律俱云"若有妻更娶妻者亦杖九十，离异；其民年四十以上无子者方听娶妾，违者笞四十"。何休《公羊解诂》释媵妾"必以侄、娣从之者"，称"欲使一人有子，二人喜也；所以防嫉妒，令重继嗣也"。显然，尽量减少妻妾妒争、防止因妇妒而残害继嗣是导致礼法制度对妻妾人数、身份做出限制的一个重要原因。

严别妻妾嫡庶之制也包含有平息妇妒稳定家庭宗族秩序的考虑。妻妾嫡庶之间身份、来源的差异前文已述，这种尊卑之别渗透于礼法条规的各个方

---

①　《礼记·内则》。
②　顾颉刚：《由"蒸""报"等婚姻方式看社会制度的变迁》，《文史》第 14 辑。
③　《白虎通·嫁娶》。
④　《汉书·贡禹传》。
⑤　《魏书·临淮王传》。
⑥　《法经·杂律》，参见董说：《七国考》。
⑦　《元史·刑法志》。

面。以唐律为例，夫殴妾折伤以上，量刑较伤妻减轻二等。媵妾伤夫则加妻一等入于死罪。妻妾之间相伤，量刑也不平等，"若妻殴伤杀妾，与夫殴伤杀妻同"，"若妾犯妻者与夫同"。表现在丧服礼仪上，妾须为妻服期年①之丧，而妻对妾则无报服。"礼莫重于嫡孽之分"②，历代对维护妻妾嫡庶间的名分差别十分重视。春秋时"毋以妾为妻"曾被悬为诸侯盟会的禁条。③汉律专设"乱妻妾位"条，孔乡侯傅晏即"坐乱妻妾位，免"④。《唐律疏议》亦云："若以妻为妾、以婢为妻，违别议约，便亏夫妇之正道，黩人伦之彝则，颠倒冠履，紊乱礼经。犯此之人，即合二年徒罪。"明清律"妻妾失序"则规定："凡以妻为妾者杖一百，妻在以妾为妻者杖九十并改正。"立嫡子违法也要受到惩处，"毋易树子"同被立为春秋盟会的禁条。唐代"诸立嫡违法者徒一年"。明"凡立嫡子违法者杖八十。其嫡妻年五十以上无子者得立庶长子，不立长子者罪亦同"。如晋人挚虞《夫人答拜群妾议》所指出的，古人"殊嫡庶之别"，是为了"以绝陵替之渐，峻明其防"。盖"尊嫡，绝妒嫉之原"，"嫡死不复更立，明嫡无二，防篡煞也"⑤。统治阶级敦崇"贵贱有分，不可紊也"的妻妾之礼⑥，目的即在以此遏制妒心，使妻妾各安己位，以"培化本而窒乱源"⑦，消弭"并后匹嫡则国亡家绝之本"⑧的祸根。

妇妒当出，是直接用以惩治妒妇的条例。关于七出的规定首见于《大戴礼》和《家语》，《唐律》正式以法律形式确认。尽管执行过程中有"三不去"的附加限制，仍不失为男子制服妒妇的利器。春秋时宋鲍苏仕卫三年而娶外妻，原妻自认"七去之道妒正为首"，因惧被"见弃"，遂心甘情愿"事姑愈谨"⑨。东汉冯衍则因妻"悍忌、不得畜媵妾"，将其弃遣回娘家。他在与妇弟任武达书中理直气壮地宣称："不去此妇，则家不宁；不去此妇，则福不生；不去此

---

① 齐衰不杖。
② 王祎：《七出议》。
③ 《谷梁·僖公九年》。
④ 参见程树德：《九朝律考》卷一。
⑤ 《白虎通·嫁娶》。
⑥ 《清律·妻妾失序条辑注》。
⑦ 《七出议》。
⑧ 《仪礼·丧服》疏。
⑨ 刘向：《列女传·宋鲍女宗》。

妇,则身不荣;不去此妇,则事不成!"①

为了抑制妒风,罚一儆百,统治阶级还采取一些非常手段法外整治妇妒。据《山海经》《瑯嬛记》等书记载,帝休树的树叶和孙真人的黄昏散均可疗妒。梁武帝之郗皇后酷妒,武帝强令郗后以鹈鹕为膳,服后居然妒减半。只是这玩意儿吃多了脸上会生斑点。此种药物疗妒不啻是用败火、毁容变相惩戒。用处死震慑妒悍,要算最严厉的措施。"宋世诸(公)主莫不严妒,太宗每疾之。湖孰令袁慆妻以妒赐死"②。朱元璋听说常遇春侍女被常妻砍断双手,密令校尉杀掉常妻,砍成碎块,"各以一脔赐群臣,题曰悍妇之肉"。《文海披沙》作者谢肇淛述及此事竟称"此事千古共快!"

统治阶级在"齐之以礼"实施强控制的同时,深知"权所以能行,化所以能成,尤必有当于人,人之心固不可强而致也"③,因而又格外重视"道之以德",力图通过推行教化进行思想控制。历代女教读本都把劝导女子宽容去妒列为重要内容,在鼓吹"嫉妒则刻薄害兴焉","必去之如蘦螣,远之如蜂虿"④的同时;不厌其烦地宣扬"良人乏嗣,置妾与处;勿怀妒嫉,勿为间沮"⑤。陆圻《新妇谱》甚至把男子"游意倡楼,置买婢妾""座挟妓女"说成是"才情所寄","不足为累",要求新妇"能容婢妾,宽待青楼",对丈夫上述举动"一须顺适,不得违恸"。刘向《列女传》则将"能为君子和好众妾"的汤妃有娎、"荐进美人,与己同处"的楚庄樊姬、"夫有外妻,不为变已"的宋鲍女宗、"自虽尊贵,不妒偏房"的晋赵衰妻、不以子贵"变妾之节"的卫灵王傅妾及不以媵妾身份"代主(妻)之处"的周主忠妾等分别树为母仪、贤明、贞顺、节义的典范"以为法训";而对周幽褒姒、卫宣公姜、晋献骊姬、赵灵吴女、赵悼倡后等则谥以孽嬖的恶名,斥责她们"废后太子","背弃节义",灭祀乱国、"终被祸败"。这些女教读本形象通俗,有的以后妃身份现身说法,有的以长辈教女的形式谆谆告诫,女子读来亲切易晓,具有相当的感染力。文艺作品同样发挥着教化移情作用。《诗经》中《关雎》《螽斯》《樛木》《小星》诸篇一向被认为是颂扬"美后妃

---

① 《后汉书·冯衍传》并李贤注。

② 《宋书·后妃传》。

③ 《清史稿·列女传序》。

④ 《内训》。

⑤ 《女教篇》。

不嫉妒"的诗篇①。南朝宋明帝命近臣虞通之撰作的《妒妇记》、唐代的《酉阳杂俎》《朝野佥载》、宋之《北梦琐言》、明之《醒世姻缘传》以及清《聊斋志异》等笔记小说文学作品，竭尽夸张渲染之能事，塑造出一批令人深恶痛绝的妒妇形象，大大加重社会上厌弃妒妇的心理氛围。由帝王出面为宽容不妒的贤妇旌表门闾②，罚妒妇开店叫卖扫帚皂荚③；太子选婚视"种贤"抑或"种妒"为首要标准④；民间广为流传"汩水淖泥，破家妒妻"之类的谣谚⑤，这类褒贬奖辱社会教化所起到的移情化俗作用往往更为显著。

"因鬼神为機祥，而为之立禁"，"借鬼神之威，以声其教"⑥，神鬼迷信轮回报应思想也被用作震慑劝诫妒妇的精神武器。《女论语》公然用"天地不容，雷霆震怒，责罚加身，悔之无路"厉声恫吓"恶妇"。历代笔记小说中充斥着种种妒妇横遭报应的奇闻：或因对埤妾烧钉烙目、刀截耳鼻而招致自身两目俱枯、诞女亦无耳鼻⑦；或因"女生多嗔妒"，死后入地狱"火镬铁床并至，备受楚毒"⑧。就是正史也多把历史上一些重大火灾归咎于"以妾为妻""妻妾数更之罚"，"夫人骄妒，皇子不繁，乖《螽斯》则百之道，故灾其殿焉！"⑨

统治阶级的调抑对策对控制妇妒起到一定作用，但却始终无法达到他们所期望的"夫道严正，嫡道宽慈，妾道柔顺"三善境界⑩，充其量不过是缓冲一下三者间的矛盾而已。严密礼法制度被用作压抑妇妒的手段，而妻妾嫡庶间巨大的反差又恰恰是触发妒争的一个诱因。这种舍本治标的做法必然陷入自相矛盾无法开解的怪圈。如同明人曾经指出过的："试作平等心观之，不妒正与忘八对照"，要想让"妇人不妒，百不得一"。"诚大难事"也⑪。唐初房玄龄

---

① 《诗经·毛诗序》。
② 《列女传·宋鲍女宗》。
③ 参见陈东原：《中国妇女生活史》第75页。
④ 《晋书·惠贾皇后传》。
⑤ 《内训》。
⑥ 《淮南子·氾论》。
⑦ 《朝野佥载》。
⑧ 《法苑珠林》。
⑨ 《晋书·五刑志》。
⑩ 《闺范·嫡妾之道》。
⑪ 徐树丕：《识小录》卷一。

微贱病重时，卢夫人曾"剔一目示玄龄，明无他"[①]，但富贵后坚决反对唐太宗赐夫美人，在皇帝以赐药酒毒杀相威胁的情况下毅然表示"宁妒而死"，不愿"不妒而生"[②]。兵部尚书任瓌妻也表明过类似的态度，太宗只得慨叹：人不畏死，"朕亦当畏之"![③] 既然不去触动宗法嫡庶、一妻多妾制等酿制妇妒的本源，就不可能根本改变"十女九妒"的状况。"一妻据夫，众妻皆乱"，即使破家杀头也无法遏止。

妇妒的社会效应和历史作用

宗法农业型的古代中国，家庭既是农业自然经济下进行生产、承担赋税兵徭的基本单位，又是宗族血缘色彩极浓的社会组织基本细胞，《易·序卦》昭示的"夫妇之道不可以不久也，故受之以恒"自然被政治家悬为正家立国的基本信条。古代妇妒多以暴烈形式迸发，往往导致家庭崩裂、宗族颓衰，并进而破坏用以纲纪天下的宗法继承制度，从根本上动摇治国平天下的"天下之本"。尤其在上层社会，统治集团中不同派别的权力之争一经渗入妇妒的酵素，后妃与朝臣内外呼应、推波助澜，每每使政局愈加波诡云谲、动荡不宁。妇妒对夫权的遏制也曾使女子对历史的进程更多地发挥一些影响。汉初刘邦被匈奴四十万精兵围困于白登，竟赖陈平秘计"使画工图美女，欲献之。阏氏畏其夺己宠，言于冒顿，令解围"[④]。但因古代妇女缺乏实际从政、从经、从戎的机会和经历，此类枕边效应以负面作用居多。由此观之，妇妒迹近游弋于社会中的致乱因素。反观宋代所以能在外患不绝的情况下取得社会经济、科学文化的长足发展，一个重要原因就在于"三百余年外无汉王氏之患，内无唐武、韦之祸"[⑤]。而宋之所以能够"百年无内乱"，保持社会内部相对稳定，又与"母后之贤独盛"[⑥]不无干系。清世祖《内则衍义》把"历代独北宋不遭女主之祸"归功于"屡受贤后之福"，"宫闱淑善辈起"，并非全无道理。

---

① 《朝野佥载》。
② 刘餗：《随唐嘉话》卷中。
③ 《朝野佥载》。
④ 《资治通鉴·高帝七年》胡注引应邵语。
⑤ 《宋史·后妃传序》。
⑥ 胡应麟：《少室山房笔丛·史书占毕二》。

不言而喻，妇妒对国计民生造成过一些危害，责任却不该由妒妇承担，而应追溯到制造妇妒的社会根源。如果说妇妒的直接效应以消极因素为主，那么由妇妒引发的间接效应则更多地起到了积极作用。统治阶级在压抑妇妒的同时，不得不对自身的作为有所节制。《昏后翼·体妇》便提出"妇人不妒忌自是盛德，（夫）亦宜体其情"，妇人"嫉妒以损名节亦夫子之过也"，从而要求父家长克尽"夫道"，做到"和其室家，待之以礼，处之有情"。前节所述各项制度，对父家长同样具有约束力。法律甚至明文规定"凡妻无应出及义绝之条而出之者杖八十；虽犯七出有三不去而去之者减二等，追还完聚。"[1]就是帝王公卿也被要求"王不立爱，公卿无私"，自觉履践嫡长子继承的古制[2]。宋刘光祖论及"国家二百余年无外戚预政之祸"，称"亦由制之得其道故也"[3]。法规制度对父家长行为的制约当然远比贤后不妒对安定社会所起的作用要大得多。妇妒导致的男子惧内效应，在调节家庭关系、稳定社会秩序方面也有发挥积极影响的一面。妇人不忍而妒，常能迫使男子循规蹈矩，乃至作出更多让步，缩小男尊女卑的差距。北魏"将相多尚公主，王侯皆娶后族，故无妾媵，习以为常。举朝既是无妾，天下殆将一妻"[4]。明大将军戚继光暗地纳妾生子，被夫人发现，"乃自袒跣，跪迎夫人"，伏地受杖数十[5]。从某种意义上讲，惧内效应也多少有益于古代男子道德状况的改善。一些士绅甚至把"有子而无妾亦最家门善事也"垂为训示子孙的家则[6]。至于作为妇女自身的道德，尽管妇妒诱发出的残忍狠毒是一种心理扭曲变态，把满腔愤懑渲泄到婢妾身上更非善举；但被正统纲常伦理驯服得一味屈从，对丈夫嫖妓宿娼也"一须顺适"，又何尝不是另外一种形式的扭曲变态？！何况妇妒毕竟包含了对社会不公的强烈抗争，折射着渴求平等、尊严的一线光焰。就是古代有识之士也曾得出"妒非女人恶德，妒而不忌，斯上德矣"的结论[7]。

本文侧重从文化史、社会史视野多方位探考妇妒与社会兴衰治乱及制度

---

[1] 《大明律》。
[2] 《左传·昭公二十六年》。
[3] 《历代名臣奏议·法祖》。
[4] 《魏书·临淮王传》。
[5] 《情史类略·情贞类》。
[6] 徐三重：《家则·娶妾》。
[7] 《癸巳类稿·妒非女人恶德论》。

沿革的内在关联，并不意味妇妒起到了唯一或决定的作用。它虽然是对宗法社会制度和陈腐伦理纲常的悖逆和冲击，却无法根本改变以父家长为中心的剥削制度。事实上妇妒始终是与古代社会机体共生、从中逸出的一股盲目的反作用力，通过与夫权双方的不断斗争、妥协，激活、调动社会调控机制，调适、维系着传统社会结构的"生态平衡"。迄今为止，"不论哪一个社会，如果它没有核心家庭（父母和子女）那样的社会单位，都是不能维持下去的。任何一种瓦解这种单位的活动，都会削弱和危害社会"[①]。尤其中国古代春秋战国迄于秦汉之际，巩固"男乐其畴，女修其业"的新型小农经济家庭曾经是新兴地主阶级政权确保"常治无极，舆舟不倾"，世世代代"嘉保太平"的基石[②]。妇妒引发的过分强烈的攻击和报复，与妇人对父家长"博爱"行为的一味忍让宽容，同样削弱和危害着家庭与社会的稳定。而妇妒与夫权的相互颉颃则一般有利于社会的安定和发展，虽则社会也往往要为此从另外一个方面付出代价。譬如嫡长子继承制的确立和实施，固然一定程度上避免或减少了妒争夺嫡引起的混乱，但同时却把诸多童昏痴顽之辈相继扶上帝王宝座，昏君治国带来的消极影响实难估量。特别发展到近代前夜，这种"生态平衡"更逐渐演变为凝固、板结的因素，阻滞着社会结构的更新、变革，妨碍了社会实现更大的飞跃。

（原载《北京师范大学学报》1990 年第 4 期）

---

① 《嫉妒论》。
② 《史记·秦始皇本纪》。

中国古代的庵观女子教育

"中国旧俗,妇女皆禁为学。一则贱女之风,以女子仅为一家之私人,故以无才为德;一则男女既别,不能出于学校以求师。相习成风,故举国女子殆皆不学"①。康有为《大同书》中这段话大体反映了中国古代女子被排斥于学校教育大门之外的状况。当然也有例外,某些朝代(例如唐、明)培养宫官的宫廷女教以及明清时期的个别女馆、女塾,较为规范、集中,已略具学校雏形,尤其是佛道二教的庵观女子教育自成体系,颇有特色。只是囿于史料零散缺略,有关这方面的情况多至沉埋。佛道二教是构成中国传统文化的重要组成部分,庵观女教对正统女教以至整个社会教化产生了深远影响。对历史上庵观女教做一番考察,不但有助于加深对古代教育、宗教、妇女诸问题的认识,对于全面了解中国传统文化和古代社会也不无裨益。

庵观女教的组织实施

作为宗教,佛、道均由其各自的教徒、教义、清规戒律、仪规制度和寺庵宫观组织等要素构成。宗教组织的延续发展和教义的传递播扬,必由传经说法师徒相授等教育途径来保证。佛门称"传法有五:一受持,二看读,三讽诵,四解说,五书写。外护内护流传,即佛法僧宝不断也"②。道教强调"天地布气,师教之真,真仙登圣,非师不成"③。晚清贺龙骧纂辑《女丹合编》专门针对女子修行经常遇到的障碍和容易出现的弊端,指出所以不能正果成仙,归根到底咎在"不求明师口诀","为盲师邪友所惑",而"误入旁门,不知正道"。正确的途径是"若欲正果,必明丹经,以书正身,以书中所有之理、身

---

① 康有为:《大同书》戊部《去形界保独立·妇女之苦总论》。
② 如卺续集:《缁门警训》卷一〇。
③ 《太上太霄琅书》。

中所现之象，质诸师、叩诸友，以分邪正，以决从违"①。

　　佛教标榜众生平等，对妇女的态度远较世俗社会宽容。道教继承道家崇拜女性的传统，更主张"虽有男女，性无差别"②，"大道不问男女，皆能有成"③。无论佛道，"修仙修佛，希圣希贤，总无男女可分，惟在心志精虔"④，因而女子教育在佛道庵观系统得到充分肯定，这点远非世俗女教观念可比。而比丘尼、女冠一旦出家从佛入道，便不再"仅为一家之私人"，遂得以在一定程度上摆脱宗法宗族社会妇礼纲常的羁绊和日常生活的拖累，集中精力接受较为系统、规范的神学教育。

　　佛教徒中出家女弟子分比丘尼、沙弥尼两类。沙弥尼（意译为"勤策女"，"谓精勤策进佛法躬行故也"⑤）指七岁以上二十岁以下受过十戒的出家女子。按照佛门规定，七至十三岁小儿出家，称"驱乌沙弥"；十四至十九岁正合沙弥之位，"以其五岁依师调练纯熟，堪于进具故也"，又称"应法沙弥"⑥，沙弥尼亦同。比丘尼（俗称尼姑）则为受过348条比丘尼戒的出家女子，比丘尼戒较沙弥尼十戒，戒品具足，又称具足戒。另有式叉摩那尼（意译为"学戒女""学法女""正学女"），特指年满二十岁受具足戒前二年学受六法（式叉摩那式）的沙弥尼。从这些身份的区别可看出，女子要取得正式比丘尼身份，本身要经历一个学戒学法的阶段。南朝宋尼僧正宝贤曾宣令诸尼不得随意受戒，"若岁审未满者，其师先应集众忏悔竟，然后到僧局，僧局许可，请人鉴检，方得受耳，若有违拒，即加摈斥"⑦。比丘尼《三百四十八戒相》，则明确把"不受学女戒""不与学年满""与学不与法"悬为戒条⑧。中国古代王朝为了控制、管理僧尼，还设有度牒制度。天下试经度僧，"经义无滞者"方准度为僧尼。持有度牒的僧尼至官府指定的寺院，经官府指定的授戒师审试合格颁给政府认可的戒牒。度牒、戒牒制度的实施，意味沙弥尼、比丘尼必须经受良好的教

---

①　贺龙骧：《女丹合编通俗序》。
②　《增演坤宁妙经》《性命章》《实证章》。
③　用中贞一子：《女金丹》序。
④　《增演坤宁妙经》《性命章》《实证章》。
⑤　一如等编：《三藏法教·比丘尼名义》。
⑥　参见丁福保：《佛学大辞典》页六〇一。
⑦　宝唱：《比丘尼传》卷二《普贤寺宝贤尼传》。
⑧　参见《三坛传戒正范》卷三。

育和严格的考核，这对尼庵女教提高教学水准是一个有力的促进。

中国历史上比丘尼的出现始于东晋，武威太守种诞之女种会仪（法名净俭）常听沙门法始说法，"遂达旨趣"，后"剃落从和尚受十戒，同其志者二十四人，于宫城西门共立竹林寺"，东晋咸康年间（335—342），"检等四人同坛上从大僧（外国沙门昙摩羯多）以受具戒"①，成为中国最早的一批比丘尼。嗣后，各地尼庵纷纷兴立，仅随净检弟子安令首于建贤寺出家的女子即达二百余众。至盛唐，天下已有二千一百一十三所尼寺②，女尼五万五百七十六人③。

女子学佛最初师法于男僧，所谓"尼有十戒，得从大僧受，但无和上（尚），尼无所依止耳"④，要成为比丘尼亦须于男僧主持之戒坛受具足戒。但一般尼庵传授经法则由女尼担当，净检等最早的一批沙弥尼始立竹林寺时，便"未有尼师，共谘净检"，"检蓄徒养众，清雅有则，说法教化，如风摩草"⑤。此后更皆以女尼为寺主，全面主持尼庵的传经教育事宜，佛门中乃有尼僧正、尼讲、尼师、尼法师、尼大师之称。南朝宋尼宝贤就曾敕为都邑僧正，因"甚有威风，明断如神，善论物理，群枉必释，秉性刚直，无所顷挠"⑥而享有盛誉。至北宋开宝五年（972），太祖不满女尼于僧寺戒坛混淆受戒，"令尼大德主之，如违，重置其罪"，此后"尼受戒不须入戒坛，各就其本寺也"⑦。

尼庵女教的日常师资及各级教职管理人员俱由女尼担任，但也并不排斥从男僧受教，听高僧讲经说法。以传授佛学、考核、传戒著称的江苏宝华山隆昌寺，即因其"学府"的性质，得开僧尼云集共居一寺学佛修行的特例。尼庵施教形式的最大特点是整齐规范。尼众定期集体听讲，法师上堂讲经说法需升座、行香、击鼓鸣钟，有一套固定的行香、定座、经讲、上讲程序，是为讲经仪。宋僧元照记讲经顺序为初礼三宝、二升高座、三打磬静众、四赞

---

① 《比丘尼传》卷一《洛阳竹林寺净检尼传》。
② 参见《唐六典》卷四。
③ 参见《新唐书·百官志》。
④ 《比丘尼传》卷一《洛阳竹林寺净检尼传》。
⑤ 《比丘尼传》卷一《洛阳竹林寺净检尼传》。
⑥ 宝唱：《比丘尼传》卷二《普贤寺宝贤尼传》。
⑦ 《燕翼贻谋录》。

呗、五正说、六观机进止、七说竟回向、八复作赞呗、九下座礼拜①。日常六时行道、饮食唱时法，则为课诵斋粥仪，并统一订有朝暮课诵的统一定规。

道教女冠教育的组织实施与佛教大抵相类。道教祀神之祠庙及道徒修炼之场所谓之宫观、道庵，凡出家入道者"必须投庵。庵者舍也，一身依倚。身有依倚，心渐得安，气神和畅，入真道矣"②；而"收习身心，操持节操，究竟经典"则是"择山水明秀、形全气固之地创立庵舍"的又一重要目的③。女十岁初学道者称"南生弟子"，此后经习经修炼，逐级考核，分别授予不同冠服品位及称号。宋代朝廷还专门对赐给佛道教徒的师号名称做了统一规定，其中僧师号三十一、尼三十三，道士三十四、女冠三十七。比丘尼、女冠的师号名目都多于男僧和道士④。如《正一法文外箓仪》所说，"凡男女师皆立治所"，女冠亦得自立，主持道观女教事宜。

出家女子集聚的庵观既为供佛祀神之寺庙宫观，又是女教徒栖身，按照统一内容、方法和程序习经修行，并进行相应考核的场所。从某种意义上看，一座尼庵道观便相当于一所系统正规的宗教女子学校。

庵观女教的内容

无论佛、道以至他们中间的不同教派，都有阐发宣扬其基本教义的经典。因而讲经说法、"究竟经典"便成为女尼、女冠每日必不可少的功课。道教《太上全真早坛功课经序》云："功课者，课功也。课自己之功者，修自身之道也。修自身之道者，赖先圣典也。"道教早坛功课主要念诵《太上老君说常清静经》《无上玉皇心印妙经》，晚坛功课主要念诵《太上洞玄灵宝救苦妙经》《元始天尊说升天得道真经》《太上道君说解冤拔罪妙经》等。道姑不随班诵经者罚以跪香。佛教徒同样每日有"五堂功课""两遍殿"，早课通常诵《大佛顶首楞严神咒》《般若波罗蜜多心经》，晚殿诵《佛说阿弥陀经》《礼佛大忏悔文》和《蒙山施食》仪文。此外还有一批专为女教徒颂读的《大爱道比丘尼经》《观世音三昧经》

---

① 参见《四分律行事抄资持记》卷三九。
② 《重阳立教十五论》。
③ 《道门十规》。
④ 参见李攸：《宋朝事实·释道》。

《善女人经》《坤宁妙经》《坤元经》等经卷。朝暮课诵经文为僧尼必须修持的定课，违者依例罚钱。较具规模的佛道庵观中均设讲师、读师（或经师、都讲）等教职，负责讲解经文。女尼讲说佛经始于东晋废帝太和三年（368）竺道馨，《佛史略》称道馨"通《法华》《华摩》，研究理味，一方宗师，此则尼讲说之始也"①。历史上以讲经说法著称的尼师不乏其人，她们中间有的如妙相"每说法度人，常惧听者不能专志"，遂"涕泣以示之，是故其所言训皆能弘益"②；有的"披著法衣，聪明敏哲，博闻强记，诵《法华经》、讲《维摩》小品，精义妙理，因心独悟"③；有的"言辞哀恳，听者震肃"④；还有的"似不能言，及辨析名实，其辞亹亹，诵《大涅槃经》，五日一遍，……大小悦服，久而弥敬"⑤。南朝齐尼昙彻"才堪机务，尤能讲说，剖毫析滞，探颐幽隐，诸尼大小，皆请北面，随方应会，负帙成群"⑥。华严寺尼妙智曾应齐武帝敕请讲《胜鬘》，开题及讲时，"帝数亲临，诏问无方，智连环剖析，初无遗滞。帝屡称善，四众雅服"⑦。北宋政和三年（1113）宋徽宗亲"诏尼慧光入内庭对御升座说法，赐号净智大师"⑧。《金刚持验》的一段记载还再现了明万历年间水晶庵老尼（别号独目金刚尼）会讲辨难，"随问随应，灵敏异常"，因而"远近皈依者无筭"⑨的情景。

戒学是学习规范教徒宗教生活和日常生活行为准则以止恶作善的种种戒规。佛教早期影响较大的是东晋道安制定的《僧尼轨范》。唐代禅宗名僧怀海制定《百丈清规》声称是给猿猴颈上拴铁索。此外沙弥尼须受十戒，比丘尼受具足戒348条，较比丘戒250条更为繁密。《大爱道比丘尼经》并云女子得道须除八十四态，如堕八十四态则"如入大深海，必没其身"。严明清规戒律不但是维持教义、凝聚教团的基本前提，而且是一种道德修养的手段。清咸丰

---

① 参见高承：《事物纪原》卷七。

② 《比丘尼传》卷一《弘农北岳妙相尼传》《何后寺道仪尼传》。

③ 《比丘尼传》卷一《弘农北岳妙相尼传》《何后寺道仪尼传》。

④ 《比丘尼传》卷四《邸山寺释道贵尼传》。

⑤ 《比丘尼传》卷二《永安寺僧端尼传》。

⑥ 《比丘尼传》卷三《南永安寺昙彻尼传》。

⑦ 《比丘尼传》卷三《华严寺妙智尼传》。

⑧ 《学佛考训》。

⑨ 《金刚持验》，转引自《古今图书集成·博物汇编·神异典·尼部》。

六年（1856）号称道教全真祖庭的北京白云观颁定《清规榜》宣称："祖师开坛，常重规矩之范，欲求清而意静，必须蹈矩以循规。故美玉成器，全赖琢磨功深；精金再熔，具恁煅炼力厚。"对有犯所立二十三条清规者，分别罚以跪香、迁袥（降职）、杖责、革出，直至"顶清规，火化示众"。道教《女金丹》中的《入门戒规》十二条、《女丹十则》的六条戒规也都"立法教人"，专为女修者而设，再三强调惟"真修女流，一心守吾门清规，行吾门口诀，日夕不懈"者，方有望"从此进修，成仙可冀"；而那些"奇衺之妇，口是而心非，前行而后悖"，非但无缘得道成仙，且要"生受五苦之厄，死遭阴律之刑，吾门不度此辈耳"①，表明了对修习恪守清规戒律的严格要求。

　　佛教的禅定和道教的女丹内功是女教徒必须学习修炼的又一重要内容。佛之禅定，即所谓定学，指通过自我控制意识活动，安心静虑地修行，进入心绪宁静高度集中的精神状态，以"远离爱欲"，"无烦恼"，"解脱魔羂"，"解脱成熟"，"证真空之理"②。佛教徒须于一心考物、一境静念的禅定境界中思虑义理，领悟佛教智慧，故以禅为学道之最要者。宝唱《比丘尼传》载南朝梁尼净秀"同住十余人，皆以禅定为业"③。齐尼僧盖则"博听经律，深究旨归，专修禅定"，受业于隐审二禅师，"禅师皆叹其易悟"，直至晚年"终日清虚，通夜不寐"。同寺法延尼"亦以禅定显闻"④。南朝宋尼僧果"戒行坚明，禅观清白，每至入定辄移昏晓，绵神净境，形若枯木"，甚至"身冷肉僵，惟气息微转"，人谓已死，惊告寺官，"始欲舁徙，便自开眼，语笑寻常"⑤。另一位宋尼法相建禅斋，亦"坚如木石，牵持不动，咸谓已死，后三日起，起后如常"⑥。以上诸尼修习禅定都达到了很高境界。道教同样以"坐圜守静为入道之本"⑦。女冠修炼女丹功，亦即修身养性，包含两个方面：一是调谐人与自然的关系，通过调息（调整呼吸节奏）、调养人体内精、气、神，以求和谐通畅、顺乎自然、天人合一；再就是调整与世俗社会的关系，而这主要是通过伦理

---

①　清列古佛：《壶天性果女丹十则》。

②　那连提耶舍：《月灯三昧经》卷七。

③　《比丘尼传》卷四《禅林寺净秀尼传》。

④　《比丘尼传》卷四《禅基寺僧盖尼传》。

⑤　《比丘尼传》卷二《广陵僧果尼传》《吴太玄台寺法相尼传》。

⑥　《比丘尼传》卷二《广陵僧果尼传》《吴太玄台寺法相尼传》。

⑦　《道门十规》。

道德修养变化气质、自我完善来实现。即在"明四德以淑芳型,却七情以归至道"①的同时,"必得凝神壹志,摄气炼精","使心气不外驰驱,理化自能相洽",两相结合,方能臻于"参赞化育之境"②。

以上习经、明戒、修行三者互相关联,只有严守清规戒律、"定慧双修",才能养成智慧,取得分别事理、决断疑念、断除烦恼、获得解脱的力用,或进入涅槃境界而成佛,或得道羽化而登仙。佛门弟子以戒、定、慧为三种必须修持的基本学业,而其中又以获得智慧得到解脱为最高境界。《比丘尼传》所列诸尼便因能做到"戒律坚明""禅观清白""博听经律""深究旨归""专修禅定"而获得超常慧力,禅史留名。

具备一定文化素养和识文断字能力是书写研习经卷的基本前提,佛教"五明"中的"声明"即相当于语言学中的训诂和词汇学。历史上博通外学,广征儒书、经史,旁及子、集,以证释经典的高僧大有人在。宋人刘克庄《紫泽观》诗云:"修持尽是女黄冠,自小辞家学住山。"那些幼年出家的沙弥尼、南生弟子中也有一些日后成为精通佛道的著名女尼、女冠。如齐尼僧敬自幼"与建安寺为尼作弟子",至五六岁后,"读经数百卷,妙解日深"③;德乐八岁"入道为晋陵光尼弟子","笃志精勤,以昼继夜,究研经律,言谈典雅"④;梁尼僧念"十岁出家为法护尼弟子,从师住太后寺,贞节苦心,禅思精密,博涉多通,文义兼美"⑤。她们的素养、才识显然主要经由尼庵学得。可以肯定,一般的识文断字、文化社会知识也是庵观女教中一种必不可少的基础教育,只是这种教育多半结合在佛道经法的传授过程中同时进行。

庵观女教还有学习健身术、医术行医治病的传统。女冠修炼的女丹内功,实际上是一种集服气、存思、辟谷、静功、导引诸法,锻炼调养体内精、气、神的健身养生术。外丹术则以矿物烧炼为主。剥去笼罩其上神秘的外壳,其中也有一些科学合理的成分。有关这方面的理论学习和实践,使她们有机会接触到一些自然科学方面的知识,特别在生理卫生、医学领域涉足尤多。《墉

---

① 《增演坤宁妙经》《资生章》《气化章》《坤基章》。
② 《增演坤宁妙经》《资生章》《气化章》《坤基章》。
③ 《比丘尼传》卷三《崇圣寺僧敬尼传》。
④ 《比丘尼传》卷三《剡齐兴寺德乐尼传》。
⑤ 《比丘尼传》卷四《禅林寺僧念尼传》。

城集仙录》载采女问彭祖延年益寿之法，答称：

> 受精养神、服食草药可以长生，但不能役使鬼神、乘虚飞行耳。其次阴阳运炁、导引屈伸，使百节炁行、关机无滞，此可以无疾痛所侵，而后思神念真、坐忘练液，皆可以令人久寿。若二炁交接之道，沂流补脑之要，此甚难行，有怀棘履刃之危。……

其中女冠擅长的导引、调息、气功等确有"理气血而调诸顺逆""缓节柔筋而心和调"[1]的功效。就是男女御合、"二炁交接"之房中术，也是着重讲房中禁忌与却病之术，传授性卫生、性心理、性保健、性医学以至胎教、优生等方面的知识。女仙授受此道特别强调"若耽乐嗜欲留滞声色、怀是非之心者，如坠石投川，往而不返"[2]。这与后世富贵贪淫者演为专尚导淫、宣淫邪术之末途大相径庭。各种涉及名尼女仙行迹的文献中还有许多运用医术、草药、气功治病救人的记载。其中道教创始人葛洪之妻鲍姑善行灸术、施教行医的事迹最为典型。据《鲍姑祠记》载：鲍姑"用越冈天产之艾以灸人体赘瘤，一灼即消除无有，历年久而所惠多。"《粤秀山三元宫历史大略记》更称道鲍姑"籍井泉及红艾为药方，活人无算。"鲍姑的医术与医德不能不说与道观女教的传统有关。道观女教中包含较多自然科学方面的内容，是应该特别提出的一个显著特色。

总的来看，庵观女教的内容除宗教神学、迷信思想外，还包括道德修养、文化知识、医药卫生知识。在占卜、符箓等法术、方术，特别是道教的炼丹术中也多少涉及化学、物理学、矿物学等自然科学方面的内容。

庵观女教的方法

佛道庵观在施教方法上亦多相通之处。佛教，特别是禅宗，重视整体把握，于内心深处体认、顿悟，如达摩《悟性论》所说，"直指人心，见性成佛，教外别传，不立文字"。往往用各种自然、社会现象比喻，或以暗示性的语言

---

[1] 《灵枢经·官能篇》。
[2] 杜光庭：《墉城集仙录》卷一。

动作为机锋、棒喝，相互辩难，以启发内省、自悟。其余教派虽重视通过文字、言句系统传授经法，但与世俗教育相比，也更多注重调动个人意志力、激发主体意识，重视对知识的整体理解和把握。

道教声称"道无男女，体其乾坤"①是强调在得道成仙这一点上男女平等并无区别，而并不意味无视男女之间的客观差异。恰恰相反，道教十分重视男女之间的生理差异和社会"性角色"的区别。针对女子形体、生理结构和性格气质的特点而采取相应的女丹功法修炼，是道观女子教育的显著特点。为此道教典籍中专有一批论述传授女子修炼的经诀教本，其中主要有《壶天性果女丹十则》《女金丹》《女真丹诀》《增演坤宁妙经》《坤元经》《坤诀》等二十余种②。道教内丹功法向为师徒口耳秘传，如阳火阴符、周天度数之类悉皆秘而不宣。女丹读本破例"泄玄中妙谛，露天机秘奥"，对"斩赤龙"入手功法详陈直述，意在"普度人间"③，是道教普及女子教育、提高女冠修炼水平的一种努力。女丹读本对比男女修炼的同异，"将其所以同者何如，所以异者何如，并逐节次第何如，形于楮墨，以为问津程途，俾得寻文释义，不致鱼目以混珠，深知力行"④，便充分发挥了规范、指导女冠修炼的教科书作用。

佛道女教在处理学与思、思与行的关系方面颇具特色。表现在道德教育方面，首先，"明明德"，"清夜思维，晨昏省醒"，内省思过，以"清心寡欲，适志见贞"；同时"积善余庆，不善余殃"，须在"尘业尽净，扫清渣秽而心地扩清"的基础上"打叠精神，专修懿行"，以期"德肇福因，福酬德器"。行善与内功之间的关系则为"既克敦夫伦常（先修入世），复潜修夫元蕴（后修出世）"，表本结合，由表及里。所谓"故先回心向道，后须实力行圆。愿天君常在，克己复礼，功夫自在；利济群生，彼此共缘，天人同愿"⑤。

总之，佛道女教都注重强调主体自觉，通过伦理道德的反省、恪守清规戒律和广施善行的磨砥及社会秩序的调谐，使人清心寡欲、反朴归真，以利于炼形化体、摆脱苦难、成佛登仙。而肯定后天积德行善、道德磨砥对脱胎

---

① 《增演坤宁妙经》《资生章》《气化章》《坤基章》。
② 参见《女丹集萃》，北京：北京师范大学出版社，1989。
③ 紫衣道君：《坤元经》序。
④ 用中贞一子：《女金丹》序。
⑤ 《增演坤宁妙经·广愿章》。

换骨、变化气质所起的作用，便意味着对教育具备改变女子性格气质功效的高度重视和充分肯定。

正因为注重启发受教育者主体意识，表现在教学方法上便力求形式多样、生动活泼。以尼庵女教为例：讲经时先开题，由读师读唱经题，讲师讲解经义，并可由读师、听者问难，讲师答辩，讲堂颇为活跃。课后又由徒众复述、复讲，互相研讨辩难，并可定期（每月初三、初八、十三、十八、二十三、二十八）"入室请益"，因材施教，个别辅导答疑①。尤其向民间推广教义每采用转读、梵呗、唱导等声情并茂的方法。所谓"咏经则称为'转读'，歌赞则号为'梵呗'"，而"唱导"则为"宣唱法理开导众心"②。在讲经教学过程中综合运用诵读、讲说、歌唱、赞叹等多种手段，反复阐明佛理，抑扬顿挫，宛转动听。女尼和男僧一样，亦可充任"俗讲"之经师，唐玄宗开元十九年（731）禁断俗讲时便称"近日僧尼，此风尤甚，因依讲说，眩惑闾阎……或出入州县……或巡历村乡，恣行教化"③。明独目金刚尼会讲说法时，即"善信环集"，发问者既有僧人，亦有"士子"，她兼用直说义理的"契经"与短小灵活的"偈颂"等方式，取得很好效果。为保证质量，通常还编有讲疏，这种教本义疏实即据以宣讲的讲义，所谓"疏即训疏，谓疏决文义使无尘滞"④。南朝齐尼智胜便曾"自制数十卷义疏，辞约而旨远，义隐而理妙"⑤。清初王士禄编《然脂集》所收尼超衍《密印语录》、尼济印《仁风语录》、尼自如《语录》等也属于此类简易教本的性质。针对民间俗讲所编"变文"，更大大增加故事情节，把枯燥干巴的教义敷衍为曲折诱人之小说以吸引听众。在传经说法时还充分注意到"善于开导，工谈义理"⑥，并千方百计调动尼众主体自觉启发冥思、自学，以求"机才瞻密"，"思致渊深，神照详远""才识慧解，率由敏悟"⑦。

佛教建筑、雕塑、音乐、绘画等艺术手段在僧尼教育中也占有重要地位，发挥了潜移默化的宗教美育功能。寺庵建筑的雄伟庄严、金碧辉煌；各式佛

---

① 参见《敕修百丈清规》卷五。
② 慧皎：《高僧传·经师篇》。
③ 《唐大诏令集》卷一一三。
④ 《灵芝盂兰盆记》上。
⑤ 《比丘尼传》卷三《福建寺智胜尼传》。
⑥ 杨衒之：《洛阳伽蓝记》卷一《胡统寺》《景乐寺》。
⑦ 参见《比丘尼传》。

像或空灵飘洒，或和蔼亲切，或端庄敦厚，或威严勇武，烘托出浓郁的宗教氛围，氤化为神秘、肃穆、令人诚心皈依、敬畏向往的宗教情感。而尼庵及其周围景观的选址，每"依于地分所宜处，妙山补峰半岩间，种种岩密两山中，于一切时得安稳；芰荷青莲遍严池，大河泾川州岸侧，远离人物众溃闹……舍离在家绝谊务，勤转五欲诸盖缠"①；演说持诵之处亦"或有名山，多诸林木，复多花果交流，如是之处，说为胜地"②。如此恬静幽雅的环境，利于尼众潜心修习、专心领会佛理的深奥旨趣。以"远、虚、淡、静"为特色的佛教音乐极富感染力，"音教"亦为弘扬佛理的重要手段。《法华经·方便品》偈曰："若使人作乐，击鼓吹角呗，箫笛琴箜篌，琵琶铙铜钹；如是众妙音，尽持以供养，皆已成佛道。"《法华经·信解品》亦云："我等今日，闻佛音教，欢喜踊跃，得未曾有。"绚丽多彩的佛教绘画同样起到"令众欢喜，由得道福"③，激发宗教热忱增强感染力的功用。其中各种佛像以及描绘释迦牟尼教化众生事迹的佛传图、本生图，敷衍佛经内容的经变图，可供信徒礼拜敬奉，可装饰为寺庵壁画，并可配合俗讲向听众展示解说。所谓经变画即"变相"，意为佛经变现出的图相，用千姿百态的画面图解经义。一些寺庵甚至设百戏、女乐以扩大影响，增强吸引力。如北魏景乐寺，"至于大斋，常设女乐。歌声绕梁，舞袖徐转，丝管寥亮，谐妙如神。以是尼寺，丈夫不得入。使往观者，以为天堂"。后来寺禁稍宽，更"召诸音乐，逞伎寺内。奇禽怪兽，舞抃殿庭，飞空幻惑，世所未睹。异端奇术，总萃其中。剥驴投井，植枣种瓜，须臾之间皆得食。士女观者，目乱睛迷"④。宗教美育的诸种艺术手段，无非"譬犹善医，以饴密涂逆口之药，诱婴儿之入口耳"⑤。

道观女教之集体诵经、讲经说法的程式、手段、方法与佛庵女教相互影响，如出一辙。余如运用建筑、雕塑、音乐、绘画等艺术手段发挥宗教美育功能方面亦有异曲同工之妙。

---

① 《大日经》卷七。
② 《苏悉地经》卷上。
③ 竺法护译：《贤劫经·四事品》。
④ 杨衒之：《洛阳伽蓝记》卷一《胡统寺》《景乐寺》。
⑤ 赞宁：《宋高僧传·少康传》。

社会效应及历史影响

中国古代，佛道二教的影响至为深远，以至鲁迅先生称"中国根柢全在道教"，"以此读史，有多种问题可以迎刃而解"[①]；佛教后来居上，影响较道教更广。佛道二教的信仰、义理、道德规范、宗教情感深深地渗透到民族的感情、心理结构中，中国汉魏以来的传统文化即为儒、佛、道三家汇合融聚的产物。佛道女子教育在历史上产生的影响也显然不应忽略。

这种影响首先表现在，庵观女教的讲经说法活动有力地推动了佛道二教的传播。如《比丘尼传》所载，晋尼康明感"江北子女，师奉如归"[②]，竺道馨"一州道学所共师宗"[③]，道容"善占吉凶，逆知祸福，世传为圣，……后晋显尚佛，道容之力也"[④]；宋尼法净任京邑都维那（寺主知事）"随方引汲，归德如流，荆楚诸尼及通家妇女莫不远修书嘱求结知识"[⑤]，齐尼净珪"为世法则，传授训诱，多能导利当世归心"[⑥]，德乐"学众云集，从容教授，道盛东南"[⑦]，昙彻"尤能讲说……五侯七贵，妇女以下莫不修敬"[⑧]；梁尼僧念"禅范大隆，谘学者众"[⑨]，净贤"建斋设讲，相继不绝，当时名士莫不宗敬"[⑩]。她们还每被诏入宫廷，如晋尼安令首，"石虎敬之"[⑪]；僧基，"皇帝雅相崇礼"[⑫]；道容，"晋明帝时甚见敬事"，简文帝"以师礼事之"[⑬]；宋尼业首，"宋高祖武皇帝雅相敬异"[⑭]；宝贤，"宋文皇帝深加礼遇"，明帝即位"赏接弥崇"[⑮]；法净，

① 鲁迅：《致许寿裳》，1918 年 8 月 20 日。
② 《比丘尼传》卷一《福建寺康明感尼传》《洛阳城东寺道馨尼传》《新林寺道容尼传》。
③ 《比丘尼传》卷一《福建寺康明感尼传》《洛阳城东寺道馨尼传》《新林寺道容尼传》。
④ 《比丘尼传》卷一《福建寺康明感尼传》《洛阳城东寺道馨尼传》《新林寺道容尼传》。
⑤ 《比丘尼传》卷二《普贤寺法净尼传》。
⑥ 《比丘尼传》卷三《法音寺净珪尼传》。
⑦ 《比丘尼传》卷三《剡齐兴寺德乐尼传》。
⑧ 《比丘尼传》卷三《南永安寺昙彻尼传》。
⑨ 《比丘尼传》卷四《禅林寺僧念尼传》。
⑩ 《比丘尼传》卷四《东青园寺净贤尼传》。
⑪ 《比丘尼传》卷一《建贤寺安令首尼传》《简静寺支妙音尼传》。
⑫ 《比丘尼传》卷一《延兴寺僧基尼传》。
⑬ 《比丘尼传》卷一《福建寺康明感尼传》《洛阳城东寺道馨尼传》《新林寺道容尼传》。
⑭ 《比丘尼传》卷二《东青园寺业首尼传》。
⑮ 宝唱：《比丘尼传》卷二《普贤寺宝贤尼传》。

"宫内接遇,礼兼师友"①;齐尼僧敬,齐文惠帝"并钦风德,嚫施无阙"②;智胜,齐文惠帝"每延入宫讲说众经"③。有的甚至"权倾一朝,威行内外"④、"枢机最密,善言事议康"⑤,对朝政施加影响。这种情况不仅限于两晋南朝,北宋徽宗诏慧光升座说法,明英宗复位后追封曾劝阻他出征的吕尼为皇妹,永乐年间"仙女焦奉真奉诏入京,荐其母舅冯仲彝为太常寺丞",此后"历事四朝,屡祈恩泽"⑥,明世宗"令巡按御史谷峤以礼资遣(石门山仙姑)入京"⑦等俱为显例。"从来妇女多信鬼神"⑧,以至"佛氏之说,虽深山穷谷中,妇人女子皆为之惑,有沦肌浃髓,牢不可解者"⑨。这种民间妇女信奉佛道极多的情况,便和尼庵女教的俗讲宣教活动密不可分。

佛道女教在配合统治阶级发挥社会教化功能方面尤其产生了不可估量的影响。佛道兴起之际,思想领域已经确立儒家独尊的地位,经过一番适应宗法伦理社会的综合改造,佛道女教也都把正统妇礼的道德规范导入女子宗教生活实践。《增演坤宁妙经》便把"节烈""妇道"列为"五伦之要"专章详论。佛道二教无不慷慨地向节烈妇女敞开天国之门,宣扬"可怜最是未亡人,矢志冰霜实苦辛,坚贞即是仙佛种,急修急炼出风尘"⑩,并倡言"凡孀妇、贞女、烈妇,能立定真正志节,始终如一,受魔不退,至死不变,贫富不移,坚贞不二,乃可授此三层妙法,循序渐进。暗有仙真护持,一切内外妖魔不敢扰害,终期大成"⑪。而妇礼纲常经佛道女教"大药薰烹"之后,又以更加精致诱人的形式,通过广开俗讲对教化世俗女子产生重大影响。正统女教则吸收佛道女教轮回报应、内省自律的思想方法以及丰富多彩、通俗生动的施教手段,更加有效地强化世俗妇礼的约束力。清同治年间刊刻过《女四书》等诸多女教读

---

① 《比丘尼传》卷二《普贤寺法净尼传》。
② 《比丘尼传》卷三《崇圣寺僧敬尼传》。
③ 《比丘尼传》卷三《福建寺智胜尼传》。
④ 《比丘尼传》卷一《建贤寺安令首尼传》《简静寺支妙音尼传》。
⑤ 《比丘尼传》卷一《延兴寺僧基尼传》。
⑥ 沈德符:《万历野获编》卷二七。
⑦ 沈德符:《万历野获编》卷二七。
⑧ 蓝鼎元:《女学》卷三。
⑨ 陈淳:《北溪字义》卷下。
⑩ 《女丹诗集后编》。
⑪ 《女功炼己还丹图说·真师总批》。

本的上海城隍庙内翼化堂善书局，即印行《太华山紫金镇两世修行刘香宝卷》，其文体有说有唱，类似弹词，着重宣扬敬重佛法僧三宝、装佛贴金、修桥补路、斋僧布施、周济贫穷、戒杀放生、持斋把素、看经念佛，在民间广为流传，被周作人称作是"以宝卷为经史，以尼庵为归宿"的"中国女人佛教人生观的教本"①。"常使持经念佛，教以四德三从"②亦被悬为普通家教中训女的戒条。明蒋伊《蒋氏家训》规定："女子稍长，每月朔望，命其先礼佛，次谒见祖父母及父母，善诲导之，盖女性多鸷，礼佛所以启其慈心也。雍容谒见，所以娴事舅姑之礼也。"各类女教读本中，充斥着"幽有鬼诛，恶报昭然"③一类的说教，"恶妇"于阴间遭受刀劈锯截、油锅煎熬的天谴神殛轮回报应思想成为威逼劝诱妇女信守妇礼的强大精神武器。不言而喻，佛道女教通过强化控制世俗女子的思想行为，势必也会进而潜移默化，影响到整个社会的文化心态、习俗风尚。

毫无疑问，佛道庵观女教的目的在于宣扬传播教义，或强调因果轮回，普度众生成佛；或倡导天人和谐，炼丹服药登仙，均为宗教神学性质。这种宗教教育散播轮回迷信思想，诱导消极避世、驯顺忍让，从不同角度与儒家礼教互补，最终"辅翼王化"④，起到协调现实社会秩序、凝聚宗族社会结构从而巩固王朝统治的政治作用。此外，不同的阶级、阶层又往往依据自身的利益、愿望对某些教义作出各自不同的理解、引申和发挥，历史上许多农民起义都曾竖起佛道的大纛鼓动发难，如谷应泰《明史纪事本末》所说，"自古盗贼之起也，莫不好为妖眚惑乱。……予以为男诚有之，女亦宜然"，"妇女之轻剽好作乱，大抵不少概见也"⑤。而自唐初陈硕真佯称羽化登仙，至明清白莲教宣扬圣母下凡，揭竿造反的民间妇女也确实大多"以妖眚惑乱"形式披上宗教神学的外衣登上政治舞台。她们强化宗教中有关平等和尊重女性的观念，经改造而赋予反对剥削压迫、男尊女卑的革命意义。又利用谒庙进香等活动

---

① 周作人：《女人的禁忌》《刘香女》，见舒芜编：《女性的发现——知堂妇女论类抄》，北京：文化艺术出版社，1990。

② 《欲海回狂集》卷二。

③ 《女教篇》。

④ 《仁宗睿皇帝御制邪教说》，《三省边防备览·策略续》。

⑤ 《明史纪事本末》卷二三。

冲破世俗妇礼的束缚，通过走街串巷听讲宣说经卷、习医练武、扶乩治病等形式提高认识，锻炼增长斗争才干。这种民间会社教门的女子教育活动固然与官方认可的庵观女教本质不同，但在组织形式、方法手段，以至某些经卷教义等方面又明显脱胎于佛道庵观女教，与之密切关联。

佛道女教虽然在一些具体道德评价标准上与世俗正统女教有不少共同之处，但在出发点和终极目标上又毕竟与正统女教将女子禁锢于家庭四壁，造就三从四德式贤妻良母的宗旨不尽相同。她们中的中上层人物既能"足下远游履，凌波生素尘"①，遍游名山大川，增长见识，扩大眼界；又可"从师游学""常游行教化，历履邦邑"②，甚至出入宫廷巨室与帝王官宦文士交接往返，唱酬应和。其中有的潜心研习经典、坐禅修炼，成为颇有声望的法师；有的因修炼内功外丹的实践而对医药等自然科学做出贡献；更有一些尼姑女冠不拘形迹，广交达官名士，酬赠遣怀，留下许多传世篇章。《比丘尼传》《续比丘尼传》《善女人传》《墉城集仙录》《历世真仙体道通鉴后集》等佛道传记赞颂的多为积德、修道、行善、施贫扶穷、救危济困或德高功深、法术灵验(有的似有特异功能，有的不免荒诞离奇)、善于洞察形势、预见未来的女尼女仙，这与世俗《列女传》专为节烈妇女树碑立传迥异其趣。

当然，遁入丛林的女冠尼众情况也各不相同。有的出于真心信仰自愿出家，或因家人佞佛崇道将幼女寄养尼俺道观；有的因体弱多病或家遭变故，以此作为祈福消灾的手段；还有的宫廷后妃于皇位更迭或王朝易代之际不便留居后宫，被集体遣入庵观伴随青灯古佛消磨余生；也还有一些女子饱经忧患看破红尘，以佛道庵观为心灵解脱的归宿，甚或以此摆脱妇礼纲常桎梏，寄情山水，追求较为自由的生活；更有为数众多的贫家少女困于生计，出家为尼冠遂成为她们赖以谋生的出路。晚清江震间女尼竟"绝无自愿为尼而皈依佛法者"③。同为佛道女弟子，相互之间的贫富境遇也不尽相同。北魏后妃入瑶光寺为尼还随身携带大量可供驱使的掖庭宫女；而下层尼冠每视佛道丛林为畏途，以至须事先签立情愿舍身的文契方准出家，她们清苦贫寒远没有贵

---

① 李白：《江上送女道士褚三清游南岳》。
② 《比丘尼传》卷二《江陵牛牧寺慧玉龙传》。
③ 《梵门绮语录·震泽新庵连生》。

妇皈依那么风光。自然，贫富悬殊的尼冠在接受佛道教育上也不可能真正均等。不过道二教毕竟较为尊重女性权益，相对为女教徒提供了更多受教育的机会。尽管就其性质而言，这是一种神学教育，但女冠尼众从中学到的知识素养远远超出了神学的范围。如清人章学诚在论及有唐一代女子中"篇什最富，莫如李冶、薛涛、鱼玄机三人，其他莫能并焉"时所说："是知女冠坊妓，多文因酬接之繁；礼法名门，篇简自非仪之诚，此亦其明征矣"①。与宗法礼教严密束缚下的世俗妇女相比，女尼女冠有机会接受系统的庵观女教，从总体上看文化素养较高，又兼她们集聚庵观，一定程度上摆脱削弱了妇礼纲常的羁绊和世俗家庭的拖累，行动较为自由、放达，在她们中间涌现较多人才实非偶然。

（原载《中国史研究》1995 年第 3 期）

---

① 　章学诚：《文史通义·妇学》。

妇女缠足与天足运动

辛亥革命以前，中国人给外国的印象是男子拖一条大辫子，妇女裹着小脚。民国以后，男子陆续把辫子剪掉，但妇女裹足的习俗却并未根除，而且已经缠过的小脚，再也无法长大，因此，直到解放前，小脚妇人的形象竟成了旧中国愚昧落后的象征。

缠足确是中国旧时的一种陋习。女孩子四五岁时就把四个小趾硬弯在大脚趾下，用布帛紧紧缠裹起来，逐渐使骨头折断，压在脚面下不能分开，人为地使双脚畸形，变得又小又尖。这种野蛮落后的习俗，给女子带来极大痛苦。

清代小说《镜花缘》曾对缠足之苦作过详细描述。小说在提到缠足时写到："用些白矾洒在脚缝内，将五个脚指紧紧靠在一处，又将脚面用力曲作弓一般，即用白绫缠裹"。才裹了两层，就拿针线密密缝口，"一面狠缠，一面密缝"，及至缠完，"只觉脚上如炭火烧的一般，阵阵疼痛"。就这样"今日也缠，明日也缠，并用药水熏洗，未及半月，已将脚面弯曲，折作凹段，十指俱已腐烂，日日鲜血淋漓"，最后"不知不觉那足上腐烂的血肉都已变成浓水，也已流尽，只剩几根枯骨，两足甚觉瘦小"。康有为也曾详尽描述女子缠足之苦：

> 乃乳哺甫离，髫发未燥，筋肉未长，骨节未坚，而横絷弱足，严与裹缠。三尺之布，七尺之带，屈指使行，拗骨使折，拳挛缩缩，蹋地踏天，童女苦之，旦旦啼哭。或加药水，日夕熏然，窄袜小鞋，夜宿不解，务令屈而不伸，纤而不壮，扶床乃起，倚壁而行。……临深登高，日事征行，皆扪足叹嗟，悉眉掩泣。或因登梯而坠命，或因楚病而伤生。若夫水火不时，乱离奔命，扶夫抱子，挟物携衣，绝涧莫逾，高峰难上，乱石阻道，荆束钩衣，多有缢树而弃生，坠楼而绝命者，不可胜数也。

康有为称此恶俗不啻是对女子施加的刖刑，"终身痛楚，一成不变，此真万国所无"①。

妇女缠足唯独在中国一度盛行，尽管世界各地许多民族在早期发展阶段大多流行过文身、穿鼻一类的风气，但一般是用作图腾的标志，并不伤残肢体的机能。中国妇女的缠足却严重戕害肢体，终身只能用脚后跟蹒跚行走。

中国缠足之风最早始于宋代。在这之前，文人墨客的诗词中也有不少尖头小履之类的描绘，多半是表示欣赏妇女的小巧轻盈，并没有说到缠。到了南唐末代皇帝李煜，曾令人作六尺高的金莲，在花瓣中用绫罗珍宝装饰成五彩祥云，让纤细善舞的宫嫔窅娘"以帛绕脚，令纤小屈上作新月状，素袜舞云中，回旋有凌云之态。"②这也还是帝王在宫中偶一为之，并非终身缠足，只是宫女跳舞时束脚更显得纤巧婀娜。不过这个新奇办法确实开了"缠"的先例。后来教坊乐籍逐渐仿效，以至形成世人都以纤小为妙的风气。到宋代开始有了缠足的明确记载。张邦基在南宋初年撰写的《墨庄漫录》中提到"妇人之缠足起于近世，前世书传皆无所自。"《宋史·五行志》称"理宗朝，宫人束脚纤直"。北宋徐积有一首咏睢阳蔡张氏诗，诗云"手自植松柏，身亦委尘泥。何暇裹两足，但知勤四肢"③。可见北宋时缠足的风气已经开始形成。

宋代的中国，社会经济高度发展，如法国史学家谢和耐《南宋社会生活史》所述，"中国是当时世界上首屈一指的国家，其自豪足以认为世界其他各地皆为化外之邦"。而缠足恶俗却偏在这时兴起。这一方面是因为中国古代妇女经济上不能自立，一向是士大夫的玩物，只要男子欣赏，妇女就要尽量顺从。更为重要的原因则是宋代专制集权高度强化，在意识形态上出现了为加强君主集权、保持地主阶级永恒统治而辩护的思想理论——理学，用来作为维护专制统治的精神支柱。在这种情况下，社会上对妇女的压迫、束缚空前加重。朱熹在福建任地方官时，就曾身体力行，亲自施行"教化"。他见漳州、同安一带妇女在街上露面往来，便示令出门必须用花巾兜面，称作"朱公兜"。并规定女子要在莲鞋下设木头，使之步履有声，以限制妇女参加社会活动，

---

① 《请禁妇女裹足折》。
② 《道山新闻》。
③ 《癸巳类稿》。

防范妇女逃跑私奔。如后来流行的《女儿经》所说，"为甚事，裹了足？不因好看如弓曲；恐她轻走出房门，千缠万裹来拘束"。

宋代之后，缠足之风愈加兴盛。元代的杂剧词曲中已到处可见"三寸金莲"的"美称"。到明代，缠足更加普遍。明时浙东一带对丐户甚至有"男不许读书，女不许裹足"的规定。① 缠足成了一种荣誉，不许女子裹足，就如同不准男子读书一样，是极大的歧视。

清初，满族统治者入主中原后，曾力图改变明末腐朽的风气，一度禁止缠足。顺治十七年(1660)清廷规定，有抗旨缠足的，对其父或夫处以杖八十、流三千里的刑罚。但满族很快受中原文化影响，康熙七年(1668)又取消禁止缠足的命令。以后时禁时缠，不了了之。后来连有的旗人妇女也渐染陋习，缠足之风进而臻于极盛。这时在缠法上也极考究，清人方绚撰写的《香莲品藻》罗列了当时裹足的十八种样式。有所谓四照莲、锦边莲、钗头莲、草叶莲、佛头莲、穿心莲、碧台莲、并头莲、并蒂莲、同心莲、分香莲、合影莲、缠枝莲、倒垂莲、朝日莲、千叶莲、玉井莲、西番莲。这十八种名目各有具体标准。如四照莲，要求"端端正正，窄窄弓弓，在四寸三寸之间"；缠枝莲，系指"全体纤迴者"；朝日莲，"翘指向上，全以踵行"；末一种西番莲，则是指"半路出家"的半大脚。其中又以"弱不胜羞，瘦堪入画，如依风垂柳，娇欲人扶"为稀世之宝。风气所及，女子的脚越缠越小。北方一些省份，发展到女孩二三岁就裹足，成年后脚只有二寸七八大。在士大夫文人中间甚至流行起用小脚妓女绣鞋置杯行酒的风气，有些地方还盛行妇女定期当街赤足赛脚一类的怪俗。男子娶妻寻妾"不仰观云鬟，便先察裙下"②；结婚拜堂之日，常有小孩去量新娘小脚的尺寸。脚的大小竟成了衡量女子美丑贵贱的最高标准，社会上形成了一种令人难以想象的小脚崇拜之风。

1859年来中国、曾参加太平天国农民起义的英国人吟唎，把他当时见到的小脚妇女描绘成"缠得像小小的蹄子，……看一看踝骨、脚背和后跟罢，你什么也分不清楚，只见浑然一团，很像象脚"，她们"甚至在站立不动的时候，也显得十分不稳，摇摇摆摆地走动起来，则每一步似乎都有倾倒之势。这种

---

① 《万历野获编》。
② 《袁子才答人求妾书》。

造成残疾的恶习，激起了人们的极大憎恶，也唤起了人们对于那些牺牲在这种恶习下的妇女们的强烈同情。可是中国人却把这种令人反感的步态描述成身姿婀娜，步态轻盈，有如弱柳迎风摇曳"①。呤唎的评论是公正的。旧中国不但女子的小脚是畸形、病态的，就是整个社会心理、审美观也扭曲成畸形、病态的。它完全被一整套至高无上的纲常伦理道德观念所弥漫、渗透。这就是野蛮落后的缠足恶俗，在社会文明高度发展的宋代以后得以发展和兴盛的原因。

对于缠足，历史上并非没有人反对。早在宋代缠足风气形成之初，车若水就提出："小儿未四五岁，无罪无辜，而使之受无限之苦，缠得小来，不知何用？"②以后历代都不断有一些有识之士抨击这种陋俗。比较突出的有清代《镜花缘》的作者李汝珍、《盛世危言》的作者郑观应等。他们在小说、文章中极力描写缠足之苦，辛辣地讽刺："试问鼻大者削之使小，额高者削之使平，人必谓为残废之人；何以两足残缺，步履艰难，却又为美？"③愤怒指责女子缠足，"如膺大戮，如负重疾，如构沉灾，稚年罹剥肤之害，毕世婴刖足之罪"，"酷虐残忍，殆无人理"④。

历史上第一次猛烈冲击缠足恶俗的"天足运动"发生在清中叶太平天国农民革命时期。1851年爆发的这次农民革命，攻克六百余城，席卷了半个中国，建立农民政权达十五年之久。太平天国政权在妇女问题上实行过一些男女平等的政策。曾专门组织女军，和男子一起并肩作战。农民政权还下令废除买卖婚姻，禁止娼妓、买卖婢妾。与此同时，严令禁止缠足，组织妇女参加各种生产劳动。据当时地主阶级文人所撰《贼情汇纂》记述："贼婆皆粤西溪峒村媪，赤足健步，无异男子。初到江宁（今南京），即传令妇女不准缠足，违者斩首"。《金陵癸甲纪事略》也说："妇女皆去脚带，赤足而行"。女百长每夜到女馆"逐一查看，有未去脚带，轻则责打，重则斩脚"。有些骤被除去裹脚布的妇女，由于肉体上的不适应和心理观念上视此为对名誉和尊严的剥夺，竟把这种解放看成是凌辱和迫害，以至十天之内"寻死者以千计"。敌对营垒方

① 《太平天国亲历记》。
② 《脚气集》。
③ 《镜花缘》。
④ 《盛世危言》。

面的上述记载，不免带有恶意中伤、夸大诽谤之处；不过太平天国严厉禁止缠足，以及成年妇女对强令放足颇多抵触大体也都是事实。之所以把放足当作是苦痛和难堪，一则是已经缠裹致残的小足已经无法恢复原状，再则千百年来形成的习俗观念并非简单的行政命令所能顷刻破除。相比之下，吟唎《太平天国革命亲历记》中的有关记载较为客观公允：

> 天朝已废止伤残妇女双足之恶习。虽然，在此改善的制度下，只是少女们得免此酷刑，而其人之眷属则许多仍有可怕的小足，盖皆沿旧习而未改者。……自最初期以后，凡所生的女儿，均保有天足。这一种对于妇女之大利益，其影响于她们的外观之改善，与夫男子之从薙发拖尾向为奴隶的身份之明徵中得解放，成为他们特异的习尚中最显著的两大特色，而至令天朝人物与满清治下之男女在个人外观上比较最为特异而且进步的。

吟唎并称："天朝妇女所得之最大的愉快，乃在得享天足之乐而可自由行动，任意所之，但可惜只是少女乃得享此福耳。"可见，在太平天国权力所及之处，少女不再缠足，"均保有天足"，这方面较为彻底，富有成效；而对成年妇女放足因事实上已无可能复原，试行一段之后便收回成命，故眷属中不得不保留了"许多仍有可怕的小足"的状况。

尽管太平天国初期禁止缠足时有过一些偏激、简单生硬的做法，但总的来看天足运动还是取得了很大成效。因为它不是一个单纯的禁止缠足运动，这次革命本身就是对陈腐礼教的一次沉重打击。劳动妇女在政治、经济上得到一定程度解放，精神面貌和社会风气发生了重大变化。1861年英国军官吴士礼到天京(今南京)访问时，他得到的印象是"这里跟全国我所曾游的其他城市大异的地方，即是妇女随便游行，或乘马于通衢大道，而又绝不装模做样害怕外国人如其他中国妇女所常为者，亦不回避我们"①。太平天国革命最后在中外反动派联合镇压下失败了，但此后在农民军长期活动过的两广等地，妇女缠足的风气却始终没有再猖獗起来。

---

① 罗尔纲：《太平天国史事考》，北京：生活·读书·新知三联书店，1979。

19世纪末，资产阶级作为新兴的政治力量登上历史舞台，在康有为、梁启超领导下，开展了变法救国的资产阶级维新运动。在这次变法维新的浪潮中，康、梁都亲自带头反对缠足，再一次掀起强有力的天足运动。梁启超撰写《戒缠足会叙》斥责缠足是"残忍酷烈轻薄猥贱之事"，指出，缠足之风"必起于污君、独夫、民贼、贱丈夫。"康有为专门向皇帝呈递《请禁妇女裹足摺》，认为缠足"令中国二万万女子，世世永永，受此刖刑；中国四万万人民，世世永永，传此弱种"，只有彻底去掉恶俗，才能保住妇女健康，增强全国人民体质。康有为、梁启超还亲自创办、组织不缠足会，规定会员所生女孩不得缠足，所生男孩不得娶缠足之女。在戊戌变法以前，广东、上海等城市都已设有不缠足总会，并在一些乡村设立了分会。

20世纪初民主革命的杰出女活动家，妇女解放运动的先驱秋瑾，对缠足恶习也进行了坚决斗争。她写文章、编弹词，愤怒控诉缠足的危害。在《敬告中国二万万女同胞》一文中，她号召全国妇女起来，对戕害女子的缠足恶俗"兴师问罪"！

1911年孙中山领导的辛亥革命，一举推翻清王朝，结束了持续两千多年的帝王专制统治，使民主主义的思潮成为不可抗拒的洪流。资产阶级民主革命给妇女带来了新的觉醒，但这时的妇女解放运动还只是在少数上层知识妇女中产生影响，并没有深入到广大劳动妇女中间去。到了五四新文化运动，进一步提倡民主和科学，对传统礼教进行了猛烈扫荡，妇女解放运动更加汹涌澎湃。大、中、小学逐渐向女学生开放，妇女在政治、经济、文化、社会活动中的地位和作用日益增大，城市和近郊的少女已经很少有人再缠足了。

缠足是具有浓厚宗法思想的中国古代家国同构社会的一个怪胎，随着清王朝的瓦解、传统礼教的崩溃，而失去存在的根基。新中国成立后，中国劳动妇女彻底翻身做主，最终把残害中国妇女近千年之久的缠足恶习永远从地球上铲除干净。

（原载英文《中国妇女》中文稿选编）

中国历史上的纳妾制度

中国古代，男子是可以有很多老婆的。除皇帝、王侯贵族的众多老婆有特定尊称外，一般大老婆称"妻"，其余"如夫人""小妻""姨太太"之类的小老婆，通称为"妾"。

妻妾之间的差别很大，不容混淆。作为大老婆的妻，只允许有一位。有妻重娶者，历代法律规定要施以处罚。而对妾的数目，则一般不作严格限制。因此，准确地说，中国古代男子实行的不是多妻制，而是一妻多妾制。

在中国的古书《礼记·内则》篇中，对妻和妾的区别解释为"聘则为妻，奔则为妾"，就是说：按照礼仪明媒正娶来的是妻，不履行正规仪式，从非正式途径娶来的是妾。清代法律的注释文中讲得更清楚了：妻子在家庭中名义上与丈夫处在同等地位；而妾仅仅在生活上能够接近、侍候丈夫，并不能算正式配偶，"贵贱有分，不可紊也"。妾不但以夫为"男君""主父"，而且称丈夫的妻"女君""主母"。甚至要求妾侍奉妻，得要像服侍公婆那样的恭敬周到。相比之下，贵贱差别是很大的。

妾的来源主要有二，一是强占掠抢女奴和罪犯的家属，一是直接用钱买贫家妻女。最常见的还是后者。

历史上很早就有关于买妾的记载。《礼记·曲礼》篇在谈到同姓不婚时就说："买妾不知其姓则卜之。"千百年来，买妾的风气十分盛行。凡有钱有势的人家，男子无不纳妾，一般中等人家也是如此。他们的区别只是数目的多少而已。可以说纳妾多少，也是衡量这家权势和财富的一个尺度。

明代在江苏扬州专有人蓄养幼女卖人作妾，人们称之为"养瘦马"。这些人口贩子为迎合富家大户的口味，对拐来的贫家女孩，施以种种训练，以求售得高价，"其保姆教训，严闺门，习礼法，上者善琴棋歌咏，最上者书画，次者亦刺绣女工；至于趋侍嫡长，退让侪辈，及其进退浅深，不失常度，不致憨戆起争、费男子心神"。因而纳妾者，多愿到扬州去物色。晚明张岱在《陶庵梦忆》中详细描述了纳妾者如何对"瘦马"的头、手、足以及音容面貌各部形体器官逐一品察，相中之后，再双方议价，拍板成交。这些任人选购的"瘦马"，实在贱同市场上买卖交易的牲畜货物一般，没有丝毫人格可言！

妾既然是花钱随便买得来的，也就如同其他物品一样，可由主人自由支配，随意馈赠、转让，甚至用作赌场上押宝的赌注。历代法律没有关于丈夫与妾离婚的条款，男子可以不受约束，随意离弃。直至民国以后，纳妾制度依然受到军阀政府的保护。

妾的来源、身份如此卑贱，自然无法和门当户对的正室分庭抗礼。而且，在宗法社会里，对确立继统、稳定家族中的礼法秩序看得特别重要，因此严格规定正式大老婆只能有一个，只有嫡长子才能承袭家长的地位。在这种情况下，妻妾嫡庶之分就显得更加严格了。早在两千多年前，社会上已经流行"妻妾不分则家室乱"的看法。后来的士大夫也认为"妾婢既滥，子女杂出，各私其类，便生异同"，如没有一套礼义维系，难免家中要分裂出乱子。

这种维护宗法家庭的礼义十分严明。《仪礼·丧服》甚至要求"妾之事女君，与妇之事舅姑（公婆）等"。至新中国成立前广东一带旧俗，妾第一次迎进夫家时，先要跪在正妻面前，由大老婆给她改名，并赐给她一件用银打的花"管"，或"钸"、项链一类的首饰，意思是象征管着、压首、锁住她。然后照例要大骂特骂一顿。妾则始终要跪在地上俯首恭听，骂完之后才准起来，再去拜见丈夫。

从历代制定的法律条文中，也可反映出妾在整个社会家庭中处在最受歧视的地位。唐宋以来的法律规定，夫殴妾折伤以上量刑时要比殴伤妻减轻二等。明清律还规定，夫殴妾至死者，杖一百，徒三年，过失杀者勿论，也较杀妻之罪为轻。反过来妾如殴伤丈夫，处罚时却要比妻伤丈夫加重一等，判处死罪。

事实上，古代婢妾二字经常连用。妾虽然在名分上比婢女高，实质上仍是丈夫和大老婆的奴婢。妻妾之间身份的差别，有时比婢妾之间的差别还要大。婢女和男主人生了儿子，可以收房为妾，为社会所认可。而以妾为妻则被历代法律明文禁止。公元前 649 年齐桓公出面召集各国诸侯订立的盟约中就曾有"勿以妾为妻"的条文。直到清代，社会上已经通行妻死之后可把妾"扶正"，但清律妻妾失序条辑注还认定这种做法有罪，坚持仍应"改正"。

尽管后娶的小老婆一般都比较年轻貌美，有的在正妻不育的情况下，也能"母以子贵"。但在多数情况下，即使为丈夫生了儿子，也不能从根本上改变自己卑贱的身份。

在宗法家庭中，正妻生的儿子称嫡子，妾生的儿子是庶子。庶子要尊称父亲的正妻为嫡母。嫡母对庶子的管教、支配权限远比生母要大。嫡子称父亲的妾为庶母。嫡长子继承家长的地位，有权任意处置庶母。据《礼记·檀弓》记载，有个叫子柳的，母亲死后无钱埋葬，家人竟提出"请粥庶弟之母"，说明嫡长子当家后居然有权把自己的庶母卖掉。

就是妾的亲生子女，在旧家庭里面，也都和嫡母关系密切，不把生身之母放在眼里。在古典小说《红楼梦》中，作者曹雪芹塑造了一个贵族官僚大家庭的贱妾、庶母的艺术形象——赵姨娘。赵姨娘原是荣府的家生女儿，后来为荣府老爷贾政生探春、贾环，收房为姨太太，算是宝玉的庶母。赵姨娘虽然"在屋里熬油似的熬了这么大年纪"，又为主子生了一儿一女，却仍然只能干一些侍候贾母、贾政的杂活，每月领二两银子、两串钱的定例钱。这个数目仅仅和荣府体面丫头的收入同等。一次赵姨娘责骂自己亲生儿子贾环，被侄媳辈的凤姐听到，凤姐毫不客气地训斥她："凭他怎么着，还有老爷太太管他呢。就大口啐他？他现是主子，不好，横竖有教导他的人，与你有什么相干？"赵姨娘的亲女儿探春，在凤姐生病时被授权代理家务。赵姨娘为自己弟弟赵国基死了只给二十两埋葬银，找到探春，要女儿为亲舅舅的丧事，再多给二三十两银子。不料探春反问道："谁是我舅舅？我舅舅早升了九省的检点了！那里又跑出一个舅舅来？——既这么说，每日环儿出去，为什么赵国基又站起来？又跟他上学，为什么不拿舅舅的款来？"在探春看来，自己的母亲是嫡母王夫人，舅舅是王夫人的兄弟，官至九省统制的王子腾。而生母和亲舅舅只不过是荣府的奴才！其实，这并不是探春个人丧失人性、品格低下的问题，那个时代，一般庶子只对嫡母叫"娘"，而称生母为"姐""姨"。整个社会风尚都把这种做法看作是天经地义恬不为怪。

在宗法社会中，"不孝有三，无后为大"，延续子嗣被看作头等大事。这也成了旧时婚姻的一个主要目的。同样的原因，繁衍子孙，也成为男子纳妾冠冕堂皇的理由。

东魏时临淮王元孝友，曾向皇帝上过一道奏表，提出朝廷百官都应按品第高低分别置妾，以"使王侯将相，功臣子弟，苗裔满朝，传祚无穷"。明代法律还规定："其民四十以上无子者，听娶妾，违者笞四十。"可见妾不过是男子用来传宗接代的工具。在贵族老爷看来，他们的血统自然比庶民高贵，因此纳妾的数目也要比常人多。

纳妾的另一个道学先生没有明白说出的目的，是把众多的妾当作发泄情欲的工具，以满足他们腐化堕落生活的需要。明初，社会上流行"妻不如妾，妾不如妓"的俗谚，正反映了浪荡公子玩弄女性，喜新厌旧，以稀遇为贵的猎奇心理。也正是这个原因，那些年轻貌美受主子宠爱一时的妾，一旦年事稍长，色艺衰退，便会遭到丈夫的遗弃。妾在家中地位极低，不受保护，因而失宠后的境遇更为凄凉。而且就是在她们"全盛"的时候，也常要受到大老婆的忌恨和摧残折磨。大老婆对整个社会的纳妾制度，对丈夫娶妾的合法行为是无可奈何的，她们往往把满肚子的怨恨愤懑转而发泄到更为卑弱的众妾身上。

清代有个叫邵飞飞的女子，被人以千金买来作妾，后为刚狠的正妻所不容，赐配司阍。走投无路的飞飞终于作《薄命词》一首寄给母亲，然后悲愤地死去。《薄命词》的最后一句是"风筝本是随风信，莫怪丝丝线不牢"。如果说中国古代整个妇女的命运都像随风飘摇的风筝寄托于男子不能自立的话，那么，为人妾者，就更是断了线的风筝，毫无根基，下场更为凄惨。旧时以男子为中心的宗法制度和一妻多妾的纳妾制度，正是制造了无数这类大小悲剧的罪恶渊薮。

历史上也曾有人对纳妾的做法提出非议。清代俞正燮撰写了一篇《妒非妇人恶德论》，指出男子想要纳妾就得容忍夫人去妒，如果"夫买妾而妻不妒，则是恝也，恝则家道坏矣"。在他看来"夫妇之道，言致一也"，只有严格实行一夫一妻制才是合理的婚姻制度。清代另一位文学家李汝珍则通过小说《镜花缘》辛辣地嘲讽了男子纳妾的行为。小说描写一名强盗因要纳妾惹得夫人大怒，夫人打了丈夫四十大板，训斥道："假如我要讨个男妾，日日把你冷淡，你可欢喜？你们作男子的，在贫贱时原也讲些伦常之道，一经转到富贵场中，就生出许多炎凉样子，把本来面目都忘了，不独疏亲慢友，种种骄傲，并将糟糠之情也置度外。——这是强盗行为，已该碎尸万段，你还置妾，那里有个忠恕之道？我不打你别的，我只打你'只知自己，不知有人'，把你打的骄傲全无，心里冒出一个忠恕来，我才甘心。"这位夫人表示"今日打过，嗣后也

223

不来管你，总而言之，你不讨妾则已，若要讨妾，必须替我先讨男妾，我才依哩。"

19世纪末变法维新浪潮中，人们进一步提出了男女平权、废止妾婢的主张。1903年金一在他撰写的《女界钟》中明确指出："我同胞致实行其社会主义，必以一夫一妻为之基础。"

1919年的五四新文化运动再一次对纳妾制度展开了猛烈冲击。该年7月《民国报》发表《禁止中国纳妾之方法》一文，列举了纳妾制度的五条罪状：第一，一夫一妻为理想的家庭形式，妻妾之间不能无所猜忌，纳妾必然破坏家庭幸福。第二，一妻多妾生口日繁，必然加重家庭负担，增加社会生计困难。第三，男女平等为人类公理，以众妾隶属于一夫，则女子为男子所私有，其为剥夺自由，无异买卖奴隶。第四，男子背妻他娶，违背伦理原则，而且夫妾之间年龄性格差异悬殊，必然促使佚淫秽行发生。第五，纳妾无年龄限制，男子高年惑溺寿命必亏，晚生子女体质必脆，普遍纳妾必然戕伤国民体格。

文章认为"国民淫乱闇愚脆弱""中国不能进于世界文明携手者"，正与纳妾制度的影响有关。

作者还进一步分析了妾制得以存在的社会原因，指出：从伦理观念上看，中国"本于三纲五常之说，夫妻本不平等，则纳妾本不为罪"；从家庭关系上来看，"结婚不由恋爱""家庭务取广大"促使了妾制的流行；从社会关系上看，"阶级太严，非贵族奢淫，则无由买妾"；从政治关系上看，"处专制政治下，则民可臣而女可妾。"结论是"中国政治不改革"就无法废除妾制。

正如文章所指出的，废除纳妾制的关键在于中国政治制度的改革。在当时的社会条件下，反对纳妾的种种努力并未取得明显成效。新中国成立前官员、军官、地主、富商拥有几房姨太太的情况几乎到处可见。

直到新中国成立后，劳动妇女翻身做了主人。随着第一个婚姻法的颁布，纳妾制和旧社会遗留下来的种种污垢一起被扫进了历史垃圾堆中。

(原载英文《中国妇女》中文稿选编)

宫女的苦难与抗争

中国许多地方戏曲中都有一出叫《抢新郎》或《拉郎配》的戏剧，说的是明代皇帝派人到民间挑选秀女，老百姓听说后人心惶惶，有女未嫁的人家急不择婿，以至抢拉素不相识的过路男子当新郎，火速成亲。这情节并非出于虚构，在历史上是确有其事的。

有关挑选民女具体做法的最早记载，见于《后汉书·皇后纪序》。其中提到"汉法，常因八月算人，遣中大夫与掖廷承及相工，于洛阳乡中阅视良家童女，年十三以上，二十以下，姿色端丽合相法者，载还后宫，择视可否。"后世大多沿用这个办法。563 年，北齐曾下令杂户未嫁女子全部集中应选，有隐匿逃避的，竟对家长处以死刑。事实上，几乎历代新皇帝登基时，民间总要因选秀女的传闻而引起骚乱。

历代帝王不但有皇后、众多的妃嫔，还在宫廷内备有数目庞大的宫女。这些宫女除了供帝王后妃日常驱使外，还要侍奉他们玩乐，并可随意被皇帝叫去陪寝。严格地讲，她们都是帝王地位卑贱的使女和婢妾。历代皇帝拥有宫女至少有成百上千，多的达到几千，甚至如《新唐书·宦者上》所载，"开元、天宝中，宫妃大率至四万"。晋武帝在平吴之后，亦曾把吴王孙皓的五千婢妾据为己有，使宫女人数多到近万。据传武帝看花了眼，不知到那儿去好，索性乘着羊车，任凭行止，一些宫女竟把竹叶插在门口，用盐汁洒地，招引羊车。唐代杜牧在《阿房宫赋》中也提到，秦始皇的宫女"有不得见者三十六年"。

宫女没有人身自由。她们一选进宫去就不再能和父母亲人见面，长年深锁宫中，与世隔绝。只有遇到改朝换代、皇帝驾崩等特殊机会，才有可能放出宫廷。一般情况下，因为怕泄露宫中内情，即使容颜衰老也不得脱身。明代宫中就规定，凡年老及有罪废弃贬退的宫女都发落到浣衣局居住，照例供给米盐，待其自毙。

这些终身孤寂冷落的宫女，有的便互相结为"夫妇"，聊以自慰，这在汉朝称作对食。后世则多半与宫中太监匹配。据《万历野获编》记载，明代宫女中很少没有配偶的，婚配之前也有媒妁为之作合，订婚之后，星前月下，彼此盟誓。一些太监还在城外寺中设牌位奉祀已故宫女，每逢忌日亲来祭奠，擗踊号恸，情踰伉俪。太监先死了，宫女也有守节不肯"再嫁"的。这种荒诞的做法，反映了宫女受到禁锢摧残后的畸形变态心理。

中国古代诗歌中，有一类作品是专门描写宫怨的。其中有些直接出自宫女的手笔。例如唐玄宗开元年间（713—741）由宫中缝制军衣赏赐边军，有一士兵在衣内发现一首短诗"沙场征戍客，寒夜苦为眠。战袍经手作，知落阿谁边？蓄意多添线，含情更著棉。今生已过也，愿结后生缘。"另外还有一个著名的红叶题诗的传说：唐代有人捡到一枚从宫廷流水中漂出的梧桐叶，叶上题诗一首："一入深宫里，年年不见春；聊题一片叶，寄与有情人。"这些作品充分抒发了宫女对她们被困深宫的强烈不满，倾吐对自由、爱情、幸福生活的热切渴望和执意追求。

那些随侍帝王身边的宫女，她们身份卑贱，经常遭受打骂凌辱，甚至无端杀害。宫廷中定有对宫女实施的残暴的专门刑罚。一旦触犯帝王后妃，她们随时可能被打杀处死。明代永乐皇帝朱棣（1403—1424年在位）怀疑宠妃病死是因为宫女在茶中放毒，竟杀死宫女宦官数百人。在有的朝代，皇帝死后还要用大批宫女殉葬。公元前210年秦始皇死后，秦二世即下令数千名没有生子的宫女全部生殉。明初太祖、成祖、仁宗、宣宗死后，都曾经令宫女生殉。汉、唐等朝代虽然废除生殉，却把宫女全部发遣到先皇陵墓守陵，整治梳洗用具，铺床叠被，就像帝后活着一样服侍他们。这些守陵的宫女虽生如死，正如唐代大诗人白居易在《陵园妾》中所说，"山宫一闭无开日，未死此身不令出。"

这种种酷虐和苦难，使人们视宫廷无异于虎口、火坑。逃避选秀就是父母对女儿被选入宫极端恐惧的表现。他们宁肯让女儿嫁给一个极不相称的男子，有的少女将自己的容颜毁掉，以逃避进宫。白居易路过汉代宫妃王昭君故乡，写了一首《过昭君村》，其中就有"至今村女面，烧灼成瘢痕"的诗句。村女们宁肯毁容，也不愿进宫。

清代还发生过被选秀女当众责骂皇帝的事件。清咸丰九年（1859）冬，英法联军已攻陷天津，强迫清廷订立不平等的《天津条约》，国家正处在危急存亡的关头，咸丰皇帝却照旧命令内廷去选秀女。挑来的女子在坤宁宫外相对失声痛哭。其中有一女子不顾太监喝骂，厉声斥责当今皇帝在兵荒马乱、水深火热之时，不去选用将相，召见贤士，反而使无辜的女子别离父母，幽闭宫中，真是无道昏主！这时恰好皇帝闻声赶到，太监把她捆绑起来，强迫她跪在皇帝面前。这位少女毫无惧色，当着皇帝面，又把说过的话重复一遍。在这大义凛然的斥责面前，咸丰无言以对，沉默良久，只好挥手放她出去。

历史上常有宫女逃跑和反抗斗争的事。唐朝初期，一个正月十五上元夜，数千宫女出去看灯，结果很多宫女借机逃跑。金代时，曾有称心等数名宫女，愤而纵火，大火一直烧到太和神龙宝殿。最为惊心动魄的一幕是发生在明嘉靖年间的宫变。嘉靖皇帝性情刻薄狠毒，喜怒不测，宫女们经常获罪受罚。一天晚上杨金莲、杨莲香等十几名宫女乘皇帝熟睡之际，用黄花绳勒住他喉咙，黄绫抹布塞住嘴巴，几个人踏在他身上奋力绞杀，还有的用钗股往他胯间乱刺，皇帝眼看就要咽气，可惜宫女不善打绳结，慌忙中勒成死扣，终于被人听见响动，救了出去。结果参与宫变的十六名宫婢全部凌迟处死，亲属也被连坐杀头发配。

这次宫变对后来的帝王也留下深刻的教训，直到明朝末代崇祯皇帝（1628—1644 年在位）还心有余悸。崇祯皇帝的寝所，由纵深里外三间房子组成，凡被召幸的宫眷，一遍又一遍被搜身检查，简直防范宫妃如盗仇。

历史上宫女虽然进行了各种形式的反抗斗争，但是以她们的微弱力量和庞大的专制统治抗衡，力量相差实在太悬殊了。只有根本铲除帝制，才能使由此而形成的宫女阶层永远从历史上消逝。直到清朝被推翻以后，宫廷里的最后一批宫女才最终摆脱了压迫和残害。

（原载英文《中国妇女》中文稿选编）

女乐的悲哀

古代势家大族除了蓄养众多妻妾婢女外，为了显示身份排场，随时满足他们的"声色之好"，还往往专门备有一支女乐——全部由色艺双全的女子组成的歌舞班子。她们在社会上形成了一个介于妾和婢女之间的特殊阶层。

女乐最初只限于帝王宫中使用。相传在夏桀的时候就曾有女乐三万人，"晨噪于端门，乐闻于三衢"，最后竟因沉湎女乐而亡国。到了春秋时期（公元前770—前476）王室衰微，诸侯林立，蓄养女乐的风气开始在诸侯国君王贵族中普遍流行。战国时期大诗人屈原（约公元前340—前278）在他的楚辞《招魂》中生动地描绘了楚国贵族用女乐陪伴君王宴饮的场面：

> 肴菜还没有上齐，
> 女乐已罗列在筵前。
> 敲编钟，击腰鼓，
> 唱着自编的新歌曲。

这些婆娑起舞的女子们，

> 后拖长发，前结云鬟，
> 满头插戴，晶莹灿烂。

主人和宾客兴致勃勃地在乐曲声中下棋赌博。黄昏，他们点起香油灯烛，继续尽情歌舞，饮酒作乐。屈原写道：

> 敲钟，敲得钟柱摇动，
> 鼓瑟，鼓得指头疼痛，

喝酒，喝得酒缸空，

夜以继日昏蒙蒙。

（参见郭沫若白话译文）

　　这在贵族老爷们看来是多么赏心悦目的动人情景！无怪当时互赠女乐居然成为诸侯之间用以讨好结盟或瓦解对方斗志的一种特殊手段。

　　春秋战国之后，蓄养女乐的范围逐渐扩大，汉代甚至出现贵族外戚和皇帝争用女乐的情况。一些功臣名将如张禹家中，也专门备有丝竹管弦，平日饮宴即由女子相伴奏乐取乐，直至深夜。马融家中在堂上特制绛帐，帐前接待生徒，帐后专列女乐。不过，那时能够享用女乐的，还多半限于地位很高的贵族家庭。

　　到了魏晋南北朝时期，内乱外患交并，统治集团内部厮杀混战，政局动荡多变，许多贵族感到生死无常，精神极度空虚。一些公子哥儿无不"熏衣、剃面、傅粉、施朱"，终日醉生梦死。"王侯将相，歌妓填室，鸿商富贾，舞女成群"，这种极度腐化放荡的生活已蔚然成风。有一官员杜幼文，家中"女妓数十人，丝竹昼夜不绝"，皇帝微行夜出常在他家门墙之间聆听管弦。军事统帅沈庆云也蓄有妓妾数十人，沈优游无事，尽日欢愉，到了"非朝贺不出门"的地步。这种豪门富商私家蓄养的女乐，又称家妓。当时欣赏歌舞已经成为官宦富家中的一种时髦风尚、不懂音乐被看作是不可思议的事情。有个公府官员，一次宴请客人，召女妓奏曲，误以药方为曲牌，受人嗤笑，一时传为笑柄。

　　女乐和家妓都能歌善舞，掌握一定技能，主要以歌舞服侍取悦主人，地位略高于婢女，和专以出卖肉体为生的娼妓有所区别，当然对主人来说，是不受任何限制的。她们主要来源于战俘和奴婢后裔、罪犯家属或因家贫负债而卖身的女性。和奴婢一样，都隶属于奴籍，主人有权任意处置。早期，她们常和舆马用具一起用来为墓主生殉，在出土了大批精美乐器的战国初期曾侯乙墓中，就同时发现了二十一具青年女子的人殉骨架。后来虽然取消了人殉，但地位仍很低下，只有个别替主人生子或受到主人宠爱，才有可能提升为妾。她们还经常被当作一种财富礼品任意转卖馈送。春秋时，秦缪公曾送戎王女乐二列(十六人);齐人一次就送鲁国君王女乐八十人;晋侯在接受郑国赂赠的女乐后,又将其中的一半转赐给手下大将。

作为主人消遣取乐的玩物,女乐和家妓们没有丝毫自由和尊严,西晋(265—316)武帝的舅舅王恺饮宴时用家妓奏乐伴酒,稍有走调忘韵的地方,当场拉到阶下打杀。王恺面不改色,照常饮酒。另一名富豪石崇宴客时由家妓劝酒,如客人饮酒不尽,就要把劝饮的女子杀掉。有人故意几次对酒不饮,石崇竟一气连杀三人。

唐宋以来,官妓聚集的教坊勾栏颇为兴盛,此外,一些文人墨客也有蓄养少数几个家妓的风气。她们大多精通音律,声容并茂,有的还通诗词,有文才,主人每有新作,她们随时吟唱。一些著名诗人如白居易、苏东坡等都不例外。宋代有人赠送给擅长度曲的词人姜尧章一位颇有色艺的家妓,姜十分称心,在他的诗集中留下了"小红低唱我吹箫"的名句。历代文坛中流传着不少这类逸闻趣话。这些家妓的境遇要算是较为幸运的了,但并没有从根本上改变他们的地位,不过是文人墨客手中以才艺事人的高级玩物。

至于贵族豪门之家蓄养家妓的人数规模都要大得多。唐代许敬宗家甚至"造连楼,使妓走马其上,纵酒奏乐自娱。"五代时期(907—960)有一幅题为《韩熙载夜宴图》的名画,画的是南唐吏部侍郎韩熙载挟家妓夜宴取乐的情境。这韩熙载家中蓄有家妓数百人,他终日淫乐甚至到了月俸不敷支出几至破家的程度,依旧乐此不疲。相传这画就是为讥讽他而作的。

蓄养家妓的风气,直到明清两代(1368—1911)依然历久不衰。清代长篇小说《红楼梦》中,有几处专门描绘贾府家妓的段落,真实地反映了女乐和家妓的境遇。大观园中十二名唱戏的女孩子,是贾府派人专程下姑苏,连同乐器行头一块采买来的。她们每人每家都有一部辛酸血泪的历史,平日都强装笑脸,浓妆艳抹,歌舞做戏,为主人消闲取乐。这些女孩身份十分卑贱,其中有个叫芳官的,就曾被斥骂道:"你是我们家银子钱买了来学戏的。不过娼妇粉头之流,我家里下三等奴才也比你高贵些!"这些女孩子后来又被发配到公子小姐房中充当女奴,有的还被逼迫出家当了尼姑,在尼姑庵中干杂活、服苦役,下场极为悲惨。

贾府管理戏班家妓的头子贾蔷,一次买个关在笼子里会衔旗串戏的雀儿送给家妓龄官，龄官却冷笑道："你们家把好好儿的人弄了来，关在这牢坑里，学这个还不算，你这会子又弄个雀儿来，也干这个浪事！你分明弄了来打趣形容我们"，"那雀儿虽不如人，它也有老雀儿在窝里，你拿了它来，弄这个劳什子，也忍得？"

这关在笼中衔旗串戏的雀儿就像贾府买来唱戏取乐的女孩，是古代女乐和家妓悲惨遭遇的真实写照。

（原载英文《中国妇女》中文稿选编）

中国古代的婢女

婢女，俗称丫鬟，是旧社会专门供人役使的女仆。

从人类一进入阶级社会门槛，即在被压迫妇女中形成了一个婢女阶层。汉代学者郑玄在为《周礼》作的注解中指出，殷代甲骨文中的"奚"字就相当于汉代的"官婢"。早期的女奴和官婢中一部分被用在生产部门罚做苦工。那些比较年轻貌美机灵有才智的往往被挑选到宫廷、官府或贵族官员家内替主人服役。供帝王宫廷中役使的女子成为独特的宫女阶层；还有一些被送到"女闾"或军队"营妓"中，形成另一专门的阶层——娼妓；其余在官府衙署侍奉官员的官婢和富人家中蓄养的女奴为婢女阶层。

婢女的来源主要有三种：通过战争把从异族或敌对集团、派别中俘虏来的女子用做婢女，这是早期婢女的一个主要来源，这种作法一直沿袭到明清。因家长犯罪妻女受到牵连或女子本人犯罪而被罚为婢，这也始终是婢女的一个重要来源。女子家贫负债被迫卖身或被别人抢夺拐骗转卖做婢女，这是稍后一些时期比较普遍的一种来源。

宋代司马光在《居家杂仪》中专门提到婢女的职责是：鸡初鸣即起、洒扫堂室，摆设桌椅，侍候主人梳洗盥漱，整理卧室，铺叠衣被，整治饮食，得空还要缝洗衣被，晚上服侍主人就寝。这是平日经常要做的事情，此外还要随时侍立左右以备使令，唯主人之命以供百役。也就是说还得随主人意愿做其他多种闲杂事情，例如篦头修脚挠痒捶背，可谓无所不包。晋代的石崇为了讲排场摆阔气，甚至在厕所也常用十余婢女持香侍列，专门侍候主客解手更衣。

古人称"婢者卑陋"，婢女的地位十分卑贱。官府设有专门登载她们姓名籍贯的"丹青"，子孙后代都注入奴籍，身份世袭。汉代就曾有过"奴婢祖先有罪，虽过百代仍然黥面供官"的规定。婢女的婚姻也限制在严格的范围之内，她们和男奴仆生的孩子被称作家生子女。直到清代还规定家生子女及其后代也得"世世子孙，永远服役"。早期平民以婢为妻和清代婢女招配所生子女也都要降至奴婢的身份。

婢女的婚姻完全由主人指配，如果不取得主人同意只得终身不嫁。《厦门志》中有当地"婢皆赤脚，老大不嫁"的记载。清康熙十六年(1677)御史卫执蒲曾专门上疏皇帝，提出士大夫家侍婢应及时婚配。疏中形容当时婢女的情况是"白发盈头，犹是双鬟婢子；青衣半世，依然隻影空房"。

《红楼梦》中贾府的三小姐探春曾经说过，"那些小丫头子们原是玩意儿，喜欢呢，和她玩玩笑笑；不喜欢，可以不理她就是了。她不好了，如同猫儿狗儿抓咬了一下子，可恕就恕；不恕时，也只该叫管家媳妇们，说给她去责罚"。一次丫头入画触犯了贾府的清规，四小姐惜春声色俱厉地让人"快带了她去。或打，或杀，或卖，我一概不管"。这既非气话，也非戏言。历来婢女就是被当作牲畜财货任主人买卖打杀的。秦代甚至直接把奴婢"与牛马同阑"在市面上出售。唐代《唐律疏议》称，奴婢私自把女儿嫁给良人为妻妾的要按盗贼论处，因为"奴婢既同资财，即合由主处分，辄将其女私嫁与人，须计婢赃准盗论罪"。清代谈迁在《北游录》中也提到，北京"顺承门内大街骡马市、牛市、羊市、又有人市，旗下妇女欲售者丛焉"。历代婢女的身价不等，唐代一名姣好的婢女值十头牛的价钱；明后期只须三两银子即可买到一个丫头，不过是两、三头草驴的价钱，而当时买一只会说话的八哥也得要三两银子。这类卖女契约定得十分苛刻，往往有"任凭改姓换名听从使唤"，"任凭婚姻"，"风烛不常，各安天命，决无异言"之类的规定。一旦卖身为婢便完全失去了人身自由。

早期主人对于牲畜玩意儿一样的婢女可以任意责罚打骂甚至处死。秦代就把主子擅杀臣妾奴婢视为"家罪"，国家非但不予理会，而且规定对这类案件行告的，反而是"告者罪"。后来有的朝代虽然颁布了打死残害奴婢要受惩处的法律，但量刑较轻，而且条文本身留有漏洞，事实上流为一纸空文。例如《大清律》中规定"凡奴婢骂家长者绞"，"奴婢诽谤家长比依骂家长律绞"；清《光绪会典事例》还提到主人"决罚奴婢邂逅致死，及过失杀者，各无论"。这些规定为主子轻而易举地提供了随意杀害奴婢的法律依据。婢女被折磨虐待致死，这在从前是常有的事情。宋代崇明皇后的弟弟王继勳平日常以脔割奴婢为乐，对役使不如意的居然"杀而食之"，据他自己招供自开宝六年(973)四月至太平兴国二年(977)二月经他亲手所杀婢女即达一百多人。这虽然是一个比较极端的例子，但也确实可以看作是旧社会摧残吞噬婢女的真实的缩影。

婢女除了像奴仆一样供驱使外，还要提供肉体由男主人随意占有支配。古代婢字常与姜字连用，通称婢姜，婢女的身份确有和姜相近的地方。但是婢女和主人之间并不存在法定的婚姻关系，并没有正式名份。她们不过是主子可以任意用来发泄淫欲和繁衍子嗣的工具，其地位比贱姜还要低下。婢女只有生子或受到主人宠爱才有可能被收房为姜。唐代法律就规定了"婢女为主所幸，因而有子，听为姜"。明末长篇小说《醒世姻缘传》对主婢之间这种特殊关系做过逼真的描述。小说在叙述了童奶奶张罗替秋员外从另一主人家买来一名婢女后写道：童奶奶问丫头"你那家子曾收用过了不曾？"丫头道："收过久了。"童奶奶问："没生下什么？"丫头说："也只稀哩嘛哩的勾当，生下什么？"清代卖身为婢的文契上有的还公开写明"听任随房使用"。主子蹂躏婢女在当时被认为是合法的特权，而在主人占有婢女之后，她们的身份也并没有什么变化，还是照旧做丫头。

婢女替主人生子，这也被社会公认是理所当然的事情。清代陈確在他撰写的《新妇谱补》中就提倡"新妇成婚后，数年无子或丈夫不耐或公姑年老急欲得孙，须及早劝丈夫娶姜或饰婢进之。"宋《齐东野语》还记载了一件两家合用一个婢女生子的事情：陈了翁和潘良贵两位名儒的父亲是好朋友，一天潘对陈说"你我二人官职年令各方面都相似，唯独有一件事我不如公，甚以为恨。"经陈追问才知道原来陈家已有三个儿子，而潘家一个都没有。于是陈主动向潘提出"我有一婢女已经生过儿子，可以奉借给你，他日生子后再见还。"这个借到潘家的婢女就是陈了翁的母亲，到潘家不久果然生下了潘良贵。

婢女身受的重重苦难和凌辱激起了她们强烈的反抗。

最通常的反抗形式是消极怠工。元末明初人写的一部书《辍耕录》中提到，当时的俗谚把婢仆称为"算盘珠"，意思是拨一拨动一动，不拨不动；时间久了更成了"佛顶珠"——"终日凝然，虽拨亦不动。"

另一种常见的斗争手段是逃跑。唐代白居易写过一首《失婢》小诗："宅院小墙庳，坊门榜贴迟；旧恩渐自薄，前事悔难追。笼鸟无常主，风花不恋枝；今宵在何处？惟有明月知。"刘禹锡也写了首《和乐天消失婢牓者》："把镜朝犹在，添香夜不归；鸳鸯拂瓦去，鹦鹉透笼飞。不逐张公子，即随刘武威；新知正相乐，从此脱青衣。"这两首诗揶揄嘲讽了虐待婢女的主人，对婢女能够冲出牢笼摆脱奴役表示了由衷的欢欣和庆幸。文人的诗句写得含蓄、文雅、饶有情趣，其实婢女的出逃是冒着极大风险的。历来主人对婢仆都防范很严，官府专门制定了严厉的条文对逃亡的奴婢课以重刑。如清代敢于"背主逃匿"者就得"折责四十板，面上刺字，交与本主"处置。但是尽管这样，还是制止不住婢女的逃亡。以虐杀婢女著称的王继勋家，一次雨后墙塌，便有众多婢女冲出诉冤。

婢女还经常面对面和主人展开针锋相对的斗争。《红楼梦》中荣国府"胡子苍白"，儿子、孙子一大群的大老爷贾赦想把世代为奴的家生女儿丫头鸳鸯收在屋里作妾，被鸳鸯断然拒绝："别说大老爷要我做小老婆，就是太太这会子死了，他三媒六证的娶我去做大老婆，我也不能去！"鸳鸯并毅然宣称："家生女儿怎么样？'牛不喝水强按头'吗？我不愿意，难道杀我的老子娘不成！"当贾赦进一步用权势威逼时，鸳鸯当众绞断头发，再一次表明自己是横了心的，这一辈子"横竖不嫁人就完了！就是老太太逼着我，一刀子抹死了，也不能从命！"

"以眼还眼，以牙还牙"，婢女用暴力、纵火直至刺杀等手段自卫反抗的事例在历史上并不罕见。北宋周恭肃王元俨因侍婢纵火延燔禁中而被夺节降封；三国时魏车骑将军孙壹甘露四年(259)十一月为婢所杀，这都是载入正史的婢女反抗斗争的著名事例。各个朝代都有成文法律专门处理婢女打骂谋杀家长的案件。

宋代进士袁采撰写过一部《袁氏世范》，被认为是谈论立身处世之道极为笃挚的佳作。在这本书的《治家篇》中，袁采用很多篇幅详尽陈述了他对婢妾奴仆的看法，提出主人役使婢仆务须注意的事项。在袁采看来，"奴仆小人就役于人者，天资多愚，作事乖舛背违，不曾有便当省力之处。如顿放什物，必以斜为正；如裁截物色，必以长为短，若此之类，殆非一端。又性多忘，嘱之以事，全不记忆；又性多执，所见不是，自以为是；又性多狠，轻于应对，不设分守。所以雇主使令际常多叱咄，其为不改，其言愈辨，雇主愈不能平，于是棰楚加之，或失手而至于死亡者有矣。"这还指的是一般奴仆，"至于婢妾，其愚尤甚"，更加"愚贱无见识"。

袁采一再叮嘱"雇婢仆须要牙保分明"，"买婢妾既已成契，不可不细询其所自来"。他详细说明了遇到婢仆生病、婚配、非正常死亡时应如何处理。如婢仆自缢时，什么情况可救，什么情况不救，应如何保护现场、叫集邻保，以事闻官等。袁采坚决主张对于"婢仆有顽狠全不中使令者，宜善遣之，不可留，留则生事。主或过于殴伤此辈，或挟怨为恶有不容言者。婢仆有奸盗及逃亡者宜送之于官依法治之，不可私自鞭挞，亦恐有意外之事"。他还特别强调"清晨早起，昏晚早睡可以杜绝婢仆奸盗等事"，警告如婢妾私通仆辈生子就会使"愚贱之裔"乱了主翁的宗族，使其破家，因此"凡有婢妾不可不谨其始，亦不可不防其终"。

袁采主张不应对婢仆过分苛刻，要使她们得以温饱，因为"此辈既得温饱，虽苦役之彼亦甘心焉"。他提出"凡为家长者，于使令之际有不如意，当云'小人天资之愚如此'，宜宽以处之，多其教诲，省其嗔怒可也。如此则仆者可以免罪，主者胸中亦大安乐省事多矣"。

《袁氏世范》为我们今天分析研究古代婢仆问题提供了一面镜子，生动细致地反映出当时婢仆的处境以及主奴关系等许多方面的真实景象。

袁采把婢仆说成是天生愚笨，因此就该受人役使，这被统治阶级视为天经地义。其实婢仆的愚昧无知正是奴婢制度压抑摧残的结果。何况婢仆的"以斜为正""以长为短"，事事不合老爷们的心意，往往是她们反抗奴役的一种机智巧妙的手段。东汉蔡邕写过一篇《青衣赋》，表示了另外一种意见。他在赋中描绘了一位聪明美丽的婢女，"盼倩淑丽，皓齿娥眉"，"和畅善笑""卓跞多姿"；做起事来"精慧小心，趋事如飞，中馈裁割，莫能双追"。这样一位"世之鲜希"的女子，就其才分气质来说完全"宜作夫人，为众女师"；可是她却"金生砂砾，珠出蚌泥，叹兹窈窕，产于卑微"。作者不无惋惜地感叹道"伊尔何命，在此微贱"，只有把她沦为婢女归结为生来薄命。

随着时代的发展、社会的进步，特别是通过包括婢女在内的广大劳动人民的长期反抗斗争，从总的趋势来看，婢女的身份逐渐有所改善，尤其是在大规模农民战争之后建立起的新王朝，往往采取一些放免奴婢为庶人、禁止过分摧残奴婢的法令。例如刘秀建立起东汉王朝之后就曾下诏"天地之性人为贵，其杀奴婢不得减罪"，"敢炙灼奴婢论如律，免所炙灼者为庶民"。明初也制定法律限制养奴蓄婢的数量，规定贵族功臣之家，最多不得超过二十人；一般庶民之家不许蓄养，否则杖一百，奴婢放免为良。这一类的例子还很多，但是这些政策并不彻底，而且往往不能真正持久实施。清代康熙年间大司寇朱之弼在给皇帝的奏疏中就提到："八旗仆婢，每年报部自尽者，不下二千人。岂皆乐死恶生哉？由其平日教不谨而养不备，饥寒切于中，鞭扑加于外，饮恨自尽，势固然也"。可见直到末代王朝，社会上对婢女的压迫摧残还是极其沉重的。一般来说统治阶级对婢女的奴役比起对一般劳动人民的压迫更多地保留了一些野蛮落后的色彩。奴婢制度实际上是古代奴隶制度的残余和变种。正如恩格斯在《家庭、私有制和国家的起源》一书中所指出的，"古代的奴隶制，已经过时了。……只有替富人做家务和供他过奢侈生活用的奴隶，还存留在社会上。"只有彻底摧毁剥削制度，才能真正解放婢女，最后扫清婢女制度这一奴隶制残余的死角。

古代的娼妓

春秋初期，管仲治理齐国时桓公宫中有女市七、女闾七百。所谓"闾"指的是门，"女闾七百"就是七百处女子的意思。清代学者褚学稼认为管子设女闾的目的是为了"徵其夜合之资，以充国用"，并指出"此即花粉钱之始也"[①]。褚学稼的看法是有一定道理的，不过需要补充解释一下：《战国策·东周策》记载的这条史料是说在宫中设女市女闾。这当然不同于随便什么人都可以光顾的妓院。齐桓公搞这种名堂其实是仿效社会上的做法，如《韩非子·外储说右上》所说"被发而御妇人，日游于市"取乐。这毕竟反映了当时社会上女市、女闾的存在。可以说中国历史上最早的娼妓制度正是距今二千六百多年前由著名政治家管仲正式开创。稍后一些时候，战国时期越王勾践在攻打吴国前把所谓"有过"的寡妇迁置到山上，称"独妇山"，用来"游军士""使士之忧思者游之，以娱其意"。秦国在军队营房中也设"军市"，平日供官兵玩乐，战时队伍开拔，也接待一般的"轻惰之民""农民"淫乐。

早期的娼妓业几乎全部由官府经办，这种"军市"、随军妓女就是最常见的一种形式。到汉武帝时军市演变成"营妓"，仍是用来接待"军士之无妻室者"。这之后几乎每军都有一市，并设军市令专门管理。营妓、军市的税收即由统帅犒劳赏赐士卒，招待宾客、军吏、舍人。

唐代娼妓制度发展到鼎盛。唐玄宗时朝廷专设教坊管理女乐娼妓，京师官妓全部籍属教坊，地方各镇则籍归乐营。当然教坊所辖娼优中有一部分是专以歌舞技艺为主的女艺人，但她们中的有些人往往也很难和卖淫的娼妓区分。此后一直到明朝，各代基本上沿袭了唐代的官妓制度。至清代几经反复最终裁革女乐，豁免教坊乐籍贱民，废除了官妓制度，但这只是表明官府不再直接开办管理这类事务，并没有真正废除娼妓制度，私娼的活动依旧有增无已。到清末官府正式向私娼征收捐税，于是凡按规定交纳妓捐的，又公然

---

① （清）褚学稼：《坚瓠集续集》。

成为另一种形式的合法的"官妓"。

娼妓制度在春秋战国时期出现并不是偶然的。这时由于铁器、牛耕得到推广，生产力大大提高，农业、手工业、商业迅速发展，出现了"士农工商杂处"的局面，城市也随之兴起。战国时苏秦在谈到齐的都城临淄时曾说："临淄城中住了七万多户人家，道路上车轮相碰，行人擦肩，这么多人同时连起衣襟，举起衣袖，简直可成密不透风的帷幕；大家一起挥洒汗水，就像是天上下雨一样。"不但聚集在城市的贵族官僚地主富商过着声色犬马、奢侈豪华的生活，就是众多的手工匠人、店伙小商、无业游民，所谓贩夫走卒引车卖浆者流，闲时也要寻求各种游乐，以至当时"临淄人没有不会吹拉弹唱，斗鸡打猎，下棋赌博踢球的"。在这种情况下，娼妓自然成了满足富人、市民享乐消遣的一种商品。正像倍倍尔在《妇女与社会主义》中指出的那样，中国的娼妓制度也是随着商业、城市的兴盛而发展起来的。

官府兴办娼妓的目的首先是满足贵族富豪们纵欲的需要。包括一些帝王尽管有数以千计的宫女，仍要寻妓作乐，追求新的刺激。如唐玄宗、南唐李后主、宋徽宗、明武宗等都曾微服寻娼。从达官权贵到进士举人学者名流也都公然到教坊饮酒狎妓，引以为儒雅风流。宋明等朝虽也有过禁止官吏狎妓冶游的规定，但实际上并不生效，特别是生逢乱世的士大夫，精神极度空虚，更加纵情声色，终日沉湎于醇酒妇人之中。

兴办妓业的另一个目的是官府借此增加财政收入。管仲首创娼妓制度时即立足征收"夜合之资"，并以此招揽商贩，用作促进商业、繁荣经济的一种手段。宋代酿酒、卖酒专由官府经营，为了招徕顾客，扩大营业，也曾令妓女于酒肆作乐，称作"设法卖酒"。南宋时官府户部的酒库均兼设酒楼，每库置官妓数十人，并定期在各库间更番轮换，库内挂有"库妓"的花名牌，欲买笑的可随意点牌选叫。这也是一些商业重镇官妓格外兴盛的一个原因。

官办娼妓还在政治上起到招引笼络游士人才，军事上稳定军心、鼓舞斗志的作用。早期"军市""营妓"的发达即和当时频繁用兵的形势以及凭借武力统一称霸的国策分不开的。

清代思想家龚自珍还曾指责兴办乐坊娼妓是要"箝塞天下之游士"。因为"使之耗其资财，则谋一身且不暇，无谋人国之心矣；使之耗其日力，则无暇日以谈二帝三王之书，又不读史，而不知古今矣；使之缠绵歌泣于床笫之间，耗其壮年之雄才伟略，则思乱之志息，而议论图度、上指天下画地之态益息矣；使之春晨秋夜为衮体词赋游戏不急之言，以耗其才华，则论议军国、臧否政事之文章，可以毋作矣。如此则民听壹，国事便，而士类之保全者亦众。"①可见官办娼妓还能使人麻醉精神，消磨斗志，从而起到巩固专制统治、天下长治久安的"妙用"。

中国古代的官妓制度保留着浓厚的"奴隶娼"色彩。官妓的来源主要来自战争中俘获的女子和罪犯的家属，有时甚至强抢民间寡妇处女"补兵"，其中一部分指配军士，一部分就用来充实军市、教坊。这种做法一直沿续到明朝。明朝灭元后把一些蒙古部落的子孙以及罪犯的家属编为乐户、丐户，世代不得脱籍，其中许多妇女被迫"稍妆泽，业枕席"为生。官府供给衣粮而"征其淫贿。"②明成祖推翻建文帝夺位后，更把政敌的妻女亲戚全部配入教坊司，其中建文时期的大臣齐泰的妻子和外甥媳妇以及黄子澄的妹妹四个妇人"每一日夜二十余条汉子守着，年少的都有身孕。"③劳大的妻子张氏五十六岁了，也被送进教坊司，张氏被蹂躏死后，成祖还专门下了一道圣旨吩咐"抬出门去，著狗吃了"。这显然带有政治上惩罚报复的性质。

中国的私娼在战国时期也已出现。《史记·货殖列传》里就有"越女郑姬设形容，揳鸣琴，揄长袂，蹑利屐，目挑心招，出不远千里，不择老少者，奔富厚也"的记载。《汉书》中也说"赵中山地薄人众"，当地女子多"弹弦跕蹦，游媚富贵，遍诸侯之后宫"。到了唐宋时期，随着经济高度发展和都市的畸形繁荣，私娼日益兴盛。尤其是宋代，瓦子、勾栏、酒楼、歌馆、饭店、茶坊到处充斥着各类娼妓。其中待客的既有"望之宛若神仙""时装袨服，巧笑争妍，夏月茉莉盈头，香满绮陌，凭槛招邀，谓之卖客"的官私名妓；也有"不呼自至，歌吟强聒，以求支分"或"吹箫弹阮，息气锣板、歌唱、散唱、散耍"谓之"打酒座""赶趁"的民间"小鬟"；还有"腰系青花布手巾，绾危髻，为酒客投汤斟酒谓之焌糟"的"街坊妇人"和游棚、勾栏之外"只在耍闹宽阔之处做场，谓之打野呵"的下等野鸡。沦为私娼的女子绝大多数是因负债或拐骗被卖而堕

---

① 《京师乐籍说》。
② 祝允明：《猥谈》。
③ 《南京司法记》。

入风尘。南宋时社会上就已经出现一种专门贩卖娼妓的合法的"娼侩"。私娼并不列入教坊籍中，嫖客如愿出钱即可赎身从良。

明清两代私娼更为泛滥，《梅圃余谈》提到明万历年间的情况说："近世风俗淫靡，男女无耻，皇城外娼肆林立，笙歌杂遝，外城小民度日难者，往往勾引丐女数人私设娼窝，谓之窑子，空中天窗洞开，择向路边屋壁作小洞二三，丐女修容貌，裸体居其中，口吟小词，并作种种淫秽之态。屋外浮梁子弟，过其处，就小洞窥，情不自禁，则叩门入，丐女队裸而前，择其可者投钱七文，便携手登床，历一时而出。"谢肇淛在《五杂俎》中也说"今时娼妓满佈天下，其大都会之地，动以千百计。其他偏州僻邑，往往有之。……而京师教坊官收其税钱，谓之脂粉钱，……又有不录于官，家居而卖奸者，俗谓'私窠子'，盖不胜数矣"。

明中叶之后私娼的勃兴是和当时江南、沿海等地手工业商业迅速发展，兴建起一批中小城镇，以及随着资本主义生产关系萌芽的产生，以作坊主、手工匠、商贩为主的市民阶层不断壮大有密切关系。

清前期朝廷锐意革除前代积弊，除废止官妓制外，还曾颁定重刑严禁开窑卖淫，结果还是未能遏制私娼的发展。特别是鸦片战争殖民主义列强用炮舰轰开海关口岸，中国沦为半封建半殖民地，赘附于城镇和商品经济的卖淫业，获得了新的刺激，终于发展到官府认可由巡警厅公开抽取妓捐的地步。而且清代的卖淫业由于和赌博、贩毒以及花柳病的传播紧密缠在一起变得更加乌烟瘴气不可收拾。

那些迫于生计被拐骗卖身的私娼受尽老鸨嫖客的凌辱压迫。明末张岱在《陶庵梦忆》中提到扬州钞关一带下等妓寮的情况："歪妓多可五六百人，每傍晚膏沐薰烧，出巷口倚徒盘礴于茶馆酒肆之前，谓之站关。茶馆酒肆岸上纱灯百盏，诸妓掩映闪灭于其间，……灯前月下，人无正色，所谓一白能遮百丑，粉之力也。游子过客，往来如梭，摩睛相觑，有当意逼前牵之去。……一一俱去，剩者不过二三十人，沈沈二漏，灯烛将尽，茶馆黑魃无人声。茶博士不好请出，唯作呵欠。而诸妓醵钱向茶博士买烛寸许，以待迟客，或发娇声，唱《劈破玉》等小词。或自相谑浪嘻笑，故作热闹以乱时候。然言笑哑哑，声中渐带凄楚。夜分不得去，悄然暗摸如鬼。见老鸨受饿受笞，俱不可知矣。"境遇报为凄楚悲惨。

对于统治阶级士大夫文人来说，他们狎妓饮酒赋诗作乐，需要的是那些超俗不凡、色艺才俱佳的上等妓女，因此往往有些妓女从小被教习歌舞，接受严格训练，具有较高的文学艺术素养。如恩格斯在《家庭、私有制和国家的起源》一书中所说，古希腊艺妓"由于才智和艺术趣味而高出于古希腊罗马时代妇女的一般水平之上"，中国古代一些经受过严格训练的妾妓也远比被正统女教塑成的"贤妻良母"更加"超群出众"。但尽管这类妓女表面上看衣着华丽，才思敏捷，谈吐风雅，实际上却身不由主，不过是达官贵人手中的高级玩物。唐开元年间长安郑宪、刘参等十多名进士、每年春天都要选三五名美妓到名园曲沼，"籍草踝形"，"叫笑喧呼"，在士大夫的眼里她们是没有丝毫尊严可言的。明末位列"秦淮八艳"之首的名妓马湘兰五旬之后，年老色衰，"谢客已久"。一次，有一富家子弟，年仅弱冠，持重币求见，湘兰迫于生计，只好倚其声望，重新出来接客，此事当时即被人以"琵琶膝下娇儿去，□□（原缺）堂前老母单"二句相嘲。

清代学者汪中，在他的《经旧苑吊马守贞文》中认为，马湘兰"婉娈倚门之笑，绸缪鼓瑟之娱，谅非得已"，其"托身乐籍，少长风尘，人生实难，岂可责之！"汪中是一位失意文人，家贫无计，只得替人代操笔墨为生，他自称自己"数更府主，俯仰异趣，哀乐由人"，身世与湘兰"其何异？"只不过自己"幸而为男"，得"无床箦之辱耳！"正因为汪中与湘兰境遇相仿，同病相怜，才使他由衷地对这些富于才华、为生活所迫、沦落风尘备受屈辱的女子，表示深切的同情和极大的不平！

娼妓制度是建立在阶级压迫、政治压迫、经济压迫之上的血泪制度。不根本改造不合理的社会制度，废娼就只能是一句空话。历代剥削阶级一向道貌岸然，标榜礼义廉耻、人伦道德，但同时却公开实行黑暗的娼妓制度。宋明之后程朱理学、纲常礼教被推崇到极点，而上流社会中以妓鞋行酒的陋习，在娼妓中品评"花榜"，选出女状元、榜眼、探花、解元的风气却也恰恰在这时出现。《尧山堂外记》记载了这样一件事情：明朝三杨（杨荣、杨士奇、杨溥三阁老）当权时，一日饮宴召来一位叫齐雅秀的妓女侑酒。姓齐的妓女故意迟到，人们问她"为何来迟"，回答说："看书。"又问"看什么书？"回答："《烈女传》"。三阁老听了不禁大笑，申斥她"母狗无礼"。齐雅秀答道："我是母狗，各位是公侯（猴）。"婊子读《烈女传》，正是对统治阶级一面道貌岸然鼓吹节烈，一面又逼人为娼寻欢取乐虚伪行径的辛辣嘲讽。

明清有识之士抨击妇女殉节恶俗

> 闽风生女半不举，长大期之作烈女。
>
> 婿死无端女亦亡，鸩酒在尊绳在梁。
>
> 女儿贪生奈逼迫，断肠幽怨填胸臆。
>
> 族人欢笑女儿死，请旌籍以传姓氏。
>
> 三丈华表朝树门，夜闻新鬼哭还魂。①

　　清中叶流传的这首民谣真实展现了当时社会上盛行的妇女殉节恶俗。妇女为夫殉节，古已有之，至明清更在社会上掀起一股趋之若鹜的迷狂，演变成一种社会风气。据《古今图书集成》所录历代烈女统计：先秦七人，占总数0.06％；秦汉十九人，占0.16％；魏晋至隋唐五代六十四人，占0.54％；宋（含辽、金）元五百三十八人，占4.42％；而明清仅计至康熙末年即达一万一千五百二十九人，占总数94.83％。不仅节烈人数较前剧增，而且"甫问名而称寡，未亲迎而哭夫，逆父母之命往奔陌路之丧以身殉之"等"矜名而眩俗"的行为蔚为风气②。不但室女守"望门寡"，且有"原未许嫁而缔婚于已死之男子，往而守节，曰'慕清'"的怪俗③。清闽南一带甚至出现父母兄弟"筑台设祭、扶掖投环，俨然正法之场"，怂恿家中寡妇"以速其死"的悲惨景象④。

　　殉节女子中大体可分为自愿型和迫死型两类。自愿殉节女子中，固然不乏"失身贼庭不污非义，临白刃而慷慨"⑤的抗暴取义型烈女，但更多的则属纯系迂腐刻板维护纲常以死殉礼的纲常型女子。正统女教通过旌表褒扬、妇礼教化等手段使纲常型烈女自觉从感情上认同。内化为坚定的人格操守、视守

---

① 俞正燮：《癸巳类稿·贞女说》

② 马之德：《顾节母传序》。

③ 俞樾：《右台仙馆笔记》卷1。

④ 《福建通志》《艺文志》。

⑤ 《旧唐书·列女传》序。

节殉夫为义不容辞的职责，充满了神圣的历史责任感和崇高的使命感。漳州烈女扬玉娘筑台殉节时不顾县令劝谕守节，宣称："非求名，何与官事?"从容投环而死。① 清代甚且有"不持利器，谈笑而终其身，若老衲高僧之坐化"的矢贞烈妇。② 此类妇女"不幸夫亡，动以身殉，经者、刃者、鸩者、绝粒者数数见焉。……处子或未嫁而自杀，或不嫁而终身"③。其情节方式又以越惨越难越为人所称道。而这一切不过是在履践"地维赖以立，天柱赖以尊"④的女德，"尽妇道而已"，竟与夫妇感情、"夫之贤不贤"毫不相干。⑤ 那些迫死型女子则或者迫于社会风气舆论压力而盲目守节从死；或者因无法承受生活磨难感情煎熬而精神崩溃，把自杀当作一种解脱；更有"女或不愿，家人皆诟骂羞辱之，甚有鞭挞使从者"，这种亲属族人"父母相逼而成"⑥之类的逼殉其实已与谋杀无异。

此类毒化心灵、残害妇女生命的恶俗，理所当然遭到广大妇女强烈反对。"女儿贪生奈逼迫，断肠幽怨填胸臆""三尺华表朝树门，夜闻新鬼哭还魂"的民谣便倾诉了寡妇对世俗生活的留恋和对吃人礼教的血泪控诉！与此同时，在明清之际启蒙思潮鼓荡之下，一些思想开明的有识之士也对妇女殉节的恶俗展开了猛烈批判。俞正燮悲愤地感叹："呜呼！男儿以忠义自责则可耳，妇女贞烈岂是男子荣耀也！"⑦毛奇龄则撰《禁室女守志殉死文》，主张禁止少女为未婚夫守志、殉死、合葬，指责这些做法"既背名教、复蔑典礼"；并向世人呼吁：为"保全自今以后千秋万世愚夫愚妇之生命，世有识者，当共鉴之!"赵国麟也强调："为父母兄弟者，家有守节之妇，当安抚以令其生，不当怂恿以速其死"。他针对父母亲属为家中寡妇"筑台设祭，扶掖投环，俨然正法之场"的陋俗，愤怒抨击道："死者何罪？观者何心？一人节烈，众人豺狼，名为美举，实伤风化!"⑧

---

① 《古今图书集成·明伦汇编·闺媛典·闺烈部》。
② 李渔：《闲情偶寄·词曲部》。
③ 康熙《石埭县志》卷 7。
④ 陈宏谋：《教女遗规》。
⑤ 《明史·列女传》。
⑥ 《嘉庆会典事例》。
⑦ 俞正燮：《癸巳娄稿·贞女说》。
⑧ 《福建通志》《艺文志》。

　　有识之士还进一步反对女子从一而终，主张寡妇再嫁。这是在更高层次上对妇女殉节的批判与否定。晚明李贽直斥不准寡妇再嫁的腐儒"不成人"，"大不成人"！赞扬卓文君私奔再嫁司马相如"正获身，非失身"，"当大喜，何耻为?!"①而谢肇淛竟公然宣称："父一而已，人尽夫也。此语虽得罪于名教，亦格言也"，"谓之人尽夫，亦可也!"②清中叶俞正燮则主张："再嫁者不当非之，不再嫁者敬礼之斯可矣"。他提出"古言终身不改，身则男女同也"，"妇无二适之文，固也；男亦无再娶之仪"，并指责那种男子可以随意再娶，却"深文以罔妇人"的传统论调，"是无耻之论也!"③钱泳也认为："妇人以不再嫁为节，不若嫁之以全其节。"④胡书巢甚至石破天惊地提出："不娶处子"的主张。袁枚进一步宣扬："以为非处子则不贞耶？不知豫让遇智伯便成烈士，文君嫁相如便谐白头。责报于人，先是问施者何如耳。以为非处子则不洁耶，不知八珍具而厨者先尝，大厦成而匠人先坐，蝥也何害?!"⑤

　　明清时期，对妇女殉节恶俗和极端虚伪残酷的纲常礼教的猛烈批判，有力地摇撼了正统妇札的根基，推动了早期妇女解放思想的觉醒，为后来的近代妇女解放运动开辟了道路。

（原载《国史镜鉴》）

① 李贽：《藏书》卷 37。
② 谢肇淛胳堆中、杀人场：《五杂俎》卷 8。
③ 俞正燮：《癸巳类稿·节妇说》。
④ 钱泳《履园丛话·改嫁》。
⑤ 袁枚：《小仓山房尺牍》卷 3。

《中国古代女子教育》序

本书花费如此冗长的篇幅对中国古代女子教育详加探考，主要基于以下几点认识：

教育是人类按一定的价值观念、目的要求对社会成员施加影响的有计划的活动，是传递知识技能、培养品德情操，使个体和民族潜在素质、价值得以实现，使文化得以共时传播、历时传递、社会得以延续发展的重要途径，并对人类素质、民族性格的形成发展，对文化的塑造创新，对规划社会发展道路和影响社会文明发达程度起到重大作用。中国古代专门针对女子实施的教育，无论在施教对象、教育目的、培养目标、教育内容，还是教材编写、教育方法、组织实施等方面都有别于一般教育而自成体系。作为古代社会控塑妇女的重要手段，女子教育对确立女子价值体系、塑造性格品德和社会角色形象起到至关重要的主导作用。对女子教育的探考不但是研究古代教育不应忽略的一个方面，而且是考察古代妇女问题的重要关节。特别在家国同构的中国古代，妇女问题最为集中典型地反映了社会结构和传统文化的特点。女子教育是统治阶级实行社会控制的典型体现。中华民族刻苦、勤奋、克己、献身等优良传统和旧时依赖、屈从、拘谨、自卑等国民积习中的缺憾在妇女身上表现得淋漓尽致。古代女子教育中蕴含的精华和糟粕都更为典型地折射和强化了中国传统文化的特质，从正负两个方面强有力地塑造着民族的灵魂。需要强调指出的是，无视妇女问题的研究，以及忽略与之相关的家庭、家族、宗族问题的研究，就不可能真正把握中国古代血缘与地域二系合一家国同构的特点，不可能真正把握中国历史发展的特殊脉络。而迄今为止我们看到的中国通史著作，恰恰罕能把握住这一有别于西方的中国古代社会深层结构的基本特征。因而本书对中国古代女子教育的探考，不仅有助于加深对古代教育、妇女诸问题的认识；而且对于全面深入了解中国传统文化和古代社会模式，并进而加深对中国历史发展特点和规律的认识也不无裨益。

由于观念的偏颇并囿于史料零散缺略，有关中国古代女子教育方面的情况多至沉埋，若明若暗，学术园地中这一颇有意义而又饶有兴味的课题长年尘封，人迹罕至。以至对中国传统文化并不陌生的日本学者所编洋洋四十部《世界教育史大系》中，非但《中国教育史》专卷无片言只语谈及女子教育，就是《女子教育史》专卷中，也竟然欧美、日本、苏联三分天下，各占一编，而独对中国女子教育未置章节。[①] 这种情况当然和国内本身未能深入研究而出现缺环有关。如毛礼锐先生在《中国教育史简编》一书序言中指出的："科技教育、社会教育、家庭教育、儿童教育、妇女教育等，在中国教育史上也都有一定地位。过去我们的教育史研究工作做得不够，有些环节还比较薄弱，有些甚至还是空白，很需要抓住重点课题加强薄弱环节，填补缺门，有领导、有计划地做好研究工作。"[②] 就是在这部毛先生主编的按专题编写的教育史专著中，古代的科技教育、体育、美育及社会教育已分列专章论述，占有一席之地，而妇女教育也还只能暂付阙如。正是这一选题本身的价值和开拓的艰辛吸引作者勉力进行拓荒的尝试。

本书对古代女子教育的探考，力求突破传统教育史的研究方法，注意从文化史、社会史更为广阔的视野进行多方位、多层面的综合考察。我们的研究不但包括宫廷女教、宗族女学、家族女塾、佛道庵观女教等较为规范的女子教育，也涉及家庭教育、社会教化、培养妾婢家妓的特殊训练和劳动妇女民间会社教门传习技艺以及知识妇女从师友问学等教育活动。不但研究女子教育的目的、内容、教材、方法、组织实施，揭示其发展演变的原因和规律，还从社会环境、教育、女子主体意志等不同层面对影响女子成才和塑造传统妇女形象的诸种因素进行综合探讨，并对女子教育的社会效应和历史影响做出分析评价。其间既有史前母系社会与阶级社会之间，先秦、汉唐与明清之间历时性的纵向变迁；也有中原地区与边远地带、农耕民族与游牧民族之间的共时性差异；而且还存在着民间妇女与上层贵妇、受商品经济影响较深的城镇妇女等不同阶层之间的区别。本书把主文化、亚文化和反文化同时纳入视野的立体交叉多层面研究，将有利于全方位揭示历史事象的真实面貌，使读者对何以会出现春秋时期泰山两侧鲁女呆板木讷而齐女放荡不羁，唐代《女

---

① ［日］世界教育史研究会编：《世界教育史大系》，东京：株式会社讲谈社发行，1977。
② 毛礼锐主编：《中国教育史简编》，北京：教育科学出版社，1984。

论语》刻板说教与壁画陶俑中不乏袒胸露怀英姿勃发妇女造型这类强烈反差；对何以会存在"时时择语浑如哑，事事重思惧失行"①正统妇女形象与"妇女之轻飘好作乱，大抵不少概见也"②之间的悖论，做出合理的诠释。尽力为读者展现一幅全方位的古代女子教育场景。

女子教育的发展演变无疑要受到社会背景的影响和制约，同时又有相对的独立性、稳定性，有自身的规律，其嬗变的幅度与频率并不总是与社会历史总体进程同步，因而本书的历史分期并不套用"五种社会形态"的条框，而是采用宏观的粗线条模糊性分期，把夏代之前列为远古期，夏代迄于辛亥革命划为古代中世纪时期。所谓中世纪，从世界历史范围来看，通常指介于古代奴隶制与近代资本主义之间的封建制时代。中国古代在农耕自然经济与宗族血缘纽带双重制约下跨入阶级社会门槛。血族纽带的滞留，阻碍了完全将族人化为"非人"的活财产的奴隶制趋势。中原王朝不存在一个以奴隶制剥削形式占据主导地位的奴隶制阶段。而学术界长期流行的"封建制度"一词，亦非中国古代"封土建国"的原意（西方使用的"封建制"概念与此相类），而是从"五种社会形态"角度确定其含义，这实际上是译介、创新语汇时遗留下来的问题，极易造成混乱和争议。事实上，中国历史上所谓奴隶制和封建制之间的界限并不分明，或许笼统以宗族型农耕文明社会来概括更为贴切。这是关于本书不用奴隶制、封建制概念分期，而以"古代中世纪"模糊涵盖的一点必要的说明。至于文中使用封建制度的概念，则仍沿用"五种社会形态"角度的含义。正如李大钊在论及孔子的学说所以能支配中国人心二千余年的原因时所指出的，"因它是适应中国二千余年未曾变动的经济组织反映出来的产物，因它是大家族制度上的表层构造"③。中国古代的妇女问题包括女子教育问题显然更多受到延续数千年之久的农村自然经济基础和宗族血缘社会结构的影响。尽管明清时期比起夏商周三代在生产力、政治制度等方面发生了很大变化，并开始出现工业文明萌动的迹象，但从全局来看，农耕文明和宗族血缘纽带顽固滞存的基本格局并未突破，妇女的地位作用没有发生本质变化，女

---

① 邱心如：《笔生花》。
② 谷应泰：《明史纪事本末》卷23。
③ 李大钊：《由经济上解释中国近代思想变动的原因》，《新青年》第7卷第2页。

子教育的基本状况、精神实质亦未发生明显带有阶段性的本质变更，我们除了高度重视明清时期局部地区的变异之外，不可能也无须详尽描绘这种细微变迁的轨迹。即使是夏与辛亥革命这两条界限也还是一种模糊的划分，旧的历史时期中已经孕育着不少新的因素，新的历史时期中还保留着诸多旧的成分，新旧之间藕断丝连，并未一刀断开。在对同一历史时段中的流变给予一定注意和描绘的前提下，我们更加侧重把该时段作为一个整体加以大跨度的宏观把握。需要说明的是，本书古代中世纪编下限只探讨明清妇女解放思潮对革新女子教育的影响，而不涉及清末资产阶级发起的女子教育改革，也不反映早期西方殖民主义在华开办教会女校及其在中国产生的影响。有关这方面的情况拟在中国近现代女子教育部分展开，那将是另外一本书的任务。

乾嘉时期的著名学者章学诚曾力辨史学和文学著作的区别："余尝论史笔与文士异趋，文士务去陈言，而史笔点窜涂改，全贵陶铸群言，不可私矜一家机巧也。"①又说"文士撰文，唯恐不自己出，史家之文，唯恐出之于己，其大本先不同矣。史体述而不造，史文而出于己，是为言之无征，无征且不信于后也"，"史家诠次群言……是故文献未集，则搜罗咨访，不易为功……非寻常之辈所可能也"。当然，这并不意味对史料便可不加甄选"纷然杂陈"，而是还要"贵决择去取"，"既经裁取，则贵陶熔变化"②。鉴于本课题研究的拓荒性质，许多基本状况尚不清晰，因而不得不较多征引史料详加考辨。作者虽滥竽高校讲授历史课程多年，但断不敢以"非寻常之辈"的史家自居。其间的差距便在于"决择去取""陶熔变化"方面力难从心。之所以不避"纷然杂陈"之嫌旁征博引，实在是出于"唯恐出之于己""无征且不信于后也"的顾虑，尚祈读者曲谅。又因本书采用不同视角多层面的研究剖析同一历史现象，有些材料难免交叉重复，我们将尽量注意在不同章节分别阐述时各有侧重，同时，为了避免过多重复，本书不单设女子教育思想、理论方面的章节，而把这方面的内容分散在其余有关章节中。这一缺陷或许要留待以后撰写一篇论文来弥补。

无论古今中外，在处理人自身、人与自然、人与人、人与社会关系方面

① 章学诚：《文史通义》补遗《跋湖北通志检存稿》。
② 章学诚：《与陈观民工部论史学》，《章氏遗书》卷14。

都面临着一些共同的课题。一方面，教育活动和妇女问题既是一种历史现象，又是与人类共存的"永恒"范畴，其间包含了不少跨时空、超阶级的共同因素；另一方面，从历史的眼光来衡量，中国走出中世纪的时间并不久远，浸透在中国古代女子教育中的观念导向作为构成传统文化的重要成分，还在潜移默化强有力地制约、复制着人们的价值取向和行为模式。作者不仅寄望通过研究中国古代女子教育能够有助于总结经验教训，为发展当今教育、解决妇女问题提供借鉴；而且更希望能够面向世界、面向未来，用发展的眼光、改革创新的视野，对传统的"女子教育"文化加以分解剖析。例如引导妇女反对"徇私、罕顾公义"的末俗，树立"放义而行，私爱可捐，躯命可舍"的克己奉献精神①，堪称是中国古代女子教育，也是中国传统文化的精华所在；但在当时却是建筑在对女子个性才能极度摧残和服务于巩固宗族血缘社会及加强君主专制集权统治的基础之上，是在女子麻木、残缺、病态的心理扭曲基础上形成并与之紧密相联的，优劣融为一体。今天对于克己奉献的价值导向，理当因势利导，在新的历史条件下发扬光大。但这种弘扬必得通过充分批判其专制压迫的内涵，并将其纳入社会主义精神文明体系中加以改造，在四个现代化实践中转轨重塑、融会创新，赋予新的生命。唯其如此，才能对建构科学社会主义新文化有所助益。这虽然并非本书直接论述的主题，却是作者在撰著过程中时刻不曾忘怀的期盼。

　　是为序。

（原载《中国古代女子教育》，北京师范大学出版社，1996）

---

① 蓝鼎元：《女学》卷2。

中国古代女教的社会效应与历史影响

中国古代的性别与妇女问题，集中体现在"女教"的实施状况方面。这种古代的女子教育受到政治、经济、社会结构、思想文化等因素的制约，反过来又对社会发展产生影响。"没有妇女的酵素就不能有伟大的社会变革"①，女子教育作为培养、确立规范妇女思想行为价值准绳的重要手段，是酿制这种酵素的主要元素，必然会对历史的发展、社会的变迁打下深刻的烙印。必须承认，中国古代女教在塑造"贤妻良母"正统妇女人格和对女子思想行为实行社会控制方面是颇有成效的，妇女殉节和缠足风气的广为流行便是明证。清人汪龙庄回忆母亲的一段文字逼真刻画出了正统女教熏陶控塑下劳苦妇女的精神面貌：

> 病起出汲，至门不能举步。门故有石条可坐，邻媪劝少憩，吾母曰："此过路人坐处，非妇人所宜。"倚柱立，邻媪代汲以归。
>
> 尝病头晕，会宾至，剥龙眼肉治汤，吾母煎其核饮之，晕少定，曰："核犹如是，肉当更补也。"后复病，辉祖市龙眼肉以进，则挥去曰："此可办一餐饭，吾何须此。"固却不食。羊枣之痛，至今常有余恨。
>
> 吾母寡言笑，与继母同室居，谈家事外，终日织作无他语。即病，画师写真，请略一解颐，吾母不应。次早语家人曰："吾夜间历忆生平，无可喜事，何处觅得笑来？"呜呼，是可知吾母苦境矣。②

几千年来，这种无数妇女含辛茹苦"终日织作无他语"默默无闻的崇高奉献，在凝聚家庭宗族、稳定社会结构、巩固自然经济生产方式、强化大一统专制集权等方面发挥了重大作用。乾隆年间著名学者汪中曾为亡母撰墓志铭，其

---

① 马克思：《致路·库格曼》。
② 《梦痕录》，转引自周作人：《双节堂庸训》。

石之首大书七字曰："汪氏母劳苦之碑"①！这七个字完全可以移来为天下劳苦妇女立碑。中华民族几千年灿烂辉煌的古代文明，正是建筑在历代妇女劳苦奠立的牢固基石之上。不但劳苦，而且功不可没。这是从宏观的历史眼光肯定妇女对社会发展、文明进步做出的贡献。但正统女教通过控塑妇女思想行为，在凝聚家庭宗族、稳定社会结构、巩固自然经济生产方式、强化专制集权等方面所发挥的诸种效应，在不同历史阶段对社会发展所起作用又不尽相同。

正统女教萌发形成之初的夏商周三代，虽已从父系氏族社会迈入阶级社会门槛，出现私有制和国家，基本奠定了父家长男权的统治地位；但母系氏族社会遗留下的旧传统仍很顽固，并一再向父家长的权威发起反击，新旧社会之间的矛盾和冲突仍很尖锐。《墨子·节丧下》所说"其长子生，则解而食之"，屈原《天问》中"稷维元子，帝何竺（毒）之"的疑问，以及传说中的"尧杀长子"②和大禹"辛壬娶涂山，癸甲生启"，婚后仅二日便生子，遂声明"予不子"，不承认和启的父子关系。③ 其原因俱如颜师古释《汉书·元后传》"羌胡尚杀首子以荡肠正世"所说："言妇初来，所生之子或它姓。"为防鱼目混珠，确保父亲"血统的不可争辩性"，竟不惜弃杀长子，表明解决子女"以亲生的继承人的资格继承他们父亲的财产"④的至关重要，也反映了父系母系之间争权斗争的残酷激烈。本来启杀防风改变"禅让"旧俗，已经奠立父子世代相传的王位世袭制，标志父权统治取得了决定性胜利。殷商灭夏之后，却又一度被重视母系血统的兄终弟及王位制度所取代。直至周朝代商而立，才再度恢复父子相传之制，并严格规定了父系血统嫡长子继承制度。与此相应，分别代表夏商周三代统治思想的经典文献《连山》《归藏》《周易》之间的嬗递变迁，也反映新旧社会、母系父系之间经历了反复曲折的激烈斗争。夏之《连山》，首卦"艮"属阳，卦形为"☶"，其上下卦均为一阳爻处于二阴爻之上，显示阳高于阴、男重于女，并构成两座稳重的山形重叠相连，"寓示父子相传之制有若山山相连，绵延万代"⑤。至商《归藏》，亦称《坤乾》，首卦为"坤"，重新恢复了

---

① 汪喜孙：《容甫先生年谱》。
② 《庄子·盗跖》。
③ 《史记·夏本纪》。
④ 恩格斯：《家庭、私有制和国家的起源》。
⑤ 参见董乃强：《孔子女性观的形成及其意义》，《传统文化》1991 年第 3 期。

阴居阳上的崇高地位，象征父权势力消退和母系再度复兴。迨至《周易》则首卦再变为"乾"，其卦形"☰"俱为阳爻，明白无误地宣告了父权的绝对权威，女性则被全面排除在外。在现实生活中，保留较多母系遗俗的商代妇女尚能统兵征战，拥有封地、奴隶并享有祭祀特权，至殷周鼎革之际，武王伐纣所列举的一大罪名便是"唯妇言是用""牝鸡之晨，惟家之索"①。"同姓不婚"的周人，以父子兄弟男性血脉为主干建构严密的宗法制度，愈加勒紧了束缚嫁入本族异性妇女的绳索。意识形态、文献典籍上乾坤颠倒、阴阳易位的变更，便是当时男权女系新旧社会之间波澜壮阔斗争的缩影，是和历史进程中女性地位升降的社会实际相一致的。萌发于此刻的正统女教高举"男女有别""男尊女卑"的大旗，宣扬要求女子绝对顺从丈夫、不容他人染指的贞操观念，确曾为辨析父子血缘关系、世代承袭私产不至流失他姓并确立父系嫡长子继承制度提供保证，成为父权最终战胜母系，巩固和发展私有制，使人类跨入文明门槛的有力武器。正如恩格斯在《家庭、私有制和国家的起源》一书所指出的，母权制的颠覆这一"女性的具世界历史意义的失败"，乃是"人类所经历过的最激进的革命之一"。它是"随着经济生活条件的发展，从而随着古代共产制的解体和人口密度的增大"，即生产力发展和私有制确立这种"新的、社会的动力发生作用"的结果。与之相连的"个体婚制是一个伟大的历史的进步"，是构成"文明社会的细胞形态"，它同奴隶制和私有财富一起"开辟了一个一直继续到今天的时代"。正统女教的萌发显然是这次历史变革的产物，而反过来又直接对促成这次具有世界历史意义的伟大胜利发挥了巨大作用。如前所述，母系制遗俗的革除并非一蹴而就，直至秦始皇一统天下之后，还在大张旗鼓宣扬"妻为逃嫁（妇人不嫁而招赘），子不得母""夫为寄豭（入赘），杀之无罪"，搜捕拘役数以十万计"赘婿"，向周边地区发起大规模"匡饬异俗"、扫荡"妇人尊贵"母系制遗存的强大攻势，"以明人事，合同父子"②。妇礼女教在这场确保"贵贱分明，男女礼顺"③新社会秩序的长期持久斗争中的作用显然不可低估。

---

① 《尚书·牧誓》。

② 《史记·秦始皇本纪》。参见张岩：《对孟姜女传说的再认识——我国母系制遗存的一次大规模破坏过程》，《长城学刊》1993 年第 1 期。

③ 《史记·秦始皇本纪》。

春秋战国迄于秦汉，是中国古代生产关系深刻变革和国家体制、礼制法规以及社会家庭结构发展定型的重要时期，也恰恰是正统女教确立强化的重要阶段。诸般森严细密妇礼条规的颁定，进一步突出了父权对女性的至高无上统治地位，更加巩固了父权对女性的全面胜利，这意味男权女系之间斗争的终结，同时宣告了一个新的历史时期的到来。而正统女教在这新的历史阶段中所起的作用又被赋予了新的历史意义。有的学者从扫除氏族普那路亚婚残迹的角度肯定早期儒家重视男女有别"具有重大现实意义和特定的历史意义"是不确切的。实际上春秋前期的烝、报现象均非血亲乱婚，而只是名分等级上的乱伦。此时严格妇礼强化女教的真正意义主要在于建立严密的家庭和社会秩序，加强个体小家庭的独立地位，这是新兴地主阶级从根本上削弱贵族保守势力的战略措施。导致这一时期正统女教强化的深层契因，同样源于生产力的发展和生产关系、血族家庭关系的变更。随着铁制农具和牛耕的使用推广，"公作则迟""分地则速"①，个体生产逐渐取代大规模强制性集体耕作；与此同时亲贵合一的宗族血缘纽带松弛，所谓"春秋时犹论宗姓氏族，而七国则无一言及之矣"②。本来，在按父系血缘亲疏确立等级贵贱的周代宗法制度下即已确立"刑（礼法）于寡（嫡）妻，至于兄弟，以御于家邦"的原则③，如郑玄所释，"文王以礼法接待其妻，至于宗族，以此又能为政治于家邦也。"周人把用礼法控制妇女视为宗法统治的起点，主要是出于确保嫡长子继承制实施无误的考虑。此刻普遍以夫妻联姻横向轴心组成的个体小家庭冲破单纯宗法血缘维系的社会结构，成为构筑君主专制集权制的基础。个体家庭作为社会生产、社会组织的基本细胞和承担国家赋税兵徭的基本单位，逐渐从大宗族中游离分解出来，地位越趋重要。夫妇关系是组成家庭的主导因素，通过女子教育确立妇女的行为导向因此而受到格外重视，这便是《易·序卦传》强调"夫妇之道不可以不久也，故受之以恒"的真谛。春秋战国之际在周人"刑于寡妻"基础之上进一步强化妇礼女教的准则，遂在加强父权统治之外又注入了稳定个体小家庭、巩固专制集权"编户齐民"社会新秩序的更为深刻的含义。

---

① 《吕氏春秋·审分》。
② 《日知录·周末风俗》。
③ 《诗经·大雅·思齐》。

日趋严密的贞节观念和正统妇礼对妇女的激劝教化适应了社会变迁的需要，使她们认识到"妇人守寡养孤，上欲激贞名于当世，中欲不负于黄泉，下欲育遗嗣而继宗也"①，滋生出一种神圣的使命感、责任感，甘愿把自己的一切奉献给男子，奉献给家庭、社会、国家，自觉担当起历史赋予她们的职责。于是男人们得以在妇女参与奠定的牢固基石上形成大一统局面，创造出灿烂辉煌的古代文明。女子教育所竭力鼓荡的女子主内、从一而终准则是维系巩固小家庭、私有制的重要因素，在社会转向以个体家庭本位重新组合的历史进程中发挥了催化凝固作用，因而成为稳固新生产方式和新兴政权的重要武器。事实上公元前 667 年齐"相地而衰征"，约 30 年后便孕育出齐孝公夫人华孟姬避嫌远别以死守礼的节行（齐孝公公元前 642 年—前 633 年在位）。为履践"越义而生不如守义而死"信条"逮乎火而死"的宋伯姬守寡始于公元前 576 年②，她的行为观念源于娘家的教化，是鲁文化熏陶的产物，在伯姬青少年时期或更早些时候鲁国的女教、贞节观念必已得到强化，从时间上看也与公元前 594 年鲁国"初税亩"几乎同时。商鞅"更制其教而为其男女之别"，更直接服务于"民有二男以上不分异者，倍其赋""令民父子兄弟同室内息者为禁"的离析宗法宗族大家庭的变革。③ 秦始皇四处巡视宣教，强调"有子而嫁，倍死不贞"，则是为了顺应"秦兼天下，划除旧籍，公侯子孙失其本系"的潮流④，巩固"男乐其畴，女修其业"的新型小农经济家庭。⑤ 紧接会稽刻石大段训诫之后，秦始皇宣称"大治濯俗，天下承风，蒙被休经。皆遵度轨，和安敦勉，莫不顺令。黔首修法，人乐同则，嘉保太平。后敬奉法，常治无极，舆舟不倾。"⑥表明这位千古一帝在不遗余力彻底清除母系遗俗的同时，清醒地把倡导女教鼓励贞节、稳定个体家庭，当作事关巩固政权"舆舟不倾"、长治久安"嘉保太平"的重要保证。

　　驱动春秋战国之际强化妇礼女教的又一重要因素，是出于防范商周以来

---

① 《后汉书·灵帝纪》。

② 刘向：《列女传》。

③ 《史记·商君列传》。

④ 《隋书·经籍志》。

⑤ 《史记·秦始皇本纪》。

⑥ 《史记·秦始皇本纪》。

普遍存在的因婚姻失序、宠妾与群公子朝臣勾联夺嫡争斗导致的大规模社会动乱。统治阶级自然无法洞察这一时代"礼崩乐坏"动荡变革的根本原因在于生产力的发展突破了旧生产关系驱壳，而只是从表层片面归结为妇人德行"不轨"是肇致变乱的祸根。所谓"赫赫宗周，褒姒灭之"①。"懿厥哲妇，为枭为鸱。妇有长舌，维厉之阶。乱匪降自天，生自妇人"②！民间的古老婚俗、男女之间较为自由开放的社会风气也被视为国家衰亡的征兆，歌咏男女爱情的"桑间濮上之音"乃被斥为"亡国之音也"③。于是整肃妇礼强化女教便被当作事关国家兴败的根本大计。把祸乱说成是"生自妇人"固然是荒诞的偏见，不过也应看到，贵妇宠妃的行为举止在上层社会风云变幻的殊死拼斗中确实往往起到导火引爆的作用。而一旦新制度确立之后，对妇女思想行为严加规整以减少毫无意义的变乱，也确实带有稳定新社会秩序的积极作用，尽管这种妇礼女教加重了对妇女的压迫摧残。

自人类进入文明时代，"任何进步同时也就是意味着相对的退步，这时一些人的幸福和发展是用别一部分人的苦痛和受压抑为代价而实现的"，其中既有阶级压迫，又包含"男性对女性的奴役"。④ 因而对女教思想、观念及其实践的社会效应和伦理道德上的评价，便在很大程度上发生偏离和对立。唯一正确的态度是，必须把这种思想和活动放置在当时充满矛盾斗争的特定时代背景中去考察，以判别其进步、保守抑或是倒退、反动。以孔子而论，他所力倡的男女隔绝、"女憧，妇空空"⑤，用今天的眼光看自属糟粕，一无可取，但在当时却符合父权战胜母系的时代流向。清人王聘珍《解诂》云："憧读曰僮，无知也；空空，无识也"，迹近愚民。其实孔子所谓憧、空，并非一味要妇女蒙昧无知，无非是让妇女不预外事，在这方面不妨糊涂一点，所应殚精关注的应该是如何安分守礼，扮演好主内持家的社会角色。他对博识达理、教子有方、熟谙恪守妇礼女教的鲁大夫公父穆伯寡妻敬姜就曾多次赞叹："季氏之

---

① 《诗经·小雅·正月》。
② 《诗经·大雅·瞻卬》。
③ 《礼记·乐记》。
④ 恩格斯：《家庭、私有制和国家的起源》，第63页。
⑤ 王聘珍：《大戴礼解诂》卷1。

妇可谓知礼矣!""公父氏之妇智也夫!"①孔子宣扬"唯女子与小人为难养也,近之不孙,远之则怨"②,也主要是在告诫人们把握好处理男女两性和上下尊卑之间关系的分寸。③ 压抑排斥女性、剥夺她们在国事大政方面受教育和发挥作用权力的同时,又对妇女学习履践妇礼和掌握持家主内本领大加赞誉,这便是他在女子教育问题上所把握的分寸。孔子生活的社会急剧动荡变革时期不免会有沉渣泛起,婚姻失序、妇礼崩坏、母系遗俗乘势复燃,新旧势力斗争十分激烈。"郁郁乎文哉,吾从周",孔子的女教思想拥护周王朝父权社会的选择,从而汇入历史进步的潮流。从这个意义上看,他的女教主张在当时仍不失为富于新鲜活力的精华。孔子之后的一些政治家、思想家也都十分重视妇礼女教的社会功效,《易传》《孟子》《管子》《荀子》《韩非子》等诸多典籍都普遍把"男女有别""夫妇有义"的原则置于和"君臣有正"相联并列乃至位居其上的地位,而且对妇女的管束更趋严厉,直至《礼记》辑录确立一整套控制妇女的礼法规范,从总体上看,也都顺应了社会变革的潮流,不断调整建构能够适应和强化新秩序的伦理道德,起到维护新生产关系和社会制度的进步作用。就是董仲舒奠立"夫为妻纲"道德准则的努力,以至东汉班昭撰作《女诫》,也还对前期农耕文明的建设起到积极作用。其中班昭《女诫》对中国古代女子教育的影响尤其值得重视。历来妇礼规范都侧重从父家长、社会如何控制妇女的角度立论,一味粗暴地压制、管束,而罕能从教化的角度启迪女子自觉认同。班昭首次将《礼记·内则》迄于刘向《列女传》等社会上零散片断的女教论述系统条理化,并做了创造性的补充和发挥,使之更为明确、缜密,奠立起完整的女教理论框架。班昭的《女诫》既从社会本位角度强调对妇女施行礼教的重要,又站在女性的立场劝导妇女自觉接受妇礼女教的规范,以高度的社会责任感履践"贤妻良母"的义务。《女诫》以母亲谆谆教女的形式撰述,深入浅出,亲切感人,又具有很强可供仿效的操作性,从而巧妙架设起一座将社会规范内化为妇女价值取向、行为模式的教化桥梁,如范晔《后汉书》所说,发挥了巨大的"有助内训"效用,并进而对稳定、巩固尚处上升阶段的生产方

---

①　《国语·鲁语》。

②　《论语·阳货》。

③　参见董乃强:《孔子女性观的形成及其意义》,《传统文化》1991年第3期。

式、社会制度起到积极作用。毋庸讳言，《女诫》的基本前提建立在对妇女的压抑、束缚之下，其中不乏种种对妇女的过分苛求，而恰恰这些消极面被后世统治阶级片面发挥到极致，成为摧残、压迫妇女的"经典"利器。但这并不能改变早期儒家以至班昭强化妇礼女教的诸般"恶行"在当时仍为顺应时代潮流的积极贡献这一基本事实。那种依照今天道德标准简单地对班昭冠以摧残妇女"千古罪人"恶名的做法显然有欠公允。

中国古代社会，在春秋战国之际经历了一次深刻变革，至秦汉成熟定型之后，便在相当长的历史时期进入相对平稳的发展阶段。春秋时代赵过创制的铁犁牛耕方式代代相沿，经唐改进为曲辕犁后，亦不再有实质性的突破。与之相应，这一时期在生产方式、社会结构方面也相对稳定，没有发生重大变革。但社会经济从总体上看仍呈现持续上升的势头，至唐宋时期，社会经济之繁荣、科学文化之发达，依然在世界范围居于领先地位。女子教育所具备的凝聚家庭宗族、稳定社会结构、巩固自然经济生产方式、强化大一统国家统治的功能，也还大体上发挥了积极进步的作用。即以正统女教倡导宽容去妒、反对女子干政为例：古代妇女因缺乏实际从政、从商、从戎的机会和经历，后妃通过枕边效应干预政事的结果每以负面效应居多，再加上徇私舞弊、争宠夺嫡，往往导致动乱，这几乎成为无可避免的痼疾。有的朝代为了稳定统治，防止动荡，竟至于制定立太子而杀其母的对策。《魏书》载北魏旧俗云：

> 椒掖之中，以国旧制，相与祈祝，皆愿生诸王、公主，不愿生太子。唯后（宣武灵皇后胡氏）每谓夫人等言："天子岂可独无儿子？何缘畏一身之死，而令皇家不育冢嫡乎？"及肃宗在孕，同列犹以故事相恐，劝为诸计。后固意确然，幽夜独誓云："但使所怀是男，次第当长子，子生身死所不辞也。"①

其实此制并不自北魏始，太祖立太子（太宗）将其母刘贵人赐死时即曾告子曰："若汉武帝将立其子而杀其母，不令妇人参与国政，使外家为乱。汝当继统，

---

① 《魏书》卷14，《宣武灵皇后胡氏传》。

故吾远同汉武,为长久计。"①为防妇人干政、外戚作乱,竟至立子杀母,实在是因为历史上外戚祸国的教训至为繁多惨痛!由此看来,尽管"妇妒"中多少包含了女性对社会不公的强烈抗争,折射着渴求平等、尊严的一线光焰;母后干政也涌现过吕后、武则天这样杰出有为的一代进步政治家,但从总体上看,在当时的历史条件下,妇妒和后妃干政确乎迹近一种游弋于社会中的致乱因素。反观宋代所以能在边患不绝的情况下取得社会经济、科学文化的长足发展,一个重要原因就在于"三百余年外无汉王氏之患,内无唐武、韦之祸。"②而宋之所以能够"百年无内乱"、保持社会内部相对稳定,又与"母后之贤独盛"③不无干系。谢肇淛《五杂俎》称"宋时妒妇差少,由其道学家法谨严所致",清世祖《内则衍义》把"历代独北宋不遘女主之祸"归功于"屡受贤后之福""宫闱淑善辈起",便反映了宋代家法严、重女教的积极作用,至少比"立子杀母"灭绝人性的残酷做法要开明可取得多。明代也是极重女教的王朝,明太祖朱元璋册封马皇后未及三个月,即命翰林儒臣"纂《女诫》及古贤妃之事可为法者,使后世子孙知所持守",并命工部将戒谕后妃之词镌刻红牌之上,悬于宫中,他亲自告诫道:"后妃虽母仪天下,然不可俾预政事。至于嫔嫱之属……若宠之太过,则骄恣非分、上下失序。故历代宫闱,政由内出,鲜有不为祸乱者也。"④正德《女训》序也说:"我朝家法超轶前古,建立妃后,选择窈窕,授以闺范,导以师氏,动遵礼节,肃雍以将,裨益大化,祗阴教于藩维者,固相踵矣。"史称"是以终三百年无龙漦燕啄之妖,绝毙犬悬龟之祸"⑤,实非偶然。同样,有清一代除清末西太后专权外,基本上未因母后、外戚、宦官引发动乱,这也和重视女教不无干系。早在天命八年(1623),太祖即"御八角殿训诸公主以妇道,毋陵侮其夫、恣意骄纵,违者罪之"。对此,陈康淇评论道:"我朝当戎衣殳伐之年即已敕戒闺箴,修明阴教,夭桃秾李,此王化之所由基欤?!"⑥

---

① 《魏书》卷 3,《太宗记》。
② 《宋史·后妃传序》。
③ 胡应麟:《少室山房笔丛·史书占毕二》。
④ 《明史·后妃传序》。
⑤ 傅维鳞:《明书》卷 20,《宫闱纪》。
⑥ 陈康淇:《郎潜纪闻二笔·太祖教训诸公主》。

明代宫官女教的兴衰以及与之相关的后宫管理体制的更迭，也明显对政局产生了深远影响。起初，"开创之主，宫中府中设司分职，各有典司。后正位乎内，夫人嫔御交赞。阴教居有保阿之训，动有环佩之响；内无出闺之言，权无私溺之授，法至善矣"。但其后宫官罢设，"虽存女秀才、女史官空名，恒罚提铃、警夜，而宫官大抵皆为奄寺之菜户矣"。权移宦竖之后，"奄寺乃得横行，王振、汪直、刘瑾，恶已贯盈，至魏忠贤揽政，昵一客氏，深宫更无为"，甚至"外而税矿，内而批红，监军则养寇，贼至则开门，贻祸之烈，一至于此"！面对宦官乱政的惨痛教训，论者不无感慨地指出："使女官旧章不废，袆衣褕翟、绛纱貂婵，雍雍肃肃，何遽称九千岁于大珰之前乎！"①

如果说明清时期通过宫廷女教规范后妃行为、健全宫官体制，尚能避免或减少上层无端动乱，还多少有利于社会安定和国计民生，仍可列为应予肯定的有益因素；那么至近代前夜，正统女子教育的主流则更多起到阻碍社会变革的消极作用。而且事实上，即使前期正统女教的强化也存在着对社会进步起到消极阻滞作用的一面。对妇女过于苛酷的桎梏束缚远远超过了稳定社会秩序的实际需要，"矫枉过举，遂多失中"②，严重封闭窒息了占总数一半人口的创造才能，影响了社会的活力和生气。至明清女教妇礼畸形高涨和妇女殉节风气兴盛更把这种弊病推向极端。春秋秦汉对期女子教育偏重于强调妇女在家庭、宗族中应尽"女正位乎内"的职责，新兴地主阶级生气蓬勃，尚能不拘一格培养人才，妇女尽管从属男子，却不排除在事业包括国事大政上发挥辅佐作用。当时也确实培养、涌现出了以钟离春、庄姪为代表的一批博识达理、富于谋略、对社会发展做出杰出贡献的女性。而农耕社会后期的妇礼日益苛严，愈趋腐朽僵化，把男女有别、男尊女卑的差异扩到极点，守节殉夫的行为也被衍化为"地维赖以立，天柱赖以尊"的女德③，当作社会权衡妇女的最高价值准则。殉夫只是在"尽妇道而已"，竟与"夫之贤不贤"毫不相干！④这种妇礼教化制造的愚昧盲从不但扼杀、摧残了无数妇女人才，而且成为统治阶级借以实行文化专制维护腐朽没落统治的法宝利器。正统女教在巩固男

① 朱竹垞：《静志居诗话》卷 1，《宫掖·司彩王氏》。
② 马之德：《顾节母传序》。
③ 陈宏谋：《教女遗规》。
④ 《明史·列女传》。

耕女织、自给自足自然经济传统生产方式方面所发挥的作用，至此也走向反面，徽州地区的情况堪为典型的例证。该地富甲天下，以举族累世经商著称于世，但结果却未能导入近代化轨道，相反，"徽州多大姓，莫不聚族而居"①，"家乡故旧，自唐宋来数百年世系比比皆是。重宗义，讲世好，上下六亲之施，无不秩然有序"②，保留着浓厚的宗族血缘关系。当地"贾人娶妇数月，则出外或数十年，至有父子邂逅而不相认者"③，"邑俗重商，商必远出。出恒数载一归，亦时有久客不归者，新婚之别，习为故常"④。在这种情况下，妇女对维系家庭、稳定本地社会结构所起作用尤关重要，因此格外重视妇礼教化。徽人千方百计强化宗族统治、宣扬礼法教化，不惜重金广泛镌刻族谱家规、儒家经典、朱子家礼以及《闺范图说》《女儿经》等女教通俗读物，以加强对妇女思想行为的控制。曾有学者对同治十三年(1874)《祁门方氏族谱》所载族规进行典型剖析，指出：该族规共 32 条款，举凡社会生活之方方面面均有涉及，其中专门针对妇女或涉及妇女的条款共 13 条，计有示家长、友兄弟、别夫妇、防继庶、严嫡妾、训诸妇、肃闺门、重婚姻、事舅姑、和妯娌、植贞节、尚勤俭、节婚嫁等，占族规之 40％强。这些条款对妇女一生的行为做了严密的规范，其中最为关键的是强调夫为妻纲。在"示家长"中，要求家长"尤不宜轻信妇女奴隶之言，以取戾于家"。在"别夫妇"中，强调"夫者须正身齐家，不可使牝鸡司晨，为妇者当降心从夫，不可执一己之性间有悍泼不顺"。在"肃闺门"中，责令"妇女当从一处勤绩纺，力机杼，尽其常职。心有专用则邪辟之念自无由生者"。在"植贞节"中，更是以"公论"迫使妇女就范守节："妇女守节最为难事，宗族中或不幸而孤寡者，近属亲邻当资给扶持之，待其节终，公举表扬，以励风化"⑤。至于对"如改志转嫁者"，则"虽有子，止书其子，不书其母姓氏，为失节故也"⑥，以明义绝。宗族甚至把"闺闱挺秀，巾帼完人"与"学而入政，名登金榜"者相提并论，慷慨地给予"并为家国所重，

---

①　陈去病：《五石脂》。

②　嘉靖《徽州府志·风俗》。

③　顾炎武：《肇域志·江南十一·徽州府》。

④　《歙县志·风土》。

⑤　参见唐力行：《论商人妇与明清徽州社会》，《社会学研究》1992 年第 4 期。以下有关徽州方面史料多转引自该文。

⑥　《桂林方氏宗谱·凡例》。

宗族之光"的崇高荣誉。① 正是这种"素崇礼教，又坚守程朱学说"、强化妇礼女教的努力，导致"闺闱渐被砥砺，廉贞扇淑扬馨，殆成特俗"②。由此，该地"节烈著闻多于他邑"③"节烈最多，一邑当他省之半"④"妇女之抗节守义、宁为玉碎者多至不可胜计"⑤，便不足为怪了。也正是这种深入普及的妇礼教化，成功地使女子甘于"犹称能俭，居乡者数月，不占鱼肉，日挫针治缝纫绽。黟祁之俗织本棉，同巷夜从相纺织，女工一月得四十五日"⑥。难怪《徽州府志》在述及"徽俗能蓄积，不至厄漏"时，感慨道："盖亦由内德矣"！明万历《休宁县志·风俗》也称当地"女人能攻苦菇辛，中人产者，常口绝鱼肉，日夜绩床挫针，凡冠戴履袜之属，咸手出，勤者日可给二三人。丈夫经岁客游，有自为食而且食儿女者"，县志作者同样把"贾能蓄积"归功为"亦犹内德助焉"。本来，对于"寄命于商"⑦的徽民来说，在商品经济的潮流中十分有利于资本主义生产关系的萌发生长，商品经济的浪潮也为商人妇更新观念、提高妇女地位提供了更好的条件。但是传统女教在徽州地区造就的女子"内德"，却如一道千年古堤，力挽狂澜，隔绝了这种转化的通道。这一女教的坚固屏障，有效地把徽州地区的古老社会结构牢固地包裹在陈腐落后的宗族社会框架之中，并且顽固抵御时代潮流的冲击，强有力地把商人妇控塑雕捏成"三从四德"式的贤妻良母社会角色。正如教育家曹孚所指出的，判断教育的好坏，"须以它所从属的那种政治势力的好坏而定"，像斧一样，"在用以造屋子、作器物时，斧是好的；在用来砍倒樱桃书，用以杀人——假定所杀的是好人——时，斧是坏的"⑧。徽州女教培养出来贞节守礼、勤劳俭朴的标准"内德"，在春秋战国之际，曾经是新兴地主阶级用以砍断奴隶主贵族保守势力羁绊的利剑；到了明清时期则一变而成为统治阶级用来维系传统社会"生态平衡"、斫杀资本

---

① 《歙淳方氏会宗统谱·凡例》。
② 民国《歙县志·人物志·烈女》。
③ 万历《祁门志·风俗》。
④ 赵吉士：《寄园寄所寄》。
⑤ 民国《歙县志·人物志·烈女》。
⑥ 康熙《徽州府志·风俗》。
⑦ 康熙《休宁县志》卷7，《汪伟奏疏》。
⑧ 曹孚：《中国教育改造问题》，《曹孚教育论稿》，第622页，上海：华东师范大学出版社，1989。

主义萌芽的凶器。近代前夜，在包括正统女教在内的礼教纲常维护控导之下，个体小家庭和乡土宗族血缘势力再度胶合强化形成的混凝土结构使社会凝固板结，阻滞着社会结构的更新、变革，成为商品经济、资本主义生产关系萌芽发展的巨大障碍。而这又是中国农耕文明衰落，远远被甩到世界潮流之外的根本症结。

中国古代的正统女子教育是传统文化的产物，是民族精神的体现；而教育本身是一种自觉的选择，反过来又对妇女素质、民族性格、乃至对中华民族文化精神的建构产生深远影响。包含在正统女教所鼎力宣扬的贞节观念和节烈行为中的克己忘我、坚韧不拔、舍身取义、杀身成仁、贫贱不能移、威武不能屈、富贵不能淫、顾全整体、热爱祖国等品质和情操，集中昭示了中国文化的优秀传统，在历史上每每被悬为激励全民族弘扬磅礴正气的表率。南宋末年元兵南下，池州守臣已遁，通判赵昂摄府事，城破之日其妻雍氏表示："吾独不能相从地下乎？"赵喜，大书"国不可背，城不可降，夫妻俱死，节义成双"，遂俱自经于州治之后堂。① 人们在历数一些烈女抗暴殉节的事迹后不禁感叹道："噫，使宋之公卿将相贞守一节若此数妇者！岂有卖降覆国之祸哉！宜乎秦贾之徒为万世之罪人也。"②明人扬继盛更认为"成天下之事功易，立天下之节义难"，而尤以妇人守节为"天下之至难"。这是因为凭"一时义气激发"做到"气如雷霆，立如山岳，虽窘辱顿挫生死利害交于前而不可少动"的大丈夫，未必都能历之终身而不变，而唯"妇人之守节则抚而幼孤，振而先业，阴柔之身百责所萃，其负荷之难如此；内无所藉，外无所资，茕然独立，狼狈无依，其植立之难如此；斯须检点之或疏，则群议纷然而起，凛凛焉戒惧避嫌之心自少至老一时不敢少懈"。他特别指出："节义在妇人者郡县俱有之，而节义在丈夫者天下固不多见；节义之难者，妇人尽之无少歉，而节义之易者丈夫固反亏之，岂非光岳气分天地山川精粹之气不萃于男子而尽萃于妇人之身乎！"③这女教节烈传统中的优秀一面同样构成中国传统文化中的精萃，同样是中华民族的"脊梁"。鲁迅目睹了中国女子"干练坚决、百折不回的

① 转引自《古今图书集成·明伦汇编·闺媛典·闺烈部》。
② 陶宗仪：《南村辍耕录·贞烈》。
③ 转引自《古今图书集成·明伦汇编·闺媛典·闺烈部》。

气概"和"在弹雨中互相救助，虽殒身不恤的事实"也深切感叹："中国女子的勇毅，虽遭阴谋秘计，压抑至数千年，而终于没有消亡"。[①] 其间除了沐浴新时代风雨、经历阶级搏斗恶浪磨炼外，也依稀可以窥见女教节烈传统中优良一面的影响。毫无疑问，统治阶级总是把坚持民族气节舍身取义以死抗暴的壮举和劳动妇女抚老恤孤的美德巧妙地纳入女教妇礼的轨道，站在维护君权、礼教的立场加以表彰宣扬；而节烈妇女思想深处也确实不同程度带有履践女教妇礼的成分。至于维护纲常以死殉礼作为节烈观念的主流，更集中反映出传统文化中最为腐朽落后的糟粕。愚昧、麻木、拘谨、呆滞、狭隘、依赖、屈从、墨守成规、扼杀个性、毫无创见等传统社会后期"国民积习"中的弱点在妇女身上表现得淋漓尽致。在盛行私塾和家教的时代，"父之教子也倍母，而子之化于母也十父"[②]，母亲对子女实施早期教育对思想品格的定向塑造影响尤为深钜。正统女教中蕴含的精华和糟粕都更为典型地折射和强化了中国传统文化内倾、群体、专制导向的特质，并通过母教对幼童熏习的特殊渠道世代相传凝聚，从正负两个方面有力地塑造着民族的灵魂。

以上着重通过剖析中国古代正统女子教育来探讨性别关系与妇女问题演变的社会效应和历史影响。事实上，劳动人民中间存在着的非正统女教以及商品经济发达地区沐浴早期资本主义风雨萌发出的新型女子教育活动，与正统女教既有相同、相通之处，又有鲜明的对立与差异。一般来说，正统女教、尤其是处于衰朽阶段的正统女教，陈腐、僵硬、消极落后的东西更多一些，而民间世俗非正统女教中生动活泼、积极进取、蓬勃向上的因素更为显著。这种矛盾和差异，正是日后随着生产关系、社会性质变革而诞生新型女子教育的内在依据。但即使是在对正统女子教育进行总体评价时，也要注意辨清其性质、内涵、社会效应的历史演变，及其在不同历史阶段所起到的不同作用。应当肯定，正统女教萌生之初，曾经是推动历史前进的人类文明的一个积极成果。在充分剖露其虚伪双重道德观，及其对残害妇女、毒化社会风气、塑造民族"劣根性"起到恶劣影响的同时，也应承认由"男主乎外、女主乎内"性别分工导致对女性的单方面禁锢有其历史存在的必然、合理的一面，并审

---

① 《纪念刘和珍君》。
② 黄嘉育：《古列女传序》。

慎地把混杂在正统女教中的某些积极成分从陈腐礼教的重重包裹中剥离出来予以历史的肯定。与此同时更不应忽略，尽管正统女教曾一度起到推动社会发展的进步作用，在民族精神、文化传统中渗透进若干优良成分，其前提却是对女子个性和权益的野蛮践踏和对她们才能的压抑摧残，何况这种有限的积极因素越来越被消极落后的主流所掩抑。靠牺牲压抑妇女所能获取的进步毕竟是有限的，而社会为这种进步所付出的代价却凝固了妇女从而也限制了整个民族的进取精神和创造活力，导致了社会结构板滞僵化，从根本上阻碍社会得到更大发展。

（摘自《中国古代女子教育》，北京师范大学出版社，1996）

清末的女子留学风潮

19 世纪末，资产阶级革命家竭力主张向西方寻求真理。用西方资本主义文明作武器，救亡图存，向清王朝展开斗争。不少青年学生响应号召，渡海去欧美、日本留学，学习救国本领。对于渴求接受新式教育的女子来说，更把留学视为一个主要途径。留美女生薛锦琴 1903 年在旧金山接受《女学报》采访时即曾表示："中国之大，无一学堂足以教育国民之精神者。男子欲学无从，女子之苦可知，于是不可不为游学之举。"①

最早出国求学的女子是江西的康爱德和湖北的石美玉。1896 年康爱德从美国墨尔斯根大学毕业回国后，梁启超曾撰写《记江西康女士》一文，并在《变法通议·女学》中盛赞康、石"虽西域耆宿，犹歆誉之"。

中国留学生以去东邻日本为多，20 世纪初达几千人，1900 年开始有女学生留日，至 1907 年，仅在东京的中国女留学生即有一百余人。留日女生多在东京青山实践女学校就读。这所女校系日本女教育家下田歌子 1899 年创办。下田曾赴欧美各国考察，致力于普及中下层女子教育，进行职业训练，帮助她们谋生自立。下田歌子深切同情中国妇女的苦难，希望能有中国女生来日游学，输入文明。1905 年，该校特附设中国女子留学生师范、工艺速成科，用汉语通译讲授，期限一年，"授以女子教养之道"。师范速成科课程为：教育（教育理论、管理法）、心理、理科（植物动物、物理科学、生理卫生）、历史（万国历史）、地理（万国地理）、算术（四则、分数）、图画、体操、唱歌、日语（会话、文法、作文）、汉文。工艺速成科除用术科（编物、造花、图画、刺绣）取代心理、史地，其余课程同师范科。学生日常上课之外，"更时由本校职员带同参观关于女子教育及事业之设营物等"②。东京东亚女学校也在 1905 年附设中国女子留学生速成师范学堂，"专教育清国女子留学生以期养成

---

① 《女学报》2 卷 1 期。
② 《日本实践女学校附属中国女子留学生师范工艺建成科规则》。

师范之资格"，使她们毕业后"担任祖国女子教育以资其开进辅导"。修业年限为两年，还别设音乐专修科、游戏体操专修科，年限各半年①。

早期留日女生多半属于随父兄、丈夫赴日伴读的性质。1905 年湖南、奉天、江西等地相继公派数十名女学生留日，同时也不断有女生自费附学。除青山实践女子学校、东亚女子学校外，日本女子大学校、东京女子高等师范学校、东京女医学校、成女学校、女子美术学校、高等女子实修学校、共立女子学校、东京音乐学院、女子学院、三轮田女学校、高等圭文美术学校、目白女子大学、千叶医学专门学校、长崎活水女子学校等诸多学校，也都先后接受中国女生入学就读。

中国女生在日本骤然摆脱传统女教的桎梏，广泛接触资本主义文明，顿觉"吾国女学方霾沉数十层地狱之下，今乃自地心上达，其光炎炎，其势焰焰"②。她们努力学习，贪婪地吸收新思想、新知识，思想解放，眼界大开，受到日本教育界人士好评。下田歌子即曾赞扬："今之来此者于学程皆能自奋，无暇督率，已为可喜"，且能"倜傥大方，行止自由，论学讲学，一如男子，此尤其可敬者"③。《大陆》杂志第一期刊登的《中国女学生留学于日本者之声价》一文亦云："此等留学生，举止娴雅，志趣高尚，对日本人亦不惧惮。而彬彬有礼，迥非日本妇人所能及。"

20 世纪初的日本已被中国资产阶级革命派当作中国革命的海外基地，孙中山、黄兴等革命先驱都曾在日本开展革命活动。爱国学生经常集会、结社，还创办了一批进步报刊，出版流传宣传革命的书籍。在这种革命气氛熏陶下，留日女生多半思想激进，倾向革命，积极参加革命活动。她们"愤女学之衰败，慨女权之摧折"，于 1903 年在东京成立了我国第一个爱国妇女团体——日本留学女学生共爱会。该会以"拯救二万万之女子复其固有之特权，使之各具国家之思想，以得自尽女国民之天职"为宗旨，并"以女学上之运动为其唯一之责"④。她们认为，"国之兴亡盛衰恒视女学为转移"，要推翻几千年来锢闭封锁女子的铁案不能完全依赖男子，女子也要自己起来"振兴我女学，教育

---

① 《日本东亚学校附属中国女子留学生速成师范学堂章程》。
② 《日本留学女学生共爱会章程》。
③ 《下田歌子谈留日女生观感》，《游学译编》一期。
④ 《共爱会章程》。

我女子，排斥女子无才为德之谬训，脱去古来酒食是仪之习惯"，通过努力奋斗，使"他日东亚女学驾轶欧美，放一灿烂鲜明之奇花，著光辉于世界。"①共爱会和后来经秋瑾、陈撷芬等重组的"实行共爱会"成为中国留日女生的核心。她们关心祖国前途和国内姐妹们的命运，始终和国内妇女界、女学堂保持密切联系，勉励、联络国内女学生摆脱礼教压制，到日本学习救国本领。秋瑾在《致湖南第一女子师范学堂书》中写道："欲脱男子之范围，非自立不可；欲自立非求学不可，非合群不可。东洋女学之兴，日见其盛，人人皆执一艺以谋身，上可以扶助父母，下可以助夫教子，使男女无坐食之人，其国焉能不强耶！我诸姊妹如有此志，非游学日本不可。如愿来者，妹处俱可照拂一切。妹欲结二万万女子团体学问，故继兴共爱会，名之曰实行共爱会。"

共爱会之后，留日女生又建立了"中国留日女学生会"、"女子复权会"和"留日女学会"等组织，并创办《女学报》《女子魂》《白话》《中国新女界杂志》《天义报》《新女子世界》《二十世纪之中国女子》《新女界》《留日女学会杂志》等多种刊物。除批判男尊女卑、倡导女学，还大力宣传反抗清廷、妇女解放的革命思想，号召中国妇女以国事为己任，向西方女性学习，"无服从之性质，为国舍身为民流血"②。她们并以实际行动投身革命活动，实践自己的誓言。1903年四月，为反对沙俄侵占东北，共爱会女生曾集会表示"祖国瓜分，同胞奴隶，我辈有何面目更在日本留学"，决议参加拒俄义勇队，"任军中看护死伤事"，并电告上海各女学堂："国祸急，女生入赤十字社，同义勇队北征，告女学校协助"③。据《湖北学生界》第4期"留学记录"报道，当时"学生编成义勇队，亦开会商议协助。胡女士彬夏、林女士宗素、方女士懋、华女士桂、龚女士圆常、钱女士丰保、曹女士汝锦、王女士莲，皆含泪演说，呼誓死以报国，及签名军队"。1905年八月孙中山抵日创建资产阶级革命政党——同盟会，留日女生纷纷入会，何香凝、秋瑾分别担任重要职责，唐群英、方君瑛、燕斌、刘青霞、胡灵媛、曾醒、郑萌、吴亚男等均成为早期同盟会会员。她们练习射击、研制炸弹、学习医疗救护本领，积极为参加武装起义做准备。清

---

① 《祝共爱会之前途》，《江苏》第6期。
② 《江苏》第3期。
③ 《江苏》第2期。

末中国女学生漂洋越海异域求学的热潮，使社会风气为之一新，在国外也产生了积极影响。日本实践女子学校教师坂寄美都子就对中国女留学生的"开创新风""活动能力之强"，表示"吃惊之余又感到由衷的敬佩"[①]。留日女学生是当时中国妇女中最先进、活跃的一支革命力量，她们绝大数回国后都成为民主革命的斗士和提倡女子教育、开展妇女解放运动的骨干，在辛亥革命前后发挥了重大作用，为中国资产阶级革命和妇女解放运动谱写下光辉的篇章。

（原载《国史镜鉴》）

---

① 　《实践女子学园八十年史》第 103 页。

维新派创办女子学堂

"中国旧俗，妇女皆禁为学。一则贱女之风，以女子仅为一家之私人，故以无才为德；一则男女既别，不能出于学校以求师。相习成风，故举国女子殆皆不学。"[①]康有为《大同书》中的这段话概括指出了中国几千年来将女子排斥于学校大门之外的陋俗及导致禁锢女学的原因。直至19世纪末，这1000年陈规终于被维新派创办女子学堂的举动所突破。

19世纪末，面临帝国主义列强"瓜分豆剖"亡国灭种的危机，中国人民奋起救亡图存。1898年以康有为、梁启超为首的戊戌变法，就是一次实行新政变法图存的尝试，企图通过改良的办法，把中国引上资本主义道路。在这股早期资产阶级变法维新浪潮中，改革教育，包括改革女子教育，也成为除旧布新的一个重要方面。1892年陈虬著《救时要议》率先提出"设女学以拔取其材，分等录用，此自强之道也"。1894年谭嗣同进一步提倡仿西法开设"女学校"，使"妇女无不读书"，并主张"凡子女生八岁不读书，罪其父母[②]。康有为则在《大同书》中反复论证女子为学的可能性，强调"兴学选才"不应歧视排斥女子、"用男弃女"。他指责剥夺女子受教育权利，使她们"如奴隶、如蝼蚁，卑微愚贱，摈在人外"的作法是"抑人才而塞文明"，"背天心而逆公理"[③]。维新运动的另一重要领袖梁启超1897年在《时务报》发表《变法通议·女学》，更把妇学视为关系到"天下存亡强弱之大原"，提出"欲强国，必由女学"的口号。他还明确指出，所谓女学并非只是能作诗词、"批风抹月拈花弄草之学"，此等事"本不能目之为学"。维新派所提倡的女学是要"讲求实学，以期致用"，"内之以拓其心胸，外之以助其生计，一举而获数善"。

维新派还在《时务报》公开发表《倡设女子学堂启》，呼吁志士仁人"共襄美

---

① 康有为：《大同书》戊部《去形界保独立·妇女之苦总论》。
② 《谭嗣同全集》卷3。
③ 《大同书》戊部《去形界保独立·妇女之苦总论》。

举，建堂海上，为天下倡"，以"振二千年之颓风，拯二兆人之吁命"①。梁启超亲手草拟的《上海新设中国女学堂章程》则对实际创办女学堂事无巨细都作了详细周密的安排。该章程以"欲复三代妇学宏规，为大开民智张本；必使妇人各得其自有之权，然后风气可开，名实相副"为立学宗旨，"堂中一切捐助创始，及提调教习，皆取材于闺阁之中"。其中《招选学生章程》规定：

一、堂中暂招学生四十人，以后经费渐充，随时增广。

二、学生年限，幼不过八岁，长不过十五岁。

三、凡学生年在八岁至十一岁者，必识字方许入学；十二岁至十五岁者，必略识文法，能阅浅近之信札者乃许入学。俟有定期，即刊日报以广招徕，以示大信。

四、缠足为中国妇女陋习，既讲求学问，中人亟宜互相劝改，惟创办之始，风气未开，兹暂拟有志来学者，无论已缠足未缠足一律俱收，待数年以后，始画定界限，凡缠足者皆不收入学。

五、立学之意，义主平等，虽不必严分流品，然此堂之设，为风气之先，为他日师范所自出，故必择良家闺秀，始足仪型海内，凡奴婢娼妓一切不收。

梁启超还亲自拟定了五条学规：

一、堂中功课，中文西文各半；皆先识字，次文法，次读各门学问启蒙粗浅之书，次读史志艺术治法性理之书。

二、堂中设颛门之学三科：一算学，二医学，三法学，学生每人必自占一门，惟习医学法学者，于粗浅之算理亦必须通晓。

三、于三科之外，别设师范科，专讲求教育童蒙之法。凡自认此科者，于各种学问，皆须略知本末，则不必于三科之中自占颛门。

四、纺织绘画等事，妇学所必需，俟经费扩充，陆续延请教习教以中外艺事。

---

① 《时务报》第45册，光绪二十三年(1897)十月二十一日。

五、堂中每月设课一次，由教习命题，评定甲乙，每季设大课一次、课卷送通人评定，列等第，设奖赏。惟初办之始，或学生未能应课，则此项俟数月以后始行举办。

在"学成出学规例"部分，规定："凡学生习一事，或师范科及艺事等，学成者由堂中给以文凭，他日即可以充当医生、律师、教习等任"。按照维新派的计划，"草创之始，经费未充，拟先设堂上海，然后再议推广，普及各省府州县"①。

梁启超等倡设的女学堂，于 1897 年十月二十六日在上海高昌庙桂野里动工，次年五月三十一日正式开学，校名为经正女学，又名中国女学堂，由上海电报局局长经元善任外董事，具体负责创办。这是中国人自己开设的第一所女校。女学按梁启超的设想招收八至十五岁的"良家闺秀"二十余人。课程"中西各半"，其中中文课设《女孝经》《女四书》《幼学须知句解》《内则衍义》、唐诗、古文之类，其余女红、图画、医学"间日习之"，此外尚设英语、算术、地理等课，并且于读书写字之暇兼及体操、针黹、琴学等。女塾还注意按学生"资质之高下定课程之多寡"，每旬逢三、八两天由教习"试课论说"②。维新派领袖对创办这所女塾倾注了大量心血，不但梁启超在其中发挥了重大作用，就是康有为除表态"局外竭力匡赞"③外，亦于 1897 年八月携长女同薇抵沪直接参与了该校的筹办工作。梁启超与严信厚、郑观应、康广仁、陈启同等亲任外董事，负责"在外提倡集款，延聘教习、提调，商定功课，稽察用度"。上述诸人妻女和康同薇等为内董事，"轮日到学稽察功课，并助提调照料管束一切"。经正女塾实际上是维新派把他们改革女子教育主张付诸实践的一个典范。

政治上奉行改良主义的维新派希图在保持清朝统治的基础上吸收西洋的一些"新学"，向资本主义和平过渡，因此在教育改革上也不可避免保留较多陈旧色彩。其突出的表现就是尊孔读经，把儒学视为"圣教"，在塾中供奉"至

---

① 《时务报》第 47 册，光绪二十三年（1897）十一月十一日。

② 《上海创设中国女学堂记》，《万国公报》卷 125。

③ 《时务报》第 47 册，光绪二十三年（1897）十一月十一日。

圣先师"神位，课程设置方面也杂有《女孝经》《女四书》等陈旧的内容。经正女塾还明显受到教会女校的影响。除邀请李提摩太夫人每月访问女塾一次外，还延请林乐知女儿林梅蕊任西文总教习并兼授英语、算术、地理、图画等课。但无论如何由中国人自己开办女校这件事本身就是一个史无前例的创举，而且经正女塾比起教会女校和传统女教还是有很大不同，多少体现了"讲求实学，以期致用"的精神。学生不但学文化，还自办刊物，发行《女学报》，宣传妇女教育的重要，讨论各种实际问题，并组织团体参加提高成年妇女文化程度一类的社会活动，办得颇有生气。女校开办不到半年，又在城内淘沙场增设一所分塾，年终学生增至四十余名，次年又发展到七十多人。据 1899 年六月发表在《万国公报》的《上海创设中国女学堂记》一文报道，当时经正女塾"声名鹊起，远方童女亦愿担簦负笈而来"，"规模既定，光气大开，一时之闻风兴起者，如苏州、松江、广东及南洋新嘉坡等处，皆陆续设立女学堂"①。

　　1900 年中秋节后，因戊戌变法失败，经正女塾也随之被迫关闭。这所女校虽然只开办了短短两年多的时间，其开风气之先，突破传统女教的首创之功不可泯灭。维新派改革女子教育的活动受到严重挫折，但是历史潮流无法阻挡，它所产生的深远影响是扼杀不掉的。正如染启超在《戊戌政变记》中所说："旧藩顿决，泉涌涛奔，非复如昔日之可以掩闭抑遏矣"。

（原载《国史镜鉴》）

---

①　《万国公报》卷 135，光绪二十五年(1899)五月。

明清时期的妇女解放思潮

在家国同构的中国古代，妇女问题最为集中典型地反映了社会结构和传统文化的特点。明清妇女解放思潮的兴起，便是当时政治、经济、思想、文化等方面发生深刻变革的产物。明中后期以降的中国，是诸种矛盾交织、充满了希望和苦痛的时代。一方面专制集权高度膨胀，礼教纲常愈趋苛严；另一方面统治阶级极端腐败，纲纪陵夷，政教失控，危机四伏，正统礼教的腐朽黑暗面暴露得更加充分。特别是明末农民战争"武器的批判"带动了批判的武器，起义军摧毁明王朝的天翻地覆巨变，极大地解放了人们的思想，促进了对专制集权和纲常礼教的怀疑批判。与此同时，由于生产力和商品经济的发展，江南和东南沿海等局部地区开始出现微弱的资本主义生产关系萌芽。一些先进知识分子反映手工业、商品经济的发展，代表新兴市民阶层的利益，重科学、讲实际，提出了经世致用的主张。在思想战线、文学艺术等意识形态领域则掀起一股要求个性解放、平等、自由的早期启蒙思潮。进步思想家以前所未见的犀利笔锋猛烈抨击君主专制集权，宣称"为天下之大害者，君而已矣"①，"自秦以来，凡为帝王者皆贼也"②。并且一反孔子"不改父道"的千年古调，表示父若无道不妨"朝没而夕改可也"③。进步思想家还反对御用理学对思想界的控制，斥责理学"不啻砒霜鸩羽"④、统治阶级及其御用理学家是在"以理杀人"！启蒙思想家对专制主义和礼教、理学的批判，是对妇礼支柱的猛烈冲击，有力地摇撼了妇礼纲常的根基，推动了早期妇女解放思想的觉醒。从此反叛正统女教的思想斗争因被注入崭新的时代气息和阶级内容而愈发充满活力，无论深度、广度都发展到一个划时代的阶段；而批判正统妇礼的妇女解放思想，也自然汇入启蒙思潮之中，成为早期启蒙思潮的一个重要组成

① 黄宗羲：《明夷待访录·原君》。
② 唐甄：《潜书·室语篇》。
③ 汪中：《述学内篇》。
④ 颜元：《朱子语类评》。

部分。明清时期的妇女解放思想除表现在思想家提出的理论观点外，还大量体现于文艺作品的思想倾向及先进妇女挣脱礼教羁绊的实际行动。其宗旨主要表现为对剥夺女子受教育权利、婚姻自主权利和压制摧残妇女的种种陈规陋习加以抨击，并且明确提出男女平等、妇女从政等主张，显示了两种妇女才智观、价值观的根本分歧；在当时形成一股要求妇女解放的思想潮流，使社会风气发生引人注目的变化，产生了深远的历史影响。对明清妇女解放思潮的考察将有助于加深对这一历史时期社会性质和时代特点的认识。本文考察的时限，大体界定于晚明至清中叶二百多年的时间，不涉及清末资产阶级发起的妇女解放运动。

批判"男尊女卑"，主张女子享有受教育的平等权利

进入阶级社会之后，随着女性被从主要生产领域排挤禁锢于家庭四壁，她们的地位便一落千丈，压入几千年历史的黑暗幽域。特别至汉代，妇礼纲常确立定型并不断强化，更变本加厉，对妇女"忍心害理，抑之、制之、愚之、闭之、囚之、系之，使不得自立、不得任公事、不得为仕宦、不得为国民、不得预议会，甚且不得事学问、不得发言论、不得达名字、不得通交接、不得预享宴、不得出观游、不得出室门，甚且斫束其腰、蒙盖其面、刖削其足、雕刻其身，偏屈无辜，偏刑无罪"，使她们"如奴隶、如蟠蚁，卑微愚贱，摈在人外"①。而"天尊地卑，乾坤定矣"②，男女之间有如天地乾坤贵贱悬殊的说教则是古代中世纪全部妇礼女教赖以奠立的理论基础。这种男尊女卑的理论和对妇女的压迫摧残，理所当然激起广大妇女和一些有识之士的强烈不满和反抗。不过，早期叛逆正统妇礼的思想观点较为零星片段，未能形成强有力的冲击。至晚明，这种情况发生了显著变化。

李贽直截了当地宣称："有好女子便立家，何必男儿！"③唐甄进而提出"男

---

①　康有为：《大同书》戊部，《去形界保独立·妇女之苦总论》。

②　《周易·系辞传上》。

③　《初潭集·夫妇·合婚》。

女一也"①，表示"均是子也，我之恤女则甚于男"②。与此相应，明吕坤要求父家长应克尽"夫道"，做到"和其室家，待之以礼，处之有情"③。唐甄提出，君子行事当以"恕"的平等精神为准则，而"五伦百行"首先当"行之自妻始"④。清中期阮葵生更针对草木鸟兽未有无名者，而妇女反而无名，"草木鸟兽之不若也"的状况，大声喊出"妇女亦人也"⑤的口号。

进步思想家还明确提出妇女的才智见识、天赋秉性并不比男子低下。晚明李贽列举"邑姜以一妇人而足九人之数"、并列为周武王之十位治臣，以及薛涛的文才使元稹大服、"倾千里慕之"等事例，说明女子并非全都不如男子。他针对"谓妇人见短，不堪学道"的观点批驳道："不可止以妇人之见为见短也。故谓人有男女则可，谓见有男女岂可乎？谓见有长短则可，谓男子之见尽长，女人之见尽短，又岂可乎？"⑥在《初潭集》中，他又列举钟离春等二十五位女子，连声称赞"大见识人""男子不能""才智过人，识见绝甚"，"叹曰：是真男子！是真男子！已而又叹曰：男子不如也！"谢肇淛也在《五杂俎》中赞扬"伏生之女口授尚书，韦逞之母博究经典，班氏手续兄书，文姬记录先业"所表露出的才学，"皓首大儒不敢望焉"。他认为"士君子之识见固有不及妇人女子者"，"屡弁懦将，有愧于妇人多矣"！女子不可以才名、女子无才便是德一类的传统论调也遭到了有识之士的批驳。明琅環女史梁小玉针锋相对地提出："(女子)无才便是德，似矫枉之言；有德不妨才，真平等之论！"⑦明末王相母刘氏《女范捷录》专节撰述《智慧篇》《德才篇》，批评"女子无才便是德，此语殊非"。她列举"齐姜醉晋文而命驾，卒成霸业""宁宸濠不用妇言而亡国"等大量历史事例，证明"妇人之明识，诚可谓知人、免难、保家国而助夫子者欤"！并进而提出"故经济之才，妇言犹可用"，"有智妇人胜于男子"。清陈兆仑也称"才也而德即寓焉"，"才、德亦常不相妨"、女子"何谓不可以才名也！"⑧王

---

① 《潜书·备孝》。
② 《潜书·夫妇》。
③ 《昏后翼·体妇》。
④ 《潜书·夫妇》。
⑤ 《茶余客话·妇人无名》。
⑥ 《焚书·答以女人学道为短见书》。
⑦ 《古今女史》序。
⑧ 《紫竹山房诗文集·才女说》。

贞仪则标榜学术为天下公器，"六经诸书"并非"徒为男子辈设"，"岂知均是人，务学同一理"①。事实上明末也确曾出现"文人不能诗而女子能诗，谏臣不上书而女子上书"的所谓"阴阳易位"的奇特现象。② 至曹雪芹写《红楼梦》更坦陈"忽念及当日所有之女子，一一细考较去，觉其行止见识皆出于我之上。何我堂堂须眉，诚不若彼裙钗哉?"并借贾宝玉之口宣称："天生人为万物之灵，凡山川日月之精秀只钟于女儿，须眉男子不过是些渣滓浊沫而已"③。女作家邱心如甚至公然表示："生女如斯胜似男"，"弄瓦无须望弄璋"④!

"人有雌雄，才无牝牡"⑤以及男女在才智行止、道德秉赋方面的"平等之论"，必然导致女子在受教育乃至科举、从政诸方面亦应享有与男子同等机会和权利的要求。正是在这种氛围背景之下，明清时期涌现出一批"显扬女子，颂其异能"⑥，表现女子科举入仕为宦参政的弹词、小说、戏剧等文艺作品。其中有女扮男装"连中三元作翰林，登时兵部又飞升。年方十八为丞相，博学多才有大名。……天下传称推第一"的孟丽君⑦；有科举应试独占鳌头，位列三台，拥兵勤王，"明室江山重复振，算来全仗一钗裙"的姜德华⑧；有高中榜眼后，"现出女子面目"辞官不做的张兰英⑨；有因有感于"男子阘茸，不能自立"，遂女扮男装连中数试、仕宦十年的颜氏⑩；有因呈献御寇良策、"侃侃秉谏议之直"而获赐"闺阁学士"的冯闺英⑪。明末《平山冷燕》颂扬山黛、冷绛雪才压群英，受到天子激赏，分别授以"弘文才女""女中书"之雅号；清传奇《芙蓉楼》《玉尺楼》亦着力敷演才女荣膺女学士衔的经历。康乾时期的《女开科传》则以女子戏扮开科的形式展现"以阴人为主试，必然公道；以雌儿为士子，必有文才。向有女开科，已用女子提场，今做女文章，即将女子应试，总是嫦

---

① 《德风亭初集》。
② 陈际泰：《已吾集·邓光含诗稿序》。
③ 《红楼梦》第一回、第二回。
④ 《笔生花》。
⑤ 李渔：《笠翁一家言·和鸣集序》。
⑥ 鲁迅：《中国小说史略》。
⑦ 《再生缘》。
⑧ 《笔生花》。
⑨ 《白圭志》。
⑩ 《聊斋志异》。
⑪ 《醒风流》。

娥亲自主裁"的奇观。① 这种"女学士""女丞相""女中书"在文学艺术领域异常活跃的现象，实际上是对现实社会无缘实施而感到无可奈何的一种心理补偿，同时也曲折反映出人们的要求与愿望。

《女开科传》描绘女子科考，多少带有对科举制度戏谑嘲讽的意味，清嘉庆年间李汝珍创作的长篇小说《镜花缘》则着意为世人勾画出一幅理想的女子教育、科举的蓝图。该书第十六回描述黑齿国女子教育制度："凡生女之家，到了四五岁，无论贫富，莫不送塾攻读，以备赴试。"国家每十年举行一次女试，"凡能文处女俱准赴试，以文之优劣定以等第，或赐才女匾额，或赐冠带荣身，或封其父母，或荣及翁姑"。这种做法"不独鼓励人才，为天下有才之女增许多光耀，亦是千秋佳话。"小说第四十二回描写武则天"创立新科，于圣历三年，命礼部诸臣特开女试"，并详细罗列女子应考的一些科条，从考试程序、方法、试题到赏赐俸禄，大抵与士子科考同，中选者连带父母翁姑丈夫加官晋级，"女及夫家，均免徭役"。李汝珍乌托邦女子教育、科举制度的设想虽然未能跳出"学而优则仕""冠带荣身"的旧窠，但毕竟体现了无论贫富、不分男女、在教育、选官上都一律平等的宝贵思想。女子凭靠才学不但为自身博得功名俸禄，并且惠及父母、丈夫、公婆，从而大大提高在家庭和社会上的地位。李汝珍笔下榜上题名参加"红文宴"的才女显露了从经史、诗文、音韵、训诂、琴棋书画到占卜星相、百戏、算法等多方面神奇高超的才艺，其中包括一些颇有应用价值的实际学问。例如通过测量直径，运用圆周率计算圆桌的周长；运用"差分法"，在把 126 两金子做成大小九个杯子时迅速算出各杯的不同重量；并能"听雷计程"，利用从看到闪电到听见雷声的时间差，推算出雷区的距离。这些女子之所以博学多才是和她们自强自主、奋发努力的精神分不开的；而《镜花缘》社会禁止缠足，废除纳妾，确保女子享有受教育、科举从政的平等权利，则为开发利用妇女才智提供了良好的社会环境，这是更加至关重要的前提。《镜花缘》设计的女子教育蓝图，是对男尊女卑传统的根本否定，最为系统、完整的展示了启蒙思想家开展女子教育的思想与主张，标志着古代中世纪晚期启蒙思潮在女子教育问题上所可能达到的时代高度。

---

① 《女开科传》第三回：《女生员棘闱对策》。

批判妇礼纲常，宣扬婚姻自主、妇女从政

以"三从"为纲、"四德"为纬纵横交错织成的庞大礼网，是统治阶级依据正统道德价值标准强制规范女子思想行为的科条准绳，成为几千年来桎梏、摧残妇女的法宝利器。在明清启蒙思潮激荡下，"凡千古相传之善恶，无不颠倒易位"①，虚伪残酷的正统妇礼也遭到猛烈批判与扫荡。

批判矛头首先指向被悬为衡量女子品德操守最高准绳的贞操节烈观念。明归有光撰《贞女论》，打着维护礼教的旗号提出：女子未嫁时应从父，既未正式完婚，却为未婚夫守节，是"无父母之命而奔者也"，是"不重廉耻"。清毛奇龄《禁室女守志殉死文》主张禁止少女为未婚夫守志、殉死、合葬，指责这些做法"既背名教，复襀典礼"，并向世人呼吁：为"保全自今以后千秋万世愚夫愚妇之生命，世有识者，当共鉴之！"俞正燮也称鼓励未婚男女"未同衾而同穴"，是"贤者未思之过"②。李贽对于不准寡妇再嫁的腐儒，则直斥"不成人"，"大不成人"！并赞扬卓文君私奔再嫁司马相如"正获身，非失身"，"当大喜，何耻为？！"③俞正燮《节妇说》主张"再嫁者不当非之，不再嫁者敬礼之斯可矣"。他提出"古言终身不改，身则男女同也"，"妇无二适之文，固也；男亦无再娶之仪"，并指责那种男子可以随意再娶，却"深文以罔妇人"的传统论调，"是无耻之论也"！在《贞女说》一文，俞正燮引述"闽风生女半不举，长大期之做烈女"民谣之后，悲愤地感叹道："呜呼！男儿以忠义自责则可耳，妇女贞烈岂是男子荣耀也"！而前此晚明谢肇淛竟公然宣称："父一而已，人尽夫也。此语虽得罪于名教，亦格言也"，"谓之人尽夫，亦可也"！④清钱泳也认为"妇人以不再嫁为节，不若嫁之以全其节"⑤。胡书巢甚至石破天惊地提出"不娶处子"的主张，袁枚进一步宣扬："以为非处子则不贞耶？不知豫让遇智伯便成烈士，文君嫁相如便偕白头。责极于人，先是问施者何如耳。以为非

①　《四库全书总目提要》卷 40。
②　《癸巳类稿·贞女说》。
③　《藏书》卷 37。
④　《五杂俎》卷 8。
⑤　《履园丛话·改嫁》。

处子则不洁耶？不知八珍具而厨者先尝，大厦成而匠人先坐，蓥也何害?!"①

对于男子片面要求女子严守贞操而自身却恣意纳妾宿娼的虚伪道德标准，"妒妇"们早已进行了自发的反抗，启蒙思想家提供的男女平等、"男女同也"的思想武器，使这种批判更加深刻犀利。明徐树丕指出"试作平等心观之，不妒正与忘八对照"，妇妒如同男子不愿戴绿帽子一样，男子既然纳妾宿娼，又想要妇人不妒，实在是"百不得一"，"诚大难事"②也。清初《天雨花》否定多妻制，书中正面人物无一纳妾，第一回写强盗捉到左维明和假扮成左妻的杜宏仁后，向夫人赛流星提出："娘娘，这一个妇人没有方才的标致，你容我纳了罢！"赛流星听了，微微含笑，指着左公子道："大王，你若容我纳了这个男子，我便容你纳那两个妇人。"后来《镜花缘》中盗妇反对丈夫娶妾的一段脍炙人口的文字，即从此衍化而来。这种转换位置、反躬自问的调侃，便都源自"男女同也"的"平等心"观念。出于同样的理由，李贽赞扬东晋谢安妻刘夫人等妒妇："此六者，真泼妇也，然亦幸有此好汉矣！"③相比之下，俞正燮的批判带有更多理论色彩。俞正燮指出："天地絪缊，万物化醇；男女媾精，万物化生。《易》曰三人行则捐一人，一人行则得其友，言致一也，是夫妇之道也。"既然"夫妇之道，言致一也"，那么"夫买妾而妻不妒，则是恝也，恝则家道坏矣"，由此引申出"妒非女人恶德"的结论。④ 其余溺弃女婴、穿耳缠足等摧残妇女的陋习也都遭到进步思想家猛烈批判。李汝珍让男子在他笔下的女儿国中也经历一番"今日也缠，明日也缠，并用药水熏洗，未及半月已将脚面弯曲，折作凹段，十指俱已腐烂，日日鲜血淋漓"的痛苦。⑤ 袁枚《牍外余言》痛斥："女人足小有何佳处，而举世趋之若狂？吾以为戕贼儿女之手足以取妍媚，犹之火化父母之骸骨以求福利，悲夫！"

启蒙思潮宣扬婚姻自主，批判"父母之命""媒妁之言"礼教束缚的斗争也很有气势。李贽称赞红拂女投奔李靖是智眼无双，"可师可法，可敬可羡"⑥。

---

① 《小仓山房尺牍》卷3。
② 《识小录》卷1。
③ 《初潭集·夫妇·妒妇》。
④ 《癸巳类稿·妒非女人恶德论》。
⑤ 《镜花缘》第33回。
⑥ 《焚书·杂述·红拂》。

谭元春慨叹："古今来多少才子佳人被愚拗父母板住，不能成对，赍情而死。乃悟文君奔相如是上上妙策。"①谢肇淛也说惟文君之于长卿可谓"才色俱俦，天作之合矣"。他对世上女子"或流离颠沛，或匹偶非类""不如意者不可胜数"的状况深表同情，"扼腕陨涕，欲问天而无从也"，最终发出"不但夫择妇，妇亦择夫"②的呐喊。从《牡丹亭》到《红楼梦》一大批文艺作品中，讴歌妇女争取爱情婚姻自主权利的斗争成为突出的主题，如蒋士铨《唱南词》所云"君不见杭州士女垂垂手，听词心动鸾凰偶。父母之命礼经传，私订婚姻小说有"③，在社会上产生了强烈反响。

在商品经济与启蒙思潮的交互激荡冲击下，一些沐浴了早期资本主义萌芽风雨的繁华市镇，知识妇女毅然冲破千古男女大防，走向社会以诗文从师会友、结社问学，风气为之一转。晚明李贽曾自述他破例接受女弟子梅澹然的情况：

> 梅澹然是出世大夫，虽是女身，然男子未易及之，今既学道，有端的知见，我无忧矣。……彼以师礼默默事我，我纵不受半个徒弟于世间，亦难以不答其请。故凡答彼请教之书，彼以师称我，我亦以澹然师答其称，终不欲犯此不为人师之戒也。呜呼！不相见而相师，不独师而彼此皆以师称，亦异矣！④

除梅澹然外，李贽《焚书》中还收有《与澄然》《答自仗》《答明因》等多封复女弟子的书札。李贽并曾公开赞扬女弟子善因："我闻其才力见识大不寻常，而善因固自视若无有也"，"故我尤真心敬重之"。⑤清中期女弟子从名师硕儒问学之风愈盛，尤以诗坛巨子袁枚接纳随园女弟子最为著称。袁枚在学术思想、文学创作方面反对复古保守倾向，思想较为自由解放，被正统文人视为异端。他因三妹素文受妇礼女教毒害对"躁戾佻险"恶夫忠贞不贰抑郁而死，深切地

---

① 钟惺编：《名媛诗归》谭友夏批语。
② 《五杂俎》卷 8。
③ 《清诗铎》卷 23。
④ 《焚书·豫约》。
⑤ 《焚书·杂述》"观音问""豫约"。

感受到传统女教的残酷腐败，先后撰写《祭妹文》《女弟素文传》向正统女教提出强烈抗议，并不顾时人反对，接受了大批女弟子，培养出许多女诗人。嘉庆元年(1796)袁枚亲自编选刊印了一部《随园女弟子诗》，汪心农为该书作序称：当时"四方女士闻其名者"都对袁枚十分敬仰钦佩，"故所到处，皆敛衽极地，以弟子礼见"。而袁枚则"有教无类，就其所呈篇什，都为拔尤选胜而存之，久乃裒然成集"。一时"大江以南，名门大家闺阁多为所诱。征刻诗稿，标榜声名，无复男女之嫌，殆忘其雌矣"①。随后又有"任心斋清溪结社，与随园相犄角，《潮生》一集，赫然为吴中十子盟主。而仓山门下，绿华、沆瀣最深，余则宜秋、子佩、柔仙诸人，亦皆以扫眉不栉之选，为大匠所刮目。盖当是时，灵芬馆主方称霸骚坛，提倡闺襜，不遗余力"②。

晚明士大夫文人结社立派蔚为风气，影响所及，女子乃有以诗文结社会友之举。清初最负声誉的有顾之琼倡立的蕉园诗社，时称"蕉园五子"，此后重新组社，又称"蕉园七子"。她们"月必数会，会必拈韵分题，吟咏至夕，……人订金兰，家晓雪絮，联吟卷帙，日益月增"③，蜚声大江南北。章学诚"诗伯招摇女社联，争夸题品胜胪傅""诗社争名功倍半，天然风韵压须眉"④等诗句确为清中叶女子结社盛极一时的真实写照。成书于乾隆年间的《红楼梦》第二十七回、第七十回亦分别有关于"秋爽斋偶结海棠社"和"林黛玉重建桃花社"的详尽描绘。诗社设掌坊社长、副社长、拟定日期，一月两次，风雨无阻，届时出题限韵、誊录监场，品评高下，并立有罚约，互相唱酬应和，生动活泼，情趣盎然。值得注意的是在一些先进妇女中间，这种结社问学已经超出吟诵诗赋的狭小范围。明末清初，顾若璞不但自己著有《卧月轩文集》，"多经济大篇"，而且带动周围妇女形成"学以聚之，问辩研精"的风气，据王士禛《池北偶谈·妇人经济》记载，顾氏"常与妇人宴坐，则讲究河漕、屯田、马政、边备诸大计"，俨然在妇女中倡导关心国事经世致用的学风。名门闺秀走出家门从师问学的离经叛道举动，招致士大夫卫道者们惶恐不安，他们攻击袁枚等人为"无耻妄人，以风流自命，蛊惑妇女"，"务令网人于禽兽之域"；指斥"无

① 章学诚：《丁巳劄记》。
② 《松陵女子诗征》柳弃疾序。
③ 冯娴：《和鸣集》林以宁跋。
④ 《文史通义·题随园诗话》。

知士女，顿忘廉检，从风波靡。"道学先生还竭力鼓吹强化正统妇学，"以救颓风，维世教，饬伦纪，别人禽"①。但结果却"儿女偿私愿，姊妹结新盟；相习不知非，禁之反若惊"②，遭到广大妇女抵制。其中随园女弟子骆绮兰以孀居寡妇的身份"出而与大江南北名流宿学觌面分韵"，"师事随园、兰泉、梦楼三先生，出旧稿求其指示差缪"，因而被人指责，"谓妇人不宜作诗，佩香与三先生相往还，尤非礼"。对此，骆绮兰理直气壮地批驳道：

> 随园、兰泉、梦楼三先生苍颜白发，品望之隆，与洛社诸公相伯仲，海内能诗之士，翕然以泰山北斗奉之，百世之后，犹有闻其风而私傲之者。兰深以就灸门墙，得承训诲，为此生之幸。谓不宜与三先生追随赠答，是谓妇人不宜瞻泰山仰北斗也。为此说者，应亦哑然自笑矣。③

《红楼梦》中探春倡立诗社时也曾表示："孰谓莲社之雄才，独许须眉；直以东山之雅会，让余脂粉"④。这都表明明清时期出现的女子从师友结社问学，是先进知识妇女以极大勇气冲决正统女学束缚，主动争取到的权利。

明清时期涌现的大批女子诗文著述中，有相当一部分被视为出格违礼之作，如章学诚《妇学篇》所感叹的："今之妇学，转因诗而败礼；礼防决而人心风俗不可复言矣！"其中清代满族女诗人佟佳氏直接把妇女痛苦的根源归咎于礼教纲常。这位睿恪亲王的继妻在丈夫去世度过长年守节生活之后，写下了这样的诗句：

> 最是销魂处，钟鼓五夜心。
> 鸡鸣寒月落，衣薄晚凉侵。
> 嚼蜡知滋味，茹荼畏苦吟。
> 纲常多少事，巾帼一身任！⑤

---

① 章学诚：《文史通义·内篇五》《丁巳劄记》。
② 《清诗铎》卷 24。
③ 骆绮兰：《听秋馆闺中同人集》序。
④ 《红楼梦》第三十七回。
⑤ 《德惟泪草·有感》。

女诗人倾诉了对纲常妇礼给她带来"嚼蜡""茹荼"痛苦生活的不满，对压制、迫害妇女的纲常礼教提出愤怒指责。邱心如则在《笔生花》中愤懑不平地搔首呼天："枉枉的，才高北斗成何用"，"老父既产我英才，为什么，不作男儿作女孩"，"而今天道曲还偏"！立志"足行万里书万卷，尝拟雄心胜丈夫"的女科学家王贞仪也曾借《题架上鹰》明志，诗云："缩颈坐秋风，雄心冷如鹜。何时脱锦鞲？怒翮摩霄去！"这首小诗宣泄了明清时期觉醒了的妇女叛逆妇礼、挣脱羁绊的强烈愿望。这一切都表明陈腐的正统女教在妇女解放思潮的冲击之下，已经难以维系人心，不再能堵塞正统礼教的决口。

结　语

明清时期妇女解放思潮对传统妇礼女教的抨击批判，是对极端虚伪残酷纲常礼教给予的猛烈亵渎和撕裂，为古代中世纪漫漫长夜带来一股清新的气息。但中国古代商品经济、新生产关系萌芽遇到的障碍毕竟过于强大；在种种叛逆抗争中，固然有惊世骇俗的彻底决裂，但多半只是生活态度等方面冲击了传统文化的某些习惯势力，尚不能建立起完整的思想体系。一些先进思想家自身还保留了不少旧传统的影响，充满了摇摆和矛盾，从而使这种黎明前的批判不可避免地带有一定软弱性和局限性。所谓"启蒙思潮"，远远未形成排山倒海的气势。严格的说，还只是渗透迂回于古旧农耕社会母体中的若干涓涓细流；而中国古代对女性社会角色的设计，早被赋予"治国平天下"的神圣功能，妇礼纲常已经成为维护宗法宗族等级制度的重要组成部分。任何企图改造传统妇礼的努力，都必然遇到专制政权的强大抵抗。觉醒了的妇女纵使"怀壮志，欲冲天"，却无奈"木兰崇嘏事无缘"，她们无缘像花木兰、黄崇嘏那样女扮男装驰骋疆场、从政执法，又不甘"沉埋"闺阁，只得"玉堂金马生无分，好把心情付梦诠"①。清中叶女词人吴藻志大才高，曾填《金缕曲》抒发"愿掬银河三千丈，一洗儿女故态"，"但大言打破乾坤隘，拔长剑，倚天外"的远大抱负。在《饮酒读骚图》②杂剧中又借剧中人谢絮才之口自称"若论襟

---

① 王筠：《鹪鹩天》。
② 又名《乔影》。

怀可放，何殊绝云表之飞鹏；无奈身世不谐，竟似闭樊笼之病鹤"，空有凌云壮志，却被"束缚形骸"，"只索自悲自叹罢了"。正如摆脱女身变为男子去建功立业，只能是一种幻想，吴藻拔长剑"打破乾坤隘"的宏愿终究在残酷的现实面前碰壁、幻灭。"欲哭不成还强笑，讳愁无奈学忘情"，终于在《香南雪北词》自序中不无心酸地向读者告别："自今以后，扫除文字，潜心奉道，香山南，雪山北，皈依净土"，走上业师陈文述指点的避世逃禅之路。吴藻的归宿堪称是那个时代妇女不可能真正找到出路的缩影与写照。正是在专制统治的扼杀窒息之下，明清先进妇女的种种反叛抗争，终究未能在现实生活中突破妇礼女教的藩篱，无法摆脱"千红一哭，万艳同悲"悲惨命运。不过，正如毛泽东在《中国革命和中国共产党》一文中所指出的："中国封建社会内的商品经济的发展，已经孕育着资本主义的萌芽，如果没有外国资本主义的影响，中国也将缓慢地发展到资本主义社会。"明清妇女解放思潮的兴起，明显植根于同一时期局部地区产生资本主义生产关系萌芽和城市宗族血缘关系相对淡漠等生产关系、社会结构方面萌发的深刻变革，标志着中国妇女开始踏上走出中世纪的征途。尽管肇始于晚明的早期启蒙思潮因满族贵族入主中原推行文化专制高压政策而遭扼杀摧残，但妇女解放思潮至清中叶，仍在顽强地潜流发展，并把妇女的觉醒与反抗斗争推进到一个新的历史高度。中国近代妇女解放运动，无疑是中西方文化碰撞的产物，在很大程度上接受了西方资产阶级妇女解放学说的影响。同时也不应忽略，中国古代中世纪末期的妇女解放思潮，已经为后来的妇女解放运动积累下宝贵的思想资料。近代妇女解放运动正是沿着这次早期妇女解放思想开辟的道路，在先辈所曾达到的思想高度上开始起步的。

（原载北京师范大学历史系编：《史学论衡 2》，北京师范大学出版社，1992）

传统文化与中国妇女

中国传统文化源远流长，曾经创造出光辉灿烂的古代文明，在相当长的历史时期处于世界领先地位。但这种传统文化毕竟是宗法农业社会的产物，也必然刻有浓重的封建烙印。妇女问题，在家国同构的中国古代最为集中典型地反映了宗族农业社会结构和传统文化的特点。中华民族刻苦、勤奋、克己、献身等优良传统和依赖、屈从、拘谨、自卑等国民积习中的缺憾在妇女身上都表现得淋漓尽致，其间蕴含的精华和糟粕，都更为典型地折射和强化了中国传统文化的特质，从正负两个方面强有力地塑造着民族的灵魂。尽管经历近现代变革猛烈冲击之后，主要形成于古代中世纪的传统文化体系已日渐解体，但浸透在中国古代妇女问题中的观念导向，作为构成传统文化的重要成分，还继续在一定程度上复制着人们的价值取向和行为模式，或隐或显制约着妇女解放事业的进程。这不但是因为作为新文化基础的现代化社会生产力还远远不够强大；而且如列宁所说：沿着阻力最少的路线进行的活动，恰恰会受剥削阶级思想体系的控制，原因就在于剥削阶级思想体系的渊源比社会主义思想体系久远得多[1]。

本文关于传统文化对中国妇女影响的考察，将集中在传统宗族农业社会中妇女的地位与作用、以及传统文化对妇女个性才智的控塑两个层面展开，并进而探讨如何正确对待传统文化、在改革开放中实现创造性的转化，以推进现代化建设和妇女解放事业的进程。

传统宗族农业社会中妇女的地位与作用

中国古代在农耕自然经济与宗族血缘纽带双重制约下跨入阶级社会门槛，国家行政组织与血缘纽带相互耦合，凝为社会深层结构，制约、规定着中国

---

[1]　参见列宁：《论马克思恩格斯及马克思主义》，第 116 页。

古文化的导向。在这片特定社会土壤中积蕴的妇女问题，同样打下这一社会文化传统的特殊印记。

进入阶级社会之后，随着女性被从主要生产领域排挤禁锢于家庭四壁，她们的地位便一落千丈，被压入几千年历史的黑暗幽域。"子妇无私货，无私蓄，无私器，不敢私假，不敢私与"①，这种经济上的一无所有，注定了她们"伏于人也"②的从属地位。特别至汉代，正统妇礼纲常确立定型并不断强化，更变本加厉，对妇女"忍心害理，抑之、制之、愚之、闭之、囚之、系之，……不得事学问、不得发言论、不得达名字、不得通交接、不得预享宴、不得出观游、不得出室门，甚且斫束其腰、蒙蓋其面、刖削其足、雕刻其身，偏屈无辜，偏刑无罪"③，使她们受尽屈辱摧残。不过，妇女地位的卑微低下并不意味她们在社会上便一无所用。"天下之本在家"④，在家国同构、血缘地域二系合一的古代中国，家庭既是农业自然经济下进行生产、承担赋税兵徭的基本单位，又是宗族血缘色彩极浓的社会组织基本细胞；因而"齐家"一向被视为"治国平天下"的前提。而夫妇关系又是组成家庭结构的主导因素，一如《易·序卦传》所说："有夫妇然后有父子，有父子然后有君臣，有君臣然后有上下，有上下然后礼义有所措。"在家国一体社会结构中，妇女的社会价值和意义主要表现在以下几个方面。

"婚姻者合二姓之好，上以事宗庙，下以继后世"⑤，关系到古代宗族社会立国立家之本的根本大计。女性便是使"王侯将相、功臣子弟苗裔满朝，传祚无穷"⑥和"借新的联姻来扩大自己势力"⑦的重要工具，因而"以为嗣续计古人重之"⑧。此外，古代一夫一妻多妾型婚制是使父家长不致"覆其宗祧"的重要保证，倘若妇人"年老无子，情甘绝祀，而不愿夫娶妾"⑨，便有世系不传、香

---

① 《礼记·内则》。
② 《礼记·本命》。
③ 康有为：《大同书·妇女之苦总论》。
④ 荀悦：《申鉴·政体》。
⑤ 《礼记·昏义》。
⑥ 《魏书·临淮王传》。
⑦ 恩格斯：《家庭、私有制和国家的起源》第76页。
⑧ 《续修汪氏宗谱·家规》。
⑨ 戴礼：《女小学》卷3。

火不继之虞。而妻妾之间争宠夺嫡，尤其后妃之间围绕子嗣继统和自身权位展开的争斗更屡屡酿成社会动乱，被统治阶级视为"国亡家绝之本"的祸根①。因此妇女能否做到顺从丈夫、孝顺公婆、妻妾相善、妯娌姑嫂和睦相处，便成为事关"万物之统"的"人道之大伦"②，是直接影响"天下之本"的社会问题。

"男司耕读，女司纺织，自是生理。"③在"闭门而为生之具以足"④的农村自然经济社会中，男耕女织乃是家庭生产最基本的分工。除了以织助耕外，她们往往还要担负其他家庭手工业、副业，并从事部分农业辅助劳动。那些极其繁杂琐碎而又为千家万户日常生活所必需的家务劳动，也全部落到了妇女的双肩。"男女贸功，相资为业"⑤，实为维系农村自然经济、凝聚家庭、宗族社会结构必不可少的基础。

不言而喻，妇女之中本身还存在着阶级、阶层、等级的差别。不但贵妇与贫妇、婢女贵贱悬殊，就是同一家长的诸妇中，妾也须尊正妻为"女君"，而且嫁为夫家嫡长子妇与嫁作其余诸子妻的妯娌之间、同一女子能否为夫育子传嗣以及作儿媳时和熬成婆婆之后，其身份、地位也都有较大差异。不过不论各阶级、阶层妇女生活条件上存在多大差异，在从属于父家长这一点上都没有本质的区别。实际生活中也会遇到"妇强夫弱"的现象。"三从"中，"夫死从子"的条目，因有儒家孝道的制约，也只限于夫死不嫁，不另立门户，而并非实际规范母子关系的准绳。相反，社会一向认同母亲具有一定管教惩戒子嗣的义务和权力。除了日常家教外，在主婚、分配财产等方面，亦有次于父家长的权限，直至皇太后在夫亡子幼的情况下暂行摄政。这种状况多少反映妇女因在人类自身繁衍、家庭经济及操持家务、稳固家庭宗族等方面的作用而享有一定的社会地位。当然，一些父家长在家内受制于妻妾的表象并不能改变在政治、经济等社会活动中男尊女卑的大局。所谓"粉黛判赏罚，裙孺执生杀"⑥，包括太后垂帘听政，并非体现女性个人的人格意志，而仍旧是在

---

① 《礼仪·丧服》疏。
② 《史记·外戚世家》。
③ 《九江义门总谱·推广家法》。
④ 《颜氏家训·治家》。
⑤ 田艺蘅：《留青日札》卷3。
⑥ 于义方：《黑心符》。

维护父权社会利益的前提下代夫施威。何况男尊女卑、夫为妻纲还一向被统治阶级用作维护宣扬纲常伦理准则的有力武器。孔子针对鲁哀公提出的"为政如之何"问题，曾明白回答："夫妇别，父子亲，君臣严，三者正，则庶务从之矣。"①从中可以清楚看出要求妇女顺从丈夫已经具有强化君臣关系巩固专制集权统治的重大社会意义。夫权与君权（政权）两条巨大的绳索牢牢地编织在一起，相互鼓荡，共同涨落。

中国古代的妇女问题，正因为在以上诸方面具备维系自然经济、稳定宗族血缘社会结构、强化专制集权统制的奇特功效，而异乎寻常地受到历代统治阶级高度重视，成为他们殚精竭虑冀图加以解决的事关立国之本的重大社会课题。而统治阶级推行妇礼教化、实施社会控制的诸种举措以及妇女地位作用的升沉荣辱，在历史上也相应产生了巨大影响。这种影响在不同的历史阶段对社会发展所起的作用又不尽相同。

夏商周时代已基本奠立父家长男权的统治地位，但母系制遗俗仍很顽固，并一再向父家长的权威发起反击，新旧社会之间的矛盾和冲突仍很尖锐。分别代表三代统治思想的经典文献《连山》（首卦属阳）、《归藏》（首卦为坤）、《周易》（首卦为乾）之间乾坤颠倒、阴阳易位的变更，即为当时母系父权新旧社会之间波澜壮阔斗争的缩影。此刻新兴统治阶级高举"男女有别""男尊女卑"的大旗，宣扬要求女子绝对服从丈夫、不容他人染指的贞操观念，确曾为辨析父子血缘关系、世代承袭私产不至流失他姓并确立父系嫡长子继承制度提供保证，成为父权最终战胜母权、巩固和发展私有制、使人类跨入文明门槛的有力武器。

春秋战国之际，随着铁制农具和牛耕的使用推广，"公作则迟""分地则速"②，以夫妻横向关系为轴心组成的个体小家庭逐渐从大宗族中游离出来，地位越趋重要。新兴地主阶级把强化妇礼、宣扬三从四德、加紧对妇女思想行为的规范控制，当做稳定个体家庭、巩固"编户齐民"社会新秩序、从根本上削弱贵族保守势力的战略措施。商鞅变法"更制其教而为其男女之别"，直

---

① 《礼记·哀公问》。
② 《吕氏春秋·审分》。

接服务于"令民父子兄弟同室内息者为禁"①的离析宗法宗族大家庭的变革。秦始皇四处巡游刻石，反复强调"有子而嫁，倍死不贞""贵贱分明，男女礼顺"，进一步勒紧桎梏妇女的锁链，其目的则在于顺应"秦兼天下，划除旧籍，公侯子孙失其本系"②的潮流，巩固"男乐其畴，女修其业"的新型小农经济家庭，以之作为巩固政权"舆舟不倾"、长治久安"嘉保太平"的重要保证。③

那种把历史上的祸乱归咎于"牝鸡司晨，惟家之索"④、"乱非降自天，生自妇人"⑤一类的指责固然是荒谬的偏见，不过也应看到，古代妇女因缺乏实际从政、从商、从戎的机会和经历，后妃通过枕边效应干预政事的结果每以负面效应居多；贵妇宠妃循私舞弊、争宠夺嫡的行为举止，在上层社会波诡云谲的殊死拼斗中，也确实往往起到导火引爆的作用。而一旦新制度确立之后，整肃妇礼便在一定程度上带有稳定社会新秩序的进步意义。

无疑，在肯定由"男主乎外，女主乎内"性别分工导致对女性单方面禁锢有其历史存在必然、合理一面的同时，更不应忽略，这种历史进步的前提是建立在对妇女权益的野蛮践踏和对她们才能压抑摧残的基础之上。而且就是在当时，这种对妇女过于苛酷的桎梏束缚，也远远超过了稳定社会秩序的实际需要，严重封闭窒息了占总数一半人口的创造才能，影响了社会的活力和生气。至传统社会后期，妇礼女教畸形高涨更把这种弊病推向极端。春秋秦汉时期，妇礼女教偏重于强调妇女在家庭、宗族中应尽"女正位乎内"的职责，妇女尽管从属男子，却不排除在事业，包括国事大政上发挥辅佐作用；而明清两代妇礼日益苛严，愈趋腐朽僵化，把男女有别、男尊女卑扩张到极点，守节殉夫的行为也被衍化为"地维赖以立，天柱赖以尊"的女德⑥，当作社会权衡妇女的最高价值准则。殉夫只是在"尽妇道而已"，竟与"夫之贤不"毫不相干⑦。这种妇礼教化制造的愚昧盲从，不但扼杀、摧残了无数妇女人才，而且成为统治阶级借以实行文化专制、维护腐朽没落统治的法宝利器。统治阶级

---

① 《史记·商君列传》。
② 《隋书·经籍志》。
③ 《史记·秦始皇本纪》。
④ 《尚书·牧誓》。
⑤ 《诗经》。
⑥ 陈宏谋：《教女遗规》。
⑦ 《明史·列女传》。

通过压抑控制妇女所发挥的凝聚宗族社会结构、巩固男耕女织自然经济生产方式的功能，至此也走向反面。族规家法中关于每年定量配给族妇原料、限定产量、"俱令亲自纺绩，不许雇人"①，以及"日使诸女诸妇各聚一室为女功，工毕敛贮一库，室无私藏"②一类的规定，有效地阻断了自然经济向商品经济转化的渠道。如《徽州府志》赞颂当地世代"重宗义，讲世好，上下六亲之施，无不秩然有序"之古风犹存时所述："盖亦由内德矣"。正统女教培养出来贞节守礼、勤劳俭朴的标准"内德"，在春秋战国之际，曾经是新兴地主阶级用以砍断贵族保守势力羁绊的利剑；到了明清时期，则一变为统治阶级用以把社会结构牢固包裹在古旧陈腐的宗族框架之中，维系传统社会"生态平衡"、斫杀资本主义萌芽的凶器。近代前夜，在包括传统女教在内的礼教纲常维护控导之下，个体自然经济家庭和乡土宗族血缘势力，再度胶合强化形成的混凝土结构，使社会凝固板结，阻滞着社会结构的更新、变革，成为资本主义生产关系萌芽发展的巨大障碍。而这又是中国农耕文明衰落，远远被甩到世界潮流之外的根本症结。历史已经证明，靠牺牲压抑妇女所能获取的进步，毕竟是有限的，而社会为这种进步付出的代价却凝固了妇女，从而也限制了整个民族的进取精神和创造活力，从根本上阻碍社会得到更大发展。

传统文化对古代妇女形象素质的控塑

　　妇女的社会形象是女性自我认识，以及社会评价女性的标志，是女性性别角色社会化定型的结果，主要体现在价值取向、人生模式、性格气质等方面。具备克己、坚忍、勤奋、端庄、含蓄、温柔等品格气质的三从四德式的贤妻良母被公认是中国历史上所崇尚并努力塑造的传统人格和正统妇女形象。但这种品格气质本身带有很大局限性，是在麻木、残缺、病态的心理扭曲基础上形成并与之紧密相联，因而又在某种程度上含有狭隘、依赖、自卑、屈从的特定内涵。

　　生物遗传及生理特点是个性形成的物质前提，为个性的形成与人的发展

① 《庞氏家训·考岁用》。
② 《元史·孝友传》。

提供了可能性。但男女遗传因素上的差异却远非造就传统妇女社会形象的根本依据。"妇者，服也、服于家事，事人者也"①，以及与之相应的三从四德贤妻良母人格形象，就其本质而言，是女子长期以来所处社会地位、生活条件及其所扮演社会角色的真实反映。妇女被甩出社会生产、政治生活之外，经济上无以自立，只有把全部希望寄托在男子身上，自然形成依赖、服从、仰视男子的心理定势。活动天地囿于家庭四壁，极大限制了生活、事业发展的空间，同时也禁锢了心理扩展的空间，由此铸成单一、内向、枯萎、沉默的心理特征。社会环境或文化背景的制约，属于宏观远程控制，其影响必得经由历代统治阶级制定礼法施行教化这一中间环节具体运作表露出来。后者是前者的人格意志体现，在一定限度内显示出主体的选择、创造，因其凭仗国家机器的权威施行定向制导，对控塑妇女的气质形象更为直接有效。这种控塑主要通过三个渠道发挥影响。

第一，礼法规范。"惩恶抑淫，致人于劝惧，莫先于刑。"②从宗法社会结构中孕育出的中国古礼，把调适夫妇、家庭、宗族伦理关系视为衍化整个礼法的发端，规范妇女的行为在古代礼法体系中占有重要地位。其中关于妇女有不顺父母、无子、淫、妒、有恶疾、口多言、盗窃等"恶行"即予离弃的"七出"规定，首见于《大戴礼》和《家语》，至《唐律》又正式以法律形式确认，成为父家长束缚妇女思想行为的重要武器。古代中世纪广泛流行的族规家法，也同具礼法功效，而且在严惩女子不贞、阻挠嫠妇再醮方面格外凶残，成为国法的重要补充。除用刑罚强制规范妇女思想行为外，法律条规对男女、夫妻以及妻妾嫡庶，因不同身份量刑时畸轻畸重的区别，也起到维护男尊女卑、强化妇女自认卑贱心态的作用。刑法虽可"禁人之恶"，却不能"防人之情"，因而在统治阶级看来，"划邪窒欲，致人于格耻，莫尚于礼"。妇礼的基本准则是"三从四德"，三从为经，"妇德、妇言、妇容、妇功"四德为纬，经纬交错，织成庞大礼网，具备准法律的权威性和约束力，成为强制妇女遵循的规范仪节。"敦礼则耳目手足、起居动作，皆有规矩可循而不容越"③，日常生活

---

① 《白虎通·嫁娶》。
② 《白香山集·刑礼道论》。
③ 李晚芳：《女学言行纂》。

中"行莫回头，语莫掀唇"①一类标准活动的无数次重复，辅以自幼"遵三从，行四德""修己身，如履冰"②的道德实践，反复锤炼、积淀、内化为坚定的人格操守和道德情感，遂使妇女"时时择语浑如哑""事事重思惧失行"③，从内心深处筑起一道长堤，自觉对妇礼女教虔诚认同。

第二，思想控制。在对妇女实施控塑的思想武库中，天命论和鬼神报应观念是交互为用的两把利器。自《易传》宣扬"天尊地卑，乾坤定矣""女正位乎内，男正位乎外，天地之大义也"，即从先天人性和社会伦理上把男女判为两类，男女之间有如天尊地卑为先天所注定。既然"夫者天也"，女子就理当"事夫如事天"，"天固不可逃，夫固不可违也。"④而"夫有恶行妻不得去"的理由，同样在于"地无去天之义也"⑤。从董仲舒到程朱也无不标榜天命天理观，使女子视从一而终为天经地义，笃信不疑。犹如法之于礼，神鬼报应也被利用来对违反"天命"的行为在思想领域实行制裁，"行违神祇，天则罚之"⑥，"幽有鬼诛，恶报昭然！"⑦历代笔记小说中充斥着各种"冥报"的奇闻，就是正史也多把历史上一些重大火灾归咎于"妻妾数更之罚"，宣称"夫人骄妒，皇子不繁，乖《螽斯》则百之道，故灾其殿焉！"⑧社会上对失节再嫁、骄妒等行为施以刀劈锯截、油锅煎熬等冥报的精神审判，造成强烈"天谴神殛"意识，成为高悬妇女头顶威慑她们信守妇礼的思想武器。

第三，女教引导。教育是按照统治阶级意图"养其德性，以修其身"⑨，将妇礼条规化为女子思想行为信条的重要手段。古代女子被排除在学校教育大门之外，不等于社会放弃对女子施教。相反，基于"女德之所关大矣，……镜之往古，兴废存亡，天下国家罔不由兹"⑩的认识，历代统治者无不对女子教育给予高度重视。许多皇帝后妃、名臣硕儒都曾亲自撰著读本，或作序诠释

---

① 《女论语》。
② 《女儿经》。
③ 邱心如《笔生花》。
④ 班昭：《女诫》。
⑤ 《白虎通·嫁娶》。
⑥ 《女诫》。
⑦ 《女教篇》。
⑧ 《晋书·五刑志》。
⑨ 《内训》。
⑩ 黄治征：《书女诫后》。

大力提倡，以期"为女妇者，诚触于古今之训，家习户诵，则风俗自然淳朴，彝伦自然敦厚，齐家范俗。"①这种女教，主要通过家教、社会教化的途径实施。女教目的和施教内容，与男子根本不同。父家长为女子个体社会化作出的设计，无非是"如男子之教而长其义理者也"②，"学事人之道也"③。女教读本因大多"事取其平易而近人，理取其浅显而易晓"④，在社会上发挥了摄人心魄的神奇功效。诸多昭示具体标准和奖励手段的旌表条例，对广大妇女及其家族尤其是一种巨大的诱惑。正是经济上"除免本家差役"和"大者赐祠祀，次亦树坊表，乌头绰楔，照耀井闾"的殊荣，直接推波助澜驱使寡妇守节殉夫趋之若鹜，"乃至于僻壤下户之女，亦能以贞白自砥。"⑤这类社会教化如水银泻地，渗透到日常风习各个领域。官府有与百姓订立民约："孀妇愿嫁与守者具牒受判。庭立二木，一木书羞，愿嫁者跪之；一木书节，愿守者跪之。"⑥再嫁者"必加以戮辱，出必不从正门，舆必勿令近宅，至家墙乞路，跣足蒙头，群儿且鼓掌掷瓦而随之。"⑦守节殉夫和再嫁不贞之间的巨大荣辱反差，在妇女心理上形成强大冲击，锻铸着她们的价值取向。妇女通过参与祭祖、祭神、婚礼、丧礼以及其他宗教民俗祭祀活动，沐浴于肃穆神秘的宗教气氛和浓厚的宗族亲情氛围，也能油然产生对历史传统、妇女自身地位以及现行妇礼规范、社会秩序的强烈依附、认同和归属感。日常生活中，家族每于晨昏"高声唱于各家之门曰：'勿听妇人之言'"⑧一类浸透男女、夫妇、妻妾嫡庶贵贱差别的烦琐礼仪，都反复重申和强化了男尊女卑、严别嫡庶、耻再醮失节、妇女绝对从属于夫族的社会心态，寓有教化移俗的深意。

统治阶级正是通过以上途径制定礼法，有效利用文化积淀，把握控制社会风气，形成"无主名无意识的杀人团"，以一种无形的氛围印入潜意识心态，孕育、牵引着妇女特有的思维模式、行为方式，强有力地雕捏控塑她们的灵

---

① 章圣皇太后：《女训》序。
② 《大戴礼·本命》。
③ 《白虎通·嫁娶》。
④ 陈宏谋：《教女遗规》序。
⑤ 《明史·列女传序》。
⑥ 《名山藏·臣林记》。
⑦ 《祁门县志·风俗》。
⑧ 《霍渭崖家训》。

魂，以至居然能够驱使妇女视守礼、殉节为履行天职，甘之如饴，充满愉悦感和道德尊严，"不幸夫亡，动以身殉，经者、刃者、鸩者、绝粒者数数见焉，……处子或未嫁而自杀，或不嫁而终身。"①甚且"不持利器，谈笑而终其身，若老衲高僧之坐化。"②中国古代对妇女人格形象的控塑，即为以上论及诸种因素交叉互动综合作用的结果。其间某些历史时期、某些局部地区妇女人格品质发生有悖于正统形象的变异，无不由于整体控制系统的某些环节失调、脱轨所致。而就汉文化圈主流而言，生产方式长期未能突破自然经济躯壳和宗族血缘纽带顽固滞存，则是造成古代妇女总体上无法摆脱传统人格拘束，其正统气质形象格外强固的根本原因。

认识和改造世界的能力，是构成人的素质和影响人发展的另一重要方面。中国古代，女子蜗居家庭一隅，不得居官任职涉足官府政治、经济活动，这就从根本上阻断了通过参加社会实践锻炼增长才干这一主要成才之路。传统社会不但将女子排斥在正规教育大门之外，即使以社会教化形式实施的正统女教，也仅只专注于妇德，并通过灌输种种妇礼以及"女子无才便是德"的观念，进一步捆绑住女子向学成才的手脚。传统文化旨在培养"妇憧，女空空"③三从四德式贤妻良母的社会控制，不啻是对妇女才智的扼杀摧残，遂致"一家之中，男子则文学彬彬，妇女则鹿豕蠢蠢，虽被服相近，有同异类"④，是导致中国古代女子人才奇缺的重要原因。

在几千年的历史中，也曾涌现少量妇女杰出人物，她们几乎都是在小环境优于大背景的特殊情况下孕育成才。这种比较有利于女子人才成长的特定温床，大致表现在：边远少数民族地区利于发挥女子政治、军事才能；战争环境磨炼出一批女子军事人才；农民解放运动为劳动妇女开辟成才之路；商品经济发达市镇成为培育新型女子人才的摇篮；优势家庭提供适宜女子成才的温床；后妃、少数民族首领、上层倡优、女尼、女冠等特殊身份带来特殊的成才优势。这类小环境的优越之处，不外是为妇女提供了实践锻炼的机遇，创造出摆脱妇礼拘束的宽松氛围，以及使妇女得以接受较为良好的教育或特

---

① 《石埭县志》卷 7。
② 李渔：《闲情偶寄》。
③ 《大戴礼·主言》。
④ 《大同书》。

殊训练。"足行万里书万卷，尝拟雄心胜丈夫"①，清代王贞仪抒发胸中凌云壮志的名句，高度概括揭示出古代女子得以锻铸成才的规律。叛逆妇礼、挣脱羁绊超胜男子的雄心壮志和"足行万里书万卷"的社会实践、治学经历"数者辅一"，最终使王贞仪振翮冲天，成为中国古代在自然科学领域广有建树的女学者。征战频繁的古代中国，把无数血肉之躯不分男女一齐卷入血肉横飞的沙场，于是在传统妇礼戒条被战火轰击得荡然无存的戎马杀伐中，也竟然磨炼出妇好、冼夫人、平阳公主、秦良玉等驰骋疆场的将帅之才。宗法社会所认可的母后垂帘也曾为女子从政留下一线余地，遂有"宋之宣仁，明之慈圣，皆以女主临朝而致承平"，至于吕后、武则天更"其才术控制天下，有若缚鸡弄丸"，在后妃中造就出一批杰出有为的女政治家。但是中国古代的总体环境毕竟极少能使女子有幸碰到武则天、王贞仪一类的特殊机遇。"算古来巾帼几英雄，愁难说！"②这更足以证明宗族农业社会和传统文化对女子人才的埋没、压抑、扼杀与摧残。

批判继承传统文化，在改革开放现代化实践中推进妇女解放

无论古今中外，在处理自身、人与自然、人与人、人与社会的关系方面，都面临着一些共同的课题。传统文化各层面中都含有一些跨时空、超阶级的共同因素。作为人类文明的成果，传统女性文化中同样蕴藏着丰富的智慧和经验，诸如正统妇礼女教所崇尚倡导的"古之哲妇，放义而行，私爱可捐，躯命可舍，……视彼自私自利者相悬何啻倍蓰"③一类公而忘私、舍身取义的价值取向；"失身贼庭不污非义，临白刃而慷慨"④的凛然气节；德重于色、心重于貌，"不良之妇，穿金戴银；不如贤女，荆钗布裙"⑤的审美标准；"谦让恭

---

① 《德风亭集》。
② 沈善宝：《满江红》。
③ 《女学》卷2。
④ 《旧唐书·列女传序》。
⑤ 吕近溪：《女小儿语》。

敬，先人后己"①"不忘小善，不记小过"②的待人准则；"女子在堂，敬重爹娘""殷勤训后，存殁光荣"③的尊老爱幼、养老恤孤美德；"敦廉俭之风""勤励不息"④的勤劳俭朴精神；重视胎教、母教，"胎养子孙，以渐教化，既成以德，致其功业"⑤、"慈爱不至于姑息，严格不至于伤恩"⑥以及教子勤奋向学、精忠报国、为官清廉的传统等，至今仍应提倡发扬。正统女教中较为开明派别对某些超出传统妇礼范畴，而又符合国家、民族大义，且不违背儒家伦理道德的女子才行，也往往给予部分变通与肯定。属于这类的如刘向为具有聪明才智、学识谋略的"贤明""仁智""辩通"女子立传表彰；吕坤对"见理真切，论事精详，有独得之识，有济变之才"明达之妇的赞扬⑦；女教读本对冼夫人、娘子军之类"或以妇人而为丈夫之事，以烈女而兼烈士之风，此固非坤道之常，然乘时度势建功立名，动关国家之大，纲目取之良有以也"⑧的肯定，也都含有较多积极可取之处。历代统治阶级高度重视妇女问题，及其对妇女实施系统配套、深入普及、颇有成效的教化控制，其中的一些方法技术，对今天仍有一定启示。

"每一种民族文化中，都有两种民族文化。"⑨中国古代"礼不下庶人"的传统，使劳动妇女受妇礼纲常的束缚毒害远较贵妇为轻；而且贫妇因参加劳动，"虽劳苦倍之，而男女皆能自立"⑩，夫权的束缚相对较弱。这种社会地位和生产实践，赋予她们强烈反抗剥削压迫的斗争精神，以至正统史家也不得不慨叹："妇女之轻剽好作乱，大抵不少概见也。"⑪此外，"父母之命礼经传，私订婚姻小说有"⑫，历代一些渴望人身平等、婚姻自由的民间少女，也曾自发对

---

① 班昭：《女诫》。

② 《内训·睦亲》。

③ 《女论语》。

④ 《内训》。

⑤ 刘向：《列女传序》。

⑥ 《内训》。

⑦ 《闺范》。

⑧ 尹会一：《女鉴录》卷 2。

⑨ 列宁：《关于民族问题的批评意见》。

⑩ 《嘉庆松江府志》。

⑪ 谷应泰：《明史纪事本末》。

⑫ 蒋士铨：《唱南词》。

正统女教进行抵制抗争。特别晚明以降，伴随资本主义生产关系萌芽的产生和早期启蒙思想家对纲常礼教的抨击批判，社会上萌动着一股要求妇女解放的思想潮流。李贽公然宣称"有好女子便立家，何必男儿"①，并赞扬卓文君私奔再嫁司马相如"正获身，非失身"，"当大喜，何耻为？"②琅环女史梁小玉提出"（女子）无才便是德，似矫枉之言；有德不妨才，真平等之论！"③谢肇淛甚至发出"不但夫择妇，妇亦择夫""谓之人尽夫，亦可也"④的呐喊。清代弹词女作家邱心如则表示："生女如斯胜似男"，她在《笔生花》中愤懑不平，搔首呼天："枉枉的，才高北斗成何用"，"而今天道曲还偏"！一些先进知识妇女毅然冲破千古男女大防，走向社会，以诗文从师会友、结社问学，"儿女偿私愿，姊妹结新盟；相习不知非，禁之反若惊"⑤，风气为之一新。中国近代妇女解放运动，无疑是中西方文化碰撞的产物，在很大程度上接受了西方资产阶级妇女解放学说的影响，同时也不应忽略明清时期妇女解放思潮，已经为后来的妇女解放运动积累下宝贵的思想资料。这正是传统文化内部矛盾斗争并在一定条件下发生转化的内在依据。

无疑，鉴于古代妇女处于备受摧残、奴役的社会最底层，传统女性文化竭力宣传的男尊女卑、三从四德、夫为妻纲等正统妇礼女教中淤积了更多封闭、保守、腐朽落后的毒素。如像"女子无才便是德""妇憧，女空空"以及"戒其多言，如木鸡然，方成妇德"⑥的施教导向；"女处闺门，少令出户；唤来便来，唤去便去；稍有不从，当加叱怒"⑦一类野蛮粗暴的清规戒律；对媚妇"若虑有变，则当如割鼻截耳诸烈妇自刑"⑧的训诫；要求新妇对丈夫"游意倡楼，置买婢妾""一须顺适，不得违拗"⑨以及"姑云不尔而是，固宜从令；姑云不尔而非，犹宜顺命"⑩之类的说教；包括古代中世纪后期盛行的殉节恶俗、缠足

---

① 《初潭集》。
② 《藏书》卷37。
③ 《古今女史》序。
④ 《五杂俎》卷8。
⑤ 《清诗铎》卷24。
⑥ 《陆清献公治嘉格言》。
⑦ 《女论语》。
⑧ 李晚芳：《女学言行纂》。
⑨ 陆圻：《新妇谱》。
⑩ 班昭：《女诫》。

陋习等等，凡此种种传统女性文化中的愚昧腐朽糟粕，则不仅是剥离出来"剔除"了之，而要对其负面影响给予足够重视，彻底批判否定。这同样是建构新型女性文化、全面提高妇女素质的一个重要前提。

需要强调指出的是，文化因具有整体关联的特点，往往同时呈现出既是优点又是缺点的两重性。例如传统文化，包括女性文化，讲究身心和谐、天人协调的内倾导向，虽与后工业文明社会发展方向有不少契合相通之处，却缺乏探索、开拓、竞争的进取精神。包含在贞节观念和节烈行为中的克己忘我、坚韧不拔、舍身取义、杀身成仁、贫贱不能移、威武不能屈、富贵不能淫、顾全整体、热爱祖国等品质和情操，集中昭示了中国女性文化的优秀传统，在历史上每每被悬为激励全民族弘扬磅礴正气的表率。人们在历数一些烈女抗暴殉节的事迹后不禁感叹道："噫，使宋之公卿将相贞守一节若此数妇者，岂有卖降覆国之祸哉！宜乎秦贾之徒为万世之罪人也。"①这节烈传统中的优秀一面同样构成中国传统文化的精粹，同样是中华民族的"脊梁"。鲁迅目睹了中国女子"干练坚决、百折不回的气概"和"在弹雨中互相救助，虽殒身不恤的事实"也深切感叹："中国女子的勇毅，虽遭阴谋秘计，压抑至数千年，而终于没有消亡。"②其间除了沐浴新时代风雨、经历阶级搏斗恶浪磨炼外，也依稀可以窥见节烈传统中优良一面的影响。毫无疑问，统治阶级总是把坚持民族气节、舍身取义、以死抗暴的壮举和劳动妇女抚老恤孤的美德巧妙地纳入女教妇礼的轨道，站在维护君权、礼教的立场加以表彰宣扬；而节烈妇女思想深处也确实不同程度带有履践女教妇礼的成分。至于维护纲常，以死殉礼作为节烈观念的主流，更集中反映出传统女性文化中最为腐朽落后的糟粕。今天对传统女性文化中克己奉献、顾全整体等导向，无疑还要因势利导，在新的历史条件下发扬光大。但这种弘扬必得通过充分批判其专制压迫的内涵，并将其纳入社会主义精神文明体系加以改造，在四个现代化实践中转轨重塑、融会创新，赋予新的生命。

自法国大革命期间诞生《妇女权利宣言》，二百多年来，欧美、苏联东欧以及广大亚非拉发展中国家，纷纷兴起要求平等的妇女解放运动，其间积累的经验教训，为中国推进妇女解放提供了宝贵的启迪。无论传统的还是外来

---

①　陶宗仪：《南村辍耕录·贞烈》。

②　《记念刘和珍君》。

的女性文化，都是前人创造出来、迄今仍发挥影响的文化遗产，共同构成社会主义女性文化的重要源泉，但却并非新型女性文化的本体、本原。传统文化和外来文化之间，如李大钊所形容，"正如车之两轮，鸟之两翼"①，不应有体用二元的对立与区别。马克思、恩格斯在《共产党宣言》中指出："当人们谈到使整个社会革命化的思想时，他们只是表明了一个事实：在旧社会内部已经形成了新社会的因素，旧思想的瓦解是同旧生活条件的瓦解步调一致的。"新中国成立后，广大妇女精神面貌发生了巨大变化，便明显植根于中国共产党领导的社会主义建设所取得的重大进展。改革开放的实质，是通过调整生产关系，进一步解放和发展生产力，推进现代化进程。在笨重体力劳动仍占较高比例的生产条件下，男女体能的差异直接限制了妇女在生产中的地位作用；现代化、社会化程度低下，还使大多数妇女无法从繁重琐碎的家务劳动中解脱出来。生产力的高度发展，不但为解决这一根本问题并进一步提高妇女教育水平奠立坚实基础；而且妇女投身改革开放和现代化建设的同时，"生产者也改变着，炼出新的品质，通过生产而发展和改善着自身，造就新的交往方式，新的需要和新的语言"②。当然，生产力高度发展本身并不能自动提高妇女地位、实现妇女发展，只有坚持社会主义道路，坚持以建设中国特色社会主义理论为指导，广泛动员妇女投身改革开放和社会主义现代化建设事业，才能真正推进妇女解放，"以行动谋求平等和发展。"③面向世界、面向未来，用改革创新的视野批判继承传统女性文化和外来女性文化，则使我们在博采众长、融会创新、汲取无穷智慧与力量的同时，清除各种阻碍前进的路障。

生产结构的调整、经济体制的变更，必然引发传统价值体系产生深刻裂痕。在重塑素质、更新观念的历史嬗变中，妇女将经受更大的心理震撼。过多依靠国家统配包揽的经济权益，一旦为市场竞争机制所取代，难免使妇女陷入一时难以适应的困境。但改革带来的发展，毕竟为妇女创造出更多新的机遇。只有这种商品经济环境，才能真正破除小家庭意识、依赖心理和不求进取的惰性，推动妇女在商品大潮的搏击中强化竞争观念、效益观念、风险意识、开拓意识，重新审视传统的价值观、道德观、功利观、择业观、人才

---

① 《东西文明根本之异点》。
② 马克思：《政治经济学批判》。
③ 黄启璪：《全国妇女团结起来为建设有中国特色社会主义而奋斗》。

观、审美观、婚姻观、生育观，重新认识自身的价值、界定自身的角色形象，实现心理素质的重塑和新型女性文化的建构。这一切都表明唯有现代化实践本身才是检验真理、决定弃取的标准和建设社会主义新型女性文化的本体、永不枯竭的源泉及其终将获得成功的根本保障。

在马克思主义指导下，经历了大半个世纪新民主主义革命、社会主义革命和建设实践的今天，中国的文化已在相当大程度上得到改造与重建，社会主义女性文化的框架也已初步奠立。但从总体看，我们面临的文化格局仍包含着几种不同成分和导向，而且文化本身层累递进，不同成分之间的边缘并非那么整齐，有的对峙并立，有的涵盖变异。影响当今妇女观念、素质的历史因素，主要来自两个方面：一种是在推翻帝国主义、封建主义、官僚资本主义三座大山的革命斗争中，以及新中国成立包括改革开放以来建设社会主义实践中形成的新文化优良传统，是塑造今天妇女自尊、自信、自立、自强意识的底蕴，其主流与现实妇女解放潮流及未来的发展走向一脉相通；另一种则来自形成于封建时代、至今保持深远影响优劣融为一体的传统文化。当前继续前进，无疑要从这样一个由各种文化成分组成的客观现实出发，由此起步；但发展社会主义女性文化、提高妇女素质赖以立足的基础，则只能是前者，而不是庞杂而笼统的"传统文化"。指导思想和理论框架的改变，并不等同于观念习俗和社会心理的更新，传统女性文化消极面的影响仍应引起足够重视。满足于军功章中也有女性"一半"表彰的社会心态，不能不说还带有一丝"男主外、女主内""夫贵妻荣"传统女教的阴影；从新闻媒介对女性误嫁屡教不改而无怨无悔、不弃不离的宣传褒扬中，也多少能分辨出"夫有恶行妻不得去"[①]影响的遗痕。种种把锁链当花环，单方面强调妇女牺牲自身权益与发展的"奉献"精神，很难说与"夫为妻纲""从一而终"等封建妇礼真正划清界限。而在计划经济体制向社会主义市场经济体制转型的深刻变革中，又出现妇女编余下岗多、成年女性就业滑坡的同时女童工数量增多和妇女大批向二、三产业转移过程中滞留或流向低层次密集型行业多的趋势。这种就业结构中表现出的新的城乡、高科技和简单劳动之间"性别分工"的趋向，已对某些行业部门的现代化步伐以至对国民经济结构布局的失调伏下隐患。近年失学儿童中女性人数高达80%和生育选择造成的性别比例失调，也将对今后社会的

---

① 《白虎通·嫁娶》。

安定发展构成潜在威胁。导致这种弊端的重要原因，正在于社会上"男主外、女主内"、重男轻女传统妇女观的偏见和妇女自身整体素质偏低。新中国成立后女性文化建设中出现的一些"左"的失误，诸如片面宣传男同志能办到的事女同志也能办到，追求形式上的男女同一，偏重制度上的平均主义保护等，也都主要是文化错位，即封建传统对马克思主义扭曲变形造成的偏差。在大力弘扬传统文化的热潮中，尤其要警惕"以传统文化为基础"和"马克思主义和传统文化结合"口号的误导。这类提法实质上是对马克思主义、毛泽东思想指导地位的贬降，对马克思主义普遍真理与中国具体实际相结合原则的倒退，必将导致文化建设方向的迷失。

今天资本主义文明在高度发展的同时也暴露了不少痼疾，现代社会对生态环境破坏、熵值无限增长以及对科学技术高度发展失去控制反而有可能威胁人类生存的忧虑，正促使西方有识之士努力从东方文化传统、生活方式中寻求出路。当代耗散结构理论创始人普列高津便预言"西方科学和中国文化对整体性、协同性理解的很好结合，将导致新的自然哲学和自然观。"[①]当然西方强调向东方传统文化靠拢，是针对资本主义社会的弊端，着眼于东方文化适应后工业文明社会发展的积极面，绝不是全盘皈依中国古老的封建文明。社会主义文化的创建也并非把中国传统文化和西方资本主义文明中优良合理因素简单拼凑。社会主义新文化，包括新型女性文化倡导的文化精神应是革命的、求实的、科学民主的，既讲功利、效率、公平竞争、开拓进取、充分发挥个体主动创造性，又讲社会责任、统筹协作，鼓励奉公献身。改革开放中塑造的新型妇女社会形象，正是体现了这种精神的有理想、有道德、有文化、有纪律，自尊、自信、自立、自强的一代新人。这和西方社会流行的，以及中国传统文化固有的价值体系，既有联系又有本质区别。只是在这个意义上，汤因比的下述论断才是一种科学的预言："中国文化如果不能取代西方成为人类的主导，那么整个人类的前途将是可悲的。"[②]

（选自《新华文摘》1994 年第 10 期，原载《北京师范大学学报》1994 年第 4期。本文系在家母指导下撰写，署名严琬宜、曹大为）

---

① 参见《严新在美国》。
② 《谁将继承西方在世界的主导地位？》。

第四部分

巾帼女杰

貌丑才高的齐宣王后钟离春

战国时期齐宣王后无盐，富于政治谋略，充满智慧，是位很有才干的女政治家。

无盐复姓钟离，名春，无盐人，因此也被人称作钟无盐。无盐奇丑无比，高额凹目，结喉肥项，驼背突胸，长指大足，皮肤若漆，枯黄的头发稀疏可数，年已四十，尚未嫁人。一日齐宣王正在渐台盛陈女乐、饮宴作乐，"无盐闯至殿门，自称："妾乃齐之不售女也，听说君王贤明，特来求见，愿入后宫，为大王执帚酒扫。妾顿首门外，恳请大王接纳。"左右侍卫听了，莫不掩口大笑道："这真是天下少有的厚脸皮女人！"宣王闻说此事，也觉好笑，特令召见，看个究竟。无盐上得殿来，果然丑陋异常。宣王便说："先王为寡人娶妃，宫中妃嫔已备。今妇人貌丑，不容于乡里，反而自荐万乘之主，莫非有什么奇特的才能吗？"无盐回答："并无什么奇能，只是喜好精微深奥的'隐'事。"宣王对此颇感兴趣，便令无盐"试一行之"。无盐施展了一番幻术，果然手法高超，神奇莫测，宣王颇觉惊异。次日再召丑女献技，无盐这次却不再表演幻术，只是扬目，衔齿，举手，抚膝，连呼"危险啊，危险"，反复四次。宣王不解其意，表示"愿遂闻命"。无盐解释道："今大王之君国，西有暴秦之患，南有强楚之仇，而内聚奸臣，众人不附，内外交困，此一险也；大王耗尽黄金白玉，翡翠珠玑，修筑五层渐台，百姓虚竭，此二险也；当今贤者贬斥，匿于山林，谄谀邪伪之徒把持朝政，谏者不得通入，此三险也；君王日夜沉湎于饮宴女乐，外不与诸侯修好，内不理国家政事，此四险也。有此四险，齐国岂不是岌岌乎殆哉！妾之所以扬目，是在替王察烽火之变；衔齿，是代王惩拒谏之口；举手者，为王逐谗佞之臣；抚膝，表示替王拆游晏之台。"

齐宣王自斩庞涓、大破魏军后，韩、赵、魏三国君主于博望城同时朝见，一时声威大振；但宣王从此却自恃国力强盛，忘乎所以，亲小人，远贤臣，耽于酒色，骄矜失德，逐渐伏下动乱、衰败的危机。钟离春这番议论，如同击一猛掌，使他清醒了许多，不由喟然长叹道："多谢无盐君劝导，真是相逢恨晚啊！"于是，即日罢晏，"拆渐台，罢女乐，退谄谀，去雕琢，选兵马，实府库"。齐宣王还心悦诚服地拜钟离春为正宫，从此齐国气象一新。列向《列女传》称赞道："齐国大安者，丑女之力也。"

钟离春的事迹在历史上广为流传，山东省嘉祥武氏祠中至今保留有汉代描绘齐宣王亲执佩巾拜无盐为后的画像石。民间还流行着《棋盘会》《湘江会》《战春秋》等表现钟离春勇猛爱国、足智多谋，充满神奇色彩的戏剧。尽管她外貌奇丑，两千多年来在人们心目中却留下了十分美好的形象。

（原载《古今著名妇女人物》）

十二岁的小政治家庄姪

　　战国后期，楚怀王和顷襄王父子执政时，正处于楚国由盛及衰的转折时期。本来楚国在战国七雄中幅员最为辽阔，战国初期悼王任用吴起实行变法，政局颇有起色；但终因贵族反动势力根深蒂固，悼王死后吴起即被残害，新法被扼杀，大大延缓了楚国社会的发展。不过，直至楚怀王统治初期，楚国仍具有较强实力，怀王一度起用屈原，修明法令，联齐抗秦，成为六国"合纵"之长。但后来秦使张仪重金贿赂怀王的宠姬、近臣，离间疏远屈原，挑动怀王拆散齐楚联盟，使楚国军事、外交上屡遭挫败。最后怀王竟被诱骗到秦国会盟，被要挟割地，拘禁三年，囚禁死于秦。顷襄王即位之后，局势更加恶化，顷襄王元年（公元前 298），秦"发兵出武关攻楚，大败楚军，斩首五万，取十五城"，汉水上游、襄、邓等汉北地区惨遭蹂躏，人民流离失所，四处逃难。尽管国难当头，顷襄王却仍"好台榭，出入不时"，终日被守旧势力代表令尹子兰和大夫上官靳尚等奸佞包围，忠贞、耿直、富于政治远见的政治家屈原，再次遭到排斥、放逐，从此"谏者蔽塞"，政局愈加腐败黑暗。于是秦国伺机又派张仪出使楚国，买通左右亲信，力劝顷襄王到五百里之外的南方去游玩，以图乘虚一举颠覆楚国。

　　一个巨大的阴谋正在酝酿之中。而顷襄王却丝毫没有觉察，他兴致勃勃地在妃嫔、近臣和护卫军队的簇拥下，浩浩荡荡离开国门，踏上了去远方巡游的旅程。车队行至南郊，忽见道边举起一面丹黄色竹竿挑着的小旗。顷襄王感到奇怪，便派人去查看，侍卫回报说，有一女童伏于旗下，希望能够谒见襄王。

　　原来这位拦驾求见的女童是年仅十二岁的庄姪。庄姪的父亲是位县官，她平日经常听到父亲和人们议论国家大事，对楚国的政局感到十分忧虑；特别是这次顷襄王率众远游，更隐伏着极大危险，因而决计要当面劝阻楚王。她把这个想法告诉了母亲，母亲很不以为然，申斥道："汝婴儿也，安知谏？"但是庄姪并不动摇，为了使楚国人民免受秦国侵袭、践踏，她不顾个人安危，毅然准备了一面小旗，在楚王必经之处等候。

顷襄王听说一个女童拦路求见，觉得很有趣，下令召见。庄侄见到楚王，自称"因有机密大事禀告，唯恐壅阏蔽塞而不得见，听说大王要去南方远游，特地在路边举旗求见。"顷襄王见女孩十分认真，便问："你有什么要告诫寡人的吗？"庄侄不慌不忙地说："大鱼失水，有龙无尾，墙欲内崩，大王却没有看到。"襄王承认对此确实一无所知，庄侄进一步解释："'大鱼失水'，是指大王到离国五百里之遥的远方巡游，只顾眼前享乐，失去了立足的据点，一旦祸起于后，便无法挽救。而大王春秋四十，未立太子，则恰似'有龙无尾'，国家不立储君，没有忠臣良将辅弼，人心不安，必然出现危机。所谓'墙欲内崩而王不视'，是指祸乱就要发生，而大王却视而不见。"顷襄王见庄侄说得有条不紊，暗吃一惊，追问道："何以知道祸乱就要发生呢？"庄侄回答："大王热衷于台榭游乐，不体恤百姓的疾苦；身边缺乏正直敢谏之臣，不能做到耳聪目明。现在强秦派人收买大王左右亲信做内奸，您如不及早改过，滋日以甚，必将发生祸乱，大王如一定要坚持出外远游，楚国可就不再是您的国家了！"这时顷襄王已经听得目瞪口呆，庄侄进一步指出：之所以造成国家危难，是因为有五个忧患，即："到处兴建豪华的宫殿、宽阔的城郭，此一患也；宫墙披上锦绣，百姓却连粗布衣服都穿不上，此二患也；奢侈无度，国力虚竭，此三患也；百姓饥饿无食，富人的马匹却有吃不完的饲料，此四患也；邪臣在侧，贤者无法上达，此五患也。有此五患，必然导致国家灾难。"

自从屈原被逐之后，顷襄王一意孤行，满耳充斥着阿谀谄媚之辞，再也听不到不同意见。庄侄这一番议论，针砭时弊，陈述利害，鞭辟入里，顷襄王顿时猛醒，立即率众返回。车马抵达城下时，果然如庄侄所料，国门紧闭，守军已经反叛。顷襄王急忙调发鄢郢之师，乘叛军立足未稳，全力攻城，经过一番激战，勉强取胜。

顷襄王十分感激庄侄的劝谏，非常赏识她的才识，于是立庄侄为夫人。庄侄在顷襄王身边继续"为王陈节俭爱民之事"，发挥了积极作用，使楚国在一段时期内，重新出现了复兴的景象。

（原载《古今著名妇女人物》）

促使汉文帝废除肉刑的少女淳于缇萦

公元前167年5月，汉文帝发布了一道废除肉刑的诏令，这在我国刑法制度史上是一次影响深远的重大变革。据史书记载，促成文帝采取这一措施的直接原因，是当时一位复姓淳于名叫缇萦的少女向皇帝上书，文帝读后深受感动，遂有此举。

缇萦的父亲淳于意，任齐太仓令，不慎触犯刑法，诏狱逮送京都长安治罪。淳于公膝下无男，唯有五女，临行前看着慌成一团的女儿们长叹道："可惜没有男孩，要这些女孩，遇到紧急事情有何用！"淳于意最小的女儿缇萦听了父亲这话十分悲伤，啼泣着跟随父亲来到长安。按西汉当时的刑律规定，死刑而外尚有黥、劓、刖三种残酷的肉刑。所谓"黥"，是在脸上刺字，即墨刑；"劓"，系割鼻；"刖"为断足。淳于意受审之后被判处肉刑，缇萦闻讯，想到父亲将成残废，终身留下耻辱的痕迹，更觉痛彻肺腑。出于对父亲的担忧和对千万受刑者的深切同情，缇萦对这种野蛮的刑法越发深恶痛绝，她毅然提笔上书，直接向汉文帝陈情。

缇萦在上书中首先提到"妾父为吏，齐中皆称其廉平，今坐法当刑。"概要陈述了事情的始末，说明父亲廉洁公正，受到百姓称颂，这次只是偶触刑法的初犯。接着她指出："妾伤死者不可复生，刑者不可复属，虽后欲改过自新，其道无由也"，对肉刑损伤肢体剥夺了受刑者改过自新的机会提出异议。最后缇萦表示"妾愿没入为官婢，以赎父刑罪，使得自新。"缇萦的上书文字不长却理直情深，深深打动了汉文帝。

文帝刘恒执政时距秦亡不过二十多年。秦末专任刑罚，极为残暴，竟至"赭衣塞路，囹圄成市"，是激化阶级矛盾、导致"天下愁怨、溃而叛之"最终覆灭的重要原因之一。汉高祖刘邦接受秦亡的历史教训，攻占秦都咸阳后曾与民约法三章，"杀人者死，伤人及盗抵罪，余悉除去秦法"，删削苛繁的秦法，深得民心。但后来鉴于"四夷未附，兵革未息静，相国萧何制定《九章律》时又恢复保留包括夷三族和黥、劓、斩趾、断舌等酷刑条文。刘恒统治时期，注意缓和阶级矛盾，休养生息，政局趋于稳定。他于即位之初即已相继废除株连收孥相坐之法和灭族之刑。此刻少女缇萦的上书使他受到震动，进一步意识到酷刑害民的情况还很严重，于是下诏反省自责：听说古代贤明的君主大舜，用在衣寇上画上特殊的标记和穿上与众不同的服装来惩戒犯罪行为，百姓没有犯法的，天下安定，治理得很好。可是"今法有肉刑三，而奸不止，其咎安在？非乃人有过，教未施而刑已加焉，或欲改行为善，而道无由至，朕甚怜之。夫刑至断肢体，刻肌肤，终身不息，何其刑之痛而不德也！岂称为民父母之意哉？"最后刘恒下令从此废除肉刑，责成丞相张苍、御史大夫冯敬等修改刑律，制定出具体条文，颁行天下。

新刑律更改的要点是：当受黥刑的，改为剃去头发以铁束颈服四年徒刑；劓刑，改为笞三百；当斩左趾者，改为笞五百；对于那些犯有斩右趾以及杀人自首，官吏贪赃枉法、监守自盗等罪，于判刑之后又犯笞刑罪者，皆弃市处死；而对判处其他各等徒刑，在一定年限内无逃亡等行为的，则可相应递减刑罚，直至释放，免为庶人。

新刑律依旧保留了死刑，对大量比较轻微触犯法律的犯人也还保留了施以皮肉之苦的笞刑，其余直接造成肢体残缺的肉刑则全部剔除。此外新刑律还在一定程度上注意到了区别犯人服刑期间的表现，对改过自新者给以减刑的机会。改革之后尽管在具体实施中还有不少弊端，例如笞刑的伸缩性就很大，往往笞未毕而人已死，但总的从正式法制条文来看，无疑比旧律有了很大进步。史家记载，从此社会上风气笃厚，禁网疏阔，刑罚大省，以至一年之中"断狱四百，有刑错之风焉。"《大学衍义》一书更称颂道："自是以来，天下之人犯者始免断肢体、刻肌肤。百世之下，人得以全其身不绝其类者，文帝之大德矣。"这些评价不免有溢美过誉之处，不过文帝和他的儿子景帝在位时经济迅速发展，政治比较开明，出现了罕见的"文景之治"则确是历史事实。

汉文帝废除肉刑的措施从根本上看是秦末农民战争和汉初人民斗争的产物，是安定政局恢复发展生产的需要，是社会进步的反映，合乎历史发展的潮流。少女缇萦勇敢地上书皇帝，痛陈利害，甘愿替父赎身，使文帝"怜悲其意"，并进而反省自责，做出决断，促成这一深刻的变革，也在历史上传为佳话，受到人们赞扬。

（原载《古今著名妇女人物》）

东晋针灸名医鲍姑

唐代贞元年间（785—804）的一个中元节，广东番禺人多聚集佛庙，陈设奇珍异宝，演戏作乐，十分热闹。这天，一位叫崔炜的青年前去游玩，见一要饭的贫苦老妇不慎跌倒，打破了人家的酒瓮，正被酒铺掌柜殴打。崔炜很同情老妇，便脱去了衣裳替她赔偿。老妇也不道谢，蹒跚而去。隔了几天，老妇又见到崔炜，赠给他一些越井冈艾，嘱咐道：“遇到有人长疣赘，用此艾只须一炷即可痊愈，不但治好病痛，而且皮肤还会变得美艳。”说完老妇突然不见了。后来崔炜在海光寺游玩，遇一老僧耳上生赘，便试着按老妇传授的办法用艾替他灸治，果然“应手而落”。经老僧介绍，他又替山下一位家财巨万的任翁治疗赘疣，同样“一灼而愈”。任翁十分感激，表示要赠钱十万酬谢。谁知这个富翁后来又反悔了，恩将仇报反想杀害他。崔炜闻讯连夜逃跑，因迷路失足坠入一大枯井中。枯井深百余丈，无计可出，穴中有一数丈长的白蛇盘屈。崔炜发现巨蟒饮食不便，仔细观察，原来唇吻上亦长有一疣，于是燃艾一灼，竟也“应手坠地”。白蛇口吐珠宝相赠，崔炜辞而不受，唯求出洞，最后跨蛇而去，于洞中行数十里，至一宫殿。从此崔炜名声大噪，求治者甚众。崔炜始终未忘老妇传授医道之恩，很久之后他才打听到，那位乞食老妇原来就是晋代名医鲍姑的化身。

这是宋代笔记小说《太平广记》中记载的一则故事，情节未免怪诞离奇，但鲍姑在历史上实有其人，其精湛的医术也确非虚传。

鲍姑，名潜光，距今1600多年前东晋时人。父亲鲍靓，曾任广东南海太守，“禀性清慧，学通经史，修身养性”，通晓天文地理，擅长炼丹之术。丈夫是著名的道教创始人葛洪。葛洪少时家贫，白日上山砍柴、卖钱买纸笔，夜晚挑灯苦读，终于“博闻深洽，江左绝伦，著述既富又精于析理”。葛洪还特别爱好“神仙导养之法”，潜心研习，尽得道家炼丹秘术真传。道教提倡养性炼丹、追求长生不死、羽化登仙固然荒诞，但在长时期炼丹实践中也积累了一些原始化学、药物学、天文学、冶炼术等方面的科学知识。葛洪撰著的

《抱朴子》内篇二十卷和《肘后救卒方》便包含有不少这方面的重要发现。鲍姑生长在道教世家，从小耳濡目染不外是炼丹、医药，较少受到传统礼教、女红中馈一类的束缚。这是她日后在医药方面得到充分发展的一个特殊机缘。

鲍姑医术高超，尤其精于灸法。针灸是中国古老的传统疗法。对针刺疗法，近年因其特有的神奇疗效，在世界范围享有盛誉，人们并不陌生，但对灸法则一般不很熟悉。其实，灸法和针法一样，也要在患者身上选取特定的穴位，或直接在患处施治，不同的是灸法选取一种易燃物体取代银针，进行烧灼熏烤，借其温热性的刺激，通经活络，祛邪扶正，以取得预防或治疗的效果。用作熏灼的热源很多，诸如硫黄灸、麝香灸、雄黄灸、沉香灸、木炭灸等，疗效各异。常见的多用陈年艾叶制成绒条施灸，以其易燃，且火力温和，既能使温热渗入组织深处，又使病人减少痛苦。针灸疗法至迟在春秋战国时即已运用，汉晋之际臻于成熟，出现了《黄帝内经》《难经》《针经》等关于针灸方面的论著，特别是西晋皇甫谧撰写的《针灸甲乙经》对针灸疗法和各个穴位作了详尽的记载，被誉为我国目前保存最早、最为重要的经典之作。但事实上这部著作重于针，而略于灸，对于灸法的记载十分简略。鲍姑丈夫葛洪撰著的《肘后救卒方》则专重于灸法，全书一百零九条针灸医方中，灸方就占了九十九条。该书还对灸法的操作方法、注意事项和疗效等都作了详尽的论述，是我国早期最重要的一部侧重灸法的专著。可见鲍姑擅长灸法并非偶然。而且实际上葛洪的精力主要不在于针灸，而鲍姑则毕生致力于灸术，因此与其说鲍姑的灸法得力于葛洪，不如说《肘后救卒方》是他们夫妇同心合作的产物，甚或更多地渗透了鲍姑的心血。

鲍姑医道中最为人称道的是她医治瘤疣的绝招。据《鲍姑祠记》载：鲍姑"用越冈天产之艾以灸人身赘瘤，一灼即消除无有，历年久而所惠多。"《羊城古钞》在提到鲍姑医术时也说："每赘疣，灸之一炷，当即愈。不独愈病，且兼获美艳。"《粤秀山三元宫历史大略记》更称道鲍姑"藉井泉及红艾为医方，活人无算"。红艾是越秀山下遍地可采的常见药材，鲍姑就地取材，用灸法施治，简便易行、神奇灵验，深受广大患者欢迎。

鲍姑一生不辞辛苦，经常跋山涉水四处行医采药。据《西华仙箓》载：蘋花溪一带"尝有老姥采蘋其间，莫测所自来，问之，曰：'吾鲍姑也。'"蘋可除热解毒、抗菌、抗疟、利小便、消水肿，主治跌打损伤、目赤翳膜、口舌生疮、蛇咬、吐血等症。《羊城古钞》说她"多行灸道于南海"，其余广州、番禺、惠阳、博罗等地也常有鲍姑的踪迹。鲍姑还热心传授医术，以帮助更多的患者解除病痛。《罗浮山志补》提到她曾向葛洪的徒弟黄野人传授医道，黄野人乃以擅治外科疮瘘远近闻名。《太平广记》所记鲍姑身后四百多年化为乞食老妇向崔炜传授灸法的传说，也曲折地反映了鲍姑医术历代相传的情况。直至明清还有人留下"我来乞取三年艾，一灼应回万古春"的诗句。

鲍姑的神奇医术和救死扶伤"活人无算"的精神，深受后人敬仰。在她曾经行过医的地方，多处凿井筑庵以示怀念。其中广州越秀山下的越冈院，经明代翻修改名为三元宫，清乾隆四十五年（1780）又在此为鲍姑建祠设像。在鲍仙姑殿前还有一座古屋，相传鲍姑曾经在此居住。屋旁一口古井因当年鲍姑"藉井泉及红艾为医方"替人治病时用过，故称鲍姑井。历来野史小说、方志，以至于民间口头都流传着不少关于鲍姑的神奇传说，人们遇到疑难病症也常爱到鲍姑祠前燃香祝愿。清嘉庆十七年（1812）在三元宫道观内还树起一块镌有道家练功兼针灸穴位图像的石碑，据说曾用作传授气功和针灸术的教具。这正象征着鲍姑的崇高精神和神奇医术在不断发扬光大，绵远流长。

（原载《古今著名妇女人物》）

传授绝学的宣文君宋夫人

362年，八十岁高龄的宋氏夫人因学术上卓有成就，在保存古典经籍、宣扬文化方面做出突出贡献，被前秦皇帝苻坚赐以宣文君的尊号。古代妇女能够享有这样崇高的学术地位，这在历史上是极为罕见的。

宣文君出身于儒学世家，自幼丧母，由父亲亲自抚育教养。宣文君的父亲是位大学问家，尤其精通经典古籍《周官》。宋家只此一女，父亲十分疼爱，把她当男孩看待，从小教她读书识字，为日后治学打了扎实的功底。

《周官》相传为周代大政治家周公撰著，是一部备载"经纪典诰，百官品物"的儒家经典著作。宣文君生活的南北朝时期，尚未发明印刷术，文化典籍只能靠面传、口授，抄写、记诵世代相传。除了在社会上讲学、授业、传授弟子外，家学、家传也是保存传播典籍的一个重要途径。特别是在兵火战乱的年代，无法正常收徒授业，通过家学流传就几乎成了唯一可靠的途径。在这种条件下，传播的范围十分有限，有不少学问因为无人继承家学而失传，成为绝学。宋家"世学《周官》，传业相继"，如今膝下只有一女，父亲不愿《周官》在自己手中失传，于是破例悉心向女儿传授。父亲对她寄以厚望，反复说明学好这部著作的重要性，再三叮嘱："吾今无男可传，汝可受之，勿令绝世。"

女儿没有辜负老父的期望，尽管"天下丧乱"、环境险恶，始终坚持"讽诵不辍"。父亲去世之后，遭兵火洗劫，家产荡然无存，在流离逃难的路上，仍不忘"推鹿车，背负父所授书"。后来宣文君和丈夫携带幼儿迁徙到山东冀州，胶东富户程安寿十分同情他们的遭遇，将她一家收留。宣文君出身于官宦读书人家，本来家境宽裕，一向专注治学，并不操持家务；此刻破产落难，寄人篱下，终日要为生计糊口奔忙，"昼则樵采"，夜晚"纺绩"，辛勤劳作之余，还要教儿子韦逞读书。即使这样，她也没有废弃学业，总要挤出时间诵习《周官》。程安寿看到这种情况，很受感动，经常赞叹："难怪学问世家多能培养出士大夫来啊！"在宣文君的督促教导下，韦逞后来果然苦读成名，做到前秦太常官。

前秦苻坚是位颇有作为的氐族皇帝。氐族原来居住在甘肃、陕西一带，处于较为落后的发展阶段，保留有不少部落组织的痕迹。在不断内迁和汉族人民频繁交往的过程中，受中原先进文化的影响，进步很快。特别是357年苻坚称帝后，重用汉族士人王猛推行改革，国力逐渐强盛，先后灭掉一些割据政权，到376年统一了整个北方。

苻坚执政时期，提倡繁荣学术文化，这也是吸收中原先进文明的一个重要方面。362年他亲临太学，对战乱中"礼乐遗阙"的情况表示痛惜遗憾。博士卢壶向苻坚提出：学校荒废已久，书籍散失，零落不全。经过这些年搜集、编缀、撰述，"正经"已大致齐全，只是《周官礼注》还无人讲授。听说太常韦逞的母亲宋氏，传其父业，精通《周官》音义，今年虽已八十，眼耳无病，身体仍很健壮，"自非此母，无可传授后生"。

苻坚接受卢壶的建议，当即决定"就宋氏家立讲堂，置生员百二十人，隔绛纱幔而受业，号宋氏为宣文君，赐侍婢十人"。于是《周官》这门学问终于"复行于世"。

宣文君在动乱的年代，在极为艰难的环境下仍能精心保存文化典籍，辛勤劳作之余，坚持研读诵习，终于以八十岁的高龄，立堂讲学，为国家传授濒于灭绝的学问。她在传播宣扬学术文化上的贡献和刻苦治学的精神，是值得后人学习和怀念的。

（原载《古今著名妇女人物》）

促进祖国统一的南越领袖冼夫人

冼夫人是南北朝末期岭南一带少数民族的杰出首领。她出身于俚族的一个大家族，"世为南越领袖，跨居山洞，部落十余万家"。南越，古称百越，是岭南诸多少数民族的通称，"俱无君长，随山洞而居"，处于比较原始落后的状态。南北朝时，北方少数民族入主中原，大量汉人南渡，带来了先进的生产技术和中原文明。通过与汉族人民频繁接触和友好交往，岭南一带的经济文化迅速发展提高，各族之间关系日益密切，逐渐融合。

冼夫人"幼贤明，多筹略"，因俚族保留较多母系氏族遗风，未受陈腐礼教羁绊，她得以充分显露才华。冼夫人年轻时在父母家就精明能干，善于"抚循部众，能行军用师"，享有很高威望。南越诸部首领经常互相攻战，冼夫人的哥哥冼挺也恃其富强，侵掠旁郡，周围百姓颇以为苦。冼夫人主张各部族和睦相处，"以信义结于本乡"；经常规劝兄长、亲族勿恃强凌弱，由此"怨隙止息，海南、儋耳归附者千余洞"。

当时高凉郡太守冯宝，是位汉族青年，尚未娶妻。冯宝的父亲罗州刺史冯融听说冼家女儿名声很好，为争取少数民族上层人物的支持，主动替儿子向冼家提亲。冼姑娘仰慕汉族先进文化，对年轻有为的冯宝也很满意，爽快地答应了这门亲事。冼姑娘和冯宝结亲，成为俚、汉两族关系日益发展的一段佳话。婚后冼夫人经常和冯宝一起参决辞讼，共理政务。她利用自己的影响与声望，协助丈夫诫约本宗，推行政令。即使本族首领犯法，也毫不姑息放纵。先前冯宝从祖父起三代任罗州刺史，因非土著出身，"号令不行"；自和冼夫人联姻后，"俚人始相率受约束"，从此"政令有序，人莫敢违"。冯宝夫妇通过大力推广中原文明，迅速改变了当地原始落后的面貌。

梁武帝末年，侯景发动大规模叛乱，疯狂地烧杀掠抢，给繁华富庶的江南一带造成一片"千里绝烟，人迹罕见，白骨成聚，如丘陇焉"的惨相。一些地方豪强也纷纷乘势割据自立。高州刺史李迁仕早怀异志，梁武帝在建康（今南京）宫城被围，下诏各地人马勤王，他托病拒不救援，暗地却加紧打造兵器，扩军习武，伺机反叛。550 年，李迁仕派人召见冯宝，企图把他扣作人质，诱逼冼夫人率部参加叛乱。冼夫人及时识破李迁仕的诡计，力劝丈夫"愿且勿行，以观其势"。几天之后，李迁仕果然响应侯景，公开叛梁。冼夫人眼看分裂祸乱扩及岭南，非常气愤。她坚决维护统一，利用李迁仕派兵出战城内空虚的机会，定计率千余士兵扮作挑夫，佯称为前次未能及时应召，特来拜见，赔礼谢罪。李迁仕探知来人果然挑着丰盛的财礼，又见率队的只是冼夫人一位女流，便未提防。冼夫人进城之后，一声号令，士兵们猛地抽出暗藏好的兵器，突然袭击，一举将李迁仕击溃。接着冼夫人又积极协助陈霸先的军队平定侯景之乱。两军在赣石会师时，陈霸先亲自会见冼夫人，对她的胆略才能十分钦佩。

557 年，陈霸先称帝，建立陈朝。不久，冯宝故去，岭南一带发生动乱，冼夫人乃亲自出面"怀集百越，数州晏然"。558 年，冼夫人派九岁的儿子冯仆率诸部首领到丹阳朝见，陈霸先封冯仆为阳春太守，倚重冼夫人安抚岭南。

569 年，广州刺史欧阳纥割据叛陈。冼夫人是他称霸岭南的最大障碍，于是欧阳纥先把冯仆骗至南海，逼他同反，图谋以此要挟、分化冼夫人。冯仆暗中派人把情况禀告母亲，冼夫人不顾儿子身处险境，坚定地表示："我为忠贞，经今两代，不能惜汝，辄负国家"，立即发兵拒守。陈朝平叛大军南下后，冼夫人又率少数民族武装配合，打败叛军，活捉欧阳纥，救出了冯仆。冼夫人功高节重，朝廷破格册封她为中郎将、石龙太夫人。

589 年，隋攻克建康，灭陈。东晋以来近三百年南北分裂对峙的局面结束，全国重新统一。隋文帝推行一系列政治、经济改革，打击、削弱地方豪强势力，进一步加强中央集权，巩固统一局面，在历史上起到积极进步作用。陈亡之初，隋军势力尚未到达岭南，当地"数郡共奉夫人，号为圣母，保境安民"。后来隋派韦洸安抚岭南，一些陈朝旧将和部分少数民族首领凭险抵抗，韦军受阻。隋乃命陈后主修书给冼夫人，说明陈已灭亡，劝她归附隋朝。冼夫人接到陈后主手函和她先前献给朝廷的扶南犀杖等信物后，确信陈已灭亡，于是转而支持隋中央政权。冼夫人派孙子冯魂迎接韦洸，以自己所辖八州归附隋朝，使隋军得以顺利进入广州，有效地控制岭南。

隋初，由于文帝的改革进一步触犯南方豪强大族的既得权益，陈之故境，大抵皆反。韦洸进驻广州的第二年，番禺俚帅王仲宣亦起兵反隋。叛军围困广州，进逼南海，射杀韦洸，一时岭南不少部族酋豪、首领群起响应。冼夫人闻讯，派孙子冯暄发兵救援。不料冯暄与王仲宣部将、原罗州刺史陈佛智"素相友善"，竟碍于情面，迟迟逗留不进。冼夫人大怒，将冯暄逮捕下狱，改派另一孙子冯盎出阵。冯盎力斩陈佛智，迅速赶到广州，与裴矩所率援兵会师击败王仲宣。

平叛之后，因不少部族首领不同程度参与叛乱，群情不安。

冼夫人不顾七十多岁高龄，亲自披甲、乘马，带领骁骑，护卫诏使裴矩巡抚诸州。由于冼夫人出面耐心说服，朝廷的"抚慰"政策取得很好效果。苍梧陈坦、冈州冯岭翁、梁化邓马头、藤州李光略、罗州庞靖等少数民族首领纷纷前来参谒。朝廷分别任命他们为刺史、县令，继续统帅旧部，岭南终于得到安定。

为了表彰冼夫人的功绩，隋文帝追封冯宝为广州总管、谯国公，册封她为谯国夫人，并为她开幕府（将军府）、设置官吏，颁发印章。朝廷给予她特殊信任与权力，遇有急事，不必请示朝廷，可自行调发所属六州兵马，相机行事。隋文帝的皇后还以自己的名义，赠送冼夫人首饰、服装等礼品，表示特殊关怀与慰劳。冼夫人的孙子冯盎以及因失机纵敌受到冼夫人惩处的冯暄，也被朝廷分别任命为高州、罗州刺史。

此后，在冼夫人暮年，岭南又发生过一次动乱。这次是因为隋派驻番州的总管赵讷横征暴敛，贪虐无度，严重激化了岭南地区的阶级矛盾、民族矛盾，造成少数民族大量逃亡、反抗。冼夫人深知致乱的根源在于赵讷的贪暴，她没有一味压服部众，而是保护他们的利益，派人到长安向隋文帝"论安抚之宜"，控告赵讷的罪行。朝廷经查罪证属实，并追出许多赃物，于是依法处死赵讷。隋文帝还发布一道宣慰诏书，委托冼夫人"招抚亡叛"。冼夫人对朝廷的处置十分满意，尽管已经八十多岁，仍精神抖擞"亲载诏书，自称使者，历十余州，宣述上意"。由于群众的斗争和冼夫人的努力，政府及时查处赵讷，相对减轻剥削，缓和矛盾，当地人民的生活在一定程度上得到改善，才使事态没有进一步扩大，岭南得以继续保持稳定。

冼夫人十分珍视历届朝廷对她的褒奖。每逢年节，都要把梁、陈、隋三朝赐赠她的礼品陈列于庭中，结合自己经历三朝、一心为国的事例，教育子孙尽心报国。冼夫人的言传身教，对后代产生很大影响。冼夫人去世后，隋炀帝的残暴统治激起大规模农民起义。618年李渊灭隋，建立了唐朝。鼎革之际，天下震荡，朝廷无力顾及岭南，冼夫人的孙子冯盎实际控制着五岭二十余州，据地数千里。当时有人提出，冯盎的势力超过了西汉时的南越王赵佗，劝他割据自立，"请上南越王号"。冯盎表示绝不给先人带来羞耻，严词拒绝分裂称霸的建议。后来在冯盎的支持配合下，唐朝顺利统一岭南。朝廷任命冯盎为上柱国、高州总管，封越国公，治理岭南八州。

南北朝末、隋初之际，南北对峙，豪强大族称雄割据，朝代更迭频繁，政局长期混乱、动荡。冼夫人处于偏远落后的岭南地区，维护统一，保境安民；而且坚持吸收汉族地区的先进文化，促进当地社会发展，这在历史上是十分罕见的。冼夫人一生的活动，促进了岭南地区政治安定、民族团结，有利于经济开发、文化交流，对统一多民族国家的巩固发展作出了巨大贡献。

冼夫人的军事才能、政治见识，和她建立的丰功伟绩，受到后人高度赞扬。两广地区许多州县都为她建造了庙宇。人们称她为"女中奇男子"，把她和历史上霍去病、郭子仪等名将相提并论。清光绪《高州府志》更称誉她为："文谋武略，总管十州，历仕三朝，无有二心，擅古今女将第一。"

（原载《古今著名妇女人物》）

教夫守城破敌的县令妻

唐王朝自"安史之乱"后，中央政权大大削弱，地方势力膨胀，出现了藩镇林立长期混战的局面。这些藩镇代表军阀豪强、骄兵悍将的利益，成为独霸一方鱼肉乡里的土皇帝。他们残酷地压榨百姓，互相攻杀吞并，给人民的生命财产带来极大损失。唐德宗即位后，开始裁抑藩镇，结果诸镇"合纵而叛"，出现了五镇连兵"株连半天下"的局面。

诸镇之中割据淮西的"建兴王"李希烈尤为凶残酷烈，史载"希烈资惨害，临战阵杀人，血流于前而饮食自若也"。一次，他驱使百姓运土木修路，因未能如期竣工，竟"驱人填堑，号'湿梢'"。建中四年（783），号称"天下都元帅"的李希烈于攻陷汴州之后，更加狂暴不可一世，继而把兵锋指向陈州，为此他派出一支精悍的部队先去围攻项城。

项城是个小邑，"无长戟、劲弩、高城、深沟之固"，只因位于战略要冲，成为兵家必争之地。一向愚懦无能的项城县令李侃，面对强敌压境越发惊恐失措，在他看来，以项城弹丸之地抗击李希烈大军，无异以卵击石。李侃的妻子杨氏却是一位"辨行列、明战守"颇有胆略智谋的妇女。她见丈夫打算逃跑便提出："君为县令，负有守城的职责，你如逃走，还有谁能来守呢？"李侃答道："怎奈兵财俱缺，如何把守得住！"杨氏指着贮存钱粮的国库、仓廪说："项城一旦被敌攻破，这些仓廪中的屯粮势必成为逆贼的军粮，府库中的钱货必将化为叛军的财富，就是城中百姓也难免要被他们裹胁当兵效力，国家什么也剩不下。与其留给叛军，莫若用这些钱粮厚赏敢死之士，招募百姓执戈守城，可谓兵财俱全，何愁不能守城！"于是李侃召集吏员百姓，由夫人亲自出面动员。杨氏说："县令诚然是一县之主，但任满之后终当离去。各位父老兄弟，项城是你们的桑梓故土，这里有你们的家园，有你们的祖坟，你们不拼死拒守，难道就忍心眼睁睁看着父母妻小被强贼蹂躏残害吗？！"在杨夫人的激励下，众皆感奋流涕，纷纷表示愿意效命。杨氏进而宣称："凡英勇作战被瓦石击中的赐千钱，被刀刃砍伤的赏万钱。"接着从应募者中挑选了数百名勇武健壮的后生随李侃登城御敌。杨夫人则亲自为将士生火做饭，必使士卒所得均匀充足。

杨氏还让丈夫谕贼："项城父老义不受辱，誓以死守。得吾项城小邑亦不足以显威，不如速去，免得失利徒被耻笑。"叛军根本没把小小项城放在眼里，对县令死到临头还不自量力、口出狂言，感到十分可笑，当即发起猛烈攻势，打算狠狠教训一下敢于顽抗的项城军民。不一会儿，李侃手部被流矢射中，匆匆退下城去。杨氏见丈夫负伤退回，责备道："君不在则人心不固矣。覆巢之下岂有完卵？城破之日即使躲在家中亦难免一死，与其坐在家中等死，何如在城上杀敌捐躯！"李侃听了自觉惭愧，又忍痛返身登城。守城士卒见县令带伤作战，顿时勇气倍增。

项城毕竟邑小城薄，力寡难支，凶悍的叛军已经逼近城根，眼看就要破城而入，守城军民却无一退缩，继续拼死抗击，终于在几乎已经毫无希望的最后混战中，一箭射中叛军主帅。此箭系用"弱弓"发射，力量不大，并非训练有素的士兵所发，但距离极近，还是构成了致命的一击。这位当场毙命的贼帅便是大名鼎鼎骄横蛮野的李希烈的女婿。这一义勇民兵在濒临绝境时奋力射出的正义之矢，如巨雷轰顶，使战场上发生了转折性的变化。叛军顿时魄丧气缩，"势挫遂退"，项城得保无恙。

项城保卫战的胜利，无疑杨氏当居首功。但在那个时代，仅仅因为她是妇女，非但不予叙功受赏，就是官方文献也无只言片语记载。而她的丈夫李侃，则被刺史奏报请功，擢升为绛州太平令。稍后，一位曾任国子博学、史馆修撰的哲学家、文学家李翱，对这种极不公正的做法甚感不平，特地为杨氏作传。他指出，杨氏的"勇烈之道"为许多"公卿大臣之所难"，在藩镇反叛作乱的年月，那些朝廷的官僚士大夫们"其勇不能战，其智不能守，其忠不能死，弃其城而走者有矣，彼何人哉！若杨氏者，妇人也，孔子曰：'仁者必有勇'，杨氏当之矣。"

因有《李文公集》这段仗义秉公的记载，才使这位妇女的英勇事迹不被湮没，得以流传。

（原载《古今著名妇女人物》）

李冶逆俗叛道诗作罕有其伦

李冶(？—784)，字季兰，乌程(今浙江吴兴)人，在中唐诗坛享有盛誉，与薛涛、鱼玄机、刘采春齐名，并称为唐代四大女诗人。据传，李冶五六岁时，父亲抱着她漫步庭院，因见蔷薇枝蔓柔软匍伏于地，毫无拘束地伸向四方，脱口吟道："经时未架却，心绪乱纵横"。未满五周岁的女童，能够得此佳句，显露了她的早慧和非凡的文学天赋。不料父亲听了非但没有夸奖，反而恼怒地说："此必为失行妇也。"①在这位满脑子传统礼教的学究看来，小女聪慧异常并非好事，而且"心绪乱纵横"之句活画出女儿奔放不羁的性格，分明是离经叛道的征兆。

正因为不堪忍受陈腐礼教的约束，李冶长大后索性出家做了女道士。道教在唐代享有特殊地位。早在李渊起兵反隋时，著名道士王远知便称李渊将承天授命做皇帝；后来李世民和太子李建成争夺皇位，他又预言李世民将做太平天子。有这样一个政治背景，高祖李渊乐得认道教教祖李耳为祖先，太宗李世民也明确宣称太上老君名位在释迦牟尼之上，男女道士位列僧尼之前。武则天时期因佛教徒拥护武周代唐，一度把佛教抬到道教之上；但到睿宗、玄宗时道教又恢复优势，给李耳加称"大圣祖大道玄元皇帝"等尊号，并规定老庄等道家经典为科举必考的内容。道教既为李唐皇室贵族统治阶级上层所尊崇，影响所及，就连公主也屡有自请出家、修道不嫁者。女道士不受儒家礼教羁绊，亦无家事拖累，终日习经，往往通晓文墨，颇具文才。她们中间的中上层人物既能"足下远游履，凌波生素尘"②，遍游名山大川，增长见识，扩大眼界；又可出入宫廷巨室与帝王达官名士交接往返，唱酬应答。而一般上层社会女子多被正统女教塑成呆板愚昧的"贤妻良母"，文采风流的士子们很难和这些木然乏味的"偶像"有什么感情交流。他们更愿和才艺双全的女道士

---

① 计有功：《唐诗纪事》卷 78。
② 李白：《江上送女道士褚三清游南岳》。

唱和往返。在这种特定环境下、唐代女冠成为妇女中最为独立、自由、放达的特殊阶层。在那个时代，李冶既不可能科举仕宦报效国家，又不甘就范于传统礼教的藩篱，相比之下，通过出家为女道士去寄情山水、追求自由，就不失为一种较为明智的选择。

李冶美姿容，神情潇洒。与文士交游好作雅谑，性格豪放爽朗。她专心翰墨，弹得一手好琴，尤善作诗，出家后常与意趣相投的文人隐士交游，写下许多酬赠遣怀之作。从现存为数不多的诗作中可以看出她和朱放、韩揆、阎伯钧、萧叔子等人交往甚密。其中一些诗句，如"相思无晓夕，想望经年月"，"别后无限情，相逢一时说"（《寄朱放》）；"相看折杨柳，别后转依依"（《送韩揆之江西》）；"离情遍芳草，无处不萋萋"，"归来重相访，莫学阮郎迷"（《送阎二十六赴剡县》），都坦率倾诉了她深厚的恋情。① 正如恩格斯在《家庭、私有制和国家的起源》一书所指出的，"现代意义上的爱情关系，在古代只是在官方社会以外才有"。李冶这种建立在互相尊重、理解，互相倾慕，志趣相投基础之上的恋情，是对以门第、金钱等利害关系为基础传统婚姻的冲击和否定，是对正统礼教的叛逆与反抗。

在李冶的挚友中还有陆羽、皎然两位超然物外、志行高洁的名士。陆羽，《唐书》有传，为人"貌侻陋，口吃而辩"，"朋友燕处，意有所行辄去，人疑其多嗔。与人期，雨雪虎狼不避"，"或独行野中，诵诗击木，裴回不得意，或恸哭而归"。② 著有《茶经》三卷，被后人祀为茶神。李冶和他意甚相得，曾作《湖上卧病喜陆鸿渐至》，诗云：

> 昔去繁霜月，今来苦雾时。
> 相逢仍卧病，欲语泪先垂！
> 强劝陶家酒，还吟谢客诗。
> 偶然成一醉，此外欲何之？

诗中流露了愤世嫉俗、抑郁不得志的苦闷。之所以要出世，放荡形骸，一醉

---

① 本文所引李冶诗作均见《李季兰集》。
② 《新唐书》卷 196《陆羽传》。

百了，是因为现实生活中充满烦恼，难以容身；又兼久病卧床，更加心灰意冷。知心好友的探访，给她带来了莫大安慰，难怪未及倾诉，便忍不住要双泪长流了。

陆羽一流脱尽俗气、高雅、狂放的隐士将她引为同道，表明李冶决非平庸的女子，她有独立的人格，有思想，有才华。也正因为李冶敢于冲决陈腐礼教和社会习俗的束缚，才使她诗品不俗，感情真挚，洒脱自然，尽扫娇羞造作之态，在艺术上独具风格，具有强烈的感染力。与李冶同时的著名诗人刘长卿赞扬她是"女中诗豪"；《中兴间气集》的作者高仲武则称李冶《寄校书七兄》中"远水浮仙棹，寒星伴使车"一句为"五言之嘉境"。他认为"士有百行，女唯四德。季兰则不然，形器既雌，诗意亦荡。自鲍照以下，罕有其伦"[1]。就是《四库全书总目提要》也说她的一些作品"置之大历十子之中，不复可辨"[2]。

天宝年间，唐玄宗倾慕李冶诗才，持诏命入宫。那时她正在广陵，临行前作《恩命追入别广陵故人》七律一首：

> 无才多病分龙钟，不料虚名达九重。
> 仰愧弹冠上华发，多惭拂镜理衰容。
> 驰心北阙随芳草，极目南山望旧峰。
> 桂树不能留野客，沙鸥出浦漫相逢。

诗中不免流露出浓郁的迟暮感伤情调，同时也公开表白她无意久在宫中侍奉。李冶另有一首《道意寄崔侍郎》，中有"莫漫恋浮名，应须薄宦情。百年齐旦暮，前事尽虚盈"之句，表明她看破红尘，不恋功名，不图富贵，唯求无拘无束，放情山水之间，这正是她一贯的心迹。尽管在宫中待遇隆重，赏赐丰厚，她仅留居月余便又返归故里。

清人章学诚在论及唐代妇学时曾说：有唐"一代计之，篇什最富，莫如李冶、薛涛，鱼玄机三人，其他莫能并焉。是知女冠坊妓，多文因酬接之繁；

[1] 高仲武编：《中兴间气集》卷下。
[2] 永瑢、纪昀主编：《四库全书总目提要》卷186。

礼法名门，篇简自非仪之诚，此亦其明征矣。"礼法名门、良家闺阁"内言且不可闻，门外唱酬，此言何为而至耶?"①她们在"女唯四德""非仪之诚"桎梏下，犹如播种于终年不化的冻土层中，哪里还有破土发芽的机会! 唐代成就最高的女诗人李冶、薛涛、鱼玄机等俱为女冠名妓确非偶然，李冶之所以具备高超的才智，取得罕有其伦的成就，在很大程度上与她敢于背叛正统礼教、摆脱"四德"妇礼裹缠密切关联。

（原载《国史镜鉴》）

---

① 　章学诚：《文史通义》内篇五《妇学》。

抗金女将梁红玉

梁红玉，宋朝楚州（今长江下游的淮安）人。父亲是一位戍守边疆的武官，自幼教她许多武艺。幼小的梁红玉聪明颖慧，能歌善舞，在边戎生活的熏陶下，很快就懂得了军事的重要，有着强烈的爱国热忱。不幸的是她父亲在一次战役中阵亡。梁红玉满怀悲愤，流落到了内地。

当时，北方的女真族日渐强盛，号称金国，大举南侵。宋朝的官僚们腐败无能，不顾人民的死活，妥协逃跑，大片土地和城镇被金兵侵占。父亲的死，国家许多城市的陷落，无辜人民惨遭屠杀，这种种国仇家恨激起了梁红玉极大的民族义愤。渴望国家兴盛富强的愿望激励她常常深夜发愤苦读兵书。但在男尊女卑的中国古代，梁红玉杀敌报国的壮志很难实现，直到她和抗金名将韩世忠相识，才算有了驰骋疆场的机缘。那时，韩世忠还仅仅是个裨将（下级军官），梁红玉见他武艺高强，忠厚、正直，非常仰慕，把自己的钱财布帛等赠给了韩世忠。韩世忠也很同情梁氏的不幸身世，对她的爱国大志和全身武艺十分赞赏。他们互相爱慕，不久结为夫妻。

从此，梁红玉得以经常随军转战南北。韩世忠带兵纪律严明，关心爱护手下的将士，打起仗来身先士卒，深受士兵拥戴。由于他们率领的部队英勇善战，屡建战功，韩世忠被逐级提升，一直做到总兵大元帅。梁红玉则充分发挥她的聪明才智，成为韩世忠戎马生涯的得力助手。

相传韩世忠夫妇镇守两狼关时，山西潞安州的守将陆登被金兵围攻而阵亡。韩世忠率领儿子和部分兵马赶去营救，不幸陷入敌军重围。在这危急关头，梁红玉十分镇定，亲自率军作战。她把小儿子托付给乳母，说："我如战死，你就把他看成是自己的孩子，抚养成人，让他继承父母的志愿，为国杀敌。"金兵元帅兀术兵临城下之后，知道梁红玉熟悉兵机，深通战法，不敢轻举妄动，便用放回丈夫、儿子，封给官爵来劝诱梁红玉献关投降。其实此时韩世忠父子已经突围，兀术故意以此要挟。梁红玉听了非常愤怒，立即下令开炮射击。这次战役虽因敌我兵力相差悬殊而失利，但却充分体现出梁红玉国重于家，坚贞不屈，临危不惧的崇高品质。

　　1126 年金兵再度南侵，攻陷宋京都汴京（今开封），俘获徽、钦二帝。康王赵构在南京（今商丘）称帝，是为高宗，建立南宋政权。南宋朝廷由于投降派当权，打击排斥抗战将领，又招致了一连串失败。1129 年赵构南逃到杭州，在朝野一致要求下，罢免了投降派首领的官职。可是就在这时负责护卫杭州的将领苗傅等却不顾国家危难，趁韩世忠等大将分头开赴前线作战的机会，发动兵变，逼迫赵构退位，让给三岁的儿子赵旉，由太后垂帘听政。他们企图通过控制太后、幼帝，达到篡权夺位的目的。这消息很快传到了前方，各路将士无心抗战，纷纷班师回朝，相约平叛。韩世忠等大将当时握有重兵，特别是韩世忠的态度对局势的发展举足轻重，是叛将重点防范的对象。起先他们把梁红玉和她的儿子抓到军中，作为人质严加看管。苗傅甚至屈膝下拜，表示只要韩世忠肯来归附，甘愿以兄嫂礼节相待。梁红玉假意答应，于是被允许去见太后。在太后面前，她大义凛然地斥责了这伙叛贼危及国家存亡的阴谋，表明了自己宁死不屈的态度。太后见梁红玉这样光明磊落，感动得流下眼泪，握着她的手嘱咐："国家艰危，赶紧去请太尉（韩世忠）发兵平叛。"梁红玉当晚出发，骑马疾驰一昼夜，赶到秀州（今浙江嘉兴）通报了情况。韩世忠与几位将领及时采取行动，迅速平定了这场叛乱。为了表彰梁红玉的杰出贡献，朝廷封她为护国夫人，发给俸禄。梁红玉是中国历史上第一个因功领取国俸的功臣妻子，被称赞为"智略之优，无愧前史"。

　　"击鼓战金山"是历史上记载梁红玉奋勇杀敌的有名的一次战役，至今广为流传。1130 年金兵攻破杭州，大肆掳掠后撤军北还。韩世忠率部在长江金山一带拦江堵截。在这次战役中，梁红玉坐镇中军战船，亲自擂动战鼓，用旗灯指引敌军的方位，使韩世忠在宽阔的江面上迅速辨明方向，灵活主动地打击敌人。梁红玉不避矢石，亲执桴鼓英勇奋战的精神极大地鼓舞了士兵的斗志。结果韩世忠夫妇以八千兵力大败十万金兵。金兵被堵截在黄天荡四十八天无法脱身。

　　金兀术狼狈不堪被迫行贿求和，提出归还全部掳掠财物，并以名马相赠，乞求放生，被韩世忠严正拒绝。但是在金兵眼看就要被全歼的时候，由于韩世忠麻痹轻敌，被金兵利用老鹳河故道凿通一条连接江口的大渠侥幸逃窜。黄天荡一战，沉重地打击了金兵的气焰，扭转了南宋一味南逃的颓势，战绩辉煌。战后梁红玉不但没有居功自傲，反而责备韩世忠"失机纵敌"，她亲自上疏朝廷请求处分。当梁红玉的奏章送到朝廷时，满朝官员都被她这种以国事为重、不徇私情的精神所感动。

1135 年在南宋军民的奋起抗击下，金兵被迫北撤。但是那些投降派们却徘徊观望不敢渡江。韩世忠主动要求率师过江，在楚州（今淮安）重建家园，屯田军垦，防范金兵再度入侵。

梁红玉跟随丈夫一同开往楚州，回到离别多年的故乡是她多年的夙愿。经过长年战乱破坏的楚州，人烟稀少，一片废墟，到处都长满了荒草荆棘。韩世忠带领兵士披荆斩棘，建立军府，并派人从福建买来耕牛种地。梁红玉自幼就学会了编织的手艺，她亲自把砍来的荆条和茅草编成帘子，为士兵们盖房子。哪怕刮风下雨她也披上草秸，和士兵同甘共苦一起劳作。梁红玉还协助丈夫招抚流亡的难民，使他们回乡安居乐业。韩世忠鼓励工匠恢复生产，通商买卖，没有多久楚州的面貌大变，发展成十分繁华的江北重镇。

由于长期在艰苦环境中操劳，梁红玉患了重病，到楚州半年，她便过早地离开了人世。死后她被安葬在苏州灵岩山下。

梁红玉是中国历史上杰出的女英雄。她立下了很多战功，可是在南宋腐朽的朝廷里投降派占上风，使她和其他爱国将领实现统一的伟大抱负没有能够成功。但是梁红玉的崇高品质和英雄业绩却永远活在人们的心中。八百年来，无论是在历史记载，民间传说，还是在戏剧舞台上，她的形象始终是中国妇女爱国、勇敢、智慧、勤劳的象征，受到人们的怀念和尊敬。

（原载《古今著名妇女人物》）

黄道婆革新棉纺织业

14 世纪初，松江府一带的棉纺织业骤然兴起，使整个江南地区的经济取得重大突破并对后世产生深远影响。促成这次历史性变革的契因，在很大程度上归功于黄道婆对棉纺织技术的革新和普及传播。

黄道婆南宋末年(约 13 世纪中叶)出生于松江府乌泥泾镇(今上海县华泾镇)一个贫苦农家。她的名字没有流传下来，"道婆"是当时人们对德望很高老年妇女的尊称。黄道婆的青少年时代正处于蒙古贵族不断南侵，南宋即将灭亡的时期。她的家乡土地瘠薄，粮食产量很低，官府、地主征收的田租赋税却不断增加，大批农民失去土地，被迫卖掉儿女，离乡背井，四处流亡。黄道婆正是在这样一个艰难的环境中成长起来的。当地人们传说，黄道婆幼时家贫，无法糊口，父母忍痛把她卖给人家做童养媳。道婆不堪忍受夫家的虐待，在一个漆黑的夜晚，偷偷逃到停泊在黄浦江边的一艘海船上，躲进舱底。直到海船起碇出海，她才从舱底钻出来，向船主倾诉自己的不幸遭遇，恳求把她带到远方去谋生。于是她随船到了崖州(今海南岛)。崖州是以黎族为主的少数民族聚居地区。这里的气候适宜棉花生长，棉花传入种植较早。黎族妇女不事蚕桑，专织棉布，织出的布匹洁白轻软，经久耐用，特别是色彩分明、图案瑰丽的黎单(二幅联成的床单)、黎饰(四幅联成的幕布)和盖文书几案用的案搭，尤为精美。仰慕崖州的纺织技术，立志学艺，可能是黄道婆选择崖州定居的重要原因。黄道婆虽只身流落他乡，举目无亲，言语不通，风俗水土、生活习惯和内地有很大差异，但是她刻苦好学，在朴实好客的黎族人民帮助下，很快就学会了当地先进技术。黄道婆在崖州生活了大约三十多年，在这漫长的岁月里，她积累、掌握了一整套植棉和纺织的技术。

"道婆异流辈，不肯崖州老"①，黄道婆始终没有忘记苦难的故乡人民。对往日贫苦辛酸的回忆，渴望改变家乡面貌的夙愿，思念故土的情怀，鼓动着

---

① 王逢：《梧溪集·黄道婆祠诗》。

这位饱经沧桑的老人登上归途。她要以自己的全部智慧帮助家乡人民摆脱贫困饥饿的悲惨生活。元代元贞年间（1295—1296）黄道婆终于"携纺织具归"①，重新回到阔别多年的家乡。中国古代很早就以丝麻纺织业的发达著称于世，棉花种植和棉纺织业则主要是在宋元时期，通过新疆、闽广南北两路迅速向内地传播。棉纺织品柔软结实，缝制棉服轻柔御寒，比起价格昂贵的绫罗绸缎和质地粗糙的麻布，远为优越。随着人们对棉纺品需求量的日益增长，棉纺织业迅速发展兴盛。但是内地人民对棉花这类短纤维的纺织，特别是原棉加工时的去子、弹松、并条等特殊工艺还未掌握，缺乏经验。黄道婆家乡松江乌泥泾一带，甚至停留在"初无踏车、椎弓之制，率用手剖去子，线弦、竹弧置案间，振掉成剂，厥功甚艰"②的原始起步阶段。这种工具简陋、技术落后的状况，严重地阻碍了新兴棉纺织业进一步推广提高。比较起来，崖州地区的棉纺织业，无论是工具还是技术都远比内地先进。因此，黄道婆的归来，给乌泥泾，乃至整个江南、内地的绵纺织业带来了活力。

黄道婆返回故里后，以精湛的技艺织出五彩斑斓的崖州被，很快轰动了四邻。人们一传十，十传百地前来观看。于是，她毫无保留地向家乡贫苦姐妹"教以做造捍、弹、纺、织之具，至于错纱、配色、综线、挈花，各有其法"③。并且她在黎族先进技术的基础上，结合汉族古老的丝麻织传统，不断总结经验，大胆创新。元代著名农学家王桢在道婆返乡传艺十七八年后所写《农书》中对江南棉纺织的捍、弹、纺、织工具做了详尽记载描述，大体上反映了黄道婆在棉纺织技术革新方面作出的杰出贡献：

在轧棉籽这头一道工序上，黄道婆将黎族踏车改制成搅车，即把棉桃填入两根辗轴之间，由两人摇动轴柄，"二轴相轧，则子落于内，棉出于外"，再不必用手去剥。这就保证了原棉不致积滞，为植棉纺织的大规模推广、普及打开了通道。原棉加工的第二道工序是弹花。当时江南地区都是用一尺四、五寸长的竹片线弦小弓，用手指拨弹。黄道婆改用四尺多长的绳弦硬弓，"以竹为之，长可四尺许，上一截颇长而弯，下一截稍短而劲，摇以绳弦，用弹

---

① 褚华：《木棉谱》。
② 陶宗仪：《南村辍耕录》。
③ 陶宗仪：《南村辍耕录》。

棉英，如弹毡毛法"，较前强而有力，既提高功效又保证了质量。

黄道婆还参照内地麻纺车原理，把原来的手摇一锭纺车改制成脚踏三锭棉纺车。马克思在《资本论》中谈到纺纱机器发明前欧洲工具发展情况时说："能同时纺两根纱的纺纱能手几乎像双头人一样罕见。"而早在 14 世纪初，中国的劳动妇女黄道婆手中已经能够同时纺出三根纱来了！这种世界最先进的新式纺车的出现，使当时的棉纺织业向前迈进了一大步。

黄道婆在织布方面则向人们传授错纱、配色、综线、挈花的技术，"以故织成被、褥、带、帨，其上折枝团凤、棋局字样，粲然若写"。

清道光六年(1826)《上海县新建黄道婆专祠碑》对黄道婆的革新贡献有一段概括性的叙述：

> 天怜沪民，乃遗黄婆，浮海来臻。
>
> 沪非谷土，不得治法，棉种空树。
>
> 惟婆先知，制为奇器，教民治之。
>
> 踏车去核，继以椎弓，花茸条滑。
>
> 乃引纺车，以足助手，一引三纱。
>
> 错纱为织，粲若文绮，风行郡国。

从碾棉籽、弹花、纺织到织布，黄道婆创立确定了一套系统的技术和操作规程。从此，她家乡的棉纺织业发生了根本性的变化。本来乌泥泾"其地土田硗瘠，民食不给，因谋树艺，以资生业，……人既受教，竞相作为，转货他郡，家既就殷"①，而且很快，附近的上海、苏杭等地也尽传其法，"衣被海滨，利及数省"②。明朝时，整个松江地区，成为江南棉纺织业的中心。到了 16 世纪，明朝中叶以后，棉布取代丝麻，成为广大人民普遍使用的服装原料。松江地区还始终保持着全国棉纺织中心的地位，明中后期即成为我国最早出现资本主义生产关系萌芽的地区行业之一。棉纺织业的兴盛也是直接促使历史上上海发展成著名经济重镇的一个重要原因。

---

① 陶宗仪：《南村辍耕录》。
② 毛祥麟：《墨余录》卷 2。

　　黄道婆回乡传艺后不久就离开了人世。老人把自己最美好的一切都献给了世人，自己却孑然一身。乡亲们感谢她的恩德，集资为她举行了公葬。"吾松之民，仰机利以食，实此道婆发之。苟被其泽者，无忘追本之思。则道婆祠祀不可废矣"①。五六百年来，仅道婆的家乡就先后九次为她修建祠堂，供奉塑像。有的塑像手执棉花，头扎布巾，额露皱纹，表现出慈祥可敬的老年农妇的形象；有的则塑成二十多岁的青年女子，被称为"黄娘娘"。这位勤劳智慧的劳动妇女，在人们心目中已经成了棉神的化身。恩格斯曾把纺织业与航运、开矿并列为中世纪产业资本的三个胚胎。黄道婆对棉纺织技术的重大改革创新，在当时处于世界最先进水平，她以"教他姓妇不少倦"②的精神，毫无保留地将先进技术广为普及传播，不仅促进上海等地经济腾飞，而且为推动整个江南地区乃至全国棉纺织业取得突破性进展，为改善世人衣被原料、提高生活质量，做出不可磨灭的贡献。如清人王应奎在《柳南续笔》中所赞扬的：

　　今棉之为用，可以御寒，可以生暖，盖老少贵贱无不赖之。其衣被天下后世，为功殆过于蚕桑矣，而皆开自黄婆一人。是不当尸而祝之，社而稷之，与先蚕同列祀典乎？

（原载《国史镜鉴》）

---

① 《上海县志》。
② 王逢：《梧溪集·黄道婆祠诗序》。

明太祖的良内助——马皇后

明太祖朱元璋是一位充满传奇色彩的人物。他幼年家境贫寒，从小给地主看牛放羊，还做过和尚。后来他参加元末农民起义，在战争中锻炼成一位卓越的农民军领袖。经过十几年艰苦奋战，终于推翻腐朽的元朝统治，成为明朝的开国皇帝。在朱元璋的统一事业中，马皇后是一个不可低估的人物，对这一点，朱元璋自己也认识得很清楚。

1368 年正月四日，朱元璋在登基大典进行完毕后，回到宫中，对马皇后说："非后德齐一，安有今日，其敢以富贵忘贫贱哉！"[1]朱元璋这话说得并不过分，在他叱咤风云的一生中，马皇后一直和他"忧勤相济"[2]，"备极艰难，赞成大业"[3]。朱元璋的全部事业中都渗透着马后的心血。

马皇后生于 1332 年，比朱元璋小四岁，安徽宿州人。祖上曾是当地有名的富户，"以资豪里中"，到了父亲马公，"善施而贫"，家业日衰。马公后来为杀人避仇，逃往外地，临行时把爱女马氏托付给生死之交郭子兴。马氏的母亲郑媪早在她出世不久即已去世，后来马公也客死外地。郭子兴夫妇对好友的遗孤十分怜惜，把马氏收为义女，悉心抚养。马氏虽然长得不十分漂亮，却也端庄温柔，加上她"善承人意，而知书，精女红"，精明干练，举止从容，深得子兴夫妇的钟爱。

元末顺帝执政以来，政治愈加腐败，阶级矛盾、民族矛盾十分尖锐，又遇上黄河决口，水患严重，人民生活极为痛苦。至正十一年（1351）江淮流域终于爆发大规模的红巾军起义。次年郭子兴率几千人在濠州起兵响应。不久，走投无路的贫苦和尚朱元璋就加入了郭子兴领导的队伍。起初他不过是一名普通士兵，因为作战勇猛，屡立战功，很受郭子兴赏识，马氏对这位贫苦青

---

[1]　《胜朝肜史拾遗记》，下引本书不注。

[2]　《明太祖实录》。

[3]　《明史·高皇后传》。

年的胆略才能也很爱慕，于是子兴和夫人张氏做主，把义女嫁给了朱元璋。做了主帅的女婿后，朱元璋职位不断提升，军中都另眼相看，称他为朱公子。"元璋"这个官名还是在这时才正式起下的。这桩姻缘成为朱元璋日后发展的一个契机。

不过郭子兴虽然器重元璋，又招为养婿，但他性情暴躁，气量狭窄，在别人的挑拨调唆下，也曾多次猜忌贬斥朱元璋。有一次甚至把他监禁起来，不准进食。马氏得知后，亲自到厨房，"值蒸馍锣熟，后乘热窃其一，怀之薄乳傍，乳为之糜。"别的将领出战，总要掠获些财物向子兴献礼，朱元璋带兵秋毫无犯，即使缴获一些战利品，也尽数分给部下。马氏怕义父不察实情，耿耿于怀，就拿出自己平素的积蓄献给义母，求她向义父调停说情。就这样，朱元璋在这支队伍中的地位才逐渐巩固。

有一段时期因遇到大灾，军中缺粮，马氏总是"居常储粮糒脯俻供帝，无所乏绝，而己不宿饱。"①她还亲自掌管丈夫的文札。无论是行军作战时的军状文书，还是朱元璋随手写下的札记、备忘录，都由她整理保管得"籍簿井井"，"仓促取视，后即于囊中出而进，未尝脱误。"②平日随丈夫在军中，还"时时赞替太祖规画"，常提出一些很好的建议。一次朱元璋率主力先行渡江，"后多智，恐元兵蹑其后，必相隔"，于是不等元璋下令，便迅速带领眷属后勤紧急过江，"而元兵果扼渡如后虑"。由于马皇后的果断决策，避免了一次重大损失。

马皇后认为"定天下在得人心，人心者天下之本也。"她曾多次提醒告诫元璋："用兵焉能不杀人，但不嗜杀人，则杀亦罕也"。战争紧张时，马夫人"亲率妾媵完缉衣鞋，助给将士，夜分不寐"③。1360年，陈友谅率兵东下，直逼江宁(南京)，朱元璋亲赴前线迎敌。面临强敌压境、军事上暂时处于劣势的紧急关头，城中有的官员、百姓动摇，打算逃跑；有的忙于窖藏金银，囤积粮食。她却镇静自若，"尽发宫中金帛犒士"④，抚慰百姓，稳定军心。

朱元璋做皇帝后，经常回忆起早年艰难岁月的经历，把马后"比之芜蒌豆

---

① 《明史·高皇后传》。
② 《明太祖实录》。
③ 《明太祖实录》。
④ 《明史·高皇后传》。

粥，漂沱麦饭，每对群臣述后贤同于唐长孙皇后"①。马皇后听说后，诚恳地说："妾闻夫妇相保易，君臣相保难。陛下不忘妾同贫贱，愿无忘群臣同艰难。且妾何敢比长孙皇后也。"②朱元璋多次提出要寻访皇后的宗族亲戚封赏爵禄，都被马后婉言谢绝。她说："爵禄私外家，非法。且妾家亲属未必有可用之才，一旦骄淫，不守法度，前代外戚之覆败，皆由于此。陛下加恩妾族，厚其赐予，使得保守足矣。若非才而官之，恃宠致败，非妾所愿也。"③史家称明代"后妃居宫中，不预一发之政，外戚循理谨度，无敢恃宠以病民，汉唐以来所不及。"④这和马皇后的表率作用是分不开的。

洪武三年(1370)，诸将击败残元势力，俘献宋元以来的传国玉玺，举朝庆贺。马后却说："元有是而不能守，意者帝王自有宝欤"，元璋会心地说："朕知后谓得贤为宝耳。"马后拜谢道："诚如陛下言。妾与陛下起贫贱，至今日。恒恐骄纵生于奢侈，危亡起于细微，故愿得贤人共理天下。"⑤

马皇后的担心不是没有道理的。朱元璋从一个贫苦农民变成统驭全国的君王，随着地位改变，思想感情也发生了很大变化。他也开始像历代皇帝那样，为防止大臣功高震主，树立自己至高无上的权威，保证朱家子孙后代长保天下，用极其残酷的手段，制造借口，株连屠杀大批功臣宿将。其中虽也有打击贪官豪强的一面，但确实有许多属于冤案。在他统治的时期，中国君主专制集权发展到新的高峰。这无论对当时和后世的政治生活都带来十分消极的影响。

马皇后对丈夫的这种做法很不满意，她一向主张对下属不应过于苛刻，求全责备，而"宜赦小过以全其人。"⑥据《明史·高皇后传》记载："帝殿前决事，或震怒，后伺帝还宫，辄随事微谏。虽帝性严，然为缓刑戮者数矣。"一次有人上告参军郭景祥的儿子要持槊杀父，朱元璋下令把这不孝子杀掉。"后曰：'景祥止一子，人言或不实，杀之恐绝其后'"，后来一查，果然冤枉⑦。

---

① 《明通鉴》。
② 《明史·高皇后传》。
③ 《明通鉴》。
④ 《明史·外戚》。
⑤ 《明史·高皇后传》。
⑥ 《明太祖实录》。
⑦ 《明史·高皇后传》。

明初大谋士曾任太子老师的宋濂，已经年老退休返乡，因为孙子犯罪也被逮到京师判处死刑。马皇后劝解说："宋学士家居岂知情者，妾闻里塾延一师尚终身敬卫之，况官家乎？"朱元璋拒不接受。"会后侍上食，举匕向铡鼎，潸然而却。上问故，后曰：'妾痛宋学士之刑，而欲为诸儿服心丧也。'上闻投箸起，明日赦濂"①。

针对朱元璋经常法外用刑，随意治罪，马后提出："法屡更必弊，法弊则奸生；民数扰必困，民困则乱生。"②一次朱元璋发脾气责骂宫女，皇后也假意发怒，命令把宫女交付有关机构论罪，并解释"帝王不以喜怒加刑赏。当陛下怒时，恐有畸重。付宫正，则酌其平矣。即陛下论人罪亦诏有司耳。"③朱元璋曾下令让判了死刑的囚犯去修筑都城赎死。马皇后听说后，婉转地劝说："以役赎死，仁也。然以久瘐之囚而重之力役，得微仍以役死乎。"元璋终于"罢其役，释之。"④

马皇后一共生了五个儿子，她对孩子管教很严。一次王子的教师李希颜因小孩顽皮不听话，用笔管戳伤了他的额角。小王子哭着到父亲处告状，朱元璋大怒，正要发作，马后急忙从旁劝解："几有使制锦而恶其翦者，夫曲谨，妇寺之爱也，而以责师傅可乎？"⑤元璋觉得有理，不但没有惩办教师，反而提升他做左春坊右赞善。马后最小的孩子朱橚，放荡不羁，长大后封到开封做周王。马皇后派江贵妃随往，临行"赐以己所御纻衣一，杖一，曰：'王有过，则披衣杖之，即违，驰以闻。'"⑥朱橚听了这话，就职后果然不敢胡作非为。

马皇后对元璋在生活上十分体贴关心，直到做了皇后，还亲自操劳主管丈夫的膳食。她虽贵为"国母"，却依然保持过去那种俭朴生活。"平居服大练浣濯之衣，虽敝不忍易"，并且"命取练织为衾裯，以赐高年茕独。余帛颖丝，缉成衣裳，赐诸王妃公主，使知蚕桑艰难。"⑦遇到灾荒歉收，"辄率宫人蔬

---

① 《胜朝彤史拾遗记》。
② 《明史·高皇后传》。
③ 《明史·高皇后传》。
④ 《明史·高皇后传》。
⑤ 《胜朝彤史拾遗记》。
⑥ 《胜朝彤史拾遗记》。
⑦ 《胜朝彤史拾遗记》。

食"，"岁凶则设麦饭野羹。"①平时她很关心民间疾苦。有一次问丈夫"今天下民安乎?"元璋说："此非尔所宜问也。"马后回答："陛下天下父，妾辱天下母，子之安否，何可不问!"②她曾特命中官取来朝臣的饮食"亲尝之，味弗甘"，于是向丈夫提出：作为人主当然应该自奉俭朴，但"养贤宜厚"。

马皇后还特别关心招揽培养人才。明太学建成后，朱元璋临幸回来，马后问起学生有多少，当她听说有数千学生时，高兴地说："真是人才济济啊!"针对当时太学生没有薪俸、无法养活家小的情况，马后提出设立"红板仓"积储粮食，赐给太学生养家。从此由官府按月向太学生供粮养家，在明代成为定制。

洪武十五年(1382)八月，马皇后病死，年五十一岁。病重时，她自知难好，怕连累医生，不肯服药。临终嘱咐元璋："愿陛下求贤纳谏，慎终如始，子孙皆贤，臣民得所而已。"③

元璋非常敬重信赖马皇后，对她提出的建议常能认真听取采纳。他曾赞扬马后的见解是至理名言，嘱咐女史官记下，让子孙世代遵守。正因为这样，马皇后才能够在元末明初的政治生活中，以她特殊的身份，卓越的见识和杰出的才能，全力支持丈夫的事业，悉心补救朱元璋政事上的弊病和缺失，顺应历史发展潮流发挥重要作用，作出有益的贡献。

朱元璋对马皇后的死十分悲痛。据《翦胜野闻》记载，先前朱元璋和陈友谅汉兵作战失利，敌军追捕很急，马后亲自背着他逃跑脱险。太子朱标把这件事绘成图画藏在怀中。马皇后去世后，朱元璋惨然不乐，脾气更加暴躁。一次太子劝谏时顶撞了他，朱元璋暴跳如雷，追着要打。太子一边跑一边掏出怀中的画扔到地上。朱元璋拾起一看触动旧情，竟失声痛哭，终于罢休。朱元璋直到晚年，始终对马皇后充满深情，终身不再立第二个皇后。洪武三十一年(1398)朱元璋去世后与马皇后合葬在南京孝陵。

（原载《文史知识》1984 年第 1 期，《古今著名妇女人物》）

---

① 《明史·高皇后传》。
② 《明史·高皇后传》。
③ 《明史·高皇后传》。

明初彝族政治家奢香

奢香，元末至正二十一年（1361）出生于西南永宁宣抚司彝族集聚地区（今四川叙永、古蔺一带）。十四岁时嫁给贵州西北部彝族"默部"首领霭翠。霭翠的先祖可追溯到三国蜀汉时期的部落首领济火，济火当时跟随诸葛亮南征有功，封为"罗甸国王"，此后世代领有水西地区（贵州西部大方、黔西、威宁、织金等县一带），与中原王朝长期友好相处。霭翠元末受封于中央朝廷，建明后又和水东（贵阳东北）彝族首领宋蒙古歹（后赐名钦）主动归附明朝，明"俱令领原职世袭"。朱元璋十分赞赏霭翠的才华和忠诚，考虑到他在彝族各部中影响颇大，举足轻重，于洪武六年（1373）把贵州宣抚司升格为宣慰司，即以霭翠为宣慰司使，位于各宣慰之上。奢香"才英智勇"，精明干练，平日常协助丈夫料理公务，在霭翠和明朝交好的过程中，奢香也起到积极促进的作用。《贵州通志》就记载奢香曾"相其夫输忠，率土归附，贡马万匹"。洪武十四年（1381）霭翠去世，遗孤年幼，二十岁的奢香代袭宣慰司使职，成为彝族水西土司首领。奢香任职后，继续排除重重干扰，主动和朝廷修好，加强与内地联系，努力发展生产，开发边疆，为促进民族团结、国家统一作出了杰出的贡献。

奢香的事业并非一帆风顺，丈夫去世后不久便遇到一场严峻的考验。本来朱元璋对西南少数民族采取羁縻政策，沿用土司制度，利用当地首领安抚边疆、稳定政局，以孤立、削弱盘踞在云南的元朝残余势力，进而完成对西南的统一。这在当时对于巩固边防、加强民族团结，客观上起到积极作用。但是骄横跋扈的贵州都督马晔却出于狭隘的民族偏见，无视这一正确方针。他一向好贪边功，主张"尽灭诸罗，代以流官"，"以杀戮慑罗夷"，因而在彝族人民中素有"阎王"的恶称。霭翠死后，他认为时机已到，发起突然袭击，无端取闹，"叱壮士裸香而笞其背"，故意激怒彝族部众，逼使"四十八诸罗，咸集香军门"，"愿尽死力助香反"，而一旦彝族部落起而反抗，他便挥兵屠杀，一举消灭。

在这关键时刻，奢香头脑冷静，敏锐地识破了马晔的险恶用心。她并没有激化矛盾，陷入马晔的圈套，而是忍辱负重，耐心地向部众解释："且反则歹得兵以临，我中歹计矣。我之所以报歹者，别有在也。"奢香和当时已代领亡夫宋钦水东土司职的刘淑贞反复商议，决定去京都告御状。刘淑贞先行赴京替奢香诉冤，朱元璋十分重视，令刘淑贞返回安抚奢香，"赐以绮钞"，稳定住局势。洪武十七年（1384）奢香又率所属，长途跋涉，到金陵（今南京）朝见朱元璋，亲自揭露、控告马晔破坏民族团结，蓄意挑起战乱的罪恶；并表示"愿效力开西鄙，世世保境"。贵州水西一带，位于连结黔、滇、蜀三省交通要道的战略重地，如当地土著"不尽服之"，则不但无法安定贵州，且"虽有云南而不能守也"。马晔的举动违背了朱元璋"奢香归附，胜得十万雄兵"的指示，打乱了明政府对整个西南地区的战略部署。朱元璋权衡利弊，终于采取"何惜罪一人，以安一方"的行动，迅速召回马晔，面数其罪，并杀马晔以平彝族民愤。

奢香在处理马晔激变的事件中，识大体、顾大局，表现了政治家的远见卓识和维护统一团结的爱国思想，并且以其忠诚、机敏、刚毅、果断的品质和才干，取得了朱元璋的信任，终于化干戈为玉帛，避免了一场分裂国家、破坏民族团结的不义战争。朱元璋不但赏赐奢香锦绮、珠翠、如意冠、金环、袭衣，还诏许马皇后在内宫召见，并隆重设宴款待，以示特殊的礼遇和关怀。

开辟沟通两南边疆与内地的交通要道，是奢香任职期间的又一重大贡献。西南地区，特别是贵州一带，偏远多山，交通闭塞，严重影响与内地交往，影响了当地社会经济文化的发展。马晔镇守贵州，本来兼有开山筑路设立驿站的责任，由于他仇视彝族人民，得不到当地群众支持，进展迟缓。朱元璋对这条沟通中央和西南边疆的政治、经济、军事动脉迟迟不能通畅十分忧虑。奢香对此十分清楚，当朱元璋表示要为彝族除掉马晔，问奢香打算怎么报答时，她当即回答："贵州东北间道可入蜀，梗塞久矣。愿为陛下刊山开驿传以供往来。"在奢香亲身号召、指挥下，彝族人民全力支持，艰苦奋战，终于开辟了自"偏桥（今施秉县）、水东（贵阳东北），以达乌蒙（今云南昭通）、乌撒（今威宁），及容山（今湄潭县）、草塘（今瓮安县东北）诸境"的通道，并设立龙场等九处驿站。这条全长四百余里的驿道连接湘、蜀、黔、滇四省，"自是道大通，而西南日益辟"，大大加强了汉族人民和西南各兄弟民族的联系，促进了社会经济文化的交流和发展，对维护祖国统一、增进民族团结起到重大作用。

奢香在和明政府交往的过程中，较多地接触到先进的中原文明，她大力提倡学习内地先进的科学文化、生产技术。据《西南彝志》记载，在奢香主持下，驿道畅通后，"内地的文化和生产工具、生产技术等渐渐输入南方，彝族亦多得学习之"。洪武二十三年(1390)奢香的儿子成年正式袭职后，奢香仍令他赴京师，请入太学。为此朱元璋特谕国子监官，务必"善为训教，俾有成就，庶不免远人慕学之心。"洪武二十五年(1392)其子学成朝见，朱元璋特赐三品服并袭衣金带、白金三百两、钞五十锭。奢香复遣儿媳奢助进贡水西名马六十六匹，表示感谢。朱元璋回赐奢香银四百两，锦绮钞币有差。"自是每岁贡献不绝，报施之隆，亦非他土司所敢望也"。

洪武二十九年(1396)奢香去世，年仅三十五岁。朝廷特"遣使祭之"，诰封为"大明顺德夫人"，并赐子姓安。在奢香的教育影响下，她的子孙，世代相传，始终和明朝保持密切良好的关系，有明一代"世著忠贞，蒙选圣眷，直至明末"。清人陈匡世曾写诗称赞奢香开辟驿道的功劳："君门万里献奇功，蜀道崎岖九驿通；不道蛮荒一苗女，居然巾帼丈夫雄"。黔西学政余上泗的一首诗则着重赞扬她开发西南边疆的业绩，诗云："风烟济火旧崖疆，礼乐千村变卉裳；际得承平遗事远，部人犹自说奢香"。这正反映了奢香的业绩和精神，受到后世人民深切的怀念和颂扬。

（原载《古今著名妇女人物》）

奋起绞杀皇帝的明代宫女

嘉靖二十一年(1542)十月二十一日，在皇帝的深宫后院发生了一起"中外震惶"的宫变。以杨金英为首的十几名宫女，乘明世宗朱厚熜熟睡之际一拥而上，七手八脚，用黄花绳勒住他喉咙，黄绫抹布塞住嘴巴，几个人踏在他身上奋力绞杀，还有的拔下头钗用钗股往明世宗胯间乱刺，皇帝眼看就要咽气，可惜宫女不善打绳结，慌忙中勒成死扣，终于被人听见响动，救了出去。结果参与宫变的十六名宫婢全部被凌迟处死，锉尸枭首示众，亲属连坐杀头或发配功臣家为奴。端妃曹氏和宁嫔王氏因与此案牵连，也在宫中凌迟处死。因事变发生在壬寅年，史称"壬寅宫变"。《明世宗实录》详细载有遇害宫女名单，其中杨金英、苏川药、杨玉香、邢翠莲、姚淑翠、杨翠英、关梅秀、刘妙莲、陈菊花、王秀兰十人系"亲行弑逆"的主犯；同谋者有徐秋花、邓金香、张春景、黄玉莲；另有张金莲见事情败露不成，慌忙"走告皇后"，但也还是未能免于一死。实录在提到这次事变时只是说"诸婢为谋已久"，对于这些宫女的身世以及直接激变的具体原因却只字未露。尽管对这次事件的详细情况已无从查考，但透过史籍上的一些点滴记载，联系整个明代宫女遭遇的不幸和苦难，我们还是能够清楚地看到激起这次宫变的真正原因。

宫女是历史上专制帝王统治在妇女中造成的一个独特的阶层，历代人数不等，少则成百上千，多的达到几千、甚至上万。她们除了供帝王后妃日常驱使外，还要侍奉玩乐，随意被皇帝叫去陪寝，实际上是地位卑贱的婢妾。除极个别有可能受到皇帝宠幸选为妃嫔外，绝大多数宫女过的是一种极其悲惨无聊的生活。明代专制集权高度膨胀，宫廷制度也格外残酷苛严，宫中制定了"墩锁""提铃""板著"等名目专门用来惩治宫女的刑罚。其中所谓"板著"，是让受罚宫女向北直立，屈腰用两手自扳双足，身体两腿不得弯曲，时间久了头晕目眩，僵仆卧地，严重的还会呕吐成疾乃至殒命。明代除洪武、永乐年间允许年久资深的宫女返回乡里，或遇灾异偶而准放还乡外，为怕泄漏宫中内情，规定一律不得出宫。有病，医者不准入宫，以症取药。与宫外私通书信的要论罪处死。凡年老及有罪废弃贬退的宫女都发落到浣衣局居住，照例供给米盐，待其自毙。

这些终身孤寂冷落的宫女实在怨旷无聊，有的便与宫中太监匹配聊以自慰，谓之"对食"。据《万历野获编》记载，明代宫女中很少没有配偶的。起先还是偷偷摸摸的，后来发展到公开唱随往返。婚配之前也有媒妁为之作合，订婚之后，星前月下，彼此盟誓。皇帝对此十分恼怒，一旦发现往往连同说合的媒妁一起杖毙，但还是禁止不住，最后终于相沿成习，恬不为怪。这种荒诞的做法反映了宫女、太监受到禁锢摧残后的畸形变态心理，又何尝不是她们对帝王宫廷制度的悲惨控诉！

明初还曾一度恢复早已废除的人殉制度，太祖、成祖、仁宗、宣宗死后，都曾强令宫人生殉。就是平时，宫女的生命也得不到保障，一旦触犯帝王后妃，随时可能被任意打杀处死。明成祖朱棣因怀疑宠妃病死是宫女在茶中放毒所致，一次就杀掉宫女、宦官数百人。后来宫女吕氏、鱼氏私下结好太监，被发觉后畏惧自杀。据朝鲜《李朝实录》记载，朱棣严刑拷打左右侍婢，逼迫她们供称"欲行弑逆"，一共牵连二千八百人，全部由朱棣亲临刑场刀剐处死，造成"旷古所无"的大惨案。

在这种情况下，广大民间女子把选入宫廷视为落入虎口、火坑。《明武宗外纪》等书就曾提到，正德年间，因风闻皇帝要选宫女，"民间汹汹，有女家掠寡男配偶，一夕殆尽。乘夜夺门出逃匿者不能止"，"至以幼女适人"。事实上，几乎每当新皇帝登基时总要因选宫女的传闻而引起骚乱。宫廷中的种种酷虐和苦难，激起了宫女的强烈反抗。历史上曾多次发生宫女放火焚烧宫殿和大规模逃亡的事例。有的还和皇帝展开了面对面的斗争。朱棣在大肆屠杀宫女时，就有宫女挺身责问："自家衰阳，故私年少寺人，何咎之有！"壬寅宫变正是宫女反抗斗争中最为惊心动魄的一幕。

嘉靖皇帝刻薄狠毒，喜怒莫测，在明代诸帝中尤为乖戾。他的陈、张两皇后都先后为一点小事被他惊吓、鞭挞致死。他甚至听信道士陶仲文进献的秘方，专用红铅取童女初行月经炼药，为此曾多次命京师内外选八至十四岁的幼女入宫，这成百上千的宫女竟成了暴君用作延年养身的"药材"。随侍身边的宫女更是偶有微过，便遭痛打，常有宫女被笞楚毙命。嘉靖年间担任过刑部主事的张合在《宙载》一书记载杨金英等口供称："点灯时分与大家商说：'咱们下了手罢，强如死在手里'"。发生宫变的第二天朝鲜使臣正好来京，他们记载了有关此案的见闻后说："盖以皇帝虽宠宫人，若有微过，少不容恕，辄加答楚。因此殒命者多至二百余人。蓄怨积苦，发此凶谋。"（《朝鲜李朝实录》）可见宫女们平日备受摧残凌辱，积怨已久，实在忍无可忍，才置生死于不顾，齐心协力奋起和暴君殊死搏斗，酿成绞杀皇帝的壮举。

这次宫变虽然没有成功，但还是给专制暴君以沉重打击。朱厚熜刚被救出时已经神志不清，奄奄一息，灌进桃仁、红花、大黄等下血药后，从辰时到未时，才喉咙作响吐出紫血数升，申时逐渐能言，数日后才恢复过来。当时工部尚书掌太医院许绅也以为无法救治，"自分不效，必先自尽"，结果硬着头皮"冒死进药"，居然侥幸成功。不过他自己却因"用药惊忧"成疾，于次年一命呜呼。

壬寅宫变在当时造成极大震动，一个月后大学士严嵩等还惊魂未定，提出"事出仓卒，人心惊惑"，"犹恐传闻未定"，奏请皇帝亲自下谕"宣慰中外"。朱厚熜自此之后更是胆战心惊，每日斋醮，不再视朝，并且疑神疑鬼，认为历来皇帝居住的大内乾清宫不吉祥，以后二十多年一直迁居别宫，至死不敢再回正宫。这次宫变对后来的君主也留下了深刻的教训，直到明末崇祯皇帝对此仍心有余悸。据《烈皇小识》记载，朱由检的寝所由纵深里外三间房子组成，凡被召幸的宫眷进第一间房要把所有的衣服脱光，裸体进入第二间，在此换上事先备好的衾裯，然后才能到第三间和皇帝见面。简直防范宫妃如寇仇。

杨金英等宫女，以她们的微弱力量和庞大的专制统治抗争，力量相差实在过于悬殊，无异于以卵击石，终究无法使她们摆脱被侮辱被残害的命运。但是在极端专制残暴的时代，这些身份卑贱的宫女竟然敢于蔑视纲常礼教，团结起来，拚死绞杀"至高无上"的皇帝，这种"舍得一身剐，敢把皇帝拉下马"的大无畏精神不仅在中国古代妇女生活史上大放异彩，就是在整个中国古代历史上也写下了极其光辉的一页！

明万历年间的举人沈德符在《万历野获编》中指出："世宗壬寅宫婢逆案，

其名俱莲菊兰荷之属，与外间粗婢命名无异"，可知这些宫女大多出身于贫苦的劳动人民家庭。沈德符曾有机会亲眼看到刑部处决此案的"底案"，在法司行刑后回报皇帝的奏疏中所列十六名宫女的名单与实录所载略有差异，她们是：杨金英、杨莲香、苏川药、姚淑翠、邢翠莲、刘妙莲、关梅香、黄秀莲、黄玉莲、尹翠香、王槐香、张金莲、徐秋花、张春景、邓金香、陈菊花。

（原载《古今著名妇女人物》）

促进蒙汉友好的三娘子钟金

16 世纪 70 年代初，中国北部明王朝与蒙古地方政权双边关系上，发生了引人注目的变化。在南北对峙断续冲突征战了二百多年之后，终于化干戈为玉帛，出现了长期和平交往的新局面。这固然是因为双方在经济上相需相靠，是两族人民长期共同斗争的结果；同时也和双方上层领导的努力分不开。其中蒙古方面起到关键作用的首推蒙古族杰出的女政治家三娘子。

三娘子是瓦剌部一部长哲恒阿哈的女儿，叫钟金。"幼颖捷，善番书"，"黠而媚，善骑射"，能文善武，既风流妩媚，又干练通达。三娘子嫁土默特部后，深受俺答汗宠爱，"事无巨细，咸听取裁"。

当时鞑靼部盟主俺答汗拥兵十万、战马四十万匹，雄踞漠北，是塞外最强大的一股势力。由于蒙汉之间长年交恶，互相攻掠、封锁，在经济、军事上两败俱伤，陷入重重困境。蒙古地区因明王朝停止互市，单一的游牧经济难以自给，以至"衣用全无"。加上明军不时纵火焚烧牧场，造成"冬春人畜难过"。在蒙古人民的强烈要求下，俺答汗从嘉靖二十年（1541）——二十九年（1550）多次派使请求与明"封贡通市"，但嘉靖皇帝和内阁首辅严嵩非但未能因势利导妥善处置，反而纵容官兵诱杀来使，悬赏擒斩俺答汗，从而更加激化矛盾。俺答汗遂多次进犯关内，大肆掠抢，造成极大破坏，其中 1550 年曾率兵直逼北京城下。如后代史家所评，"当时俺答实无志中国（指中原），纵掠而归"，否则嘉靖皇帝也难免宋钦宗城破被俘的下场。

隆庆元年（1567）张居正入阁后，在加强北边防务的基础上，主张对蒙古实行羁縻政策，改善汉蒙关系，加强友好往来。隆庆四年（1570）九月，就在三娘子嫁到土默特部不久，该部统治集团中发生了一起非常事变，俺答汗的爱孙把汉那吉因家庭纠纷，愤而出走降明。张居正等立即厚礼接纳，并抓住时机，利用鞑靼部的矛盾，力促俺答汗改弦更张，实现议和。起初俺答汗盛怒之下准备动用武力索还；三娘子则力主接受明朝提出的条件，实现议和。把汉那吉亲祖母，俺答汗大夫人一克哈屯怕武力激变，威胁爱孙安全，也竭力反对用兵。俺答汗终于改变初衷，派使"乞封，且请输马与中国铁锅、布帛互市"，并遣返叛逃蒙古、多次引导蒙古骑兵南下掠抢的赵全等奸人。隆庆五年(1571)明廷诏封俺答为顺义王，分别授予俺答属下六十五人都督、指挥等官职。双方还议定开放十一处互市市场，从此，"边氓释戈而荷锄，关城熄烽而安枕"。在促成"俺答封贡"的过程中三娘子起了重要作用，史称"始封事成，实出三娘子意"。为此明廷在封俺答汗顺义王的同时，封三娘子为"忠顺夫人"。其时俺答汗年事已高，又专心笃信佛教，特拨一万精骑归三娘子直接掌握，日常政事也多依靠三娘子办理。于是三娘子充分施展她的才能，"佐俺答主贡市，诸部落皆受其约束"。三娘子严格遵守双方议定的各项条款，开边互市时经常亲临巡视观光，确保和平贸易顺利进行。明政府高度评价三娘子的活动，认为"得三娘子主市，可以宁边。"

万历九年(1581)俺答汗去世，这时"群德依为向背"的三娘子发挥了特殊重要的作用。首先三娘子率俺答汗长子黄台吉等向明政府呈文并贡马九匹、镀金撒袋各一幅、弓一张，箭十五枝，表示继续效忠明朝、保持蒙汉友好关系的诚意。接着又和诸部酋长祭酒誓天："凡一切贡市悉仿先王父故事，敢议约及不如约者，请以天帝击之。"按规定黄台吉应继承父位，但他缺乏统辖诸部的声望，难以服众，于是依蒙古风俗向三娘子求婚。三娘子一则嫌黄台吉老病；再则因黄台吉反对蒙汉友好，曾唆使部下破坏互市，二人关系不洽，乃拒不允婚，率众西走。明政府考虑到如果三娘子失去忠顺夫人身份，就无法继续发挥作用；而单靠黄台吉，既不能保持蒙古地区稳定，也难以维持已经建立起来的蒙汉友好关系，故竭力怂恿二人成婚。经总督郑洛派人劝说，三娘子才顾全大局，委曲求全，成为第二代顺义王黄台吉夫人。1587年黄台吉病逝，扯力克袭位时，郑洛又派人劝说扯力克："夫人三世归顺，汝能以之匹，则王，不然封别属也。"扯力克接受劝告，三娘子又成为第三代顺义王夫人。

自俺答汗去世后，三娘子实际上控制了土默特部军政大权，时人称她"聪慧善谋，兵权在手，上佐虏王，下抚诸部，令无不行，禁无不止"，其部属"畏服胜于顺义王"。三娘子的权力和声望成了团结鞑靼各部，保持蒙古地区稳定的一股凝聚力量。

三娘子非常重视发展蒙汉之间的和平友好关系，她主政期间，亲自掌管蒙汉应酬，属下如赴内地，需携带三娘子盖印签发的文书才准放行。她尊重明朝中央政府，始终信守隆庆和议，对于部属有敢于违约作乱的，她都一丝不苟，严加惩处。三娘子和明历届边官赤诚以待，关系融洽。明宣府巡抚吴兑经常设宴款待她，馈赠她八宝冠、百凤云衣、红骨朵云裙等明贵妇穿戴的珍贵服饰，待她如亲生女儿一样。三娘子每次前去探望，都留宿在吴兑军营，流连忘返，亲如一家。通过频繁交往，三娘子十分熟悉、钦慕中原地区高度发达的汉族先进文化，平日常爱穿戴大红彩缎妆狮衣汉服，甚至"每于佛前忏悔，求再生当居中华"。

三娘子执政三四十年，历配三王，掌兵柄，主贡市，促成蒙汉之间长期和平互市、友好交往。汉族先进生产技术、工具得以迅速推广传播，大大改善蒙古地区的生产、生活条件。双方除官办的贡市、马市外，民市、月市、小市等民间私人交易也很活跃。据万历《宣府镇志》记载，张家口一带居然"南京的罗缎铺、苏杭绸缎铺、潞州绸铺、泽州帕铺、临清的布帛铺、绒线铺、杂货铺，各行交易，铺沿长四五里许。"蒙古族进一步改变了落后单一的游牧经济状况，出现了"六十年来，塞上物阜民安，商贾辐辏，无异于中原"的兴旺景象。

蒙汉和平互市，也使两族广大人民免受兵火战乱之苦，节省大量军费。明北边七镇数千里，军民乐业，提供了安心生产的条件，从而也促进了中原地区商业、经济得到进一步发展。

万历九年（1581）俺答汗去世前不久，曾与三娘子商议在古丰州修筑一座城堡——归化城（今呼和浩特市）。在三娘子多年经营下，经蒙汉居民共同努力，"垦田万顷，连村数百"，"筑城建墩，宫殿甚宏丽"。到1613年三娘子逝世时，归化城已经建设成蒙古地区颇为繁华的政治、经济和文化中心。归化城成了象征蒙汉友好和三娘子业绩的一座丰碑。三娘子逝世后，人们称这座城为"三娘子城"，以表达人民对这位杰出的蒙古族女政治家的深切爱戴与怀念。

（原载《古今著名妇女人物》）

讲求经世大计的奇女子顾若璞

清初顺治年间进士，曾任经筵讲官、国史副总裁的著名学者王士祯，在《池北偶谈·妇人经济》中提到，明末有一位妇人顾若璞，著有《卧月轩文集》，内中"多经济大篇"，顾氏"常与妇人宴坐，则讲究河漕、屯田、马政、边备诸大计"，王士祯称赞道："副笄中乃有此人，亦一奇也！"

顾若璞，字和知，约生于万历六年（1578），卒于清顺治初年，祖籍浙江钱塘，是上林署丞顾友白的女儿。顾氏家学渊源，四世有文名，若璞早慧，幼习诗书，受到良好的家庭教育。及笄后嫁督学黄寓庸子黄东生，黄寓庸为一世文宗，东生亦工古文词，可为门当户对。

若璞虽嫁作名门妇，得遂琴瑟之好，却早遇不幸，历经坎坷。东生幼年丧母，身体羸弱，公爹黄寓庸为官清廉，"不事家人生产作业"，除藏书而外，别无余财，若璞乃脱簪珥资助丈夫攻读。东生抱病日夜苦读，劳累过度，加上考场连不得志，愤懑吐血，婚后十三年便溘然长逝。弥留之际，叮嘱若璞后事从俭，教育好二子，"以继书香"。嗣后，公爹亦逝，惟余寡妇孤儿，愈发"辛苦备尝，风波遍历"[①]。

若璞早年读诗书，"知妇人之职，惟酒食是议耳"，并不企望"弄笔墨以与文士争长"。自入黄家，终日兢兢业业于酒浆织纴，加上丈夫病弱，"强半与药炉为伍"，更无心读书作文，即偶有吟诵，亦多系与丈夫相对忧苦之作。此刻，持家教子的重任都落到若璞一人身上，她自觉不稍涉经史，无以教子课读，于是理家操劳之暇，尽发家中所藏典籍，诸如四子经传、《古史鉴》《皇明通纪》《大政记》之类，"日夜披览如不及"。然后自小学至古文辞，无不由她向二子亲授。稍长，二子从吴本泰就学，每晚回家，若璞都要在灯下向他们陈说自己读书所得，每每"相率呻吾至丙夜乃罢"，母子感到极大乐趣，"诚不自知其瘁也"。次日二子复说经义，"多所解析，且旁及子史传记"，每与先生之

---

①　本篇引文均出自《卧月轩文集》及顾若璞自序、吴本泰与马元调等序。

意相合。吴本泰感到十分惊讶，追问之下，二子答道："此吾母氏所指画而口授者"。如此日积月累，若璞大大增广见闻，更旁及骚雅词赋。她开始感到"物有不平则鸣"，女子"彤管与箴管并陈，或亦非分外事也"，暇乃肆力于诗古文辞，"冀以自发其哀思，舒其愤闷"，为不平鸣。她曾表示："使吾得一意读书，即不能补班十志，或可咏雪谢庭"。

值得称道的是，尽管顾若璞身世坎坷、家境艰难，"拮据卒瘁，以仅免飘摇之患者二十六年如一日"，却并没有一味沉浸在个人家庭的愁苦之中。她以超人的毅力，在"勤劬困苦"之余，"攻苦刻厉，如儒生，自经史百家至国朝典故之属，无不驰骤贯穿"。若璞既不满足于教子课读，也不陶醉于自我的精神解脱，而是着眼评论古今为政得失，讲求经世之学，致力于寻找济世救民方略。她有《西园杂咏》诗一首道："风柳烟丝拂短墙，夜深歌吹度新篁。起烧残烛重窥史，检点英雄名利场。"正反映了她的这种志趣与情怀。

崇祯十年（1637），顾若璞六十寿辰，她斋素为亡者资冥福，不准家人摆席祝寿，于是亲友将其《卧月轩稿》诗四卷文二卷刊刻，以诗文流传不朽为之祝寿。顾若璞的诗，体庄事重，不只以五言七字、奇句险韵争胜，特别是悼亡诸诗，辞情凄恻，真挚感人。她的文章，也多是"茹苦含毫，洒泪掺墨"之作，且因广涉经史，博通古今，立意不凡，尤为人所推重。马元调称赞她的篇首自述纵横百千言，"穷工尽变，虽杜之《北征》、韩之《南山》，仿佛欲似"。《神释堂脞语》云："读顾夫人古文，学问、节义、经术、世故，皆粲然于胸中，洒然于笔底，词气浑灏，有两京之遗风"。

顾若璞不但严于教子，也很重视对女儿、媳妇的教养。她亲自给儿媳讲授经史、唐诗，并特地延师训女。有人嘲讽她教女"舍彼女红，诵习徒勤"是"若将求名""妇道无成"。为此她作《延师训女或有讽者故作解嘲》诗，表示"哀今之人，修容饰襻，弗端蒙养，有愧家声"。在顾若璞的熏陶影响下，她周围的妇女也能"学以聚之，问辩研精"，形成好论屯田、水利、盐荚诸大政的风气。她的长媳丁氏和儿子黄灿，就是酒食用膳间也"绝不语及家事"。丁氏"时为天下画奇计，而独追恨于屯事之坏"，她认为"边屯"位于边境，易受袭忧，很不安定；"官屯"，则因官府腐败，往往徒有空言，鲜能务实，均非良策。她向丈夫提出："妾与子戮力经营，倘得金钱二十万，便当北阙上书，请淮南北间田垦万亩，好义者引而伸之，则粟贱而饷足，兵宿饱矣。然后仍举盐荚，召商田塞下，如此，则兵不增而饷自足。"顾若璞赞扬丁氏以民屯佐天下的计划"其言虽夸，然销兵屯师，洒洒成议，其志良不磨"。

顾若璞生活的明代末期，政治极端腐败黑暗，生产关系倒退，生产力萎缩，财政严重亏空，而且边防败坏，新兴的后金（后改国号大清）政权尽占富庶的辽东，并多次攻入关内大肆劫掠，明王朝国势大衰，濒于崩溃。顾若璞所关注讲求的屯田、水利、河漕、盐荚、马政、边备诸事，都是关系国计民生和边防安危的大政，她的一些见解也不乏开明可取之处。但是对于病入膏肓的明王朝，这些局部改良救偏的计划已经无济于事，何况腐朽透顶的朝廷早已丧失了自我调节的能力。

尽管如此，顾若璞青年守寡，独支门户，在拮据困苦持家教子之余，犹能"攻苦刻厉"博涉经史，并且敢于突破女子"惟酒食是议"的礼教藩篱，在妇女中倡导关心国事经世致用的学风，亲自撰写出一些颇有见地的"经济大篇"，确实"其志良不磨"，算得上是巾帼中苦学成才的奇女子。

（原载《古今著名妇女人物》）

抗清名将秦良玉

　　"凭将箕帚扫胡虏，一派欢声动地呼。试看他年麟阁上，丹青先画美人图。"这是明末崇祯皇帝御赐四川女将秦良玉的诗句。古代女子能够得到皇帝如此高度颂扬，确实史不多见。

　　秦良玉，字贞素，万历二年(1574)出生于四川忠州鸣玉溪。父亲秦葵是位具有爱国思想的岁贡生，"丁乱世，喜谈兵"，从小培养孩子学习文韬武略，勉励他们长大后"执干戈，以卫社稷"。良玉有兄弟三人，父亲尤其钟爱她，认为她虽是女孩子，也应习兵自卫，以免在兵火战乱中"徒为寇鱼肉"。因而秦良玉自幼除了课章句、学经史外，还得以和兄弟一起随父习武。她不但学得一身骑射击刺的过人武艺，而且熟读兵书，精于谋略，显露出非凡的军事才能。父亲感慨地说："惜不冠耳，汝兄弟皆不及也。"秦良玉并不因为自己是女儿家而感到自卑，她少怀大志，经常用历史上爱国名将、民族英雄的业绩激励自己，她豪迈地表示："使儿掌兵柄，夫人城、娘子军不足道也。"

　　秦良玉及笄之后与石柱宣抚使马千乘结为夫妻。千乘是东汉名将伏波将军马援之后，英俊严毅，"整莅军伍，莫不股栗"。他十分爱慕、敬重秦良玉，夫妻相敬如宾，就连治军用兵方面的事宜也常和她商议。石柱地处偏远的少数民族居住地区，本非用兵重地，但秦良玉向丈夫提出"男儿当求树勋万里，奚用坐守为!"她立足于为国报效的远大眼光，协助丈夫精心简练士卒。这支石柱土兵使用白木削成"矛端有钩，矛末有环"的一种独特长矛，机动灵活，骁勇善战。史称秦良玉"驭下严峻，每行军发令，戎伍肃然。所部号'白杆兵'，为远近惮。"

　　万历二十七年(1599)播州(今遵义)宣慰使杨应龙，割据地方，鱼肉乡里，朝廷调他东下抗倭援朝，他非但拒不出师，反而乘机煽动叛乱。次年二月朝廷集结重兵，兵分八路围剿叛军，马千乘亦奉调率三千土兵作为先行出征平叛，秦良玉乃别率五百精兵跟随。在平叛战争中，秦良玉初露锋芒，"连破金筑七塞，取桑木关，为南川路战功第一"。

万历四十一年(1613),马干乘被太监邱乘云诬陷,冤死云阳狱中,朝廷因秦良玉屡立战功,遂令袭职,代领石柱宣抚使。从此秦良玉卸裙钗、易冠带,侍女卫队皆戎装雄服,南征北讨,声威远震。

秦良玉得掌兵柄之日,正值女真族崛起于东北,对明廷构成严重威胁。本来女真人反抗明朝统治者的民族歧视和民族压迫是一种正义的斗争。但万历四十七年(1619)后金在萨尔浒大败明军之后,进而攻破开原、铁岭,肆意烧杀抢掠,战争的性质开始发生变化。女真贵族对辽东地区和中原地带的侵扰、蹂躏,严重破坏、摧残了先进的经济文化,给以汉族为主的各族人民带来极大灾难。秦良玉出于高度爱国热忱,万里请缨,奋不顾身地投入了这场保卫家园、抗击入侵的正义战争行列。

明军在萨尔浒遭到惨败之后,举朝震惊,辽东官兵"一闻警报,无不心惊胆丧","装死苟活,不肯出战"。朝廷急调永顺、保靖、石柱、酉阳等土司兵赴辽救援。秦良玉奉调派遣兄邦屏、弟民屏率兵数千奔赴前线。天启元年(1621)白杆兵和酉阳土兵配合明军,渡浑河与清兵血战。是役虽因寡不敌众,邦屏阵亡,未能取胜,但却在极艰苦的条件下杀敌数千,重创清兵,被誉为"辽左用兵以来第一血战"。

浑河血战之后秦良玉立即遣使入都,赶制一千五百件冬衣抚恤士卒,整顿余部。自己则亲率三千精兵直赴榆关(山海关)。榆关是清兵占据辽阳进窥中原必经的咽喉要道。秦良玉坐镇榆关,一方面救济关内外饥民,安定民心;同时加强武备,戮力守卫,有效地遏制了清兵南侵的气焰。在秦良玉的主持下,榆关防务固若金汤,成为清兵无法逾越的屏障。

不久秦良玉奉令回川扩兵援辽,抵石柱仅一日,适逢永宁宣抚使奢崇明反叛。奢崇明以奉诏率兵二万援辽为名,进入重庆,久驻不发,自称大梁王,转而乘虚进逼围困成都,严重破坏了抗清斗争的形势。秦良玉乃挥师西上救援。奢崇明慑于白杆兵的威名,派人赠金帛结援,秦良玉立斩来使,把金帛犒赏三军,派民屏、侄儿翼明、拱明率四千兵马倍道兼行,自带六千精兵长驱西进,使成都顺利解围,并一举收复重庆。随后又率师入黔,最后平定川黔一带分裂叛乱势力。

崇祯二年(1629)十二月,清兵绕道喜峰口,攻陷遵化,直抵北京城下。次年又向东攻占永平、滦州、迁安三城,形势极为险峻。崇祯皇帝匆忙下诏征调天下兵马勤王。秦良玉闻讯，火速"出家财济饷"，再次率白杆兵兼程北上。当时各地先后赶来的二十余万官军，均屯驻在蓟门近畿一带，互相观望，畏缩不前。独秦良玉所部率先奋勇出击，在友军配合下，奋力收复永平、遵化等四城，解除了清兵对北京的威胁。为此，崇祯皇帝特在平台召见，赐一品服、彩币羊酒，并亲自赋诗四首褒奖。其二云："蜀锦征袍手剪成，桃花马上请长缨。世间多少奇男子，谁肯沙场万里行？"

在清军兵临城下，众多须眉大将贪生怕死推诿观望之际，能够扫荡"虏胡"力挽狂澜的偏偏是一名万里勤王的女将，难怪崇祯皇帝感慨万端，视秦良玉为救驾功臣，表示要"试看他年麟阁上，丹青先画美人图"了。

在秦良玉的军事生涯中也有相当一部分时间参与了镇压农民起义的战争。崇祯六年(1633)之后，她从京师调回四川"专办蜀贼"，先后与罗汝才、张献忠部义军作战。由于她甘心报效明廷，白杆兵在官军中又有较强战斗力，尤为四川巡抚邵捷春所倚重，并于崇祯十六年(1643)冬升任四川总兵官。秦良玉镇压义军的举动遭到人民的反对，使她多次遭受挫折。崇祯十三年(1640)张献忠连破官军，秦良玉"趋救不克，转斗复败，所部三万人略尽"。崇祯十七年(1644)春，秦率部驰援夔州，又"众寡不敌，溃"，以至"全蜀尽陷"。

1644年清兵入关，形势骤变，满族贵族取代明王朝，疯狂镇压农民起义，并迅速西进南下，凭借暴力推行一系列野蛮残暴的民族压迫政策。在民族矛盾上升为主要矛盾的情况下，大顺、大西农民军余部与南明政权息兵相处，转而出现联明抗清的局面。秦良玉也终于和农民军停止干戈，重新投入抗清斗争的行列。1646年8月，南明隆武政权赐秦良玉"太子太保"爵，封"忠贞侯"，调石柱兵抗清。秦良玉以七十多岁高龄毅然接受"太子太保总镇关防"铜印，奉诏挂帅出征。但因郑芝龙叛卖，隆武政权旋即败亡，而未能成行。秦良玉晚年虽未与清兵直接交锋，但始终坚持抗清立场，并在石柱地区实行屯垦，保境安民。当时四川地区在清兵蹂躏和反动地主武装洗劫之下，赤地千里，凄凉残破。石柱地区则相对保持安定，附近州县避难归附的百姓达十数万家。至1648年秦良玉去世时，在城东南五十里万寿山仍屯有大批粮草。

秦良玉作为统治阶级的一员，参与镇压农民起义，留下了难以洗刷的污点。她所以能够得到皇帝"平台赐诗"的殊荣，也首先是因为她"奋勇竭忠朝廷"。但秦良玉坚持抗清斗争，至死不渝，保持住了晚节，这毕竟是她一生军事活动的主流。在满族贵族入侵面前，秦良玉表现出的不计安危、舍家破财、爱国爱民的情操，以及她抗击入侵、保卫人民生命财产所立下的功劳博得了广大人民的崇敬爱戴。史载秦良玉率部进京后，"驭军严，秋毫无犯"，"都人闻白杆兵至，聚观者如堵，马不能前。"川人曾在秦良玉驻兵遗址筑四川会馆，祠堂内供奉秦良玉戎装画像。龛前对联云：

> 出胜国垂三百年，在劫火销沉，犹剩数亩荒营，大庇北来桑梓客；
> 起英魂于九幽地，看辽云惨淡，应添两行热泪，同声重哭海天涯。

秦良玉不但"骁胆智，善骑射"，长于带兵打仗，而且"兼通词翰，仪度娴雅"，征战之暇还组织女兵纺纱织布。后人凭吊四川营遗址时曾留下"金印夙传三世将，绣旗争认四川营；至今秋雨秋风夜，隐约钲声杂纺声"的诗句。直到今天北京宣武门外当年秦良玉驻兵之处，仍保留有"四川营胡同""棉花胡同"一类的地名，表达了人们对这位民族女将领的深切怀念。

（原载《古今著名妇女人物》）

女侠名姝柳如是

柳如是是明末吴越名妓，后嫁崇祯朝礼部侍郎钱谦益，清康熙初年钱死后不久，柳自缢身亡。野史笔记保留了许多关于她的传说，大抵是一些才女名妓的风流逸事。著名历史学家陈寅恪先生，"披寻钱柳之篇什于残阙毁禁之余，往往窥见其孤怀遗恨，有可以令人感泣不能自已者焉"，在晚年失明的情况下，费时十年，钩索沉隐，为这位被当时迂腐者所深诋，后世轻薄者所厚诬的"婉娈倚门之少女，绸缪鼓瑟之小妇"辨诬，撰成长达八十余万字的《柳如是别传》。这部长篇巨著，拭去历史灰尘，为我们展现了柳如是热爱祖国、渴望民族独立的思想，反抗礼教羁绊、追求平等自由的精神，恢复了这位女侠名姝光彩照人的风貌。

柳如是本姓杨，名爱，小字影怜，号蘼芜君；后改姓柳，名隐，又改名是，字如是，号河东君。如是祖籍嘉兴，家世已不可考，幼年因家境贫穷或遇变故，被卖到盛泽镇归家院徐佛家为养女。盛泽地处江浙两省交界处，素以盛产丝绸织品著称于世，商品经济十分发达，是明中后期以来我国最早出现资本主义生产关系萌芽的重镇；同时，人文荟萃，这里又是党社名流云集的胜地。明末士风颓坏，士大夫文人纵情诗酒，放荡形骸，为了迎合他们的耳目声色之好，一些名媛声妓、青楼妓馆也应运而生，畸形繁荣。有的还专门收养幼女，从小训练，使她们具有高度文化素养，掌握琴棋书画、诗词歌舞诸般技艺，卖作达官贵人的婢妾，从中牟利。徐佛本人就是当时"能琴工诗善画兰"的名妓。如是经过严格训练，才艺出众，稍长，便被卖到吴江故相周道登家。

周道登天启末年（1627）入阁，崇祯二年（1629）罢归。起初如是充作周母房中侍婢，周母"喜其善趋承，爱怜之"，后来又成为周道登的宠姬。周家姬妾众多，唯如是"年最稚，明慧无比"，主人"常抱置膝上，教以文艺"，由此为群妾所忌，于崇祯四年（1631），以如是与男仆私通潜于主人，本欲打杀，赖周母怜惜，"得鬻为倡"，再次流落北里。这年如是只有十四岁。

柳如是被逐之后来到松江。启祯年间，宦官当道，言路堵塞，政治黑暗，一些较为正直开明的地主阶级知识分子，纷纷结成党社，以诗文会友，讽议朝政，裁量人物，形成清议，以施加影响，革新朝政。松江一带便是继东林党之后，承复社而起的几社的主要活动基地。柳如是在松江经常扁舟一叶放浪湖山间，与高才名辈相游处。如是"美丰姿，性猥慧，知书善诗律，分题步韵，顷刻立就"，很快便以她的风姿才情引起云间胜流瞩目，又兼如是新从吴江故相周道登家流落而来，"凡所叙述，感慨激昂，绝不类闺房语"，尤其使他们刮目相看。

如是作为名妓，不受礼法拘束，以男女之情兼师友之谊，与复社创始人张溥、几社首领陈子龙等风云人物频繁交往，不但诗文书画益加精进，而且经党社空气熏习，思想上深受影响，于聚会饮酒赋诗之际，她也关心时局，纵谈天下兴亡，议论风发，俨然成为几社中的女社员。如是平日喜穿儒服，与诸文士唱和往返，平起平坐，以友朋兄弟相称。在现今保存下来的《柳如是尺牍》中，辑有如是致汪然明的三十一通信札。然明长如是四十余岁，很同情如是，能够至诚相待，尽力关怀维护。柳如是在第五通信札中提到："嵇叔夜有言：'人之相知，贵济其天性。'弟读此语，未尝不再三叹也。今以观先生之于弟，得无其信然乎？浮谈谤谣之迹，适所以为累，非以鸣得志也。然所谓飘飘远游之士，未加六翮，是尤在乎鉴其机要者耳。今弟所汲汲者，亡过于避迹一事。望先生速择一静地为进退。最切！最感！"信中洋溢着如是对汪然明的深挚友情，流露了对那些抱有非分之想的飘飘公子，她是深恶痛绝、不屑一顾的。如王国维题如是《湖上草》的一首绝句所云："幅巾道服自权奇，兄弟相呼竟不疑。莫怪女儿太唐突，蓟门朝士几须眉"。柳如是这种破格超常的举动，并非逢场作戏，哗众取宠，而是她渴望平等、自由，为争取人的尊严而抗争的自然表露。当时曾有人作《菩萨蛮》词投赠："仙源隐者应如是，桃花引惹渔郎至。一笑不相亲，再来何处寻？春城寒食句，青满章台路，休道柳如眉，月痕今似谁？"正反映了柳如是不卑不亢、高傲持重的风度。

作为周家被逐的婢妾，陷身青楼的烟花，柳如是饱尝了人间的屈辱辛酸。表面上她流连于诗酒唱和，内心深处却充满了痛苦，她后来在给钱谦益的一封信中提到："每当花晨月夕侑酒微歌之时，亦不鲜少年郎君、风流学士，绸缪多缱绻，无尽无休。但是事过情移，便如梦幻泡影，故觉味同嚼蜡。"柳如是热切憧憬着纯洁的爱情，盼望着有人能够平等相待，帮她脱籍，享受真正的人身自由和欢乐。但是尽管有不少富家公子、名流文士为如是癫狂倾倒，多数却不过是把她当作野草闲花取乐消遣，有的即便两情相好，也终究不能突破礼法屏障和她结合。

起初，出身膏粱世族，风流倜傥年少材美的宋辕文痴情于如是。首次赴约时，如是尚在舟中未起，使人传话："宋郎且勿登舟，郎果有情者，当跃入水俟之。"宋果真不顾天寒跳入水中。如是深受感动，"由是情好遂密"。和柳如是交好之事传到了宋母施孺人的耳中，太夫人大怒，"跪而责之"。当时辕文尚未自立，迫于舆论、家庭压力，稍与如是疏远。未几，松江知府下令驱逐流妓，如是请辕文商决，"为今之计，奈何？"辕文既不敢公开迎置家中，使如是得以缙绅家属的身份免遭飘零；又不能挺身而出，替如是在知府面前仗义说情，沉默良久，竟以"姑避其锋"四字搪塞。柳如是对宋辕文的怯懦和自私表示了极大的蔑视，断然"持刀斫琴，七弦俱断"，和宋辕文彻底决裂。

此后如是转与陈子龙相好。子龙文采风流，才高气盛，在晚明党社中极负声望，后来参与南明弘光政权，抗清失败后投水自杀。野史说：柳如是曾多次拜谒陈子龙，陈"性严正，不易近，且观其名帖，自称女弟，意滋不悦"，竟为子龙所严拒。这是不真实的，陈柳之间写下大量情意深长的赠答唱和之作便是明证。陈柳分离的真正原因是：陈妻张氏通诗礼史传，精娴女红书算，深得祖母高安人欢心。子龙继母唐宜人病弱不任事，张氏嫁入陈家后不久，即被授理家政。陈门五代单传三世苦节，子龙对此自然不得无所顾忌。而对如是来说，她早已决计不再作人侧室小妇，既然不能独立门户，分手就是不可避免的了。

崇祯十四年（1641），柳如是沦落十年之后，终于嫁给了钱谦益。如是时年二十四岁，而谦益已是"黝颜鲐背，发已参参斑白"的老翁。之所以选中谦益，是因为他既是政治上的"东林领袖"，又是文坛上的"当今李杜"，兼具社会地位、声望，以及学识、才华等方面的条件。更为重要的是，这位"风流教主"十分敬重柳如是的为人，为此不惜破家毁誉，作出了巨大牺牲。中国古代为了稳定礼法秩序，妻妾、嫡庶之分极严。如《礼记·内则》所云："聘则为妻，奔则为妾。"妾须称丈夫的正妻为"女君""主母"，地位卑贱。妻妾之间的名分不可紊乱，否则就是败坏礼法，要受到非议和惩罚。钱柳结合时，嫡妻陈夫人尚在，钱谦益却公然"礼同正嫡"，并且忍痛卖掉珍藏宋版《汉书》，"挥霍万金",专为如是建造了一幢绛云楼。这种违礼的举动,招致当地缙绅哗然攻讨,"以为亵朝廷之名器,伤士大夫之体统,几不免老拳,满船载瓦砾而归"。这是宋辕文、陈子龙等人所不愿或不能付出的牺牲,钱谦益却独能"怡然自得也"。而这一点也正是柳如是多年来为摆脱任人蹂躏的屈辱地位所执意追求的,是她缔结姻缘时所要考虑的一个首要前提。

钱柳结合后,同居绛云楼,日夕相对,读书论诗,考异订讹,间以调谑,自有一番情趣。如是博闻强记,每临文有所探讨,"某书某卷,随手抽拈,百不失一"。谦益有时倦于见客,即由如是衣儒服、飘巾大袖,代为应酬,竟日盘桓,殊不芥蒂,曾称如是"此吾高弟,亦良记室也",戏称为柳"儒士"。如是流落青楼时,"觉一身驱壳以外,都是为累,几乎欲把八千烦恼丝割去",而此刻总算找到了归宿,"又觉入世尚有此生欢乐"。当然他们的爱情生活也并非十分美满,钱柳之间自难期待有多少"闺房之娱"可言。如是婚后曾作《春日我闻室作》七律一首:

> 裁红晕碧泪漫漫,南国春来正薄寒。
> 此去柳花如梦里,向来烟月是愁端。
> 画堂消息何人晓?翠帐容颜独自看。
> 珍重君家兰桂室,东风取次一凭栏。

诗中便流露出浓郁的怅惘失意之情。除《尺牍》外,柳如是尚有《戊寅草》《湖上草》等集子传世。所作诗、词、赋造诣很高,特别是词,且非钱谦益所能及。其中《踏莎行·寄书》一阕尤为人所称道,词云:

> 花痕月片,愁头恨尾,临书已是无多泪。写成忽被巧风吹,巧风吹碎人儿意。
> 半帘灯焰,还如梦里,消魂照个人来矣。开时须索十分思,缘他小梦难寻你。

陈寅恪先生认为,若以钱柳和赵(孟頫)管(道昇)夫妇相比,钱殊有愧于赵。而在人格气节方面,钱和柳比,就更加远远不可企及了。

1644 年甲申之变后，南京建立了弘光政权，钱谦益不惜以东林党魁的身份，极力讨好马士英、阮大铖，与阉党合流，得任礼部尚书要职。此时，"结束俏利，性机警，饶胆略"的柳夫人也十分活跃，既在上层圈子里饮宴周旋，又到江防前哨去巡视劳军，千方百计为丈夫扩大影响。柳如是倒并非一心想做官太太，她去京口古战场和抗金女将梁红玉墓前凭吊，是决心要实现抗击清兵入侵保卫民族独立的伟大抱负。

次年乙酉五月，清兵南下，在面临生死考验的关头，钱柳之间的立场、气节便判然有别了。如是提出"宜取义全大节，以副盛名"，劝谦益投水殉节。钱面有难色，探手一试，答称："冷极奈何！"如是独自"奋身欲沉池水中"，又被死死拉住。结果钱谦益到底剃发降清，授以秘书院学士兼礼部侍郎、明史副总裁。当他奉召入京时，唯独柳如是拒不和其他降臣之妻一道随夫北上。后来钱柳同游拂水山庄，见石涧流泉，澄洁可爱，谦益想脱鞋洗脚，如是在一旁冷笑道："此沟渠水，岂秦淮河耶？"谦益降清后并不得意，曾悔恨地说："要死！要死！"柳如是叱责道："公不死于乙酉，而死于今日，不已晚乎！"

钱谦益降清，于大节有亏，固不足训，但他民族感情毕竟未尽泯灭，暗地参与了反清复明活动。顺治五年（1648）钱因资助黄毓祺图谋反清一案，被逮捕入狱问罪。曾经拒绝以新贵宠妇身份随夫入京的柳如是，这次却甘愿作为犯人家属，抱病"蹶然起，冒死从"，经多方打点，"曲为斡旋"，竟使谦益得以无罪生还。为此谦益感激涕零，不顾嫡妻陈氏尚在，写下了"从行赴难有贤妻"的诗句。

柳如是在坚持抗清、维护民族独立方面，旗帜鲜明，立场坚定，始终如一。为了帮助姚志卓起事，她"尽囊以资之，始成一军"。黄宗羲在《思旧录》中也说，顺治七年（1650）客居钱家时，谦益曾"袖七金赠余曰，此内人（自注："即柳夫人。"）意也。"无疑，柳如是的立场对促成钱谦益态度的转变起到了关键作用。

顺治六年（1649）九月，南明永历政权东阁大学士瞿式耜在上桂王《报中兴机会疏》中指出："谦益身在虏中，来尝须臾不念本朝，而规画形势，了如指掌，绰有成算。"瞿还提到他接到钱谦益一封密信，"累数百言，绝不道及寒温家常字句，唯有忠驱义感溢于楮墨之间"。钱在这封密信中表示："若谦益视息余生，奄奄垂毙，惟忍死盼望銮舆拜见孝陵之后，槃水加剑，席藁自裁。"

钱谦益这番表白是可信的，因为写这封信本身就是在冒杀头的风险。钱柳为响应郑成功攻取南都，也确曾做过大量实际准备工作。这正是钱谦益最终能够得到抗清志士黄、瞿等人谅解的原因所在。如果说钱谦益曾作出牺牲给如是带来了新的生活乐趣的话，那么，柳如是的针砭、激励，更给一度失节的钱谦益空虚的灵魂注入了新的生命。

康熙三年(1664)五月二十四日，八十三岁高龄的钱谦益溘然长逝。在钱氏家族看来，以柳如是的身份掌握家政大权是莫大的耻辱，他们早已积怨在胸；谦益故去，如是失去依傍，顿时爆发一场家变。钱曾、钱谦光等族人挺戈入室，朝暮逼索，夺田六百亩、僮仆十数人。六月二十八日又奉权贵、族霸钱朝鼎之命，大声呼喝，立索柳氏银三千两，"有则生，无则死。毋短毫厘，毋迟瞬息，毋代赍饰"。他们忽而登幕，忽而入室，忽而渐卧，摩拳擦掌，秽身肆詈，并扬言要把如是唯一的爱女和入赘的女婿赵管打出家门。

柳如是此刻一面吩咐置办酒席招待族人，一面平静地说："稍静片刻，容我开账"，便携纸笔登楼。她给女儿留下了一纸遗书，表示"我来汝家二十五年，从不曾受人之气，今竟当面凌辱，我不得不死"，"我之冤仇，汝当同哥哥出头露面，拜求汝父相知"，"决不轻放一人"。当她布置妥帖之后，便从容投缳自尽。

传统的看法认为柳如是的自缢是为钱谦益殉节，未免失于浅薄。柳如是的一生历尽辛酸曲折，始终在追求获得人的尊严。在这方面她是宁折不弯，宁为玉碎，不愿瓦全的。她一生有过两次自杀的举动，都是在拼死向恶势力抗争。既然社会不容她堂堂正正、平等自由地生活下去，她就绝不委曲求全。柳如是的悲壮举动，是对迫害凌辱她的族贵们投出的利剑，也是对陈腐礼法制度的愤怒抗议。

在那个时代，柳如是的奋斗是很难收到成效的。此案悬搁五月有余，最终因钱朝鼎干预，只对陆奎、杨安等帮凶做了轻微处理，而对钱曾等逼死人命的主犯，则草草了结，含混不究。但是柳如是毕竟是值得尊敬的斗士，案发之时，也确曾使那些骄横跋扈的恶棍"抱头鼠窜，弃帽微行"，威风体面扫地以尽。而柳如是的高尚情操，也正是在同吃人的礼教奋勇抗争、搏击中，更加得到升华，放射出夺目的光辉。

（原载《人物》《古今著名妇女人物》）

陶贞怀著弹词名篇《天雨花》

　　"南'花'北'梦'，江西'九种'"，这是清嘉庆时杨蓉裳的一句名言。其中"南花"指弹词《天雨花》，"北梦"指《红楼梦》，意谓《天雨花》《红楼梦》二书可与蒋清容《九种曲》并传。陈文述在《西泠闺咏》中记叙杨氏此语后也说："《天雨花》亦南词也，相传亦女子所作，与《再生缘》并称，闺阁中咸喜观之。"把《天雨花》与《红楼梦》并列，不免有偏爱过誉之嫌，但也确实反映这部长篇弹词受到读者热烈欢迎，在中国文学史上占有一定地位。

　　《天雨花》的作者陶贞怀，江苏梁溪（今无锡）人，身世已难详考。从她创作的著名弹词《天雨花》顺治八年（1651）自序中，我们得知她"生长乱离，遭时患难"，生活于明清鼎革之际。她的父亲"有水镜知人之明"，识人论世，极有才学，因与世俗不合隐居不仕。在父亲的养育熏陶、传授启迪下，贞怀贯通经史、颇多才识，有"木兰之才能，曹娥之志行"，每以历史上"忠孝之才"为榜样，常思济世救民报效国家。无奈明末"屠戮忠良，烈于前古，卒移龟鼎，自取丧亡"。作为一个女子，她徒怀忧愤，报国无门，于是"悯伦纪之梦乱，思得其人以扶伦立纪，而使顽石点头"，乃演为弹词，以抒"感发惩创之义"。顺治八年南明政权风雨飘摇，贞怀自己卧床五年，丈夫远道从军未归，偏又幼子夭殇，她有感于"烽烟既靖，忧患频仍；澹看春蚓之痕留，自叹春蚕之丝尽；五载药炉，一宵蕉雨；行将化石以去，其能使顽石点头乎！"遂"爰取丛残旧稿，补缀成书"，是为《天雨花》。

　　《天雨花》共三十回，八十余万字，通过主人公左维明与权奸郑国泰、魏忠贤的斗争，交织成一幅广阔的晚明政治历史图景。作者高度赞扬东林党人的节操，愤怒抨击阉党祸国殃民的罪恶，揭露、批判了晚明的政治腐败和豪绅残酷压榨贫苦佃农造成的民生苦痛。全书着重总结明末覆亡的历史教训，再现了"梃击""红丸""移宫"三大案等重大历史事件，具有很高认识价值。

　　《天雨花》还以较大篇幅刻画左维明之女左仪贞的聪明才智和侠肝义胆，描述了她手刃郑国泰为国除奸的壮举，其间表现出作者的妇女观，尤为值得称道。作者一反"女子无才便是德"的陈腐说教，让她笔下众多的女性和男子一样熟读诗书，精通文墨，特别是左仪贞八岁熟读书史，十三岁代父草拟文字，才学胆魄胜过须眉。作者还把左仪贞置于政治斗争的中心，满朝文武尽皆拜伏于外戚郑国泰淫威之下，偏是这位巾帼女杰身怀利刃，一举刺杀巨奸。作品写仪贞行刺前曾假意行酒，手执檀板、高歌一阕《满江红》：

> 铁石肝肠，尽一片忠心报国。触目处珠帘画栋，大明宫阙。八百公侯俱束手，三千甲仗都从贼。娥眉今日报君仇，心何烈！
> 白璧志，青松节。挟匕首，披丹赤。数迢迢良夜，漏声将彻。龙凤枕前飞白刃，鸳鸯帐里喷红血，料奸雄数尽合难逃，今当绝！

在作者看来，女子不但应该，而且完全有能力参与国家大政。

书中还描写当左维明因妻子偶而涉足花园有违礼教家法，将其囚禁在荒园之中时，仪贞毅然违抗父命，用盘龙宝剑砍断铁锁救出母亲，并理直气壮当面批驳父亲：

> 孩儿今日之事，实难辞责；但父亲若是锁了别人，孩儿断然不敢这般大胆。怎奈锁门的是父亲，被锁的便是母亲。儿若坐观母难，倘或被母亲责备起来，却何辞以对？今日违逆父亲，现蒙责备，儿亦无辞，唯是非曲直，及待爹爹分剖明白了，再责仪贞，亦可使长些学问。若说以长临幼，以强为胜，则今之事，是父强母弱。万一母强父弱，爹爹竟被锁在园中，孩儿这是开门的是，不开门的是？也须爹爹赐教一番，方知罪之所在也。

左维明被女儿问得哑口无言，只得不了了之。这是作者在巧妙地的为提高妇女地位呐喊，向父家长统治挑战。

陶贞怀否定多妻制，书中正面人物无一纳妾。第一回写强盗捉到左维明和假扮成左妻的杜宏仁后向夫人赛流星提出：

> "娘娘，这一个妇人，没有方才的标致，你容我纳了罢！"赛流星听

了，微微含笑，指着左公子道："大王，你若容我纳了这个男子，我便容你纳那两个妇人"。

李汝珍《镜花缘》中写盗妇反对丈夫娶妾的一段脍炙人口的文字，便是从此衍化而来。

《天雨花》第十二回写少女黄静英因失落表兄所赠诗笺蒙冤，其父黄持正竟逼迫亲生女儿投河自杀。作者描写女儿投河后黄持正的心理活动：

> 持正道："……我还道她必要哭哭啼啼，求生乞命，谁知这妮子如此轻生，死得这般爽快！罢了！此事已毕，如今回去罢！"
>
> 言罢勒马回旧路，家童随侍尽行程。再把玉河回首望，忽然一阵觉酸心。咳，静英我的儿啊！你皆因自己行差事，算来难怪父亲身。言罢了时忙忙走，一程走到自家门。匆匆回到中堂上，此时谯鼓已三更，听夫人房中悲啼哭，老黄亦觉暗伤心，眼中落下三点泪，巧莲请去睡安身。

这段文字着墨不多，控诉吃人的礼教凶残迫害妇女，入木三分，感人肺腑。《儒林外史》中有一段王玉辉迫女殉节后天良发现的描写与此俱合，亦系脱胎于此。

《天雨花》在艺术上也颇具特色。作者在自序中特别提到之所以选择弹词这种表现形式的缘由：

> 盖礼之不足防而感以乐，乐之不足感而演为院本，广院本所不及而弹词兴。夫独弦之歌，易于八音；密座之所，易于广筵；亭榭之流连，不如闺阁之劝谕。又使茶熟香温，风微月小，良朋宴座，促膝支颐，其为感发惩创多矣。

弹词是一种讲唱文学，其底本说白部分是散文，唱词部分为韵文，以七言为主，有时加上衬句，略有变化。由于适用说（说白）、噱（穿插打诨）、弹（伴奏）、唱等艺术手段，弹词的感染力极强，在民间广为流行，尤其受到妇女热烈欢迎。《天雨花》以八十万字巨篇一韵到底，反映了广阔的社会历史内容，却又结构严谨，脉络分明；而且语言活泼生动，克服韵文形式的局限，刻画出一批有鲜明个性的人物形象，这都不能不使我们赞叹作者高超的艺术才华。卷末提到："弹词万本将充栋，此卷新词迥出尘"。弹词自明中后期兴盛以来，迄于明末清初已经产生了大量作品，但是这些汗牛充栋的词本相继被流年淘汰殆尽，唯有《天雨花》广为翻刻流传，成为目下所知年代最早的弹词作品。这当然和《天雨花》本身深刻的思想内容和高超的艺术成就密不可分。

由于迄今为止没能找到任何有关陶贞怀身世的其他材料；又兼在略晚于现存最早刻本的一部抄本的结尾有"要知执笔谁人手？前人留下劝今人"之句，学术界有人怀疑陶贞怀并非真名实姓，她们认为宋代称弹词为"陶真"，《天雨花》借"陶真"抒发情怀，故署化名为"陶贞怀"。嘉庆五年（1800）孔广林在《女专诸》杂剧序中提出《天雨花》的作者是"浙中闺秀某"，近年又有人考证陶贞怀实系明末江西文武全才起兵抗清的奇女子刘淑英的化名。这些看法都还缺乏确凿可靠的证据，因而陶贞怀究系何人仍是文学史上一个待解之谜。不过有一点大家意见基本一致，即按弹词行文口气等情况判断，书中女主角左仪贞的形象便隐然闪现着作者自己的身影。不论陶贞怀是真名实姓，还是化名抑或纯属后人伪托，《天雨花》这部传世名作出自一位女作家的手笔，应该可以论定。

邱心如含辛茹苦创巨篇

　　《笔生花》是中国古代继《天雨花》《再生缘》之后，又一部由女作家创作的百万言弹词巨篇。作者邱心如常常情不自禁地在回首、卷末倾诉胸中积郁的块垒，自叙创作的甘苦。书中还刊有其表侄陈同勋和云腴女士撰写的序文，这使我们得以较为详尽地窥知她的身世和创作经历。

　　邱心如约生于嘉庆十年（1805），活到同治十一年（1872）以后。她生于读书人家庭，世居故里，父亲一世忠厚，"里党中，品学堪推两字兼。论家风，祖籍淮阴原望族；评事业，官居学博奉先贤。这其间，化行士俗敦儒教；这其间，晚隐乡居少俸钱。真个是，不作风波于世上；真个是，绝无冰炭置胸前。重伦常，言惟礼乐心无苟；余旨蓄，惠及贫寒志不悭"①。在这样的家庭，她自幼接受的是正统儒家女教，"止无非，父谈《内则》书和典；止无非，母督闺工俭与勤。为训者，利口覆邦男所戒；为训者，巧言乱德女子箴。因此教，时时择语浑如哑；因此教，事事重思惧失行"。这种陈腐礼教的熏陶，使她头脑中充斥了浓厚的纲常伦理观念。但她毕竟具备了良好的文化素养和勤奋耐劳的品格，在"常日间，习静拈针惟默默"之余，也不免要"偷闲弄笔颇欣欣"。她"未知世态辛酸味，只有天生文墨缘。喜读父书翻古史，更以母教嗜闲篇：大都绮阁吟香集，亦见骚坛唾锦联"。正是这些古史和诗文"闲篇"使她突破正统女教的框束，开阔眼界，增长见识，培养起浓厚的文学艺术兴趣，以至每每兴致勃勃地"偷闲弄笔"学书作文，显露了卫夫人、谢道韫般的才气。嗣后心如所嫁非遇，丈夫潦倒，公婆不容，"千钧重负压枯骨"，过着"惊米贵，苦囊空，不在愁中即病中"、"朝朝欲断灶中烟"的凄苦生活。同时娘家也迭遭变故，老父、诸兄、妹父相继弃世，幼子痘殇夭亡，真个是"千虑集，百忧煎，微遭穷愁愁更添"，直到晚年依旧"质尽衣衫存败絮，空余性命比轻尘"，不得不"老犹设帐"，靠开塾授徒糊口为生。这种艰难坎坷的经历使她"备尝世上艰

---

　　①　本篇所引均见邱心如《笔生花》及云腴女士序。

辛味"，洞悉社会腐败，熟谙世态炎凉，切身体验贫苦妇女的苦涩辛酸。她痛感命运不公，不禁搔首呼天："而今天道曲还偏！"邱心如并没有低首消沉，在落叶为薪、野蔬充膳，"破垣败壁堪容膝""冷灶荒厨欲禁烟""穷愁苦病一身兼"的极端困苦环境，心如唯以写作《笔生花》排忧解愁。她以坚韧不拔的毅力，"诗肠欲并愁肠结""墨迹将和泪迹研"，断续费时三十载，其间曾迫于各种变故中辍十九年，终于完成了八卷三十二回百余万字的长篇巨作。

《笔生花》着重反映了从宦门闺秀到孤苦少女特别是下层贫苦妇女所遭受的种种屈辱、摧残，对广大妇女的悲惨命运寄予深切的同情。同时，邱心如"处处为女性张目"，浓墨渲染她心目中理想人物姜德华的文韬武略。这位奇女子不仅出口成章，文才出众，科举应试独占鳌头，而且具有政治家的胆魄，军事家的谋略。"堪喜堪喜还堪敬，竟公然，女子勤王定太平。明室江山重复振，算来全仗一钗裙"。面对权臣篡政国家危难之际，满朝文武惊惶失措，唯赖姜德华一位女子"扶国难，灭权奸"，重整河山。"生女如斯胜似男""弄瓦无须望弄璋"！这是对男尊女卑礼教的有力否定。当然邱心如清醒地认识到，充分发挥妇女的才能，做出令须眉叹服的业绩，在当时只能是一种美好的愿望，是无法实现的幻想。姜德华的才能功业也只有靠女扮男装才有可能施展。而一旦恢复本来面目，便得重新雌伏于闺室，一切如泡影般幻灭。所以当她描绘姜德华身份暴露后的心理活动时，愤懑不平地写道：

> 老父既产我英才，为什么，不作男儿作女孩？这一向，费尽辛勤成事业；又谁知，依然富贵弃尘埃。枉枉的，才高八斗成何用！枉枉的，位列三台被所排。

这"老父既产我英才，为什么，不作男儿作女孩"，"枉枉的，才高八斗成何用"，是对女子才华备受压抑痛彻肺腑的慨叹，是对男尊女卑社会的愤怒谴责和抗争。

正如谭正璧在《中国女性文学史话》中所赞扬的："一个贫困交迫的女性，能独立成此百余万言的巨著，而且技术高妙，文辞优美，在中国文学史上能有几人？在这点上，不由我们不极端崇拜这位伟大的弹词作家——邱心如女士。"

（原载《国史镜鉴》）

志大才高的女词曲家吴藻

　　吴藻，字蘋香，浙江仁和(今杭州)人，约生于乾隆末年，卒于咸同之际，著有《花帘词》《南香雪北词》，张景祁、陈文述、魏谦升、赵庆熺分别为之作序，是清代杰出的女词曲家。

　　吴藻出身于商人家庭，父亲和丈夫既非官宦，又无文名。吴藻自己却"幼而好学"，颇有才志，工诗画，通音律，尤擅填词制曲。起初人们见她酷爱读词曲，劝她："何不自作?"她乃挥笔赋成《浪淘沙》，词云：

　　　　莲漏正迢迢，凉馆灯挑，画屏秋冷一枝箫；真个曲终人不见，月转花梢。

　　　　何处暮砧敲？黯黯魂销，断肠诗句可怜宵。欲向枕根寻旧梦，梦也无聊。

初次试作便身手不凡，才华毕露，一时传诵，引起诗坛注目。此后吴藻凭着自己的才情跻身著名诗人陈文述门下，成为碧城仙馆女高足。由于得到名师指教，常和赵庆熺、黄宪清、归懋仪、李佩金、鲍之蕙等男女诗人切琢唱和。她得以兼收并蓄，眼界大开，艺术日趋成熟。

　　吴藻的词作，风格变幻，不拘一体，或清新自然，气韵生动；或清疏哀婉，缠绵悱恻；亦不乏黄钟大吕豪迈的篇章。例如《如梦令》用白描手法咏燕：

　　　　燕子未随春去，飞入绣帘深处。软语话多时，莫是要和侬住？延伫，延伫，含笑回他"不许"！

天真、淳朴，意趣盎然。

　　《祝英台近》咏影：

曲阑低，深院锁，人晚倦梳裹。恨海茫茫，已觉此身堕。那堪多事青灯，黄昏才到，又添上影儿一个。

最无那：纵然著意怜卿，卿不解怜我！怎又书窗依依伴行坐？算来驱者应难，避时尚易，索掩却绣帷推卧。

构思奇巧，细腻缠绵。

《北雁儿落带得胜令》一曲，则一扫女词人常见的娇软纤弱之气：

我待趁烟波泛画桡，我待御长风游蓬岛。我待拨铜琶向江上歌，我待看青萍在灯前啸。我待拂长虹入海钓金鳌，我待吸长鲸贳酒解金貂。我待理朱弦作《幽兰操》，我待著宫袍把水月捞……

又是何等气贯山河，激越高昂！余如抒发爱国情怀的《满江红：栖霞岭岳武穆王》等词也都是气势磅礴的力作。

吴藻的词曲成就为时人所推重，"见者击节，闻者传抄，一时纸贵"，"吴中好事者被之管弦，一时传唱大江南北"。一如陈文述在评价她作品时所赞扬的："疏影暗香，不足比其清也；晓风残月，不足方其怨也；滴粉搓酥，不足写其缠绵也；衰草微云，不足宣其湮郁也。顾其豪宕，尤近苏辛，宝钗桃叶，写风雨之声，铁板铜丝，发海天之高唱"。论者说她"嗣响易安"，"逼真《漱玉》遗音"，是继宋代李清照之后最有影响的女词家之一，诚不为过。

吴藻才高志大，极有抱负，但在森严礼教桎梏下备受压抑而不得施展。她性格清高孤傲，不屑与世俗偏见合流，曾借笔下人物之口表白："知我者尚怜标格清狂，不知我者反谓生涯怪诞，怎知我一种牢骚愤懑之情，是从天性中带来！"

吴藻鄙视那些只知刮民惧敌如虎的文武官僚，在一首咏皋亭泥猫的《雪狮儿》中辛辣地嘲讽道："皋亭山上，衔蝉巧样，装成如虎。小市连群，也赚青钱无数。跳梁不捕，便置向书窗何补？""问等身金化几分尘土？函谷轻丸，改作北门长护"。指望这些外强中干腐朽昏庸的文武大员去抵御外侮，"作北门长护"，岂不可笑、可悲！

她对妇女遭受摧残、禁锢强烈不满，填《金缕曲》奋起呼啸：

生本青莲界。自翻来几番愁案，替谁交代？愿掬银河三千丈，一洗儿女故态。收拾起断脂零黛。莫学兰台悲秋语，但大言打破乾坤隘。拔长剑，倚天外！

吴藻还创作了一出《饮酒读骚图》杂剧（一名《乔影》），痛快淋漓地倾吐自己胸中抑郁不平之气。剧中人物谢絮才正是吴藻自身的写照。这谢絮才"生长闺门，性耽书史，自惭巾帼，不复铅华"，"若论襟怀可放，何殊绝云表之飞鹏；无奈身世不谐，竟似闭樊笼之病鹤"。空有凌云壮志，却被"束缚形骸"，"只索自悲自叹罢了"。正如摆脱女身变为男子去建功立业只能是一种幻想，吴藻拔长剑"打破乾坤隘"的宏愿终究在残酷的现实面前碰壁，幻灭。"欲哭不成还强笑，讳愁无奈学忘情"，终于在《香南雪北词》自序中不无心酸地向读者告别："自今以后，扫除文字，潜心奉道，香山南，雪山北，皈依净土"，走上业师陈文述指点的避世逃禅之路。正值创作旺盛之际的一代女词家，从此戛然而止，永远从文坛消逝。

清代女科学家王贞仪

民国初年蒋国榜将《德风亭集》收入《金陵丛书》刊印行世。《德风亭集》是清代乾嘉年间女学者王贞仪的著作集。蒋国榜在题跋中盛赞王贞仪："德卿于书无所不窥，工诗古文辞，尤精天算，贯通中西。自古才女如谢道韫、左芬之属，能为诗矣，未闻能文章也；曹大家续汉史矣，宋宣文传《周官》矣，未闻其通天算也。德卿以一人兼之，可不谓彤管之杓杓、青闺之收弁乎！"[①]

蒋氏的这个评价确非过誉之词。玉贞仪一生著述颇丰，有《筹算易知》一卷、《象数窥余》四卷、《历算简存》《术算简存》五卷、《星象图释》二卷、《重订策算证讹》二卷、《西详筹算增删》二卷、《绣帙余笺》十卷、《女蒙拾诵》一卷、《沉疴呓语》一卷、《文选诗赋参评》十卷（以上十一种佚）、《德风亭集》十九卷（今存初集十三卷，二集六卷佚）等十二种著作。她博涉文理，兼擅骑射，赋诗为文"质实说事理，不为藻采"[②]，境界高远，论说精辟，笔力劲洁，涤尽闺阁柔媚脂粉之气；赛场击射则英姿飒爽，"发必中的""跨马横载，往来若飞"[③]。其他如棋奕书画、女红中馈无不精通。

尤其难能可贵的是，王贞仪在自然科学领域广有建树。王贞仪有关天文历算方面的著作计有 7 种，惜多不传。从收入《德风亭集》中《筹辩易知》《象效窥余》《历算简存》三书的自序以及《地圆论》《月食解》《岁差日至辨疑》《盈缩高卑辨》《日月五星随天旋论》等论文和探讨自然科学的书信中可看出，她对清初著名数学家梅文鼎的著作进行了深入研究，并融会贯通、深入浅出地"损繁指奥，述成一编"，以便初学者"朝得暮能习之。"[④]同时她也重视研读西方传入的天文数学著作，从中吸取有益的养分，"贯通中西"[⑤]，详加辨析而不盲目照

---

① 蒋国榜：《德风亭集》跋。
② 钱仪吉：《术斋事稿》卷 3。
③ 肖穆：《王德卿传》。
④ 王贞仪：《筹算易知》序。本文所引王贞仪各篇均见《德风亭集》。
⑤ 蒋国榜：《德风亭集》跋。

搬，为其所囿。《日月五星随天旋论》一文便指出："西历虽至密，亦未能言概准。……有所可行，即有不可行；有所是，即有不是，岂可例观。"王贞仪对地圆说、日月食等天文历法自然现象的阐释都达到了清中期最高水平，其中有关日月食等方面的见解已和现代天文学的理论完全一致。曾任清钦天监时宪、天文二科博士的钱仪吉在为王贞仪《术算简存》所作序文中称："贞仪于学无不闻，夜坐观天星，言晴雨丰歉辄验"①，足见她在气象学方面也颇有成就。此外。王贞仪还"素推究诸医药之书，又常问习其道，故略知门径"②，她曾为人诊病开方，提出"医之道，其要在察脉、视人、因时、论方、相地，五者而已"，治病须综合多种因素"按诸理、权诸通变"辨证施治方能奏效。③

在不足三十年的短暂生涯中，王贞仪能在如此广博的领域卓有建树，不但古代巾帼中罕有出其右者，就是在男子中间也不多见。

"足行万里书万卷，尝拟雄心胜丈夫"！王贞仪诵出的这石破天惊诗句，酣畅淋漓地抒发了胸中凌云壮志，也集中昭示出她所以能脱颖成才的原因。王贞仪（1768—1797），字德卿，祖籍安徽泗县，自幼随祖父定居金陵（今南京）。贞仪的祖父王者辅历任知县、知府，因秉性刚正、触犯上官而获罪，谪戍吉林。祖父学识渊博，家富藏书七十五橱。他思想开放，不以寻常女红中馈拘束孙女，而"恒延姆师教读，颇攻苦于诗歌文章之艺"④，并教其博览经史，贞仪九岁便已"通《十三经》，长览二十三史，七月卒业"。⑤ 又因祖父精通天文历法，曾经"细训以诸算法"，使贞仪幼年受到自然科学知识的熏陶，"及长，学历算，复读家藏诸历学善本十余种，潜心稽究，十余年不少倦"。⑥ 乾隆四十三年（1778），贞仪十一岁时祖父死于戍所。她随祖母、伯父北上奔丧，客居吉林四年。在此期间，她曾从蒙古阿将军夫人学习骑射。祖父获罪，家遭不幸，使她饱尝世态冷暖，较早成熟，加上塞外戎装骑射的磨炼，陶冶了豪放刚毅、自强自立的品格情操。贞仪的父亲王锡琛亦富才学，精医术，但

---

① 钱仪吉：《术斋事稿》卷 3。
② 王贞仪：《敬书家大人〈医方验钞〉后》。
③ 王贞仪：《与刘秀容妹》。
④ 王贞仪：《书先大父惺斋公〈读书记事〉后》。
⑤ 钱仪吉：《术斋事稿》卷 3。
⑥ 王贞仪：《岁差日至辨疑》。

考场失意，长年在外奔波，贞仪跟随"东出山海，西游临潼，而复历吴、楚、燕、越之地，经行不下数万里"①，足迹踏遍大半个中国。王贞仪早年的特殊境遇与经历，使她既读书破万卷，知识广博、深厚；又行万里路，眼界洞开。这一切对于旧时女子都是极难遇到的机会，无疑为她成长提供了良好条件。

王贞仪生活的乾嘉时期，专制集权空前强化，妇礼纲常对女子的桎梏愈趋严紧，她在成才道路上也远非一帆风顺。贞仪治学极为勤奋刻苦，"少小习历、习算诸籍，恒废食以求之"②。在研究月食现象时，将晶灯与圆镜模拟太阳、地球、月亮，反复移动位置观察实验，"目注心思"，如痴如迷，终于"恍然悟月食之理"③。她执着地追求真理，从不随流媚俗，"凡目前之意所牴牾者，辄必改辩，执玉碎之见而阔瓦全之情，抱独醒之癖而悖啜醨之沉"④。她的表伯佞佛，卖产业而营佛事，并以苏轼持经好佛为自己辩解。贞仪公然致函驳斥："仪以为坡公之好佛，坡公之偏也，病也。在坡公当日，若忠义、若文章、若经济，卓卓人世，先生皆不知效，而唯公之偏与病是好，抑有何哉！"

王贞仪违俗悖礼的言行举止远远超出传统妇礼的规范，招致社会上嘲讽与责骂。人们指责她："妇人女子惟洒食缝纫是务，不当操管握牍吟弄文史翰墨为事。况妇女不以名高，今之褒然成集也，其意何哉！"甚至一些闺中婉媛之辈也"噂沓背憎，倾毁时加。或以为幼而无知，或以为闺中狂士，又或疑为有意作名，求知于当世，抗行于古之女史才氏。"⑤纷至沓来的诋毁诽谤并没有使她屈服，贞仪坦然表示：

> 唯仪也顽拙，生平颇以气节自持，又不屑依违脂粉香艳鄙俗之习，是以誉始兴而毁旋起，而不免忌刻排挤者。匪特闺秀忌刻排挤之，而须眉之辈其忌刻排挤则更甚焉。夫岂仪之过哉！⑥

---

① 王贞仪：《答胡慎容夫人》。
② 王贞仪：《象数窥余》序。
③ 王贞仪：《月食解》。
④ 王贞仪：《上卜太夫人书》。
⑤ 王贞仪：《上徐静雅夫人书》。
⑥ 王贞仪：《上徐静雅夫人书》。

对于"惟今世迂疏之士，动谓妇人女子不当以诵读吟咏为事"的指责，她驳斥道："夫同是人也，则同是心性，六经诸书，皆教人以正性明善、修身齐家之学，而岂徒为男子辈设哉！"①在答女友许宛玉诗中又针对"往往论学术，断不重女子。或且忌才深，喇喇交相诋；或且忌名成，一妒生百毁。遂令巾帼流，不敢事笔墨，蜟缩屏柔翰"的不平，高声呐喊："岂知均是人，务学同一理，载道同所尊，无分彼与此！"

王贞仪曾借《题架上鹰》明志，诗中说道："缩颈坐秋风，雄心冷如鹜。何时脱锦鞲？怒翮摩霄去！"正是这种叛逆妇礼、挣脱羁绊、超胜男子的雄心壮志和"足行万里书万卷"的刻苦治学精神，使王贞仪振翮冲天，成为中国古代巾帼中无与伦比的女科学家。

（原载《国史镜鉴》）

---

① 王贞仪：《上卜太夫人书》。

近代爱国女诗人沈善宝

沈善宝，字湘佩，生卒年不详，大约生活在清嘉道成同时期。善宝的父亲沈学琳曾任江西义宁州判，她随父宦游，早年受到良好教育，"工诗善画"，尤擅填词，在当地颇有名气。十二岁那年，父亲被同僚攻讦，官场失意郁郁而死，善宝一家老弱流滞，陷入困境。四年之后，赖继父资助，始得奉母扶亡父灵柩返回钱塘（今杭州）故里。谁知祸不单行，返乡不久母亲吴浣索、弟弟善熙、妹妹兰仙又相继去世。善宝只得流落四方，"鬻诗画度日"。接踵而至的变故，凄苦的身世，并没有把这位少女压垮，相反更加磨砺了她的节操和毅力。善宝在艰难贫困的环境中，写诗作画之余，坚持勤学苦读，诗画水平日益精进；而且居然"久之积资"，得以操持将父母安葬，为此博得时人称誉[①]。后来，善宝嫁山西太原知府武凌云为继妻，境遇才得到改善。

沈善宝著有《鸿雪楼初集》四卷传世，1924 年沈敏元据道光十六年（1836）刻本排印时又补入外集一卷。善宝青少年时期的坎坷经历，使她广泛接触社会底层，洞悉清廷的腐败黑暗，备尝男尊女卑和世态人情的辛酸炎凉。她的作品迥异于一般贵妇闺秀流连于风花雪月，而是带有强烈的时代气息，洋溢着激昂悲愤的炽热感情和深厚的爱国情怀。鸦片战争期间，她和挚友张䌥英合写的一首《念奴娇》，突出体现了她词作的风格。道光二十二年（1842）夏日的一天，沈善宝过访澹菊轩，澹菊轩的女主人张䌥英也是颇有诗名的文学家，著有《澹菊轩初稿》和《国朝列女诗略》，两人唱和往返，意气相投。当时，英国侵略军已经相继攻陷绍兴、乍浦。就在一个月前，因投降派两江总督牛鉴和吴淞东炮台指挥官临阵逃脱，致使困守吴淞的老将陈化成血战殉国，英军炮舰又进而指向上海、镇江。值此危难时刻，两位爱国女诗人，纵谈时局，"论夷务未平，养痈成患，相对扼腕"。䌥英出示新作《念奴娇》前半阕：

---

① 沈善宝：《名媛诗话》，张美翊题词。

良辰易误，尽风风雨雨送将春去。兰蕙忍教摧折尽，剩有漫空飞絮。塞雁惊弦，蜀鹃啼血，总是伤心处。已悲衰谢，那堪再听鼙鼓！

善宝读毕，挥笔续足后半阕：

闻说照海妖氛，沿江毒雾，战舰横瓜步；铜炮铁轮虽猛捷，岂少水师强弩？壮士冲冠，书生投笔，谈笑平夷虏！妙高台畔，蛾眉曾佐神武。[1]

张词细腻，流露了忧虑、伤感的情调；沈词雄壮，满腔激情倾泻无余。虽然词出两人之手，却气势贯穿，浑然一体，抒发了两位女诗人的爱国襟怀。沈善宝曾两渡长江，填写了三首《满江红》词。第一首《满江红·渡扬子江感成》，词云：

滚滚银涛，泻不尽心头热血。想当年，金山战鼓，红颜勋业。肘后难悬苏季印，囊中剩有江淹笔。算古来，巾帼几英雄，愁难说。

望北固，愁烟碧；指浮玉，秋阳赤。把篷窗倚遍，唾壶敲缺。游子征衫揾泪雨，高堂短鬓飞霜雪。问苍苍，生我欲何为？空磨折。[2]

女诗人凭吊京口古战场，遥想当年巾帼英雄梁红玉辅佐神武左军都统韩世忠击鼓战金山的丰功伟绩；面对外敌当前，山河破碎，清廷妥协投降节节败退的危局，无限感慨。自己身为女子充其量只能以文才名世，断难像苏秦那样身佩六国相印参决政事。郁积着满腔热血报国无门的苦闷，她不禁仰天呼喊："问苍苍，生我欲何为？空磨折！"读罢令人回肠荡气，悲愤难平。

沈善宝对陈腐礼教压抑摧残女子才华和妇女无权、社会地位低下的状况深感不满。她的作品表达了对男尊女卑制度的仇恨和抗争。当她读到小说《镜花缘》描绘的女儿国，女子文才武略处处胜过须眉，欣喜地赞叹道："胸中块

---

① 徐永孝选注：《女子慷慨集》卷4。
② 沈善宝：《鸿雪楼初集》。

垒消全尽，羡蛾眉有志俱伸，千古兰闺吐气！"[1]善宝还有感于"闺秀之学，与文士不同；而闺秀之传，又较文士不易。盖文士自幼即肄习经史，旁及诗赋。有父兄教诲，师友讨论。闺秀则既无文士之师承，又不能专司诗文，故非聪慧绝伦者，万不能诗。生于名门巨族，遇父兄师友知诗者，传扬尚易。倘生于蓬筚，嫁于村俗，则湮没无闻者，不知凡几"，于是"不辞撷拾搜辑"，自清初词气浑灏、多经济大篇的"武林闺秀之冠"顾若璞，迄于同时代被誉为"女中清照"的满族词人顾太清，凡闺秀名作，包括断句零章、遗闻韵事，都荟萃成集，编为《名媛诗话》十二卷[2]。该书为保存妇女的诗词作品，研究她们的创作活动，提供了宝贵的资料。1913年西泠印社排印顾太清《东海渔歌》词集时。即曾从沈著《闺秀词话》中录出五首佚词补遗传世。善宝蔑视"女子无才便是德"的妇礼说教，以诗画会友，广泛交游，受到女界仰慕。据徐永孝《女子慷慨集》记载，为了倡导妇女填词赋诗，她还接收了"女弟子百余人"。她的《名媛诗话》就是由宗康、俞德秀、完颜佛芸保等受业门生经手校刊的。

沈善宝在父母弟妹相继亡故、极其艰难悲苦的境遇下，敢于向传统妇礼挑战，以顽强的毅力勤学苦读，"鬻诗画度日"，自强自立，终于从逆境中崛起，成为中国近代史上第一位有影响的爱国女诗人；而且作为促使妇女觉醒、反叛礼教的斗士，她在普及、发展妇女文学，保存祖国文化遗产方面也做出了有益的贡献。

（原载《国史镜鉴》）

---

① 徐永孝选注：《女子慷慨集》卷4。
② 沈善宝：《名媛诗话》序。

近代女教育家曾懿

清光绪末年出版的《古欢室集》除刊刻《浣花集》《鸣鸾集》《飞鸿集》《浣月词》等诗词作品集外，还收有《医学篇》八卷、《女学篇》九章、附《中馈录》一卷，内容涉及文学、教育、医药卫生、烹调等学科领域，作者是一位五十多岁的妇女曾懿。在如此众多领域都有著述传世，就是在男子中也极少见，难怪缪荃孙作序盛赞曾懿："古今才媛不可多得之遇，以一身兼之则又独异也。"①

曾懿，字朗秋，一字伯渊，四川华阳（今属双流县）人，自幼天资明敏，经史诗词过目成诵。父亲曾咏是道光甲辰科进士，对曾懿钟爱备至，尽家中所藏书籍，任女儿随意浏览，"朝夕游泳其中"②。这使曾懿打下治学根底，养成广博兴趣。十岁那年，父亲积劳病故，从此抚育教养子女的重担落到了母亲肩上。母亲左锡嘉，字冰如，性格坚毅，富于才学，著有《冷啮仙馆诗稿》八卷、诗余一卷、文存一卷，时人称赞她的作品"如行云卷舒，流波跌宕"。她还擅长书画、中馈。锡嘉是一位很有见识的女子，十分重视对子女的教育。丈夫去世后，她从安庆扶柩还蜀，四川老家仅"茅屋数椽而已"，锡嘉全靠卖字画自给。她还仿南俗"翦通草为象生花鸟"，见者各惊其妙，求画乞花者络绎不绝。为了便于子女就学，母亲从偏僻闭塞的乡里迁入城南居住。后为防止沾染城市浮侈习气，又迁至距城数里的杜甫故居浣花溪草堂附近定居。曾懿随侍母亲身旁，耳濡目染，金石词章、书画针黹、烹饪之术无所不好。在母亲的精心教养下，技艺日益精进，她以丹青运于女红，所绣山水花卉翎毛，无不酷肖，精细入微，一时"名满蜀都"③。

及笄之后，曾懿嫁江南名士袁幼安，夫妇倡随，相得益彰。婚后随夫宦

---

① 《古欢室诗词集》缪荃孙序。
② 《古欢室诗词集》曾旭初序。
③ 《古欢室诗词集》曾旭初序。

游,"涉大江、越重洋,遨游东南各行省"①,接触到一些新思想、新事物,胸襟、眼界豁然洞开。曾懿根柢厚而阅历深,在艺术上反对"诗到穷愁而后工",所作"皆真情真景"流露,博得评论家"唐音宋派,卓然名家"的赞扬。② 晚年。曾懿受维新思想影响,"默察中国数十年政权变迁之大势,与夫列强数十国鲸吞蚕食之阴谋",对祖国的危急存亡十分忧虑,转而集中精力撰述《女学篇》,以期"外而爱国,内而齐家"。曾懿在这部著作中提出的教育思想,比起她在其他众多领域中所取得的成就,更加可贵。

《女学篇》是一部很有特色的论著。中国历史上自班昭《女诫》以降,诸多女教读物无不充斥"三从四德"一类的说教,在维新变法浪潮中,志在革新的志士仁人对传统女子教育发起了猛烈的冲击,《女学篇》就是最早的一批突破传统滥调,用新思想指导的系统的女教著作中的一部。

《女学篇》自序和总论部分,着重论证兴办女学的重要性和可能性。曾懿不但认为男子可学者,女子亦无不可学,还进一步提出"女子之心,其专静纯一,且胜于男子,果能教之得法,宜可大胜于男子者"。她强烈要求"使男子应尽之义务,无不与女子共之;男子应享之权利,亦无不与女子共之",号召女同胞"勉力同心,共起竞争之志,以守起天赋之责任"。曾懿把兴女学的作用提到了强种保国的高度,一旦能够普及女子教育,则"一国之中骤增有用之才至二万万人之多,夫何贫弱之足患哉!"

曾懿认为,女子六七岁时或秉母教或延师在家教之,与男子同;至八岁即可入初等女学堂。她提出"除堂中应习之科学外",还"须择切近时事、文理通畅者读之","以博其趣"。《女学篇》正是辅助女子学堂之不足,侧重女子成年教育的读物。曾懿参照日本和欧美诸国女子教育的经验,本着"无论中西各国,各有所长,取其所长,变其所短"的精神,对传统的女教进行了改造。全书分结婚、夫妇、胎产、哺育、襁褓教育、幼稚教育、养老、家庭经济学、卫生等九章。

在《结婚》一章中,她特别强调父母"亦须与儿女商酌,尽善尽美,心悦诚服方可结婚,不贻后悔"。对于择婿标准,她反对"恒计财产之丰啬,不论品

---

① 曾懿:《女学篇》序。以下凡引《女学篇》不注。
② 《古欢室诗词集》缪荃孙序。

学之高低，辄以女子轻许之"的做法，提出"以人品纯良，才学优长者为最"。她还宣称夫妇应"以相爱相敬为基础"，做到"爱情互相专注"。婚龄则"必以强固为标准，男在二十岁以上，女在十九岁以上，倘结婚太早，彼此体质尚在发育"，就会"阻其发育之速，体质不能完全，子女亦多羸弱，滋可虑也"。

《褓褓教育》一章，分防倾跌、戒恐吓、教信实、教仁慈、勿拘束、忌偏爱六个方面阐述。她批评了"常见为母者欲止小儿啼哭，故作猫声、虎声，使之畏怖；或演神鬼及荒诞不经之说，使之迷信"，指出恐吓的结果会导致幼儿"暮夜不敢独行，索居不能成寝，畏首畏尾，养成一种葸懦之性质，其害良非浅也"。在"勿拘束"节，曾懿告诫道："小儿居恒好动而恶静，乃天然之体育，于卫生最为有益；切不可阻其生机，亦不可拘束过严，使小儿萎靡不振，致成窳阙不灵之器矣。"

《女学篇》对教学方法也有精辟论述。曾懿提出教幼儿女不可躁进，"须相其体格强弱，年岁大小以施其教法"，否则"训诲过度，转滋进锐退速之弊"，因而为师者"须不恶而严，循循善诱"。她明确指出："编定课程，每一小时应改换一课，俾脑力可以互用，不至生厌倦之心。课程完毕，随即放学，万勿加增例外之课，致阻其活泼之生机。"她还特别强调家长应重身教，"须默化其气质"，使子女"精神焕发，品行端正，养成益国利民之思想"。在"幼稚教育"章中，曾懿还结合自己切身感受，控诉缠足陋俗是"女子自由之大阻力，其害殆甚于洪水猛兽"。对"今中国变法维新，能使此后女子脱离此难"，发出了"实万分心喜"的由衷赞叹。

曾懿认为妇女应担负"主一家之生计"的主妇职责，因而专门辟有"家庭经济学"一章，从生财、节用、公益、明晰、豫蓄、积储等角度论述料理家政之道。值得重视的是，曾懿探讨这个问题时，并不只囿于一个小家庭的范围，而是把眼光放到了整个社会。她说："主财政者于无益之费用当力从节俭，然于学校义赈关乎社会公益之举者，须量力捐输。或遇人急难，解囊相助，全人之美，多金不惜，皆有合于道德心者也。"

曾懿非常重视清洁卫生和身体保健，在她看来"医学卫生，以保康强，所以强大种族之原理也"，因而作为主妇，"不独宜重卫生，且宜兼习医学"。曾懿自己"家藏医书，复甚齐备"，对上起内经、金匮古法，下迄近代医家，无不潜心研究、融会贯通，医道十分精湛。光绪三十二年(1906)她积三十余年为人诊治的经验，撰成《医学篇》，分内科、外科、妇科、幼科和各类杂症等八卷，从古方、时方及自制诸方中选其"灵验素著"者荟萃成帙。时人称赞"其言皆本实验，明显易晓，循而用之，可以救夭札之患"。

通观曾懿的女教著作，从指导思想到整个体系，都对传统女教的格局有所突破，书中增加了许多旧式女教从未涉及的内容，并和传统的陈腐教条针锋相对，提出了一些富于科学、民主思想的新鲜见解，反映了早期资产阶级在女子教育上的主张，不失为一部划时代的著作。

曾懿幼年接受了良好的家庭教育，又有机会作万里游，胸怀开阔，接受了维新思潮的洗礼，这正是她取得多方面成就的重要原因。曾懿以她的《女学篇》专著和她的博学多才，证明了她"男子可学者，女子亦无不可学"，"果能教之得法，宜可大胜于男子"的论断。

（原载《国史镜鉴》）

旧民主主义革命妇女的楷模秋瑾

秋瑾是中华民族觉醒初期杰出的女革命家，是近代妇女解放运动的先驱。1907 年她 31 岁时，被清朝政府杀害。她把年轻的生命奉献给反对专制王朝、争取民族解放的崇高事业，用鲜血谱写了一曲爱国救民、献身革命的慷慨悲歌。

秋瑾，原名闺瑾，字璿卿，小名玉姑，别号竞雄，又称鉴湖女侠，原籍浙江绍兴人。她的祖父秋嘉禾同治年间考中举人，历任福建云霄厅同知、厦门海防厅同知，全家随祖父迁往任所，秋瑾的少年时代是在福建度过的。这时的厦门已经成为西方殖民主义国家的通商口岸，秋瑾亲眼看到洋人横冲直撞，任意欺凌自己的同胞，而清廷官员却处处畏缩退让，感到极大的义愤。她认定要不做奴隶，报国雪耻，就得习武强身。为此，她不顾时人讥讽，一反千百年来女子缠足的陋俗，扔掉裹脚布，放开双足，骑马、舞剑、拳术样样都学，练就了一身强壮的体魄。

1902 年，秋瑾随丈夫进京赴任，目睹八国联军肆意烧杀掠抢的惨状，怒不可遏，她在长诗《宝刀歌》里提到："北上联军八国众，把我江山又赠送。白鬼西来做警钟，汉人惊破奴才梦！"她决心"誓将死里求生路"，奋力投身于拯救祖国命运的伟大事业。但她丈夫却是个思想陈旧的浪荡公子，夫妇之间没有丝毫共同语言。秋瑾对百无聊赖的家庭生活越发感到厌恶，深为"漆室空怀忧国恨，难将巾帼易兜鍪"[1]的状况而苦恼。当她郁郁不得志时，经常悲歌击节，拂剑起舞，慨然长叹："人生处世，当匡济艰危，以吐抱负，宁能米盐琐屑终其身乎？！"[2]19 世纪末，资产阶级革命家们竭力主张向西方寻求真理，用西方资本主义文明作武器，救亡图存，向专制王朝展开斗争。秋瑾也萌发了东渡日本，到异国去学习救国本领的念头。在吴芝瑛等志同道合的女友资助下，

---

① 《秋瑾集》，上海：上海古籍出版社，1979。
② 徐自华：《鉴湖女侠秋君墓表》。

她变卖了身边所剩的零星首饰，以"踏破范围去，女子志何雄"的气概，毅然和家庭决裂，怀着"他时扶祖国，身作自由钟"的伟大抱负，跨上了新的征程。[①]

20 世纪初，聚集在日本的中国留学生有几千人之多，这里远离清王朝的统治，成为中国革命的海外基地。秋瑾在这里感到如鱼得水，十分活跃。她努力学习救国家、救二万万女同胞的本领，"多看清政府禁阅的书，考察外边情况，多结交热血朋友"[②]。凡有集会，她必参加，每次到会，必登台演说。秋瑾娴于辞令，充满激情，演说时高谈雄辩，议论风发，淋漓悲壮，荡人心魄；听者无不感奋愧赧以致泣下。留学期间，秋瑾和陈撷芬等十名学生重组"共爱会"，改名"实行共爱会"，这是中国历史上第一个妇女爱国组织。"共爱会"的宗旨是：反抗清廷，恢复中华，主张女子从军，救护伤员。1905 年 8 月孙中山从欧洲赴日，在东京联合"兴中会""华兴会""光复会"等革命团体，建立中国资产阶级革命政党同盟会。秋瑾经黄兴介绍，得与孙中山会面，倾谈之下，更加坚定了革命意志和信念。她很快加入了同盟会，被推举为浙江主盟人。同年 12 月 2 日，清驻日公使勾结日本文部省颁布了镇压学生爱国运动的所谓"清国留日学生取缔规则"。12 月 8 日，陈天华愤而跳海自杀表示强烈抗议，激励大家奋斗到底。陈天华的爱国举动，使秋瑾受到很大震动，她决计立即回国，直接参加反清斗争。临行前，她在留学生的集会上，拔出锋利的倭刀插在讲台上，慷慨陈词："如有人回到祖国，投降满虏，卖友求荣，欺压汉人，吃我一刀！"[③]回到国内，秋瑾立即给日本的同学写信，表示："吾自庚子(指 1900 年八国联军侵入北京)以来，已置吾生命于不顾，即不获成功而死，亦吾所不悔也。且光复之事，不可一日缓，而男子之死于谋光复者，则自唐才常以后，若沈荩、史坚如、吴樾诸君子不乏其人，而女子则无闻焉，亦吾女界之羞也。愿与诸君交勉之。"[④]

秋瑾回国后，于 1906 年 3 月至浔溪女校任教，讲授日文、理科、卫生等课程，注重用革命思想熏陶、启发同学，深受学生欢迎，但也因此为顽固守

---

① 《秋瑾集》。
② 《秋瑾年谱及传记资料》，第 17 页，北京：中华书局，1983。
③ 徐双韵：《记秋瑾》。
④ 王时泽：《回忆秋瑾》。

旧的校董所不容。不久秋瑾辞职离校，转到上海，住虹口厚德里，以"蕴城学社"为名，作为革命活动机关，开展秘密活动。一次她在陈伯平家制造炸弹，不慎爆炸，声震屋瓦，陈伯平的眼睛、秋瑾的手臂都被炸伤，机关遭巡捕房封闭。在积极联络同志准备武装起义的同时，秋瑾还大力宣传妇女解放思想，鼓励妇女参加民主革命斗争，于1907年1月在上海创办了《中国女报》月刊。她把妇女解放斗争和反对清朝的革命斗争结合起来，提出"扫尽胡氛安社稷，由来男女要平权"[①]，号召妇女从十八层地狱底下爬出来，和男子并肩战斗。为了适应武装斗争的需要，《中国女报》还刊登了秋瑾编译的《看护学教程》。她在前言中提出，"他日者，东大陆有事，扶创恤痍，吾知我一般之姊妹不能辞其责矣"，她鼓励妇女学好看护本领，以"抚慰出征军旅之伤痍，以振其勇气"[②]。

　　1907年2月秋瑾接受绍兴大通学堂师生邀请主持该校校务。大通学堂是光复会首领陶成章、徐锡麟等于1905年创办的，以提倡军式体操为由，请准绍兴官吏，募款购置后膛九响枪五十支，子弹二万发。浙江一带革命党人便以此为据点，秘密培养干部，学习军事，为武装起义积蓄力量。秋瑾主持大通学堂校务期间，设立体育会，先后召集浙江各地会党头领一百数十人学习兵操。秋瑾经常身穿男子体操服，骑马带领学生到野外打靶，练习射击技术。她以大通学堂为中枢，频繁往来于沪杭之间，"运动军学两界"，"歃动会党"，积极策划武装起义。她亲手拟定《光复军制稿》《光复军起义檄稿》《普告同胞檄稿》等文件，与竺绍康、王金发、吕熊祥、陈伯平、马宗汉等讨论通过。大家公推徐锡麟为首领、秋瑾为协领，把各地会党编成八个军，对军服、旗帜、铃记、行令等都作了详细规定，并具体部署了行军路线，决定7月6日（农历五月二十六日）由徐锡麟、秋瑾分别指挥安徽、浙江两处义军同时举事。会议上群情激昂，秋瑾拔刀刺臂，滴血酒中，和战友们举杯共誓。"我今必必必兴师，扫荡毒雾见青天！"[③]秋瑾用钢铁般的语言表达了光复军武装起义的百倍勇气和决心。

---

①　《女权歌》，《中国女报》第2期。

②　《中国女报》第1期。

③　秋瑾：《同胞苦》，参见《浙江办理秋瑾革命档案》。

但是在临近起义的关键时刻，由于组织不严，走漏风声，官府严加防范。7月6日徐锡麟在安庆仓促起事，亲手刺杀巡抚恩铭，自己也受伤被俘，壮烈牺牲。噩耗传来，秋瑾心如刀绞，热泪横流，但她并没有畏缩气馁，决计浙江方面7月19日起义，攻占绍兴。7月10日秋瑾给女友徐小淑寄去一封绝命书，表示"虽死犹生，牺牲尽我责任；即此永别，风潮取彼头颅"①。尽管形势逆转，她也义无反顾，牺牲性命，在所不辞。

安庆起义失败后，官府如临大敌，格外警惕，金华、处州等地的秘密组织也相继遭到破坏，形势急转直下，原定计划已无法实施。秋瑾接受王金发的建议，催促战友迅速离开绍兴，分散、隐蔽、保存实力，以图日后东山再起。但是当上海革命党人得知大通学堂已暴露，派杭州女师胡踊秋通知她迅即离绍赴沪时，秋瑾却表示："我怕死就不会出来革命，革命要流血才会成功。如满奴能将我绑赴断头台，革命成功至少可以提早五年，牺牲我一人，可以减少后来千百人的牺牲，不是我革命失败，而是我革命成功。我决不离开绍兴，愿与男女两校共存亡。你回去同我们妇女同志说，要求男女平权，首先要做到男女平等的义务。我不入地狱，谁入地狱。"②她毅然留在大通学堂，带领学生埋藏、转移枪械、焚毁文书、信件。7月13日下午，清兵将大通学堂团团围住，经过一番激烈的枪战，秋瑾终于被俘。任凭敌人严刑拷打，百般逼供，秋瑾始终"坚不吐实"，大义凛然地回答："论稿是我所作，日记笺折亦是我办，革命党之事，不必多问！""革命党人不怕死，欲杀便杀！"③她拒不书写笔供，只写下了嘉道年间陶澹人《秋暮遣怀》诗中的一句："秋雨秋风愁煞人！"这七个大字凝聚了秋瑾痛惜革命失败，为祖国的前途和命运忧虑的悲愤心情。绍兴知府贵福见秋瑾宁死不屈，唯恐光复军攻打绍兴、营救秋瑾，便匆忙编造口供，致电浙江巡抚张增敭，于7月15日凌晨，在古轩亭口刑场将她杀害。

秋瑾的殉难，在全国各地激起强烈反响，整个社会舆论深切同情秋瑾和她所从事的革命事业，愤怒谴责清政府的残暴罪行。烈士的鲜血并没有白流，

---

① 秋瑾：《致徐小淑绝命词》。
② 王璧毕：《秋瑾成仁经过》。
③ 徐双韵：《记秋瑾》。

秋瑾用自己的生命促进更多的群众觉醒，更加激起人们对清朝的仇恨与反抗。1911 年 10 月 10 日武昌起义爆发后，浙江革命党人起兵响应，很快在全省十一个府推翻了清朝政权。其中大部分革命党人都是秋瑾生前的同志和部下。秋瑾的战友王金发带头攻克浙江巡抚衙门，旋即率兵光复秋瑾的故乡绍兴。另一位秋瑾亲自发展加入光复会的宁波义军领导人叶颂清，他在谈到浙江各地起义很快获得成功的原因时认为："推原所自，吾浙实由秋瑾倡之，联合之，故组织颇为完善。"①

秋瑾是中国历史上为民主革命捐躯流血的第一位女革命家，她用鲜血和生命实践了为革命"我不入地狱，谁入地狱"的誓言，为民族解放和妇女解放事业作出重大贡献，从而如吴玉章《辛亥革命》一书所高度评价的，成为"旧民主主义革命时期中国革命妇女的楷模。"

（原载《国史镜鉴》）

---

① 《秋瑾年谱及传记资料》，第 109 页，北京：中华书局，1983。

第五部分

治学成才

放牛娃苦学成名流

放牛娃王冕勤勉学画的事迹，因被吴敬梓在《儒林外史》中渲染褒扬，成了家喻户晓的苦学成才典范。王冕在历史上实有其人，小说第一回"说楔子敷陈大义，借名流隐括全文"对王冕的描绘，除一些枝节上的差异外，也基本上符合事实。

王冕（？—1359），字元章，自号煮石山农、饭牛翁、江南古客、梅花屋主，浙江诸暨人。宋濂曾为他作传，述其幼年发愤苦学之状颇为生动：

> 王冕者，诸暨人。七八岁时父命牧牛陇上，窃入学舍听诸生诵书，听已辄默记，暮归忘其牛。或牵牛来责蹊田，父怒挞之，已而复如初。母曰："儿痴如此，曷不听其所为？"冕因去依僧寺以居，夜潜出坐佛膝上，执策映长明灯读之，琅琅达旦。佛像多土偶，狞恶可怖，冕小儿恬不若见。①

安阳学者韩性对王冕发愤苦学的精神十分欣赏，破格录其为弟子，悉心培养成通儒。起初，王冕曾参加科考，屡试不中，终于觉醒，感叹道："此童子羞为者，吾可溺是哉！"遂绝意功名，历览名山大川，交结奇才豪杰。著作郎李孝光推荐他为府史，王冕答称："吾有田可耕，有书可读，肯朝夕抱案立庭下备奴使哉！"秘书卿秦不华荐以翰林院馆职，亦不就，他早已洞悉元末政治腐败、气数将尽，故道："不满十年，此中狐兔游矣，何以禄仕为？"此后携妻小隐居九里山，树梅千株，养鱼千条，结茅庐三间自题为梅花屋，卖画易米。与《儒林外史》说王冕善画荷花不同的是，实际上他工于画梅，功力"不减杨补之"，花密枝繁，行笔劲健，生意盎然，"求者肩背相望"。王冕又是元末杰出的诗人，"当风日佳时，操觚赋诗，千百不休，皆鹏骞海怒，读者毛发为耸"。

---

① 宋濂：《宋学士全集》卷10《王冕传》。以下凡引本文不注。

他出生贫苦，长期生活于下层民众之中，深切了解人民的疾苦，因而写下不少同情人民苦难、揭露统治阶级腐败残暴的诗作。

王冕因孤傲耿介、辞官不做、隐居山林而被时人目为狂生。他在表面升平"海内无事"之时，便预言"天下将乱"，人斥为妄，他却回答："妄人非我，谁当为妄哉！"曾冒漫天大雪赤足上潜岳峰，四顾大呼曰："遍天地间皆白玉合成，使人心胆澄澈，便欲仙去。"携母还故里时，"买白牛，驾母车，自被古冠服随车后，乡里小儿竟遮道讪笑，冕亦笑"。实际上王冕之狂，表现了不与黑暗势力妥协的正气与傲骨，他与那些消极避世、向往山林的隐士有着本质的不同。这不但体现在他大量反映社会现实、充满战斗激情的诗篇，还表现在他对当局的不合作。《明史》本传中还记载他隐居山林时"尝仿《周官》著书一卷，曰：'持此遇明主，伊、吕事业不难致也。'"[1]可见王冕并非只是温文尔雅的诗人、画家、学者、隐士，他还是愤世嫉俗、具有高度政治洞察力和强烈斗争精神的勇士。朱元璋攻克绍兴、屯兵九里山物色人才之际，王冕终于出任咨议参军；但不久便因病暴卒。对此宋濂感叹道："马不骠驾不足以见其奇才，冕亦类是夫"，"（冕）磊落有大志，不得少试以死，君子惜之"，对这位胸怀伊吕大志的奇才未及施展便英年早逝，深表痛惜。

（原载《国史镜鉴》）

---

① 《明史》卷285《王冕传》。

宋濂治学勤且艰

宋濂(1310—1381)，字景濂，号潜溪，浙江浦江人，朱元璋称帝前征召至应天(今南京)任太子师，"以文学受知，恒侍左右，备顾问"①。明开国后受命为撰修元史总裁官，先后担任翰林院学士、侍讲学士、知制诰、赞善大夫、中顺大夫等职。宋濂学识渊博，"于学无所不通"。《明史》本传称他"为文醇深演迤，与古作者并。在朝，郊社宗庙山川百神之典，朝会宴享律历礼冠之制，四裔贡赋赏劳之仪，旁及元勋巨卿碑记刻石之辞，咸以委濂，屡推为开国文臣之首。士大夫造门乞文者，后先相踵"，就是外国贡使也仰慕他的文名，"高丽、安南、日本至出兼金购文集"②。这样一位名扬海内外的一代大学问家，却是在极其贫苦艰难的条件下，靠借书抄录，虚心求教，数十年如一日，坚韧不拔，苦学成才。宋濂曾写过一篇《送东阳马生序》，备述自己早年借书、抄书、求师、向学的曲折经历，用以激励太学生马君则勤奋上进。这篇短文真实生动地再现了他在通往成功道路上不辞辛劳艰苦跋涉留下的足迹。

宋濂幼时好学，但因家贫无钱购书，常向藏书之家借阅，"手自笔录，计日以还"，即使"天大寒，砚冰坚，手指不可屈伸"，也不敢稍有荒怠。录毕，及时送还，从不违约，因此人们多愿借书给他，遂得"遍观群书"③。

为了扩大见闻，不断深造，宋濂经常四处寻访硕师名儒求学请教。起初他就学于闻人梦吉，通晓五经；后不满足于举子业，又转而师从吴莱，习古文词，尽得其真传。在《送东阳马生序》中，宋濂述及他早年趋走百里之外跟随乡中学术前辈"执经叩问"的情景。先生德隆望尊，门人弟子济济一堂。宋濂恭恭敬敬立侍左右，"援疑质理，俯身倾耳以请"，遇到先生叱咄，"色愈恭，礼愈至，不敢出一言以复"。等到先生欣悦了，"则又请焉"，因此而获得

---

① 《明史》卷128《宋濂传》。
② 《明史》卷128《宋濂传》。
③ 宋濂：《宋学士全集》卷6《送东阳马生序》。以下凡引本篇不注。

许多知识。为了外出寻师，宋濂曾"负箧曳屣，行深山谷中，穷冬烈风，大雪深数尺，足肤皲裂而不知"。勉强坚持到学舍，四肢已经冻僵，失去知觉，经人"持汤沃灌，以衾拥覆"，许久才渐渐暖和过来。住在客店，每日两餐，"无鲜肥滋味之享"。同学诸生全都身穿锦绣，头戴朱缨宝饰之帽，腰系白玉环，左佩刀，右备香囊，"烨然若神人"，唯独宋濂缊袍敝衣处其间，"略无慕艳意"。在他看来，能够纵情遨游在知识的海洋中，才是人生最大的乐趣。

宋濂坚持勤奋向学，终身不懈，即使学而有成之后依旧虚怀若谷，"游柳贯、黄溍之门"。尽管元末古文名家柳、黄"两人皆亟逊濂，自谓弗如"①，宋濂待师仍极谦恭。宋濂在《送东阳马生序》中历述自己求学经历之后，感叹道："盖余之勤且艰若此"！他把自己的治学精神概括为"勤""艰"二字，即不畏艰难，刻苦勤奋，舍此别无捷径。他还语重心长地告诫太学生马君则："今诸生学于太学，县官日有廪稍之供，父母岁有裘葛之遗，无冻馁之患矣；坐大厦之下而诵诗书，无奔走之劳矣；有司业、博士为之师，未有问而不告、求而不得者也；凡所宜有之书，皆集于此，不必若余之手录，假诸人而后见也"，在这样优越的条件下，"其业有不精、德有不成者，非天质之卑，则心不若余之专耳，岂他人之过哉！"

宋濂本人所以能在极为艰难困苦的环境下做到于学无所不通，并非偶然。如永康后学清人胡凤丹所说：宋濂"以儒生骤班侍从十有余载，凡朝廷大制作、大号令皆出其手，其所以羽仪王国黼黻休明为文臣之冠冕者岂倖致哉？夫惟道积厥躬有以发乎迩而见乎远也。"②确实，宋濂之所以从困境中磨砺成"明初开国巨儒"③，全在于他"自少至老，未尝一日去书卷"④，治学"勤且艰"，刻苦专心，长年不懈，持之以恒。

（原载《国史镜鉴》）

---

① 《明史》卷 128《宋濂传》。
② 《宋学士全集》胡凤丹序。
③ 《宋学士全集》胡凤丹序。
④ 《明史》卷 128《宋濂传》。

朱载堉辞王让爵成科学文化巨星

中国古代，一部二十四史演出了无数后妃、子弟之间争宠夺嫡相互砍杀的闹剧。而明中后期偏有一位藩王世子执意辞让王爵，毕生致力于科学研究，在音乐、数学、历法等方面，做出巨大贡献，成为在世界范围居领先地位的科学文化巨人。他就是郑端清世子朱载堉。

朱载堉（1536—1611），字伯勤，号句曲山人，明仁宗朱高炽六世孙，其父为郑恭王朱厚烷，他出生后被封为郑王世子，端清是死后的谥号。父亲朱厚烷读书能文，精通儒学、乐律，清廉正直，"自少至老，布衣蔬食"①。嘉靖二十七年（1548），因对世宗佞道大修斋醮不满，"以简礼、怠政、饰非、恶谏、神仙、土木为规讽，词语切直"②，招致皇帝震怒。其时厚烷同族堂叔朱祐橏图谋夺爵，又乘机诬告他谋为不轨。厚烷终于被废为庶人，禁锢于凤阳。世子载堉对父亲无辜遭受迫害愤懑不平，"筑土室宫门外，席藁独处者十九年"③，直至穆宗即位，厚烷才得以平反复爵还国，载堉也随之恢复世子身份。

朱载堉少年时代酷爱音律、历算等学，悟性过人，"妙有神解"④。他刻苦研读《律吕新书》《洪范》《皇极内篇》等书，"口不绝诵，手不停披，研究既久，数学之旨颇得其要"⑤。载堉的外舅祖何瑭"修经授徒，不问寒暑，家徒壁立，乃怡然自乐"⑥，"直率怡淡，励志躬行"。著有《乐律管见》《律吕管见》《阴阳管窥》《柏斋集》等著作，"究心世务，皆能深中时弊，尤非空谈三代、迂疏无用者比"。载堉的"律数之学，皆受之于瑭者也"⑦。父亲和何瑭的为人、学问都明显对载堉产生了很大影响。正是在身居土屋席藁独处的十几年中，载堉"谠

---

① 《明史》卷119《诸王列传》。
② 张萱：《西园闻见录》卷2。
③ 《明史》卷119《诸王列传》。
④ 雍正十三年（1735）《河南通志》卷58《人物》。
⑤ 朱载堉：《进历书奏疏》。
⑥ 雍正十三年（1735）《河南通志》卷26。
⑦ 《四库全书总目》《柏斋集》提要。

朗英肦于荣利若弗闻，睭东轩一席，诵盘浩山藏史"①，潜心攻读，撰成《瑟谱》等书。父亲恢复爵位后出示幽禁期间所写《操缦谱藁》，并口授详示，由载堉进一步采古今传记及先儒旧说，续以新闻，撰成《操缦》《旋宫》等谱。万历十九年（1591）朱厚烷病故，载堉理应袭爵，他却在十五年的时间里七次上书累疏恳辞，"宁窜匿于岩穴"②，而将王位让给仇家祐樬之孙载玺，并提出愿将东垣郡尽让曾攻讦诬告他的另一族亲常蓁。载堉旷古未闻的高风亮节令神宗深受感动，遂敕建玉音坊："尔能非道不处，惟义是循；固逊王爵，至屡屡疏，敦复伦序，克振纲常，朕心喜悦。兹特敕旌奖，给禄建坊，以示优贤之意。仍令有司办彩币羊酒，以为诸藩矜式。尔宜益懋素修以永令誉，钦哉故敕。"③神宗把他当作"敦复伦序，克振纲常"的典范大加褒奖，而事实上载堉绝非懦弱无能、一味克践伦序纲常的腐儒。王铎撰《神道碑》称他"慧悟绝人，俭恬淑均，以杀生为禁；视不义若猛火，采真皆娀，肖肖尘世之外"。他自甘淡泊，弃王位如敝屣，是因为他从父亲"无罪见系"蒙冤十六七年的经历中，切身体会到明朝政治的腐败黑暗，对皇室内部尔虞我诈、火并争斗深恶痛绝，如他自己在《醒世词·平生愿》中所说："再休提无钱，再休提无权，一笔都勾断。自古人生七十难，苦心劳力憨头汉。子陵垂钓，留侯归山，他二人枉高见。种几亩薄田，栖茅屋半间，就是咱平生愿。"④他的俭恬淑均、冷峻谦和仅只表明自身洁白如玉的情操，不屑与那些贪图钱财权势之辈争夺；而对社会上的丑恶现象、陈腐落后的鄙陋俗见，则"视不义若猛火"，充满了狂狷叛逆的批判精神。他在《醒世词》中对"人为铜钱，游遍世间""求人一文，跟后擦前"以及依仗钱财权势为非作歹"有理事儿你反复，无理词讼赢上风"的丑类，进行了尖刻的嘲讽与鞭挞。在嘉靖三十九年（1560）所作《瑟谱小序》，竟自称"狂生"，署名"山阳酒狂仙客"。万历二十二年（1594）上疏"请宗王得令儒服就校，毋论京外职，入式者视才品器使"⑤，以打破对宗室终生给禄不准入学应举做官的陈规，奏请准许皇家子弟辞封凭靠真才实学科举入仕建功立业。而在学

---

① 王铎：《郑端清世子赐葬神道碑》，载康熙三十四年（1695）《河内县志》卷5《碑记下》。
② 王铎：《郑端清世子赐葬神道碑》，载康熙三十四年（1695）《河内县志》卷5《碑记下》。
③ 雍正十三年（1735）《河南通志》卷35《艺文》。
④ 参见路工：《访书见闻录》，上海：上海古籍出版社，1995。
⑤ 张萱：《西园闻见录》卷2。

术研究上则对"先儒不晓其义，往往臆见，增损其语，遂使本法支离"①，以及董仲舒等宣扬天人感应，称日月食为灾异，"神之则惑众"②等谬说提出驳难与挑战。他还批评朝廷沿用历代乐礼，"无敢议其失者，理不可晓"③。甚至公然反对朝廷禁止民间习历作乐的专制愚民政策，直接向皇帝上疏，宣称："皇上赦臣狂妄之罪而容之，则（许）衡、（王）恂、（郭）守敬之辈必相继而至矣。"④

燕雀安知鸿鹄之志！热爱科学，"志之所好，乐而忘倦"⑤，是朱载堉固逊王爵的又一重要原因。让爵之后，朱载堉过着"幅巾策杖，杂处农樵间，不可辨识"⑥的隐居生活，更"晚节务益著书"⑦。曾与精通历法、音律的河南佥事邢云路"面讲古今历事，夜深忘倦"，或"灯下步算以答"，或携手"散步中庭，仰窥玄象"⑧，又"慨古乐失传，折衷音律，教习雅颂文武舞"⑨。这是他晚年全力潜心治学科研的真实写照。

朱载堉一生著述极丰，计有《乐律全书》（包括《律吕精义》内外篇各十卷、《律学新说》四卷、《乡饮诗乐谱》六卷以及《乐学新说》《算学新说》《操缦古乐谱》《六代小舞谱》《脩缀兆图》《灵星小舞谱》《旋宫合乐谱》《乐经古文》《小舞乡饮谱》《圣寿万年历》二卷、《万年历备考》三卷、《律历通融》四卷，凡十六种）、《瑟谱》十卷、《律吕正论》四卷、《律吕质疑辨惑》《嘉量算经》三卷、《圜方勾股图解》《韵学新说》《先天图正误》《瑟铭解疏》《毛诗韵府》《礼记类编》《算经秬黍详考》《金刚心经注》《切韵指南》以及文学词曲《醒世词》和《补亡诗》二十五首，多达三十余种。广泛涉及天文历法、数学、计量学、物理学、音律学以及经学、音韵学、文学、音乐、舞蹈、绘画、乐器制造等诸多领域。他治学科研"惟求实理，不事文饰"⑩，极重亲身实践和科学实验。譬如制定历法，便当

① 朱载堉：《律学新说》卷1。
② 朱载堉：《律历融通》卷4。
③ 朱载堉：《律吕精义》外篇卷1。
④ 朱载堉：《进历书奏疏》。
⑤ 朱载堉：《进历书奏疏》。
⑥ 康熙三十四年（1695）《河内县卷》卷3《人物·朱载堉传》。
⑦ 雍正十三年（1735）《河南通志》卷58《人物·朱载堉传》。
⑧ 朱载堉：《律吕正论》自序。
⑨ 康熙三十四年（1695）《河内县志》卷5《碑记下》。
⑩ 朱载堉：《进律书奏疏》。

"推律候气，立表铡景，盖治历之本也"①，"凡历法之疏密，当以天为验，是乃历之本也"②，也就是说研究天文历法惟以实测天象为基础和本源。他还曾亲自种竹、采竹，进行各种"新旧律实验"。在他看来，"数非律所禁也。天运无端，惟数可以测其机；天道至玄，因数可以见其妙。理由数显，数自理出，理数可相倚而不可相违，古之道也"③，因而特别重视运用严密精确的数学计算手段推测、证明科学的原理和法则。

正是这种辞王让爵献身科学的远大志向、勇于探索进取的创新精神和重视科学实验、注重数理的科学态度，使他的科学研究取得重大突破，跨入了近代实验科学研究阶段。朱载堉最为突出的贡献，是以精密的计算为基础构筑起一套科学的音律体系，即以第一张弦的长度累计除以 $12\sqrt{2}$ 的公式精确地计算出十二平均律的每一个音，并用 $24\sqrt{2}$ 依次除以每一直径，以消除管端效应解决律管的定音，从而在历史上第一次解决了困惑人们两千多年的实现旋宫转调的理论难题。朱载堉的这一成就在世界范围产生了深远影响，李约瑟曾指出："在过去的三百年间，欧洲及近代音乐确实有可能受到中国一篇数学杰作的有力影响"，并为此而称颂他为"文艺复兴时代的人"④。此外他还精确地测定了水银密度，精确地计算了回归年长度值，精确地测量了北京的地理纬度和地磁偏角，并在文学艺术、音乐舞蹈等广博领域里取得了引人注目的成就。朱载堉不愧是攀登科学文化高峰的一代巨星！

（原载《国史镜鉴》）

---

① 朱载堉：《律历融通》卷 4。
② 朱载堉：《万年历备考》卷 1。
③ 朱载堉：《进历书奏疏》。
④ 参见戴念祖：《朱载堉——明代的科学和艺术的巨星》，北京：人民出版社，1986。

徐霞客秉母教问奇于名山大川

中国古代十分重视"母教"，一般女教读本中大多列有"母仪"的栏目。母教的精神，如刘向《列女传·母仪》所称：自身要作为"行为仪表"，教养好子孙，"以渐教化，既成以德，致其功业"。无非是教子课读，科举成名，光宗耀祖。历史上也曾涌现出一些以教子爱国爱民，为官清廉、不可贪财受贿著称的"贤母"，为母教注入较为积极可取的内容，但其目的也还是孝忠君主，未能超出维护王朝统治长远利益的范畴。这种情况到明朝后期开始发生变化。明末著名地理学家徐霞客的母亲王夫人就是这样一位冲破传统母教观念不同凡响的"异人"。

徐霞客（1586—1641），名弘祖，字振之，霞客是他的别号，江苏江阴人。江阴作为当时海内外贸易的重要港口，是我国最早孕育萌发资本主义生产关系因素的先进地区之一。徐霞客摒弃科举仕宦的道路，只身徒步历尽艰辛，"瞑则寝树石之间，饥则啖草木之实，不避风雨，不惮虎狼"[①]，先后三次遇盗，四次绝粮，几次险些坠入深渊，他都毫不畏缩，锲而不舍，毕生致力于地理科学的考察活动。被时人视为"泛泛乎，蓬蓬然，亦不佛，亦不仙，半若痴顽半若颠，搅扰天地年复年"的"千古第一奇人"。他撰写的《徐霞客游记》不同于一般的搜奇访胜，或对一些表面现象作零星片断自然主义的描述，而是系统深入地观察分析，力求探索揭示隐藏在现象背后的自然规律，是我国古代地理学方面伟大的一部科学著作。《徐霞客游记》在许多方面，例如对火成岩、地热现象和喷泉的描述，对流水对岩石的侵蚀作用以及植物对气候的依赖关系等方面的认识，都达到了当时世界上的最高水平。而徐霞客所以能冲破传统礼教的精神牢笼，开辟考察自然、探索科学的崭新道路，在事业上取

---

① 本篇引文出自陈函辉：《徐霞客墓志铭》、董其昌：《明故徐豫庵隐君暨配王孺人合葬墓誌铭》、陈继儒：《豫庵徐公暨配王孺人传》、王恩任：《徐氏三可传》、陈继懦：《寿江阴徐太君王孺人八十叙》、张大复：《徐圃晨机图记》，俱见《徐霞客游记》卷10下。

得伟大成就，除了时代的条件，本人的努力外，是和母亲的教育、支持和鼓励分不开的。

王夫人出身贫苦，早年纺纱织布，卖布买粮。她织出的布质量精好，"轻弱如蝉翼，市者辄辨识之"。嫁到徐家后，虽然家境宽裕多了，仍"好习田妇织，又好植篱豆，壅溉疏剪，绞绳插架，务令高蔓旁施。绿阴障日，辄移纬车坐其下。每当蕃实累累，则采撷盈筐，分饷诸亲族"。遇到灾荒，她还把家中存粮拿出救济灾民。母亲的这种言传身教，对培养霞客吃苦耐劳、与民同乐的精神起到很大作用，使他在日后艰难困苦的考察活动中能够百折不挠、怡然自得。王夫人"绝不喜巫觋见鬼人等"，对鬼神迷信深恶痛绝，这也给了霞客很好的影响，激励他蔑视"神龙奇鬼"一类的迷信传说，无所畏惧地只身在深山密林岩洞中进行考察。

更为可贵的是，王夫人受新思潮熏陶，对儿子的志向十分赞赏支持。霞客22岁那年，父亲病故服丧期满，他有意远游，又惦念家中老母，踌躇不决。母亲看出儿子的心思，勉励他说："志在四方，男子事也，……岂令儿以藩中雉、辕下驹坐困为?"并亲自为霞客缝制远游冠壮行。王夫人认为，圣人之所以有"父母在，不远游，孝子不登高，不临深"的古训，是因为"其子母之识力不相信也"，难免担忧。王夫人对霞客完全放心，只要求"第游名胜，归袖图一一示我。游未竟，我不囓指，去亡害。卯孙在，可伴也"。

徐霞客每次出游归来都献上奇花异草、珍贵药材祝阿母长寿，并向母亲详细讲述亲眼见到的壮丽风景、异地风俗。当霞客谈到一些惊险遭遇和奇特见闻时，旁人被惊得"瞿目缩舌骇汗"，母亲却非常高兴，"色意大惬，煮蒲烹茗，为振之贺"。

后来因老母年事渐高，霞客决计不再外出，母亲反而劝他说"吾幸健，善饭足恃耳。男子生而射四方，远游得异书、见异人，正复不恶。无以我为念!"为了打消霞客顾虑，王夫人七十多岁了还让儿子陪她同游了附近荆溪的张公、善卷二洞，一路上总是健步走在儿子前头。母亲正是以这种精神力量给霞客以鞭策和激励。

霞客十九岁丧父，儿子三岁时妻子又病亡，自己长期出游不理家事，长年以来全由母亲独支门户，连他三岁的孩子都是老人亲自怀抱口哺一手养大。在这种情况下，母亲居然把内外家政处理得井井有条，使霞客能够全心全意地去探索大自然的奥秘。霞客对母亲的恩德始终铭记在心。他出游在外从不饮酒，时刻以"母氏三十年辛勤饭蔬"的精神自励。

和霞客同时代的亲朋好友，都认为王夫人是一位不同凡响的"异人"，称赞"弘祖之奇，孺人（徐母）成之"，"是母是子其相互以有成者，岂在世俗之间哉！"人们还把王夫人和历史上著名的贤母做了一番比较，诸如孟母、陶侃母、夏孟宗母已属难能可贵，但却不外"教儿噉名""显称道德"，追求道德功名。王夫人全力支持儿子远游却"非宦、非贾、非投谒"，而是"问奇于名山大川"，全身心献给科学考察事业。这正是他们母子在当时被人称奇道异的地方，也是他们超越前辈和同时代凡夫俗子的最可宝贵的地方。

（原载《国史镜鉴》）

陈继儒辑荐《读书十六观》

陈继儒(1558—1639)，字仲醇，松江华亭(今上海市南部)人，明史有传，称他"工诗善文，短翰小词，皆极风致，兼能绘事。又博文强识，经史诸子、术伎稗官与二氏家言，靡不较覈"，先后受到徐阶、王锡爵、王世贞、顾宪成、董其昌等名流的推重。黄道周曾自称"志尚高雅、博学多通，不如继儒"。侍郎沈演及御史给事中诸朝贵也曾先后论荐，但他一心"杜门著述有终焉之志"，朝廷多次诏征，他都托病推辞不就。继儒性喜奖掖后学，并且善于教诲，"片言酬应莫不当意"，在江南一带极负声望，一时士子"争欲得为师友"，前往问学求教征请诗文者络绎不绝，"屦常满户外"①。

陈继儒一生有酷好藏书、读书之癖，经常高兴地对弟子说："吾读未见书如得良友，见已读书如逢故人。"②他晚年"抽忆旧闻"，把古今学者围绕读书目的、态度、方法等方面足资借鉴的言行事迹纂为一篇，得十六条，名为《读书十六观》，作为激励、指导子弟读书的榜样。称"十六观"，是指阅此十六条而可观止之意。

《十六观》辟首引吕献可的一段话"读书不须多，读得一字行取一字。"又引伊川先生语："读得一尺不如行得一寸。"言简意赅，强调读书的目的在于学以致用，反对脱离实践死读书本，以此为"读者当作此观"之第一条。书中还列举了范质做官后从未释卷的事例，范质认为既然"吾当大用"，就更应抓紧读书，否则"无学术何以处之"!

倪文节公曾说："松声、涧声、山禽声、夜虫声、鹤声、琴声、棋子落声、雨滴阶声、雪洒窗声、煎茶声，皆声之至清者也，而读书为最。闻他人读书声已极喜，更闻子弟读书声则喜不可胜言者矣。"真是世上最美好的礼赞读书的颂歌！倪公又说："天下之事利害常相半，有全利而无少害者惟书。不

---

① 《明史》卷 298《隐逸列传》。
② 陈继儒：《读书十六观》，以下凡引本文不注。

问贵贱、贫富、老少，观书一卷则有一卷之益，观书一日则有一日之益，故有全利无少害也。"《十六观》辑此以说明读书有益，竭力劝读。

叶石林以"后人但令不断书种、为乡党善人足矣"作为训示子孙的家训，表明对读书的高度重视。郎基清则做官不事营造，曾说："任官之所，木枕亦不须作，况重于此乎？"但却"唯颇令人写书"。体现了不讲排场、不图舒适，唯重写书、读书的高雅情趣。

《十六观》在表彰乐读方面，援引了赵季仁和罗景纶的对话。赵季仁表示："某生平有三愿：一愿识尽世间好人，二愿读尽世间好书，三愿看尽世间好山水。"罗景纶答称："尽则安能，但身到处莫放过耳。"即使不能实现读尽天下好书的愿望，也要做到不放过所能遇见的好书，尽力多读。

古人读书至精彩处如身临其境，激起强烈共鸣。一则是书好，有魅力；再就是读得认真、忘情。陈子兼读《史记》窦灌、田蚡传，"想其使酒骂坐，口语历历如在目前，便是灵山一会俨然未散"。苏子美每晚读书一斗，并豪饮助兴。当读到《汉书》张良传至张良与客徂击秦始皇处时，抚掌感叹道："惜乎击之不中！"不觉满饮一大杯；又读至张良对刘邦说："臣起下邳，与上会于留，此天以授陛下"，又不禁抚案道："君臣相遇共难如此。"复举一大杯。读好书能产生如此强烈震撼力，真是人生一大乐事。子美外舅杜祁公感叹道："有如此下酒物，一斗不足多也。"

陈继儒还向学子倡导颜子推等人的读书态度。颜子推在《颜氏家训》中说："吾每读圣贤之书未尝不整衣对之，其故纸有五经词义及贤达姓名不敢秽用。"温公教子曰；"贾竖藏货贝，儒家惟此（书）耳，当然知宝惜。今释子、老氏犹知尊敬其书，岂以吾儒反不如乎？"赵子昂书跋则云："聚书、藏书良匪易事，善观书者澄心端虑、净几焚香，勿卷脑、勿折角、勿以爪侵字、勿以唾揭幅、勿以作枕、勿以夹刺，随损随修，随开随掩，后之得吾书者并奉赠此法。"

关于读书方法，《十六观》重点推荐董遇等人的反复习诵和苏东坡的八面受敌之法。董遇随身携带经书，有空便反复习诵，对从学求教的弟子并不先行讲解，而是要求"先读百遍而义自见"。栾城也说："看书如服药，药多力自行。"苏东坡《与王郎书》则强调："少年为学者每一书皆做数次读之。当如入海，百货皆有，人之精力不能兼收尽取，但得其所欲求者尔，故愿学者每次作一意求之。如欲求古今兴亡治乱、圣贤作用，且只作此意求之，勿生余念；

又别作一次求事迹文物之类，亦如之也。若学成八面受敌，与涉猎者不可同日而语。"初学者对那些有价值的好书，正当带着问题反复精读，必能增长识力，大见成效。

古代无公共图书馆，学者常向私家借阅。借阅者当如江禄"读书未竟，虽有急速，必待卷束齐整，然后得起，故无损败"，只有爱惜书本，方得再借不难，"人不厌其求假"。齐王攸借读图书，发现其中的差错，认真加以订正，"手刊其谬，然后返之"，也颇受书主人的欢迎。藏书者也不应垄断知识，如孙蒨"家世积书，远近来读者恒有百余人"，孙蒨不但慷慨借阅，而且"为办衣食"，这种做法就很值得提倡。刘显在学府每与孔奂共读，"论深相难"，颇为知契，后将"所保书籍寻以相付"，堪称书得其人，书尽其用，更好地发挥藏书的作用。

陈继儒还从爱惜书籍推及怜爱人才。《十六观》引黄涪翁的话说："擘书覆瓿、裂史粘窗，谁不惜之？士厄穷途、陷落冤阱，闻者不怜、遇者不顾，听其死生"，这真是"贤纸上之字而仇腹中之文，哀哉！"《十六观》辑录此条，确实良有深意，发人深省。

陈继儒还在《十六观》之后做了一个补注，自称写毕《十六观》投笔而梦，一长者抚背曰："尽信书则不如无书。"继儒觉得"此正为文害词、词害义处下一转语耳"，于是"觉而志于纸尾以为《十六观》补"。陈继儒虽酷爱读书，却并非死钻书本的书呆子，二十九岁那年曾取儒衣冠焚弃之，"通明高迈""意豁如也"[1]。不应诏征，也并非不问世事，而是一生著述、讲学孜孜不倦。托言老人示梦，其实是夫子自道。用"尽信书则不如无书"，与篇首"读得一尺不如行得一寸"首尾照应，如画龙点睛，满篇皆活，极耐寻味。

《读书十六观》虽是述而不作，但分明表达了编选者的看法，经陈继儒这样"博学多通"大家的甄选推荐，愈加熠熠生辉，具有很高奖劝、指导学子读书的价值，在当时备受欢迎。《明史·隐逸传》说继儒常"刺取琐言僻事，诠次成书，远近竞相购写"[2]，《读书十六观》便属于这类循循善诱教诲后学文字中的佼佼者。

（原载《光明日报》2000 年 5 月 25 日）

---

① 《明史》卷 298《隐逸列传》。

② 《明史》卷 298《隐逸列传》。

宋应星摒弃功名著《天工开物》

明末宋应星撰作的《天工开物》，是一部全面系统总结明代以及在此之前历代农业和手工业生产技术的科技巨著。该书详细总结记载了各种农作物和工业原料的种类、产地、种植加工和生产技术、工艺装备、制造过程，以及组织管理生产的经验，而且重视精确的量性分析，提供了大量确切数据，并附有 123 幅插图。这部反映资本主义生产关系萌芽时期工农业生产技术的科技百科全书，不但在中国科技史上前所未见，树立了光辉的里程碑；而且在世界科学技术从古代中世纪传统向近代科学转变的潮流中也居于前列，产生了深远影响。日本 17 世纪由于《天工开物》的传入，在学术界形成"开物学派"，促进了明治维新。达尔文也曾赞誉《天工开物》为"权威著作"，李约瑟博士则称《天工开物》为 17 世纪早期的重要工业技术著作，赞美宋应星是"中国的狄德罗"，该书先后有日文、法文、英文译本和德文、意大利文、俄文节译本，广为流传。[①]

中国古代士大夫文人一向鄙薄生产劳动，视科学技术为"奇技淫巧"，因而尽管农业、手工业素称发达，却很少有相应的科学著作。《天工开物》的问世，是宋应星抛弃传统科举功名老路，转向经世致用新途所取得的重大突破。

宋应星（1587—约 1665），字长庚，江西奉新县北乡人。曾祖父宋景曾任都察院左都御史，卒赠本人及父祖为吏部尚书。至母亲初嫁宋家时，"家犹鼎盛"，后遭火灾，渐渐萧条，以致母亲不得不"亲操水浆"，平日很少吃菜，经常"蘸盐少许下咽耳"。[②] 家道中落使宋应星少年时期在困境中得到磨砥，也使他有较多机会接触社会，接近劳苦人民。宋应星兄弟四人，其中应升为同母长兄，他们把重振家业的希望寄托于苦读科考，博取功名。

宋应星读书善于博闻强记，融贯创新。据族侄宋士元记载，他"数岁能韵

---

①　参见潘吉星《天工开物校注及研究》，成都：巴蜀书社，1989。

②　宋应升：《方玉堂全集》卷 8《先母魏孺人行状》。

语，及操制艺，矫拔惊长老。幼时与兄元孔公同学，馆师限每晨读生文七篇。一日公起迟，而元孔公限文已熟背。馆师责公，公脱口成诵，馆师惊问，公跪告曰：'兄背文时，星适梦觉耳，听一过便熟矣。'师由此益奇公凤慧。稍长，即肆力十三经传，于关闽濂洛书，无不抉其精液脉络之所存，故自周秦汉唐及龙门左国，下至诸子百家，靡不淹贯，又能排宕渊邃以出之。"[1]

万历四十三年（1615），应星和其兄应升赴省城南昌应乡试，双双中举。在江西一万多名考生中，应星名列第三，应升位居第六，均列前茅，时人誉称"奉新二宋"。但在此之后近二十年的漫长时期里，二宋多次进京会试，却"数上公车竟不第"[2]，屡遭挫折。宋应星最后一次应试失败，已至四十五岁。从此，他看清了明末科举、学政和官场的腐败黑暗，决心挣脱科举功名羁绊，转而研究有益国计民生的科学技术。

宋应星治学一向淹达贯通，又兼"僻心违俗，不愿谀尊贵"[3]，这便是他不适应以代圣贤立言为宗旨的八股取士而屡试不第的症结所在。而研究经世致用实学却正需要这种治学精神。数次万里赴京会试，途经江西、湖北、安徽、江苏、山东、河北等地众多城乡，也正好是实现"为方万里中，何事何物不可见见闻闻"[4]凤愿的大好机会。他怀着浓厚兴趣对沿途所见工农业生产的诸多部门、领域进行深入细致的考察研究，为撰写《天工开物》奠定了坚实的基础。宋应星亲眼目睹和切身体验到明末政治黑暗、社会腐败和高谈性理崇尚空疏学风的败坏，比起工农业生产领域精巧绝伦的技艺和丰富充实的贡献形成强烈的反差。他进一步认识到"今天下缙绅举子，不能勤生俭用以自竖立"[5]的危害，尖锐批评四体不勤、五谷不分的士大夫公子哥儿、儒生"纨袴之子，以赭衣（囚犯）视笠蓑（劳动者）；经生之家，以农夫为诟詈。晨炊晚馕，知其味而忘其源者众矣"[6]。这些号称"聪明博物"、为时尚所推许的读书人，枣梨之花尚且不辨，却"臆度楚萍"；铸锅之范模罕有经见，却"侈谈莒鼎"；从未见过机

① 宋士元：《长庚公传》，见《宋氏宗谱》卷22。
② 宋士元：《长庚公传》，见《宋氏宗谱》卷22。
③ 宋应星：《思怜诗》序。
④ 宋应星：《天工开物》序。
⑤ 宋应星：《野议·学政议》。
⑥ 宋应星：《天工开物》卷上《乃粒》。

杼，却在高谈阔论"经纶"；"画工好图鬼魅而恶犬马"，无非故作高深，其实并无真才实学。① 倒是那些备受诟詈鄙薄的农夫、工匠在生产实践中掌握了丰富广博切于实用的知识和出神入化精湛奇巧的技艺。宋应星由衷地赞叹蕴藏在劳动人民中间的"人巧聪明"无穷才智，即如"凡工匠结花本者，心计最精巧。画师先画何等花色于纸上，结本者以丝线随画量度，算计分寸秒忽而结成之"，真可谓"天孙机杼，人巧备矣！"②在他看来，"人为万物之灵"③，人固然依靠自然界才能生存，但"五谷不能自生，而生人生之"④，毕竟还得通过生产劳动人为努力才能创造出社会财富，所谓"夫财者，天生地宜，而人工运旋而出者也"⑤。他把自己的著作命名为《天工开物》，便是在强调发挥人的主观能动性，用人工技巧向"天"（自然界）开发出有用之物。这才是有益于国计民生造福人类的真才实学。

宋应星撰作《天工开物》，极其重视调查、试验。他对"火药火器，今时妄想进身博官者，人人张目而道，著书以献，未必尽由试验"一类的虚浮做法很不以为然；特以"其狼粪烟昼黑夜红，迎风直上，与江豚灰能逆风而炽"等看似荒诞的现象为例，强调"皆须试见而后详之"⑥。对于那些"其他未穷究试验、与夫一方已试而他方未知者"，则采取"尚有待云"的存疑态度。⑦ 本着这种科学严谨的态度，他深入生产实践，虚心向农夫、工匠请教，对一些关键技术和操作要点每每亲自动手操作体会，反复试验。他对金、铜、银比重的描绘和对黄金成色的测定，对油料出油率的统计以及对生产器具和产品长、宽、高、深、重量、容积、比率等技术指标都做了精确的记述。这一切无一不是他运用数量、比重等数学、物理方法亲自"穷究试验"的结果，并由此把劳动者生产实践中积累的经验，总结、上升到科学的理论概括阶段。《天工开物》一书中所附大量插图，都反映了他的躬身实践和细致观察。

在当时的历史条件下，宋应星以个人之力完成《天工开物》这部科技巨著，

---

① 宋应星：《天工开物》序。
② 《天工开物》卷上《乃服》。
③ 《天工开物》卷上《乃服》。
④ 《天工开物》卷上《乃粒》。
⑤ 宋应星：《野议·民财议》。
⑥ 《天工开物》卷下《佳兵》。
⑦ 《天工开物》卷上《膏液》。

遇到的困难是可以想象的。不但"伤哉贫也，欲购奇考证，而乏洛下之资"，财力物力奇缺；而且"欲招致同人商略赝真，而缺陈思之馆"，连可以互相探讨、切磋的志同道合者都无从招致。他不禁悲愤地感叹道："丐大业文人弃掷案头。此书于功名进取毫不相关也！"[1]

宋应星不仅自己毅然抛弃科举仕宦之途，转而全部身心投入"于功名进取毫不相关"却大有益于国计民生的科技实学；而且教育其子孙也都"恪守祖父遗训，功名淡如"。他的两个儿子均敏悟好学，但都遵照父亲的教诲"谢举制业，竟以青衿终"[2]。

（原载《国史镜鉴》）

---

[1] 宋应星：《天工开物》序。
[2] 宋五芹：《静生、诚生二公合传》，见《宋氏宗谱》卷22。

谈迁百折不挠撰《国榷》

"往业倾颓尽，艰难涕泪余，残编催白发，犹事数行书。"①谈迁晚年梦中所作这首小诗，是他一生呕心沥血、百折不挠撰著明史《国榷》的真实写照。

谈迁（1594—1657），原名以训，字观若，明亡后改名迁，字孺木，浙江海宁县枣林人，明末秀才。他一辈子未做官，靠当幕僚、代理文墨为生，为人"操行廉，虽游大人先生之门，不妄取一介，……家徒四壁立"②。谈迁贫而好学，博览群书，尤好观古今之治乱。因不满"诸家编年，于讹陋肤冗者妄有损益"③，而官修实录又几经删节窜改，颇多"丑正""失实"之处④，遂决意博稽群籍、详加考订，自己动手编纂一部真实可靠的明朝信史。从天启辛酉（1621）开始，他长年背着行李，步行百里之外到处访书借抄，饥梨渴枣，"市阅户录"，其中的艰辛"苦不堪述"⑤。后来他在《上太仆曹秋壑书》中曾述及这段经历：

迁本寒素，不支伏腊。购书则夺于饘粥，贷书则轻于韦布。……于是问一遗编，卑词仰恳，或更鼎致，靳允不一。尝形梦寐，即携李鼎阆间，亦匍匐以前矣。⑥

就这样铢积寸累，"集海盐、武进、丰城、太仓、临朐诸家之书凡百余种，苟有足述，靡不兼收"⑦，再经考证取舍，分别年月，编次条贯，"渐采渐丰，且六易稿"⑧，于五年之后终于完成了初稿。以后陆续改订，明亡之后又续补崇

---

① 谈迁：《梦中作》，《北游录·记咏下》。
② 《海宁县志·隐逸传》。
③ 谈迁：《国榷》天启丙寅（1626）自序。
④ 黄宗羲：《谈君墓表》。
⑤ 谈迁：《上吴骏公太史书》，《北游录·纪文》。
⑥ 谈迁：《北游录·纪文》
⑦ 《国榷》喻应益序。
⑧ 谈迁：《国榷》义例。

祯和南明弘光两朝史事，积二十七年不懈努力，撰成了百卷巨著《国榷》。不料丁亥(1647)八月的一个夜晚，盗入其门，见别无他物，"尽发藏稿以去"①，二十多年的心血一夕付诸东流。面对这沉重打击，谈迁不禁"拊膺流涕曰：'噫，吾力殚矣！'"②但他并未因此颓废倒下，"吾手尚在，宁已乎！"③发愤从头干起。这一年他已经五十多岁，重新"走百里之外，编考群籍"④，并据几种《实录》抄本参照校核。又经四年努力，终于第二次完成《国榷》初稿。

谈迁对重编的《国榷》仍不满意，因偏于家乡一隅毕竟藏书有限，见闻不广；尤其崇祯朝十七年无《实录》可据，得之传闻转述，极不可信。谈迁早有进京搜访、增补、订正史料的打算，却无力成行。直至十年之后，1653年，谈迁已年届六十，朱之锡进京供职，聘他作书记，方得随同进京。在北京，他因同乡关系向著名藏书家御史曹溶借书，"今日曰某君我渴，明日曰某书我疗，屡犯清燕"，居然得到理解和支持，欣喜之余竟至"忭舞欲狂"⑤。此后又经曹溶介绍，结识吴伟业、霍达等名士，读到许多罕见秘籍和崇祯年间官府发布的邸报。吴、曹、霍三人俱为明崇祯朝进士，入清后又都官居要职，曾亲历许多事变，对明末清初史事掌故极熟，给谈迁修改《国榷》很大帮助。谈迁还遍访明朝的皇亲国戚、公侯门客、宦官乃至降清的官员、普通百姓。访采之际，不免碰壁，所谓"口既拙讷，年又迟暮，都门游人如蚁，日伺贵人门，对其牛马走，屏气候命，辰趋午俟，且启昏通，作极欲死"⑥。一些"辇上贵人"高谈阔论而"迁朽毋得望"；渊儒魁士极难访遇，偶得面见，自己先"颛蒙自怯，嗫嚅久之。冒昧就质，仅在跬倾，惧其厌苦，手别心怅"⑦。所访"若关切要，弥加鐍秘"，难得要领。即使如此，谈迁仍表示要以"明初危学士太仆修《元史》，携果饼劳一老兵，与言旧事"和"太原元好问采亡金事，寸纸细书，录至百万余言"为榜样⑧，孜孜访求。一如朱之锡序《北游录》所云：

---

① 黄宗羲：《谈君墓表》。
② 黄宗羲：《谈君墓表》。
③ 谈迁：《国榷》义例。
④ 谈迁：《国榷》义例。
⑤ 谈迁：《上太仆曹秋壑书》，《北游录·纪文》。
⑥ 谈迁：《寄李楚柔书》，《北游录·纪文》。
⑦ 谈迁：《北游录·纪闻序》。
⑧ 谈迁：《上太仆曹秋壑书》，《北游录·纪文》。

每登涉躡屩，访遗迹，重趼累蚕，时迷径，取道于牧竖村佣，乐此不疲，旁睨者窃哂之不顾也。及坐穷村，日对一编，掌大薄蹏，手尝不辍，或覆故纸背，涂鸦萦蚓，至不可辨。或途听壁窥，轶事绪闻，残楮圮碣，就耳目所及无遗者，其勤至矣。

京都两年半多的辛勤查访，使谈迁收集到大量宝贵资料。他订正错讹，大大丰富充实了《国榷》的内容。谈迁离京返乡时，脚穿几乎露出后跟的敝屣，“担簦而往，亦担簦而回”，唯“箧中录本，殆千百纸”，他喜不自禁地连称“余之北游幸哉！余之北游幸哉！”①

谈迁费时三十多年历经艰辛撰成的《国榷》，是一部按年、月、日记载有明一代重要史实的编年体巨著，全书一百零八卷，约五百万字。明朝官修《实录》对帝王劣政每多回护掩饰，朱元璋晚年大杀功臣宿将，《太祖实录》却只说某人某年某月死，不注死因；明成祖靖难夺位后更将建文朝一笔勾销，纳入洪武实录之中，如此等等，不一而足。谈迁撰《国榷》则秉笔直书，“汰十五朝之实录，正其是非”②。特别是明天启实录因对权相冯诠颇有微词，冯降清后将有关部分偷出销毁；且崇祯一朝实录未修；而清代官修《明史》则对其先世建州女真曾隶属明朝讳莫如深，并销毁删改了大量有关史籍，给研究明末、明清之际的历史造成诸多困难。谈迁《国榷》尤重明万历以后的历史，据邸报、方志、一百多种史家著述和遗民口碑续编崇祯朝十七年的历史，填补了这一重要历史时期的空白，从而有其独特的价值，为治明清史所必读。

谈迁以其杰出的历史巨著《国榷》以及百折不挠的刻苦治学精神为后世留下了一座不朽的丰碑。人们不仅通过《国榷》更好地了解祖国的历史，而且也从谈迁的治学精神中获取良多教益。

（原载《国史镜鉴》）

---

① 谈迁：《北游录·纪程》。

② 黄宗羲：《谈君墓表》。

张履祥耕读并重不守一师之说

　　清顺治十五年(1658)出版的《补农书》，是继陈旉《农书》之后又一部研究江南稻区农业生产技术的重要著作。该书系统总结了苏嘉湖地区农业和蚕桑生产的经验，在提高农业生产技术方面有许多重要创造，发挥了指导、推动农业生产的作用，其中不少见解至今仍有一定参考价值。《补农书》分上下两卷，上卷作者是明末湖州沈氏，下卷由清初张履祥辑补。张履祥是清代践履笃实、学术纯正，被朝廷批准从祀孔庙的著名大儒，在中国思想史上占有重要地位。以这样一个大思想家的身份亲自辑补撰作出具有重要科学价值的农书，这在中国历史上堪称绝无仅有。张履祥的思想、学业、品德俱有可足称道之处，而他耕读并重的治学思想与实践尤其给人以深刻的启迪。

　　张履祥(1611—1674)，字考夫，号念芝，浙江桐乡杨园村人，世称杨园先生。杨园七岁丧父，孤贫困窘，母亲沈孺人纺织操劳延师课子，谆谆教诲他：“孔子、孟子亦是两家无父之子，只因有志向上，便做到大圣大贤，汝若不肯学好便流落无底。”[①]早年艰苦环境的磨炼和从小胸怀大志刻苦励学的实践，对他日后的成长和治学思想产生了重要影响。杨园择师交友十分审慎，先后从师黄道周、刘宗周等名家，于学问、道德方面深受影响。刘宗周思想开明、颇有气节，明亡后绝食二十日而卒，张履祥在桐乡县令降清后也曾绝食三天，此后终身隐居不仕。

　　杨园虽经名师指教，获益匪浅，但却主张治学不应作茧自缚，不可只读一家之书，固守一师之说。针对“为应举者，则曰科举之学；为治道者，则曰经济之学；为道德者，则曰道学；为百家言者，则曰古学；穷经者，则曰经学；治史者，则曰史学”的不良学风，他提出“为学只一件事，非有歧也”，诸学融会贯通，“一而已矣，理义之谓也”[②]。他还援引“上蔡诵史不遗一字，程

---

　　① 苏悼元：《张杨园先生年谱》。以下凡引年谱不注。
　　② 张履祥：《杨园先生全集》卷 13《答颜孝嘉》。

子责其玩物丧志"为例，强调"读书只是功夫之一种，非不能读书便无功夫也。但择善之功惟读书为得益之易，故以为先务耳"①。他认为"读书所以明理，明理所以适用"②，最终目的要有益于经帮济世。平日常令门人读唐陆贽、宋李纲等名臣奏议，并教诲门人"须读有用之书，毋专习制义，当务经济之学"。他还手订《澂湖塾约》，指出："近代学者废弃实事，崇长虚浮，人伦庶用未尝经心，是以高者空言无用，卑者论胥以亡。今宜痛惩，专务本实。"

杨园治学不但强调不守一师之说，当务经济之学，而且提出耕读并重的主张。他曾手书示儿："吾所守者'耕田读书，承先启后'八字。"他认为"人须有恒业，无恒业之人，始于丧其本心，终于丧其身。然择术不可不慎，除耕读二事无一可为者。许鲁斋有言，学者以治生为急；愚谓治生以稼穑为先，舍稼穑无可为治生者。能稼穑则可无求于人，无求于人则能立廉耻。知稼穑之艰难，则不妄求于人，不妄求于人则能兴礼让。廉耻立，礼让兴，而人心可正、世道可隆矣"。他对"近世以耕为耻，只缘制科文艺取士，故竞趋浮末，遂至耻非所耻"的风气很不以为然。在他看来，无财非贫，忘稼穑为贫；无官非贱，废诗书为贱。重耕不但关乎治生济世之大本，而且可改变世风，使"无游惰之患，无饥寒之忧，无外慕失足之虞，无骄侈之习"。杨园认为力耕对于学者励志成才担当大任尤其重要。犹如晋人陶侃日运百甓，意在"吾方致力中原，过尔优逸恐不堪事"；刘大夏教子读书兼力农，强调"习勤忘劳，习逸忘惰"，都寓有"吾困之正以益之也"的深意。故"凡人不可以不知劳"，否则爱以姑息，美衣甘食，"养成膏粱纨绔气体，稼穑艰难有所不知，一与之大任，必有不克负荷者矣"。所以"劳苦种种，正以为动忍地也。动心忍性，所以为大任地也"，进而提出，学者"须从百苦中打炼出一副智力，然后此身不为无用，外可以济天下，内可以承先人"③。当然，重耕并不意味废读，杨园提倡耕读并重是针对读书人治学而言，"稼穑艰难，自幼固当知之，但筋力尚待长大；若诵读研术，童而肄之，至老不可舍"，两者不可偏废。他还驳斥读书和务农不能兼顾的观点，指出"人言耕读不能相兼，非也"，农活带有季节性，一年

---

① 《杨园先生全集》卷5《与何商隐书》。
② 《杨园先生全集》卷13《答颜孝嘉》。
③ 《杨园先生全集》卷13《答颜孝嘉》。

之中多则半年，而这半年中每月都有几天空闲，一天之内也有空闲的时刻，完全可以充分利用这些空闲时间读书、治学，做到两不相误。

张履祥不但以"耕田读书，承先启后"教育子弟、门人，而且身体力行，做出表率。他一生"自奉甚俭，终身布衣蔬食"，甚至"冬卧草苫，夏卧竹簟"，处馆授徒，每以"不拜客，不与筵席，不赴朔望之会"为先决条件。平日"耕田十余亩"，每逢播种、收获农忙之际，"在馆必归，躬亲督课，草履箬笠，提筐佐饁，其修桑枝则老农不逮也。种蔬莳药、畜鸡鹅羊豕无不备"。他力农耕地十分重视"早作夜思，细心耐事"，"屡试明验"，善于总结经验，反复试验，从中摸索规律，提高经济效益，因而"凡田家纤悉之务，无不习其事，而能言其理"，所种水稻产量高出当地上等农夫百分之四十；小麦产量，上等农户不到他的一半，一般农户只有他的三分之一；桑叶产量，上等农户也只及他的一半。正因为如此，他才能"以身所经历之处，与老农所尝论列者，笔其概"①，辑补编撰出具有很高科学水平和应用价值的《补农书》。

处于"万般皆下品，唯有读书高"、鄙视体力劳动和劳动人民的中国古代，作为学术上有很高成就的大学问家，不但提出耕读并重的主张，而且躬身实践，编写出第一流的农业科学著作，确属难能可贵。尽管张履祥耕读并重的主张并不等同于教育与生产劳动相结合的理论，但他有关这方面的思想与实践仍然是一笔应该引起重视的宝贵遗产，值得今人认真总结与借鉴。

（原载《国史镜鉴》）

---

① 张履祥：《补农书》序。

孙奇逢志在经世励行

孙奇逢（1584—1675），字启泰，号钟元，人称夏峰先生，河北容城人，明清之际著名学者、教育家。夏峰治学"以慎独为宗，以体认天理为要，以日用伦常为实际"①。他面对社会变革，兼采朱、王，调和于主观唯心主义和客观唯心主义之间，力图为理学寻求新的出路，对儒学的发展产生较大影响，在中国思想史上占有一定地位。孙奇逢崇尚理学，同时力倡"务实行"②，关心日用伦常生活实际，尤其在有关教育方面的主张和实践颇多可取之处。

孙奇逢认为："学问先要见出大总脑，总脑不清，则时时有难处之事，在在有难处之人。总脑清，则天下之物尽在我，而不足以增损我。故得丧荣辱俱不足惊吾神，扰吾虑。"③所谓立总脑，就是要确立"穷则励行，出则经世"的学习目的和志向。夏峰认为，"学术、治术各有魔"，即所谓功名富贵、声色纵欲、饥饿穷愁和人事繁冗。惟立总脑明志向，方可"先透死生之关"，相继除退荒怠误学诸魔。贫困、病痛、忧愁等苦难是读书人所无法逃避的，学者应当"能处人所不能处之事，能忍人所不能忍之辱，能堪人所不能堪之忧"，在苦难中自觉磨砺。相反，富贵安乐，"粱肉豢病，金屑著眼，未有不贻大患而翳后进者矣"。为此，他要求学生做到"饥饿穷愁困不倒，声色货利浸不倒，死生患难考不倒"。先儒教人在事上磨炼，"若喜静厌动，岂不自误一生"！那些"遇事便束手，被辱即动心，逢忧辄短气"的小人自然与学问无缘。

孙奇逢不仅如是教诲学生，而且用实际行动实践这些主张，为世人做出榜样。他"少历经于贫贱，老困踬于流离"，直至九十二岁高龄，一生刻苦向学，从未有丝毫松懈。魏裔介撰《孙征君先生传》，说他"不问家人产而随在能安，一囊贮米，屡罄不见有忧色"，平日饔飧常不继，"每至绝粮，辄割郊外田易粟"。与人论学"自辰至日昃，苍头始持豆面作羹以进"，但他却"食贫自甘"，淡然仕进。夏峰的气节尤为时人所推重。还在十四岁时，他拜谒尚宝杨

---

① 魏裔介：《孙征君先生传》，见《夏峰集》。以下凡引本传不注。
② 刘易：《传》，见《夏峰集》。
③ 孙奇逢：《语录》卷2，见《夏峰集》。以下所引均见《夏峰集》。

补庭。杨试以"设在围城中，外无救援，内无粮刍，如之何?"奇逢即刻答称"效死勿去"! 明末魏忠贤专权，东林党杨涟、左光斗、魏大中、周顺昌、黄尊素等相继被逮入狱，奇逢冒死为之安顿子弟，举幡击鼓倡义醵金营救，并函请蓟辽总督孙承宗"以军事疏请入见"，向阉宦施加压力，一时义声震天下，被誉为"范阳三烈士"。熹宗乳母客氏之弟客光先曾多方劝诱拉拢，起初以名马相赠，奇逢"以贫无刍牧辞"，复致刍牧之资，"又以弱病不胜骑乘辞"。明清鼎革之后，奇逢归隐山林，国子监祭酒薛所蕴、兵部左侍郎刘余佑、顺天巡按御史柳寅东等交章疏荐，他"俱以病辞不赴"。

夏峰治学以经世励行为总脑，所以常"以民彝为念"，格外注重力行，强调"盖行足以兼知，未有能行而不知者，知不足以兼行"。他认为，"上智下愚是习成，不是生成。由其既成，故不移。若其未极，何不可移之有"? 因而极重慎独自励。也正因为重视"以日用伦常为实际"，他竭力反对脱离实际读死书、死读书。他曾撰《不如无书章》评论秦始皇焚书，提出独到见解："焚书非始皇也，书也。焚书非书也，尽信书者也。不开眼界，不大心胸，不去取圣贤，未许读书。"他还说过："读《易》之道最忌拘泥，贵变通"。体现了一代儒林冠冕宽阔通达的眼界与襟怀! 孙奇逢入清后因田园被清兵圈占，转徙流离，晚年居夏峰村辟兼山堂读《易》讲学二十五年，仍坚持"率子若孙躬耕自给"。四方求学者络绎不绝，其中，"愿留者亦授田使耕"[①]。他提倡"匹夫为善，康济一身;公卿为善，康济一世"，自己无力直接济民，遂通过讲学授徒使民各受一分之利。对于问道请业者，不论贵贱少长，一律耐心"诱掖奖劝以成就之"。年届九十，他还豪迈地表示:

> 七十岁工夫较六十而密，八十工夫较七十而密，九十工夫较八十而密。学无止境，此念无时敢懈，此心庶几少明。

孙奇逢一直活到九十二岁，临终前数日颗粒不进，依旧"整衣危坐，与门人、子孙讲论不辍"。他的治学思想与主张、治学精神和实践作为宝贵的精神遗产，不断激励后学奋发向前。

（原载《国史镜鉴》）

---

① 蔡冠洛:《清代七百名人传》第四编。

廖燕倡读无字书

"予观柴舟之为人，卓立人表，豪气不除，有不可一世之概，大抵其诗与文之凌厉激宕如其人，其不平之气固然"①。朱彝为《二十七松堂文集》作序所盛赞的柴舟即清初思想解放笔锋犀利的著名学者、文学批评家廖燕。廖燕（1644—1705），字人也，号柴舟，广东曲江（今韶关）人。他经历的是一条"自我另辟一天地"②颇为独特的成才之路。其所以能学有成就，于清初文坛独树一帜，是和他敢于突破清廷文化专制主义桎梏并善于读书分不开的。

起初，廖燕也曾入庠序为生员，"习制举有年"③，不脱文人以科举博取功名的传统老路。寒窗苦读一番之后，逐渐对僵硬死板束缚头脑的八股之学感到不满，开始认识到"八股非书也，书盖文之总名而八股特其一耳"，那些以八股见售为官富贵者不乏庸腐无能之辈，如同童蒙学书，塾师规定数百字为书帖，终日描摹，日久虽能舍去字帖，"然使其书他字则又不能矣"④，因而专攻八股制义"只可谓之读八股，算不得读书"。八股成名历大官、称王侯将相也无非是朝廷赏赐的爵禄，算不得是真正的功名，真正的功名应当有利国计民生，所谓"功盖天下曰功，名传万世曰名"。唯恐被八股所误，廖燕毅然"中道谢去"⑤，辞诸生，"弃八股而从事于诗古文词"。他一反世人皆以为博览群书有妨举业而终日囿于八股章句之末的做法，主张唯有极群书方能"识天下古今之得失与夫嘉谋伟论，因而触类旁通，有以开导其聪明。而文遂不可胜用"⑥。廖燕一旦冲出思想牢笼，广收博取，顿觉豁然开朗，进入一个崭新境界。"搦管为文于前，又无主司取舍荣辱之虑束缚于其后，惟取胸中之所得者

---

① 廖燕：《二十七松堂文集》。
② 《与魏和公先生书》。
③ 《辞诸生说》。
④ 《习八股非读书说》。
⑤ 《辞诸生说》。
⑥ 《续师说二》。

沛然而尽抒之于文，行止自如，纵横任意"，文章草成，把杯快读，自赞自评，存留臧否，不必主司品题，"此其愉悦为何如者耶！"①

　　如果说弃八股而博览群书是廖燕为学的一个重大转折，重视读"无字书"则是他治学成才迈上的又一更高的台阶。书本是对实践经验的总结，"孙吴因善行兵而著兵书，非因多著兵书而始善行兵"，知识的源泉最终来自天地万物与社会实践，何况古人撰著的书本中往往杂有不少糟粕无用之物，因而"于古人书无所不读"的结果，有时仍觉收效不大，每有无所适从之感。"退而返之于心而有疑焉，意其别有学乎"？经过反复思考摸索，他终于另辟蹊径，寻觅到一条新的治学途径，"然后取无字书而读之。无字书者，天地万物是也。古人尝取之不尽而尚留于天地间，日在目前而人不知读。燕独知之，读之终身不厌"。治学不仅限于学文，更重在学道，穷困益甚，涉世愈深，所读愈多，"然后知学之在是也"②。这种以天地万物和社会人生为取之不尽、用之不竭的大书本的思想正确反映了人类的认识规律。读"无字书"，并非不重视书本知识；而是不为古人的书本所束缚，提倡用"无字书"衡量检验前人留下的书本，纠谬正误，去伪存真，并不断补充新知，发展创新。从此，廖燕"以经天纬地为文章，辅相裁成事业"③，胸襟更为开阔，思想更加解放。既然文莫大于天地，虽圣人之六经"视此犹为蓝本"，则学者"岂惟取法于圣人、诸子，并将取法于天地"④。廖燕读"无字书"的理论不啻是用宇宙万物、社会实践取代御用理学的思想统治地位。他针对"讲学必讲圣贤之所以然，世之讲学类皆窃宋儒之唾余而掩有之"的陋习，傲然声称自己解说《四子书》为"私谈"，以示不与程朱合流。⑤ "假纸上之陈言，诠吾胸中之妙理"⑥，下笔立论岂肯"效学究家区区诠释字义而已耶"？！

　　博极群书、读"无字书"的治学道路，是廖燕切身体会到科举制度空疏腐败后冲杀出来开辟的另一"天地"。因而他对文化专制与科举八股的揭露批判

---

① 《作诗古文词说》。

② 《答谢小谢》。

③ 《重刻光幽集序》。

④ 《与某翰林书》。

⑤ 《自题四书私谈》。

⑥ 《续师说一》。

也格外深刻犀利。他在《明太祖论》一文中尖锐地指出："故吾以为明太祖以制义取士与秦焚书之术无异，特明巧而秦拙耳。其欲愚天下之心则一也。"专制君主"治天下可愚不可智"的居心，在于"使天下皆安心而听治于一人，而天下固已极治矣，尚安可使其知之而得以议吾之政令也哉？"而明太祖大兴科举八股则是意在诱使知识分子"后有所图而前有所耗，人日腐其心以趋吾法，不知为法所愚。天下之人无不尽愚于法之中，而吾可高拱而无为矣，尚安事焚之而杀之也哉！"①这是对专制帝王八股取士愚民政策险恶用心的辛辣嘲讽。《书战国策后》一文更痛心疾首地慨叹："呜呼！自糊名易书之法行，而绳检防范，使士皆囚首垢面以应朝廷之举措，其始固已丧天下士之气矣，尚可复望其昂然振起抵掌而谈天下之事也哉！"

廖燕治学不图利禄功名，而一心"有志于传世之业"②，因而勇于冲决科举八股桎梏，不死守古人书本划地自牢。他不断从"无字书"中汲取新知，胸怀博大，高屋建瓴，从而论世评文深刻透辟独具识力。在清顺康年间思想禁锢文网严密的时代，廖燕违世抗俗的言行屡屡碰壁是可以想见的，但这并不能动摇他选定的治学道路，无非"遇则为国家有用之才，不遇则为岩穴知名之士"③。他曾充满自信地预言："不遇之文，其文必佳，盖其抑郁之气，尽发而为文故也。佳者必传，是天将传吾文也。"他还表示要把自己的著作"取匣盛之，为冢于名山之颠，大书其上曰：'廖某不遇文冢。'因酹酒而祝之曰：'千百年后，有如廖某其人者，将歜欷感慨而凭吊之，庶几稍慰吾文耶！'"④千百年太久，廖燕身后不久，他的著作《二十七松堂文集》十六卷已被日本有识之士目为知音，翻刻流传到海外。直至今天他对文化专制和八股制义的批判，他在文学评论方面的诸多宝贵见解仍在闪烁着耀眼的光辉，他倡读"无字书"的主张也继续给今人以深刻的启迪。

（原载《国史镜鉴》）

---

① 《明太祖论》。
② 《辞诸生说》。
③ 《续师说二》。
④ 《自题制义》。

廖燕纵论为师求师之道

中唐古文运动领袖韩愈曾撰《师说》一文，反复阐述从师传道受业解惑的道理，提出不论贵贱少长只要术业有专攻、道之所存便可为师的主张。文章针对当时士大夫不学无术耻于从师的风气而发，论辩有力，脍炙人口，成为世代传诵的千古名篇。近千年后，清初学者廖燕认为，韩愈之《师说》"似未尽发其义"①，于是撰《续师说》二篇别创新论。文章一出，一时被誉为"持世辣手"的"千古大文至文"②，"真堪推倒一世之智勇，开拓万古之心胸，凡父兄子弟各宜置一通座右"③。

廖燕的《续师说》纵论为师、求师之道，确有其独到的精辟见解。廖燕认为，师既与天地君亲同列为宇宙之中五大最受尊崇的地位，"其责任不甚重乎哉"！如若不负虚名真正担当起为师的重任，起码须具备以下三项条件：首先"师莫重乎道，其次必识高而学博，三者备始可泛应而不穷"。而事实上"师之道不明于天下"久矣，尤以清代为甚。廖燕尖锐地指出：那些为人师者，"不惟道德为其所甚讳，即询以经书大义已多茫然不知其解者。每至登堂开讲，只将朱注讲章宣说一通，便以为师道尽是矣"。这些庸师，满口古圣先王，冠冕堂皇。其实无非以捷取悻获为得计。"师以此欺其子弟，而子弟亦遂以此自欺，举世皆然，恬不为怪"，这哪里还有什么师道可言！如果律以庸医误死之条，庸师误人子弟影响更大，所误人数更多，又当处以何罪？对于韩愈师不必贤于子弟之说，廖燕也提出了不同看法。他认为为师者理所当然"不可不贤于子弟"，姑不论为人师表即应在道德上作出表率，至少"其议论文章亦必求稍通于训诂、帖括之外，而发前贤所未发，使子弟有所取法，奋发开悟，一变其凤昔之所为而不知谁之力者，然后师之道得而师之称始可受之而无愧

① 廖燕：《续师说一》，载《二十七松堂文集》。
② 《续师说一》附《魂和公评》。
③ 《续师说二》附《包湛野评》。

也"，否则即属旷职，"官旷位则有罚，师旷位则有讥"。廖燕进而要求为师解经正应"假纸上之陈言，诠吾胸之妙理"，不可拘泥程朱"藉口功令以掩其空疏之诮"。廖燕冷嘲热骂，用犀利的笔锋层层剥开庸师不学无术只知宣说陈腐空疏朱注讲章行骗的虚伪浅薄嘴脸，可谓切中时弊，入木三分。

继而，廖燕在《续师说二》中笔锋一转。把问题放置在更为深广的社会背景中，进一步探讨"师至今日虽欲求不庸而不可得"[①]的原因。他一针见血地指出，是科举制度八股取士造成"凡子弟所习，非训诂帖括之书则不敢读。其父兄之禁更甚焉，师将奈之何哉"！世之父兄没有不想教育好子弟的，却不懂施教之法，"以为教子弟之法莫善于制义"，以图八股入仕博取富贵功名，其结果使子弟"日夜竭精敝神"，导入歧途。廖燕对无数"具聪颖特绝之资"的青少年"尽汩没于其中"的状况深感惋惜。他提出，正确的求师授徒方法应当是"莫善于择贤师而不禁子弟之博览"。他并且具体列出堪称贤师的标准：

> 贤师得则议论名通必不囿于章句之末，而有以发圣贤经史之底蕴，使子弟日闻所未闻，博极群书，则可识天下古今之得失与夫嘉谋伟论，因而触类旁通，有以开导其聪明，而文遂不可胜用。

廖燕批评不择贤师且禁读群书而欲子弟有功的做法，"是犹欲干将之利而不磨之以坚石也，必不能矣"。他举张旭学草书三年不成而一日见公孙大娘舞剑器始悟其法等"谋于彼而效见于此"的例证，说明"悉诸书之理以解一书，熟百家之言以作制义"，其效果更加便捷易达。何况在廖燕看来，学者不应沉溺于科举功名，"遇则为国家有用之才，不遇则为岩穴知名之士"。为人师者以这种理想情操教诲子弟，"开其明而撤其蔽"，方可称"法莫善于此者"。这和培养一意孜孜于八股功名的"世间之一赘疣"相比，实有天壤之别。

廖燕自己通过"习制举有年"的切身体验，洞悉科举制度的弊病，认识到专攻八股制义"只可谓之读八股，算不得读书"[②]，毅然弃八股而从事于诗古文词，并且慧眼独具地倡导要以天地万物为无字书"读之终身不厌"[③]。他对八股

---

①　廖燕：《续师说二》，载《二十七松堂文集》，以下凡引本文不再注。

②　廖燕：《辞诸生说》，载《二十七松堂文集》，以下所引廖燕诸篇均见本文集。

③　廖燕：《答谢小谢》。

糊名易书之法"使士皆囚首垢面以应朝廷之举措,其始固已丧天下之气矣,尚可复望其昂然振起抵掌而谈天下之事也哉"①尤感痛心疾首,把批判的锋芒直指推行愚民政策的专制帝王。在《明太祖论》一文中一针见血地指出:"故吾以为明太祖以制义取士与秦焚书之术无异,特明巧而秦拙耳,其欲愚天下之心则一也。"②把专制君主欺世愚民的险恶居心暴露无遗。廖燕的《续师说》便是针对八股制义庸师误人颓风开出的一剂救治药方。在总共一千三百余字的两篇短文中,他尖刻有力地揭穿庸师宣说朱注讲章的旷职误人之术,并通过表象深挖出文化专制八股制义是坑害一代人才的总祸根;与此同时,又精辟剀切地对贤师所应具备的素养,施教的目的、内容、方法加以正面陈说,为天下欲替子弟求师的父兄提供择师的良方。廖燕提出的求师之道,在理学禁锢人心一统天下的清初,确有"开拓万古之心胸"的振聋发聩功效。

廖燕《续师说》与韩愈《师说》探讨问题的视野、角度、侧重点不同。廖文不袭陈套,独创新见,尤其针对明清不良学风痛加针砭,目光如炬,惊世骇俗;又兼行文老辣,揶揄嘲讽,痛快淋漓,完全可以和韩文互补、鼎立颉颃。韩愈的《师说》流传千古独享盛誉,廖文却只在问世之初受到少数有识之士和挚友的激赏,迄今早已鲜为人知,这多少有些不大公平。廖燕《续师说》之所以长年湮没无闻,在很大程度上是由于该文刺痛了文化专制主义的神经,遂被视为异端加以禁锢压抑,而这正是廖文极可宝贵之处。廖燕对自己叛逆世俗之作的不遇早有预感,他深信"不遇之文,其文必佳","佳者必传,是天将传吾文也"。但在当时,他只能,"取匣盛之,为冢于名山之巅,大书其上曰:'曲江廖某不遇文冢'。"他把希望寄托在"千百年后,有如廖某其人者,将欷戏感慨而凭吊之"③。

今天,我们正该拭去历史的灰尘,恢复廖燕著作的本来光彩,让他的《续师说》与韩愈的《师说》相辉映,不断给后学者以有益的启示。

(原载《国史镜鉴》)

---

① 廖燕:《书战国策后》。
② 廖燕:《明太祖论》。
③ 廖燕:《自题制义》。

佣工汪绂自学成名儒

　　汪绂(1692—1757)，字灿人，号双池，安徽婺源(今属江西)北乡段莘里人，清前期以"著述之继往开来，品谊之升堂入室"与张履祥、陆陇其并称于世①。著有《易经诠义》十五卷、《书经诠义》十三卷、《诗经诠义》十五卷、《四书诠义》十五卷、《礼记章句》十卷、《礼记或问》四卷、《六礼或问》六卷、《乐经律吕通解》五卷、《乐经或问》三卷、《孝经章句或问》二卷、《理学逢源》十二卷、《春秋集传》十六卷、《参读礼志疑》二卷、《山海经存》九卷、《物诠》八卷、《策略》四卷、《戊笈谈兵》十卷、《读近思录》一卷、《读困知记》二卷、《读问学录》一卷、《读阴符经》一卷、《读参同契》三卷、《诗韵析》六卷、《文集》六卷、《大风集》二卷、《诗集》六卷、《儒先晤语》二卷、《琴谱》一卷、《医林辑略探源》九卷、《六壬数论》二卷、《九宫阳宅》二卷，时文六百篇计十四卷，共二百零七卷。举凡群经、诸史、天文、术数、兵家、声律、医术等无不博涉，并于"游艺之余画山水松竹尤工熟，精篆书及于摹印"②，即其并不经意所为之时文，也被礼部侍郎嵩寿公赞叹为："是当焚香啜茗读之。"③汪绂虽学识渊博、广有建树，却一生从未正式从师，而是在乞讨、佣工、颠沛流离的困境中发愤自学成才的。

　　汪绂的父亲汪士极曾习儒业，后因家贫中辍未能取得功名，于是浪游湘、楚、闽、越间，后至金陵(今南京)为幕客，长年不与家人通音问。家中全由母亲独自操劳，兄嫂"俱佣于人"，"既无负郭之田，复鲜营生之策"④。汪绂的外祖父是邑中的庠生，母亲因家学而习文晓墨，"精通诸经义疏、朱子纲目及典故诸书"。母亲坚毅通达，对贫苦的家境处之怡然，所挂虑的"惟子能读书成立则幸事耳"！她对汪绂寄予很大的期望，《行状》云：家贫既"艰于从师，

---

① 《双池先生年谱》夏炘序。
② 朱筠：《汪双池先生墓表》。
③ 朱筠：《汪双池先生墓表》。
④ 余龙光：《双池先生年谱》。以下凡引自《年谱》不注。

又恐时师弗能教也",母亲便在汪绂五岁时"自课督,室中置长榻一,太孺人坐治针黹,虚其半置书,又设小几坐先生于旁,教之讽诵,细为解释。向读必专一,不得左右顾,顾辄夏楚,慈母也逾严师焉"①。汪绂天资敏慧,又兼慈母课读严切,十岁以前已熟读四子诸经,成童后进而习举子业旁及诗文,"亦皆母氏手为指示,盖终身未尝一日从师云"。母亲的启蒙教育为汪绂日后治学打下坚实的基础,母亲刻苦刚毅勤奋进取的精神尤其对汪绂产生了巨大影响。他时刻以母亲的期望与教诲激励自己苦读,"孜矻以成其学,兢业以守其身,恐负吾母教之初意也"。

二十三岁那年,母亲溘然长逝,汪绂"身无所托",遂赴金陵省父,父亲喟然长叹道:"吾无归矣,古人云家徒壁立,吾壁并非己有,如此寂寂,徒为乡党嗤。"父亲自身"无以自存",只好打发汪绂自谋生计。不得已,汪绂次年投奔江西景德镇官窑,"画碗佣其间",劳苦之余,不顾侪辈讪侮嘲笑,仍坚持自学,"间为诗歌以见志",最终不被人理解而遭辞退。嗣后困苦颠连,流离江右,"持一袂被鹑衣蓬藋而行,行岭滩中十余里或二十里,逆旅主人不纳则顿宿野庙乞食以往"。两年之间四处漂泊,历经艰辛,先后抱病于接竹,绝粮于万年,奔走于上饶,几乎困死于永丰,乃至"疑无复生之理"。汪绂曾作《南征赋》述及这段悲苦遭遇:

> 嗟囊空兮羞涩,处羁旅兮乏食。
> 将蹙蹙兮何之?当路岐兮涕泣。
> 既衣食之不谋,复尪尪而抱疾。
> 衣褴缕而百结,面黧黑而如漆。
> 气五息而一言,行十步而三踬。

但即使落拓江湖,不名一文,仍"虽穷困不敢一日忘学,遇一草一木之奇,必询之以资博物;见一言一行之善,必存之以备参考"。

年近三十岁时,汪绂总算谋得开馆授徒的机会,生活才比较安定,于是"益肆力学问,毅然以斯文为己任"。馆塾临近书肆,"往往借观百氏之书,无

---

① 余元遴:《汪双池先生行状》。

不研究，著述日以富"。汪绂治学无所师承，全靠自学苦读。"其读书也，目力虽敏而构思刻苦，一字一句之未安，思之竟夕，必求融贯而后已。展玩常依次序，一卷未完不及他卷，一书未完不及他书"①。他在休宁蓝渡学馆执教两年，主人于高阁积书充栋，人们从未见其登楼检阅，但却"援引浩博又皆自众籍中来"，说明他日常读书循序渐进、熟读精思，故读过之后便能牢记于心，融会贯通，注经著书从不起稿，所谓"蓄极而通"，日得数千言。但"稍值疑难"，则"注脚之中复下注脚，理若茧丝"，务求严谨。②

汪绂童年时母亲曾为其订婚，但因家贫自顾不暇，无力迎娶，漂流闽浙将近十年不通声息，待到返乡完婚时已经拖至三十三岁。而对于学问汪绂却从未间断，他曾自称"自有知识以来未尝辍书"。不过三十岁以前颠沛流离，"于经学犹或作或辍"，三十岁后条件稍有改善，自谓"还须从学得多后，乃能拣择出紧要处"，乃"尽焚其杂著数百万言"，又开始向更高深的治学境界奋进。汪绂的弟子余元遴在《汪双池先生行状》中说：

> 夫以先生之资禀读书非难，而自成童以后困苦颠连道途旅寓衣食不充而不废学则难。……值荒年米贵，屑豆作糜，忍饥以度朝夕，数日无米者屡有之；僦屋半间，不蔽风雨，败壁土锉，细民不能堪，先生处之怡然，有"清贫到老真吾分，得丧原非为一身"之句。……尝染疫，昏迷中喃喃呓语，听之皆经书及三代典礼，无一尘俗邪僻之言，则先生平时之心志清明不为客气所使可知矣。

正是这种贫而有志、发愤自励、永无休止的治学精神，最终使汪绂这样从未入馆塾就读的普通佣工铸造成长为享有盛名的大儒。

（原载《国史镜鉴》）

---

① 余元遴：《汪双池先生行状》。
② 余元遴：《汪双池先生行状》。

乞儿汪中发愤攻读成通儒

汪中(1744—1794)，字容甫，江苏江都(今扬州市)人，是清中叶在经学、史学、考据、校刊、训诂、诗词、古文辞乃至金石、篆刻、书法诸多领域卓有建树的著名学者。

汪中的父亲汪一元精通天文、数学、乐律，却怀才不遇，一生穷困潦倒，在汪中七岁那年便贫病交迫而死，身后未留下"寸田尺宅之籍"。在《先妣灵表》中，汪中曾追述早年孤贫之状："母教女弟子数人且缉屦以为食，犹思与子女相保，直岁大饥乃荡然无所托命矣。再徙北城，所居止三席地，其左无壁，覆之以苫。日常使姊守舍而携某及妹僾然匄于亲故，率日不得一食。归则籍藁于地，每冬夜号寒，母子相拥不自意全济，比见晨光则欣然有生望焉。"①十八岁时所撰《述怀诗》也曾备述乞讨度日的辛酸：

> 在昔失怙日，生年才七岁。孱弱不能行，
> 生我遽见背。迄今十二载，忽忽如梦寐。
> 阿母年五十，形容极憔悴。目已渐茫茫，
> 耳已渐愦愦。齿牙时动摇，发白短如穗。
> 霜落无寒衣，日夕无中馈。辛勤事纺绩，
> 抱布无人贸。有子亦何益，坐受虚名累。
> 饱暖尚难望，显扬复何赖？飘风起南山，
> 烈烈吹蒿蔚。忆昨乞米归，庭阶曝春日。
> 上堂觅阿母，晌午未得食。攲卧草榻间，
> 弱妹立其侧。枵腹汗如注，饿久面转赤。
> 但闻嗷哭声，想见心如炽。骨肉无二眤，
> 此心讵木石？感此号且呼，气憾声不出。

---

① 见汪喜孙：《容甫先生年谱》，以下凡引自年谱不注。

这种赤贫状况终其一生未能得到根本改善。二十四岁那年，汪中迁居仪征花园巷，破屋三间，夏日潮水暴至，室中水涨三尺，老母"苦疾蹲绕几上，如是者十年"。一次朋友请客食蟹，汪中因念及"旱岁鱼盐生物少，贫时虾菜食鲜难，老亲病后无兼味"，不禁"掩泪尊前对晚餐"①。

汪中的母亲邹氏，勤劳坚韧，识文断字，家贫无力送子入塾就读，便亲自"口授塾中诸书"，使汪中受到宝贵的启蒙教育。如友人朱筼赠诗所云："贤哉生母备艰辛，十指纺绩易米薪；夜深教生读经史，文名籍籍惊乡人。"十四岁时，汪中好学而又无力购书，于是进书铺当小伙计，助书贾鬻书于市，乘便"日与书贾借阅群经，十行并下"，贪婪地"遍读经史百家，过目成诵"②。六年之后应提学试，居然以一篇《射雁赋》榜列扬州府第一，得入江都县学为附生。汪中十分珍惜这来之不易的学习机会，"昼营饘粥之养，夜则倍诵所业，以红豆记其数。伏腊蜡饮之时，音声琅琅，达于邻舍"，诗古文辞益加精进。主持安定书院讲席的著名学者杭世骏对汪中的才华和刻苦精神深加叹赏。当时仪征盐船罹于火灾，烧死很多人，汪中以饱含对劳苦人民深切同情的笔触写下《哀盐船文》，杭世骏亲自为之作序，誉为"惊心动魄，一字千金"③。嗣后更精心指教，广借群经正义等典籍，"以经史相淬厉"，进一步丰富学识，开阔眼界，拓展了汪中治学领域。三十三岁，汪中考取拔贡，提学谢墉对他的学问十分钦佩，表示："余之先容甫，爵也；若以学，当北面事之矣。"④

汪中三十岁后专意致力于经术，拔贡之后不再赴朝考，而"有志于用世，故于古今沿革，民生利病，皆博问而切究之"，以待将来之用。⑤ 汪中治经，私淑于顾炎武。他继承了明清之际的经世致用传统，"推六经之旨"训解儒家经典，其目的并非钻进故纸堆中食古不化，而是冀图从中寻找"合于世用"改造现实社会的思想武器。因为他的考据严谨，视野开阔，实事求是，不尚墨守，"决史文之宿疑，破相传之积谬"，常能提出独到的见解，同时代经学大

---

① 汪中：《客中食蟹作》。

② 王引之：《行状》。

③ 王引之：《行状》。

④ 蔡冠洛：《清代七百名人传》第五编。

⑤ 蔡冠洛：《清代七百名人传》第五编。

家王念孙、阮元、郝懿行等"时采其说",倍加推重。

"藐视六合间,高论无一人"(洪亮吉赞扬汪中语)①,汪中革新进取的思想必然与传统伦理纲常、神怪迷信邪说水火不容。他力抗顽俗,"疾当时所为阴阳拘忌、释老神怪之说,斥之不遗余力",对压抑摧残人性的御用理学更加深恶痛绝。他撰写的《女子许嫁而婿死从死及守志议》一文,公然反对未嫁女子守节殉夫,"烈女不事二夫,不谓不聘二夫",主张寡妇不妨再嫁。② 汪中甚至对孔子"父在观其志,父没观其行,三年无改于父之道可谓孝矣"的千古说教提出异议。他指出不改父道的前提应是父亲有道,父果有道不仅三年无改,"终其身可也";父若无道则"朝没而夕改可也"。鲧治水失败被杀,大禹若不改弦更辙,难道也要像父亲一样功败身亡? 即使父母健在,也应当"谕父母于道",否则尽可反其道而行之!《狐父之盗颂》则借用《列子·说符篇》的故事,述说一行将饿死者"芒芒下土,曾无可依",受尽冷遇,而真正富于同情心、救活他的偏偏是"外御国门,内意窟室"的大盗。在汪中看来,"大盗"的品德要比道貌岸然的正人君子们高出许多,他热情地颂扬道:"吁嗟子盗,孰如其仁。用子之道,薄夫可敦。悠悠沟壑,相遇以天。孰为盗者,吾将托焉!"汪中对纲常名教程朱理学的批判,可谓揶揄调侃,嬉笑怒骂,淋漓尽致。汪中的离经叛道思想理所当然地招致了卫道者的仇恨,时人目之为"狂生",道学先生更斥骂他为"名教罪人",如汪中《自序》所说:"笑齿啼颜,尽成罪状。跬步才蹈,荆棘已生"。

汪中之狂,集中体现了他憎爱分明、不屈从礼教纲常的强烈批判精神。对于师友故旧却极笃厚诚挚,即使没后衰落也"相存问过于生前",他人"有一文一诗之善者,亦赞不容口",不失宽厚。对挣扎于水深火热之中的劳动民众更充满挚爱与同情,在《示仆》诗中曾写下"同生非有属,因势遂相役"之句。他还撰《经旧苑吊马守贞文》,为名冠秦淮八艳之首的马湘兰辩诬,他认为马湘兰"婉娈倚门之笑,绸缪鼓瑟之娱,谅非得已",其"托身乐籍,少长风尘,人生实难,岂可责之"! 汪中自己家贫无计,一生替人充作幕宾代操笔墨为生,他自称"数更府主,俯仰异趣,哀乐由人",身世与湘兰"其何异"? 只不

---

① 洪亮吉:《卷葹阁集》卷8,《有人都者偶占五篇寄友》之三。
② 以下所引汪中诸篇均见汪中《述学内外篇》。

过自己"幸而为男"，得"无床箦之辱耳"！他愤懑不平地表示："嗟乎，天生此才，在于女子，百年千里，犹不可期，奈何钟美如斯，而摧辱之至于斯极哉"！汪中深感自己赤贫不遇的身世经历与家仆、名妓相仿。同病相怜，使他由衷地对备受屈辱奴役的弱者，倾注深切的同情和极大的不平！

困苦坎坷的遭际磨砺了汪中刚毅正直的品格和奋发进取的精神，他贫而有志，发愤苦读，"居贱习忧劳"，在半个世纪的生涯中留下二十余种传世著作。"世事消磨气渐平，风尘苦受俗人轻"[①]，长期生活在底层的经历，使他切身感受到世态人情的炎凉冷暖，洞悉社会的腐败黑暗和理学的虚伪狰狞，激励他走上关切国计民生致力经世致用的治学道路，终于成长为著作等身的进步学者和具有强烈批判精神的启蒙思想家。

（原载《国史镜鉴》）

---

① 汪中：《呈秦丈西岩》。

章学诚撰著于车尘马足之间

章学诚是清乾嘉年间著名史学家，于史学理论、校雠学、方志学等方面成就极高，在中国学术史上占有重要地位。他的天资并不聪颖，甚且在中等程度之下；一生颠沛流离，穷困潦倒，治学条件也不优越，之所以学有专长，成一代名家，全靠他不畏艰难持之以恒的刻苦精神和科学合理的治学方法。

章学诚(1738—1801)，字实斋，号少岩，浙江会稽(今绍兴县)人。少时病弱，读书迟钝，自称"幼多病，一岁中铢积黍计，大约无两月功。资质椎鲁，日诵才百余言，辄复病作中止，十四受室，尚未卒业四子书"①。又云"二十岁以前，性绝駑滞，读书日不过三二百言，犹不能久识；学为文字，虚字多不当理"②。不过受祖父、父亲嗜好精通史学的影响，十五六岁时，独对史学产生浓厚兴趣，塾课余暇，私取《左传》《国语》等书加以删节。父亲见了认为仍用编年体裁删节编年史，难有长进，不如改用纪传体分其所合；并启发他独立思考，不盲从古人注疏。于是他"力究纪传之史而辨析体例"，颇有收益，"日后观书，遂能别出意见，不为训诂牢笼"。至二十一二岁，学业渐长，"史部之书乍接于耳，便似夙所攻习然者，其中利病得失，随口能举，举而辄当"③。章学诚早年对用多若牛毛、烦琐无用条文充塞学生头脑的"举业文艺"深为反感。④ 尽管塾师于举业外，严禁翻阅它书，他还是私下购得《韩文异考》，灯窗窃观，爱不释手。而对他所偏好的史学，尤每能"决疑质问"⑤，提出独到见解。二十五岁入国子监就读，成绩常列下等。每逢大考，三四百人中被斥落的不过五七人而已，章学诚每在五七人中。自国子监祭酒至同舍诸生都不齿与他交往。每次他去观看成绩榜时，就连皂隶也在旁睨笑："是公亦

---

① 《章氏遗书》卷 22《与族孙汝楠论学》。
② 《章氏遗书》卷 9《家书》六。
③ 章学诚：《文史通义》外篇三《家书》三。
④ 《章氏遗书》卷 18《陈伯思别传》。
⑤ 《章氏遗书》卷 22《与族孙汝楠论学书》。

来问甲乙邪！"但他却不为流俗时尚所动，在章学诚眼中，祭酒而下，"亦茫茫不知为何许人也"①！正是这种摆脱科举八股束缚、勇于独立思考探索的识见与精神，对他日后治学成才产生了重大影响。

　　章学诚认为，为学的关键在于卓然自立，有志于不朽之业，"不羡轻隽之浮名，不揣世俗之毁誉，循循勉勉，积数十年，中人以下所不屑为者而为之，乃有一旦庶几之日"②。在治学方法上则强调："藏往之学欲其博，知来之学欲其精"③，犹如张网捕鸟，"得鸟者不过一目，以一目为罗，则鸟不可得也。然则罗之多目，所以为一目地也"④。所谓"藏往"，就是要下苦功广博地收集掌握资料；但同时要以识见驾驭统帅资料，"博以聚之，约以收之"，以发现问题，解决问题，达到"知来"的目的。否则"如钱散积于地，不可绳以贯之也"⑤。为此，他十分强调"博览载籍，遍览群言"⑥，扎扎实实练好基本功。他提出"记诵者，学问之舟车也"⑦，"札记之功，必不可少；如不札记，则无穷妙绪，皆如雨珠落入大海矣"⑧，所以需要"每日必有所记，而札记于册，以待日后会通"⑨。坚持每日札记，不只是为了积累知识、掌握资料，而且是"读书练识以自进于道之所有事也"⑩。如此"读书服古，时有会心，方臆测而未及为文，即札记所见以存于录。日有积焉，月有汇焉，久之又久，布满流动，然后发为文辞，浩乎沛然，将有不自识其所以者矣。……存记札录，藏往以蓄知也；词锋论议，知来以用神也。不有藏往，何以遂知来乎！"⑪藏往蓄知是会通知来的前提，同时也要在积累知识的过程中勤于思考，锻炼增强识力与见解。章学诚论学贵在重视藏往蓄知，而又不满足于博览考据，在他看来，"学与功力，实相似而不同"，重要的是，要从藏往蓄知中得出自己独到的见

① 《章氏遗书》卷19《庚辛之间亡友列传》。
② 《章氏遗书》卷22《与族孙汝楠论学书》。
③ 《文史通义》内篇一《礼教》。
④ 《文史通义》内篇六。
⑤ 《文史通义》外篇三《与林秀才》。
⑥ 《文史通义》外篇二《藉书园书目叙》。
⑦ 《文史通义》内篇三《辨似》。
⑧ 《文史通义》外篇三《家书》一。
⑨ 《文史通义》朴遗续《又与朱少白》。
⑩ 《文史通义》外篇三《与林秀才》。
⑪ 《章氏遗书》卷29《跋香泉读书记》。

解，"上阐古人精微，下启后人津逮"①，只有发挥"持世而救偏"的作用，才能算得上是为人们所贵重的"君子之学术"②。而"今之误执功力为学问者，但趋风气，本无心得，直谓舍彼区区掇拾，即无所谓学，亦夏虫之见矣"③。章学诚关于治学之道的这番议论，在盛行考据以避文祸的乾嘉时代，确能振聋发聩，具有鲜明的进步意义。

章学诚的治学见解，是他积数十年实践总结出的经验之谈，而他自己也正是沿着这条治学道路勤奋努力、坚持不懈，攀登上那个时代的学术高峰。章学诚的父亲做过五年知县，后"以疑狱失轻免官"，"贫不能归，侨家故治，又十许年"④，家境困顿。史部书帙浩繁，为了求学，他不惜典衣质被，历三年而购齐历朝正史；虽然"目力既短，心绪忽忽多忘"，但他坚信"贵在积久贯通"，发愤遍读二十一史，"丹铅往复，约四五通，始有端绪，然犹不能举其词，悉其名数"，可见他的博学多识较常人付出了更多的精力与汗水。这种不求功名、专心治史的刻苦治学精神为热衷举业的朋辈所不解，以至"未有不视为怪物，诧为异类者"⑤。三十一岁那年，父亲卒于湖北应城，他竟因贫困未能奔丧。乾隆四十六年(1781)，游河南不得志而归，中途遇匪，"尽失箧携文墨，四十四岁以前撰著，荡然无存"⑥，他在向座师梁国治求援信中抱怨道："驰驱半载，终无所遇，一家十五六口，浮寓都门，嗷嗷待哺。秋尽无衣，数年遭困以来，未有若此之甚者"，真是水火急迫，"逼于困苦饥寒，呼吁哀号"，狼狈不堪。⑦ 五十二岁那年，竟至"辗转于当涂怀宁之间，一钵萧然，沿街乞食"⑧。七年以后，向朱珪求援信中亦称："今则借贷俱竭，典质皆空，万难再支。只得沿途托钵，往来青徐梁宋之间。"⑨如此坎坷潦倒、颠沛狼狈，其治学之难，可想而知。如他晚年所回顾的："三十年来，苦饥谋食，辄藉笔墨

① 《文史通义》内篇二《博约》中。
② 《文史通义》内篇二《原学》下。
③ 《章氏遗书》卷29《又与正甫论文》。
④ 《章氏遗书》卷23《李清臣哀辞》。
⑤ 《章氏遗书》卷22，《与族孙汝楠论学》。
⑥ 章学诚：《跋酉冬戌春志余草》。
⑦ 《章氏遗书》卷29《上梁相公书》。
⑧ 《章氏遗书》补遗《上毕制府书》。
⑨ 《章氏遗书》卷28《上朱中堂世叔书》。

为生，往往为人撰述状志谱牒，辄叹寒女代人作嫁衣裳，而自身不获一试时服。尝欲自辑墟里遗闻逸献，勒为一书，以备遗亡，窃与守一尚木言之，而皆困于势不遑，且力不逮也。"①但即使在这种备极艰难的状况下，他仍"尚思用其专长，殚经究史，宽以岁月，庶几勒成一家，其于古今学术，未必稍无裨补"。他深知"学问之事，正如医家良剂"，不宜中辍，否则待他日条件好了再偿夙愿，"则夙愿将有不可得偿者矣"。因而虽"困于世久矣，坎坷潦倒之中，几无人生之趣，然退而求其所好，则觉饥之可以为食，寒之可以为衣，其甚者，直眇而可以能视，跛而可以能履，已乎已乎，且暮得此，所由以生，不啻鱼之于水，虎豹之于幽也"②。治学著书如同水之于鱼，成为支撑他生命的重要元素。他的许多重要著作便是在"江湖疲于奔走"之际，"撰著于车尘马足之间"。③ 直至晚年失明，仍坚持口授著述，最后撰作《豫室志》，"中有数字未安，邮简往反，商榷再三。稿甫定而疾作，遂成绝笔"④。

章学诚终于在极端艰难的条件下，以"循循勉勉，积数十年，中人以下所不屑为者而为之"的坚韧不拔毅力和卓越的识见，为后人留下了一座不朽的文化丰碑。他在校雠学上堪称是前无古人的大师；在方志学上做出了奠基性的贡献；而他的《文史通义》更被公认为是与刘知几《史通》前后辉映的"双璧"，登上了中国古代史学理论研究的最高峰。

（原载《国史镜鉴》）

---

① 《章氏遗书》卷 29《与宗族论撰节愍公家传书》。
② 《章氏遗书》卷 29《与史余村论学书》。
③ 《文史通义》外篇三《与邵二云论学》。
④ 汪辉祖：《梦痕余录》。

骆绮兰拜诗坛巨子为师

"《游西湖》《春闺》《雪根山馆题壁》《对雪》四诗，一气卷舒，清机徐行。今馆阁诸公能此者问有几人?"①清中期诗坛巨子袁枚所说胜过翰林院诸公四诗的作者，即他晚年接纳的女弟子、乾嘉年间著名女诗人骆绮兰。

骆绮兰(1756—?)，字佩香，号秋亭，江苏句容人。袁枚《题骆佩香〈秋灯课女图〉》诗曾概括述及她的身世："秋风瑟瑟乌夜啼，寒光闪闪灯光微。有人课女如课子，夜半书声犹未止。佩香女史宾王族，对雪曾吟柳絮曲。嫁得才人渤海郎，秦嘉何幸逢徐淑。伉俪方谐玉树残，人间佳偶白头难。锦瑟频年弹寡鹊，雌雄一个伴孤鸾。"②绮兰出身于大家名门之后，自幼从父学诗，"垂发时，即解声律"③。及笄后嫁金陵(今江苏南京)龚世治，世治亦富文才，虽家道中落，夫妇"辍吟咏，谋生计"，相为倡和，亦颇和谐。但婚后不久世治便亡故，绮兰携幼女孀居，持门户之余仍不忘"老屋数椽，秋灯课女，以笔墨代蚕织"。绮兰工诗善画，"索诗画者日益众"，在周围一带颇有名气。但也有人认为女子未必能有此佳作，怀疑她的诗稿皆请他人代作。绮兰对此愤懑不服，但她清醒地意识到："女子之诗，其工也，难于男子。闺秀之名，其传也，亦难于才士。何也? 身在深闺，见闻绝少，既无朋友讲习，以瀹其性灵；又无山川登览，以发其才藻。非有贤父兄为之溯源流，分正伪，不能卒其业也。迄于归后，操井臼，事舅姑，米盐琐屑，又往往无暇为之。才士取青紫，登科第，角逐词场，交游日广；又有当代名公巨卿从而揄扬之，其名益赫然照人耳目。"为了使自己的作品得到社会承认，也为了开阔眼界进一步提高学业，她毅然冲破传统礼教对妇女的重重封锁拘限，"间出而与大江南北名流宿学觌面分韵，以雪情代之冤，以杜妄人之口"。并且相继"师事随园、兰泉、

---

① 袁枚：《随园诗话·朴遗》。
② 袁枚：《小仓山房诗集》卷 34。
③ 骆绮兰：《听秋馆闺中同人集》序。以下凡引该序不再注。

梦楼三先生，出旧稿求其指示差谬，颇为三先生所许可"。袁枚《随园诗话·补遗》提到绮兰拜师的经历：

> （佩香）诗才清妙，余《诗话》中录闺秀甚多，竟未采及，可谓国中有颜子而不知。辛亥（1791）冬，从京口（今江苏镇江）执讯来，自称女弟子，以诗受业。

绮兰生活的乾嘉年间，理学猖獗，妇礼谨严，社会上标榜"妇女内言不出闺外"①，"文章虽曰公器，而男女实千古大防，凛然名义纲常"②。其时袁枚因倡导女子文学、接受女弟子而被正统卫道者们攻击为"惟造淫词邪说，蛊惑士女，竟趋浮薄僄佻，务令网人于禽兽之域"的"清客密骗之罪人"③。而从学女弟子则被指斥为"无知士女，顿忘廉耻"④；"己方以为才而炫之，人且以为色而怜之。不知其故而趋之，愚矣；微知其故而亦且趋之，愚之愚矣！"⑤而骆绮兰不但以三十多岁孀居寡妇身份自称女弟子连续拜三位诗坛名流为师，而且公然接待袁枚留宿七日。袁枚有《京口宿骆佩香女弟子家七日赋诗道谢》云：

> 小住金山供佛斋，多君事事费心裁。
> 代筹寒暖将衣送，更作羹汤破浪来。
> 任妇无儿空课女，左芬有貌更多才。
> 自怜刘伊清谈久，坐见庭蕉带雪开。

（余初到时蕉心未展，未几雨雪而蕉叶全抽）⑥别后在《小池一首再寄佩香》中又写下"寄语金闺诗弟子，几时来访病维摩"⑦的诗句。

绮兰惊世骇俗的拜师举动引起舆论大哗。虽然"世之以耳为目者敢于不信兰，

---

① 章学诚：《文史通义·内篇五·诗话》。
② 章学诚：《文史遵义·内篇五·妇学》。
③ 章学诚：《文史通义·内篇五·书坊刻诗话后》。
④ 章学诚：《文史通义·内篇五·妇学篇书后》。
⑤ 章学诚：《文史遵义·内篇五·妇学》。
⑥ 袁枚：《小仓山房诗集》卷34。
⑦ 袁枚：《小仓山房诗集》卷34。

断不敢不信随园、兰泉、梦楼三先生也"，人们不再怀疑绮兰诗作的著作权，但却"疑之者息，而议之者起矣！又谓妇人不宜作诗，佩香与三先生相往还尤非礼"。对此，她理直气壮地反驳道：

> 随园、兰泉、梦楼三先生苍颜白发，品望之隆，与洛社诸公相伯仲，海内能诗之士，翕然以泰山北斗奉之，百世以后犹有闻其风而私淑之者。兰深以亲炙门墙、得承训诲为此生之幸。谓不宜与三先生追随赠答，是谓妇人不宜瞻泰山仰北斗也。为此说者亦应哑然自笑矣。夫不知其人之才而疑之者私，明知其人之才议之者刻，私与刻皆非醇厚君子之用心也。

乾隆六十年(1795)，骆绮兰正式出版了《听秋轩诗集》六卷，共收诗五百七十七首，袁枚、王文治、曾燠三位业师亲自为之作序。她的诗作还被袁枚选入《随园女弟子诗》。嘉庆二年(1797)绮兰又将江珠、毕汾、毕慧、鲍之兰、鲍之慧、鲍之芬、周澧兰、卢元素、张少蕴、潘耀贞、侯如芝、王琼、王倩、王怀杏、许德馨、秦淑荣、叶毓珍等远近闺秀的投赠之诗、唱合之作辑为《听秋馆闺中同人集》刊刻，以为女子文学张目，"使蚩蚩者知巾帼中未尝无才子"，"彼轻量人者，得无少所见多所怪也"！骆绮兰的《听秋轩诗集》在当时产生较大影响，并为《清史稿·艺文志》《续江宁府志》等国史、方志正式著录。她最终以自己的真才实学在清中期诗坛博得与台阁诸公相颉颃的声誉。

（原载《国史镜鉴》）

崔述遵父训开疑古风气之先

崔述是清乾嘉时期以疑古、辨伪、考信著称的大史学家。他宣称"大抵战国、秦汉之书，皆难征信，而其所记上古之事尤多荒谬"①，并以毕生精力本着"打破沙锅纹（与'问'谐音）到底"和"无证不信"的探索求实精神，对从上古到秦统一前的古史进行系统地考辨清理，构筑起较为科学的信史体系。他所倡导的分析综合、辨伪存真，把历史研究建筑在真实基础之上的原则和方法已和现代科学研究的方法十分接近。胡适20世纪20年代为崔述作年谱，尊奉他为"科学的古史家""新史学的老先锋"。胡适认为像崔述这样"伟大的学者"、《考信录》这样"伟大的著作"，竟被时代埋没了一百年，"不能不算是中国学术界的奇耻"；而中国新史学的成立须在超过崔述以后，但在超过之前则首先"应该从崔述做起，用他的《考信录》做我们的出发点"②。

崔述（1740—1816），字武承，号东壁，直隶大名府（今河北魏县）人，出身于世代书香之家。他的治学态度和方法，以及在学术上取得的巨大成就，在很大程度上得益于父亲的教诲。崔述的父亲崔元森，字灿若，号暗斋，"自理学及经世致用书，靡不究览"，因不能专心举业，所读书"非世所恒习而不切于用也"，五次乡试不中，遂绝意仕进，以授馆教书为生。③崔元森对儿子寄予很大希望，曾对崔述说："尔知所以名述之故乎？吾少有志于明道经世之学；欲尔成我志耳。尔若能然，则吾子也。"④父亲在教子方面投入很大精力，教育方法也很有特色。刚开始教识字读书，常联系日常生活所闻所见，形式多样，生动活泼，如"遇门联扁额之属，必指示之；或携至药肆，即令识药题，务使分别四声，字义浅显者，即略为诠释。识字稍多，则令读《三字训》

---

① （清）崔述：《考信录提要》上。本文所引崔述各篇，均见《崔东壁遗书》，上海：上海古籍出版社，1983。

② 胡适：《科学的古史家崔述》。

③ 崔述：《先府君行述》。

④ 崔述：《序目》《自序》。

若《神童诗》，随读随可讲说"，故崔述少时"不以诵读为苦"。时人读书"惟重举业，自《四书》讲章时文外，他书悉不问"；而元森教子，"自解语后，即教以日数官名之属；授书后，即教以历代传国之次，郡县山川之名。凡事之有益于学问者，无不耳提而面命之。开讲后，则教以儒、禅之所以分，朱、陆之所以异。凡诸卫道之书，必详为之讲说。神异巫觋不经之事，皆为指析其谬"①。这种教法取得了很好的效果，如崔述后来所回顾的，"四岁读门联，能辨平与仄；五龄授经书，便知质疑惑"②。崔元森怀疑汉学，崇奉宋学，他要求对儒家经书务令极熟，崔述五岁时父亲教授《论语》，"每授若干，必限令读百遍；以百钱置书左，而递传之右。无论若干遍能成诵，非足百遍，不得止也"。而且他教人治经，"不使先观传注，必先取经文熟读潜玩以求圣人之意；俟稍稍能解，然后读传注以证文"，他主张"读注当连经文，固也；读经则不可以连注读。读经文而连注读之，则经之文义为注所间隔，而章法不明，脉络次第多忽而不之觉，故必令别读也"③。按照这种方法，崔述直接读经文原著，精熟之后，再以自己的体会与他人的传注比较验证，而不盲目轻信别人的解释，这对培养独立见解和考辨分析能力大有裨益。"自读书以来，奉先人之教，不以传注杂于经，不以诸子百家杂于经传"的结果，使崔述"久之，而始觉传注所言不尽合于经者；百家所记往往有与经相悖者。"④沿着这条治学途径不懈努力，崔述终于洞悉先秦诸子对上古史的描绘记载，有许多杜撰伪造之处，不可轻信，他精辟地揭示出：

> 周道既衰，异端并起，杨、墨、名、法、纵横、阴阳诸家莫不造言设事，以诬圣贤。汉儒习闻其说而不加察，遂以为其事固然而载之传记。若《尚书大传》《韩诗外传》《史记》《戴记》《说苑》《新序》之属，率皆旁采卮言，真伪相淆。继是后有谶纬之术，其说益陋，而刘歆、郑康成咸用之以说经。流传既久，学者习熟见闻，不复考其所本，而但以为汉儒近古，其言必有传，非妄撰者。虽以宋儒之精纯而沿其说而不易者盖亦不少矣。

---

① 崔述：《先君教述读书法》。
② 崔述：《获田胜笔残稿·古体》。
③ 崔述：《先君教述读书法》。
④ 崔述：《考信录》自序。

至《外纪》《皇王大纪》《通鉴纲目前编》等书出，益广搜杂家小说，以见其博，而圣贤之诬遂万古不白矣！①

三十岁之后，崔述乃"举子业置不复为"②，集中精力投入考证战国之前上古信史，相继撰作《考信录提要》二卷、《补上古考信录》二卷、《唐虞考信录》四卷、《夏考信录》二卷、《商考信录》二卷、《丰镐考信录》八卷、《洙泗考信录》四卷、《丰镐考信别录》三卷、《洙泗考信余录》三卷、《孟子事实录》二卷、《考古续说》二卷，《考信附录》二卷，总三十六卷，以严密的考证、辨伪，"辟众说之谬诬"③，拨开笼罩于古代历史之上的重重迷雾，而还之以本来的面貌。崔述考信求真开疑古风气之先的成就显然与"五龄授经书，便知质疑惑"的启蒙教育一脉相承，是这种独立思考、勇于探索精神的不断发展和发扬光大。

值得赞赏的是，崔元森教子虽严，却"不禁其游览。幼时，不过旬月，即携之登城，观城外水渺茫无际，不觉心为之旷。……盖恐其心滞而不灵故也。其后述每遇佳山水，辄觉神识开朗，诗文加进，知幼时得力于景物者多也"。崔述的母亲也很有见识，不但向儿子亲自口授《大学》《中庸》，而且崔述在家中读书时，"常令之服手足之劳。或读于外塾，归家后，亦必令之少事奔走，恐其多坐而血气滞，身弱易病也"④。崔述治学虽严谨、精专，却并不死板，相反，视野开阔、思想活跃、"神识开朗"，是他最可宝贵的长处，而这又显然和父母早年鼓励他奔走游览、开阔眼界胸怀的精心教养分不开。

崔述家境清苦，屡遭水淹。每至"数月未有宁居，日惟以扁豆充饥，霜降后犹单衣，冬不能具炉火"⑤，母亲只得白日藏砖灶中夜间取出以暖被。在这艰苦环境中，父母"虽爱之，而未尝纵之；惟爱之，愈不肯纵之。幼时，两餐皆为之限；非食时，虽饥，不敢擅食。市中所鬻饼饵，从不为买食之。衣取足以御寒，不令华美。有过，辄督责之，不少贷"⑥。这种做法使崔述养成刻

---

① 崔述：《考信录提要》卷上，《释例》。

② 陈履和：《崔东壁先生行略》。

③ 陈履和：《崔东壁先生行略》。

④ 崔述：《先君教述读书法》。

⑤ 崔述：《先府君行述》。

⑥ 崔述：《先君教述读书法》。

苦勤奋的精神，自甘淡泊，专心治学，所谓"犹蚕食叶，既老，丝在腹中，欲不吐之而不能耳。名不名，非所计也"。崔述父母还严格禁止儿子与吵架相斗的亲族群儿往来，"市井童稚鄙倍之言不接于耳，陋劣之行不涉于目"，"蒲博管弦、斗鹑猎犬之事，未尝令一涉于耳目也"①，防止了周围的恶劣影响，为崔述提供了良好的成长环境。

崔述在《少年遇合记略》中特别提到，他之所以能著《考信录》，是"祖宗父母之所教养"的结果。他在 70 岁高龄之际，还满怀深情地撰写了《先君教述读书法》，"备录先君之所以教述之方"，足见其影响之深远。如胡适在《崔述的年谱》中所说，詹姆弥儿的成绩虽远不如他儿子（约翰弥儿）那样伟大，然而没有那样的一个父亲也决没有那样一个儿子。同样，崔元森碌碌一生，并无著作传世，但他却倾注全部身心，用科学的方法培养出了崔述这样成就卓著的大学问家，正是在这个意义上，可以说"他的儿子就是他一生绝大的作品"②。

（原载《国史镜鉴》）

---

① 崔述：《考信录》自序。
② 胡适：《崔述的年谱》。

近代中医解剖学先驱王清任

　　梁启超在《中国近三百年学术史》一书中提出，对清中期医学家王清任的学术成就"不可不特笔重记"。王清任"务欲实验，以正其失，他前后访验四十二年，乃据所实睹者绘成脏腑全图而为之记，附以脑髓说，谓灵机和记性不在心在脑"。梁启超高度赞扬道："诚中国医界之极大胆的革命论"。

　　人体解剖是正确认识人体结构、生理功能的科学实验手段，是将医疗诊治纳入科学轨道的重要前提。但在中国古代由于传统伦理纲常宣扬身体发肤受之父母，奉不得毁伤体肤为至高的孝道，人体解剖长期以来被划为绝对不容逾越的禁区。南北朝刘宋时期郎中唐赐妻张氏因遵夫遗嘱与儿子一起对唐赐遗体"剜腹出病"，竟被皇帝亲自下令以"不道""不孝"的罪名对母子二人处以斩刑。① 这种状况严重阻碍了中医人体解剖学的发展，以致医书中所绘脏腑形图，与人之脏腑全不相合，立论每多自相矛盾舛误百出。在对人类思维、意识产生这一重大课题的探讨中，虽然也有对脑髓"髓海有余，则轻劲多力，自过其度，髓海不足，则脑转耳鸣，胫痠眩冒，目无所见，懈怠安卧"②一类天才的直观猜测，特别是明代医学家李时珍提出"脑为元神之府"③的见解弥足珍贵，但因缺乏人体实验解剖的依据，尚不能做出严谨的答案。直至清代乾隆钦定《医宗金鉴》仍奉《内经》"心者，君主之官，神明出焉"的结论为千古不易的权威。④

　　王清任（1768—1831），字勋臣，直隶（今河北）玉田县鸦鸿桥河东村人，曾在滦州（今唐山一带）、奉天（今沈阳）等地行医，嘉庆二十五年（1820）定居北京，设"知一堂"，颇有医名。清任早年读医书对古人描绘脏腑论述各器官功能的矛盾混乱疑窦丛生，认为"著书不明脏腑，岂不是痴人说梦？治病不明

---

　　① 《南史》卷 35。
　　② 《内经》卷 11。
　　③ 《本草纲目》卷 52。
　　④ 《医宗金鉴》卷 82。

脏腑，何异于盲子夜行"！既然病情与脏腑绝不相符，更难免"本源一错，万虑皆失"①。为此清任早有更正之心，但终因"无脏腑可见"，虽渴思区画十年之久而无从探考。

清任30岁那年(1797)，恰逢滦州稻地镇流行瘟疹痢疾传染病，小儿"十死八九"，无力之家往往裹席草草掩埋，因当地乡俗不事深埋，以为犬食童尸利于下胎不死，故"破腹露脏之儿日有百余"，随处可见。清任行医路过，起初未尝不掩鼻，"后因念及古人所以错论脏腑，皆因未尝亲见，遂不避污秽"，每日清晨赶赴义冢"就群儿露脏者细视之"。饿犬啃食之余，多已脏腑不全，大抵有肠胃者多，有心肝者少，只能互相参看。10人之内，看全不过3人，连视10日，大约看全不下30余人，"始知医书中所绘脏腑形图，与人之脏腑全不相合，即件数多寡亦不相符。惟胸中膈膜一片，其薄如纸，最关紧要，及余看时，皆以破坏未能验明在心下心上、是斜是正，最为遗憾"。此后清任又多次赴刑场观察行刑，嘉庆四年(1799)奉天府一少妇被凌迟处死，因其非男子，不便近前，在旁俟"行刑者提其心与肝肺，从面前过，细看与前次所看相同"，再次证实两年前的观察结论。20多年之后，嘉庆二十五年(1820)，清任在北京崇文门外观察对剐犯行刑，虽得近前，但及至其处，"虽见脏腑，膈膜已破，仍未得见"。道光八年(1828)对逆犯张格尔施剐刑，又"不能近前"。清任为辨清膈膜，留心40年未能审验明确，不肯罢休。次年终于访知一位曾经镇守哈密的官员，所见诛戮敌尸最多，即刻登门拜叩，请他细细说明膈膜形状。从早年留意人体脏腑，至此"访验四十二年方得的确"。

道光十年(1830)，王清任在历经42年"亲见百余脏腑"的基础上撰成《医林改错》，绘制人体脏腑图25幅，纠正了千百年相沿的许多谬误；并把解剖知识运用于临床实践，提出不少创造性的见解，留下许多效果显著的名方。他还以脏腑实际观察为依据，对心脏及其血管系统和其他脏器加以详细描述，证明这些器官并无"贮记性，生灵机"的功能，纠正了"五脏藏神说"的谬误。他又据"两目系如线长于脑，所见之物归于脑""两耳通脑，所听之声归于脑"以及"人左半身经络上头面从右行，右半身经络上头面从左行"，实验观察并结合诸种脑病症状立论，证明"灵机、记性在脑不在心"。他还进一步说明之

---

① 《医林改错·序》，下引不注。

所以"灵机、记性在脑者",是因为"饮食生气血,长肌肉,精汁之清者化而为髓,由背骨上行入脑,名曰脑髓",从而对意识产生于物质器官做出了科学解释。王清任对耳、目、舌、鼻、身各感官通过神经系统与大脑中枢连结并受其控制指挥的论断为人类思维意识活动是大脑的机能和产物的理论奠立了科学的基础。这在当时是属于具有世界范围意义的重大科学成就,比谢切诺夫发表《脑的反射》论文确定脑为思维器官要早30多年。《医林改错》刊印半个多世纪后,英人德贞氏将其节译介绍到海外,誉称王清任为"近代的中国解剖家"。①

王清任的脑髓说不但对自然科学的发展做出重大贡献,而且成为唯物论无神论批判神学思想的有力武器。在《医林改错》中,王清任旗帜鲜明地批评"儒家谈道德言性理亦未有不言灵机在心者",他关于"灵机、记性在脑不在心"的论证是对中国古代自孔孟儒学、程朱理学直至王阳明心学的有力挑战。这在尊经崇古的清代不啻"清夜钟鸣"振聋发聩。传统礼教卫道者们攻击王清任察验尸体脏腑是教人于骷髅堆中、杀人场上学医道,痛骂王清任为医学界中离经叛道的狂徒。但在王清任看来,那种死守陈说"其言仿佛是真,其实脏腑未见,以无凭之谈,作欺人之事"的做法与窃财盗贼无异,他出于恐"后世医业受祸,相沿又不知几千百年"的考虑,抱着"非欲后人知我,亦不避后人罪我"的大无畏精神,勇于突破禁区,探索创新,终于"直翻千百年之旧案",对发展中医实验解剖与脑科病理研究做出开创性贡献。

王清任曾表示"惟愿医林中人一见此图,胸中雪亮,眼底光明,临症有所遵循,不致南辕北辙,出言含混,病或少失,是吾之厚望"。由于缺乏亲手持刀剖尸的社会条件,所能观察到的又多为陈尸,王清任的著述也难免有失误不确之处,但如他在自序中所说:"其中当尚有不实不尽之处,后人倘遇机会,亲见脏腑,精查增补,抑又幸矣!"正是这种严谨求实重视实验的科学态度和敢于冲决礼教传统观念、富于探索创新的精神,使他获得了巨大成功。

（原载《光明日报》2000年1月20日）

---

①　参见王吉民:《西译中医典籍重考》。

附 录

历史教学

关于中国青少年历史知识现状的调查

——问卷设计与研究分析

　　2001 年 2 月，深圳市委宣传部牵头，在全国范围开展的有关青少年掌握史学知识状况的调查，堪称是一次很有意义的青春与古老的对话。笔者和北京师范大学历史学系曹文柱教授受委托设计问卷，由北京零点市场调查与分析公司负责实施，并撰写研究报告。本次调查在北京、上海、武汉和深圳四城市展开，针对 14～28 岁家庭成员或本人并非从事历史教学科研工作或学习历史专业的常住居民，采用多段随机抽样方法进行入户访问，收回有效问卷 1065 份。调查结果公布后，多家新闻媒体予以报道，引起社会各界广泛关注。

　　鉴于零点调查公司在新闻发布会上披露的信息不够全面，究竟问卷中提出了哪些问题，设问依据和评分标准是什么等均未涉及；这就在一定程度上影响了公众对调查可信度、有效度的认同。本文拟结合问卷设计与零点公司的分析报告，谈一点体会与看法，以期对评估本次调查以及充分有效利用本次调查的资源有所裨益。

问卷设计的思路与得失

　　思想导向　如深圳共青团市委副书记刘燕在新闻发布会上所说，本次调查活动旨在"启动一次激活历史的新探索，呼吁中国青少年从数千年历史中吸取更多的营养，增长民族自信心和自豪感，以丰满的民族个性投身国际化的大潮中"。按照这一宗旨，问卷的设计将中华文明放置在世界范围之中，用全球视野和发展的眼光考察。既充分体现中华文明的早期辉煌和对世界文明的贡献，也引导思考"郑和下西洋"昙花一现以及中国古代科学技术与西方相比从先进转为落后的原因。在牢记圆明园被毁落后挨打耻辱的同时，不忘清代"睁眼看世界的第一人"和前期新文化运动的主要口号。最后以探索"建设有中国特色社会主义新文化的途径"作总结。通过历史感和现实感交融的设问，激发民族自豪感和理性的爱国主义情怀，增强民族自信心和忧患意识、国际意识，培养投身现代化建设、振兴中华的历史责任感和使命感。

内容分布与序次　问卷内容大体以中学课本知识点为依托。横向分布涉及政治、经济、科技、思想、文化、教育、社会生活等方面，并注意其间的关联互动与中外对比。纵向体现中华农耕文明长期领先、鼎盛辉煌和明清之际在世界工业文明潮流中殒落，以及中华文明在殖民主义列强挤压下重新振兴的历时性发展轨迹。引导青少年在纵横时空体系中去认识历史及其发展规律。

全面考查素养的问卷指向　历史学科的素养包括知识和能力两个层面，两者既有区别又紧密联系、互相渗透。这种素养体现在对基本历史知识的把握和在此基础上运用历史唯物主义基本观点观察问题和解决问题的能力，表现为对历史知识的认知、理解、阐释，从中鉴往知来，掌握规律，在实践中创造性地运用发挥。

问卷的主体部分（约三分之二）属于历史学科的基础知识，旨在准确认识和反映重要历史事实、时空概念、基本线索、发展过程和阶段性特征。这种历史记忆需要在理解基础上把握。例如"世界上从未间断过的古老文明""文化遗址按时序排列"等题，课本中并无直接答案，要求具备迁移知识去认识、解释新问题的能力，并非简单机械复述所能完成。

另有五分之一题目侧重考核历史思维能力。例如关于秦始皇的政略、科举制度、郑和下西洋、中国古代科学技术从先进转为落后等题，要求对历史现象出现的原因、性质、影响作出评价、判断。此类题目中"评价长城"一题，不拘泥一种观点，鼓励开放性创新思维。而"建设有中国特色社会主义新文化的途径"一题，则要求具备重组信息、创造性地运用历史文化知识解决现实问题的能力。此外还有一些诸如"学习历史在哪些方面对你有益""获取历史知识的途径""读过哪几种古典名著"、对"夏商周断代工程"的了解程度和兴趣度一类的问题，也和了解青少年历史学素养有关。

问题与不足　社会调查不同于选拔考试，理应更加注重思想导向和问卷涵盖面、序次递进体系。这就难免加大选择具体点位时体现典型性、代表性的难度。而且入户调查的形式将时间限制在 15 分钟左右，决定了问卷只能采取选择题形式。这种题型大多属于客观性试题，答案简洁明确，可确保较大覆盖面。但在有限的选项中作答，增加了"碰运气"的概率。而且选择题的题干和选项的表述，也可能对受访者产生引导、暗示的影响。本次调查尝试在此类题型中加大归纳、比较、概括、分析、评价等更多体现主观能力的成分。这种开放性、不确定性和可争议性的特点，又对确定参考答案带来困难。例如对"导致清代中国科学技术与西方相比从先进转为落后的原因"一题中的第三选项"皇帝昏庸无能"，就很难简单判断对错。判断"具有近代科学因素的明后期科学巨著"一题，也会因对何为"近代科学因素"理解的歧异而导致不同的选择。如果设问答题，只要立论有据，能够自圆其说，就能看出能力、水平；而在选择题中无法显示思维过程和依据，把复杂的问题简单化，效果不尽理想。例如对秦始皇"焚书坑儒、以古非今者族"举措的评价，结合当时历史背景，也有一些合理因素。如系问答题，正可让受访者显示"沧海横流"的本领；设为选择题，则不免"顿失滔滔"，难辨高下。或许"评价长城"一题，不设标准答案，只作不同观点的统计是较为明智的考虑。总之，本套问卷在设问技巧、特别是在如何运用选择题形式测试素养能力方面，还存在一些问题，有待进一步探索。

还有一点需要说明的是，主办单位要求问卷内容针对"中华文明"，下限断在"五四运动"；因此我们把标题设计为"中华文明知多少"，副标题是"青少年历史知识素养调查问卷"。零点调查公司公布的文本，标题改为"中国青少年历史知识现状调查报告"，使人感到问卷设计定位偏失。了解青少年掌握历史知识的状况，当然不能限制在中国古代史范围；把世界历史排除在外，又怎么谈得上是对整个"历史知识"的了解？调查问卷涉及的内容并非全是对史实简单的认知、再现，而是蕴含了对能力的要求。因此，把问卷设计副标题中的"素养"删掉，也属失察。以上改动在客观上造成误导，这显然是主办单位始料所不及的。

对研究报告的评价与商榷

负责实施调查和提交报告的零点公司是一家颇有影响的专业市场调查公司，调查前专门对工作人员进行培训，问卷复核量达20％以上，在调查与数据统计处理方面规范、准确，足可信赖。但据笔者所知，该公司实施此类文教方面社会调查尚属首次，又兼忽略与问卷设计以及历史教育测量等相关专业人员沟通，在研究分析方面也还存在一些值得商榷之处。

赋分与衡量水准的依据　　调查问卷中 25 题各赋 4 分，共计 100 分。测试结果，全体受访者平均分仅为 27.69 分，如按 60 分及格计，仅有 1.5％青少年及格。《调查报告》据此得出"我国青少年对历史知识了解得非常少""了解程度非常低"的结论。但事实上影响得分因素除受试者素质水平外，还和问卷难易、赋分是否合理直接相关。即以全卷得分率最低的一题为例：该题题干是"提出'等贵贱，均贫富'口号的农民起义是"（单选），选项为"A. 北宋王小波、李顺起义；B. 南宋钟相、杨幺起义；C. 元末红巾军起义；D. 明末李自成起义"。正确项为 B，得分率仅为 0.073。导致分低的重要原因是题目较偏，虽在《中学百科人物事典》列有相关条目，但在中学教材中并未出现。设计问卷时主要考虑到在以农立国的中国古代反复爆发大规模农民战争，一些农民起义口号的变化鲜明反映出社会深刻变革，有必要在这方面设置一问。又考虑陈胜、吴广起义和明末农民战争知名度较高，遂围绕"等贵贱，均贫富"口号设问。倘若题干改用"均田免粮"口号，得分率必然大幅改观。通过问卷设计控制得分高低实在是轻而易举之事。本题以及"文化遗址按时序排列"（得分率 0.095）、"古代少数民族在蒙古高原建立政权先后顺序"（得分率 0.115）、"元朝加强中央集权的举措"（得分率 0.15）等题得分偏低本在意料之中，少量配置一些这类题目意在一般了解一下青少年对这方面知识掌握的情况，并不具有测试水准的代表性。如采取等级赋值方式，将此类题目列为不计总分的参考题或减少分值，而加大安阳出土甲骨文的朝代（得分率 0.503）、宋元时期传入欧洲的三大发明（得分率 0.37）、前期新文化运动的主要口号（得分率 0.24）、建设有中国特色社会主义新文化的途径（得分率 0.46）等带有典型"指标"性题目的权重，当可增加调查分析的客观性和准确度。

显然，排除上述因素之后，受访者平均得分应有较大幅度提高，及格率也应远远超过 1.5％。大概项目负责人也觉得 1.5％的及格率低得有点离谱，在零点调查公司提供的新闻稿上改为"调查结果显示：青少年对中国历史知识的了解程度非常低，按满分 100 分计算，全体受访者有七成不及格。"其实，全国硕士研究生英语、政治两科统考，一直把及格线定在 50 多分。综合本次调查的对象、性质和问卷难易度等因素，把及格线定在 50 分是比较合理的，也就是说"全体受访者有半数左右不及格"的评估比较客观。（因不掌握原始数据，本文无法精确统计）这个估计比正式发布的数字提高了约 20 个百分点，看来关于"我国青少年对历史知识了解得非常少""了解程度非常低"的评价过于严峻。不过，半数左右不及格以及"宋元时期传入欧洲的三大发明"得分率0.37、"圆明园毁于1860年英法联军"得分率0.318、"世界上从未间断过的古老文明"得分率0.275、"前期新文化运动的主要口号"得分率0.24等情况仍足以说明调查报告关于"青少年历史知识薄弱亟待加强"的结论不误。

对中学历史教育状况的评估 零点调查公司提供的新闻稿披露，"受访者中有86.9％的人是通过课堂获得历史知识的"，也就是说另有13.1％受访者未曾接受过正规学校教育（至少未上中学）。这和调查报告提供的0～18分数段青少年占受访者27.9％的数据大体相合。显然这13.1％受访者的分数大大拖了总平均分的后腿。如新闻稿所述，"学校教育是学习历史知识的最主要渠道，一旦离开学校失去了这一渠道，差距也就更加扩大了"，这也是本次调查分数偏低的重要原因，任何学校考试都不可能出现这么大的低分群体。评估学校教育状况，首先要把这一因素排除。

《调查报告》在分析25～28岁青年对历史知识了解程度低于17～24岁年龄的原因时认为，"一定程度上是由于学校的历史教育是强制的、灌输的，因而容易引起学生的反感和厌恶，虽然由于考试的要求，当时学过历史知识，但在离开学校后，这些知识就会较快忘记。"同时《报告》也指出，离开学校以后，"接触到历史知识的渠道很少，因此也造成他们的历史知识的了解程度的降低"。这一分析的前提是25～28岁青年群体平均受教育的年限要"高于17～24岁的青少年"。但是同一份《报告》中提供的数据表明这一前提并不能成立。在一份《不同学历的得分差异》附表中显示，高中在读学生总得分平均值为28.92分，大学在读33.83分，本科学历38.52分，研究生在读39.75分，研究生及以上学历46.5分。在排除从事历史学专业工作和学习的受访者，而且未做任何应试准备情况下得出的这一调查结果，恰恰证明学校历史教育颇有成效。走出校门的青少年群体得分高于在校生，正表明他们在学校获得的不仅是知识，而且养成了继续关注历史的兴趣和主动学习的能力。这当然不是使人"反感和厌恶"的"强制""灌输"式历史教育所能奏效。内地的历史教育状况毕竟和"中国历史成为香港中学生最不受欢迎的科目"①有所区别。

---

① 《五千年文明何以传真》，《文汇读书周报》2002年1月15日。

纠正《调查报告》评估的偏颇，并不意味学校教育便不存在问题。我们在设计问卷时认真研究过中学历史教材，对传统教材"繁、难、偏、旧"、知识点过于密集以及过于成人化、专业化的倾向深有感触。笔者熟识的两位学者，分别在 20 世纪七八十年代考历史学硕士研究生综合卷时，只读初中六本教科书，便都取得 80 多分的优异成绩。如此繁难高深，14 岁左右的孩子如何承受得了？目前，教材改革这一影响历史教育改革的瓶颈，已成为全国基础教育课程改革重点关注和着手解决的问题。

还有一点要提到的是，这些年来会考制度的推行，高考命题侧重考察能力的引导以及教师改革教学方法的努力，在从"应试"教育向"素质"教育转变中明显起到积极作用。《调查报告》未将受过高中文科教育的青年剥离出来，既影响了对整个学校历史教育等问题分析的精确度，也无法对高中文科历史教育作出评估，这不能不说是本次调查研究的一个缺憾。

"两高一低"现象的启示　本次调查结果显示，高达 94％ 的青少年对学习历史的必要性持肯定态度。62.8％ 的青少年对中华文明的历史感兴趣，11.6％ 很感兴趣，对了解中华文明兴趣度高的群体占到 74.4％。另一组统计数据显示：37.7％ 的青少年认为历史"丰富、精彩、有趣"；7.1％ 认识到历史"可以借鉴，令人思考"；24.6％ 表示"应该了解自己国家的历史"。认为学习中华文明的历史有助于"树立正确的人生观、世界观"的，提及率为 42.9％；可以"了解国情"的提及率 55.3％；能够"提高素养，增长才能"的，提及率 53％；可以"增长知识，丰富人生"的，提及率达 70.8％。但同时只有两成左右青少年认为自己对中华文明的历史非常了解或比较了解。事实上本次调查测试结果也确实表明我国青少年对中华文明了解的现状不容乐观。如研究报告指出的，这种"高兴趣度、高重视度、低认知度"两高一低现象，暴露出当前对历史知识的传播还有很大不足，同时也表明，中国青少年提高历史知识素养还有很大空间。

未能充分发挥学校历史教育这一青少年获取历史知识主渠道的作用，应该是导致"两高一低"现象的主要原因。除了教材、教学方法等方面存在一些亟待改进的问题外，还突出表现在课程设置不到位。多年来主要反映中华文明的中国古代史内容已从高中历史课程中删除，也就是说，除报考文科的高中生外，绝大多数青少年只在初中一年级两个学期有机会学习中华文明的历史。这显然远远不能满足青少年的要求和社会需要。本次调查如对高中学文科者单独统计，其他青少年"低认知度"得分率还要大打折扣！值得注意的是，当前课程改革实验中尚有一种大幅删减初中历史课的方案，此方案如获推广，五年、十年之后，难免会更加让人发出中国青少年"中华文明知多少"的感叹。课程设置和中、高考"指挥棒"的导向，无疑在很大程度上左右着青少年历史知识素养的水准。这一点应引起国家有关部门和全社会高度关注。

针对青少年这种"两高一低"现象和64.3％受访者表明今后将"有意识地加强对中华文明的了解"的愿望，《调查报告》提出"革新思路、开拓宣传渠道、满足潜在需求"将是今后增进青少年历史知识的工作重点。本次调查显示，青少年了解历史的途径除学校教育外，提及率较高的依次为阅读历史书籍（48.3％）、阅读文学书刊（44.4％）、观看影视作品（43.6％）、参观博物馆（24.8％）。而12.3％的受访者把对历史不感兴趣的原因归咎于"枯燥、乏味、难记"。如《报告》所分析，多媒体方式对青少年传播历史知识的影响越来越深，青少年已经越来越不满足于传统、单一的知识传授方式，亟待大力"开创灵活有趣、丰富好看、便捷精致的传播方式以满足不同群体对历史知识的需求"。这一颇有见地的倡议已经受到教育、影视、出版等部门以及史学界高度重视和广泛响应。

略感不足的是，《报告》将最近半年看过"历史书籍"或"历史文学"的人合为一项调查，而"历史文学"本身是个模糊的概念，与历史书籍混为一谈，使我们无法掌握明晰、准确的数据。与此相应，近半数青少年把观看文学书刊（提及率44.4％）、影视作品（提及率43.6％）列为了解中华文明途径的状况，也实在令人喜忧参半。这些历史题材影视文学作品（戏说、打斗片不在此列）确实在传播历史知识方面起到一定作用，并往往能激发起观众进一步探究相关历史的浓厚兴趣。但多数作品以朱乱紫，在人物、事件、时空方面的错乱讹误比比皆是，甚至倾注帝王崇拜等陈腐观念，制造了不少混乱。对此，我们只能呼吁以历史正剧面孔出现的作品，避免对重大历史关节随意虚构；有关方面则应在热播之后及时通过荧屏、报刊评介引导，这或许是"拨乱反正"除弊兴利的可行对策。当然，我们也呼吁历史学家更多地关注普及通俗历史读物，写出翦伯赞《内蒙访古》、吴晗主编的《中国历史小丛书》那样雅俗共赏的精品。近年涌现的一批赏心悦目的历史文化片以及以文物图像为主、图文并茂的"图说""传真"历史读物深受欢迎，值得大力提倡、推广。博物馆是公认的扩展知识、"寻找"历史的理想场所。本次调查，青少年通过博物馆了解中华文明的提及率仅为24.8％。妨碍博物馆、文化遗址充分发挥历史教育功能的症结是票价过高。从有利于提高国民素质的社会效益着眼，有关部门应考虑加大对青少年参观活动给予减免优惠的幅度。博物馆方面也应更新观念，使用高新技术，把展览办得更加启人心智，引人入胜。

　　除了《调查报告》披露的诸多数据之外，本次调查还储存了大量可供进一步开发研究的信息。例如，本次调查中对评价长城持不同观点的受访者各占多少比例？不同年龄段青少年对此问题的看法是否有差异？导致这种观点歧异的原因是什么？此外四大城市之间得分状况有何差异？何以会导致这种差异等，类似这种饶有兴味值得认真研究的问题还有不少，尚可充分挖掘利用。

结　　语

　　本次调查研究活动，尽管存在一些可以商榷、改进之处，但总的来看，已经引起社会各界对开展青少年历史教育工程给予高度重视；并为中学历史课程、教材改革以及加强出版、影视、博物馆建设、拓宽历史教育渠道，提供了可资参考的依据和思路，取得了良好的社会效应。特别是处于改革开放前沿的深圳市委宣传部，在相继推出《钢铁是怎样炼成的》《中国博物馆》等精品巨作之后，又通过开展这项调查，呼吁全国青少年"在经济全球化的浪潮中，在现代信息和技术日益深入地影响人类的生活方式和思想意识的形势下，更要关注我们的历史，更要从中华民族数千年的优秀文化中吸取营养"，体现了青春与古老的对话，意义尤为深远。值得欣慰的是，在回答"建设有中国特色社会主义新文化的途径"测试时，多数受访者排除 20 世纪 90 年代流行一时的"以传统文化为基础综合创新"和"马克思主义与传统文化相结合"等口号的误导，作出了"渊源于五千年中华文明，植根于有中国特色社会主义现代化实践"的正确选择。顺便提一下，《调查报告》前言中"是什么在决定中国的今天，又是什么将影响中国的未来？是历史"的提法是不甚妥当的。以面向现代化、面向世界、面向未来的改革创新视野，批判继承中华传统文化和人类一切优秀文化遗产，在建设有中国特色社会主义现代化实践中整合重塑、融会创新，这将是中华文明在新世纪与时俱进、永葆青春的深厚底蕴和永不衰竭的源泉。这也是深圳市委宣传部发起这次"青春与古老对话"留给我们的一个深刻启示。

（原载《学术界》2003 年第 2 期）

落实《课程标准》精神的改革尝试

——北京师范大学出版社实验教材《历史》七年级上下册编写体会与思考

北京师范大学出版社出版的《义务教育课程标准实验教科书·历史》，是由国家基础教育历史课程标准研制组组织编写、体现课程标准精神的实验教材。《全日制义务教育历史课程标准（实验稿）》（以下简称《课程标准》）的制定，旨在解决当前历史教育中存在的"不能适应时代要求和国民素质教育"的诸多问题。具体到教科书方面，则要纠正传统教材"难、繁、偏、旧"的偏差，有利于改变学生死记硬背和被动接受知识的学习方式。这种改革，既体现为历史学科观念和编写内容的更新，也表现为对中学历史教育传统理念和方法的转变。本文拟就实验教材《历史》七年级上下册（中国古代史部分）编写过程中的一些体会与思考作概略陈述，以期得到广大师生和社会各界批评指正，使新教材得以不断改进、完善。

一、单元课目的设置：学科特点和学习方式内在统一

《课程标准》明确要求："使用学习主题的呈现方式。"据此，新教材在课程主体结构方面做出重大变动，在传统的"一条鞭"式课文排列之上增加"单元"一级的层次，将中国古代历史划为"中华文明的起源"（远古人类和原始时代）、"国家的产生和社会变革"（夏商西周与春秋战国时期）、"大一统的秦汉帝国"（秦汉时期）、"政权分立与民族汇聚"（三国两晋南北朝时期）、"繁荣与开放的社会"（隋唐时期）、"多元文化碰撞交融与社会经济高度发展"［宋（辽、西夏、金）元时期］、"明清帝国的繁盛与近代前夜的危机"［明清（鸦片战争前）时期］七个单元。每个单元标题都是突显那个时段时代特征的历史主题；同时，一个单元就是一个学习主题。

单元的"前言"，简略勾勒本时段历史演进的轮廓、线索、发展大势，阐明该时段的历史特点及其在世界与中国历史上的地位，并进而横向概括本时

段各层面之间的递进互动关系，阐释导致这一时期历史变化的原因。例如新教材《历史》下册第 1 单元"繁荣与开放的社会"前言，便概略指出：隋唐时期"先进的犁耕与水利灌溉技术推动了社会经济发展。建立在个体农耕基础上的地主阶级冲破豪门大族世袭垄断，在国家政治生活中发挥重要作用，由此开启了一系列影响深远的制度创新。科举选官制度的确立，巩固和强化了这一变革，焕发出社会发展的活力……国家统一、经济繁荣、政治开明、科学技术和文化教育高度发展，造就出盛唐开拓进取、兼容并蓄的时代风貌。"单元"前言"实际上也是对本单元各课分别展示的内容进行总体整合，为学生提供总领各课、鸟瞰全局的宏观视野。

按照《课程标准》"不刻意追求历史学科体系的完整性"的精神，新教材对某些无重大阶段性历史特征的王朝、时段作了简化、淡化的处理。但这并不意味课目的设置便可以随意倒置年代，或以王朝更迭为标准简单按时序远近堆积罗列，成为杂乱无序的断烂朝报。新教材单元课目的设置，建立在对不同时期社会性质的判断和对中国历史发展道路的特点、类型的把握之上，努力使丰富多彩而又零散杂乱的历史事象贯通一气，使历史主线更加清晰，体现出对中国历史发展脉络流变规律性的认识。

单元之下的各课，在纵向勾画该时段流变的基础上，围绕历史主题从政治、经济、思想文化、科学技术、社会生活等方面横向展开，使学生在对关联互动的社会各层面逐次认知的基础上，进一步归纳、升华，加深对本单元历史主题的理解。

我们认为这种学科特点和学习方式内在统一的单元课目有机组合，较好地体现了《课程标准》关于"使用学习主题的呈现方式，可以更好地体现国家基础教育课程改革的基本理念，有利于改变'难、繁、偏、旧'的现象，促进学生学习方式的转变，同时又能兼顾历史发展的时序性与学习内容的内在联系，以反映历史学科的特点"的要求。

二、史学观念与编写内容的更新

随着新材料的发现、研究手段愈趋丰富和史学理论的发展，人们对历史的认识不断深化、更新。新教材理当与时俱进，站在新世纪的时代高度，剔除陈旧的观点和内容，反映改革开放以来史学研究的重大进展。这种历史观念和编写内容的更新，主要体现在以下几个方面。

关于历史分期　对社会历史发展阶段分期的把握，体现了对中国历史发展的总体认识，是关系到统领全书的主纲、主线能否奠立的重要前提。

新教材不再套用史学界长期沿袭的"五种社会形态"单线演进的分期模式。虽然迄今为止，世界上存在或经历过原始社会、奴隶社会、封建社会、资本主义社会、社会主义社会等社会形态，或如马克思所说，"大体说来，亚细亚的、古代的、封建的和现代资产阶级的生产方式可以看作是经济的社会形态演进的几个时代"[①]；但马克思从来没有将其视为放之四海而皆准的演进图式。他在致俄国《祖国纪事》杂志编辑部的信中明确表示，把他"关于西欧资本主义起源的历史概述彻底变成一般发展道路和历史哲学理论"的做法，"会给我过多的荣誉，同时也会给我过多的侮辱"[②]。中国古代确实存在过奴隶制社会形态，但由于古代中原地区在农耕自然经济与宗族血缘纽带双重制约下跨入阶级社会门槛，血缘纽带的滞留阻碍了完全将族人化为"非人"的活财产的奴隶制趋势，中原王朝不存在一个以奴隶制剥削形式为主体的奴隶社会阶段。白寿彝先生在为他主编的《中国通史》第 3 卷所写《题记》中便审慎地表示，"从历史发展顺序上看，这约略相当于一般历史著述中所说的奴隶制时代，但在这个时代，奴隶制并不是唯一的社会形态。我们用'上古时代'的提法，可能更妥当些"。基于同样的理由，新教材在分期问题上不用奴隶社会的概念；并在上册第 6 课描述夏商西周存在奴隶制的同时，实事求是地指出"这一时期的平民阶层隶属于贵族，被驱使进行大规模的集体劳作。他们一般拥有生产工具和家庭副业，是农业和手工业生产部门的主要劳动者"。

新教材还避免笼统使用含义不清的封建制度和封建社会的概念。这是因为，西周"封建亲戚，以藩屏周"的宗法分封制尽管与后来中世纪欧洲封建社会在庄园经济和诸侯兼集行政、司法、军事数权于一身等方面颇多相似之处；但在血缘纽带滞存、社会以大宗族为本位建构以及劳动者的身份地位较高等根本之处存在明显差别，不宜简单比附划一。而且经历春秋战国社会转型之

① 《马克思恩格斯选集》第 2 卷(第二版)，第 33 页，北京：人民出版社，1995。
② 《马克思恩格斯全集》第 19 卷，第 130 页，北京：人民出版社，1975。

后，郡县制取代分封制，至隋唐进而奠立三省六部制和科举选官制度，中央集权制度不断强化；生产上则呈现个体、细小、分散的特点，逐步形成租佃制地主经济。这和经典作家概括的"在中世纪的封建国家中……政治的权力地位是按照地产来排列的"[①]，军事、司法职能与行政职能"是土地所有权的属性"[②]等特点迥然不同。因而新教材只是在《现代汉语词典》所说的"地主占有土地，剥削农民"的意义上使用"封建"的概念，例如上册第二单元"前言"称，春秋战国时期"地主剥削农民的新型封建生产关系开始确立"；第三单元"前言"则表述为："秦汉时期，地主经济进一步巩固，个体农民人身依附关系相对松弛。"

如所周知，马克思、恩格斯曾依据劳动资料、生产力类型，将人类历史演进从宏观上划为采集渔猎、农业文明、工业文明三大时代。新教材对历史分期和单元阶段的划分，便主要依据这一框架并结合中国古代历史发展的特点确定。第一单元谈"中华文明的起源"，第二单元"国家的产生和社会变革"及以下诸单元描述中国古代进入农业文明之后的阶段性发展与变迁，最后一单元"明清帝国的繁盛与近代前夜的危机"则从农业文明向近代工业文明演进的角度对明清时期审视定位。

与传统教材认为明清（鸦片战争前）封建制度日趋没落、处于封建社会衰落时期的定位不同，新教材肯定"明清两朝鼎盛时期，社会经济高度发展"，"统一多民族国家空前巩固和发展，综合国力在世界范围仍保持领先地位"，诸种新因素的发育成长"带有向近代文明演进的趋向"，这一时期"中国在传统农耕文明的轨道上发展到一个新的高峰"。同时指出："明清农耕文明的繁盛已无法和西方工业文明抗衡"。正是由于"明清时期专制集权极度膨胀，在推行闭关锁国政策、镇压人民、钳制思想、遏制近代化因素成长、阻碍社会变革等方面带来严重恶果"，才最终导致"近代前夜的清中期，陷入深刻的危机"。我们认为，只有把明清放置到世界工业文明潮流的大势中考察，才能从本质上把握这一时期中国的历史走向并揭示其在自身轨道臻于鼎盛的同时从世界先进行列陨落的原因。

---

① 《马克思恩格斯全集》第 4 卷，第 173 页，北京：人民出版社，1995。

② 马克思：《资本论》第 3 卷，第 436 页，北京：人民出版社，1975。

　　新教材的历史分期符合人类社会发展的共性，又阐释了中华文明自身独特的演进历程，是对僵硬教条搬用"五种社会形态"单线演进陈旧观念的重大突破。

　　关于历史发展动力　新教材不再把阶级斗争视为推动历史发展的根本动力。事实上，马克思早就提出了生产力是人类"全部历史的基础"。[①] 邓小平也明确指出，"生产力方面的革命也是革命，而且是很重要的革命，从历史的发展讲是最根本的革命"。[②] 新教材"铁器牛耕引发的社会变革""推动社会进步的科技成就"等课的标题，以及前引关于隋唐时期"先进的犁耕与水利灌溉技术推动了社会经济发展"的一段论述和下册第三单元"前言"关于"明中后期，江南等局部地区工商业市镇勃兴，商品流通扩大，在经济、社会、科技、思想文化等方面显露出新旧冲突的征兆，这些因素的发育成长，带有向近代文明演进的趋向"等表述，都贯穿和体现了对生产力尤其是科学技术是历史发展终极动力这一历史唯物主义观点的理解和把握。

　　同时，我们认为，在以农立国的中国古代反复爆发的大规模农民战争，确实为调节旧生产关系落后环节扫清了障碍，对制约新王朝政策产生积极影响，"多少推动了社会生产力的发展"。[③] 但这并不意味要用大量篇幅去介绍起义经过和战略战术特点。新教材未用多少笔墨便充分体现了隋末农民起义对导致贞观新政出现所起到的历史作用，即为一例。

　　历史并非全是金戈铁马的杀伐争战和波诡云谲的政略谋算，人民群众在衣食住行方面的需求从根本上引发、制约着价值追求及其导向，促进生产发展、技术改进、制度创新，不断推动历史前进。新教材大量增加科技、文化和普通民众社会生活、时代风貌的内容（如"昂扬进取的社会风貌""气度恢弘的隆盛时代""丰富多彩的社会生活"等课），意在真实展现历史丰富多彩的全貌，并揭示人民群众创造历史的主体作用。

　　关于民族关系　新教材坚持以当代中国和中华民族为本位的辩证的发展的疆域观和开放、平等、多元（多民族）一体（中华民族）的发展的民族观。中

　　① 《马克思恩格斯全集》第 27 卷，第 477 页，北京：人民出版社，1975。

　　② 《邓小平文选》第 2 卷，第 311 页，北京：人民出版社，1994。

　　③ 毛泽东：《中国革命和中国共产党》。《毛泽东选集》第 2 卷，第 625 页，北京：人民出版社，1991。

国的历史主要是活动在今天中国疆域（包括近代帝国主义掠夺的土地）内各民族共同创造的历史。中国古代大一统王朝或中原王朝与周边少数民族政权之间的关系，基本上是同属中华民族范畴内的中央政权与地方民族政权之间的关系（多数是隶属关系，有时也演变为不同民族政权之间互相对峙的关系）。我们反对沿袭汉族本位的观念，但也实事求是地承认汉族作为中华民族主体民族在中国历史上的特殊地位和作用；同时还应看到一些少数民族也曾在某些历史进程中发挥关键作用，并在某些区域的开拓发展中占有独特地位。新教材"政权分立与民族汇聚""多元文化碰撞交融与社会经济高度发展"两单元对三国两晋南北朝和宋（辽、西夏、金）元时期所作的历史定位，以及"'贵姓何来'：中华诸姓的来历"活动课的设计，包括"辽统治者在推行汉法的同时，还注意革除北宋赋役繁杂的弊端，以至长年生活在辽境的汉族人也能在当地安居乐业，而'忘南顾之心'"之类的表述，都渗透、体现了上述理念。

新教材对历史上各民族政权之间的冲突乃至战争，回避使用"侵略""爱国"一类的概念；同时对争战双方鲜明地作出正义和非正义、进步与倒退的性质判断。对岳飞、文天祥等反抗民族压迫、恪守民族气节的英雄人物，给予高度赞扬；并对两宋军民抗击辽、金、元等统治者发动的掠夺性战争，包括对清初"各族人民的抗清斗争促使征服者改变野蛮落后的政策，制止了社会经济的倒退逆转"的进步作用予以充分肯定。与此同时，对那些推动本民族社会发展或促进民族融合的北魏孝文帝拓跋宏、辽萧太后、西夏李元昊、元世祖忽必烈等各类历史人物，也都具体分析，从不同的角度给予历史的肯定。

新教材力图真实反映中国历史纵向不断从低级向高级演进，横向不断由分散闭塞走向融合统一的发展总趋势。正是这种多元民族文化碰撞与交融带来的汇纳百川、熔铸创新的优势，才使中华民族具有强大的凝聚力、生命力，成为牢不可分的整体。也正是从这样一个宏大的视野出发，新教材认为万里长城是促成农牧民族长期和平有序交往的重要保证；并结合史实阐明长城是"促进北疆经济开发的生命线和联结统一多民族国家的纽带"，将长城视为凝聚中华民族的历史丰碑和中华民族的精神象征。

对其他若干问题的诠释与评价　新教材在充分吸收学术界最新研究成果的基础上，力争做到史实表述客观、准确，历史评价辩证、科学。例如在评价隋炀帝的问题上，新教材述及"隋统一后，励精图治，采取一系列措施改革前朝制度，加强中央集权，社会经济迅速发展"，并明确肯定"隋炀帝继位后，进一步巩固和发展统一大业"。如果只是把隋炀帝简单描绘为一无可取的暴君，不但显失公正，而且无法对当时推行一系列影响深远的重大改革创新举措做出合理的解释，并影响到对隋代历史地位的评价。

新教材还特别注意将中华文明放置在世界范围之中，用全球视野和发展的眼光考察。既充分体现中华文明的辉煌和对世界文明的贡献，也实事求是地看到，"公元前三千多年，西亚的两河流域和非洲的埃及率先进入了文明时代"，"与夏商西周同时的古埃及、古巴比伦和印度河流域的居民，也创造出光辉的古代文明。春秋战国时期，欧洲希腊、罗马文明高度发展，东西方文明互相辉映"。下册第 23 课，则在高度赞扬"郑和下西洋"伟大壮举的同时，指出其"目的主要是宣扬国威和到西洋'取宝'，不计经济效益；用来输出的物品也大多由官府督造或低价强征硬派，造成大量手工工匠逃亡"。这就从性质上和西方后来的远航活动做出了区分，诠释了这一空前壮举昙花一现、终成绝响的原因。对于明清之际的科学技术，新教材结合以往长期忽略的李时珍《本草纲目》含有生物进化的思想、宋应星《天工开物》运用了定量和比重的概念、朱载堉提出"理由数显"思想和重视数学研究的实践等史实，强调这一时期"在传统科技领域取得一定突破"，"重视实验，注重运用数理方法，开始显露出一些近代科学研究的特点"；同时也指出："但从总体来看，明清的科学技术和西方近代科技相比，已远为逊色。特别是清朝实行文化专制，闭关锁国，使中国和西方科技水平的差距越拉越大。"这种阐释为后来清帝国陷入"西方列强挤压下的危机"，"终于无力抵抗殖民主义血与火的劫掠"，未能避免被西方列强宰割的厄运，做出了合乎逻辑的铺垫。我们认为此类实事求是、科学、辩证的表述，真正有利于激发学生民族自豪感和理性的爱国主义情怀，增强民族自信心和忧患意识、国际意识，培养投身现代化建设、振兴中华的历史责任感和使命感。

三、转变学习方式的课文结构设计

遵照《课程标准》"激发学生学习历史的兴趣""符合学生的心理特征和认知水平""设计灵活多样的教学方式""拓展学生学习和探究历史问题的空间"的教

改要求，我们在课文结构设计方面做出了如下尝试。

新教材课文分常规课和"学习与探究"活动课（每单元一课，共七课）两种类型。

常规课文的主体部分由导语、正文、阅读课文组成，其间穿插图片、文献资料引文、启发性设问等板块。

每课前面的导语，简洁概括本课主线，用生动活泼的设问提示主题，激发学生主动思考和探究的兴趣。例如"辽、西夏与北宋并立"一课导语："北宋时期，中国境内还有辽、西夏等少数民族政权与之并立。你想知道北宋与它们之间的关系吗？为什么少数民族政权纷纷改行汉法？长年生活在辽境的北方汉族人民居然不思南归，这说明了什么问题？各民族是如何从碰撞走向融合的？""大一统气派与中华民族的象征"一课导语："你到过首都北京吗？当你登上景山，俯视雄伟壮观的北京城，或是在八达岭、慕田峪眺望宛如巨龙腾飞的万里长城时，心中升腾起的是一种什么样的感情？你能感悟到其中蕴含的文化意义和精神象征吗？"

教材中宋体字正文，是《课程标准》要求掌握的必读内容。楷体字阅读课文，是对正文的阐释或适当的补充与扩展，起到串联线索、帮助理解正文的作用。文边穿插的设问，意在提示重点，调动学生主动参与的积极性。例如"从千耦其耘到个体农耕"一目所设"想一想"，请学生思考："你怎么理解史书上记载这一时期'公作则迟''分地则速'的现象？""军队、刑法与礼仪教化"一目则在"商朝文字所见武器和使用简表"之后，给出四个象形甲骨文字，请学生试试看："你能从下列商朝文字中看出当时施行过什么刑罚吗？"这些启发性设问紧密配合正文，激活学生思维，使课堂生动活跃。

文物本身含有大量历史信息，是历史教科书不应忽略的真实、具体、生动的资源。新教材大量配置相关时代的文物图片，将其提升到与正文相辉映的地位，为学生营造图文互动的立体阅读空间。"传说时代的文明曙光"一课，正是借助河南濮阳距今 6000 多年前墓葬中贝壳堆塑的龙虎图造型，对"龙代表着中华民族的形象"做出如下解析："龙是多种动物形象的复合体……喻示龙是众多部落图腾的融合体，反映出不同部落之间从战争走向联合，进而构成华夏族主体的历程。"唐代蒲津渡开元铁牛、铁人图片，不但曲折展现出当年黄河浮桥运输的壮观景象，而且使人深为盛唐时代的恢宏气度所震撼。历史不再只是一些枯燥的文字和遥远的记忆，只要具备相关的历史知识和敏锐的观察能力，学生便能通过这些文物图片真切地感受到古代社会的各种信息，进入特定的历史情境。如下册第 17 课引古人记载《清明上河图》所述，"恍然如入汴京，置身流水游龙间，但少尘土扑面耳"。

与正文紧密配合的文献引文，也尽量选自第一手资料，多为关键之处以一当十的点睛之笔。例如上册第 16 课《丝绸之路》一目，即引公元 1 世纪罗马普林尼名著《自然史》的记载："虽然铁的种类很多，但没有一种能和中国来的钢相比美。"真实可信，极有说服力。

课文中插配的地图和表格，则为培养和加强学生时空观念所必不可少。

常规课正文之后设"每课一得""材料阅读""自我测评"和"活动建议"四个栏目。"每课一得"，精选一些与本单元、本节课文相关，正文中不宜展开而学生又颇感兴趣的知识，作较为系统的介绍。例如"中华大地的远古人类"一课的"每课一得"为"考古学家怎样测定远古人类生活的年代"；"传说时代的文明曙光"一课设"你知道什么是传说时代吗"；"三国鼎立局面的形成"一课设"你知道《三国志》和《三国演义》有什么区别吗"；"元帝国拓展统一多民族国家的基业"一课设"你知道历史上'中国'的含义吗"；（明清）"科学技术与世俗文学"一课设"你知道中国传统科技与西方近代科技的区别吗"；"近代前夜的盛世与危机"一课设"你知道什么是工业文明吗"等。"每课一得"提供的背景常识，帮助学生加深对课文的理解，并为学生创造进一步学习探究的空间。

"材料阅读"多选择与课文内容相关的第一手文献资料（附原文大意），并围绕材料设问，以增强历史感，提高古文阅读水平，培养学生从原始文献中提取信息加以解析推断的兴趣与能力。例如第 16 课列举有关长城的史料后，引导学生思考："有人说长城是封闭保守的象征；有人认为长城在秦汉帝国向西开拓推进的过程中，起到了关键作用。你同意哪种观点？"

"自我测评"一栏，用绘图、列表、问答等多种形式，为学生提供对是否掌握本课重点进行检测的自我评价手段。这种测评并非对所学知识简单机械的重复，而是侧重对归纳、概括、分析、创新能力的检验。例如"明清帝国的专制统治"一课的自我测评为："比较隋唐与明清时期科举取士的不同，想想它发生了什么变化，为什么会有这种变化。"

"活动建议"的设计，为学生的课外活动提供参考方案。例如结合"神奇的编钟"课目设计："你相信利用瓶、碗、铁条等材料能够组合成打击乐器，并演奏出美妙动听的乐曲吗？试试看，也许你会发现自己也是个音乐天才。"结合"郦道元和《水经注》"课目设计："考察、描述自己家乡的自然地理环境，体验郦道元在撰写《水经注》中所表现出来的科学精神。"（宋代）"丰富多彩的社会生活"一课的活动建议是："了解家乡的节日活动，想一想，与古代相比有哪些变化。"下册第18课则建议了解"自己所在的地方有哪些古代保留至今的老地名？有兴趣的同学可选择一个，查找资料或进行调查，写一篇短文，贴在历史学习留言板上"。此外还包括组织参观、收集和讲述历史故事、小型辩论会、展示会、编演历史短剧等多种活动方案。在有条件的地区，引导有兴趣的学生开展形式多样的课外活动，有利于增长知识、扩大视野，加深学生对历史的体验与感悟，培养和提高实践技能。

常规课之外的"学习与探究"活动课，每单元设一课，依次为"破解彩陶之谜""了解身边的'历史'""寻访'丝绸之路'""成语历史故事竞赛""'贵姓何来'：中华诸姓的来历""探究《清明上河图》展现的社会风貌""设计2008年奥运圣火传递路线"。

这些活动课均为相关单元的有机组成部分，是对本单元学习主题的探讨与拓展。以"中华文明的起源"单元活动课"破解彩陶之谜"为例：教材列举一组新石器时代的彩陶图片，请学生通过观察彩陶的造型、颜色和图案探究它们传递了哪些信息。如观察人形陶罐，想一想："这个小女孩面目清秀可爱，你觉不觉得与她似曾相识？什么事情使她有这样的表情？"观察小口尖底瓶，想一想："这只汲水用的瓶子为什么被做成这种样子？如果用这个瓶子去河里汲水，会出现什么奇妙的现象？为什么？"观察舞蹈纹陶盆，想一想："彩陶盆上人们手拉手的图案，体现了当时人们什么样的生活情景？"并进一步提出："彩陶上的许多刻画符号和几何图形，都是众多历史学家长期以来未能解开的谜。你能破解彩陶之谜吗？"通过观察探究，学生自然会形象地感知先民的相貌、思想、能力、社会风貌，对远古历史产生真实感、亲切感，从而使整个单元的学习满盘皆活。

除了紧密配合各单元的历史主题、学习主题之外，各活动课还分别设立了不同的能力培养目标，以观察、社会调查、识读历史地图培养空间意识、收集归纳历史资料、使用工具书考辨分析问题、信息转换、综合重组信息、独立获取新知识等为主题循序展开。举凡有可能与现实生活联系的地方，都强调由当今切入，尽量溯源，并激励学生察往知来，展望未来发展趋向，体现青春与古老的对话。

"学习与探究"活动课和课外"活动建议"的设计，彻底转变传统教学模式，为更好地培养学生上述各种能力，包括培养"倾听、交流、协作、分享"的合作意识和交往技能、创造性地运用历史文化知识解决现实问题的能力以及培养主动学习探究历史的浓厚兴趣，开辟了崭新的路径。

我们在编写教材的过程中深切地体会到，落实《课程标准》精神，关键要实现历史学科和历史教育方面的观念更新，并将两者有机地统一起来。教育学家常用"授人以鱼不如授人以渔"的道理告诫人们培养能力的重要。但这只是在强调施舍糊口之资不如传授谋生之道这一点上堪称经典之论；如果用来比喻知识与能力的关系则是严重的误导。因为吃鱼和捕鱼之间并无必然联系，但是离开知识又哪里谈得上什么能力？对于历史教科书来说，如何把握好这两者关系的尺度，尤为有待进一步探索的课题。无论是《课程标准》还是新教材，还都处于实验阶段，真切地希望听取各方面的批评意见，以推动这一意义重大而又影响深远的改革不断发展创新。

（原载《学科教育》2003 年第 3 期）

关于《普通高中历史课程标准(实验)》教材建设的对策与思考

中华人民共和国教育部制定的《普通高中历史课程标准(实验)》，旨在解决当前普通高中历史教育中存在的"不能适应社会发展要求、不利于学生全面发展"的诸多问题，对于提高现代公民的人文素养，应对新世纪的挑战，具有重大的战略意义。

《课标》依据"全面发挥历史教育的功能，尊重历史，追求真实，吸收人类优秀文明成果，弘扬爱国主义精神，陶冶关爱人类的情操"的基本理念，提出建立高中历史课程新体系结构的原则，在对课程性质和课程目标的定位以及对课程设置、内容选择、体系构建的设计方面较前有重大调整。这势必要求新教材要有相应的系统性的改革与创新。本文拟结合岳麓版教材编写实践，从历史学科观念和历史教育、教学方法理念更新的角度，对新"课标"高中历史课程的教材建设思路，作初步探讨。

一、体例创新：建构"以时间为经，空间为纬，人类社会发展进程为主轴"的教材结构体系

《课程标准》划定政治、经济、思想文化与科学技术三个必修模块和《历史上重大改革回眸》《近代社会的民主思想与实践》《20世纪的战争与和平》《中外历史人物评说》《探索历史的奥秘》《世界文化遗产荟萃》六个选修模块，分别以某一领域中重要历史内容为主题，各成一册。每册以古今贯通、中外关联的若干专题构成。总体上属于荟萃古今中外相关内容的专题史。这种专题史的课程设计，有利于帮助学生"学会从不同角度认识历史发展中全局与局部的关系，辩证地认识历史与现实、中国与世界的内在联系"；但处理不好则容易错乱时空，流为互不关联的拼盘。因而在全套教材结构总体设计上如何使之关联有序，成为能否体现《课程标准》精神的重要关节。

众所周知，创造历史的主体是人，人的活动必定在一定的时间、空间中展开。历史的记录与表述自当以时间为经——勾勒纵向渊源流变，时序清晰；空间为纬——展现不同地域、民族、国家以及社会各层面之间的横向互动。

鉴于人类的活动极为纷繁多彩，只有避免杂芜失序、把握住总体发展趋势和规律，历史的记述与研究方才成其为科学。对于"人类社会发展进程"这一主轴的把握是否到位，是关系到能否正确认识历史的关键，也是关系到统领全套教材的主纲、主线能否奠立的重要前提。

对人类社会发展进程的把握，集中体现在对反映重大社会转型历史阶段分期的辨析。新教材显然不宜再套用史学界长期沿袭的"五种社会形态"单线演进的分期模式。虽然迄今为止，世界上存在或经历过原始社会、奴隶社会、资本主义社会、社会主义社会等社会形态，或如马克思所说，"大体说来，亚细亚的、古代的、封建的和现代资产阶级的生产方式可以看做是经济的社会形态演进的几个时代"；但马克思从来没有将其视为放之四海而皆准的演进图式。他在《摩尔根〈古代社会〉一书摘要》中曾明确指出："两个半球（指欧洲和美洲）在这方面的差异以及谷物方面的特殊差异，在达到了野蛮期中级阶段的这一部分人类的发展上，造成了显著的差别。"恩格斯也说："两个半球上的居民，从此以后，便各自循着自己独特的道路发展。"①亚洲的情况与欧美相比也存在明显差异。中国古代确实存在过奴隶制社会形态，但由于古代中原地区在农耕自然经济与宗族血缘纽带双重制约下跨入阶级社会门槛，血缘纽带的滞留阻碍了完全将族人化为"非人"的活财产的奴隶制趋势，中原王朝不存在一个以奴隶制剥削形式为主体的奴隶社会阶段。白寿彝先生在为他主编的《中国通史》第 3 卷所写《题记》中便审慎地表示，"从历史发展顺序上看，这约略相当于一般历史著述中所说的奴隶制时代，但在这个时代，奴隶制并不是唯一的社会形态。我们用'上古时代'的提法，可能更为妥当些"。同样，所谓"封建社会"也是一个含义不清的模糊概念。这是因为，西周"封建亲戚，以藩屏周"的宗法分封制尽管与后来中世纪欧洲封建社会在庄园经济和诸侯兼集行政、司法、军事数权于一身等方面颇多相似之处；但在血缘纽带滞存、社会

---

① 恩格斯：《家庭、私有制和国家的起源》，《马克思恩格斯选集》第 4 卷，第 20 页，北京：人民出版社，1995。

以大宗族为本位建构以及劳动者的身份地位较高等根本之处存在明显差别，不宜简单比附划一。而且经历春秋战国社会转型之后，郡县制取代分封制，至隋唐进而奠立三省六部制和科举选官制度，中央集权制度不断强化；生产上则呈现个体、细小、分散的特点，逐步形成租佃制地主经济。这和经典作家概括的"在中世纪的封建国家中……政治的权力地位是按照地产来排列的"[①]军事、司法职能与行政职能"是土地所有权的属性"[②]等特点迥然不同。马克思从未把中国等与中世纪欧洲存在显著差别的古代东方社会笼统划入封建社会的模式，他还明确指出"封建主义一开始就同宗法式的君主制对立"[③]，可见关于欧洲"封建主义"的概念明显与中国历史发展的实际进程不符。马克思在给俄国《祖国纪事》编辑部的一封信中还特别强调，把他"关于西欧资本主义起源的历史概述彻底变成一般发展道路的历史哲学理论"，"会给我过多的荣誉，同时也会给我过多的侮辱"。事实上中国古代血缘组织与国家机构熔铸一体的二系合一结构，比起以古希腊、罗马为代表的西方由阶级冲突、炸毁血缘团体形成国家的模式判若两途，成为一种原生的社会遗传基因，影响到政治、经济、意识形态等方方面面。诸如《左传》所载"国之大事，在祀与戎"、《礼记》标榜"礼有五经，莫急于祭"以及历代帝王倡导"百行孝为先"以孝治天下一类的千古信条，便都源自这种家国一体的社会底蕴。这种与西方有别的社会深层结构，在相当长的历史时代制约着中国社会发展的特殊路径。显然，无视中国历史实际，机械地把斯大林概括的模式当作放之四海而皆准的现成公式，按照它来刻舟求剑式地剪裁中国各种历史事实的做法，并非历史唯物主义的科学态度。

马克思、恩格斯依据劳动资料、生产力类型，将人类历史演进从宏观上划为采集渔猎、农业文明、工业文明三大时代，为我们提供了科学反映人类历史发展共同规律的分期框架。当然，同处于一种大生产力形态下的不同国家、地区之间，主要因生产方式不同而表现在社会形态方面仍存在着共时性的差异；即使同一国家在同一大生产力形态中，社会形态也还存在阶段性的

---

① 马克思：《资本论》第3卷，第173页，北京：人民出版社，1975。
② 马克思：《哲学的贫困》，《马克思恩格斯全集》第4卷，第176页，北京：人民出版社，1975。
③ 《马克思恩格斯全集》第19卷，第130页，北京：人民出版社，1975。

变化。在农业文明时代，既有奴隶制、族长役使制，也有封建庄园经济和租佃制地主经济。在向工业文明过渡的阶段，既有原生资本主义、东亚等地区继发资本主义，也有苏联、东欧、中国等社会主义现代化模式。人类历史的发展，总体上呈现出纵向由低级到高级、从农业文明到工业文明，横向从分散到整体的趋势。现代化成为近现代历史发展的主线。从全球文明进程的宏观视野观察历史，特别是从现代化进程的视角重构现当代史的学科体系，已愈来愈为学术界所认同。

按照这样一个社会发展进程的主轴，各册教材单元的排列可设计为如下顺序：开始分列中外古代农业文明时期的相关历史，然后叙述西方率先近代化的轨迹，继而在描述欧美发达国家发展进程的同时，展现中国等国家与地区在自身内因与西方冲击影响下独特的近现代化历程。以必修课程历史（Ⅰ）的框架结构为例，"内容标准"划定的该模块学习要点为：

古代中国的政治制度；列强侵略与中国人民的反抗斗争（包括近代西方列强侵华与抗日战争）；近代中国的民主革命（包括太平天国、辛亥革命、五四运动和新民主主义革命）；现代中国的政治建设与祖国统一；现代中国的对外关系；古代希腊罗马的政治制度；欧美资产阶级代议制的确立与发展；从科学社会主义理论到社会主义制度的建立；当今世界政治格局的多极化趋势。

这是一种先中国后外国，然后大致按时序罗列的要点提示。如果简单、机械地照搬，就很难体现出《课标》要求学生了解"人类社会的基本脉络"的精神，给"认识历史发展中全局与局部的关系"和"中国与世界的内在联系"带来障碍。按照《课标》精神及其所提示的知识点，可考虑将历史（Ⅰ）体系结构整合设计为如下七个单元：

中国古代的中央集权制度；古希腊和罗马的政治制度；近代西方资本主义政体的建立；内忧外患与中华民族的奋起；马克思主义的产生、发展与中国新民主主义革命；中国社会主义制度的探索；复杂多样的当代世界。

这一设计把《课标》所列专题3"近代中国的民主革命"中的太平天国、辛亥革命、五四运动与专题2"列强侵略与中国人民的反抗斗争"中的鸦片战争等内容合为"内忧外患与中华民族的奋起"一单元；新民主主义革命则与专题8"从科学社会主义理论到社会主义制度的建立"合并为"马克思主义的产生、发展与中国新民主主义革命"一单元，由此理顺单元之间的时间顺序，并将中国与世界联系起来，体现出科学社会主义理论对中国革命的影响。而将《课标》专题5"现代中国的对外关系"并入专题9"当今世界政治格局的多极化趋势"，合为"复杂多样的当代世界"一单元，则不但理顺了时序，而且弥补了《课标》讲世界政治多极化而不提中国的缺陷。

再以选修课程(一)历史上重大改革回眸的框架结构为例，"内容标准"划定的该模块学习要点为：

梭伦改革；商鞅变法；北魏孝文帝改革；王安石变法；欧洲的宗教改革；穆罕默德·阿里改革；1861年俄国农奴制改革；明治维新；戊戌变法。

按上述原则，可将该册教材体系结构整合设计为如下五个单元：

古代历史上的改革(上)(外国古代改革，除梭伦改革外，增加"有文字记载的首次改革""效仿唐制的改革——日本大化改新"两课)；古代历史上的改革(下)(中国古代改革，增加"忽必烈改制""张居正改革"两课)；西方近代早期的改革(除欧洲宗教改革外，增加"俄国彼得一世改革"一课)；工业文明冲击下的改革(包括"内容标准"中6、7、8、9)；改革开放与中华民族的伟大复兴。

将《课标》所列9个专题进行结构性整合，理顺了古代、近代早期和工业文明冲击的时序；并在同一大时代背景下展现中外各自不同类型的重大改革，从而清晰地体现了中外历史发展的时空内在逻辑关系。

传统教材通常认为明清(鸦片战争前)封建制度日趋没落，处于封建社会衰落时期。而事实上明清两朝鼎盛之际，社会经济高度发展，统一多民族国家空前巩固和发展，综合国力在世界范围仍保持领先地位，诸种新因素的发育成长带有向近代工业文明演进的趋向，这一时期中国在传统农耕文明的轨道上发展到一个新的高峰。之所以与西方相比从先进转为落后，其症结在于明清农耕文明的繁盛已无法和西方工业文明抗衡。正是因为明清时期专制集权极度膨胀，固守农耕藩篱，闭关锁国，钳制思想，遏制近代化因素成长，才最终导致近代前夜的清中期陷入深刻的危机。因此，只有把明清时期放置在世界工业文明潮流的大势中考察，才能从本质上把握这一时期中国的历史走向并揭示其在自身轨道臻于鼎盛的同时从世界先进行列陨落的原因。同样，唯有跳出"姓资还是姓社"的简单划线，把社会主义视为自工业文明时代以来吸取了人类文明优秀成果的现代化模式，才有可能对现当代历史的一系列重大问题做出合理的诠释，才有可能正确认识社会主义初级阶段理论和中国特色社会主义现代化道路的本质和内涵。

以上对社会进程主轴与历史分期的把握既符合人类社会发展的共性，又阐释了中华文明自身独特的演进历程，是对僵硬教条搬用"五种社会形态"单线演进陈旧观念的重大突破。

生产力、生产关系发展的阶段性，为各种历史事象的演变、为那一时代人类创造历史的活动提供了特定的出发点，是氤化出各种历史事象阶段性特征的底蕴。在这一时段，各历史主题受到同一时代背景共同底蕴的制约，既呈现出各自领域的独特风采，又存在着互相关联互动的内在联系。例如隋唐时期呈现繁荣与开放的局面，是因为先进的犁耕与水利灌溉技术推动了社会经济发展。建立在个体农耕基础上的地主阶级冲破豪门大族世袭垄断，在国家政治生活中发挥重要作用，由此开启了一系列影响深远的制度创新。科举选官制度的确立，巩固和强化了这一变革，焕发出社会发展的活力。国家统一、经济繁荣、政治开明、科学技术和文化教育高度发展，造就出盛唐开拓进取、兼容并蓄的时代风貌。

社会发展阶段的演进，是人类在各领域创造性实践活动和各种主、客观因素共同作用的结果，而当这种"合力"把文明推进到一个新的阶段之后，又必然导致人类在各领域的活动及成果出现新的飞跃，其间清晰地显现出历史发展流变的规律。工业革命全方位震撼人类社会经济、政治、思想文化各领域，改变了整个世界，便是明显的例证。

在同一历史主题同一时段中，"以空间为纬"横向展开的中外对比，有利于学生通过认识各地区、民族、国家的个性，从中概括出该历史主题演变的共同规律；同时也有利于学生在把握共同规律的基础上，认识历史演变异彩纷呈的多样性和个性。

鉴于初中历史《课标》所设知识点的跨度和跳动性较大，高中《课标》又采用分专题古今中外混编的模式，学生在对历史共时性横切面整体状况及其演变的把握方面有一定困难。因此理清时空线索，注意照应历史Ⅰ、Ⅱ、Ⅲ以及其他6门选修课之间的关系，就显得格外重要。建构"以时间为经，空间为纬，人类社会发展进程为主轴"的体系框架，应该是整合9个模块、强固《课标》体系"软肋"的有效对策。

必修教材附录《中外历史大事年表》，将重大历史事象归纳为主题词，分别以本册历史主题为主，中外分列，并附另两册相关领域平行发展的线索，以资对照。《年表》把中外史事置于人类文明进程大背景下，同时纵向展现社会的各横切面。既瞻前观后，反映社会总体演变，并洞悉不同侧面的各自流变；又左顾右盼，兼顾各横切面之间以及不同国家、地区之间的关联互动，使各种事象、人物在时空纵横交织的文明坐标中定位。例如《年表》的"经济"栏中列入"意大利出现资本主义萌芽（14世纪）""新航路的开辟，世界市场的形成，西欧商业革命（1500年前后）""第一次工业革命（1760—1840）"。相应时段"政治"栏为"尼德兰革命（1566—1609）""英国资产阶级革命（1640）"。"文化"栏则列"欧洲文艺复兴运动（14—17世纪中期）""欧洲宗教改革运动（16世纪）"、哥白尼、伽利略、牛顿等人的科学成就、"启蒙运动（1660—1789）"。其间的因果互动关系一目了然。与其并列的中国部分，"经济"栏为"资本主义生产关系萌芽的出现和发展（明中、后期以来）""清政府推行'摊丁入亩'（1724）"。"政治"栏与尼德兰革命同时的是"张居正改革（1572—1582）"，与英国资产阶级革命同时的是"李自成农民军推翻明朝"和"清军入关（1644）"。与"法国大革命（1789）"、欧洲"启蒙运动（1660—1789）"同时的则为康乾时期的"闭关政策"和"文字狱"。其时中外文明发展的态势以及中国在世界范围由先进转为落后的原因，清晰可辨。

本框架体系对《课程标准》所提示各专题整合重组（包括对选修课"根据实际情况，增加相关学习内容"所做的补充），总体上按人类社会发展线索分时段中外合编。在体现历史发展时序的阶段性与连贯性，勾画、揭示各时段演变线索、原因的基础上，就各专题进行中外对比，进而体现其内在的递进、互动关系和内容的逻辑顺序，从而避免了因对《课程标准》刻板僵硬理解而导致流为杂凑拼盘的弊端，使全套教材真正体现《课程标准》要求的"多视角，多层次""古今贯通，中外关联""从不同角度认识历史发展中全面与局部的关系，辩证地认识历史与现实、中国与世界的内在联系""在分析重大历史问题的基础上，揭示历史发展的整体性和规律性"的精神。

二、教育理念更新：转变学习方式的课文结构设计

转变"不利于学生全面发展"的注入式"教本"模式，努力为学生自主学习创造必要的前提，是新"课标"教材建设的重要原则。为此在课文结构编排方面可做出如下设计：

——在每本教材前设"导读"，每单元前设"单元导语"，每课前设"导引"，用来概括主线，提示重点，激发学生主动思考和探究的兴趣。

——大字正文与小字阅读文字相间，互补互动，生动活泼。大字正文，叙述主题内容，要求掌握。小字阅读部分是对正文的阐释或适当的补充与扩展，起到串联线索、帮助理解正文和开阔视野的作用，不作考核要求。

——课文中设教学插入语，或概括、提示重点，或启发性设问，调动学生主动参与的积极性。

——单独设"综合探究"活动课，作为对本单元学习主题的深入探讨与拓展，有的还起到勾连有关单元、贯通古今中外的作用。例如在"西方近代科技"之后设"破解'李约瑟难题'"探究课，自然和前面"中国古代科技"部分连接起来。常规课正文后根据情况分别设"知识链接""阅读与思考""解析与探究""自我测评""活动建议"等环节，引导学生参与历史习作、历史制作、历史调查和历史探究，锻炼和提高学生历史思维、语言文字表达、收集和处理历史信息的能力，以及综合运用历史知识、创造性地分析和解决现实问题的实践能力。

在课文结构编排与教材使用方面，力求体现以下三个特点：

(一)学科特点和学习方式内在统一的单元课目设置

教材不刻意追求历史学科体系的完整性，但这并不意味课目的设置可以随意倒置年代，或简单按时序远近堆积罗列，成为杂乱无序的断烂朝报。学习与研究历史毕竟不能脱离历史总体流变的宏观视野，研究历史的能力也包括《课标》所要求的"深入地了解历史发展的基本线索""初步认识人类社会发展的基本规律"的能力。在扭转过于细碎烦琐、面面俱到偏失的前提下，"通史"的传统仍应坚持。新教材单元课目的设置，建立在对不同时代人类社会发展

进程和对中外历史发展道路特点、类型异同的把握之上，努力使丰富多彩而又零散杂乱的历史事象贯通一气，使历史主线更加清晰，体现出对人类历史发展脉络流变规律和中外互动异同的认识。学生在对各课逐次认知的基础上，加深对本单元主题的认识，并进而加深对本册历史主题的理解。而这种体现历史学科特点的单元课目设置，同时又以"学习主题"的方式呈现，有利于体现课程改革的理念。总之，历史学科特点和学习主题内在统一的单元课目有机组合，是兼顾历史学科时空特点和促进学生转变学习方式的可行方案。

（二）提升课文辅助系统的地位与功能

所设辅助板块并非聊备一格的点缀，而是千方百计激活思维、调动学生主动探究积极性的重要手段，旨在转变传统教学模式，为更好地培养学生各种能力以及培养主动学习探究历史的浓厚兴趣开辟新的途径。辅助系统注意选择与现实生活联系的内容，强调由当今切入，并鼓励学生察往知来，展望未来发展趋向，体现历史与现实、将来的双向沟通。用生动细节描述补充正文的"阅读与思考"以及引导学生探索历史奥秘的"解析与探究"一定会受到学生的欢迎。在学生兴致盎然的状态下，阅读与思考辅助系统的内容，将不再是负担。

辅助系统中的"阅读与思考""解析与探究"和"综合探究"活动课，适当增加思考与探究的力度，力争做到"深入浅出"，即起点高、视野宽，但探究过程与落点要照顾学生实际水平。对于一些在学术界尚属"难题"的问题，并不要求做出完美的答案，不求"定于一尊"；而是鼓励关注、鼓励思考、鼓励参与，期望从探究中获得有益的启示，凡有一得之见，都应给予充分的肯定。总之，重在为转变传统教学模式开辟新的路径，以更好地培养学生前述各种能力，包括"倾听、交流、协作、分享"的合作意识和交往技能、创造性地运用历史文化知识解决现实问题的能力以及主动探究历史的浓厚兴趣，进而加强报效祖国、献身全人类的历史责任感、使命感。

将辅助系统提升为与正课紧密、有机结合的"读本"，有利于提高学生的兴趣和拓展主动探究的空间。教师因此可以有更大余地针对不同学生的具体情况因材施教；同时也为对历史学习有兴趣的学生的进一步发展提供条件，有利于学生个性的发展。

从整体上看，强化辅助系统的地位与功能，有助于将课程目标要求的"知识与能力""过程与方法""情感态度与价值观"三方面相互交融、渗透为连续过程和有机整体。

（三）强化史料解析、探究的功能

现行教材在课文中和课文后辅助系统引用史料，多半是对课文观点的说明与补充，这固然起到了加强历史亲近感、真实感、认同感的作用，但多少还带有一些论证预设观点的"灌输式"痕印。新教材在确保课文线索流畅、重点突出的前提下，可适当增加史料比例。史料选编的范围包含文物图片、原始文献、后人的记述以及当代学者的研究成果（包括互相矛盾的资料和与教材不同的观点），引导学生对史料进行辨析、解读，探究历史真相，做出评价和解释，从而使学生增强证据意识、问题意识、探究意识以及逻辑推理、思维和理论分析的能力。历史学习不再是机械的记忆、复述，而是通过独立思考、主动探究，加深对历史本质的认识和掌握探究历史的方法的过程。

文物图片本身含有大量的历史信息，是教科书不应忽略的真实、具体、生动的资源。更多配置相关时代的文物图片，将文物图片提升到与正文相辉映的地位，可为学生营造图文互动的立体阅读空间。只要具备相关的历史知识和敏锐的历史洞察力，便能通过这些文物图片真切感受古代、近代、异域社会的多种信息，进入特定的历史情境。如古人观《清明上河图》所述："恍然如入汴京，置身流水游龙间，但少尘土扑面耳。"

当前世界各国在历史教材编写实践中百花齐放，涌现了许多新创造、新观念、新理论和新方法，形成了面向新世纪的教材改革浪潮。总体来看，帮助学生认识历史整体发展的时序与规律，培养分析、解释、研究历史的能力，把被动灌输的教本变为主动探究的读本，已成为各国认同的趋向。问题在于，要加强横切面微观研讨，就难免影响纵向表述的流畅；而注重时空的系统关联，又多少妨碍微观探究能力的培养，横竖难以兼顾。本文提供的将宏观时空整合的框架结构、单元课目设置与提升辅助系统和史料功能、地位的设计相结合的对策，将为解决这一两难困境，全面贯彻《课标》倡导的"充分发挥学生的主动性、积极性与参与性，培养探究历史问题的能力和实事求是的科学态度，提高创新意识的实践能力"的理念，提供一个有效的、可供操作的平台。

　　需要说明的是，本文只是对《课标》格局下教材建设的思考，并不涉及对《课标》本身及初高中课程衔接的评价。目前高中历史课程的"专题史"体系，只是在对总体历史有相当了解的前提下才具有合理性。而初中的历史教学显然还远不足以提供对这种古今中外混编专题史学习的支撑。这或许是本次课改一个不容忽略的误区，亟待在实践中认真研究解决，以确保新一轮课改健康深入地发展。

　　　　　　　　　（原载《历史教学》2004 年第 8 期，《新华文摘》2005 年第 1 期摘录）

岳麓版高中《历史·必修(Ⅲ)·文化发展历程》编写说明

一、探究对象与学习内容

本册教材着重反映人类社会思想和科学技术领域的发展进程及其重要内容，帮助学生了解中外思想文化发展进程中的重大事件、重要现象及相关人物，进一步从思想文化层面了解人类社会发展的基本特征。

马克思在《政治经济学批判》导言中指出："物质生活的生产方式制约着整个社会生活、政治生活和精神生活的过程。不是人们的意识决定人们的存在，相反，是人们的社会存在决定人们的意识。"这种经济基础的决定作用大体上表现为一种宏观的远程控制，即在大的趋势、倾向、性质、特点上起到根本性的制约作用。但这并不意味着精神因素对人类社会发展便无足轻重，因为"在社会历史领域内起作用的是人，而人是富有意识、经过深思熟虑而行动，并且抱有一定目的的"①。人们的主观意志和精神活动同样是人类创造历史的前提，或者说，人类创造历史的一切活动都离不开人的主观意志和精神活动。毛泽东在《新民主主义论》中完整地阐释了文化与经济、政治之间的辩证关系："一定的文化(当作观念形态的文化)是一定社会的政治和经济的反映，又给予伟大影响和作用于一定社会的政治和经济。而经济是基础，政治则是经济的集中的表现。"邓小平提出社会主义精神文明建设的理论，强调物质文明和精神文明要两手抓，两手都要硬；中共十六大要求中国共产党始终成为中国先进文化的前进方向的忠实代表，高度重视物质文明、精神文明和政治文明建设，便都是对马克思主义的继承、坚持和发展。

充满灵气的创造历史的主人，并非体现、演绎某种抽象规律、公式的毫

---

① 恩格斯：《费尔巴哈与德国古典哲学的终结》，北京：人民出版社，1960。

无生命的躯壳和工具。思想文化在人类历史进程中无时无刻不在发挥着巨大作用。我们研究历史，理所当然不应忽略影响人们行动意愿以及改造世界能力的文化因素，不但要探究酿制人们各种思想愿望的物质底蕴，而且要揭示潜藏在各种变革、事件之后的人们的情绪、意愿及种种计谋、方略、规划，把"文化"的因素有机地融入人类创造历史的全部进程之中。如《课程标准》所述，本册教材正是集中"探讨思想文化在人类历史发展中的重要作用及其影响"，"进一步从思想文化层面了解人类社会发展的基本特征"。

文化是人类特有的产物，其本原固然源于客观物质世界，但却必得经由人的社会实践能动地创造出来。所谓文化活动，是指人类主体通过社会实践活动，适应、利用、改造自然界客体而逐步形成并实现自身价值观念的过程。语言、文字以及政治理论、哲学、宗教、道德、文学、艺术等意识形态和自然科学技术知识是文化的重要内容和文化成果的重要表现。社会经济制度、政治法律制度等社会规范是人类在社会实践中总结出的规律性认识，同样属于精神产品，并且是影响文化发展的相对权威有效的因素。科学是人类对自然规律的认识，体现了改造世界的能力以及唯实求真开拓创新的精神。科学技术不但能转化为第一生产力，而且充满理性和人文精神，促进人类自身全面发展，是构成和发展先进文化的基石。教育本身也是一种自觉的选择，是一种创造，对人类素质、民族性格的形成发展，对文化的塑造创新起到巨大作用，也属于文化活动。此外，价值观念、审美情趣、思维方式等则是反映民族性格、文化精神的文化深层形态。这些都是本册教材所要涉及的内容。

我们在肯定经济基础为决定历史发展终极原因的前提下，认为整个人类历史在某种意义上就是一部物质变精神、精神变物质的历史，其间转变的中介便是人类的创造性实践活动，通过实践的渠道将两者沟通，实现互化飞跃。本册教材虽以思想文化为主要内容，但却不能脱离经济、政治等时代背景的制约及互动影响。鉴于《历史》必修（Ⅰ）、（Ⅱ）已分别系统、详尽地探讨了政治与经济发展的进程，本册集中探讨思想文化历程时避免与前两册过多重复。重要的是，我们一定要把思想文化的变动放置在政治、经济大背景下探究，并关注思想文化更新导致的政治、经济变革。例如春秋战国时期之所以出现学术繁荣、百家争鸣的局面，是由于新的锐利工具和先进技术推动生产力迅速发展，促进了商业繁荣和城镇兴盛；个体生产取代大规模强制性集体耕作，新兴地主阶级登上历史舞台，传统的礼法秩序受到猛烈冲击。在各国竞相改革的潮流中，拥有文化知识的士人冲出狭隘宗族纽带的束缚，四处游说、讲学，极大地开阔了视野，促进了文化觉醒。处在社会转型中的不同阶层、派别的代表人物，对各种不同问题提出了不同见解，涌现了一批做出开创性贡献的学术大师。而这些诸子百家的经典之作又对中华文明的发展产生了极为深远的影响。当我们探索欧洲文艺复兴时期何以会有文化巨匠横空出世时，同样不难发现，经济发展、社会变动是孕育思想文化变革的底蕴。本册教材大多通过导读、单元导语和课文提示语将本册内容与前两册以及初中所学相关知识有机联结起来，使学生在整体视野关照下，通过了解中外历史上思想文化领域的重大事件、重要现象及相关人物，探讨思想文化在人类历史发展中的重要作用及其影响，并认识人类思想文化发展的多样性，理解和尊重世界各地丰富多彩的民族文化传统，增强对祖国优秀文化遗产的认同，培养批判继承、独立思考和开拓创新的精神，树立起投身于创造中国特色社会主义新文化伟大事业的信念。

二、体系结构

《课程标准》划定了本模块的八个学习要点。前五个要点依次为中国传统文化主流思想的演变、古代中国的科学技术与文化、近代中国的思想解放潮流、20 世纪以来中国重大思想理论成果、现代中国的科学技术与文化，讲述中国的思想文化历程。以下三个要点为西方人文精神的起源及其发展、近代以来世界科学技术的历史足迹、19 世纪以来的世界文学艺术，叙述外国思想文化的渊源流变。本册教材依据这八个要点及其子目，整合为以下六个单元：第一单元"中国古代的思想与科技"、第二单元"中国古代文艺长廊"，分别叙述中国古代自春秋战国至明清思想文化、科学技术、文学艺术的发展历程和主要成就。第三单元"从人文精神之源到科学理性时代"，与前两个单元并列，概述西方从古希腊、古罗马文明，经文艺复兴、宗教改革到启蒙运动以及近代科学技术产生与发展，进入科学理性时代的历程。第四单元"19 世纪以来的世界文化"，承接上一单元，介绍 19 世纪以来世界文学艺术的发展状况与主要成就。第五单元"近现代中国的先进思想"，叙述在西方列强炮火和西学浪潮冲击下中国近代文化的蜕变，以及马克思主义传入并与中国革命实践相结合，孕育出毛泽东思想、邓小平理论、"三个代表"重要思想，引领中国当代先进文化建设的进程。第六单元"现代世界的科技与文化"，展现现代世界科学的革命和高新技术给人类社会带来的巨大影响，以及新中国的科技成就和新中国文化教育事业发展的曲折经历。

　　本册教材对《课程标准》模块学习要点排列的调整，首先体现"以时间为经"，理顺了时序。第一、二单元，基本上沿用《课程标准》专题1、2的设置，介绍中国古代的思想文化与科学技术。第三单元把《课程标准》专题6"西方人文精神的起源及其发展"和专题7"近代以来世界科学技术的历史足迹"中的近代部分整合为"从人文精神之源到科学理性时代"（即从西方古代文化发展到近代科技文化）一个单元。第四单元沿用《课程标准》专题8，展现19世纪以来的世界文化。第五单元把《课程标准》专题3"近代中国的思想解放潮流"（含维新变法思想、新文化运动和马克思主义在中国的传播）和专题4"20世纪以来中国重大思想理论成果"（含孙中山三民主义、毛泽东思想、邓小平理论和"三个代表"重要思想）整合为"近现代中国的先进思想"一个单元，依次分"西学东渐""新文化运动""孙中山的民主追求""毛泽东与马克思主义的中国化"和"社会主义建设的思想指南"5课展现。这一方面是因为专题3、4的子目时序交错，容易引起混乱，例如专题3已经"简述马克思主义在中国传播的史实，认识马克思主义对中国历史发展的重大意义"，专题4又倒回来"了解孙中山三民主义的基本内容，认识其在推动中国资产阶级民主革命中的作用"，机械照搬《课程标准》顺序显然不妥；另一方面，"思想解放潮流"和"重大思想理论成果"紧密相连，放在两个专题分别叙述，会大量交叉重复，合为一单元循序表述，则要简洁、明晰、流畅得多。第六单元将专题7中的现代科技部分剥离出来，与专题5"现代中国的科技与文化"合为"现代世界的科技与文化"一单元。这一调整，强化了"现代世界"的时代感，并把"现代中国的科技与文化"放置在同时代世界大潮中审视，以更好地体现《课程标准》提出的"学会从不同角度认识历史发展中全局与局部的关系，辩证地认识历史与现实、中国与世界的内在联系"的要求。在以人类文明进程为主轴理顺时序的基础上，本册教材还体现了"以空间为纬"，将中外文化放置在同一时段中考察。第一、二单元农业文明时代中国古代的科技文化与第三单元西方文化从农业文明向近代工业文明过渡，大体处于并列关系，分别概述早期中西文化各自发展的特点及西方率先发展近代文化的轨迹。又通过第三单元所设最后一课"综合探究：破解'李约瑟难题'"，将中西文化联系起来对比考察。第五单元则展现在西方近现代文化冲击下中国先进思想发展的历程。最后的第六单元，如前所述，再将现代中国科教文化放到世界潮流中定位考察。这种同一时代"以空间为纬"的中外对比考察，更能显现中西文化各自的特点及相互间的联系，在历史顺序和历史发展的内在逻辑关系方面取得一致。

需要特别说明的是，马克思主义的诞生和发展对于思想文化领域来说，是影响至为深远的大事，从保持《历史》必修（Ⅲ）内容完整的意义上看，《课程标准》未设这方面的专题是重大缺失。《课程标准》关于《历史》必修（Ⅰ）的专题8设有"从科学社会主义理论到社会主义制度的建立"的提示，而关于《历史》必修（Ⅲ）的专题却缺略这方面的内容，应该是出于避免过多重复的考虑。本册教材的编写只能从《课程标准》专题3第3子目"简述马克思主义在中国传播的史实，认识马克思主义对中国历史发展的重大意义"的角度适当回溯，把背景文章做足。同时，教师可考虑把本套教材《历史》必修（Ⅰ）第五单元"马克思主义的产生、发展与中国新民主主义革命"的内容与本册第五单元第23课"毛泽东与马克思主义的中国化"及第24课"社会主义建设的思想指南"联系起来讲解。

三、单元构成与相关问题

本册教材第一单元"中国古代的思想与科技"根据《课程标准》专题1提示的诸子百家与百家争鸣、孔孟和荀子等思想家及儒家思想的形成、汉代儒家正统思想、宋明理学、明清时期儒学思想及李贽等进步思想家，以及专题2提示的中国古代科技成就等内容设计，分为"孔子与老子""战国时期的百家争鸣""汉代的思想大一统""宋明理学""明清之际的进步思潮"和"中国古代的科学技术"6课。前5课按时序展现中国传统文化主流思想的演变，勾画出从百家争鸣孕育出一批经典巨著、孔孟儒学思想的形成及其取得正统独尊地位、经宋明理学至明清之际变迁的轨迹。其间也反映了主文化与亚文化、反文化对立统一的格局，以及随着社会政治、经济变动此消彼长发展变化的趋势。

第 6 课集中介绍中国古代的科技思想与实践，除了认识中国科技发明对世界文明发展的贡献外，还要结合《历史》必修（Ⅰ）（例如统一的多民族国家的巩固和发展以及先进的中央集权制度等）、《历史》必修（Ⅱ）（例如高度发达的生产力、精耕细作型农业生产以及先进的租佃制生产方式等）的有关内容以及本课课后的"阅读与思考"，说明中国古代科技高度发达的原因。本课"解析与探究"比较郑和下西洋与哥伦布远航的差异以及思考近代中国科技相对于西方从先进转为落后的原因，也应给予特别关注。虽然不必占用很多时间详细展开，但却是连接第三单元内容和破解中西地位逆转原因的关节，可着重提示学生"带着这个问题投入以下单元的学习"。

第二单元分"汉字与书法""笔墨丹青""诗歌与小说"和"梨园春秋"4 课，分别展示中国古代汉字以及各种文学艺术门类的源流、基本特征和发展脉络。本单元各课侧重介绍各门类代表作的成就和特色，体现时代特征对文学艺术风貌的影响，而非系统的专门史。

以上两个单元分别反映了《课程标准》规定的中国传统文化主流思想的演变、古代中国的科学技术与文化两个专题的内容。两者之间存在着共时性互动的影响。例如从明清小说散发的新鲜气息中，便明显能看到其时进步思潮浸润的影响。而这一切，包括晚明科学巨匠在传统科技领域取得的一些突破，又都和明中后期新经济因素萌发、工商业市民阶层兴起以及世俗化倾向钩锁关联。

第三单元"从人文精神之源到科学理性时代"分"希腊先哲的精神觉醒""文艺复兴巨匠的人文风采""挑战教皇的权威""理性之光"和"近代科学技术革命"5 课，依次展现西方古代希腊人文精神的起源、文艺复兴和宗教改革时期人文主义的含义、启蒙运动对人文主义思想的发展以及近代世界科学技术的历史足迹、主要成就及其对人类社会发展的推动作用。本单元概述西方从古代至近代思想文化、科学技术演变的历程，与前两单元反映中国古代的相关内容大体处于同一时段。中国古代的孔子、老子、诸子百家与古希腊的苏格拉底、柏拉图可谓哲人并出，东西辉映。而东西方之间又存在着各自的特点。特别是西方近代在文艺复兴与宗教改革两次思想解放潮流的推动下，人文精神不断发展。至 17、18 世纪，启蒙思潮与科技革命相鼓荡，以提倡科学与民主、宣扬平等与自由为标志，开始跨入科学理性的时代。西方近代这一思想文化与科学技术的划时代变革，给人们留下了深刻的启示。本单元末设置综合探究课——"破解'李约瑟难题'"，正是期望通过对"中国古代在经验技术的发展水平上远远超过西方，但近代科学却首先在西方诞生，而中国反而远远落在西方后面"这一问题进行探讨，将本单元与前两单元内容联系起来思考，从而加深对中西方思想文化与科学技术各自发展道路和特点的认识，从中汲取深刻的历史教益。

第四单元"19 世纪以来的世界文化"，按照《课程标准》学习要点的提示，分为"诗歌、小说与戏剧""音乐与美术"和"电影与电视"，着重介绍 19 世纪以来西方文学艺术方面的代表性作品和主要成就，展现这些作品的时代性、多样性和民族性，以及影视艺术产生与发展的历程及其对社会生活的影响。科学技术的迅猛发展，导致世界政治与经济发生巨大变化。目光敏锐、思想活跃的文学艺术家们，用自己的文字、音符、色彩和光与影，表达了对社会变动的深刻思考，使西方的文学艺术从内容到形式推陈出新、异彩纷呈。要注意把本单元内容放置在《历史》必修（Ⅰ）、（Ⅱ）两册相关政治、经济背景中考察，以加深对这一时期文学艺术创新及其社会影响的理解。

第五单元"近现代中国的先进思想"将《课程标准》所列"近代中国的思想解放潮流"与"20 世纪以来中国重大思想理论成果"两个专题的学习要点依次整合为"西学东渐""新文化运动""孙中山的民主追求""毛泽东与马克思主义的中国化"和"社会主义建设的思想指南"5 课。近现代中国先进思想的发展，是中西文化相互碰撞、交融、共同发展合乎逻辑的结果。前面所学中国传统文化主流思想的演变和西方率先跨入科学理性时代等内容，为中国近现代文化蜕变和思想创新做了宏观背景的铺垫。《历史》必修（Ⅰ）、（Ⅱ）相关时段政治、经济的变革与本单元思想文化更新的关系更为紧密，对于加深对本单元内容的理解格外重要。而通过学习近现代中国的思想解放潮流和重大思想理论成果，也有助于进一步从思想文化层面了解中国近现代政治、经济的变革和社会发展的基本特征。

第六单元"现代世界的科技与文化"，分"现代科学革命""改变世界的高新科技""新中国的科技成就""国运兴衰，系于教育"和"百花齐放百家争鸣"5 课。前两课概述在世界范围把人类对大自然的探索推上一个新高度的科学革命以及改变世界的高新科技。后三课分别展现新中国成立以来发展科技、教育、文化事业取得的主要成就和经验教训，进一步认识科技进步在现代化建设中的重大作用、贯彻"双百"方针对繁荣文化的重要影响和"国运兴衰，系于教育"的深刻含义。只有站在"面向现代化，面向世界，面向未来"的高度，才能帮助学生真正理解和尊重世界各地丰富多彩的文化传统，增强对祖国优秀文化遗产的认同，明确先进文化的发展方向，进而引导学生以批判继承、独立思考和开拓创新的精神，投身于创造新文化的伟大事业。本单元末设置的综合探究课——"批判继承与开拓创新——建设中国特色的社会主义新文化"，意在对本册教材做总结性的综合思考，在融会贯通的基础上升华、创新，培养学生关注现实与面向现代化、面向世界、面向未来的意识和运用所学知识思考与解决现实问题的能力。本课涉及内容广泛，具有一定深度。可组织学生在分别就一些子题展开探究的基础上互相交流，不求结论完美，不必"定于一尊"，重在鼓励学生思考和参与交流，重在体现对学生的思想引导。本课不作考核要求，也可安排为复习课或阅读课。

（原载《教师教学用书·历史必修三》，岳麓书社，2005）

凡圣之间

——忆刘宗绪师

我早年学习不够努力，成绩在中下游徘徊，难免受批评的时候多，由此对老师常存敬畏心理。宗绪老师因多有不凡之处，更在敬重之列。

1963 年我考入北师大历史系时，刘老师已有多篇影响颇大的论文发表。当时吴晗主编《外国历史小丛书》，遴选一批名流大家做编委，宗绪师毕业仅 5 年，也被破格罗致其中，并撰有《巴黎公社》一书。在我们做学生的看来，他和郭澎师（参加郭沫若主编《中国史稿》编写工作）俱为史学界升起的新星，才情横溢，风华正茂，头顶上闪烁着炫目的光环。

1964 年听刘老师讲世界近代史课，是有生以来在课堂上得到的最大享受。他把深邃的思想、清晰的条理与妙趣横生的剖析完美地融为一体，有如大匠运斤，出神入化，使人由衷感受到讲课不但是传道受业解惑，而且是有类梅兰芳京剧那样醇美的艺术。刘老师上课时备有一份整齐的讲稿，并作看讲稿状，但学生课间休息时却发现那是几张一个字也没有的白纸。很久以后问起这件事，刘老师笑眯眯地说："咳，那不是怕人家说不认真嘛。"

"文化大革命"中，不知何故，刘老师也被打入牛鬼蛇神劳改队中拘禁。想来必是说了些不合时宜的风凉话。像他这样性情中人，遇到荒唐可笑的事，你要不让他犀利道出，其郁闷难忍之状是可想而知的。听说困难时期他就曾因戏称食堂的馒头是"小二黑"而受到严厉批判，好像后来也没怎么吸取教训，老有搂不住走火的时候，不过有些话是绝对不能说、不能传的。例如那时晚八点《新闻联播》节目，会陆续公布一些"最高指示"，哪怕是"不要吃老本，要立新功"这样几个字，各高校"革委会"也一定要组织学生连夜到天安门游行、庆祝，远比历代帝王颁发谕旨风光。中文系俞敏教授对造反派这种"打着红旗反红旗"的行径十分不屑，居然私下对刘老师嘟囔："发丧呐！"后来听宗绪师述及此事，不由心中激起强烈震撼。我还清楚地记得，"文化大革命"中在北饭厅外俞敏先生因长于音韵，被指令向启功等大牌教授指挥唱《牛鬼蛇神歌》，词云："我是牛鬼蛇神，我是牛鬼蛇神，我有罪！我有罪……"。其时俞先生双眼混浊，面无表情，谁知在这冷漠、呆滞的外表之下，竟然蕴藏着如此强大的反叛风暴。刘老师十分欣赏俞先生对这种专制愚昧行为的抨击，但在当时绝对不会外传，否则，仅此三字便能惹上杀身之祸。

在我印象中，刘老师在遭受迫害之际，也曾有令人刮目相看的超常之举。一次，"无产阶级专政"小组勒令众"牛鬼"背诵毛主席著作《敦促杜聿明投降书》《南京政府向何处去》，另一篇好像是《别了，司徒雷登》。布置完功课后约一个时辰，刘老师便悠哉游哉地溜达起来，"狱卒"大怒，正要"打打"态度，不料宗绪老师已能十分流畅地尽数背下。这首先当然是毛主席文章写得好；其次则归之于宗绪师精通马克思主义毛泽东思想及其过目不忘的天赋。本来要求背这三篇文章，是在发动新一轮攻势前的心理战，起到震慑敌胆的作用。但狱卒在描述此事时却充满了钦佩之情，非但未降伏宗绪师，反倒先自臣服了。

1977年，我分配到长白山林海雪原战天斗地九年之后，调回北师大工作，又能经常见到刘老师。因有先前这些片断印象，刘老师在我心目中形象自然十分高大。不过因专业方向有别，加上常怀"恐高"敬重心理，只是见面时毕恭毕敬问好，竟未能主动向他求教。尔后，在一次观摩刘老师教学的座谈会上，我居然向他提出了批评。那年适值风波刚过，刘老师正好讲法国大革命。他婉转地表示，有些问题不好放开讲，怕引起误会。我在高度赞美刘老师"五星级"讲课艺术后，斗胆提出了下列意见：沧海横流方显出英雄本色，越是不好讲，越能显出水平。再说了，如果把握不住，应先请示许统乔（主管宣传的校党委副书记）。刘老师听了并不介意，后来还笑眯眯地对别人说："大为要我讲课前先请示许统乔。"

1999年夏，蒙刘老师电话召见，去老师家拜谒长谈。他看过我的几篇文章，觉得一些理念尚有可取之处，提出让我参加高考命题工作。在这之后与刘老师的交往日渐增多，特别是在多次较长时间集中吃、住、研讨的情况下，一些交往可称是到了颇为密切的程度，终于使我有机会近距离感受宗绪老师的风采。

在围绕中学历史教育和高考命题等问题的反复研讨切磋中，我深切地感受到刘老师学术视野广阔，理论根底深厚。他不但精读马克思主义经典著作，而且熟谙这些论著的时代背景，洞悉其思想精髓。尤为可贵的是，他并不囿于经典作家在特定时期提出的个别结论，并善于联系历史演进过程中出现的新变化，实事求是地发展、创新。这当然和那些惯于摘引片言只语，有意无意误读、曲解，刻舟求剑式地武断裁量历史的做法全然不可同日而语。他否定简单、机械的"五种社会形态"单线演进图式，以生产力标准建构人类文明演进的世界史观，正是捍卫马克思主义唯物史观和遵循"实践是检验真理唯一标准"原则、勇于探索的创新之论。

刘老师治史、执教，不满足随波逐流式的"与时俱进"，而极富前瞻性和开创精神。特别在指导中学历史教学和高考命题方面，锐意创新，把精辟新颖的学术见解和先进的理念，深入浅出、平易自然地融入一些教材、辅导读物和试卷中，卓有成效地引领广大师生推进教育改革。刘老师并未担任相关部门的领导职务，却如春风化雨，产生了广泛而深远的影响，被全国中学历史教育界公认是推动历史教育改革的标志性人物。一些专家甚至提出要以此为借鉴、激活、推动高校本科生和研究生的历史教育改革。

像刘老师这样的一流名师大家，还能花费巨大精力去关注中学历史教育，应该说完全是出于他对青少年的关爱，缘自人民教师高度的历史使命感和责任感。他在高考命题工作中，严格把握思想方向，驾驭考核指向，而且对点位分布、呈现技巧乃至一些细微枝节也极端负责、精心打磨，反复推敲。他平时总爱举出一些事例，自嘲缺乏数学细胞。但每次考后统计出的难度系数和区分度，都表明考前的预计极为精准。2001年考试刚结束，有的教师对某道选择题的设问提出异议。他听说后立刻打电话要我查核，如确有纰漏，立即通知各省宣布为废题，并由他承担责任、公开认错检讨。其实那道题只是有点绕，并无科学性错误，他听完解释后笑着说："哦，那咱们这还算是考能力了。"2003年，用刘老师自己的话说："阶级敌人隐藏得很深"，癌细胞已转移到脑部，我有急事向他请教，从亲属处得知第二天上午他要做开颅手术，急忙打住。次日傍晚忽然接到刘老师电话，语句平静、清晰。当时的感觉真如听到另外一个星球飘来的话音，简直难以置信。就在卧床不起之后，命题组仍能收到他亲笔用密密麻麻隽秀小字写下的"锦囊妙计"。我们平时从来没听到刘老师说过任何豪言壮语，但他却实实在在地为教育事业呕心沥血，直至春蚕丝尽。

宗绪师统领下的命题工作，充分体现了"团结、紧张、严肃、活泼"的精神。其间既有学术见解、教育理念、命题技巧方面的深入探究；也不乏暇时指点江山、臧否人物，兼及社会百象、儒林逸事的笑谈，工作进行得紧张、有序、富于成效，自不待言。刘老师又能使全组始终精神抖擞，充满欢声笑语。大家一致认为刘老师说、学、逗的功夫堪与马三立、侯宝林两位大师比肩。他描摹人物、事件，从语音到神情，惟妙惟肖，有抖落不完的笑料。例如"文化大革命"中造反派要打倒张鸿翔老先生，他模仿张先生的口音说："我这辈子压根儿没站起来过，一直在地上趴着，用不着打倒。"一些看似平常的事情，经他渲染铺陈、剖析评点，顿时令人笑不可支。不论是对凡夫俗子的善意调侃，还是对丑类劣迹的辛辣嘲讽，无不淋漓尽致，入木三分。而人们笑过之后，又总能从中得到深刻的思想启迪。

刘老师不但命题有方，而且知人善任，善于最大限度发挥全体组员的积极性。他认为多数同仁足可信赖，有时也笑着点两三位的名，表示不那么信得着。我因预热较慢，常犯"一心以为有鸿鹄将至，思援弓缴而射之"的毛病，也被列为难当大任之列。但因紧要处还能发力，偶尔还能抖点小机灵，仍被宽容而不弃用。另一位仁兄在肇庆命题会期间并未醉酒，却能在一次讨论中以任何姿势多次进入熟睡状态，但在时限将至之际，又能厚积薄发，把自己禁闭在卫生间发愤疾书，一个时辰便妙题如珠般涌出。刘老师无可奈何地感叹："既可恨，又可爱。"继而又化腐朽为神奇，概括出"肇庆速度"的提法，勉励大家奋进。

宗绪师睿智高雅而又诙谐幽默，极具亲和力与人格魅力。一次讨论时，史明迅不留神把组内已流行一两个月给他起的"管带"雅号带了出来。讨论结束时，刘老师一拍桌子，郑重地说："刚才老史叫我管带，本管带就这么决定了。"老史当即举报是曹某人先叫开的。我当然不好抵赖，而且着实有些不无得意的感觉。回想当年怀着景仰崇拜心情仰视他头顶光环时，是断不可能想到这种称呼的。"管带"头衔不大，却真切体现我们对宗绪师的统领心悦诚服，自然流露出对他的深情厚谊和亲密无间。在刘老师的凝聚、管带下，全组如沐春风，洋溢着热烈而祥和的气氛。大家都把和刘老师一起命题视为甜蜜的事业，当作高品位的享受，因故缺席则被看成是一种损失。

2001 年 12 月下旬，宗绪师在低烧不退的情况下履约飞赴长沙指导岳麓书社初中历史教材编写工作。我和魏光奇随行。座谈会上，刘老师从全球史宏阔视野出发，高屋建瓴，剖析理念，厘清思路。一个多小时的发言，张弛有致、有条不紊，从未听过刘老师系统发言的老魏赞不绝口："记录下来，只字不改，便是一篇极有深度的好文章。"不料返京后半个月，刘老师便被确诊并施行肠、肝肿瘤手术。在术后的一年半时间里，他又焕发出旺盛的生命力，飞赴广东参加江门命题会，主持编写《历史学科专题讲座》。他依旧那样雍容大度，乐观风趣，总是给别人带来欢乐。人们在相当长一段时期完全忘掉了他是一位重病患者。最后一次去医院探视他时，他已戴上呼吸器，不能讲话，我想不出怎样去安慰他，只是笨拙地说了这样一段话："前些时候有点感冒，没来看您。不过感冒也有两点好处：一是不想抽烟，二是如厕不闻异味。"刘老师竟笑得咳嗽起来。没想到，我与这位心中景仰的智者，竟以这样一种方式诀别。刘老师6月4日辞世时，"非典"尚在肆虐，学校将追悼会的规模控制在50人之内，我以"在历史系工作20多年，凡有指标限制的事从未入围，这次总该照顾"为由，争取到了向他表达最后敬意的机会。当我走向安详静卧在鲜花丛中的宗绪师身边时，泪眼模糊中仿佛又看到他头顶隐约闪现的光环。

若干年前有人问费孝通先生："多少年后才能再出您这样的大师？"这位谦和长者答曰："50年。"几年前人们劝宗绪师出论文集，他表示那是十年以后的事。历史学著作本身是历史的产物，他对学术春天来临的预期显然比费老要乐观。如《刘宗绪教授生平》所述，改革开放以来他的一系列论著"冲决思想罗网，振聋发聩"，成为世界史学界推动"思想解放"的重要代表。以他的史识、天赋与勤奋，遇到合适的学术土壤，完全可以期待结出更加丰硕的成果。恩格斯曾说，思维是地球上最美丽的花朵。大自然既然孕育了这样过人的天赋之才，却不给机会让他的思维之花尽情绽放，这不能不说是上苍的失察和悲哀。

高雅本是"不食人间烟火"般脱俗的表现，凡俗则是神圣的反义词。宗绪师独能做到既登学术堂奥，睿智、高雅、洒脱；又深入普通教育，兢兢业业，在世俗生活中与芸芸众生同乐。平淡到了极致，方凸现出浓艳。对宗绪师的怀念，或许可用四个字概括：凡圣之间。

（原载北京师范大学历史系等编：《向真理投降——刘宗绪学术思想道德风范论集》，岳麓书社，2004）

曹孚与曹孚的教育思想①

　　曹孚是我国当代杰出的教育学家。20 世纪 50 年代中期，他针对我国实际，提出了马克思主义教育学"中国化"以及中国教育与世界潮流接轨的"现代化"的思想。他的教育主张在当时激起了一场轩然大波。在 60 年代初，当时中宣部发起的学术批判运动中，曹孚被中央理论工作小组定为"确实具有系统的修正主义思想和其他资产阶级思想并在国内影响较大的代表人物"②。当时北京市委教育理论工作小组也为此在市委指导下系统整理材料，组织高校和科研部门批判"国内以曹孚为代表的资产阶级修正主义教育思想"。"文化大革命"中，他终被打成"资产阶级反动学术权威"。这桩沉寂多年的学术公案理当成为当代教育史研究中不应忽略的一个课题。尽管对曹孚的学术生涯做一历史的回顾，不无苦涩苍凉之感，但这毕竟为科学总结当代教育史所无法回避，并将给今人以有益的启示。

一

　　曹孚，字允怀，1911 年 3 月 12 日出生于江苏省宝山县（今上海市宝山区）罗店镇普通农家。少时家境贫寒，靠在一所女校担任校长的姑母资助读完宝山县立第二高小、罗店中西公学（麦伦书院初中部）。1926 年秋，因成绩优异免费升入麦伦中学高中部。高中二、三年级时，英籍顾问白约翰屡屡劝曹孚入教，允诺可由教会资送燕京大学读书，因他表示不愿入教而作罢。

　　1929 年 7 月高中毕业后，留校做图书管理工作，兼教初中国文、英文。1931 年在麦伦中学任职期间，考入沪江大学与《时事新报》合办的沪江大学夜大学新闻训练班，开始著述和翻译。

　　1933 年，经沈体兰校长（解放初任华东教育部副部长）提议，麦伦中学为

---

①　本文写作得到瞿葆奎教授指教，特此致谢。
②　《批判修正主义计划措施》，中央教育科学研究所档案，1960 年 00091。

曹孚提供助学金入复旦大学教育学系深造。在校读书期间，曹孚发表了《克伯屈的动的教育观》《中国教育改造问题》《中国生产教育问题》《中国教育之生命线》等颇有分量的论文和《科学发见谈》《苏联文学诸问题》、雪莱《诗辩》等数部译著（部分与伍蠡甫教授合译）。曹孚还曾兼任《教育学期刊》和当年颇享声誉的复旦文摘社的编辑。在复旦读书的前两年，课余仍回麦伦中学帮忙；后两年兼任全职教师，半读半教。1937 年毕业时，以全校英文成绩最优、文学院毕业成绩最优、全校毕业生总分第一等三项第一名，获"异等茂材"金质奖章，并留校任教。1937 年 6 月《大公报》曾连载《复旦优秀毕业生曹孚访问记》倍加称道。

在复旦任教将近十年的时间，讲授过英文、中文、教育概论和教育心理学等课程。发表了《中国教育之前途》等论文，出版《生活艺术》《丰富的人生》和《法国失败史》（署曹元恺笔名）等著作。

1947 年 3 月，曹孚由复旦大学校长章益教授推荐，赴美国科罗拉多大学教育研究院留学。在两年半的时间内，先后获得教育硕士、博士学位，并以讲师身份在该院讲授两门课程。他的教育学博士学位论文《杜威教育哲学中的个人与社会(The Individual and Social Dimensions of John Dewey's Philosophy of Education)》，深得导师莫里斯(Morris. B.)博士等人好评。

通观 1947 年以前的论著，曹孚对不少有关教育的问题，提出了一些独到的见解，在学术上已有相当成就。还在 1933 年他大学一年级时写的第一篇论文，便对美国哥伦比亚大学著名教授克伯屈(Kilpatrick. W. H.)的教育观提出挑战。他在肯定克氏主张学校教育应给学生应付现在与将来的能力的同时，批评克伯屈以为将来是不可知的观点"是躲懒及回避的办法"，指出"应付"与"适应"是消极的，还应强调给学生以创造或建设将来的能力。[①] 曹孚这一时期的一些论著，批判了"教育万能论"和"教育独立论"的观点，认为青年不能离开改造现实社会另立安身立命之道，提出"参与、推动和促进一个理想的社会生活之实现，则这正是青年修养的最高峰的造诣"[②]。20 世纪 30 年代，曹孚

---

① 《克伯屈的动的教育观》，瞿葆奎、马骥雄、雷尧珠编：《曹孚教育论稿》，第 596 页，上海：华东师范大学出版社，1989。

② 曹孚：《生活艺术》，第 10 页，上海：开明书店，1949。

主张在教育的目的上采取民族、社会、大众本位，教育方法上采取儿童本位。提出"在对象上是民众教育，在形式上是社会教育，在内容上是生活教育的教育，才是中国教育的真正出路"[①]。1941年，他又提出战后"要向苏联的教育学习，进一步谋文化与功利的调和与统一"[②]。

曹孚对人剥削人的制度、对旧社会的恶势力深为愤慨，在抗日战争末期已肯定社会主义是好的，但总体上还只是把马克思主义视为比较接近真理的学派。就政治思想倾向而言，没有超出爱国的进步的民主派、自由派的范畴。学术思想亦受拉斯基（Laski，H. J.）、罗素（Russeil. B.）的影响较深。

在美留学期间，曹孚密切关注国内与国际的政治形势发展，积极思考中国的前途与命运问题。对美国社会的切身体验、观察，特别是国内人民战争的节节胜利，使他深受教育，认定马克思主义的分析是科学的真理，寄希望于中国共产党革命胜利后建设一个人民民主的新中国。在美留学的第二年，他几乎以一半的时间研读哲学，系统地学习马克思主义英文版经典著作，认真清理自己的学术思想。

1949年9月，曹孚放弃在美任教的机会，拒绝美国政府对中国留学生的诸多利诱，毅然登上返回祖国的航船。10月归国后，以张志让、陈望道为首的复旦大学校务委员会聘任曹孚为教育学系教授，1951年起兼任副教务长。同时还先后兼任光华大学、沪江大学教授。1951年9月，华东师范大学建校、开学。原复旦大学教育系调整并入华东师范大学，曹孚被任命为教育系首任主任。

1950年6月，发表在《新教育》上的《〈关于费尔巴哈的提纲〉第三条与教育》，是曹孚回国后第一篇阐述马克思主义教育原理的论文。它着重阐释"教育工作者自身须受再教育"，从旧社会过渡到新社会的知识分子"只有参加革命实践，才能大规模地改变自己、改变别人，并帮助着社会之更大规模的改变"这一重大理论问题。继而应《人民教育》之约，以在美撰写的博士论文的基本观点与材料为基础，撰成《杜威批判引论》（《人民教育》1950年10、11月）。《引论》旨在批判杜威的社会—教育哲学，重点之一是批判它的智慧论、生长

[①] 《中国教育之生命线》，《曹孚教育论稿》，第678页。
[②] 曹孚：《抢救大学教育》，《大公报》(重庆)1941年9月23日。

论和由此引申出来的教育无目的论。《引论》还分析批判杜威提倡的教学方法片面强调以活动为中心、不重视系统知识的教学,过分强调儿童的自发兴趣,不注意教师的主导作用和儿童的主动性与积极性相结合等主张的偏颇以及在实践中可能产生的损害。在此前后,曹孚还发表了《论"人"的教育》(《新教育》1950 年 10 月)、《美国教育批判》(《新教育》1951 年 1、2、3 月)和《批判实验主义教育学》(《新建设》1955 年 2 月)等论文。

1952 年秋,曹孚应上海市教育局邀请,对上海市小学教师作关于教育学的报告,系统地介绍苏联社会主义教育的理论与实践。人民教育出版社 1953 年以《小学教育讲座》单行本出版,次年经修改增订,易名为《教育学通俗讲座》再版。本书因作者对苏联教育学系统、深刻的理解,"而且有一些自己的新颖而周全的见解",而深受欢迎。特别值得注意的是,他"能高瞻远瞩,看到全面发展教育中可能发生的问题。例如,他十分强调几'育'的整体性、它们之间的联系。教育工作者如果真正掌握了这种内在联系,执行全面发展教育方针中的许多偏差就可避免"。曹孚强调教育工作者在运用苏联的教学原则时,必须具有一个新的观点,即要看出这些原则的统一性,看到它们之间的联系,他在《讲座》中"详细阐述了每个原则与其他原则的联系。这种意见直至今天还是非常重要的"①。

1954 年秋,曹孚奉调北京任人民教育出版社编审。1956 年参与中央教育科学研究所筹建工作,以后一直任该所研究员。在北京工作期间,曹孚编审了很多教育方面的书稿。并应中共中央办公厅、中宣部、教育部的要求,整理、提供了大量评介国内外教育的有关资料、信息和文章。他还曾受命为教育部草拟中等师范学校《教育学教学大纲》(草案)和《教育实习教学大纲》(草案)等文件。1956 年参加制订国家《关于 1956—1967 年发展教育科学规划(草案)》的工作,并接受委托起草、修订其中"前言""教育学"部分的初稿。

20 世纪 50 年代中期,曹孚相继发表《对于"全面发展的教育"问题的看法》(《人民教育》1956 年 10 月)、《"全面发展"并非"平均发展"》(《文汇报》1956 年 10 月 26 日)两篇文章,主张"在尽先发展学生的一般才能下,培养学生的特殊兴趣"。文章批评当时我国教育工作中存在的诸如"学生负担过重,在集体对

---

① 刘佛年:《曹孚教育论稿·序》。

个人的关系上片面强调集体、抹杀个人的意志与性格、爱好与特长"的倾向，大声疾呼"需要大力精简教材"，"需要纠正对集体主义的小资产阶级的平均主义的理解，并停止在教育工作中的搞运动作风"。

1957年，应中央教育行政学院之邀，曹孚对学员作学术报告，后经整理以"教育学研究中的若干问题"为题发表于《新建设》当年第6期。文章对教育学研究中一些重要问题提出了自己的看法，认为"教育不仅是上层建筑"，而且"是一个永恒范畴，同时也是一个历史现象"。"教育中'永恒'或比较'稳定'的因素，在我们的教育学研究中也应占有一定的地位，即使是一个不重要的地位。"曹孚提出在不同社会的教育中，在教育的内容、方法、制度方面，有一些共同的因素可以为不同社会的不同阶级服务，批判了社会主义教育和过去阶级社会以及资本主义国家教育之间没有继承和借鉴关系的观点的荒谬性。曹孚还特别提到生产力对教育的影响，强调"教育之反映社会生产力发展水平，比一般上层建筑更为直接"。他详细论述了在什么意义上，在哪些方面，在哪种程度内，资产阶级教育学即使是帝国主义时代的资产阶级教育学中的某些成就，是可以吸取的，并指出"这吸取不是全盘接受，而是有选择、有批判的；在吸取的过程中，还应该放在我们的教育学体系中加以改造"。在批判杜威的问题上，提出可以肯定杜威教育思想中的某些积极因素，要多从整个体系上来批判，而"不要尽在杜威的片言只语上着眼"。曹孚呼吁中国教育界应"发挥我们的独立思想"，"要避免跟在苏联著作后面亦步亦趋，不越雷池一步，使得我们的科学研究成为苏联著作的集注"。在教育史的人物评价问题上，论文列举了教育史上的一些例子，说明"一个人的哲学观点、政治立场与教育思想之间并不永远是'正相关'的"，并提出了处理这一类问题的四点意见。他的这篇论文，从阐释教育的属性与职能入手，针对当时我国教育实践、教育政策以及教育思想在一些根本性问题上日趋严重的"左"的僵化倾向提出针砭，切中时弊。但在当时以及此后相当长一段时间里，这篇文章被贬为国内资产阶级、修正主义教育思想的纲领性的代表作，是犯了"政治性"的错误。虽然由于中央教育科学研究所戴白韬所长等的竭力保护，以曹孚在《新建设》（1958年2月）刊出《对〈教育学研究中的若干问题〉一文的检讨》敷衍，未被戴上"右派"帽子；但日后却多次旧账重算，在不同范围内被反复批判。

1961年春，在经历了"教育大革命"极"左"浪潮冲击破坏之后，人们头脑开始清醒，教育界也和其他部门一样，步入纠偏调整时期。在曹孚看来，周扬在高等学校文科教材会议报告中的一些重要提法，与《教育学研究中的若干问题》一文的基本精神是一致的，事实上等于为该文平反翻案。曹孚本人也受委托为高等师范学校教育系学生开列必读和阅读书目，承担主编《外国教育史》的任务。尽管劫难之后不免心存余悸，曹孚未再公开发表论文；但值此教育学遭遇困难之际，他还是挺身而出，于 1962—1964 年先后在华东师范大学、上海教育学会、杭州大学、北京师范大学、沈阳师范学院、沈阳教育学会、吉林师范大学、天津教育学会作《教育学辩》《教育上的十个重大问题》《教育学中的中外古今问题》《教育科学的学习和研究》《高等师范教育的特点和师范性》《教育学的性质和任务》《教学改革的历史观》《当代资产阶级教育思潮》《教育史上的资产阶级人道主义》等学术报告，并在东北三省教材编写会议及天津教育界的座谈会上就《关于教育学的编写问题》《关于外国教育史问题》《教学理论方面应正确处理的十个关系》作报告，并围绕如何建立以马克思主义、毛泽东思想为指导的中国教育学体系和教学改革中诸如考试制度、记笔记、出试题、课堂讨论、启发式教学等问题发表了系统的意见，还在北京国际科学讨论会上作了《关于"人才开发论"》的发言。

在华东师范大学讲演《教育学辩》的开场白中，曹孚旗帜鲜明地表示，"雪莱曾写《诗辩》为诗歌辩护，今天我要为教育学辩护"。在这一系列学术报告中，他维护和发挥了 1957 年那篇文章的基本观点。针对"有的学校的教育学完全讲方针政策，有的完全讲成经验总结"，曹孚批评道："我想如果教育学还走这个路子，那么它存在的必要性就可以怀疑了。教育学要在理论上阐明方针政策，但与方针政策不同；教育学不能脱离实际，但必须高于经验，否则教育学的存在就成问题了。"[①]他指出，"我国 1958 年以后经历的教育道路（如红与专、教育与生产劳动、教师与学生、个人与集体的关系等问题），苏联也曾经历过，但他们比我们幅度更广、时间更长（如学校消亡论扩及到大学——乌克兰）。我曾怀疑社会主义的教育都有此规律。如果我们事先了解苏联的教育发展道路，就可以缩短这个弯路"[②]。

---

① 《教育学的性质和任务》，《曹孚教育论稿》，第 403 页。
② 《教育学中的中外古今问题》，杭州大学学术报告记录，1962 年 9 月 25 日。

在分析批判资产阶级教育及其思想时,他一再提醒:"他们在科技方面,在中小学教育方面,可能会搞出些东西",在战略上藐视的同时,必须在战术上加以重视,并强调"培养新型的科技队伍,在科技上赶上人家,实现四个现代化,这是一项战略任务"①。

其时,曹孚看到邓拓发表在《北京晚报》上的《燕山夜话》,甚为赞赏,但觉得关于教育方面的几篇还不够味,欣然接受《文汇报》与中国青年出版社撰写《教育漫谈》专栏文章与青年修养方面普及读物的约稿。遗憾的是,20 世纪 60 年代教育学的"早春"过于短暂,乍暖还寒,旋又转趋凛冽。"文化大革命"前的第三届全国人大第三次会议期间,当时中宣部主要负责人再次向戴白韬表示要公开批判中央教育科学研究所曹孚等人,为全国教育领域批判资产阶级修正主义教育思想祭旗。1965 年曹孚奉命下乡"四清",不但《教育漫谈》刚开了头便难以为继,而且《外国教育史》的编写工作也被迫中断。

随后在毁灭文化、亵渎人性的"文化大革命"疯狂运动中,曹孚终于在劫难逃。这位一向自爱、自重,一向受人尊重、尊敬的教育理论、教育史专家,心情极其沉闷,忧郁伤肝,于 1968 年初病逝。他所从事的教育科学研究工作连同他的生命一起被折断了!

二

在"走资派""反动权威"遍地走的"文化大革命"年代,对曹孚的批斗无非是横加"漏网右派""资产阶级反动学术权威"之类的恶名,就思想批判而言倒没有什么实质性的"升级"。还在 20 世纪 60 年代初极"左"思潮尚未膨胀到疯狂地步时,当时中宣部、北京市委领导的学术批判运动已将"曹孚主要的修正主义教育观点"归纳为如下十条(此处仅列条目):"一、以教育是永恒范畴为借口,夸大教育的继承性,抹杀教育的阶级性。二、割裂教育思想与哲学观点、政治立场的关系,否认两条路线的斗争,否定党对教育事业的领导,抵触对资产阶级知识分子的思想改造。三、为反动教育家杜威辩护。四、美化日趋反动的资产阶级教育。五、宣扬资产阶级教育学和教育家。六、在教学论方面的修正主义观点(1. 教学中片面强调知识的作用,否定政治思想教

---

① 《教学改革的历史观》,《曹孚教育论稿》,第 413 页。

育、否定阶级斗争；2. 语文教学中以照顾儿童年龄特征为借口，反对政治思想教育；3. 否认教学中的大跃进，反对大搞群众运动；4. 片面强调教师的主导作用，否认学生的积极性；5. 否认教学中的实践活动；6. 反对学科中的主次之分）。七、否定生产劳动和曲解劳动教育的目的。八、宣扬个人自由，反对集体要求。九、宣扬资产阶级民主主义、人道主义与和平主义。十、以强调发挥独立思想为借口，贬低学习苏联的必要性。"①当时北京市委理论工作领导小组教育专业组于 1960 年 5 月上报市委理论工作领导小组、并上报中共中央宣传部的报告中，开列了布置高校和科研部门撰写学术批判文章的计划。其中限期完成点名批判曹孚的文章如《批判曹孚〈教育学研究中的若干问题〉一文中的修正主义观点》《批判曹孚割裂历史上教育家的教育思想同哲学观点、政治立场的关系，否认教育史上存在着两条路线的斗争的修正主义观点》《批判曹孚在教学论中的修正主义》《曹孚是如何为杜威辩护和翻案的》《曹孚是如何美化美国的教育及教育学的》《批判曹孚在教育与生产力的关系方面的修正主义观点》等达八篇之多。② 真是"城头铁鼓声犹震，匣里金刀血未干"。虽然后来未像原先宣称的那样"发动群众彻底地进行批判"，"缩手缩脚是不对的"；但仍在不同场合反复开展面对面批判，在全国范围进行了不点名批判。当时中央教育科学研究所的汇报材料述及曹孚的态度时称，"他还有些逆来顺受、以退为进的想法……他一再说明要从政治上考虑，而不肯提出或坚持自己的学术观点。他以前所说的，政治和思想观点可以是不一致的，现在未必是思想上搞通。这说明对资产阶级知识分子的改造，是一个长期、复杂的任务"。该份汇报材料还承认当时的青年知识分子"不能用充分的道理来进行批驳"③。对曹孚来说，在全国范围公开"点名批判"的威胁犹如利剑悬顶，随时有祸从天降之虞。

　　当年权威部门所列曹孚教育思想的"十条罪状"，不乏歪曲诬陷之辞；但从中也确实可以大致判明当时占据统治地位的主流思想与曹孚教育思想的歧异所在。这种分歧，根植于对教育本质与属性、对教育和教学规律的不同认

---

　　① 《关于曹孚的修正主义教育思想的资料》，中央教育科学研究所档案，1960 年 00143—00150。

　　② 《关于北京师范院校和中央教育科学研究所在教育科学领域中开展学术批判和进行理论建设的报告》（附录），中央教育科学研究所档案，1960 年 00001。

　　③ 中央教育科学研究所档案，1960 年 00016。

识之上，实质上反映了封闭、教条、僵化与发展、开放、现代化两种思想、两条路线的对立。对曹孚教育思想的系统研究辨析或许需要一部专著或长文完成，可以肯定的是，曹孚的学术见解自有不少可商榷、争鸣和进一步探讨之处，他的文章在当年政治背景下也难免留下一些时代"痕迹"；但历史毕竟已经证明曹孚教育思想的价值。

新中国成立伊始，面临着在意识形态领域清除资产阶级旧思想影响的任务。实验主义几乎跟马克思主义同时传入中国，杜威的教育思想几乎支配旧中国教育理论与实践 30 年，影响至深。曹孚 1950 年 10、11 月发表的《杜威批判引论》，"是我国学者对杜威思想的第一次最系统、最详尽的批判"[1]，在全国范围揭开了批判资产阶级意识形态和旧教育思想的序幕，"客观上引导了中国 20 世纪 50 年代初对资产阶级教育思想批判的学术方向，对于肃清旧知识分子迷信杜威的心理障碍和以马克思主义教育学说武装教育界的头脑，发挥了不可否认的历史作用"[2]。如果说文章存在着片面争性，那也只是在当时苏美"冷战"和抗美援朝的形势下，强调了杜威思想的反动性。

新中国成立初，学习、移植苏联教育学作为除旧布新的蓝图，起到过一定积极作用。曹孚 1952—1953 年在上海所作的普及性教育学系列报告，注意联系中国实际，融会自己的见解，实际上成为当年师资培训的教材。《教育学通俗讲座》"不仅文字通俗，一般小学老师都能看懂，而且说理深入、全面，使读者心悦诚服，并善于联系小学教育实际，生动活泼，远非一般枯燥的、教条式的教科书所能比拟"[3]。该书前后三种版本加外地翻印累计印行几百万册，影响了一代小学乃至中学教师的成长，并因此在新中国成立初期的中小学教育实践中打下深刻印记。

曹孚 1961 年受高校文科教材会议委托，主编《外国教育史》教材。1962 年出版了由他汇集苏联几种教材主编的《外国教育史》，以应高师教学之急需。自编《外国现代教育史》也已脱稿，因决定全部重新自编而未刊。1963 年草拟《外国教育史》编写提纲，邀集滕大春等协助编写，完成了部分章节。曹孚对

---

① 刘佛年：《曹孚教育论稿·序》。
② 毕诚文：《中外教育名著评介》，第 2257 页，济南：山东教育出版社，1992。
③ 刘佛年：《曹孚教育论稿·序》。

外国教育史学科建设提出的理论框架和学科构想，以及在《教育学研究中的若干问题》一文中确立的研究教育史的若干重大原则，包括他对外国教育史上教育家、教育思潮、教育流派的研究，反映了"钩玄提要的学术功底"[①]，多具开拓性的价值，并因此"奠定了他作为中国当代的外国教育史学科奠基人的地位"[②]。

　　1957 年在批判所谓国内资产阶级、修正主义教育思想"纲领性的代表作"后不久，中国的教育学便演化为尚需验证的方针政策注释学；20 世纪 60 年代批判"国内以曹孚为代表的资产阶级修正主义教育思想"，迨及"文化大革命"，教育学进而沦为语录学。"教育大革命"对教育事业的破坏和"文化大革命"给教育事业带来的灾难，更使每一个有良知的中国人痛定思痛！如陈桂生《教育学的迷惘与迷惘的教育学——建国以后教育学发展道路侧面剪影》一文指出的：曹孚 1957 年的文章，"在教育观念上对以凯洛夫《教育学》为代表的苏联教育理论提出有力的挑战"，"把锋芒指向带有根本性质的教育理论中的僵化观念。这是一次不寻常的挑战。它实际上触及意义更为深刻的把马克思主义教育理论教条化、把社会主义教育模式化与孤立化问题；由于我国在 50 年代前期对教育遗产及现代西方教育所持的立场在某些方面甚至比苏联更僵硬，这篇文章在当时也就有很强的针对性。唯其如此，它招来了大祸。教育学'中国化'的进程刚刚揭幕，就把它的殉道者最终送到他不愿去的地方"。[③] 也如曹孚学术上的知契刘佛年为《曹孚教育论稿》作序指出的："曹孚同志的这些意见在今天已经成为常识了，但在当时却是耸人听闻的'奇谈怪论'……我们现在认识到，这正是我们的教育应该对外开放的思想基础。"

　　中央教育科学研究所于 1980 年为曹孚平反昭雪，经胡耀邦同志批示，骨灰安放在八宝山革命公墓。1989 年曹孚的学生瞿葆奎、马骥雄、雷尧珠选编了《曹孚教育论稿》，由华东师范大学出版社出版，以纪念这位教育学家和外国教育史学者逝世二十周年！该书后来被选入《中外教育名著评介》。上述专家的评述实事求是地肯定了曹孚教育思想的历史地位，恢复了教育理论的

---

① 瞿葆奎：《曹孚教育论稿·曹孚传略》。
② 毕诚文：《中外教育名著评介》，第 2262 页。
③ 瞿葆奎主编：《教育学文集·教育与教育学》，第 784 页，北京：人民教育出版社，1993。

尊严。

<h2 style="text-align:center">三</h2>

曹孚治学，勤奋严谨而又富于探索精神。他强调"教学如果不进行改革，培养目标、教材、教法不改革，就不会产生新的教育理论，教育科学就不会有新的发展"①。从曹孚大学一年级第一篇论文对克伯屈教育观提出异议，到留美博士论文批判杜威的教育哲学，直至可视为学术论文封笔之作的《教育学研究中的若干问题》一文向当时中国教育界极"左"思想提出的挑战，无不体现了他独立思考、勇于开拓的理论勇气和创新精神。

"何不策高足，先踞要路津。"注重在哲学高度俯瞰全局，是曹孚治学的一个显著特点。他不但谙究历史唯物论，用以指导教学、科研；而且深入研究西方哲学、先秦诸子和宋明理学，讲课、为文高屋建瓴、视野开阔，体现辩证精神和思辨色彩，逻辑严密，剖析问题洞察入里，于委婉中呈现棱角。即使是探讨教育问题的通俗文章，也能兼顾个人与社会本位，从生理学、心理学、伦理学、教育学、社会学、文化学等不同视角，全方位、多层面反复陈说，富有理论魅力。

曹孚清楚地知道，"我们教育学体系的建立，必须建立在科学实验的基础上，以教育实践为基础"②。重视教育、教学实践，是曹孚治学的又一特点。曹孚本人除在高校担任过副教务长、系主任，讲授教育学、教育史、教育心理学之外，还跨学科开设过中文、英文、哲学、政治经济学、逻辑学、新闻写作等课程，并在中学讲过国文、英文课，有丰富的教育实践、教学经验。他讲课、作报告不用讲稿，"总是慢条斯理，娓娓动听，入木三分，深得学生欢迎"③，在全国高教普查中，曾被评为先进教学典型。今天我们还能从辑入《曹孚教育论稿》的几篇学术报告记录中，约略窥见他当年讲演的风采。曹孚在开展科研和编写大纲等文件的过程中，经常深入中小学去听课、调研，这使他能切准中国教育发展的脉搏，善于联系实际，实事求是，敏锐地发现问

---

① 《教学改革的历史观》，《曹孚教育论稿》，第 422 页。
② 《关于教育学的编写问题》，《曹孚教育论稿》，第 446 页。
③ 瞿葆奎：《曹孚教育论稿·曹孚传略》。

题，及时提出解决问题的方略。

曹孚治学另一引人注目的特点是"融会中西，贯通古今"，广博与专精并重，教育学理论与教育史研究双翼齐飞。充分吸取历史遗产，使他具备厚重的学术积蕴；与世界潮流接轨，使他始终处于教育科学研究的学术前沿。曹孚的文章旁征博引，汪洋恣肆，纵横捭阖，具有很强的说服力。他 20 世纪 40 年代所写的《生活艺术》中《游戏》一文，80 年代曾被香港选作高中语文教材篇目。正是这种宽广的视野、渊博的学识，使他能够"不断地、深入地研究教育的理论和历史，并善于沟通论、史；从事教学。进行科研，深得下，浅得出，很受教育理论界称誉"①。

曹孚"待人宽厚，平易近人，淡泊明志，前辈爱其饱学而谦逊，同齿乐于共事以切磋，后生仰之学不倦、教不厌"②。1963 年 6 月曹孚在东北讲学时，曾引用鲁迅 20 世纪 30 年代说到中国文艺为什么没有出现伟大天才作品时劝青年不必忙于做什么天才，要做泥土不忙于做花朵的一段话。接着表示："在教育科学研究中，建立体系这是花朵，但在开花之前不要忙于做花朵，而要做泥土，当然有花朵开出来更好。我是以做泥土自勉的，愿与大家共勉。"③曹孚对自己已经取得的成绩并不认为是开出了花朵。建立中国教育学体系，以及《外国教育史》《教育漫谈》《教育问题史》等都属于他长期耕耘的领域，准备绽放一些花芽的时候，却被极"左"僵化思潮的严霜无可挽回地摧残了。曹孚甘愿做泥土，曹孚献身的科研事业也需要沃壤。只要把曹孚新中国成立后至1957 年期间丰硕的成果和 1957 年后十年几乎戛然而止的沉寂对照，即可明白是否具备适宜科研事业成长的生态环境是多么重要！1960 年中央教育科学研究所把曹孚列为"编外"，鉴定称"担任资料工作尚能胜任"。这是那个年代价值标准的必然的荒唐结论。针对当时的情况，他不无心酸地对友人说，"中国不可能出教育学家"，"搞教育学的都是白痴"。并处理掉大部分教育学藏书，联系调高校教外语。60 年代初的短暂回暖，一度为科研事业带来生机；但长期处于巨大政治压力阴影之下的曹孚，已不再公开撰文议论中国的教育问题。

---

① 瞿葆奎：《曹孚教育论稿·曹孚传略》。
② 瞿葆奎：《曹孚教育论稿·曹孚传略》。
③ 《关于教育学的编写问题》，《曹孚教育论稿》，第 411 页。

即使讲学、座谈，也难酣畅淋漓。1965 年下乡"四清"，从而实际上从学术界陨落时，他只有 54 岁。

曹孚是有志于为人类精神文明、为教育科学奉献花朵的。1956 年他参与制订的国家十二年教育科学发展规划，无疑是他心目中最灿烂的花朵。他受委托起草《前言》和《教育学》部分初稿，注入了自己的思想、憧憬与心血。这个规划因 1957 年"反右运动"而夭折。戴白韬生前曾一再惋惜这一方案未能实施。按照曹孚参与设计的这份蓝图，1957—1967 年乃至到 1978 年，中国社会主义教育发展的道路本该是另外一番图景的。不其然乎？！

（原载《学术界》2001 年第 4 期，《新华文摘》2001 年第 10 期、《中国社会科学文摘》2001 年第 5 期摘录）